姜妙香

（1890—1972）

父亲姜俪云“绚春堂”班主

母亲陈氏
昆曲名宿陈金雀之孙女陈寿彭之女

13岁便装照

前排右起：姜俪云（姜妙香父）　诸秋芬（诸茹香父）　田宝琳（姜妙香师）
钱洪轩（钱恩瑞父）　王仪仙（王琴侬父）

后排右起：吴顺仙（吴西禅父）　徐宝芳（徐兰沅父）　陈秦云（陈久荣父）

姜妙香幼年学艺的小伙伴
右起：罗小宝、姚佩兰、姜妙香、朱幼芬、迟玉林

姜妙香幼年学艺时的小伙伴
前排左起：刘砚芳、姚玉芙、梅兰芳、朱幼芬
中排左起：曹小凤、孙砚亭、姜妙卿、迟玉林
后排左起：罗小宝、姚佩兰、姜妙香、王春林

姜妙香（右）姚佩秋（左）《双沙河》剧照
该照片摄于1905年　姜妙香尚未改习小生
此剧照非舞台演出　而是临时串演照相
是姜妙香第一次扮小生角色的剧照

陈德霖“六大弟子”
后排右起：梅兰芳、王瑶卿、王蕙芳、姜妙香、王琴侬、姚玉芙
中坐者：陈德霖

《五花洞》
姜妙香（右）姜妙卿（左）分饰真假潘金莲

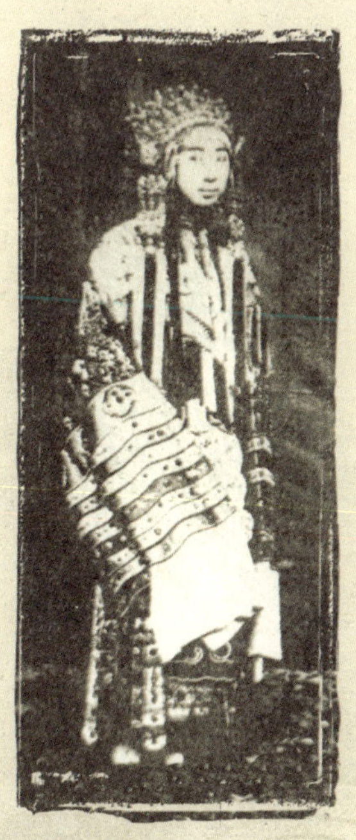

《彩楼配》
姜妙香饰王宝钏

《四郎探母》
姜妙香饰铁镜公主

《战蒲关》
姜妙香饰徐艳贞

圭璋蕴璞

21岁便装照
1911年拜师冯蕙林
改习小生

《玉堂春》
姜妙香饰王金龙

《群英会》
姜妙香饰周瑜

《群英会》
姜妙香饰周瑜

《连升三级》
姜妙香饰王明芳　慈瑞泉饰店主

圭璋蕴璞

昆曲《西厢记》
姜妙香饰张珙　梅兰芳饰红娘　姚玉芙饰崔莺莺

《黛玉葬花》
姜妙香饰贾宝玉　梅兰芳饰林黛玉
《黛玉葬花》是姜妙香与梅兰芳
合作演出的第一出红楼戏　首演于1916年1月14日

《黛玉葬花》
姜妙香饰贾宝玉

《断桥》
姜妙香饰许仙　梅兰芳饰白素贞　姚玉芙饰小青

《千金一笑》（即《晴雯撕扇》）
姜妙香饰贾宝玉　梅兰芳饰晴雯　姚玉芙饰袭人
首演于1916年6月22日

前排左起：姜妙香、张彩林、金仲仁、冯春和、冯蕙林、德珺如
程继先、朱素云、钱俊仙、王又荃、姜润泉

中排左起：熊紫泉、张宝昆、董富森、狄春仙、张奎斌、刘佩云
陈桐云、吴彩云、韩金福、张宝山

后排左起：徐斌寿、江顺仙、萧连芳、唐荣祥、赵芝香、李玉泰
朱斌芳、张连生、杜富隆

38岁便装照

38岁便装照

圭璋蕴璞

右起：齐如山、金仲荪、梅兰芳、李释戡、姚玉芙、姜妙香

前排右起：陈嘉樑、陈德霖、茹莱卿
中排右起：王琴侬、何卓然、芙蓉草、梅兰芳、姚玉芙、王瑶卿、高庆奎、迟玉奎
后排右起：贯大元、姜妙香、孙惠亭、高联奎、王蕙芳、钱恩瑞

《玉堂春》
姜妙香饰王金龙　梅兰芳饰苏三
王凤卿饰刘秉义　张春彦饰潘必正
《玉堂春》是1915年姜妙香、梅兰芳首次合作演出剧目

左起：薛秉初、张孝若、欧阳予倩、张謇
齐如山、梅兰芳、姜妙香、姚玉芙

1920年　应张謇之邀赴南通演出合影

左起：姜妙香、姚玉芙、梅兰芳、张謇、王凤卿

1922年　应张謇之邀赴南通演出合影

《春灯谜》（即《错姻缘》）
姜妙香饰宇文彦　梅兰芳饰韦影娘
该戏为姜妙香、梅兰芳、王凤卿、萧长华排演的新戏
首演于1928年9月7日

《借赵云》
姜妙香饰赵云　王少亭饰刘备

李璋蕴璞

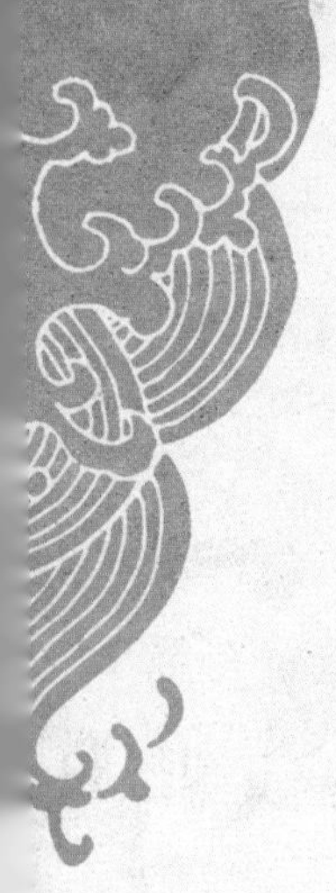

45岁便装照

原配夫人王氏
王氏夫人为王怀卿之女
王蕙芳长姐

姜俪云
姜妙香
姜少香
祖孙三代合影

《群英会》姜妙香饰周瑜　萧长华饰蒋干

《群英会》姜妙香饰周瑜

《群英会》
姜妙香饰周瑜　刘连荣饰黄盖

《群英会》
姜妙香饰周瑜　萧长华饰蒋干

《群英会》
姜妙香饰周瑜　萧长华饰蒋干

圭璋蕴璞

《俊袭人》
姜妙香饰贾宝玉　梅兰芳饰袭人
首演于1928年12月24日

姜妙香搭扶风社时期演出《群英会》剧照
姜妙香饰周瑜　马连良饰鲁肃　李洪福饰孔明

《鸿鸾禧》
姜妙香饰莫稽　章遏云饰金玉奴

头本《虹霓关》
姜妙香饰王伯当
李香匀饰东方氏

二本《虹霓关》
姜妙香饰王伯当　梅兰芳饰丫环　诸茹香饰东方氏

《太真外传》
姜妙香饰高力士　梅兰芳饰杨玉环　王凤卿饰唐明皇

三十年代便装照

三十年代便装照

三十年代便装照

姜妙香与王少亭

1934年上海黄金大戏院首演《生死恨》舞台剧照
姜妙香饰程鹏举　梅兰芳饰韩玉娘

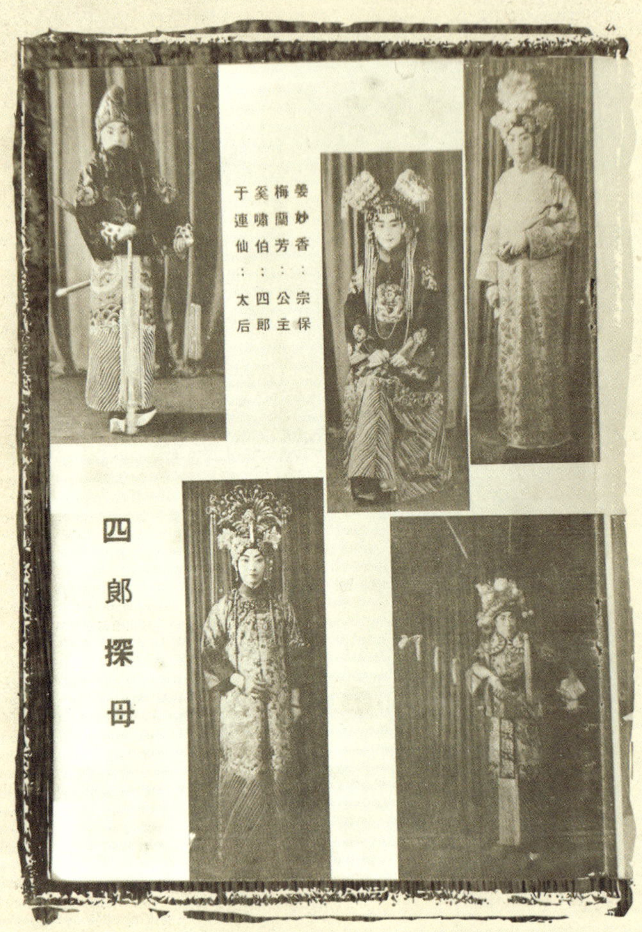

姜妙香：宗保
梅蘭芳：公主
奚嘯伯：四郎
于連仙：太后

四郎探母

上世纪三十年代
《十日戏剧》杂志上刊载的承华社《四郎探母》剧照

《阳平关》
姜妙香饰赵云（左）张伯驹饰黄忠（右）

三十年代《四郎探母》剧照

1956年演出《四郎探母》剧照

承华社成员合影
右起：姜妙香、萧长华、霍文元

承华社赴汉口演出与当地名流合影
前排左一：萧长华　前排中：梅兰芳
中排左起：徐兰沅、韩佩亭、李斐叔、孙甫亭、南铁生、姚玉芙
后排左起：朱桂芳、李春林、王少亭、汉口某君、姜妙香、王少卿、刘连荣

承华社成员合影
左起：罗培三、于莲仙、刘耀春、奚啸伯
王少亭、陈效梅、陈效梅祖父、梅兰芳
姜妙香、杨盛春、李斐叔、朱桂芳

承华社成员合影
前排左起：徐兰沅、朱桂芳、姚玉芙、梅兰芳、萧长华、王少卿
后排左起：刘连荣、李春林、姜妙香、李斐叔、王少亭、韩佩亭

承华社成员合影
前排左二起：姚玉芙、姜妙香、奚啸伯、梅兰芳、萧长华、朱桂芳、王少卿
中排左四起：李斐叔、刘连荣　左六起：杨盛春、于莲仙、孙甫亭

《宇宙锋》
姜妙香饰匡扶　萧长华饰康建业　王少亭饰匡洪

《宇宙锋》姜妙香饰匡扶

《御碑亭》
姜妙香饰柳春生　梅兰芳饰孟月华

《洛神》
姜妙香饰曹植

《虹霓关》
姜妙香饰王伯当　新艳秋饰丫环　诸茹香饰东方氏

前排左起：杨盛春、姜妙香、谭小培、谭富英
后排左起：谭世英、哈宝山、王泉奎、宋继亭

前排左起：谭富英、谭小培、姜妙香

《镇潭州》姜妙香饰杨再兴　谭富英饰岳飞

《九龙山》
姜妙香饰杨再兴

《八大锤》
姜妙香饰陆文龙

53岁便装照

《得意缘》
姜妙香饰卢昆杰
林秋雯饰狄云鸾

《银空山》
姜妙香饰高嗣继

《玉门关》
姜妙香饰班超

《凤还巢》
姜妙香饰穆居易　萧长华饰朱千岁

《凤还巢》
姜妙香饰穆居易　梅兰芳饰程雪娥

《凤还巢》
姜妙香饰穆居易

《凤还巢》
姜妙香饰穆居易　李春林饰洪功

《凤还巢》
姜妙香饰穆居易　萧长华饰朱千岁　王少亭饰程浦

《凤还巢》演出结束后合影
左起：刘连荣、姜妙香、梅兰芳、耿世华
王少亭、朱斌仙、萧长华、李春林

《凤还巢》姜妙香饰穆居易

《凤还巢》姜妙香饰穆居易

《打侄上坟》
姜妙香饰陈大官
萧长华饰朱粲

《打侄上坟》
姜妙香饰陈大官
萧长华饰朱粲

《岳家庄》
姜妙香饰岳云

《举鼎观画》
姜妙香饰薛蛟

《举鼎观画》
姜妙香饰薛蛟　奚啸伯饰徐策

《太真外传》
姜妙香饰高力士 言慧珠饰杨玉环 王少亭饰唐明皇

《西施》
姜妙香饰文种

《西施》
姜妙香饰文种 王少亭饰范蠡

1948年《生死恨》电影剧照

在上海参加义演后
与梅兰芳、谭小培、谭富英、金少山、余洪元等合影

童寿苓拜师姜妙香合影
前排：姜妙香（左五）包丹亭（左四）张君秋（左三）李华亭（左二）
中排：童寿苓（左四）童芷苓（左五）近云馆主（左六）童遐苓（左七）

在上海参加黄世恩拜师会
与梅兰芳、黄世恩、李世芳、刘连荣、梅葆玥等合影

姜妙香、萧长华同游爱晚亭

圭璋蕴璞

58岁便装照

59岁便装照

59岁便装照

与梅兰芳

经典剧目《贵妃醉酒》中
姜妙香与梅兰芳的配合

《贵妃醉酒》电影剧照
姜妙香饰裴力士　萧长华饰高力士

《穆柯寨》
姜妙香饰杨宗保

《黄鹤楼》剧照　姜妙香饰周瑜

60岁便装照

63岁便装照

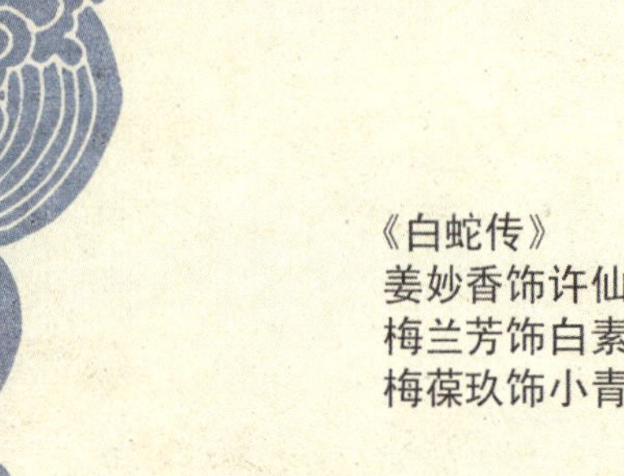

《白蛇传》
姜妙香饰许仙
梅兰芳饰白素贞
梅葆玖饰小青

《白蛇传》
姜妙香饰许仙　梅兰芳饰白素贞　梅葆玖饰小青

《白蛇传》
姜妙香饰许仙

1956年演出《四郎探母》　与萧长华在后台合影

《穆天王》
姜妙香饰杨宗保
梅兰芳饰穆桂英

《穆天王》
姜妙香饰杨宗保
梅兰芳饰穆桂英

《穆天王》
姜妙香饰杨宗保　梅兰芳饰穆桂英

《洛神》
姜妙香饰曹子建　梅兰芳饰洛神

《洛神》电影剧照
姜妙香饰曹子建
梅兰芳饰洛神

《龙凤呈祥》
姜妙香饰周瑜

《游园惊梦》
姜妙香饰柳梦梅
梅兰芳饰杜丽娘

左起：姜妙香、郝寿臣、任志秋、萧长华
李慕良、马连良、黄元庆、马富禄

前排左起：荀慧生、梅兰芳、姜妙香、尚小云
后排左起：费文芝、梅葆玖、张君秋

前排左起：
李春林、张梦庚、冯金芙、姜妙香、萧长华、梅兰芳、福芝芳

前排右起：
王少卿、姜妙香、梅兰芳、福芝芳、冯金芙

与家人及弟子合影

与亲友合影

《奇双会》
姜妙香饰赵宠　梅兰芳饰李桂芝
《奇双会》是姜妙香昆曲代表剧目之一　与梅兰芳、尚小云、程砚秋
荀慧生、李世芳、黄桂秋、张君秋等都曾合作演出

《奇双会》
姜妙香饰赵宠（右一）　梅兰芳饰李桂芝
张春彦饰李奇　李桂芳饰李保童

《奇双会》
姜妙香饰赵宠　梅兰芳饰李桂芝

《奇双会》
姜妙香饰赵宠
梅兰芳饰李桂芝

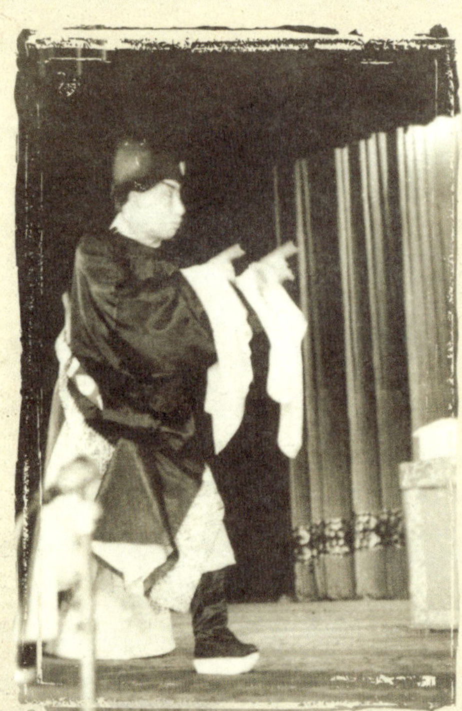

《奇双会》
姜妙香饰赵宠

《奇双会》
姜妙香饰赵宠

《奇双会》
姜妙香饰赵宠　梅兰芳饰李桂芝

《奇双会》
姜妙香饰赵宠（右一）　梅兰芳饰李桂芝　王少亭饰李奇　衡和华饰李保童

《奇双会》
姜妙香饰赵宠
梅兰芳饰李桂芝

《奇双会》
姜妙香饰赵宠
梅兰芳饰李桂芝

《奇双会》
姜妙香饰赵宠　梅兰芳饰李桂芝

《奇双会》
姜妙香饰赵宠　张君秋饰李桂芝

《奇双会》
姜妙香饰赵宠
张君秋饰李桂芝

《奇双会》
姜妙香饰赵宠　张君秋饰李桂芝

《奇双会》
姜妙香饰赵宠　冯金芙饰李桂芝

1963年　周恩来审查赴港演出剧目《奇双会》后　与演员合影
前排右起：马盛龙、俞振飞、姜妙香、周恩来、张君秋、言慧珠、刘雪涛

1956年出访日本

1956年　姜妙香出访日本
与梅兰芳演出《奇双会》后　日本友人致欢送词

1956年　姜妙香出访日本
与梅兰芳演出《奇双会》后谢幕　接受日本友人献花

1956年演出《虹霓关》剧照
姜妙香饰王伯当　梅兰芳饰东方氏

《穆桂英挂帅》是姜妙香与梅兰芳合作演出的最后一出新戏
姜妙香饰杨宗保　梅兰芳饰穆桂英

北京京剧工作者联合会成立大会与会代表合影
左起：马连良、李万春、张梦庚、刘雪涛、梅兰芳、姜妙香
曾平、高乐春、裘盛戎、张仲杰、洪维才、郝友
奚啸伯、陈少霖、许姬传、沈玉斌、王静波、张君秋

左起：姜妙香、萧长华、张启洪、萧润德
陈半丁、钱浩梁、梅兰芳、马彦祥

1961年参加梅兰芳追悼会
右起：田汉、夏衍、齐燕铭、盖叫天、周扬、荀慧生、陈毅、彭真、萧长华、姜妙香

中国戏曲学校教授合影
前排右起：方连元、王振濂、史若虚、晏涌
萧长华、刘仲秋、王连平、姜妙香

参加梅兰芳逝世一周年纪念会
右起：姜妙香、阿英、齐燕铭、萧长华、田汉、老舍、徐兰沅、马彦祥

与中国戏曲学校教导主任王连平谈艺

1960年中国戏曲学校十周年校庆　姜妙香、萧长华与学员合影

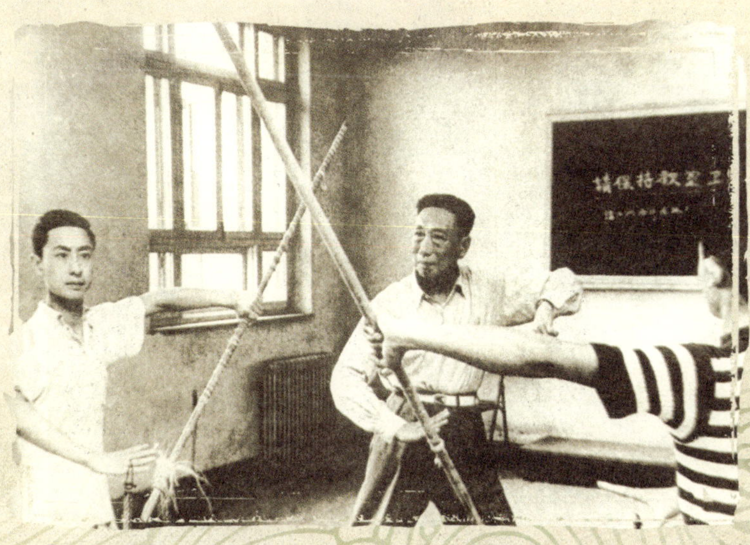

在中国戏曲学校授课

1963年赴香港演出
与孟小冬合影

左起：薛恩厚、汪本贞、姜妙香、夏梦、萨空了、赵燕侠、张君秋
1963年摄于香港

左起：费彝民（大公报社长）刘衡仲（香港普庆戏院经理）姜妙香
1963年摄于香港

姜妙香与萨空了

姜妙香与黄懋林

1963年与赵燕侠
在香港演出《玉堂春》剧照

1963年在香港演出《玉堂春》剧照

1963年与张君秋演出《玉堂春》剧照

圭璋蕴璞

73岁便装照

1965年
观看清华大学陈祖东教授
演出昆曲《见娘》后　至后台祝贺

1965年
最后一次为学生示范演出《群英会》
姜妙香饰周瑜　萧盛萱饰蒋干

75岁便装照

姜妙香、叶盛兰与中国戏曲学校学生合影
后排左起：叶少兰、张学济、夏永泉、马玉琪、郭自勤、萧润德

与子少香及众弟子合影

前排左起：阎庆林、冯金芙、姜妙香、姜少香

给弟子黄定讲解唱腔

给弟子刘雪涛说身段

给弟子林懋荣说戏

左起：黄定、田淞、姜妙香、阎庆林、姜少香

与弟子合影

前排左起：小翠花、荀慧生、尚小云、姜妙香、谭富英
后排左起：侯梦兰、岳惠玲、李翔、唐琳、林懋荣、李崇善

左起：王少芳、黄定、姜妙香、刘雪涛、阎庆林

与众弟子最后一次合影
前排左起：冯俊骥（冯金芙四兄）　姜妙香　冯金芙

1972年7月28日 姜妙香追悼会

姜明捷、江世玉、沈蔓华、黄定等为姜妙香送行

九十年代初　姜妙香骨灰安放仪式
左起：姜明捷（姜妙香孙）　林懋荣　姜明敏（姜妙香孙女）

姜妙香绘制的扇面

姜妙香绘制的成扇

姜妙香绘制的牡丹图

序

刘曾复

姜妙香先生，九岁登台头角峥嵘，弱冠之龄改习小生，终有大成圭臬不凡，堪称一代小生巨擘也！

今逢先生诞辰百二十年。陈超同志编纂《圭璋蕴璞——小生祭酒姜妙香纪念集》完璧付梓，可喜可贺。

姜派艺术随缘应化，精进不休。本书《年谱》中颇有体现。《年谱》撰写，甚为繁琐，既非回忆录，也非评论，更非小说。故非腹笥渊深，辄畏难而止。编撰者以珍贵戏单及民国各种戏曲资料、戏班名册为纲，仅仅数月，襟期高旷，齐心涤虑，呕心摘选与先生相关条目加以汇集，旁征博引，制成《姜妙香年谱》足可珍也！

《年谱》上起1890年下至1972年，跨度之大，经历了京剧由刚刚成熟至繁盛的全过程，不仅为研究姜妙香先生艺术提供了翔实素材，更为研究京剧史贡献了珍贵资料。

恭祝姜妙香纪念活动圆满举办！谨以此序，略献菲诚。

刘曾复　识

目录

上编： 流年碎影 **林懋荣著**

姜派艺术　寄望未来——001
今世之缘　在师父身边幸福成长——004
《奇双会》的往事——008
师父姜妙香先生的最后一次生日聚会——010
努力办好姜妙香艺术研究会——012

下编： 姜妙香年谱（初稿） **陈芷媛著**

序——016

1890年（光绪十六年）——019
1891年（光绪十七年）——019
1892年（光绪十八年）——019
1893年（光绪十九年）——020
1894年（光绪二十年）——020
1895年（光绪二十一年）——021
1896年（光绪二十二年）——021
1897年（光绪二十三年）——022
1898年（光绪二十四年）——022
1899年（光绪二十五年）——022
1900年（光绪二十六年）——023
1901年（光绪二十七年）——023
1902年（光绪二十八年）——023
1903年（光绪二十九年）——024
1904年（光绪三十年）——024
1905年（光绪三十一年）——025
1906年（光绪三十二年）——025
1907年（光绪三十三年）——026
1908年（光绪三十四年）——027
1909年（宣统元年）——027
1910年（宣统二年）——028
1911年（宣统三年）——030
1912年（民国元年）——030
1913年（民国二年）——032
1914年（民国三年）——033
1915年（民国四年）——034
1916年（民国五年）——039
1917年（民国六年）——049
1918年（民国七年）——057
1919年（民国八年）——065
1920年（民国九年）——080
1921年（民国十年）——092
1922年（民国十一年）——098
1923年（民国十二年）——111
1924年（民国十三年）——120
1925年（民国十四年）——127
1926年（民国十五年）——134
1927年（民国十六年）——139
1928年（民国十七年）——147
1929年（民国十八年）——153
1930年（民国十九年）——157
1931年（民国二十年）——178

1932年（民国二十一年）——————————————————184
1933年（民国二十二年）——————————————————190
1934年（民国二十三年）——————————————————201
1935年（民国二十四年）——————————————————206
1936年（民国二十五年）——————————————————210
1937年（民国二十六年）——————————————————220
1938年（民国二十七年）——————————————————227
1939年（民国二十八年）——————————————————239
1940年（民国二十九年）——————————————————248
1941年（民国三十年）———————————————————262
1942年（民国三十一年）——————————————————271
1943年（民国三十二年）——————————————————278
1944年（民国三十三年）——————————————————301
1945年（民国三十四年）——————————————————325
1946年（民国三十五年）——————————————————337
1947年（民国三十六年）——————————————————366
1948年（民国三十七年）——————————————————400
1949年————————————————————————————424
1950年————————————————————————————438
1951年————————————————————————————442
1952年————————————————————————————448
1953年————————————————————————————452
1954年————————————————————————————454
1955年————————————————————————————458
1956年————————————————————————————461
1957年————————————————————————————466
1958年————————————————————————————467
1959年————————————————————————————469
1960年————————————————————————————470
1961年————————————————————————————470
1962年————————————————————————————471
1963年————————————————————————————472
1964年————————————————————————————474
1965年————————————————————————————474
1966年————————————————————————————475
1967年————————————————————————————475
1968年————————————————————————————476
1969年————————————————————————————476
1970年————————————————————————————476
1971年————————————————————————————476
1972年————————————————————————————477

上编

流年碎影

林懋荣 著

姜派艺术　寄望未来

京剧小生宗师姜妙香先生，名纹，字慧波，出生于北京，生长在梨园世家，祖籍河北省河间府。父亲姜俪云是四大徽班其中之一四喜班青衣演员，他能戏颇多，桃李满门。姜妙香先生子承父业，八岁开始学艺，也唱青衣，自幼走红，一鸣惊人！后因身体关系改唱了小生。他多方拜师学艺，曾先后向朱素云先生、茹莱卿先生、冯蕙林先生、江春山先生等，学习文武小生戏。另外，他还向陆杏林先生学习昆曲，再加上他本人勤奋好学，刻苦努力，为他的艺术之路奠定了牢固的基础和实力，文武昆乱不挡，很快就名声大振东山崛起。他与艺术大师梅兰芳先生合作了近半个世纪，为京剧小生行当的发展和传承，做出了不可磨灭的贡献！

姜妙香先生品德高尚为人忠厚善良。他颇通文墨，不但能解四书章句，同时又能书会画，尤以绘制牡丹闻名。平时他对人彬彬有礼，说话慢条斯理，神态潇洒，慈祥和气，一派雅士之风，学者风范。人们赠有雅号“姜圣人”。姜先生的艺术同他的人品一样都受到人们的爱戴，艺如其人，令人敬仰。

姜先生一生热爱艺术，对艺术始终都是严肃认真一丝不苟，精益求精。他谦逊好学，刻苦钻研，无论是演唱、道白和表演都非常地规范，同时也非常细腻、讲究，品位高雅，韵味浓厚，因而深受观众的喜爱。

在演唱方面，姜先生敢于大胆突破、创新，他改变了前人的唱法，推动了京剧小生的艺术发展。早年的小生唱腔非常简单质朴，直来直去，也没有什么腔，听起来很不悦耳。然而，姜先生就在小生唱腔原有的基础上，吸收了青衣的唱腔和老生的唱腔，同时还吸收借用了昆曲的唱法，但都不是照搬，而是通过吸收借鉴再转化，使这些青衣、老生唱腔能与小生的唱腔融为一体，创造出了小生唱腔独特的风格。众所周知，当年他革新创造的小生“娃娃调”就是明显的例证。一曲《四郎探母》“巡营”中“杨宗保在马上忙传将令”的那段唱腔，红遍京城，家喻户晓。姜先生对小生唱腔的改革和贡献是全面的，整体的，也是自成体系的。无论是西皮、二黄，或是反二黄包括其中的各种板式如：导板、原板、二六、快板、慢板、流水等等，各种板式，都认真研究、创新，就连平时最常用的散板和摇板也要改革，变化出新。功夫不负有心人，通过姜先生的努力，终于创造出了很多优美的旋律和动听悦耳的新腔，即便就是散板也是韵味十足，别致好听。从此小生的唱腔丰富多彩了，旋律优美了，同时也更加细腻了，表现力也强了。姜派唱腔是非常讲究演唱技巧的，早年姜先生嗓音清亮甜润，刚柔兼备，再加上他有着雄厚的演唱功力，真是“怎么唱怎么有”。更难能可贵的是，他能灵活自如地掌握和运用演唱技巧，把每一段唱，每一个腔都安排得相当完美。所谓演唱技巧，就是演唱过程中的阴阳顿挫、轻重缓急，细致地说就是在演唱之中这一停一顿，一收一放，一轻一重，一柔一掭，一快一慢，一摧一搬，都要在节奏的规律里处理得恰到好处。行腔技巧灵活多变，但要快慢适中地抒发人物的情感，从而使演唱有深度、有内涵，优美动听，耐人寻味，以求达到声情并茂的美好境界。我自己的体会，姜派演唱风格非常的自如舒展，细腻洒脱，刚柔相济，韵味浓厚。同时，刚中有柔，柔中有俏，真是给人以美的享受。当年姜派的唱功戏有：《孝感天》、《飞虎山》、《白门楼》、《辕门射戟》、《叫关》、《小显》、《监酒令》、《玉门关》，时称“姜八出”。姜先生在戏中设计的二黄三眼唱段，可以说就是小生的“咏叹调”，经典之作！同时他与梅兰芳大师合作演出的独有戏，如《生死恨》、《凤还巢》、《洛神》、《西施》、《牢狱鸳鸯》、《俊袭人》等剧目，其中在戏中小生的唱段都起到了画龙点睛的作用。总之，姜先生把小生的唱腔艺术带进了高层次、深层次，以致影响至今，确实是功不可没呀！

接下来再说说姜派的道白。姜先生的道白很有特色，大小嗓结合得非常自如。在道白中，大嗓是本音真嗓，同时小嗓又比较宽亮，所以高低音的运用，大小嗓的结合是非常和谐完美的。姜先生的道白和演唱都非常讲究四声的运用，力求吐字清楚准确，字音要正确、圆润、悦耳，同时还要有韵律，善于表达人物的思想感情，不同的人物性格就有不同的处理方法。比如姜先生演穷生戏，道白就比较贴近生活，有些口语化，也很随意，很有穷秀才的韵味，再配上面部表情和动作，表演得惟妙惟肖。又如姜先生扮演的水军都督周瑜，道白就截然不同了，他突出了力度，节奏鲜明，念出了人物的气质。戏中，周瑜同孔明、鲁肃、蒋干等人物的对白，随着角色的内心变化，姜先生都处理得有声有色，他那语调、韵律、节奏以及在道白中的高低快慢、轻重缓急的变化，都非常生动自然地把水军都督周瑜的英俊威武，气窄性傲的性格刻画得入木三分。

听姜先生道白是一种艺术享受！无论是京白还是韵白，都让你感到很有味道，非常好听。在舞台上哪怕是演个不重要的角色，只要他一张嘴念白，就马上令人感到与众不同。比如《霸王别姬》中的虞子期，这个角色根本没有多少台词，但姜先生一张嘴念词就有戏份。在帐中劝说项羽，汉兵势重不可出征，念得感情饱满，韵味好听，铿锵有力，节奏分明，深深地吸引住了观众，情不自禁地为他这几句台词报以热烈的掌声。记得当时我就在幕旁看戏，真让我惊呆了！这是多么了不起，他的艺术怎不令人心服口服啊！

下面再简单地介绍一下姜派的表演艺术。作为一名优秀的小生演员，需要文武昆乱不挡，唱念做打全能。所以，做工是相当重要的。小生所扮演的角色如落难的王孙、相思的公子、寒酸的秀才、英俊的少年、威武的将军等等，这里面有文有武，种种不同类型的人物，从程式到表演都不能雷同，这就需要演员本人的艺术修养和表演基础与实力。然而姜先生就能活灵活现地演好这些角色，他的表演不温不火，始终不失分寸，不离人物，又从不卖弄做作，我认为这就是姜派表演艺术的最大特点。

说到表演，我还要谈一谈姜先生的昆曲戏。当年我看过姜先生的昆曲戏有《奇双会》、《金山寺》、《断桥》和《游园惊梦》。姜先生演唱的昆曲是正宗的京昆，韵味醇正，有内涵，表演细腻，举手投足都不失书卷韵味。特别是他和梅兰芳大师合作的《奇双会》这出戏，我看不止一次，真是太过瘾了。姜先生简直把人物都给演活了。其中有段戏，当小生唱完第一段“吹腔”后，要呼唤三声“夫人”，这时身体要转向后面，看着夫人，背向观众，随着前两声“夫人”，小生恭着手，左右脚各有一个垫步，随着第三声“夫人”，小生搭袖要向夫人方向紧走几步，似跑步状态，这时肩膀要随着身子做轻微的扭动，这一系列的动作，从后背就完全体现出来赵宠这个人物对夫人的爱。要急忙向前赔礼，哄老婆开心。同时，还可以从中看出他对老婆那股酸酸的嗲劲。这些思想感情，这些人物的内心世界，全都从他的后背展现了出来，万想不到，姜先生就连后背都有戏，都能出彩，真是高超的演技！每当演到这里，观众都不禁抱以热烈的掌声。这段戏观众根本看不到他的面部表情，但姜先生能结合人物的内心世界调动全身的机体功能，用肌体来表达人物的思想感情，并能收到强烈的艺术效果，真是太让人折服了。

我今生能得到姜妙香先生的厚爱，成为姜氏门生，是我终身的荣幸！同时更让我深感幸运的是，我一直在他的身旁度过了十几个春秋，他对我的言传身教，就是我终生的宝贵财富，这让我今生今世都是用之不尽取之不绝的。说到这里不由得又要回顾一段往事了。上世纪60年代，我在北京实验京剧团工作，当时我们在珠市口华北戏院上班（地址就是现在的丰泽园饭庄），那里离叶盛兰先生家很近（叶先生当年居住在果子巷棉花五条）。所以，有时得空也去拜访叶先生。我每次去看望叶先生时，他总是非常热情地把我让到他的房间，为我泡上茶水，我们一起促膝谈心，一聊就是大半天，使我从中受益匪浅，心里很是感激！同时更使我感动的是叶先生没有一点门户之见，记得他曾不止一次亲切地对我说，“你是姜先生的学生，其实姜先生也是我的老师，我向姜老也学了不少东西，使我也受益良多。姜先生的艺术和他的人品，我始终都是非常的敬重”。同时叶先生还再三地叮嘱我说，“你一定要好好珍惜自己的机遇，要知道姜先生的年岁大了，你要抓时间抢时间，要多向老师学玩艺儿，机会难得啊！”

听了叶先生这番语重心长的话语，我深受鼓舞和感动，转眼几十年过去了！至今也没有忘记叶先生的教诲。我愿在自己的晚年里，为弘扬传播姜派艺术，为报答恩师的在天之灵，献出自己的一份光和热。

今世之缘——在师父身旁幸福成长

在我九岁那年，考入了北京市艺培戏曲学校。当时，此校是老前辈们义演筹资并由梨园公会来主办的，不久以后就由国家接管了，改名为北京市戏曲学校。接管前还是私立学校，老师们白天上课，晚上还要到剧场搭班演戏。当时，老师告诉我们要常到剧场看戏才能长见识，要观摩老演员的表演，学习他们的舞台经验。我第一次看戏的剧场是吉祥戏院。当晚，在剧场门前，看到水牌上面写的是“梅兰芳京剧团演出”，下面剧目写着“玉堂春”三个大字。看着这三个字，我根本就不知道这是什么戏。进了剧场，听身边的观众讲，演苏三的这位演员就是梅兰芳先生的公子梅葆玖，坐在舞台中间的是著名小生姜妙香先生。啊！这个名字我听老师介绍过，今天是我第一次来剧场看戏，真巧就赶上他的演出，我高兴极了。我非常认真地观看他的表演，他唱念悦耳动听，做派潇洒大方，一个眼神一个动作，举手投足，都深深吸引着观众，就连他的一怒一笑都得到了观众的阵阵喝彩，这真是太神奇了，真了不起！我在台下简直都看入了神。从此，姜妙香先生在我的脑海里，便留下了深刻的印象。

光阴似箭，转眼间八年光景。毕业前，学校在校礼堂举办二场折子戏汇报演出，我和孙毓敏、李翔演出《断桥》，想不到姜先生陪同梅先生一起来校观看演出。这是我第一次见到姜妙香先生本人，心里很紧张。他亲切的问我多大了，我告诉他“十七岁”，他看我紧张的样子便笑着对我说：“不要紧张，今天我是来给你捧场的”，又拍拍我的肩说：“快去扮戏吧！”

不久，我果真就被分配到了梅兰芳京剧团，终于来到了仰慕已久的姜妙香先生的身边。同时，更巧的是，我在剧团的首场演出就安排我和梅葆玖先生合作演出《玉堂春》。那天，姜先生和梅兰芳先生也坐在台下观看演出。我真是又高兴又激动。我知道这场演出就是我人生的转折，我一定要尽力演好这场戏。当我满怀激情地走上了舞台并坐在正中时，脑海里就涌现出了八年前的景象。今天，在台下看戏的姜先生，当年就坐在我这里。就是在这个吉祥戏院，我这个“小老斗”坐在台下观看姜妙香先生和梅葆玖先生演出《玉堂春》。然而，时至今日，还是这个老地方，还是梅兰芳剧团演出《玉堂春》，想不到我竟身临其境与梅葆玖先生一起合作演出《玉堂春》了！这是何等巧合，让人难以置信，简直就像做梦一样，真是令人感慨万千！

我确实是个幸运儿，生活在梅兰芳剧团这个艺术家的摇篮里，可称得起是得天独厚。每当我上演一个剧目，都要到姜先生家里，请他老人家给我过过目、把把关，指出我的不足。最为难得的是还有机会随时观摩他的演出。非但如此，有些戏我和姜先生还要轮流演出，如《凤还巢》、《奇双会》等戏。梅兰芳先生演出就由姜先生扮演小生，如果梅葆玖或李玉芙演出，都是由我来演小生。轮到我们演出时，只换两位主演，其他阵容不变，“四梁八柱”还有全体乐队成员，都是剧团里的老前辈、老艺术家，他们都热情的扶植提携，全力为我们助演。这又怎能不促使我们在艺术上加速成长和提高。我认为这就是“传、帮、带”的典范。能够来到姜先生身旁，和他老人家一起工作，向他学习，又有众多前辈陪我演戏，能得到如此厚爱，是我今生最大的幸福！

还有一次，大约是1960年，梅兰芳先生在人民大会堂为全国人大代表和政协委员演出《霸王别姬》，姜先生在剧中扮演虞子期，我在前面加演一出《黄鹤楼》。那天，我正在舞台上表演，突然发现我的老恩师姜先生，已扮好戏站在幕旁全神贯注地看我演出。这使我很受鼓舞。要知道他老人家年事已高，也有演出任务，他竟不顾自己身体，特意提前化好妆，在侧幕看我演出《黄鹤楼》。恩师就是这样，时刻都在默默地关心着我的艺术成长。

60年代初，姜妙香先生破格收我为正式入室弟子。由于在姜门弟子中，我的年龄最小，所以众师兄都觉得我拜师父差着辈份，可最终姜先生还是收下了我这个小门生，并且相当受恩师宠爱。我平时只要是没有演出任务，就每天长在师父家里，请他给我说戏。他对我总是那样慈祥，总是那样不厌其烦，甚至手把手给我说戏。我也是一招一式认认真真地学，刻苦地练，有时不觉汗流满面。每当这时，师父就马上要我停下来，让我休息，同时还递给我毛巾擦汗。在练唱时，只要是听到我的声音有些疲劳了，师父就主动端来可口的香茶，并充满关爱地说：“快饮饮嗓子吧！歇会儿再唱，今天唱不完，明天咱们再接着唱。”还中肯地告诉我：“唱戏就是个苦差事，你每天都要刻苦练功，一天也不能松懈，要知道拳不离手，曲不离口，只有这样，才能有长进。我们常说‘台上一分钟，台下十年功’，这话一点都不假，你说是吧？现在你们这代人多幸福哇！你们在党的关怀和培养下顺利成长。而我们当年，为了生活一天要赶好几个堂会，结果自己累吐了血，嗓子也毁了！可这又有谁来过问呐！”

师父就是这样语重心长的教诲我，同时又时时处处地照顾疼爱我，使我更加热爱和敬重我的老恩师。他的一言一行，都深深牢刻在我的心中。

每当师父给我说戏时，为了让我听清楚劲头，他的嗓门比我的声音还要高上一倍，并反复示范来纠正我的毛病，直到他满意为止。有时甚至使我感到他不是在教学生，他就好像在舞台上演出一样的认真。这种认真负责的执著精神，这种为艺术精益求精的严谨态度，时时刻刻都在激励和鞭策着我。

十几年来在老恩师的关爱、呵护下，我不但学到了姜派艺术，同时从师父的人品和他的日常生活中，也体会到了做人的道理。

每次离开师父家的时候，老人家总要把我送出大门外，同时还要千叮咛万嘱咐，什么“过马路小心，留神车辆……”若是用功的时间晚了点，他就要把我送到汽车站。我不忍心让老人家这样送我，再三劝他回去，他总说：“我也想出来遛一遛。”非得把我送上了车，目送汽车离去，他才放心。当我在车上望着路灯下的老人，那渐渐远去模糊的身影，不由使我热泪盈眶，多么好的老人家呀！

这慈父般的关爱，这一幕幕的感人情景，使我这个从小就失去了父爱的孩子真是从内心感到了无比的温暖。如今虽然几十年过去了，可至今我还是历历在目，记忆犹新。

在和老师学戏的日子里，由于我的文化水平不高。在记台词时，偶尔遇到冷僻字写不下来，总显得很吃力。师父看在眼里，记在心上。事后我万没想到，他老人家竟利用晚上休息时间，自己带着老花镜，在灯光下一笔一划地为我抄写台词。第二天说戏时，他就把写好的台词亲手递给我，我双手捧着老师那工工整整的字迹，激动得说不出话来！这是师父的心血结晶，也是师父为我的一片心呐！

一位老艺术家，竟然为一个小学生抄写戏词，这怎能不让我激动啊！它将永远激励我奋发向上，刻苦学习。我下决心，决不辜负师父这种厚爱，要努力提高自己的文化修养，一定要在舞台上以优异的成绩来回报他老人家。

事过境迁，岁月如梭，又经历了十年动乱，至今我始终珍藏着师父亲手为我抄写的台词，它伴随着我，激励着我，这是师父留给我最珍贵的遗产。

1961年，梅兰芳先生的突然过世，对师父的打击非常大。很长一段时间，他一直沉浸在悲痛中。为了缓解师父的情绪，江苏省京剧院的杨小卿师哥把他接到南京散散心，同时还请他老人家做两场示范演出，剧目为《群英会》、《奇双会》。这时，恰巧我也随同剧团巡回演出，来到了南京，更巧的是我们在南京的第一场演出剧目也是《群英会》。记得那天小卿师哥和黄定师哥陪同师父一起来到中华戏院看我们的演出。我心里真是高兴极了，台上格外卖力。后来听师哥说，那天师父看戏非常高兴，多次带头为我鼓掌，鼓励我。第二天，我像往常一样，到宾馆向老师征求看戏后的意见，师父见到我马上拉着我的手说："看了你的演出我很高兴，昨天你辛苦了。"同时又恳切地说："今天我可要向你求教了。"当时我就愣着了，心想老师向我求教什么？我真是丈二和尚摸不着头脑，我问师父"您跟我开玩笑吧？"他看到我的样子笑着说，"不是和你开玩笑，你昨天演出有个身段非常漂亮，既符合剧情，又符合人物，很有气魄。今天你来得正好，你再给我走一走，我要向你学习。"我望着老师那慈祥而恳切的目光，感动得不知如何是好！紧接着在老师面前，我一连把动作走了好几遍，他老人家看得非常仔细，然后站起身来，就像小学生一样，一招一式地向我学了起来。

过了几天我去观摩师父的《群英会》，他就把向我学的那个身段完全加入到了他的演出中，使这个动作更为精彩了。这件事情使我受到了很大震动，他是我们德高望重的老前辈，又是著名的京剧表演艺术家，同时又是我的老恩师。他为了艺术能够虚心地向自己的学生学习，这是什么精神！这种为了追求艺术，不耻下问，活到老学到老的高贵品质，真是举世无双啊！此事在姜门弟子中已传为佳话，从此也成了我们姜门弟子的好传统。

今天，眼望着恩师姜妙香先生在五十年前给我说戏的照片，心中感慨万千！既对恩师充满了无限的怀念，同时又为当今京剧舞台上姜派艺术的流失深感焦虑。在姜门弟子中，我算最年轻的，但伴随着光阴的流失，我已进入了老年人的行列。难道就这么眼看着姜派艺术在我们这一代人的手中失传了吗？我知道自己的能力是微不足道的，可我愿在有生之年里，把我这点微薄的能力奉献给下一代，不遗余力地传播姜派艺术，把姜派艺术发扬光大！

《奇双会》的往事

当年，已经功成名就，并且开宗立派的掌门小生演员，在舞台上却心甘情愿地把主要角色让给比他晚一辈的同仁来演，自己竟甘当配角来陪衬，拥有这种无私的、全心全意提携后人的高贵品质，他就是京剧小生宗师，在梨园界中都称之为“姜圣人”的姜妙香先生。

首先，我把当事人俞振飞先生曾写的纪念文章《和姜妙香的友谊》一文，其中专门介绍这件事情的经历，摘要如下：

“姜先生一听说黄先生（黄桂秋）想和我合演《奇双会》，就主动提出他要求在剧中扮演李保童。我听到后，马上向姜先生说，这个我可不能答应的！这出戏他已经和梅先生（梅兰芳）合演过几百场了，都是扮演小生主角赵宠的，而保童一般总是由二路甚至三路小生配演的，我怎能让他为我配演呢！姜先生却不以为然，他谦诚地说：‘我这个保童已经是有历史的喽！在北京程继仙老先生和梅先生唱这出戏时就是我的保童’。我说：‘程老是我的老师，您陪他唱是可以的，您等于我的老师，我怎么能让您陪我唱呢！应该您唱赵宠，我唱保童才对。’姜先生风趣地说：‘告诉你我这个保童还有独到之处呢！我愿意唱。’他又非常坚决的说：‘你别管了，我已经决定了！’我也坚决地说不行，我无论如何不能答应的。他说你要再不答应，咱们一起到梅先生那儿去，请梅先生来决断吧！于是，他就和我一起到梅先生家里，梅先生听了我们两方的意见后说：‘你们俩太客气了，梅先生转而笑微微地劝我说，这次姜先生提出要演保童，完全是出于诚意。朋友们说你们俩同行是亲家，这次你们俩搭配在一起，戏就更精彩了。我看您无论如何应该接受！我听了很感动，只好答应了。这次姜先生的谦虚、诚挚，梅先生的温厚宽阔，都使我历久难忘，打从心里对他们更加尊敬了！”

俞振飞先生亲身感受到了姜先生的人品之高尚，体会到了姜先生对自己要求相当严格，相当全面，既要艺高，更要德高。我觉得师父他老人家的一生就是这样，德高望重，他就是我今生今世永远学习和效仿的楷模。

我在师父身边度过了十几个春秋，所以说他的为人使我感受颇多，我很为他老人家的品质始终是高风亮节，心胸宽广，屈己从仁，忠厚善良。这里又让我想起了一段往事，那是在“文革”时期的非常岁月里，虽说师父他老人家的人缘好，但也同样遭到了冲击。当时，中国戏校里也出现了他的大字报，这使他老人家非常紧张，幸好还没有被批斗。同时，师父家里也去了“红卫兵”“破四旧”，还把家中箱子都贴上了封条不许动用。当我得知这些消息时，已经过了好几天了，我担心“红卫兵”动武，心里非常的挂念，一直放心不下。等我赶到师父家里见到了师父后，一时又不知说什么才好，真不知怎样来安慰他。不想，师父反倒先开口对我说：“这是群众运动，“红卫兵”小将的革命行动，我们都要理解，应该理解。”多么忠厚善良的老人哪！他没有一点怨言，这时我觉得师父可真了不起呀！

不久，天气渐渐地冷了，箱子全封着，师父没有衣服穿，只能硬冻着自己。此时，大家都不忍心了，帮助和有关部门反映和要求，这才来人开箱启封取出衣服，为师父解决了寒冷的问题。此事，给我留下了印象非常深刻，这一些都体现出了师父的心胸宽广，屈己从仁的高贵品质。这就算是一段插曲，下面还要我接着说《奇双会》吧！

《奇双会》这出戏是师父的拿手好戏。这个戏小生的表演相当繁重，很吃功夫。从“写状”到“闯辕门”至“三拉”“团圆”，小生的戏份要比旦角重，姜先生晚年陪同梅先生演出的梅派经典剧目里，可以说《奇双会》是他最“火”的一个戏,也是最能展现他的实力的，是姜派做工戏的代表剧目。姜先生的昆曲戏相当出色，他能演几十出昆曲戏，他的演唱即有昆曲特色，又保持着浓厚的京韵风格，是典型的“京昆”艺术，非常动听。《奇双会》是一出昆曲吹腔戏，姜先生表演非常细腻，同时很有生活气息，他的演技灵活自如、多变，特别是他与旦角相互交流分寸得当，配合得相当默契。尤其与梅兰芳先生的合作，真是令人着迷，叫人百看不厌。我建议所有的小生演员一定要学这个戏,《奇双会》能为表演奠定良好基础，锻炼火候，是一出难得的好戏。我一直都非常喜欢这出戏，在戏校时就演出了此戏。毕业后，来到了师父身边，又请他老人家亲身为我加工说戏，几十年来《奇双会》始终是我们剧团的保留剧目，深受观众的热爱欢迎！

记得就在上世纪60年代初，我们在中南海怀仁堂为中央首长演出了《奇双会》“写状”一折，受到了周总理等中央领导同志的亲切接见。那场晚会演出的剧目有：张曼玲的《陈三两》，接下来是我和李玉芙的《奇双会》“写状”，最后是钱浩梁的《伐子都》。演出结束后，周总理和陈毅等中央领导同志走上舞台和大家见面。周总理拉着我的手问：“你的老师是谁？”我告诉他是姜妙香先生。他亲切地鼓励我说，“姜老的艺术精湛，品德高尚，要好好向老先生学习，要努力继承他们身上的宝贵财富，今后京剧艺术就要看你们年轻人了。”总理的重托，我至今也没有忘记，始终作为激励自己的动力。如今，虽说我们这代人都已步入了老年，但是我一定努力把姜派艺术传承下去。今后，我不但把姜派的唱工戏《监酒令》、《玉门关》等留给后人，同时我还要把师父拿手的做工戏，如《奇双会》《群英会》等小生的重头戏，传授给青年演员，要让他们细腻入微地了解姜派艺术的特色与风格。总之，希望大家都来关爱、学习姜派艺术，要让我们的国粹遗产姜派艺术永世流传！

师父姜妙香先生的最后一次生日聚会

当年，使我最感荣幸的就是在北京城的京剧团里，年龄稍长的小生演员，几乎都是我的师兄。他们是江世玉、徐和才、沈曼华、关韵华等等，同时在戏校里任教的师兄有阎庆林、荀令香、黄定，这些师兄都已伴随着师父相继离开了人间。如今健在的师兄还有刘雪涛、衡和华、祝宽、于俊生，同时还有评剧团的田淞，闵兆华是师父的干儿子，如今他们全都是八九十岁的老人。以上所介绍的全是北京师兄，此外，在外省各地的师兄，我了解的就不太清楚了，不知他们是否还都健在。随着光阴的流失，转眼我这位当年的小师弟也是年到古稀之人了，这真是“光阴无情催人老，不觉白了少年头”。

今年，是师父诞辰120周年了，回首往事，不由得想起了当年师父的生日聚会。每年师父生日，都由师兄一起去筹办，由于大家工作繁忙，每个剧团都要常年在外巡回演出。因此，众位师兄也很难相聚在一起，每当师父寿辰，也是大家一起团聚的好日子。所以，每年师父的生日来临，大家都会主动联系，聚到一起，为师父祝寿。

大约是在1965年，师父这次生日的聚会是在虎坊桥附近的晋阳饭庄，可巧当时我在北京，没到外地演出，师兄约我一起参加。在我们的姜门弟子中有这样一个规矩，大家见面相互问候时，彼此都要同称为“师兄”，但惟独大家只称我“小师弟”，因我在师父众弟子中年龄最小，我和师兄的年龄差距足有20岁之多，在我的眼里，师兄都是我的老师和长者，我认为大家称我“小师弟”，是对我的爱称和鼓励，我感到非常的温馨。不仅如此，当年我这个“小师弟”，处处都受到了师父和师兄们对我的关爱和照顾。比如说，每次师父生日，都是师兄一起出钱，去饭店订席，这次也是如此，可是师父事先早已发话，不叫我出钱，师兄们也一再坚持，说我工资低，一定要照顾我，可他们哪里知道，我自己早已做好了准备，我就是要向师父表一表我的心，我坚持着和师兄们一起，奉上我应尽的这份孝心。

那天师父和师娘都非常高兴。席间，大家一起尽情的畅谈，免不了大家都要向师父汇报各自的工作和演出情况。师父他老人家都是全神贯注地听着。记得当大家谈到各团排演现代戏的情况，和观摩现代戏会演的感受时，师父就表扬起关肃霜，说他主演的《黛诺》非常成功，还说这个戏不但题材好，歌颂民族团结，同时在唱腔和表演方面，都有很大的突破和创新，说着说着，师父他老人家便兴高采烈地轻声唱起了那段流传至今的《黛诺》南梆子“山风吹来一阵阵”，这时大家也不禁高兴地为师父鼓起掌来。

席间，冯金芙师娘曾不止一次地对我说，“懋荣你最小，别不好意思夹菜”，师父也在一旁布菜给我，当最后上了一道甜品，师父马上笑着说，“来来来，懋荣最爱吃甜食”，他就用勺子特意为我盛了一大勺，我赶紧说谢谢师父。这个菜我至今印象都非常深刻，这是一道色香味俱全的山药泥加豆沙制成的大寿桃，盘中的寿桃是粉红色，里面放豆沙馅，两边有绿叶衬托，上面还有山楂糕条组成的寿字，然后还浇上桂花蜜汁，放在餐桌中央。寿桃非常漂亮，简直就是一个艺术品，说真的，我至今再也没有吃到过这样精美的甜品菜肴了。

餐后，大家一一按序给师父师娘叩头拜寿，我是最后一个给师父师娘叩头，然后大家又和师父一起品了一会儿茶，便一一不舍地送师父师娘走出了饭店大门，和师父告别。不想这竟是为师父举办的最后一次生日聚会。

不久，“文革”开始了。不幸的是，师父已于1972年就永远离开了我们。转眼间师父已经过世了38年。师父啊，您知道我时刻也没忘记您老人家对我的教诲和培育，虽说如今我已年到七旬，但我要在自己的有生之年，把您留给我的宝贵财富，留给后人，以此来回报答恩师的在天之灵。我始终是在全力以赴地发挥自己的余热，别无所求，这就是我晚年最大的心愿了。

努力办好姜妙香艺术研究会

今年是姜妙香先生诞辰120周年，转眼他老人家辞世已有38年了，时间过得多么快呀！

姜妙香先生是京剧小生的一代宗师，当年是他呕心沥血，大胆革新创造，丰富发展了小生的表演艺术，他从唱念做等各方面入手，把小生艺术提高到了一个更高的艺术境界，从而也推动了京剧的发展。

姜妙香先生继承发展创新的一些小生剧目，有着极高的艺术成就，只可惜随着时间的推移，现在姜派艺术却很少被人提及，这怎能不令人焦虑！

我本人由于身体关系，已然脱离舞台快20年了，我没有尽到自己应尽的职责，愧对恩师的培育，现只有抓紧一切时间多办实事。所以，我把对姜派艺术流失的忧虑向北京京剧院王玉珍院长做了反映，她非常爽快地给予了支持，马上组织人力，特意为我安排录制音像资料。这突然而热情的帮助，真使我激动不已。剧院的支持对我就是极大的鼓舞，虽说我早已阔别了舞台，如今又年到七旬，力不从心，可我还是尽心尽力去展现姜派的艺术风采与魅力，就算是一次我为老朋友和新朋友久别重逢的汇报吧！

为了纪念姜妙香先生诞辰120周年，玉珍院长还特意安排要为姜先生出一本专辑，这是多么的有意义，令人振奋，使我深受感动！同时我们在剧院领导关怀和支持下，终于组建了“北京京剧院姜妙香艺术研究会”。成立“姜妙香艺术研究会”是我多年的心愿了。首先，要感谢王玉珍院长，她在百忙的工作中，还时刻关心着我反映的姜派小生艺术流失问题，她非常理解我的心情，为了振兴京剧，为了我们的流派艺术的传承，给予我们巨大的支持和帮助。我作为一名姜门弟子，真是由衷地表示感激。

我们成立“姜妙香艺术研究会”的宗旨是：弘扬、传播姜派艺术，希望广大的青年演员都能了解姜派艺术，更好地继承姜派艺术。使年轻演员真能理解体会到姜派艺术精髓和内涵，掌握他的艺术技巧，真正展现姜派的艺术魅力和神韵。这一切是多么需要我们老同志为下一代人“传、帮、带”，向他们付出爱心呀！

今天，我们正是为了这个心愿，成立了“姜妙香艺术研究会”，并聘请刘曾复、梅葆玖、欧阳中石、李慧芳、吴小如、祝宽六位老先生作为“姜妙香艺术研究会”的顾问，对研究方向和研究成果给予指导。我们这个团体完全是公益性质，不收取任何报酬。大家一致推荐我为研究会会长，并兼任艺术指导，亲自为大家传授姜派艺术。我请出了我的老师兄刘雪涛担任名誉会长。我们的秘书长是北京京剧院创作室陈超同志。他曾出版过学术著作《京剧文献的收藏与鉴赏》、《茹富兰的表演艺术》，还主编过《京剧文献集萃》，收民国珍贵京剧文献78种之多，是位学者型的京剧人才。去年底，由他负责，在剧院里为我录制了四出姜派代表剧目，其中有《孝感天》《监酒令》《罗成托兆》《玉门关》，今年他又为姜先生出版专辑而忙碌着，由于他著书、编书都有非常丰富的经验，因此请他出任总编，一切都要靠他来安排，真是费心费力，今年这本书问世，为纪念姜先生诞生120周年，陈超同志真是功不可没呀！

在我们的研究会里，还有一些热心的老同志，如孙培鸿、汪仲林、包立、米小涛、汪世宽等，他们都是我们这个团体里的核心骨干，有事大家分担。总之，我们都是为了一个共同目标，那就是都热爱姜派艺术，使我们大家走到了一起。

我们这里有专业演员，有热爱姜派艺术的业余朋友，同时还有戏曲院校里的学生，其中年长的已有八十多岁，而年轻的只有十九岁，但无论是年老或年少，我觉得他们都在用心学习，特别是他们对姜派高雅而韵味浓厚的唱腔艺术所迷恋，老年人都是非常执著耐心的钻研，而青年人也都是非常认真努力地去领会，大家都是越学越有兴趣。

再有我们的全体乐队成员都是来自各行各业，热爱京剧的朋友，他们学习刻苦，每次为大家伴奏，都非常认真卖力，这里我要向他们道一声"大家辛苦了，谢谢各位！"这里还值得一提的是：我们每周活动一次，有些同志身在外地，但只要有空，他们就从外地赶来北京参加活动。这一切都使我感到非常欣慰，大家的精神也都深深打动激励着我，一定要办好姜妙香艺术研究会。

如今我已年到七旬，我想在自己有生之年里，做点实事，要尽一份我这个姜门弟子应尽的职责，所以，这里我要再向大家表示，我没有任何奢望，既不图回报，也不求名利，一心想把自己学到的姜派艺术留给后人，以此来报答恩师的在天之灵。

我代表姜妙香艺术研究会全体成员，希望喜爱姜派艺术的朋友和想要学习了解姜派艺术的朋友，欢迎你们参加姜妙香艺术研究会，和我们一起弘扬姜派艺术，为振兴国粹艺术，继承流派遗产，共同努力。

"姜妙香艺术研究会"联系地址：北京市丰台区海户西里30号 北京京剧院313室，姜妙香艺术研究会，邮编100068。

下编

姜妙香年譜

（初稿）

陈芷媛　著

序

陈芷媛

丈夫坐拥百城，虽南面王不易也。

我正是喜欢这种感觉，因此在一个偶然的机会，开始了致力于民国时期京剧文献的收藏。多年来，为了这个喜好，也付出了不少精力与财力，乐此不疲。

早些年，我收过几批比较珍贵的戏曲文献，其中以一批马彦祥旧藏为最（其他主要是傅惜华、袁水拍等人的旧藏）。这是童葆苓出国前转让的，价钱还算公道，实属机缘巧合。这批文献共计十三箱，内容大概分为五部分:

一、线装古籍。包括戏曲版画、各种戏曲论著、各种曲谱以及大量抄本等。
二、民国期间各种京剧昆曲图书、期刊、画报以及三四十年代日本、法国、英国、美国出版的京剧出版物，千余种，四千多册。
三、各种戏曲老照片七百余张。不同年代京剧老戏单六十二册，六千三百余张。
四、梨园公会旧藏。包括各种档案、名册、戏目。
五、上世纪50年代至60年代初，为侯喜瑞、小翠花、孙毓堃、谭富英、王连平、杨宝忠、钱宝森、白登云、姚玉芙、吴富琴、夏山楼主等，整理的文字资料底稿（有的已经出版）。
六、伶人手札、字画等。

以上这批资料较为少见，能为京剧研究工作提供不少素材。我非戏曲专业，资料在我手里也无非是聊以自娱。我曾亲赴一所权威戏曲研究机构提出捐献，但得到的答复却是：“我们的馆藏很丰富，不是很珍贵的东西我们一般不收藏，您回去把您要捐的东西整理出一个明细，我单位领导认为有价值您再运来。不然您也麻烦，我们也麻烦（他们的麻烦可能是指登记造册）”。此言一出，不禁哑然。这些资料真的捐献给这个单位，可能会更加暗无天日，就此作罢。

今年三月，接到北京京剧院领导电话，想利用这批资料为姜妙香先生志一年谱。我立即表示可以免费提供。当编辑同志面对十几箱资料，又不能统统搬走，也无从下手时，竟然提出《年谱》由我撰写。我深知，命我志谱，绝不是因为见多识广，而是“坐拥百城”有第一手资料。又经编辑同志再三动员，终于使我不安地接受了任务。

由于这批资料尘封已久，搬回来后也没有加以整理，真正开箱后，方觉如入宝山，可称是精神上的饕餮大宴，以致只顾津津有味地阅读起来，忘记了查找任务。直至接到编辑催稿电话，才发现翻看了几个星期都没有作任何记录。

起初，我曾粗浅地认为：根据手边戏单，只列出姜妙香某年某月演出什么戏就可以了。谁知交稿后，编辑退回稿件，并再三强调为什么要出版《姜妙香年谱》：“《年谱》不应是简单潦草地记录个人演出信息，而是应该好好利用手边资料，将姜妙香先生演出戏单公之于世，朝着编写一部完备的《京剧演出史》努力。信息不仅限于姜妙香本人，而是通过《姜妙香年谱》呈现当年演剧盛况。为研究姜妙香本人、小生艺术，乃至京剧演出史，都能提供一些有用的素材。因此，所录戏单必须注明姜妙香搭哪个班，在哪个剧场的演出，并要将戏单上的每出剧名及所有主演姓名全部刊出。只有这样才能反映出姜妙香搭班的状况。同台的合作者中，有哪些前辈对姜派艺术的形成起到了作用。姜妙香对前辈的尊重，晚辈的奖掖，平辈的礼让等等，均能显现于戏单之中。用事实说话，比任何夸赞文字都来得真实。单看各班中提调人对剧目与演员的安排，对当今派戏不无裨益。”

经此点拨，顿觉自己想法简单狭隘，便按照要求开始反工，终以四十五万字交稿，身心疲惫不堪。

《姜妙香年谱》依据戏单为主，参考了谭富英、姚玉芙、吴富琴等人的回忆稿中大量关于姜妙香的信息。还补入了姜妙香发表过的15篇文章中所述内容。姜妙香文章所述时间与戏单时间有微小出入时，以实物戏单为准。但由于戏单存世量有限，不能对所有回忆文章进行佐证，所以也请专家、读者不吝赐教。

《姜妙香年谱》仓促结稿，难免会有讹误，因此编辑同志特许我在姜妙香艺术研究会《会刊》上做几件事:

一、匆忙结稿后，又找出一批戏单，由于时间紧迫，正文已排版不能增加，只能分期在《会刊》刊发《〈姜妙香年谱〉补遗》。
二、对全文仔细校对后，出勘误表。
三、补录《〈姜妙香年谱〉参考文献》。参考文献中多为手稿，有的年代不能判断，没有具体撰写时间，还请编辑同志帮助考证准确后，将全部参考文献与撰写年代制表列出。
四、按照编辑对我的要求，戏单上所有剧目名称与主要演员名字均要悉数刊出。后因为时间所限，未能达到要求，深表歉意。我已经尽全力编写了四十余万字，删减了部分戏单中的剧名与人名，倘按编辑要求恐怕篇幅还要增加二十万字，再有两月也未必能完成。如有必要，时间又准许，会将删除剧目名称与部分主演姓名补入。

《姜妙香年谱》可以说只是个草稿，时间紧迫，极不完备，或说算个征求意见稿也可，敬希方家多多斧正。若不为琐事所累，会进一步整理尚小云、荀慧生、马连良、谭富英、金少山、侯喜瑞、于连泉、童芷苓、李万春、李少春等人的年谱。也希望《姜妙香年谱》重新整理，并将上述四项内容添加完备后，编辑同志能再次提供出版《〈姜妙香年谱〉增订版》的机会。

感谢北京京剧院领导的支持与鼓励，感谢编辑同志费心指导。

陈芷媛
2010年7月31日

1890 年

（光绪十六年，农历庚寅年） 0 岁

2 月 22 日（农历二月初四），姜妙香生于北京宣武陕西巷绚春堂姜宅。名汶，字慧波，又字静芳，排行第六。祖籍直隶省河间府献县,今河北省沧州地区。

父亲姜双喜，字秋霞，号俪云，堂号“绚春”。幼习花衫，为春馥堂郑秀兰弟子，本师为瑞香堂张天元。后搭入四喜班工青衣。擅演《教子》、《探窑》、《赶三关》、《宇宙锋》、《戏妻》等剧，嗓音高亢，二黄能唱正宫调。后自立门户“绚春堂”授徒，弟子皆以“香”字排名。如王兰香、孙藕香、诸茹香、唐桂香等。另，名琴师徐兰沅、老生陈秀华等，也带艺入“绚春堂”门下学戏。

母亲陈氏，为著名昆曲世家陈金雀的孙女，陈寿彭之女，杨小朵之妻母，与贾洪林妻室为同胞姐妹。

本年，与姜妙香同年生人的名伶有高庆奎、余叔岩、言菊朋、金少山、王荣山、丁永利等。

1891 年

（光绪十七年，农历辛卯年） 1 岁

本年，谭鑫培接任“梨园会首”，上报《各戏班花名册》中，四喜班小生有九人，春台班小生有六人。四喜班的江春山、鲍福山、钱文卿，春台班的陆华云、陆杏林，都是姜妙香后来的小生老师，其中鲍福山、陆杏林是姜妙香正式行礼拜师的师父。

同年，诸茹香、朱桂芳、王蕙芳生。

1892 年

（光绪十八年，农历壬辰年） 2 岁

本年，姜妙香七弟姜妙卿生。

姜妙卿幼入“绚春堂”学艺，工青衣，堂名“蘅香”。先从绚春堂教师吴菱仙（梅兰芳的老师）学旦角，后随师兄孙藕香学戏。1914 年卒于肺病吐血。

10 月 15 日，谭鑫培、王楞仙、陈德霖作为承班人，恢复了三庆班，报庙写作“复出安徽三庆班”。该班小生云集，王楞仙、杨隆寿、张淇林、陆杏林、冯蕙林、杜蝶云、谭嘉荣、戴锦山、杨长林等九人，为其他班社所不及（报庙无武生行当，杨隆寿、张淇林均归入小生）。

1893年

（光绪十九年，农历癸巳年） 3岁

本年，同春班小生称盛，有杜蝶云、陆薇仙、陆华云等十人。

同春班小生戏目：

农历八月初五，杜蝶云、李隶香、陆薇仙合演《奇双会》。

农历八月十六，杜蝶云、田桂凤合演《关王庙》。

农历八月十六，陆薇仙、赵仙舫《连升三级》。

农历八月十六，陆华云《监酒令》。

农历腊月十五，陆华云、陈瑞林《孝感天》。

农历腊月三十，陆薇仙、许荫棠《黄鹤楼》。

三庆班小生戏目：

农历八月初三纯一斋，王楞仙演出《雅观楼》，王楞仙、陈德霖合演《风筝误》，大轴王楞仙与谭鑫培合演《群英会》。

农历八月十七听鹂馆，陆杏林、张紫仙合演《玉堂春》，陆杏林、万盏灯（李子山）、罗寿山合演《贪欢报》，陆杏林、万盏灯合演《破洪州》。

小丹桂班小生戏目：

农历八月十六听鹂馆，朱素云、许荫棠合演《摘缨会》，朱素云、梅明祥《得意缘》。

农历九月初一纯一斋，朱素云演出《雅观楼》，朱素云、吴连奎《取南郡》。

农历腊月初一颐年殿，朱素云、吴连奎《群英会》。

1894年

（光绪二十年，农历甲午年） 4岁

本年，姜妙香八弟姜祖德生。姜祖德曾从贾丽川学老生，后改行。1919年卒于肺病吐血。

本年，梅兰芳生，梅是与姜妙香合作时间最长的合作者。

1895年

（光绪二十一年，农历乙未年） 5岁

“绚春堂”除姜俪云本人教授弟子外，还重金聘请旦角教师谢双寿、吴菱仙、张彩林；武生教师茹莱卿兼教武功与胡琴；净行教师裘桂仙兼教生行与胡琴；昆曲教师诸秋芬、陈啸云、乔蕙兰等。

本年，姜慧波按照“绚春堂”弟子排入“香”字，取名姜妙香。跟随“绚春堂”其他弟子旁听谢双寿、吴菱仙及父亲姜俪云教戏，并已能唱大段青衣唱段。

1896年

（光绪二十二年，农历丙申年） 6岁

本年，姜俪云聘请老秀才陈子胡教授姜妙香读书习字。

一般旧艺人并不重视文化，识字者不多。姜妙香虽未入私塾，但陈子胡伴随姜妙香十余年时间，给姜妙香从《三字经》《千字文》《名贤集》至《孟子》，全部点读完成。

农历2月13日，湖广会馆公宴昆中堂堂会戏目（玉成班底），姜妙香后来的老师陆华云、陆薇仙均参加了堂会：

开场《天官赐福》，玉虎《白良关》，怡云（孙怡云）、许处（许荫棠）《探母》，李长奎《捉放》，飞来凤《画春园》，萧芬、薇仙（陆薇仙）《闺房乐》，飞来凤《锁云囊》，韵卿（迟韵卿）、华云（陆华云）二本《德政坊》，叫天（谭鑫培）《定军山》，薇仙（陆薇仙）、金虎《奇双会》，桂凤（田桂凤）、百岁（罗百岁）《拾玉镯》，瑞林（陈瑞林）、韵卿（迟韵卿）、怡云（孙怡云）《御碑亭》，韵卿（迟韵卿）、华云（陆华云）四本《十粒金丹》，叫天（谭鑫培）、桂凤（田桂凤）《乌龙院》，黄月山《精忠传》，金虎《五湖船》，飞来凤、百岁（罗百岁）《青石山》，杨宝珍、马林山《金水桥》，许处（许荫棠）、刘永春《天水关》，刘永春《御果园》。该场演出陆薇仙、陆华云尚在同春班，福寿班还未成立。

1897年

（光绪二十三年，农历丁酉年） 7岁

本年，姜妙香正式拜谢双寿为师，工青衣。

谢双寿为著名京剧琴师，初为正旦后改京胡，能戏极多，门徒甚众，孙怡云、王瑶卿、孙喜云等均为其入室弟子。

9月，迟韵卿、余玉琴报庙，创立“新出福寿班”。主要演员陈德霖、贾洪林、陈瑞林、范福泰等，小生陆薇仙、陆华云均在该班演出。

1898年

（光绪二十四年，农历戊戌年） 8岁

本年，姜妙香开始从茹莱卿练武功，跟靳湘林学打把子。

茹莱卿为“荣春堂”杨隆寿门下弟子，工武生、武小生，曾执教“小荣椿”科班，杨小楼、程继先等在科内均得茹教益。梅兰芳的武功和把子功也是茹莱卿所授。茹莱卿40岁后，拜梅雨田为师，改习胡琴，后专为梅兰芳操琴。

1899年

（光绪二十五年，农历己亥年） 9岁

本年，姜妙香开始从诸秋芬、陈啸云学习昆曲戏。

诸秋芬为名旦诸茹香之父，擅昆曲。

陈啸云，名嘉梁，号琴芬，江苏苏州人。咸丰年昆乱老生陈天爵之孙、陈金雀之侄孙、四喜昆生陈永林之子。最初入“景和堂”梅巧玲门下习老生兼小生，后改昆乱青衣，隶四喜部。与昆旦“春龢堂”刘倩云、花衫“胜春堂”余紫云、昆旦“云和堂”朱蔼云、姚祥云、武生张瑞云、武旦孙福云及桐云、绮云、燕云等为师兄弟，家学渊源。

本年旧历七夕，姜妙香正式首次登台演出诸秋芬所授《鹊桥密誓》，由陈啸云司笛。姜妙香饰杨玉环，陈秀华饰唐明皇，陈葵香饰牛郎，诸茹香饰织女。自此一泡而红，成为“绚春堂”当家大青衣。营业戏与堂会戏兼唱，尤与陈秀华的生旦对儿戏最受欢迎。

1900年

（光绪二十六年，农历庚子年） 10岁

本年，姜妙香继续在绚春堂学艺、演出。

本年冬，姜妙香长兄姜连升病故。姜连升曾从徐兰沅父亲徐宝芳学习小生，后又从郭子华学习胡琴，擅画牡丹。卒于肺病吐血，年方二十。

姜连升昆仲四人，妙香排名第二（大排行第六），三弟妙卿，四弟祖德，兄弟四人皆患肺病吐血。连升、妙卿、祖德早卒。

1901年

（光绪二十七年，农历辛丑年） 11岁

本年，姜妙香离开自家“绚春堂”，搭入宝胜和班，结束了“效力”（演出不拿戏份）的演出生涯，正式靠唱戏挣钱养家。

宝胜和班是梆子、皮黄“两下锅”的班子，头牌老生小桂芬（梅兰芳《舞台生活四十年》中记录为“张桂芬”。查1901年宝胜和班名录，该班中小桂芬名下标注小字“即王凤卿”，小杨猴子“即杨小楼”，旦角吴彩霞，朱霭云从未搭过此班。1900年四喜班散，小桂芬搭入福寿班，陈德霖、王瑶卿亦在此班，1901年搭宝胜和班。1904年后，王凤卿不再用“小桂芬”艺名而用本名）。姜妙香始入宝胜和班，只唱开场戏。有次，小桂芬、吴彩霞演出《三娘教子》，演出地点在鹞儿胡同平介会馆。吴彩霞因故未到，姜妙香救场，压轴演出。他嗓音高亢且甜美，立刻赢得观众赞许，戏码也由开场列为倒三或压轴（过去很多观众是不看开场戏的，因此对姜妙香并不了解）。演出剧目为《落花园》、《孝义节》、《彩楼配》等唱工戏。

本年，刘鸿升由沪返京后，正当大红大紫，也加入宝胜和班，于广德楼演出夜戏，前演《钓金龟》（反串老旦），大轴与王凤卿（杨波）、姜妙香（李艳妃）演《二进宫》，刘饰演徐延昭，三人都能唱“乙”字调，极受欢迎。

1902年

（光绪二十八年，农历年壬寅年） 12岁

由于名声鹊起，很多堂会戏都争相邀请姜妙香参加。姜妙香由本年

起，开始频繁接演堂会戏。

本年，姜妙香的师父谢双寿正式被选入升平署。

1903年

（光绪二十九年，农历癸卯年） 13岁

本年，王楞仙在宫中演戏戏目：

《盘河战》王楞仙饰赵云，王福寿饰公孙瓒，高德禄饰袁绍，李寿山饰颜良、李顺德饰文丑。

《得意缘》王楞仙饰卢昆杰，余玉琴饰狄云鸾，陈德霖饰郎霞玉，李永泉饰狄龙康，熊连喜饰婆婆。

《马上缘》王楞仙饰薛丁山，杨德福饰樊梨花，李寿山饰陈金定，周长顺饰柳迎春，朱文英饰薛金莲，杨永元饰窦仙童。

另有，《破洪州》（与杨德福）、《奇双会》（与陈德霖）、《胭脂虎》（与余玉琴、李顺亭）、《御碑亭》（与谭鑫培、孙怡云）、《朱仙镇》（与谭鑫培）、《鸿鸾禧》（与杨德福）等戏。

本年，鲍福山（姜妙香的第一位小生师父）宫中承应有《探母回令》、《卖马》、《断密涧》、《铁弓缘》、《牧羊圈》、《荷珠配》等戏。

1904年

（光绪三十年，农历甲辰年） 14岁

本年，姜妙香师父谢双寿病故，年五十六岁。

本年春，姜妙香开始倒仓（变声），拜田宝琳为师继续学青衣。

田宝琳名德生，字玉珊、乳名德儿，北京人。工青衣，兼擅胡琴。出钱阿四之“瑞春堂”，清同治、光绪时隶四喜、春台两班。常演剧目《彩楼配》、《三击掌》、《金水桥》、《二进宫》、《芦花河》等，颇负盛名。后曾执教程长庚“四箴堂”，并自立“瑞云堂”课徒，陈德霖、王琴侬等均出其门下。嗓败后曾为陈德霖操琴。

姜妙香正式向田宝琳学习的剧目有《彩楼配》、《三击掌》、《探寒窑》、《武家坡》、《大登殿》的王宝钏，《赶三关》的代战公主，《玉堂春》的苏三，《祭塔》的白素贞，《祭江》的孙尚香以及《落花园》、《牧羊圈》、《法门寺》、《打金枝》、《桑园会》、《桑园寄子》、《虹霓关》等戏。

本年，由于师父谢双寿病故，姜妙香受到同门师兄陈德霖的格外关照，并向陈德霖重新下挂，学习生旦对儿戏，对陈的称呼也由“师兄”改为“先生”，但未正式拜师。

年底，嗓音开始恢复。

1905年

（光绪三十一年，农历乙巳年） 15岁

年初，嗓音迅速好转，较原来更为清脆、高亢，顺利度过变声期。

5月27日，贾洪林、陈素卿成立洪奎班（报庙首时写作“复出洪奎班”）。王凤卿与姜妙香被邀请搭入洪奎班，这个班的承班人之一陈素卿是唱旦角的，因此该班旦角很多，吴顺林、贾紫林、张云仙以及武旦朱文英等。姜妙香虽然年轻，但戏码并不靠前。就现仅存1905年洪奎班戏目看，姜妙香陪同承班人贾洪林唱《桑园寄子》列戏码倒三，倒四为王凤卿、何桂山、陈春元《让成都》，前边是黄三（黄润甫）、李五（李顺亭）的《下河东》和王连寿、萧宝铭（萧长华）、麻穆子的《当锏卖马》，压轴为田桂凤、赵宝林的《嫖院》，大轴是茹莱卿《挑华车》。

本年，姜妙香随洪奎班在燕喜堂演唱，后移至三庆园。

本年底，洪奎班以六百两银子将三庆园转让陆华云的长春班，洪奎班移回燕喜堂演出。

1906年

（光绪三十二年，农历丙午年） 16岁

本年，姜妙香继续搭洪奎班演出，主要与王凤卿唱《武昭关》、《南天门》、《战蒲关》、《桑园会》、《三娘教子》等生旦对儿戏。由于洪奎班与别班共用燕喜堂，因此演出不多，一度短期停演。

3月29日、4月2日、4月5日，北京妇女医学会，悼念惠兴女士以身殉学，并为贞文女学堂筹款演出义务戏三天。

3月29日，打磨厂福寿堂义务戏头天日场：

何桂山、许荫棠《双投唐》，朱文英、王长林《小放牛》，龚云甫、孙喜云《探窑》，陈德霖、孙怡云、侯俊山《四面观音》，张淇林《安天会》，姜妙香、侯俊山、田桐秋《孝感天》，王凤卿、贾洪林《战成都》，刘鸿升、朱素云《双狮图》，余玉琴、王瑶卿、陆华云、郎德山、李连仲《十三妹》，压轴田际云、乔荩臣、罗寿山、陈鸿禧、李金茂、罗百岁、李玉贵合演前部《舍身殉学》（又名《惠兴女士》），大轴俞菊笙《挑华车》。

4月2日，打磨厂福寿堂义务戏第二天日场：

刘春喜、孙喜云《武昭关》，俞振庭《金钱豹》，钱金福、陆杏林《芦花荡》，龚云甫、讷绍先《徐母骂曹》，路三宝、德珺如、金秀山、黄润甫《穆柯寨》，王瑶卿、王凤卿《万里缘》，刘鸿升、姜妙香（饰铁镜公主）、陈德霖、龚云甫《探母回令》，俞菊笙、瑞德宝《铁笼山》（带"探营""草坡"），压轴田际云、乔荩臣、罗寿山、陈鸿禧、李金茂、罗百岁、李玉贵合演中部《舍身殉学》，大轴谭鑫培、王楞仙、周长顺、高德禄合演《八大锤》。

4月5日，打磨厂福寿堂义务戏第三天日场：

郎德山《草桥关》，马德成《摩天岭》，钱金福、陆杏林《取洛阳》，朱文英、张淇林《大青石山》，朱素云、高四保《连升三级》，许荫棠《赶三关》，龚云甫《药茶计》，姜妙香、王凤卿、朱素云《玉堂春》，俞菊笙、高德禄、余玉琴《大战宛城》，压轴田际云、乔荩臣、罗寿山、陈鸿禧、李金茂、罗百岁、李玉贵合演后部《舍身殉学》，大轴汪桂芬、谭鑫培、黄润甫、刘春喜合演《战长沙》。

1907年

（光绪三十三年，农历丁未年） 17岁

本年，经人介绍，姜妙香收了第一位弟子，比自己小七岁的吴长顺。所授剧目均为《祭江》、《落花园》、《孝义节》、《战蒲关》等青衣唱工戏。这位吴长顺就是后来为余叔岩操琴、大名鼎鼎的胡琴圣手李佩卿（李佩卿姓吴是随母姓）。李佩卿家境贫寒，在姜妙香身边六年，姜未收取任何学费，且管吃管住。李佩卿变声后嗓音不佳，便拜师方秉忠改行操琴，成为余叔岩的左膀右臂，同时还为言菊朋、杨宝忠、陈德霖等操琴。

3月，吴松泉成立承平班，该班是梆子、皮黄"两下锅"的小科班，学生以"永"字排名。吴松泉为提高科班声誉，约请各班名伶与科班学员一同演戏，洪奎班姜妙香、王凤卿在邀请之列。另有李寿山、朱文英、陈德霖、林树森、小凤凰、金秀山、张文斌等，谭鑫培亦在该班唱过大轴。

同年，洪奎班报散，姜妙香与王凤卿搭入陆华云、胡素仙的长春班（1905年报庙首班名为"小长春"），仍就在三庆园演出。前边的几出戏由科班学生唱，后边由搭班名伶唱（按小长春班戏目，姜妙香此时期很少唱生旦对儿戏，他与王凤卿都是单出，姜有《彩楼配》、《祭江》、《落园》，王有《定军山》、《让成都》、《取帅印》）。这个科班的学生后来成名的有李春才（李洪春）、张春彦、荣春善（荣蝶仙）、李春林等，朱文英次子朱桂芳也在此坐科学艺。

姜妙香搭长春班唱戏时，堂会戏要多于营业戏。在庄王府、庆王府、豫王府、肃王府、端王府、涛贝勒府、洵贝勒府、内务府总管继家都唱过堂会。还曾在药行会馆同仁堂乐宅祭神堂会，与谭鑫培演过《探母回令》，姜妙香饰演铁镜公主。

9月22日，长春班三庆园日场：

前六出为长春班学生演出，第七出李小山、黄润甫《洪洋洞》，杨小朵、陆华云、胡素仙《双摇会》，王凤卿、姜妙香、张毓庭合演《战蒲关》。

本年末，长春班主名小生陆华云殁，演艺日渐凋零，长春班随即报散。

1908年

（光绪三十四年，农历戊申年） 18岁

本年初，姜妙香搭新出新天仙班演出，同班者有：刘鸿升、王凤卿、吴彩霞、王长林、梅荣斋等。

3月，姜妙香同王凤卿一同转入田际云所组的玉成班，在广德楼演唱，演艺事业如日中天。

本年，姜妙香与王八十（王怀卿）长女王氏成婚。王怀卿为梅巧玲女婿，子王永利（武生），王蕙芳（旦角），长女嫁姜妙香，次女嫁尚小云，三女嫁黄润卿。

本年，法国百代唱片公司为了打破英商谋得利洋行在中国唱片市场的垄断局面，开始约请“京城一等名角”灌制唱片。姜妙香受到邀请，并请示师父田宝琳。田宝琳建议灌制《彩楼配》、《五花洞》、《战蒲关》。事宜商定，尚未履行，11月14日、15日，光绪皇帝、慈禧太后相继去世，清廷宣布实行“双国孝”，其间禁止一切戏乐。灌制唱片一事搁置。

1909年

（宣统元年，农历己酉年） 19岁

3月，宣统溥仪登基后，于3月3日宣布“双国孝”结束后，百代公司前者与姜妙香商定灌录唱片一事得以执行。于是，3月底，由田宝琳亲自操琴，姜妙香演唱，在百代公司灌制了《白门楼》（姜妙香饰貂禅）

1面、《五花洞》（姜妙香饰潘金莲）1面、《战蒲关》（姜妙香饰徐艳贞）1面，共计一张半唱片（未灌《彩楼配》）。该唱片是法国百代唱片公司在中国录制的第一批京剧唱片，同期录音的还有谭鑫培、何桂山等。这批唱片虽然标注1908年灌制，但实际是1909年3月完成。灌音后，运回法国由百代公司制成唱片，先返回上海销售，后销往北京。姜妙香这一时期的唱片，气力充沛、嗓音清脆。因此，唱片销量极好。

百代首次灌录的唱片问世后，风靡一时，百代由此而名声大噪。姜妙香也因此与百代接下了不解之缘，后多次被邀请灌制唱片。

本年，张淇林恢复四喜班，王长林任领班，报庙“复出四喜班”。该班大轴多为杨小楼演唱，其他行当俱全，唯缺旦角（旦角只有张云仙、唐竹亭）。年底，姜妙香与姚佩秋等一起搭入四喜班，成为四喜班正梁旦角，每日营业戏与堂会戏兼演，多时每日赶三四场，演出从中午直至凌晨，而姜无论赶多少场演出，演唱均满宫满调，从不懈怠。

1910年

（宣统二年，农历庚戌年） 20岁

1月，姜妙香赶在年底封箱前连续演出，吐血，举荐七弟妙卿替工补缺搭入四喜班。

2月，四喜班主张淇林又约孙怡云入班。张淇林为四箴堂弟子，后拜师杨隆寿，工武生。因此该班主要是武生与老生挑梁唱戏。杨小楼、张淇林、王长林等唱大轴武戏，老生张毓庭、旦角孙怡云唱压轴，姜妙卿戏码较为靠前。

2月18日，四喜班中和茶园日场：

开场吴连奎（余叔岩的老师）《一捧雪》，继之冯金寿《下河东》，崔德林《鱼肠剑》，周春奎（杨小楼的岳父）、姜妙卿、罗福山《乾坤带》，穆春山《草桥关》，许荫棠、孙怡云、谢宝云《桑园会》，姚佩秋、黄润甫、讷绍先、冯蕙林、慈瑞泉《穆柯寨》，压轴许荫棠、张毓庭、孙怡云、钱金福、谢宝云《美人计》，大轴杨小楼、张淇林、朱文英、王长林、许德义合演《溪皇庄》。

2月19日，四喜班中和茶园日场：

开场冯蕙林、冯金寿《锤换带》，继之崔德林《草桥关》，周春奎《战樊城》，张宝昆、姜妙卿《孝感天》，许德义、朱文英《四美图》，许荫棠、孙怡云、谢宝云《桑园会》，姚佩秋、慈瑞泉、吴连奎《浣花溪》，压轴张毓庭《失街亭》，大轴杨小楼、许德义、傅小山合演《贾家楼》。

姜妙香于本年正月底至初秋，居家养病。

本年秋，鄂省旅京人氏在湖广会馆举办三天义务戏，筹得善款捐赠鄂省水灾难民。居家修养的姜妙香只参加了头天义演，当日戏目为：

何桂山《白良关》，俞振庭《金钱豹》，朱素云、杨小朵《白门楼》，田桂凤《拾玉镯》，龚云甫《游六殿》，杨小朵、小百岁《十二红》，倒三王凤卿、姜妙香《朱砂痣》，压轴十三旦《花田错》，大轴刘鸿升《失街亭》《空城计》《斩马谡》。

秋后，姜妙香正式拜陈德霖为师，成为陈德霖"六大弟子"之一。陈德霖因材施教，为姜妙香说一些唱工较轻的戏，如《雁门关》青莲公主、《探亲》亲家、《贩马记》李桂枝等。同时学戏的还有梅兰芳、王蕙芳等。

本年冬初，王氏夫人生子，取名姜少香，初习老生，后因身体多病遂改行，善操琴。

本年冬，姜妙香病愈复出，搭俞振庭双庆班演出，嗓音大不如前，演出不多。

姜妙香由于不满嗓音状况，准备谢绝舞台以教戏或种花谋生，找到陈德霖商议。陈勉励之，并建议改习小生，并介绍姜拜鲍福山为师学习小生。

鲍福山是个比较特殊的人物，当时不管是有名望的头路小生，还是二三路小生，多半都是鲍福山的弟子。在旧时，没有师父是不能唱戏的，而拜师又分"入行"和"实授"两种，拜"入行"的师父不一定授业，只是说明行内人已经认可，才有正式搭班的基本资质。鲍福山辈分大、资历老，就连仅比他小八岁的王楞仙都是他的弟子（王楞仙拜师很早，但鲍福山不一定教过，王楞仙私淑徐小香）。鲍福山，号兰笙，绰号"鲍黑子"，原籍苏州。其父是和春班著名昆旦鲍秋文。鲍福山幼入嵩祝成习小生，后为四喜班著名武小生。1883年（光绪九年）被选入升平署做为"内廷供奉"。姜妙香拜师后，未至两月，鲍福山为其说了半出《辕门射戟》，就故去了。

年底，姜妙香向江春山问艺，学习了《玉堂春》的不同演法。头场"巡行"，导板、慢板带龙套"扯四门"，升堂、开枷取状后，吩咐带下苏三，唱西皮原板"读状"，再带苏三，又"看病"唱南梆子。此乃三庆班程长庚（刘秉义）、胡喜禄（苏三）、徐小香（王金龙）、卢胜奎（潘必正）合演《玉堂春》之戏路。江春山是徐小香之徒，颇得真传。

注：何时希先生撰文言说："（姜妙香）1910年拜陆薇仙为师学习小生。"暂存疑。陆薇仙出景春堂，从朱莲芬习昆旦，隶春台部。后改京剧小生，入阜成部。于同治十一年（1872）自营锡庆堂。陆薇仙是王楞仙同时代的小生，生于1856年，卒于1907年，就是王楞仙去世的第二年。1910年陆薇仙已经故去3年。又，《立言画刊》"侠公谈剧"记载"姜妙香曾从陆薇仙学习旦角"，年代当早于1910年，且作一说。

1911年

（宣统三年，农历辛亥年） 21岁

本年春，姜妙香为了拓宽戏路，经陈德霖介绍又拜冯蕙林为师。

冯蕙林，字振东，生于苏州，后占籍京师，幼年拜三庆班戴锦山为师习小生，以靠把见长。1890年左右搭入三庆班，1896年开始入宫承应，1899年随谭鑫培改搭同庆班。1911年，陆杏林因病被宫中革退，冯蕙林递补入升平署，应王楞仙、陆杏林所有小生戏码。冯蕙林从三庆时期、同庆社、以及入署后，无论营业戏、堂会戏、宫中传戏，谭鑫培均视为左右手，佐老谭多年。后执教斌庆社、中华戏校。是传授姜妙香小生剧目最多的一位老师。

这段时间，姜妙香白天搭班演出（还是演旦角戏），晚上和冯蕙林学小生戏，早晨向茹莱卿学习武功、身段和把子功，尤为刻苦。同时，还继续约请陈嘉梁拍曲，学习昆曲小生。陈嘉梁是著名昆曲小生陈寿彭之侄，昆腔造诣极深，梅兰芳也曾正式拜在他的门下。其子陈富瑞、陈盛泰均为富社杰出人才。陈嘉梁为姜妙香拍曲、调嗓四年，教授昆曲戏三十余出。

本年，姜妙香与同门师兄王琴侬（王琴侬是田宝琳学生，但也拜在陈德霖门下学戏）照《戏目莲》（即《四面观音》）剧照两张，王琴侬饰观音化身，姜妙香饰目莲。

1912年

（民国元年，农历壬子年） 22岁

姜妙香嗓音、身体略有好转。但由于忙于演出、学戏，无暇再教授弟子李佩卿。本年，介绍李佩卿搭入天庆班，为李解决了生计。

1月12日，天庆班大舞台日场，李佩卿、陆凤琴、慈瑞泉《双摇会》列戏码第三出，大轴刘鸿升《斩黄袍》。

6月21日，天庆班大舞台日场，李佩卿、刘景然《梅龙镇》列戏码第二出，大轴刘鸿升《法场换子》。

7月20日，天庆班大舞台日场，许荫棠、金仲仁、李佩卿《御碑亭》已经列戏码倒三。

9月5日，天乐园义务夜戏，开场第二出李佩卿《打樱桃》，金仲仁《辕门射戟》，压轴路三宝、德珺如《得意缘》，大轴朱幼芬、金秀山、梅兰芳合演《五花洞》。

本年初，经陈嘉梁介绍，姜妙香从陆杏林学习昆曲小生。所学昆曲戏由陈嘉梁拍曲，陆杏林说身段。

本年春，正式拜陆杏林为师。陆杏林是大老板程长庚“四箴堂”的弟子，与钱金福、陈得林（德霖）、张淇林等为师兄弟。尤擅昆曲穷生戏，《彩楼记》的吕蒙正、《绣襦记》的郑元和、《永团圆》的蔡文英以及《秦淮河》、《玉玲珑》、《关王庙》、《鸿鸾禧》等戏享有盛誉，姜妙香之穷生戏得其真传。陆杏林坐科的“四箴堂”，是京剧发展史上最为重要的科班之一，它是京剧从孕育走向成熟的阶梯，“四箴堂”弟子们所继承的传统技法和对京剧所作的改革，直接影响了以杨（小楼）、梅（兰芳）、余（叔岩）为代表的京剧体系的形成。“四箴堂”科班以昆曲打基础，奉“身段论”为圭臬的艺术风格，也延续到后来的小荣椿科班的杨春甫（杨小楼）、程春德（程继先）、郭春萃（郭继湘）、谭春富（谭小培）等等。而姜妙香也成为“四箴堂”小生行当陆杏林、冯蕙林以下的唯一传人，对小生艺术的传承起到了重要作用。后来，姜妙香演京剧《状元谱》陈大官，将陆杏林穷生戏唱念技法与身段融入该戏，别具一格独树一帜。可以说陆杏林是对姜妙香影响最大的一位老师。

6 月 18 日，田际云、余玉琴等组织成立“正乐育化会”，梨园公所全部移入，谭鑫培、田际云任正、副会长。育化会倡议所有戏班均改“班”为“社”（“班”字近于妓馆之名称）。田际云的玉成班率先改为翊文社，双庆班改名双庆社。姜妙香继续搭双庆社在文明茶园演出旦角戏，戏码次序也有所提升。当时朱素云、陆杏林都在该社唱戏，几乎每天都有与姜秒香同台的机会。

8 月 24 日，段祺瑞在金鱼胡同的那家花园宴请孙中山戏目：

金秀山《草桥关》，朱文英、许德义《取金陵》，路三宝、德珺如、罗寿山《鸿鸾禧》，姜妙香、李鑫甫《朱砂痣》，倒四王瑶卿、王蕙芳《樊江关》，倒三杨小楼、李连仲、钱金福《连环套》，压轴陈德霖、王瑶卿、龚云甫、王凤卿、朱素云、钱金福《南北和》，大轴谭鑫培、增长胜合演《托兆碰碑》。

8 月 25 日，双庆社文明茶园日场：

开场勾德云《裙边扫雪》，何桂山、李春林《五台山》，盖月樵《卧虎沟》，倒三姜妙香（李桂枝）、朱素云（赵宠）、陆杏林（保童）、郭春山、李寿峰《奇双会》（“哭监”起“团圆”止），压轴王凤卿、何桂山、郝寿臣《鱼肠剑》《刺王僚》，大轴俞振庭、阎岚秋、贾洪林合演《青石山》。

9 月 1 日，双庆社文明茶园日场：

勾德云《定中原》，小菊芬《铁弓缘》，何桂山《嫁妹》，杨韵芳《孝义节》，冯月娥《鸿鸾禧》，小月芬《滑油山》，贾洪林《金沙滩》，小月芬《十八扯》，金玉兰《苦中苦》，盖月樵《恶虎村》，倒三姜妙香、陆杏林《小宴》，压轴王凤卿、李顺亭、郝寿臣《战长沙》，大轴金玉兰、马云龙合演《错中错》。

9 月 6 日，双庆社文明茶园日场：

小月芬《洪羊洞》，孙一清《大登殿》，金玉兰《辛安驿》，阎岚秋、李吉瑞《刺巴杰》，薛凤池《恶虎村》，盖月樵《铁笼山》，金彩云《苦中苦》，小菊芬《英杰烈》，何桂山《火判》，姜妙香、杨韵芳《五花洞》，倒四王凤卿《斩五将》，倒三俞振庭、迟月亭《贾家楼》，压轴贾洪林《九更天》，大轴马俊山《断密涧》。

9月11日，双庆社文明茶园日场：

何桂山、李顺亭《风云会》，阎岚秋、张宝昆《穆柯寨》，李吉瑞《独木关》，薛凤池、瑞德宝《铁公鸡》，陈桐云《浣花溪》，杨韵芳《五花洞》，俞振庭《铁笼山》，倒四王凤卿《取成都》，倒三姜妙香《昭君》，压轴牛春化《通天犀》，大轴贾洪林《奇冤报》。

本年冬，姜妙香与王瑶卿、王琴侬、王蕙芳等，帮助筹备陈德霖长女陈淑铭出嫁，四人皆为婚礼提调。陈淑铭嫁著名老生余叔岩，姜也由此结识了余叔岩，成为莫逆之交。

1913年

（民国二年，农历癸丑年） 23岁

本年，姜妙香本想辞班专心学戏与调养身体，无奈学戏、养家均需花费。八弟祖德已经患病在家休养，七弟妙卿身体不佳，在班中辞去了营业戏只接堂会戏。仅靠姜妙香一人挣钱维持日常开销。

本年，姜妙香继续搭双庆社演出，该社生旦净丑演员更换频繁，姜始终未投他班。

2月底，姜妙香应邀赴天津天仙茶园演出一期，同台合作者有李吉瑞、外甥小小朵（杨宝忠）等。

3月2日，天津天仙茶园日场：

薛凤池、谢增珍、王来喜《挑华车》，张黑《烟鬼叹》，倒三姜妙香、刘长山《宇宙锋》，压轴小小朵（杨宝忠）《斩黄袍》，大轴李吉瑞、刘永奎《独木关》。

5月，姜妙香随双庆社赴徐州参加张少轩寿宴堂会，姜妙香参演剧目有《御碑亭》（孟小如饰王有道、姜妙香饰孟月华、朱素云饰柳春生）、《玉堂春》（姜妙香饰苏三、朱素云饰王金龙）。

9月，交通总长周自齐伯父七十寿辰织云公所堂会戏，姜妙香在前边演出《彩楼配》，大轴谭鑫培《洪羊洞》。

1914年

（民国三年，农历甲寅年） 24岁

本年，姜妙香继续搭双庆社演出。

1月，梅兰芳、王蕙芳在庆丰堂正式拜陈德霖为师，姜妙香参加。

同年，春阳友会票房成立，创办人樊棣生，名誉会长李经畬。票房规模设施犹如正式剧团。特邀钱金福、陈德霖、王瑶卿、余叔岩、梅兰芳、姜妙香等参加活动，红豆馆主、卧云居士、郭仲衡、言菊朋、包丹庭、朱琴心等均是该会的名票。姜在此票房还是唱旦角，偶尔串演小生。

姜妙香在春阳友会结识余叔岩后，余此时正在刻苦研究音韵，并向姜妙香推荐《李氏音鉴》、《韵学骊珠》两种韵书，姜均用心研读。

1914年春阳友会堂会戏目：

开场赵芝香《彩楼配》，继之朱桂芳《泗州城》，陆凤琴《荷珠配》，王荣山《定军山》，票友舒子宽《玉门关》，王长林《巧连环》，票友世哲生《安天会》，票友恩禹之《举鼎观画》，票友王君直、裘桂仙《骂曹》，钱金福、王长林《祥梅寺》，票友红豆馆主《梅龙镇》，票友林钧甫《小放牛》，票友松介眉《胭脂虎》，票友朱琴心《牡丹亭》，票友秦嘏厂、陈德霖、裘桂仙《二进宫》，倒四杨小楼《状元印》，倒三梅兰芳《宇宙锋》（“金殿”），压轴红豆馆主《风筝误》，大轴陈德霖、王琴侬、姜妙香合演《四面观音》（即《劝善金科》，又名《观音戏目莲》。陈德霖饰观音，王琴侬饰观音化身，姜妙香饰目莲，诸茹香饰善才，王丽卿饰龙女）。

10月16日，双庆社文明园日场：

李荣升《二进宫》，马春樵、李寿山《伐子都》，荣蝶仙、迟子俊《探亲》，程继先、姜妙香《岳家庄》，倒四田桂凤、冯蕙林、小百岁《今古奇观》，倒三时慧宝、福小田《七星灯》，压轴俞振庭、绿牡丹、何佩亭《大闹嘉兴府》，大轴谭鑫培、何桂山合演《捉放曹》。

10月19日，双庆社文明园日场：

张春彦《大赐福》，马春樵、张荣奎《莲花湖》，俞振庭《飞叉阵》，倒四程继先、荣蝶仙、金少山《贪欢报》，倒三姜妙香、诸茹香《雁门关》，压轴时慧宝《奇冤报》，大轴谭鑫培、何桂山合演《骂曹》。

10月24日，双庆社文明园日场：

唐长立《太行山》，张荣奎、彭福凌《战樊城》，李荣升（李寿山之子）、李少山《洪羊洞》，马春樵、岳春林《八蜡庙》，姜妙香、沈长林、唐芝方《落花园》，倒四荣蝶仙、何佩亭《娘子军》，倒三时慧宝、金少山《失街亭》，压轴俞振庭《金钱豹》，大轴孙菊仙、陈德霖、程继先、诸茹香、李寿山、高四保、李寿峰合演《四进士》。

11月7日，双庆社文明园日场：

开场《南阳关》，李荣升、李少山、唐长立《失街亭》，马春樵、金少山《青风寨》，荣蝶仙、程继先、李寿山、高四保《穆柯寨》，倒四俞振庭、何佩亭《白水滩》，倒三时慧宝、姜妙香、时玉奎《法门寺》，压轴刘永春、唐芝方《白良关》，大轴王又宸、俞振庭、何佩亭合演《桑园寄子》。

11月18日，双庆社文明园日场：

开场《打登州》，何玉奎《探阴山》，李荣升、李少山、唐长立《失街亭》，盖月樵、岳春林《恶虎村》，姜妙香、冯蕙林、连红霞、石小山《双彩楼配》，倒四程继先《雅观楼》，倒三马春樵、荣蝶仙《战宛城》，压轴时慧宝、张荣奎《戏迷传》，大轴俞振庭、何佩亭、岳春林合演《艳阳楼》。

11月19日，双庆社文明园日场：

开场《夜战》，何玉奎《草桥关》，李荣升、李少山《黄金台》，盖月樵、岳春林《花蝴蝶》，连红霞、高庆奎《赶三关》，倒四姜妙香、程继先、唐芝方《岳家庄》，倒三马春樵、荣蝶仙、诸茹香、李寿峰、孙小六、冯蕙林、高四保《大英杰烈》，压轴时慧宝、金少山、张荣奎《戏迷传》，大轴俞振庭、何佩亭、俞玉亭、马春樵合演《六白水滩》。

12月17日，双庆社文明园日场：

小鸿升、小永春《鱼肠剑》，马春樵、盖月樵《花蝴蝶》，荣蝶仙、程继先《雁门关》，姜妙香、冯蕙林、连红霞、石小山《双彩楼配》，倒四李鑫甫、盖奎官、张寿山《大落马湖》，倒三时慧宝、时玉奎、李寿峰《击鼓骂曹》，压轴俞振庭、何佩亭、五阵风、云中凤《水帘洞》，大轴王又宸、李寿山、迟子俊、金少山合演《奇冤报》。

12月23日，双庆社文明园日场：

开场小穆子《二进宫》，马春樵《拿郝文》，李鑫甫《华容道》，荣蝶仙、程继先《会稽城》，刘永春《草桥关》，倒三时慧宝、高庆奎、姜妙香《朱砂痣》，压轴俞振庭《青石山》，大轴王瑶卿、金仲仁合演《穆天王》。

本年冬，七弟姜妙卿病故，卒于吐血症，时年22岁。

1915年

（民国四年，农历乙卯年） 25岁

本年，姜妙香继续搭俞振庭双庆社，新搭天庆社。

本年，双庆社演出盛况空前。原田际云翊文社（原玉成班）中梅兰芳、孟小如、路三宝、谢宝云、高庆奎均转入双庆社。加上双庆社原有的好角，武生俞振庭、王毓楼，丑角王长林，小生程继先，轮番上演经典好戏。

2月5日（农历十二月廿二日），俞振庭安排陈德霖携爱婿余叔岩（余当时很少演出）一同在广德楼演出夜戏。陈德霖替姜妙香选择了这个时机正式露演小生戏。于是，俞振庭安排姜妙香在自己演出《艳阳楼》前边贴演《监酒令》。

2月5日，双庆社广德楼夜戏：

王荣山《卖马》，李荣升（李寿山之子）《奇冤报》，李鑫甫《战太平》，姜妙香《监酒令》，俞振庭《艳阳楼》，余叔岩《打棍出箱》，路三宝、王蕙芳《樊江关》，大轴梅兰芳、陈德霖、时慧宝、王凤卿、高庆奎、谢宝云合演《探母回令》。

当晚，姜妙香演出圆满，在后台赢得了班主与同行的认可。

姜妙香的小生戏有了行内人的认可，俞振庭便安排姜妙香正式对外公演小生戏。头一场打泡戏《黄鹤楼》，由姜妙香饰周瑜，高庆奎饰刘备，韦久峰饰诸葛亮，李连仲饰张飞。

2月21日（农历正月初八）吉祥园日场：

张荣奎、俞振庭、何佩亭《连营寨》，梅荣斋《草桥关》，胡素仙《探亲》，程继先、王长林《探庄》，路三宝《采花赶府》，倒三姜妙香、高庆奎、韦久峰、李连仲《黄鹤楼》，压轴王毓楼《金钱豹》，大轴梅兰芳、孟小如合演《汾河湾》。

姜妙香此场演出后，一炮而红，确立了在双庆社与程继先双头路小生的地位。

3月10日，双庆社吉祥园日场：

诸茹香《打灶王》，程继先《监酒令》，姜妙香、冯蕙林、李连仲、李寿峰《教场训子》，倒四王毓楼《赵家楼》，倒三孟小如、胡素仙《教子》，压轴俞振庭《金沙滩》，大轴梅兰芳、程继先合演《天门阵》。

3月11日，双庆社文明园日场：

程继先《探庄》，谢宝云《钓龟》，王毓楼《卧虎沟》，胡素仙《五花洞》，姜妙香、高庆奎《镇潭州》，孟小如《洪羊洞》，压轴俞振庭《艳阳楼》，大轴梅兰芳、高庆奎、路三宝、郝寿臣首次演出新戏《孽海波澜》。

双庆社班主俞振庭，从田际云翊文社挖来梅兰芳，梅带着在翊文社排演的新戏《孽海波澜》（田际云给的本子），在双庆社首次露演，大获成功。一方面说明俞振庭很会经营，二来也是俞五爷“慧眼识英雄”。借着《孽海波澜》的成功，俞振庭趁热打铁，于3月21日派出了梅兰芳“《玉堂春》准带《团圆》”。梅原来唱《玉堂春》从不带“团圆”，这是双庆社的“噱头”。并安排刚刚以小生唱红的姜妙香饰演王金龙，李寿峰饰刘秉义，高庆奎饰潘必正。并且亲自在《玉堂春带团圆》前边贴演双出，《艳阳楼》与《桃花坞》。此戏未演就已轰动，戏园之中一票难求。这场《玉堂春带团圆》是梅兰芳、姜妙香的首次合作，占尽天时、地利、人和，珠联璧合。

3月21日，双庆社吉祥园日场：

韦九峰《浣纱记》，程继先《祝家庄》，王毓楼《卧虎沟》，胡素仙、谢宝云《孝义节》，倒四俞振庭《桃花坞》，倒三孟小如、胡素仙《赶三关》，压轴俞振庭《艳阳楼》，大轴梅兰芳、姜妙香、李寿峰、高庆奎合演《玉堂春》（带“团圆”）。

本年春，姜妙香正式拜师茹莱卿。姜妙香在改小生前，就一直跟随茹莱卿练习武工。正式改演小生后，又觉得武工与把子方面缺乏基础。于是，正式拜师重新“下挂”。

4月4日，双庆社吉祥园日场：

诸茹香、高士杰《变羊记》，李敬山《绒花记》，胡素仙《别宫》，倒四程继先、朱桂芳《金光洞》，倒三姜妙香、高庆奎、韦九峰《群英会》，压轴孟小如《闹府》，大轴梅兰芳首次贴演《金山寺》。程继先饰许仙，路三宝饰小青，俞振庭饰伽蓝，郭春山饰小和尚，李寿峰饰法海，王毓楼饰鹤童，范宝亭饰鹿童。

4月10日，双庆社吉祥园日场：

诸茹香、高士杰《荷珠配》，云中凤《泗州城》，倒四姜妙香、高庆奎再次贴演《黄鹤楼》，倒三胡素仙《六月雪》，压轴俞振庭《八大锤》，大轴梅兰芳首次贴演新戏《宦海潮》。

4月16日，双庆社文明茶园日场：

云中凤《红桃山》，诸茹香《寿山会》，连红霞《落花园》，胡素仙《探亲家》，孟小如、姜妙香《群英会》，龚云甫《行路训子》，压轴俞振庭《白水滩》，大轴梅兰芳、路三宝、程继先合演二本《虹霓关》。

4月18日，双庆社吉祥园日场：

姜妙香《未央宫》，王毓楼《金钱豹》，胡素仙《斩窦娥》，倒三俞振庭《连营寨》，孟小如《雪杯圆》，大轴梅兰芳、陈德霖、龚云甫、孟小如、路三宝合演全本《雁门关》。

5月16日，双庆社吉祥园日场：

李荣升《捉放曹》，茹锡久、王毓楼《八蜡庙》，韦九峰《金水桥》，胡素仙《宇宙锋》，孟小如《黄金台》，压轴龚云甫《药茶计》，大轴梅兰芳、路三宝、程继先、俞振庭、诸茹香、姜妙香、高庆奎、李寿峰、李敬山首次贴演新戏《邓霞姑》。

6月13日，双庆社吉祥园日场：

韦九峰《打金枝》，王毓楼《八大锤》，姚玉芙《祭江》，朱桂芳《取金陵》，龚云甫《钓金龟》，压轴王凤卿、姜妙香、谢宝云《朱砂痣》，大轴梅兰芳、俞振庭、程继先合演《邓霞姑》。

6月22日，天庆班广德楼日场：

张荣奎《伐东吴》，许德义《花蝴蝶》，姜妙香《监酒令》，胡素仙、谢宝云《母女会》，倒三王瑶卿、金仲仁《延安关》，压轴孟小如、黄润甫、范福泰《洪羊洞》，大轴王瑶卿、沈华轩、王蕙芳、许荫棠合演《混元盒》。

6月27日，天庆班广德楼日场：

李敬山《请医》，姜妙香、高庆奎《群英会》，李贯卿《六殿》，倒三沈华轩《八蜡庙》，压轴孟小如、胡素仙《桑园寄子》，大轴王瑶卿、金仲仁、王蕙芳、谢宝云合演《得意缘》。

6月28日，天庆班广德楼日场：

高庆奎《卖马》，李贯卿《断后》，许德义《讲堂斗志》，倒四许荫棠、姜妙香《打金枝》，倒三沈华轩《冀州城》，压轴孟小如、胡素仙《桑园会》，大轴王瑶卿、金仲仁、王蕙芳、黄润甫合演《金猛关》。

6月28日，双庆社吉祥园日场，大轴梅兰芳《邓霞姑》。姜妙香因在广德楼演出，《邓霞姑》周普士一角由姚玉芙担任。

7月25日，双庆社吉祥园日场：

李荣升《斩黄袍》，朱桂芳、程继先《蔡家庄》，姚玉芙《别宫》，姜妙香《白门楼》，王凤卿《昭关》，压轴是梅兰芳《起解》，大轴俞振庭、梅兰芳、陈德霖、姜妙香、龚云甫、高庆奎、路三宝全本《混元盒》。此场演出为姜妙香首次贴演《白门楼》。

7月28日，双庆社吉祥园日场：

李荣升、大奎官《托兆碰碑》，诸茹香、慈瑞泉《文章会》，姚玉芙、韦九峰、谢宝云、冯蕙林《满床笏》，程继先、朱桂芳、云中凤《探庄射灯》，倒三梅兰芳、路三宝、高庆奎、迟子俊、罗福山、盖奎官《能仁寺》，压轴王凤卿、姜妙香、李敬山《举鼎观画》，大轴俞振庭、梅兰芳、路三宝、李连仲、李顺亭、王毓楼、李寿山、茹锡久合演《长坂坡》《汉津口》。

7月30日，双庆社吉祥园日场：

开场李荣升《洪羊洞》，继之诸茹香《闹松林》，韦九峰《鱼藏剑》，程继先《未央宫》，俞振庭、何佩亭、茹锡久《艳阳楼》，姜妙香、李寿山《白门楼》，王凤卿、高庆奎、李连仲《战成都》，压轴俞振庭、朱桂芳、王毓楼《青石洞》，大轴梅兰芳、路三宝、谢宝云、李敬山合演《樊江关》。

8月初，双庆社梅兰芳、姜妙香、姚玉芙等，与王凤卿赴天津东天仙舞台演出，剧目以《孽海波澜》、《宦海潮》、《邓霞姑》等新戏为主。

8月17日，双庆社吉祥园日场：

李荣升《上天台》，王荣山《战太平》，朱桂芳《摇钱树》，倒四程继先、谢宝云《岳家庄》，倒三王毓楼《挑华车》，压轴王凤卿、俞振庭《阳平关》，大轴梅兰芳、路三宝、程继先、姜妙香首次演出《天河配》。

8月22日，双庆社吉祥园日场：

李荣升《奇冤报》，韦九峰、姚玉芙《乾坤带》，朱桂芳《十字坡》，倒四程继先、王荣山《借赵云》，倒三俞振庭《拿郝文》，压轴王凤卿、路三宝《翠屏山》，大轴梅兰芳、路三宝、程继先、姜妙香合演《天河配》。

8月31日，双庆社文明茶园日场：

李荣升《辕门斩子》，高四保《定计化缘》，朱桂芳《演火棍》，姜妙香、姚玉芙《岳家庄》，压轴王凤卿《阳平关》，大轴梅兰芳、路三宝、程继先合演二本《虹霓关》。

9月2日，双庆社吉祥园日场，大轴梅兰芳、姜妙香、李寿峰合演《玉堂春》。

9月5日，双庆社吉祥园日场：

李荣升《上天台》，谢宝云《钓金龟》，王毓楼《金钱豹》，程继先、朱桂芳《金光洞》，俞振庭《铁笼山》，路三宝《花田错》，压轴王凤卿《捉放曹》，大轴梅兰芳、姜妙香首次上演《佳期拷红》。

9月12日，双庆社文明茶园日场：

开场全班合演《永平安》，李荣升（李寿山之子）《辕门斩子》，诸茹香《打灶王》，朱桂芳、朱湘泉《十字坡》，孟小如、姚玉芙《打金枝》，王毓楼《金钱豹》，路三宝、程继先《鸿鸾禧》，王凤卿《战成都》，压轴俞振庭《挑华车》，大轴梅兰芳、姜妙香、李寿峰合演《玉堂春》。

10月10日，双庆社吉祥园日场，大轴梅兰芳、姜妙香合演头本《虹霓关》。

10月31日，双庆社吉祥园日场：

朱桂芳《演火棍》，王毓楼《义侠记》，姜妙香《夺小沛》，路三宝《胭脂虎》，俞赞庭《贾家楼》，压轴王凤卿《战太平》，大轴梅兰芳、俞振庭首次演出《嫦娥奔月》。

11月14日，双庆社吉祥园日场：

王毓楼《一箭仇》，朱桂芳《打瓜园》，姚玉芙《大保国》，谢宝云《钓金龟》，路三宝、程继先《马上缘》，俞振庭《艳阳楼》，压轴王凤卿《捉放曹》，大轴梅兰芳、陈德霖、姜妙香、李寿山合演《风筝误》（“惊丑”、“前亲”、“逼婚”、“后亲”）。此为梅兰芳首次与陈德霖、姜妙香演出《风筝误》。

11月27日，双庆社吉祥园夜戏：大轴梅兰芳、王凤卿、姜妙香、李敬山、高四保（高庆奎之父）、路三宝首次上演新戏《牢狱鸳鸯》。

11月下旬，梅兰芳脱班，带领王凤卿、姜妙香、荣蝶仙、姚玉芙等，赴天津东天仙舞台演出十天。剧目为《御碑亭》、《樊江关》、《汾河湾》等。

12月12日，双庆社文明茶园日场：

开场全班合演《山海关》，李荣升《奇冤报》，许荫棠、增长胜《取荥阳》，程继先《临江会》，范宝亭、朱桂芳《铁笼山》，盖叫天《四杰村》，压轴王凤卿《朱砂痣》，大轴梅兰芳、路三宝、姜妙香合演《虹霓关》。

12月15日，双庆社文明茶园日场：

李荣升《上天台》，诸茹香《荷珠配》，姚玉芙《打金枝》，姜妙香《辕门射戟》，朱桂芳《献鱼篮》，盖叫天《白水滩》，压轴王凤卿《战长沙》，大轴梅兰芳、路三宝、程继先合演《能仁寺》。

12月16日，双庆社堂会戏目：

李春林《百寿图》，云中凤、小春来《蟠桃会》，韦久峰、冯蕙林《打金枝》，俞振庭、朱湘泉《莲花寺》，诸茹香、冯蕙林《文章会》，俞振庭、茹锡久《艳阳楼》，李荣升《斩黄袍》，李连仲、茹锡久《丁甲山》，李敬山、冯蕙林《连升三级》，俞赞庭、李连仲《恶虎村》，路三宝《阴阳河》，朱桂芳《夺太仓》，梅兰芳、路三宝、程继先、李寿山、李敬山《能仁寺》，王凤卿、姚玉芙、罗福山《朱砂痣》，陈德霖、梅兰芳、姜妙香、李寿山、李寿峰、郭春山《风筝误》，压轴程继先《八大锤》，大轴陈德霖、梅兰芳、王凤卿、程继先、谢宝云、诸茹香合演三本《雁门关》。送客戏：李春林《遇龙封官》。

1916年

（民国五年，农历丙辰年） 26岁

1月14日，双庆社吉祥园日场：

朱桂芳《攻潼关》，程继先《探庄》，贾洪林、俞振庭《连营寨》，压轴王凤卿、黄润甫《华容道》，大轴为梅兰芳、姜妙香、路三宝、姚玉芙首次演出新戏《黛玉葬花》。此为梅兰芳、姜妙香合作的第一出红楼戏，全剧只有五场戏。梅兰芳饰演林黛玉，姜妙香饰演贾宝玉，姚玉芙饰演紫鹃，诸茹香饰演袭人，李敬山饰演茗烟。

1月15日，双庆社文明园日场：大轴梅兰芳、陈德霖、姜妙香、李寿峰、李寿山、郭春山、曹二庚合演《风筝误》。

1月19日，双庆社吉祥园日场：

朱桂芳《泗州城》，路三宝、贾洪林《翠屏山》，俞振庭、黄润甫《挑华车》，压轴王凤卿、姚玉芙《朱砂痣》，大轴梅兰芳、陈德霖、姜妙香、郭春山、李寿山合演《风筝误》。

1月23日，双庆社吉祥园日场：

俞振庭《艳阳楼》，姜妙香《辕门射戟》，贾洪林、程继先《金锁阵》，路三宝《五彩舆》，压轴王凤卿、黄润甫、李顺亭、高庆奎《定军山》，大轴梅兰芳首次演出《春香闹学》。

2月15日，双庆社吉祥园日场：

压轴王凤卿、姜妙香、李寿山《黄鹤楼》，大轴梅兰芳、俞振庭、程继先合演《金山寺》。

2月19日，双庆社在吉祥园日场：

李荣升《奇冤报》，五阵风、小春来《蟠桃会》，增长胜《父子会》，许荫棠《御碑亭》，俞赞庭、黄润甫《恶虎村》，路三宝《花田错》，压轴王凤卿、贾洪林、李顺亭《文昭关》，大轴梅兰芳、姜妙香、姚玉芙合演《游园惊梦》。

2月24日，双庆社文明茶园日场：

开场《太行山》，李荣升《辕门斩子》，许荫棠《打金枝》，朱桂芳《娘子军》，姜妙香、姚玉芙《岳家庄》，路三宝《英杰烈》，王凤卿《取帅印》，压轴俞振庭《殷家堡》，大轴梅兰芳、高四保、张彩林合演《贵妃醉酒》。

2月26日，双庆社文明茶园日场：

开场全班合演《吉祥戏》，俞赞庭、朱桂芳《桃花坞》，徐春明《太行山》，李荣升、刘幼春《斩黄袍》，李顺亭、增长胜《战太平》，诸茹香《闹松林》，许荫棠《摘缨会》，压轴路三宝《鸿鸾禧》，大轴梅兰芳、王凤卿、黄润甫、俞振庭、姜妙香合演《美人计》《回荆州》。

4月19日，双庆社吉祥园日场：

诸茹香《荷珠配》，李荣升《上天台》，程继先、高庆奎《黄鹤楼》，倒三俞振庭《艳阳楼》，压轴王凤卿、姚玉芙《朱砂痣》，大轴梅兰芳、姜妙香、路三宝、贾洪林首次上演根据包天笑小说改编的时装新戏头本《一缕麻》。此为姜妙香参加的梅兰芳又一新戏原排，后来程继先、朱素云都演过。

4月21日，双庆社吉祥园日场：

李荣升《洪羊洞》，许荫棠《选元戎》，朱桂芳《泗州城》，俞振庭《挑华车》，压轴王凤卿《浣纱记》，大轴梅兰芳、姜妙香合演新戏二本《一缕麻》。

5月20日至22日，双庆社吉祥园日场，大轴梅兰芳、姜妙香、路三宝、贾洪林等，一连三天演出《一缕麻》一、二、三本。

6月，杨小楼联手王瑶卿，在可容纳两千观众的第一舞台演出，连日满座。双庆社班主俞振庭为抗衡在第一舞台的合作演出，特倾全班之力，在吉祥园搬演了八本《混元盒》。双庆社的梅兰芳、陈德霖、路三宝、李连仲、李寿山、贾洪林、姜妙香以及俞振庭本人，全部参加了演出。从6月5日端阳节开始连续八天，每天一本。

6月5日，双庆社吉祥园日场：

李荣升《斩黄袍》，俞赞庭《挑华车》，许荫棠《选元戎》，瑞德宝《落马湖》，压轴梅兰芳、王凤卿、路三宝、谢宝云《探母回令》，大轴梅兰芳、王凤卿、陈德霖、姜妙香、俞振庭、李连仲、贾洪林合演《混元盒》。

6月16日，双庆社文明茶园夜戏：

开场全社合演《永平安》，俞赞庭《恶虎村》，许荫棠《打金枝》，俞振庭《艳阳楼》，压轴王凤卿《捉放曹》，大轴梅兰芳、姚玉芙、诸茹香、姜妙香、李寿峰、李敬山合演《邓霞姑》。

6月22日，双庆社吉祥园日场：

朱桂芳《取金陵》，瑞德宝《姜维探营》，俞振庭、俞赞庭《铁笼山》，压轴王凤卿、陈德霖《战蒲关》，大轴梅兰芳、姜妙香首次演出《千金一笑》（即《晴雯撕扇》）。梅兰芳饰晴雯，姜妙香饰贾宝玉，姚玉芙饰袭人。

7月4日，双庆社吉祥园日场：

增长胜《锁五龙》，高庆奎《乌盆记》，许荫棠、罗福山、唐芝方《牧羊圈》，谢宝云《钓金龟》，姜妙香、贾洪林、姚玉芙《白门楼》，俞振庭、俞华庭、俞赞庭、李寿山《乾元山》，压轴王凤卿、李顺亭、李寿峰《取西川》，大轴梅兰芳、路三宝、诸茹香、姜妙香、李寿峰、李敬山合演《邓霞姑》。

7月5日，双庆社吉祥园日场：

刘赞云《武昭关》，诸茹香《看香头》，路三宝、许荫棠、冯蕙林《胭脂虎》，姜妙香、贾洪林、姚玉芙《白门楼》，高庆奎、福小田《上天台》，李寿山《青风寨》，俞赞庭、何佩亭、小春来《铁笼山》，俞振庭、迟月亭、迟景昆《金钱豹》，压轴王凤卿、增长胜、李顺亭《捉放曹》，大轴梅兰芳、李敬山合演《女起解》。

8月2日，冯宅堂会演出戏目：

慈瑞泉《送亲演礼》，路玉珊、诸茹香、李连仲《花田错》，高庆奎、福小田《打鼓骂曹》，尚小云、陆杏林、刘景然《玉堂春》，王蕙芳、张宝昆《得意缘》，王琴侬、罗福山《孝义节》，梅兰芳、姜妙香、姚玉芙《千金一笑》，李顺亭《探营》，钱金福、刘春利《铁笼山》，王福寿、陆杏林、乔玉林《弹词》，倒四王凤卿、裘桂仙《捉放曹》，倒三路玉珊、王蕙芳、张宝昆《能仁寺》，压轴王凤卿、贾洪林《战成都》，大轴梅兰芳、陈德霖、姜妙香、李寿山、郭春山合演《风筝误》。送客戏：《水帘洞》。

9月初，梅兰芳脱班，携王凤卿、姜妙香、高庆奎、姚玉芙、诸茹香、福小田、高四保赴天津短期演出。

9月3日，天津云仙舞台日场：

压轴王凤卿（《阳平关》黄忠）、高庆奎（《定军山》黄忠）、薛凤池、福小田、娄廷玉《定军山》《阳平关》，大轴梅兰芳、姜妙香、高庆奎合演《玉堂春》。

9月3日，天津云仙舞台夜戏：

压轴王凤卿、福小田、高庆奎《战樊城》《长亭会》，大轴梅兰芳、姜妙香、姚玉芙、诸茹香、高四保合演三四本《一缕麻》（首次在天津演出）。

9月4日，天津云仙舞台夜戏：

压轴高庆奎、福小田《双投唐》，大轴梅兰芳、姜妙香、王凤卿、姚玉芙、高四保合演《牢狱鸳鸯》（首次在天津演出）。梅兰芳饰郦珊柯、姜妙香饰卫如玉、姚玉芙饰嫂子、高四保饰县官、王凤卿饰巡按。

9月5日，天津云仙舞台夜戏：

压轴高庆奎、福小田《逍遥津》，大轴梅兰芳、姜妙香、王凤卿合演《玉堂春》。

9月底，梅兰芳、王凤卿、姜妙香等人返京，仍搭双庆社。

9月26日，双庆社吉祥园日场：

小春来《蜈蚣岭》，高庆奎《斩黄袍》，姜妙香《监酒令》，俞赞庭《八大锤》，压轴王凤卿《捉放曹》，大轴梅兰芳、路三宝、俞振庭、姜妙香、贾洪林、姚玉芙合演《邓霞姑》。此时程继先辞双庆社，只搭俞振庭的另一班社春合社，与谭鑫培等合作。姜妙香接替了《邓霞姑》中程继先的角色。

10月初，梅兰芳应许少卿邀请，与王凤卿、姜妙香、姚玉芙等第三次赴上海演出，姜妙香的老师陈嘉梁也作为笛师随行赴沪。演出地点在二马路天蟾舞台，场内楼上楼下可容纳三千多观众。

10月6日，上海天蟾舞台夜戏首场演出：

开场《庆阳图》，水上飘《反延安》，时玉奎《草桥关》，小七岁红《花蝴蝶》，小如意、林树森《阴阳河》，姜妙香、王芝裕《辕门射戟》，赵君玉、陈嘉祥《花田错》，倒三盖叫天、李德山《白水滩》，压轴梅兰芳、陈嘉祥、李春棠《彩楼配》，大轴王凤卿、小杨月楼、明海山合演《朱砂痣》。

10月7日，上海天蟾舞台夜戏：

开场《高平关》，余瑞廷《滑油山》，李德山《嘉兴府》，小杨菊笙、李玉海《风云会》，小如意、小杨月楼《大英杰烈》，倒三盖叫天、林树森《四平山》，赵君玉、明海山、陈嘉祥《杜十娘》，压轴王凤卿、时玉奎《华容道》，大轴梅兰芳、姜妙香、明海山、周五宝合演《玉堂春》。

10月8日，上海天蟾舞台日场：

开场《山海关》，余瑞廷《望儿楼》，小杨菊笙、李玉海《双投唐》，小七岁红《冀州城》，小如意《大劈棺》，倒四盖叫天、李德山《恶虎村》，倒三赵君玉、陈嘉祥、明海山《白蛇传》，压轴王凤卿、姜妙香、时玉奎、明海山、周五宝、刘松亭《群英会》，大轴梅兰芳、陈嘉祥、李春棠合演《贵妃醉酒》。

10月8日，上海天蟾舞台夜戏：

开场《百寿图》，刘松亭《取洛阳》，时玉奎、余瑞廷《打龙袍》，小杨菊笙、李玉海《八义图》，小七岁红《金雁桥》，小杨月楼、林树森、陈嘉祥《胭脂虎》，小如意《锁云囊》，姜妙香《岳家庄》，赵君玉、陈嘉祥、林树勋《卖身投靠》，倒三盖叫天、李德山、谭永奎《英雄义》，压轴王凤卿、明海山《文昭关》，大轴梅兰芳、韩文起、蒋研香合演《宇宙锋》。

10月9日，上海天蟾舞台夜戏：

开场《祥梅寺》，王芝裕、水上漂《拿九花娘》，小杨菊笙《空城计》，林树森《徐策跑城》，小七岁红《铁笼山》，赵君玉、陈嘉祥、明海山《孟姜女》，倒三盖叫天、谭永奎《三岔口》，压轴王凤卿、小杨月楼、时玉奎、林树勋《子胥投吴》，大轴梅兰芳、姜妙香、小如意、李春棠合演二本《虹霓关》。

10月11日，上海天蟾舞台夜戏：

开场《九龙柱》，小七岁红《新长坂坡》，姜妙香、小杨月楼《马上缘》，赵君玉、林树森《游龙戏凤》，倒三盖叫天《金雁桥》，压轴王凤卿《取成都》，大轴梅兰芳、姚玉芙合演《双金莲》。

10月12日，上海天蟾舞台夜戏：

时玉奎《黑风帕》，姜妙香《黄鹤楼》，小七岁红《盘肠大战》，小如意《红梅阁》，压轴盖叫天、林树森、赵君玉合演三、四本《双凤奇缘》，大轴梅兰芳、王凤卿合演《汾河湾》，

10月13日，上海天蟾舞台夜戏：

李玉海《锁五龙》，小杨月楼《忠义节》，林树森《古城会》，小如意《紫霞宫》，姚玉芙《别皇宫》，小七岁红《四杰村》，压轴赵君玉《刁刘氏》，大轴梅兰芳、王凤卿、姜妙香合演头二本《穆柯寨》。

10月15日，上海天蟾舞台日场：

小杨月楼《二进宫》，小如意《伐子都》，林树森《水淹七军》，小七岁红《金钱豹》，压轴赵君玉《花田错》，大轴梅兰芳、王凤卿、姜妙香合演《御碑亭》。

10月15日，上海天蟾舞台夜戏：

姜妙香《万里封侯》，小如意《阴阳河》，小七岁红《挑华车》，赵君玉《昭君和番》，压轴王凤卿《朱砂痣》，大轴梅兰芳《苏三起解》。

10月16日，上海天蟾舞台夜戏：

小杨菊笙《风云会》，小杨月楼《鸿鸾禧》，小七岁红《艳阳楼》，小如意《辛安驿》，倒三王凤卿《战长沙》，压轴赵君玉《杜十娘》，大轴梅兰芳、王凤卿、姜妙香合演《牢狱鸳鸯》。

10月17日，上海天蟾舞台夜戏：

小七岁红《飞叉阵》，小如意《蝴蝶梦》，赵君玉《妻党同恶报》，倒三盖叫天《三岔口》，压轴梅兰芳、姜妙香、姚玉芙《雁门关》，大轴梅兰芳、王凤卿合演《武家坡》。

10月18日，上海天蟾舞台夜戏：

小杨菊笙《搜孤救孤》，小七岁红《冀州城》，小如意《大英杰烈》，盖叫天《恶虎村》，赵君玉《浣花溪》，梅兰芳、王凤卿、姜妙香合演全本《四郎探母》。

10月19日，上海天蟾舞台夜戏：

时玉奎《打鼓骂曹》，小七岁红《鸳鸯楼》，盖叫天、赵君玉一至四本《天宝图》，压轴王凤卿、姜妙香《黄鹤楼》，大轴梅兰芳、姜妙香、姚玉芙合演《红楼梦》。

10月20日，上海天蟾舞台夜戏：

小杨菊笙《黄金台》，小七岁红《挑华车》，盖叫天、赵君玉五至八本《天宝图》，压轴王凤卿、姜妙香、李寿山头二本《取南郡》，

大轴梅兰芳、姚玉芙合演《嫦娥奔月》。

10月21日，上海天蟾舞台夜戏：

小七岁红《铁笼山》，小如意《红梅阁》，赵君玉、林树森《游龙戏凤》，倒三盖叫天《四杰村》，压轴王凤卿《文昭关》，大轴梅兰芳、姜妙香、明海山合演《玉堂春》。

10月22日，上海天蟾舞台夜戏：

时玉奎《父子会》，小杨菊笙《辕门斩子》，小如意《锁云囊》，盖叫天、赵君玉九至十二本《天宝图》，压轴王凤卿、姜妙香《举鼎观画》，大轴梅兰芳、明海山、姚玉芙合演《琵琶缘》。

10月23日，上海天蟾舞台夜戏：

小七岁红《飞叉阵》，小如意《遗翠花》，姜妙香《辕门射戟》，盖叫天、赵君玉十三至十六本《天宝图》，压轴王凤卿《取帅印》，大轴梅兰芳、姚玉芙、诸茹香、姜妙香、李寿峰、李敬山合演《邓霞姑》。

10月24日，上海天蟾舞台夜戏：

小杨菊笙《八义图》，小七岁红《拿高登》，小如意《游西湖》，赵君玉《白门楼》，盖叫天三本《铁公鸡》，压轴王凤卿《子胥投吴》，大轴梅兰芳、姜妙香、姚玉芙合演《虹霓关》。

10月26日，上海天蟾舞台夜戏：

小杨月楼《豪杰店》，小七岁红《伐子都》，小如意《阴阳河》，盖叫天、赵君玉十七至二十本《天宝图》，压轴王凤卿《御碑亭》，大轴梅兰芳、姜妙香合演《千金一笑》。

10月27日，南通张謇在沪宴请梅兰芳、姜妙香、姚玉芙。

10月27日，上海天蟾舞台夜戏：

小七岁红《鸳鸯楼》，小如意《辛安驿》，盖叫天、赵君玉二十一至二十四本《天宝图》，压轴王凤卿、姜妙香、林树森全本《群英会》，大轴梅兰芳、王凤卿、姜妙香、高四保合演《牢狱鸳鸯》。

10月29日，上海天蟾舞台夜戏：

小杨菊笙《八义图》，小七岁红《新长坂坡》，小如意《大劈棺》，盖叫天、赵君玉《天宝图》，压轴王凤卿《华容道》，大轴梅兰芳、姜妙香、姚玉芙合演《黛玉葬花》。

10月30日，上海天蟾舞台夜戏：

时玉奎《打龙袍》，小七岁红《冀州城》，小如意《锁云囊》，赵君玉、盖叫天《天宝图》，压轴王凤卿《朱砂痣》，大轴梅兰芳、姜妙香、姚玉芙合演《黛玉葬花》。

10月31日，上海天蟾舞台夜戏：

小杨菊笙《龙虎斗》，小杨月楼《拾玉镯》，小七岁红《八大锤》，小如意《虹霓关》，姜妙香《辕门射戟》，赵君玉《妻党同恶报》，压轴盖叫天《四杰村》，大轴梅兰芳、王凤卿合演《武家坡》。

11月1日，上海天蟾舞台夜戏：

小杨菊笙《十八扯》，小七岁红《拿高登》，小如意《阴阳河》，盖叫天《英雄义》，赵君玉《白门楼》，压轴王凤卿、姜妙香《取南郡》，大轴梅兰芳、小杨月楼合演二本《虹霓关》。

11月2日，上海天蟾舞台夜戏：

小如意《梅降雪》，小杨月楼《二进宫》，盖叫天《盘肠大战》，赵君玉《棒打无情郎》，压轴王凤卿《战长沙》，大轴梅兰芳、姜妙香、姚玉芙合演《风筝误》。

11月3日，上海天蟾舞台夜戏：

明海山《浣花溪》，小七岁红《铁笼山》，小如意《辛安驿》，盖叫天《四平山》，赵君玉《花田错》，压轴王凤卿、姜妙香《举鼎观画》，大轴梅兰芳、姜妙香、姚玉芙、高四保合演《邓霞姑》。

11月4日，张謇离沪前再次宴请梅兰芳、姜妙香、姚玉芙。

11月5日，上海天蟾舞台夜戏：

小杨菊笙《空城计》，小如意《梵王宫》，小七岁红《潞安州》，小杨月楼《彩楼配》，盖叫天《八蜡庙》，赵君玉《孟姜女》，压轴王凤卿《英烈传》，大轴梅兰芳、姜妙香合演头二本《一缕麻》。

11月6日，上海天蟾舞台夜戏：

小杨菊笙《辕门斩子》，小七岁红《飞叉阵》，小如意《锁云囊》，盖叫天、赵君玉三四本《双凤奇缘》，压轴王凤卿、姜妙香、姚玉芙《御碑亭》，大轴梅兰芳、姜妙香合演三四本《一缕麻》。

11月7日，上海天蟾舞台夜戏：

盖叫天《收关胜》，小如意《紫霞宫》，赵君玉《昭君和番》，压轴王凤卿《文昭关》，大轴梅兰芳、姜妙香、姚玉芙合演《游园惊梦》。

11月8日，上海天蟾舞台夜戏：

小七岁红《新长坂坡》，小如意《红梅阁》，盖叫天《三岔口》，压轴王凤卿《子胥投吴》，大轴梅兰芳、姜妙香、明海山合演《玉堂春》。

11月9日，上海天蟾舞台夜戏：

小七岁红《大伐子都》，林树森《徐策跑城》，盖叫天《四杰村》，赵君玉《卖身投靠》，压轴王凤卿《朱砂痣》，大轴梅兰芳、姜妙香、姚玉芙合演《千金一笑》。

11月10日，上海天蟾舞台夜戏：

小如意《遗翠花》，盖叫天三本《铁公鸡》，压轴王凤卿《三国志》，大轴梅兰芳、赵君玉、姜妙香合演《儿女英雄传》。

11月12日，上海天蟾舞台夜戏：

小如意《锁云囊》，赵君玉《花田错》，盖叫天《伐子都》，压轴王凤卿、姜妙香《黄鹤楼》，大轴梅兰芳、姜妙香、姚玉芙合演《黛玉葬花》。

11月13日，上海天蟾舞台夜戏：

小七岁红《盘肠大战》，林树森《游龙戏凤》，盖叫天《武松打店》，赵君玉《杜十娘》，压轴王凤卿《捉放曹》，大轴梅兰芳、姜妙香、姚玉芙合演《西厢记》。

11月14日，上海天蟾舞台夜戏：

小杨月楼《豪杰店》，盖叫天《大岳家庄》，梅兰芳《思凡》，压轴王凤卿、姜妙香《取南郡》，大轴梅兰芳、赵君玉《樊江关》。

11月15日，上海天蟾舞台夜戏：

小如意《红梅阁》，盖叫天《三岔口》，压轴王凤卿、姜妙香《举鼎观画》，大轴梅兰芳、赵君玉、姜妙香合演《儿女英雄传》。

11月16日，上海天蟾舞台夜戏：

小如意《阴阳河》，小杨月楼《虹霓关》，盖叫天《英雄义》，赵君玉《棒打无情郎》，压轴王凤卿、姜妙香《取南郡》，大轴梅兰芳、姚玉芙合演《嫦娥奔月》。

11月17日，上海天蟾舞台夜戏：

盖叫天《恶虎村》，赵君玉《白门楼》，压轴王凤卿《子胥投吴》，大轴梅兰芳、姜妙香、姚玉芙合演《风筝误》。

11月18日，上海天蟾舞台夜戏：

盖叫天《花蝴蝶》，赵君玉《昭君和番》，压轴王凤卿《文昭关》，大轴梅兰芳、姜妙香、姚玉芙合演《千金一笑》。

11月19日，上海天蟾舞台日场：

小七岁红《冀州城》，姜妙香、小杨月楼《马上缘》，盖叫天《八蜡庙》，压轴王凤卿《朱砂痣》，大轴梅兰芳、姜妙香、姚玉芙合演《游园惊梦》。

11月20日，上海天蟾舞台夜戏：

李玉海《八义图》，小七岁红《拿高登》，小如意《梵王宫》，盖叫天《八大锤》，赵君玉《浣花溪》，压轴王凤卿《取成都》，大轴梅兰芳、姜妙香合演《黛玉葬花》。

11月底，陈嘉梁的弟弟陈嘉璘约梅兰芳一行至杭州短期演出。

11月23日，杭州第一舞台夜戏：

开场《徐达挂帅》，李兰亭《泗州城》，小孟七《翠屏山》，姜妙香《辕门射戟》，冯子和《红娘佳期》，压轴王凤卿、姚玉芙《朱砂痣》，大轴梅兰芳、李桂芳合演《宇宙锋》。

11月24日，杭州第一舞台夜戏：

开场《铁面无私》，筱桂和《拾镯赠鞋》，王福连《立斩颜良》，小孟七、冯子和《妓女立志》，压轴王凤卿《取成都》，大轴梅兰芳、姜妙香合演《玉堂春》。

11月24日，由许伯明（许姬传的大哥）作向导，陪同梅兰芳、姜妙香、茹莱卿三人游西湖。姜妙香偶感风寒，嗓音失润，后三天的戏删去了大部分唱腔。

11月29日，杭州第一舞台夜戏：

开场《薛刚反唐》，筱桂和《兄妹盗墓》，小孟七、李兰亭、赵松樵《宋江吃屎》，冯子和《堂楼详梦》压轴王凤卿、于振庭、李桂芳《华容道》，大轴梅兰芳、姜妙香、姚玉芙合演《黛玉葬花》。

12月1日，杭州第一舞台夜戏：

开场《马芳困城》，小孟七《计打严嵩》，小孟七、冯子和《血手印》，压轴王凤卿《黄赵争功》，大轴梅兰芳、姜妙香、姚玉芙合演《黛玉葬花》。

12月2日，杭州第一舞台夜戏：

开场《太师回朝》，筱桂和《水牢合印》，小孟七、冯子和《烈女要人头》，压轴王凤卿、姜妙香《举鼎观画》，大轴梅兰芳、姜妙香、姚玉芙合演《千金一笑》。

12月3日，杭州第一舞台日场：

开场《文王访贤》，李兰亭《日遭三险》，筱桂和《花园赠珠》，小孟七、冯子和《烈女要人头》，大轴梅兰芳、姜妙香、王凤卿合演《枪挑穆天王》。

12月3日，杭州第一舞台夜戏：

开场《秦琼救驾》，小孟七、冯子和《武林苏小》，压轴王凤卿《三国志》，大轴梅兰芳、姜妙香、姚玉芙合演《佳期拷红》。

杭州演出结束后，返回上海继续在天蟾舞台演出，先演了四天义务戏，又演九天营业戏。

12月5日，上海天蟾舞台夜戏：

小杨菊笙《八义图》，林树森《古城会》，小七岁红《挑华车》，小如意《锁云囊》，盖叫天《三岔口》，赵君玉、姜妙香《玉堂春》，梅兰芳《思凡》，压轴王凤卿《浣纱记》，大轴梅兰芳、姜妙香合演二本《虹霓关》。

12月6日，上海天蟾舞台夜戏：

林树森《徐策跑城》，小七岁红《花蝴蝶》，小杨月楼《大英杰烈》，盖叫天《武松打店》，赵君玉《杜十娘》，压轴王凤卿《捉放曹》，大轴梅兰芳、姜妙香合演《千金一笑》。

12月7日，上海天蟾舞台夜戏：

盖叫天《八大锤》，小如意《阴阳河》，赵君玉《白门楼》，压轴王凤卿《文昭关》，大轴梅兰芳、姜妙香、姚玉芙合演《黛玉葬花》。

12月8日，上海天蟾舞台夜戏：

小七岁红《拿高登》，林树森《游龙戏凤》，小如意《红梅阁》，盖叫天《英雄义》，倒三王凤卿、姜妙香三本《取南郡》，压轴赵君玉《花田错》，大轴梅兰芳、王凤卿合演《汾河湾》。

12月9日，上海天蟾舞台夜戏：

李玉海《白良关》。小七岁红《拿高登》，林树森《游龙戏凤》，小如意《红梅阁》，盖叫天《英雄义》，王凤卿、姜妙香《取南郡》，压轴赵君玉《花田错》，大轴梅兰芳、王凤卿、姚玉芙合演《嫦娥奔月》。

12月11日，上海天蟾舞台夜戏：

小如意《辛安驿》，赵君玉《妻党同恶报》，盖叫天《金雁桥》，压轴王凤卿《取成都》，大轴梅兰芳、姜妙香、姚玉芙合演《黛玉葬花》。

12月12日，上海天蟾舞台夜戏：

小如意《大英杰烈》，林树森《徐策跑城》，赵君玉《贵妃醉酒》，盖叫天《白水滩》，压轴王凤卿《文昭关》，大轴梅兰芳、姜妙香、姚玉芙合演《千金一笑》。

12月13日，上海天蟾舞台夜戏：

小如意《阴阳河》，盖叫天《武松打店》，赵君玉《花田错》，压轴王凤卿《战长沙》，大轴梅兰芳、姜妙香、姚玉芙合演后本《一缕麻》。

12月14日，上海天蟾舞台夜戏：

小七岁红《潞安州》，林树森、小杨月楼《游龙戏凤》，盖叫天《四杰村》，赵君玉《卖身投靠》，压轴王凤卿、姜妙香《举鼎观画》，大轴梅兰芳、姚玉芙合演《嫦娥奔月》。

12月15日，上海天蟾舞台夜戏：

小杨菊笙《八义图》，林树森《古城会》，小七岁红《挑华车》，小如意《锁云囊》，盖叫天《三岔口》，赵君玉《玉堂春》，梅兰芳《思凡》，压轴王凤卿《浣纱记》，大轴梅兰芳、姜妙香、小杨月楼合演二本《虹霓关》。

12月16日，上海天蟾舞台夜戏：

小如意《红梅阁》，小七岁红《冀州城》，赵君玉《刁刘氏》，盖叫天《三岔口》，压轴王凤卿《取成都》，大轴梅兰芳、姜妙香、姚玉芙合演《黛玉葬花》。

12月17日，上海天蟾舞台日场：

小杨菊笙《空城计》，盖叫天、赵君玉、小杨月楼三四本《双凤奇缘》，压轴王凤卿《子胥投吴》，大轴梅兰芳、姜妙香、明海山合演《玉堂春》。

12月17日，上海天蟾舞台夜戏最后一天：

盖叫天《八大锤》，赵君玉《浣花溪》，盖叫天《恶虎村》，梅兰芳、小杨月楼、姜妙香二本《虹霓关》，压轴王凤卿《文昭关》，大轴梅兰芳、姚玉芙、林树森合演《嫦娥奔月》。

12月下旬，演完最后一场后，返回北京。恰逢此时，朱幼芬在北京组织桐馨社，阵容强大。杨小楼、钱金福、王长林、贾洪林、高庆奎、郝寿臣、董俊峰、阎岚秋、路三宝、德珺如均同意加入。梅兰芳一行刚下火车，朱幼芬早已在车站等候，梅家与朱家是至亲（朱幼芬的哥哥朱小芬是梅的姐夫），梅便应允下来，同行的王凤卿、姜妙香、姚玉芙、李寿山等也一起加入了桐馨社。还没等过年，桐馨社就正式开戏了，演出地点在第一舞台。第一舞台是一座新型剧场，可容纳两千多人，股东为杨小楼、姚佩秋。

12月29日，第一舞台桐馨社夜戏：

许荫棠《御碑亭》，高庆奎《卖马》，姜妙香、姚玉芙《岳家庄》，阎岚秋、许德义《取金陵》，贾洪林、路三宝《乌龙院》，压轴梅兰芳、王凤卿《汾河湾》，大轴杨小楼、钱金福《落马湖》。

1917 年

（民国六年，农历丁巳年） 27 岁

本年，姜妙香拜朱素云为师。姜妙香早年搭双庆社在文明茶园唱旦角时，就与名小生朱素云同班，并合作演出过很多剧目，对朱素云的小生艺术十分推崇。姜改演小生后，程继先搭入双庆社，朱素云不再搭该社演出。为了更多的学习朱素云的艺术，姜于本年正式拜师朱素云。

年初，八弟祖德病重，吐血。

姜妙香继续搭桐馨社，同时搭春合社演出。春合社实际也是俞振庭组的班。俞振庭的双庆社是长期性质的固定班社。有时约到临时性的好角，唱不多久便转投他班，会对班中的营业戏有一定影响。因此俞振庭同时又组春合社，是临时约角，流动性较大，但约的都是大角，如谭鑫培、梅兰芳等。

姜入桐馨社时，该社已有小生德珺如和恩师陆杏林，这段时期更方便观摩陆杏林、德珺如演戏，也有不少机会同台演出。

1 月 2 日，第一舞台桐馨社夜戏：

路三宝、金仲仁《穆柯寨》，高庆奎、陈桐云《庆顶珠》，倒三阎岚秋、茹锡久《大乾元山》，压轴王凤卿、姜妙香《举鼎观画》，大轴杨小楼、梅兰芳、王凤卿、贾洪林、钱金福合演《长坂坡》《汉津口》。

1 月 12 日，吉祥园春合社日场：

诸茹香《双摇会》，高庆奎《宫门带》，王三黑、刘凤奎《花蝴蝶》，倒三姜妙香、姚玉芙《岳家庄》，压轴陈德霖、谢宝云《孝义节》，大轴谭鑫培、梅兰芳合演《汾河湾》。

1 月 14 日，乐老堂堂会戏目：

开场《赐福》《百寿图》，继之倪少奎《草桥关》，贾洪林《浣花溪》，程继先《探庄》，九阵风、王长林《小放牛》，余叔岩、王长林、贾福堂《打棍出箱》，陈德霖、郭春山《出塞》，王凤卿、梅兰芳《汾河湾》，王蕙芳、黄润卿《樊江关》，《阳平关》（戏单污损演员名遗失），路三宝《醉酒》，王瑶卿、王凤卿《万里缘》，倒三杨小楼、钱金福《长坂坡》，压轴梅兰芳、姜妙香《嫦娥奔月》，大轴谭鑫培、陈德霖、王瑶卿、冯蕙林合演《探母回令》。

1 月 15 日，吉祥园春合社日场：

陈德霖、刘景然、李顺亭《大献长安》，压轴梅兰芳、姜妙香、姚玉芙、李敬山、诸茹香《黛玉葬花》，大轴谭鑫培、增长胜、李连仲合演《行路宿店》。

1 月 16 日，吉祥园春合社日场：

诸茹香《浣花溪》，王三黑《英雄义》，倒三陈德霖、姜妙香《彩楼配》，压轴梅兰芳《闹学》，大轴谭鑫培，李寿山、李顺亭合演《失街亭》。

1月28日，公府筵宴日场：

全班合演《大赐福》，王蕙芳、黄润卿《樊江关》，梅兰芳、王凤卿《武家坡》，刘鸿升《取帅印》，梅兰芳、姜妙香、姚玉芙《黛玉葬花》，倒四俞振庭《艳阳楼》，倒三陈德霖、龚云甫《孝义节》，压轴杨小楼、钱金福《铁笼山》，大轴谭鑫培、陈德霖、王瑶卿、钱金福、王长林、冯蕙林合演《珠帘寨》。

1月28日，公府筵宴夜戏：

朱桂芳、许德义《蟠桃会》，贾洪林、王蕙芳《游龙戏凤》，王凤卿《文昭关》，倒四刘鸿升、龚云甫、路三宝、小余三胜、王瑶卿、麻穆子、迟子俊全本《穆柯寨》《穆天王》《辕门斩子》，倒三梅兰芳、姜妙香、李敬山《贵妃醉酒》，压轴杨小楼、贾洪林、朱幼芬、郝寿臣、姚玉芙《长坂坡》，大轴谭鑫培、萧长华、冯蕙林合演《天雷报》。

1月30日，奉天会馆堂会戏：

当晚共演十七出戏。姜妙香、郝寿臣在前边合演《取洛阳》，倒四尚和玉《战滁州》，倒三白牡丹（荀慧生）《英杰烈》，压轴梅兰芳、余叔岩、王长林《庆顶珠》，大轴杨小楼《夜奔》。

2月1日，第一舞台桐馨社夜戏：

茹锡久《独木关》，许荫棠《打金枝》，许德义、范宝亭、迟月亭《翠凤楼》，姚玉芙、罗福山《别宫》，压轴梅兰芳（穆桂英）、姜妙香（杨宗保）、王凤卿（《斩子》杨延昭）、德珺如（杨宗保）、郝寿臣（焦赞）、董俊峰（孟良）、贾洪林（赵德芳）、鲍吉祥（《穆天王》杨延昭）《穆柯寨》《穆天王》（带《斩子》），大轴杨小楼、钱金福、王长林合演二本《晋阳宫》。

2月24日，第一舞台安徽赈灾义务夜戏：

开场关子延、罗福山《雪杯圆》，德珺如《辕门射戟》，路三宝、李顺亭、陈文启、张宝昆《会稽城》，余小琴、傅小山《恶虎村》，王蕙芳、黄润卿《樊江关》，程艳秋（程砚秋）《祭塔》，倒四周瑞安《潞安州》，倒三陈德霖、贾洪林《三击掌》，压轴王凤卿、王瑶卿《万里缘》，大轴梅兰芳、姜妙香、姚玉芙合演《黛玉葬花》。

2月25日，第一舞台为安徽赈灾义务夜戏第二天：

黄润卿、德珺如《马上缘》，关子延、程艳秋《朱砂痣》，倒四周瑞安《艳阳楼》，倒三王瑶卿、程继先《悦来店》，压轴王凤卿、陈德霖、王蕙芳、李顺亭《探母回令》，大轴梅兰芳、姜妙香、路三宝合演《邓霞姑》。

2月26日，第一舞台桐馨社夜戏：

许荫棠、钱俊仙《选元戎》，路三宝、姜妙香、张文斌《马上缘》，王长林、郝寿臣、迟月亭《九龙杯》，王凤卿《朱砂痣》，压轴杨小楼、贾洪林、钱金福、范宝亭《借赵云》带《金锁阵》，大轴梅兰芳、杨小楼、李顺亭、姚玉芙、董俊峰、许德义合演《五花洞》。

3月3日，吉祥园春合社日场：

陈文启《乾坤带》，罗小宝《奇冤报》，关子延、德珺如《群英会》，路三宝、张宝昆《贪欢报》，周瑞安、傅小山《冀州城》，压轴梅兰芳、姜妙香、姚玉芙、李敬山《佳期拷红》，大轴谭鑫培、陈德霖合演《南天门》。

3月4日，吉祥园春合社日场：

韦九峰《双狮图》，关子延、陈文启《朱砂痣》，罗小宝、钱宝奎《取荥阳》，陈德霖《彩楼配》，周瑞安《金钱豹》，压轴梅兰芳、黄润卿、姜妙香、路三宝头二本《虹霓关》，大轴谭鑫培、增长胜、福小田合演《洪羊洞》。

3月4日，第一舞台桐馨社夜戏：

德珺如《叫关》，许德义、朱桂芳《芦林坡》，路三宝、张文斌《探亲家》，许荫棠、郝寿臣《黄金台》，倒三王凤卿、姜妙香、贾洪林《群英会》，压轴梅兰芳、姚玉芙、李敬山《嫦娥奔月》，大轴杨小楼、李连仲、王长林、钱金福合演《连环套》。

3月6日，第一舞台桐馨社夜戏：

慈瑞泉、孙砚亭《荷珠配》，郝寿臣、侯俊仙《忠孝全》，钱金福、陆杏林《芦花荡》，许德义、朱桂芳《夺太仓》，路三宝、德珺如、许荫棠、张文斌《会稽城》，倒三姚玉芙《六月雪》，压轴梅兰芳、王凤卿、姜妙香、贾洪林、诸茹香、刘景然《御碑亭》，大轴杨小楼、范宝亭合演《白水滩》。

3月8日，第一舞台桐馨社夜戏：

刘砚芳《伐东吴》，诸茹香、陈桐云《贪欢报》，许德义、朱桂芳《娘子军》，许荫棠、姚玉芙《打金枝》，路三宝、姜妙香、郝寿臣《得意缘》，倒三王凤卿《长亭昭关》，压轴梅兰芳《昭君出塞》，大轴杨小楼、钱金福、李连仲、范宝亭、迟月亭合演《殷家堡》。

3月10日，第一舞台桐馨社夜戏：

德珺如《岳家庄》，郝寿臣《丁甲山》，许德义、朱桂芳《无底洞》，许荫棠《选元戎》，姚玉芙《探窑》，压轴梅兰芳、姜妙香、路三宝、贾洪林《牢狱鸳鸯》，大轴杨小楼、王凤卿合演《阳平关》。

3月17日，第一舞台桐馨社夜戏：

许荫棠《打金枝》，郝寿臣、德珺如《取洛阳》，姜妙香《辕门射戟》，朱桂芳《摇钱树》，路三宝《采花赶府》，压轴梅兰芳、王凤卿、姜妙香首次贴演新戏前本《花木兰》(《木兰从军》)，大轴杨小楼《溪皇庄》。

《花木兰》是梅兰芳的又一出新戏。由梅兰芳饰花木兰，贾洪林饰花弧，罗福山饰花母，姚玉芙饰花木蕙，王凤卿饰贺廷玉，姜妙香饰魏主，李寿山饰突厥，李敬山、郭春山、曹二庚、罗文奎饰四个征兵人。

3月24日，第一舞台桐馨社夜戏：

钱金福、陆杏林《芦花荡》，高庆奎、郝寿臣《搜孤救孤》，许德义、朱桂芳《攻潼关》，许荫棠《选元戎》，路三宝、德珺如《马上缘》，压轴梅兰芳、王凤卿、姜妙香、贾洪林、姚玉芙首次贴演后本

《花木兰》，大轴杨小楼《艳阳楼》。

3月31日，第一舞台桐馨社夜戏：

朱桂芳《泗州城》，许荫棠、高庆奎、德珺如《黄鹤楼》，路三宝、李连仲《花田错》，王凤卿、贾洪林《朱砂痣》，压轴梅兰芳、姜妙香、姚玉芙《千金一笑》，大轴杨小楼《贾家楼》。

4月1日，第一舞台桐馨社夜戏：

姜妙香、姚玉芙、罗福山、李连仲合演《岳家庄》，倒四高庆奎《卖马当锏》，倒三王凤卿、董俊峰、刘景然《让成都》，压轴梅兰芳、贾洪林《庆顶珠》，大轴杨小楼《水帘洞》。当晚，梅兰芳、王凤卿于吉祥园参加义务戏演出后，赶场至第一舞台。

4月6日，第一舞台桐馨社夜戏：

朱桂芳《摇钱树》，高庆奎、程继先、郝寿臣《镇潭州》，许荫棠《群英会》，路三宝、陆杏林《秦淮河》，压轴梅兰芳、王凤卿、贾洪林、姜妙香合演前本《花木兰》，大轴杨小楼《淮安府》。

4月7日，第一舞台桐馨社夜戏：

朱桂芳、迟月亭、王福山《青石山》，郝寿臣、姜妙香《取洛阳》，高庆奎《卖马》，压轴梅兰芳、王凤卿、贾洪林、姜妙香合演后本《花木兰》，大轴杨小楼、钱金福合演《落马湖》。

4月8日，那家花园陆荣廷堂会戏目：

开场《大赐福》，钱俊仙、孙砚亭《打樱桃》，许荫棠、德珺如、赵芝香、汪金林、杨韵芳《打金枝》，朱桂芳、许德义《取金陵》，高庆奎《卖马》，朱桂芳、王长林、范宝亭《打瓜园》，路三宝、李敬山《醉酒》，王瑶卿、王蕙芳、张彩林、罗福山、赵芝香《得意缘》，刘鸿升、梅荣斋、马福仙《辕门斩子》，陈德霖、龚云甫《孝义节》，王凤卿、刘景然、董俊峰《取成都》，杨小楼、李连仲、李顺亭、傅小山、钱金福《连环套》，梅兰芳、姜妙香、姚玉芙、慈瑞泉、诸茹香《黛玉葬花》，李凤云《四杰村》，刘喜奎《错中错》，沈飘香《破洪州》，鲜灵芝《鸿鸾禧》，大轴谭鑫培、贾洪林、李连仲《捉放曹》（谭鑫培因病临时改成：谭鑫培、贾洪林《洪羊洞》"病房"一场）。

4月29日，第一舞台桐馨社夜戏：

崔幼春《祝家庄》，许荫棠、姜妙香《群英会》，高庆奎、王长林《卖马》，路三宝、贾洪林《浣花溪》，压轴梅兰芳、王凤卿《回龙阁》，大轴杨小楼、钱金福合演《安天会》。

5月1日至10日，桐馨社赴天津演出十天，姜妙香与梅兰芳合演《千金一笑》、《佳期拷红》、《玉堂春》，与王凤卿合演《举鼎观画》、《群英会》。

5月12日，第一舞台桐馨社夜戏：

许荫棠《除三害》，许德义《嘉兴府》，高庆奎《奇冤报》，龚云甫《望儿楼》，压轴王凤卿、钱金福《伐东吴》，大轴杨小楼、梅兰芳、姜妙香、李连仲、路三宝首次演出头二本《春秋配》。梅兰芳饰姜秋莲、姜妙香饰李春发、杨小楼饰张衍行、罗福山饰乳娘、王凤卿饰何德福、路三宝饰贾氏、贾洪林饰姜绍、李连仲饰侯尚官、刘景然饰李义、姚玉芙饰张秋鸾、李敬山饰石敬坡、李顺亭饰耿申。

5月13日，第一舞台桐馨社夜戏：

高庆奎《碰碑》，许荫棠、姚玉芙《御碑亭》，朱桂芳、许德义《取金陵》，压轴龚云甫《徐母训子》，大轴杨小楼、梅兰芳、姜妙香、王凤卿、路三宝首次演出三四本《春秋配》。

6月，梅兰芳与桐馨社的演出合同半年期满。俞振庭再次约请梅兰芳入双庆社，姜妙香、王凤卿、姚玉芙等随梅兰芳一同再入双庆社。

7月1日，梅兰芳、姜妙香等重返双庆社，吉祥园日场头天：

王荣山、姚玉芙《武昭关》，陈文启、裘桂仙《断太后》，程继先、高庆奎、李连仲《黄鹤楼》，俞振庭、迟月亭《飞叉阵》，压轴王凤卿、王琴侬、刘景然《战蒲关》，大轴梅兰芳、姜妙香、高庆奎合演《玉堂春》。

7月5日，双庆社吉祥园日场：

裘桂仙《草桥关》，程继先、王荣山《镇潭州》，俞赞庭、范宝亭《霸王庄》，路三宝《采花赶府》，压轴王凤卿、俞振庭、李连仲《定军山》《阳平关》，大轴梅兰芳、姜妙香、高庆奎、李敬山首次合演全部《贩马记》。

8月22日，第一舞台京兆水灾大义务夜戏头天：

王荣山《战太平》，胡素仙、吴彩霞、许德义《五花洞》，杨小朵、路三宝《贪欢报》，许荫棠《打金枝》，黄润卿《卖身投靠》，高庆奎、姜妙香、郝寿臣《镇潭州》，余叔岩、王长林、慈瑞泉《打棍出箱》，王瑶卿、陈德霖、龚云甫、王蕙芳、贾洪林八本《雁门关》，压轴梅兰芳、王凤卿、姜妙香《牢狱鸳鸯》，大轴杨小楼、钱金福、田桂凤、郝寿臣合演《战宛城》。

8月23日，第一舞台京兆水灾大义务夜戏第二天：

许荫棠、裘桂仙《取荥阳》，孟小如、胡素仙《御碑亭》，王凤卿《朱砂痣》，余叔岩、郝寿臣、余小琴《阳平关》，高庆奎、李顺亭、吴彩霞《战蒲关》，王瑶卿、王蕙芳《天河配》，龚云甫、陈德霖《孝义节》，倒三梅兰芳、姜妙香、姚玉芙、贾洪林《金山寺》，压轴田桂凤、杨小朵、路三宝、黄润卿《四摇会》，大轴杨小楼、钱金福合演《落马湖》。

8月24日，第一舞台京兆水灾大义务夜戏第三天：

姜妙香、高庆奎、许荫棠《黄鹤楼》，余叔岩、方洪顺《宁武关》，孟小如、胡素仙、裘桂仙《二进宫》，田桂凤、黄润卿《鸿鸾禧》，时慧宝《桑园会》，杨小朵、朱桂芳、王长林《锯大缸》《百草山》，倒四王瑶卿、路三宝、金仲仁《得意缘》，倒三王凤卿、王蕙芳、龚云甫、陈德霖《探母回令》，压轴梅兰芳、姜妙香《千金一笑》，大轴杨小楼、钱金福合演《安天会》。

8月29日，双庆社吉祥园日场：

程继先《雅观楼》，俞赞庭《八大锤》，高庆奎《斩黄袍》，路三宝、姜妙香《马上缘》，俞振庭、朱桂芳《青石山》，姚玉芙、陈文启《母女会》，压轴王凤卿、李连仲《捉放曹》，大轴梅兰芳、姜妙香、李敬山合演《醉酒》。

9月14日，双庆社吉祥园日场：

高庆奎、姜妙香《借赵云》，刘景然《宫门带》，俞赞庭《溪皇庄》，陈文启《滑油山》，路三宝、程继先《天门阵》，压轴王凤卿、裘桂仙、王琴侬《二进宫》，大轴梅兰芳、俞振庭、姚玉芙合演《五花洞》。

9月15日，双庆社吉祥园日场：

陈文启《钓金龟》，俞赞庭、陈玉林、迟月亭《攻潼关》，高庆奎、李寿山、王荣山《失街亭》，路三宝、程继先、诸茹香、慈瑞泉《秦淮河》，俞振庭、范宝亭、傅小山《白水滩》，王凤卿、裘桂仙、李连仲、李顺亭《鱼肠剑》《刺王僚》，王琴侬、冯蕙林《彩楼配》，大轴梅兰芳、姜妙香、姚玉芙、李敬山合演《千金一笑》。

9月18日，双庆社吉祥园日场：

诸茹香、慈瑞泉《荷珠配》，刘景然、裘桂仙《开山府》，倒四程继先《八大锤》，倒三俞振庭《莲花寺》，压轴王凤卿、裘桂仙《捉放曹》，大轴梅兰芳、姜妙香、路三宝、高庆奎合演《悦来店》《能仁寺》。

10月1日，双庆社吉祥园日场：

李敬山《请医》，俞赞庭《八大锤》，小振庭、殷斌奎《状元印》，高庆奎、诸茹香《翠屏山》，压轴王凤卿、姜妙香、刘景然、董俊峰《群英会》，大轴梅兰芳、路三宝合演《樊江关》。

10月5日，双庆社吉祥园日场：

李顺亭、程继先《盘河战》，高庆奎、裘桂仙《碰碑》，俞赞庭《狮子楼》，姚玉芙《六月雪》，俞振庭《挑华车》，压轴王凤卿《华容道》，大轴梅兰芳、陈德霖、姜妙香合演《风筝误》。

10月14日，吉祥园为天津水灾赈灾义演日场：

裘桂仙《牧虎关》，高庆奎《斩黄袍》，俞赞庭《挑华车》，程继先《雅观楼》，俞振庭《金钱豹》，王凤卿（反串康氏）《钓金龟》，压轴梅兰芳、姜妙香《黛玉葬花》，大轴梅兰芳、陈德霖、姚玉芙、王凤卿、姜妙香、陈文启合演六本《雁门关》。

10月16日，双庆社吉祥园日场：

诸茹香、刘凤林、郭春山《双摇会》，徐斌喜、俞华庭、小振庭《取金陵》，裘桂仙、慈瑞泉、冯春和《锁五龙》，姜妙香、董俊峰《辕门射戟》，程继先、俞赞庭、高庆奎、李寿山《双八大锤》，倒四王斌芬、马斌龙、殷斌奎《上天台》，倒三俞振庭、范宝亭、迟月亭、傅小山《白水滩》，压轴王凤卿、李连仲、李顺亭、汪金林《战长沙》，大轴梅兰芳、姚玉芙、李寿山合演《春香闹学》。

10月17日，双庆社吉祥园日场：

刘凤林、慈瑞泉、郭春山《一疋布》，俞赞庭、俞华庭《小东营》，程继先、李连仲、汪金林、刘景然《临江会》，姚玉芙、陈文启《二度梅》，王斌芬、裘桂仙、李顺亭、王荣山、曹二庚《斩黄袍》，压轴俞振庭、高庆奎、范宝亭、李连仲《连营寨》，大轴梅兰芳、王凤卿、姜妙香、陈文启、诸茹香、李敬山、李寿峰、迟子俊合演《御碑亭》。

10月21日，双庆社吉祥园日场：

诸茹香、迟子俊《龙凤呈祥》，俞赞庭《打店》，陈文启、汪金林《行路哭灵》，倒四高庆奎、裘桂仙、王荣山《托兆碰碑》，倒三王凤卿、姜妙香、董俊峰、李连仲、刘景然《群英会》，压轴俞振庭、李寿山、范宝亭、迟月亭《闹昆阳》，大轴梅兰芳、王凤卿、俞振庭、路三宝、姚玉芙合演全本《琵琶缘》。

10月23日，双庆社吉祥园日场：

刘景然、慈瑞泉《喜封侯》，吴西禅、迟子俊《钓金龟》，高庆奎、李寿峰、董俊峰《斩黄袍》，俞赞庭、李连仲、傅小山《霸王庄》，倒四程继先、陈文启、姚玉芙《岳家庄》，倒三王凤卿、裘桂仙、李顺亭《捉放曹》，压轴梅兰芳、路三宝、姜妙香、李敬山、方洪顺、扎金奎《虹霓关》，大轴俞振庭、迟月亭、范宝亭、刘砚亭合演《战坡口》。

10月24日，双庆社吉祥园日场：

慈瑞泉、诸茹香《寿山会》，高庆奎、裘桂仙、赵芝香《断密涧》，俞赞庭、七阵风《攻潼关》，姜妙香、姚玉芙、董俊峰、王荣山《白门楼》，倒四路三宝、程继先、陈文启、赵芝香《得意缘》，倒三王凤卿、李顺亭、李连仲、方洪顺《定军山》，压轴俞振庭、范宝亭、迟月亭、迟景昆《艳阳楼》，大轴梅兰芳、冯蕙林、李敬山合演《贵妃醉酒》。

11月1日，双庆社吉祥园日场：

赵芝香、吴西禅《孝感天》，诸茹香《文章会》，俞赞庭《八大锤》，路三宝、刘景然、郭春山《采花赶府》，倒四陈文启、姚玉芙《母女会》，倒三高庆奎、程继先、罗福山《状元谱》，压轴梅兰芳、王凤卿、姜妙香、李寿山、李连仲《穆柯寨》《穆天王》带《斩子》，大轴俞振庭、范宝亭、迟月亭、李顺亭、七阵风合演《青石洞》。

11月3日，双庆社吉祥园日场：

诸茹香、刘凤林、慈瑞泉《双摇会》，刘景然《铡美案》，裘桂仙、李顺亭《龙虎斗》，俞赞庭、李连仲、傅小山《霸王庄》，倒四陈文启、姚玉芙《别宫》，倒三王凤卿（反串康氏）、李敬山《钓金龟》，压轴俞振庭、范宝亭、迟月亭《铁笼山》，大轴梅兰芳、姜妙香、路三宝、高庆奎、程继先、李寿峰合演《一缕麻》。

11月4日，双庆社吉祥园日场：

诸茹香、刘凤林、郭春山、冯蕙林《怕婆顶砖》，俞赞庭、七阵风《氤氲阵》，裘桂仙、李寿山、赵芝香《草桥关》，刘景然、赵芝香《南天门》，倒四陈文启、董俊峰、扎金奎《太君辞朝》，倒三王凤卿、李顺亭、李连仲、汪金林、罗文奎《战长沙》，压轴俞振庭、迟月亭、范宝亭、傅小山《鄚州庙》，大轴梅兰芳、姜妙香、路三宝、高庆奎、程继先、李寿峰合演《一缕麻》。

11月7日，双庆社吉祥园日场：

刘景然、李顺亭《盗宗卷》，董俊峰《御果园》，陈文启、李寿峰《行路》，俞赞庭、李寿山《赵家楼》，倒四高庆奎、姜妙香、罗文奎《举鼎观画》，倒三程继先、刘凤林、慈瑞泉、罗福山、刘景然《今古奇观》，压轴王凤卿、李连仲《华容道》，大轴梅兰芳、俞振庭、姚玉芙、李敬山、李顺亭、范宝亭、迟月亭、李寿峰合演《五花洞》。

11月15日，双庆社吉祥园日场：

刘凤林、郭春山、冯春和《一疋布》，姚玉芙、冯蕙林《天配姻缘》，高庆奎、董俊峰、赵芝香《辕门斩子》，裘桂仙、吴彩云、王丽卿《牧虎关》，倒四路三宝、姜妙香、刘景然、慈瑞泉、曹二庚《悦来店》，倒三俞赞庭、李连仲、范宝亭、傅小山《英雄会》，压轴俞振庭、俞赞庭、范宝亭、迟月亭《鄱阳湖》，大轴梅兰芳、王凤卿、程继先、陈文启、诸茹香、李敬山合演全本《金榜乐》。

11月17日，双庆社吉祥园日场：

裘桂仙《草桥关》，俞赞庭、李寿山、傅小山《溪皇庄》，姚玉芙、吴西禅《探窑》，倒四程继先、李连仲《临江会》，倒三王凤卿、李顺亭、王荣山《文昭关》，压轴梅兰芳、姜妙香、李寿峰、郭春山《琴挑》，大轴俞振庭、高庆奎、范宝亭、迟月亭合演《连营寨》。

11月18日，双庆社吉祥园日场：

董俊峰、吴西禅《遇后龙袍》，俞赞庭《义侠记》，路三宝、刘景然《乌龙院》，冯蕙林、李敬山《连升三级》，倒四程继先、姚玉芙、陈文启、李连仲《岳家庄》，倒三俞振庭、范宝亭、俞赞庭《通天犀》，压轴王凤卿、俞振庭、裘桂仙、高庆奎、李顺亭、迟月亭《定军山》《阳平关》《五截山》，大轴梅兰芳、王凤卿、姜妙香、高庆奎、李敬山合演全本《玉堂春》。

12月1日，双庆社吉祥园日场：

董俊峰《探阴山》，俞振庭《金锁阵》，路三宝《会稽城》，俞赞庭、程继先《蔡家庄》，倒三裘桂仙《草桥关》，压轴王凤卿、姜妙香《举鼎观画》，大轴梅兰芳首次演出《天女散花》。

12月15日，双庆社吉祥园日场：

陈桐云、李敬山《双摇会》，姜妙香《监酒令》，俞赞庭、李寿山《赵家楼》，裘桂仙、程继先、高庆奎《忠孝全》，倒四梅兰芳（反串共叔段）、姚玉芙《孝感天》，倒三王凤卿《文昭关》，压轴俞振庭《贾家楼》，大轴梅兰芳《思凡》。

本年秋，师父陆杏林病故，姜妙香执弟子礼送葬，葬于松柏庵义地。

1918年

（民国七年，农历戊午年） 28岁

1月16日，公府筵宴日场：

朱桂芳、许德义《蟠桃会》，王凤卿、汪金林《文昭关》，尚和玉、薛凤池《四平山》，倒四刘鸿升、陈德霖、龚云甫、王蕙芳、姜妙香、王长林、张文斌、李顺亭、姚玉芙《四郎探母》，倒三杨小楼、梅兰芳、尚小云、李顺亭、钱金福、郝寿臣《长坂坡》，压轴郭宝臣、崔灵芝《汾河湾》，大轴余叔岩、王瑶卿、王长林合演《庆顶珠》。

2月1日，双庆社吉祥园日场：

压轴王凤卿、程继先《雄州关》，大轴梅兰芳、姜妙香、李敬山合演《祭塔》。

2月6日，怀仁堂茶会演出剧目：

朱桂芳、王长林《打瓜园》，王琴侬《彩楼配》，倒四王瑶卿、程继先、王蕙芳《能仁寺》，倒三王凤卿、刘鸿升、陈德霖《二进宫》，压轴余叔岩、王蕙芳《庆顶珠》，大轴梅兰芳、姜妙香、姚玉芙合演《游园惊梦》。

2月11日，总统府堂会：大轴余叔岩、梅兰芳、陈德霖、钱金福、王长林、姜妙香合演《珠帘寨》。

2月15日，江西会馆朱宅堂会戏目日场、夜戏连演：

全班合演《赐福》《仙圆》，赵连升《安天会》，沈富贵、吴富琴《庆顶珠》，李连贞、小翠花、方连元、小荷花《金山寺》《断桥》，马富禄、萧连芳《连升三级》，小翠花《马上缘》，沈富贵、方富元《战长沙》，程连喜《临江会》，程艳秋《玉堂春》。连演夜戏：程连喜《雅观楼》，富竹友《樊江关》，尚俊卿《钓金龟》，杜云峰《八大锤》，倒四程艳秋、李桂芬《武家坡》，倒三尚小云、高庆奎、李连贞《四郎探母》，压轴红豆馆主、陈德霖《奇双会》，大轴梅兰芳、姜妙香、姚玉芙合演《千金一笑》。送客戏：何连涛《三教寺》。

3月13日，双庆社吉祥园日场：

程继先《雅观楼》，高庆奎、裘桂仙《上天台》，俞振庭《八蜡庙》，白牡丹、程继先《马上缘》，压轴王凤卿、李连仲《捉放曹》，大轴梅兰芳、陈德霖、姜妙香合演《金山寺》。

3月23日，双庆社吉祥园日场：

刘景然《九更天》，李连仲、李顺亭《下河东》，董俊峰《打龙袍》，俞振庭《艳阳楼》，压轴王凤卿、陈德霖《武家坡》，大轴梅兰芳《邓霞姑》。梅兰芳饰邓霞姑、路三宝饰邓云姑、诸茹香饰邓雪姑、程继先饰丁润璧、姜妙香饰周士普、高庆奎饰邓杉、李寿山饰邓母、李寿峰饰周延弼、李敬山饰郑琦、慈瑞泉饰大和尚。

5月1日至12日，梅兰芳、王凤卿、姜妙香等，在天津南市升平舞台连演十二天。

5月18日，裕群社成立，该社梅兰芳挂头牌，王凤卿二牌，高庆奎、白牡丹（荀慧生）并挂三牌。小生程继先、姜妙香，花脸裘桂仙、李连仲，武旦朱桂芳。武生周瑞安为临时约请，没有搭入裕群社。

5月18日，裕群社三庆园日场打泡戏头天：

开场刘凤林、郭春山《荷珠配》，张如庭、麻穆子《黄金台》，杨韵芳、孙砚亭《岳家庄》，许德义、王三黑《收关胜》，白牡丹、程继先、裘桂仙、李连仲《穆柯寨》，王凤卿、高庆奎、姚玉芙《朱砂痣》，压轴梅兰芳、姜妙香、李敬山合演《醉酒》，大轴周瑞安、朱桂芳、王长林、李顺亭合演《青石山》。

5月20日，裕群社在三庆园日场：

张如庭《奇冤报》，程继先《雅观楼》，朱桂芳、许德义《泗州城》，高庆奎、白牡丹《乌龙院》，王凤卿、裘桂仙《打鼓骂曹》，压轴梅兰芳、姜妙香合演《琴挑》，大轴梅兰芳、周瑞安、李连仲、李顺亭合演《长坂坡》。

5月22日，裕群社三庆园日场：

刘凤林、诸茹香、郭春山《双摇会》，张如庭、刘景然、王丽卿《战蒲关》，高庆奎、裘桂仙、李连仲《洪羊洞》，许德义、何佩亭《英雄会》，倒四姜妙香、姚玉芙《孝感天》，倒三王凤卿、王荣山、李连仲《战长沙》，压轴梅兰芳、白牡丹、程继先《虹霓关》，大轴周瑞安、朱桂芳、迟月亭合演《金钱豹》。

5月26日，那家花园冯耿光宅堂会：

全班合演《大赐福》，朱桂芳、许德义、周瑞安《蟠桃会》，李顺亭《探营》，茹富兰、韩富信《战濮阳》，侯益隆、韩世昌《惠明下书》，尚小云、白牡丹（荀慧生）、程继先《虹霓关》，高庆奎、程艳秋《武家坡》，王蕙芳、程继先、张文斌《马上缘》，梅兰芳、王凤卿、姜妙香、李寿峰、李寿山、郭春山、曹二庚、李敬山、罗文奎《跪池三怕》，杨小楼、王瑶卿、钱金福、姚玉芙、李顺亭、李连仲《长坂坡》，田桂凤、萧长华、程继先《拾玉镯》，时慧宝、王琴侬、裘桂仙《大保国》，陈德霖、梅兰芳、王蕙芳、朱幼芬、贾璧云、尚小云、白牡丹、程艳秋、朱桂芳、芙蓉草、王丽卿、王凤卿、姜妙香、程继先《满床笏》，刘鸿升、裘桂仙、郎德山《上天台》，贾璧云、慈瑞泉《打花鼓》，压轴梅兰芳、陈德霖、姚玉芙《麻姑献寿》，大轴杨小楼、余叔岩、梅兰芳、俞振庭、王凤卿、王长林、尚小云、高庆奎、程艳秋、钱金福合演《八蜡庙》。

5月30日，姜妙香赴安徽蚌埠，参加倪嗣冲夫妇五十双庆堂会。

5月30日，安徽蚌埠督军府堂会戏目：

诸茹香、慈瑞泉《打樱桃》，钱金福、冯蕙林《取洛阳》，姜妙香、张如庭《镇潭州》，王长林《五人义》，陈德霖、冯蕙林《彩楼配》、郝寿臣《丁甲山》，阎岚秋、许德义《取金陵》，王瑶卿、程继先、裘桂仙、李连仲《穆柯寨》，刘鸿升、田桂凤《乌龙院》，龚云甫《长寿星》，王凤卿、姜妙香《举鼎观画》，孙菊仙《雍凉关》，压轴梅兰芳、陈德霖《麻姑献寿》，大轴杨小楼、郝寿臣、王瑶卿、王长林、钱金福合演《长坂坡》。

6月9日，裕群社三庆园日场：

刘凤林、李敬山《下河南》，张如庭、王长林、李连仲、姚玉芙《法门寺》，高庆奎、麻穆子《骂曹》，白牡丹、程继先、慈瑞泉《马上缘》，压轴朱桂芳、许德义、杨韵芳、裘桂仙《五花洞》，大轴梅兰芳、王凤卿、姜妙香、郭春山、李敬山、李顺亭首次以营业戏演出《狮吼记》。

6月19日，裕群社三庆园日场：

裘桂仙、李顺亭《风云会》，张如庭、郭春山《出祁山》，迟月亭、麻穆子、范宝亭《八蜡庙》，高庆奎、李连仲、李敬山《辕门斩子》，朱桂芳、许德义、傅小山《取金陵》，压轴王凤卿、程继先《举鼎观画》，大轴梅兰芳、姜妙香、姚玉芙合演《千金一笑》。

6月30日，裕群社三庆园日场：

姜妙香《玉门关》，许德义、朱桂芳《攻潼关》，高庆奎、裘桂仙、李连仲《失街亭》，压轴王凤卿、程继先《举鼎观画》，大轴梅兰芳、陈德霖首次演出《麻姑献寿》。

7月15日，裕群社三庆园日场：

李顺亭、裘桂仙《下河东》，朱桂芳《金山寺》，高庆奎、张如庭、李连仲、慈瑞泉、姚玉芙《珠帘寨》，压轴白牡丹、程继先《鸿鸾禧》，大轴梅兰芳、王凤卿、姜妙香合演《狮吼记》（“梳妆”、“游春”、“跪池”、“三怕”）。

7月19日，何宅堂会戏目：

倒四姜妙香、麒麟童（王荣山）、李连仲《镇潭州》，倒三程艳秋（程砚秋）、白牡丹（荀慧生）、程继先、李敬山《虹霓关》，压轴杨小楼、钱金福《铁笼山》，大轴梅兰芳、姚玉芙合演《天女散花》。

7月22日，梁众异宅堂会戏目：

全班合演《大赐福》《百寿图》，张如庭、杨韵芳《满床笏》，刘凤林《夺彩头》，许德义、范宝亭《英雄义》，诸茹香、慈瑞泉《探亲家》，裘桂仙、麻穆子《草桥关》，程艳秋《一口剑》，程继先《探庄射灯》，尚小云、姜妙香、李寿峰、刘景然《玉堂春》，朱桂芳、王长林、范宝亭《打瓜园》，芙蓉草、李敬山、张彩林《铁弓缘》，梅兰芳、高庆奎、姜妙香、李顺亭、迟月亭《混元盒》，贾璧云《辛安驿》，红豆馆主、王凤卿、钱金福、萧长华《群英会》，压轴陈德霖、姚玉芙、罗福山《二度梅》，大轴杨小楼、梅兰芳、王凤卿、钱金福、程继先、高庆奎合演《回荆州》。

7月25日，孙宅堂会戏目：

全班合演《大赐福》，张如庭、杨韵芳、张彩林《打金枝》，裘桂仙《锁五龙》，许德义、范宝亭、迟月亭、傅小山《艳阳楼》，程艳秋、李敬山《女起解》，程继先、罗文奎、方洪顺《雅观楼》，杨长喜、王长林、李连仲、朱桂芳、慈瑞泉《恶虎村》，王凤卿、王蕙芳《游龙戏凤》，贾璧云《凤阳花鼓》，梅兰芳、陈德霖、龚云甫、姜妙香、姚玉芙、李顺亭、麻穆子六本《雁门关》，萧长华、曹二庚《瞎子逛灯》，压轴刘鸿升、梅荣斋《上天台》，大轴梅兰芳、陈德霖、姚玉芙合演《麻姑献寿》。

8月1日，裕群社广德楼日场：

裘桂仙《黑风帕》，李顺亭《凤鸣关》，程继先、朱桂芳《蔡家庄》，高庆奎《奇冤报》，压轴王凤卿、梅兰芳《朱砂痣》，大轴梅兰芳、姜妙香、高庆奎合演《天河配》。

8月3日，裕群社广德楼日场：

张如庭、裘桂仙《二进宫》，王长林、朱桂芳、范宝亭《打瓜园》，迟月亭、许德义《英雄义》，高庆奎、杨韵芳《武家坡》，压轴王凤卿、李顺亭、李连仲《定军山》，大轴梅兰芳、程继先、高庆奎、姜妙香合演《奇双会》（“哭监”起“团圆”止）。

8月9日，聚寿堂周骏宅堂会戏目：

全班合演《赐福》、《赐寿》，韩世昌《藏舟》，裘桂仙《锁五龙》，程继先、慈瑞泉《连升三级》，朱桂芳《夺太仓》，程艳秋《宇宙锋》，程继先《雅观楼》，高庆奎、尚小云、吴彩霞、姜妙香《四郎探母》，姚玉芙《思凡》，王长林、李连仲《九龙杯》，龚云甫《徐母骂曹》，王凤卿、李顺亭《文昭关》，倒四陈德霖、龚云甫《孝义节》，倒三刘鸿升《上天台》，压轴梅兰芳、高庆奎、姚玉芙《天女散花》，大轴杨小楼、钱金福合演《挑华车》。

8月12日，裕群社广德楼日场：

张如庭、李连仲《黄金台》，刘景然《宫门带》，李顺亭《凤鸣关》，范宝亭、许德义、迟月亭、傅小山《艳阳楼》，倒三王凤卿、梅兰芳《朱砂痣》，压轴程继先《祝家庄》，大轴梅兰芳、姜妙香、高庆奎合演《天河配》。

8月21日，裕群社广德楼日场：

王荣山《清河桥》，裘桂仙《父子会》，张如庭《打金枝》，朱桂芳、朱湘泉《十字坡》，压轴王凤卿、程继先《黄鹤楼》，大轴梅兰芳、范宝亭、姜妙香、高庆奎、姚玉芙合演《盂兰会》。

8月23日，裕群社广德楼日场：

程继先《监酒令》，张如庭《回龙阁》，高庆奎、王荣山、姚玉芙《战蒲关》，许德义、朱桂芳《水晶宫》，范宝亭、李连仲《罗四虎》，压轴王凤卿、李顺亭《战成都》，大轴梅兰芳、白牡丹、姜妙香合演《虹霓关》。

8月24日，裕群社广德楼日场：大轴梅兰芳、姜妙香首次贴演新本《天河配》（八个仙女更换为：朱幼芬、姚玉芙、杨韵芳、朱桂芳、孙砚亭、王丽卿、刘凤林、赵芝香）。

8月25日，那家花园何宅堂会戏目：

全班合演《大赐福》，张如庭、赵芝香《回龙阁》，刘凤林、慈瑞泉《荷珠配》，李顺亭《探营》，朱桂芳、许德义《蟠桃会》，慈瑞全、张彩林《连升三级》，程继先、麒麟童（王荣山）、李连仲《镇潭州》，程艳秋、白牡丹、姜妙香、李敬山《虹霓关》，芙蓉草、黄润卿《辛安驿》，阎岚秋、王长林《小放牛》，龚云甫、刘景然《长寿星》，梅兰芳、余叔岩《游龙戏凤》，贾碧云、玻璃翠《少华山》，倒三陈德霖、王凤卿、裘桂仙《二进宫》，压轴杨小楼、钱金福、迟月亭《铁笼山》，大轴梅兰芳、高庆奎、姚玉芙、李寿山、李寿峰、李敬山、曹二庚合演《天女散花》。

8月27日，王宅堂会戏目：

开场《蟠桃会》，李多奎、裘桂仙《空城计》，何雅秋、雷喜福《梅龙镇》，卧云居士《徐母骂曹》，朱琴心、祝远亭、王华甫《乌龙院》，倒三余叔岩、钱金福《定军山》，压轴杨小楼、郝寿臣、王长林《连环套》，大轴梅兰芳、姚玉芙、姜妙香（饰文殊菩萨）合演《天女散花》。加演送客戏：周瑞安《水帘洞》。

9月1日，刘宅堂会演出戏目：

全班合演《大赐福》，金喜棠、阎喜林《满床笏》，小俊卿《除三害》，小金钟《牧虎关》，茹富兰《临江会》，小翠花《醉酒》，茹富蕙、小俊卿《选元戎》，茹富兰、李连贞《奇双会》，沈富贵《罗四虎》，七岁丑《拾黄金》，茹富兰、韩富信《战濮阳》，小翠花《出塞》，刘连湘《夺太仓》，贾璧云《辛安驿》，时慧宝、高庆奎、时玉奎、郭春山《逍遥津》，余叔岩、陈德霖《南天门》，压轴梅兰芳、王凤卿、姜妙香、姚玉芙、郭春山、李寿峰、曹二庚《狮吼记》，大轴杨小楼、钱金福、李顺亭、王长林、迟月亭、范宝亭、慈瑞泉、鲍吉祥合演全本《落马湖》。

9月16日，李宅堂会演出戏目（午十一点开戏连演夜戏）：

全班合演《大赐福》，寿富耆《百寿图》，尚富霞、茹富蕙《舟配》，马富禄、萧连芳《连升店》，马连昆《战长沙》，马连良、李连贞《汾河湾》，方连元、何连涛《百草山》，刘富溪《取成都》，殷连瑞、马富禄《红门寺》，杜富隆、李富斋《飞虎山》，尚富霞《闹学》，茹富兰、马连良《八大锤》，谭富英、唐富尧、茹富蕙《庆顶珠》，全班合演《庐州城》，马连良《胭脂褶》，世哲生、阎岚秋《战宛城》，林钧甫、姜妙香《醉酒》，程艳秋《思凡》，阎岚秋、王长林《小放牛》，世哲生《水帘洞》，大轴梅兰芳、余叔岩合演《游龙戏凤》。

9月25日，裕群社广德楼日场：

程继先《贪欢报》，许德义、朱桂芳《水晶宫》，张如庭、杨韵芳《桑园会》，高庆奎、裘桂仙《空城计》，王长林、李连仲《九龙杯》，压轴王凤卿、姚玉芙《朱砂痣》，大轴梅兰芳、姜妙香首次演出《藏舟》。

本年秋，梅兰芳在广德楼第一次把《银空山》、《大登殿》两戏连演，一改往日饰演王宝钏的旧例，饰演代战公主，由姚玉芙饰演王宝钏，王凤卿饰演薛仁贵，姜妙香饰演高思继，罗文奎、曹二庚饰演马达、江海，张春彦饰演王允，罗福山饰演王夫人，慈瑞泉饰演魏虎。这种有别于一般由《武家坡》到《大登殿》的演法，是王瑶卿的首创，为的是使观众得见《银空山》一戏的全貌（舞台常见的《银空山》多已简化），也可尽展代战公主这一刀马角色的风姿。梅兰芳循王瑶卿之路数来演，亦是梅兰芳传统剧目中别具风采的一出。

10月2日，江西会馆演出戏目：

王凤卿、姜妙香、裘桂仙《群英会》，倒四白牡丹、程艳秋、程继先《虹霓关》，倒三刘鸿升、陈德霖、龚云甫、吴彩霞《四郎探母》，压轴梅兰芳、李寿山、姚玉芙《天女散花》，大轴杨小楼、王长林、李连仲合演《连环套》。

10月3日，江西会馆演出戏目：

朱桂芳、许德义《蟠桃会》，萧长华、姜妙香《连升三级》，白牡丹《打樱桃》，刘鸿升《白虎堂》，倒四陈德霖、龚云甫《孝义节》、倒三杨小楼、余叔岩、钱金福《八蜡庙》，压轴王凤卿、李顺亭《取成都》，大轴梅兰芳、余叔岩合演《庆顶珠》。

10月7日，堂会演出戏目：

朱桂芳、周瑞安、萧长华《青石山》，小翠花、程继先《得意缘》，马连良、程连喜《八大锤》，萧长华、姜妙香《连升三级》，沈君《上天台》，马连良、小翠花《坐楼》、程艳秋《穆柯寨》，倒四王凤卿、姚玉芙《朱砂痣》，倒三梅兰芳、程继先《奇双会》，压轴刘鸿升《失街亭》，大轴梅兰芳、余叔岩合演《戏凤》。

10月16日，堂会演出戏目：

白玉田《尼姑思凡》，王益友《通天犀》，韩世昌《春香闹学》，徐碧云、姜妙香《金山寺》，尚小云《女起解》，压轴王凤卿、李顺亭《让成都》，大轴梅兰芳、俞振庭、李敬山合演《嫦娥奔月》。

10月，余叔岩加入裕群社，与王凤卿并挂二牌。三天打泡戏由日场改为夜戏，地点还在吉祥园。

10月17日，裕群社吉祥园余叔岩头天打泡夜戏：

张如庭、麒麟童（王荣山）、王丽卿《献长安》，高庆奎、李连仲《七星灯》，许德义、范宝亭《贾家楼》，朱桂芳《摇钱树》，倒三余叔岩《盗宗卷》，压轴白牡丹、程继先、裘桂仙、李连仲《穆柯寨》，大轴梅兰芳、王凤卿、姜妙香、李顺亭合演《四郎探母》。

该场演出姜妙香首次添加杨宗保娃娃调唱段。此前谭鑫培演出《探母》无论营业戏，还是堂会戏，杨宗保一角总为冯蕙林配演。如1911年3月4日同庆班堂会戏，戏单名录谭鑫培、王瑶卿、陈德霖、谢宝云、李顺亭、萧长华、慈瑞泉、冯蕙林合演《探母回令》。但冯演杨宗保时，只是照例唱几句摇板。在此之前姜妙香演杨宗保也遵从冯蕙林的路子唱摇板。据姚玉芙撰文《裕群社》回忆，“那天（10月17日）是余叔岩加入裕群社的头天打泡，很多久未露面的内行人都去了园子……大轴子是和凤二爷的《探母回令》……姜六爷头回将宗保的唱儿，改成了六句“娃娃调"，每句都是可堂彩。自那以后，"巡营"的娃娃调就唱开了……"姚玉芙所讲的"六句'娃娃调'"，只是后来姜妙香与王少卿共同创作的八句"娃娃调"的雏形。

10月18日，裕群社吉祥园余叔岩第二天打泡夜戏：

倒四姜妙香《罗成叫关》，大轴梅兰芳、余叔岩、王长林合演《打渔杀家》。此为姜妙香首次以营业戏演出《叫关》。姜妙香在《我是怎样体会罗成这个人物的》文章中回忆道"以前在桐馨社，德珺如经常在兰芳大轴前贴演《叫关》(德珺如的《叫关》在别的班子里一般唱开场或是比较靠前的几出戏)，他每演这戏，我必早到园子提前扮好戏认真学习……"

10月19日，裕群社吉祥园余叔岩第三天打泡夜戏：

姜妙香《辕门射戟》，许德义《收关胜》，程继先、姚玉芙《岳家庄》，倒四王长林、朱桂芳《打瓜园》，倒三白牡丹、高庆奎、慈瑞泉《翠屏山》，压轴王凤卿、陈德霖、裘桂仙《二进宫》，大轴梅兰芳、余叔岩合演《梅龙镇》。

10月23日，赈济山东水灾第一舞台义务夜戏头天：

陶显庭《弹词》，郝振基《草诏》，韩世昌、侯玉山《刺虎》，俞振庭、范宝亭《白水滩》、程艳秋、王蕙芳《樊江关》，尚小云、白牡丹、程继先《得意缘》，王瑶卿、王凤卿《万里缘》，陈德霖、龚云甫《孝义节》，倒四余叔岩、裘桂仙《打鼓骂曹》，倒三老乡亲《逍遥津》，压轴梅兰芳、姜妙香、王凤卿《玉堂春》，大轴杨小楼、钱金福、许德义合演《恶虎村》。

10月24日，赈济山东水灾第一舞台义务戏：

侯益隆《棋盘会》，韩世昌、白玉田《刺梁藏舟》，尚小云、白牡丹、姜妙香《虹霓关》，余叔岩《阳平关》，王瑶卿、贾璧云、陈德霖、龚云甫、王蕙芳、程艳秋《雁门关》，倒四刘鸿升、吴彩霞《朱砂痣》，倒三老乡亲《失街亭》，压轴梅兰芳、王凤卿《武家坡》，大轴杨小楼、钱金福、迟月亭、郭春山合演《水帘洞》。

10月27日，祝寿堂会戏目：

全班合演《富贵长春》，五龄童《四郎探母》，俞振庭《金钱豹》，芙蓉草《辛安驿》，王又宸《失街亭》，韩世昌《思凡》，俞振庭《长坂坡》，倒四高庆奎、尚小云《汾河湾》，倒三老乡亲（孙菊仙）《举鼎观画》，压轴余叔岩、陈德霖《南天门》，大轴梅兰芳、姜妙香、李敬山合演《贵妃醉酒》。

10月29日，堂会演出戏目：

开场《大赐福》，侯益隆《嫁妹》，王长林、朱桂芳、范宝亭《打瓜园》，芙蓉草、金仲仁《铁弓缘》，阎岚秋《雄黄阵》，龚云甫《长寿星》，刘鸿升、裘桂仙《上天台》，白牡丹、慈瑞泉《打樱桃》，余叔岩、陈德霖《桑园寄子》，倒四孙菊仙《舌辩侯》，倒三梅兰芳、王凤卿、姜妙香、姚玉芙《木兰从军》，压轴余叔岩（黄忠）、杨小楼（赵云）、刘鸿升（曹操）、钱金福（徐晃）《阳平关》，大轴梅兰芳、陈德霖、姚玉芙合演《麻姑献寿》。

11月3日，裕群社广德楼日场：

张如庭、王丽卿《法门寺》，王三黑《金雁桥》，许德义、朱桂芳《蔡家庄》，倒四白牡丹、程继先《马上缘》，倒三高庆奎、李连仲《骂曹》，压轴王凤卿《朱砂痣》，大轴梅兰芳、姜妙香首次演出《瑶台》。

11月20日，曹宅堂会戏目：

张文斌《打城隍》，李顺亭《探营》，许德义《铁笼山》，朱桂芳《演火棍》，裘桂仙《御果园》，阎岚秋、周瑞安、王长林《百草山》，高庆奎《醉写》，白牡丹、程继先《得意缘》，倒四程艳秋《穆柯寨》，倒三王凤卿、陈德霖《武昭关》，压轴梅兰芳、余叔岩《汾河湾》，大轴梅兰芳、姜妙香合演《游园惊梦》。梅兰芳饰杜丽娘、姜妙香饰柳梦梅、姚玉芙饰春香，乔玉林饰大花神、罗福山饰杜母、曹二庚饰睡梦神、斌庆社学生饰十二花神。

11月24日，堂会日场戏目：

全班合演《大赐福》，萧长华《瞎子逛灯》，朱桂芳、许德义《蟠桃会》，小翠花、萧长华《拾玉镯》，白牡丹、程继先《得意缘》，尚小云《女起解》，余叔岩、陈德霖《南天门》，王凤卿、王瑶卿《万里缘》，倒四老乡亲《状元谱》，倒三刘鸿升《探阴山》，压轴梅兰芳、姜妙香、陈德霖、李寿山《风筝误》，大轴杨小楼、钱金福、王长林合演《连环套》。

11月24日，堂会夜戏戏目：

阎岚秋、王长林《小放牛》，王凤卿、小翠花、王长林《翠屏山》，老乡亲《逍遥津》，倒四刘鸿升、龚云甫、王琴侬、德珺如《四郎探母》，倒三余叔岩、尚小云、王长林《庆顶珠》，压轴杨小楼、钱金福、许德义《麒麟阁》，大轴梅兰芳、陈德霖、姜妙香、姚玉芙合演《麻姑献寿》。

11月26日，裕群社吉祥园夜戏：

倒四白牡丹、高庆奎、王长林《大翠屏山》，倒三王凤卿、裘桂仙《捉放曹》，压轴余叔岩、陈德霖《捉放曹》，大轴梅兰芳、姜妙香、姚玉芙合演《游园惊梦》。

12月9日，堂会夜戏戏目：

萧长华《送灰面》，芙蓉草《辛安驿》，白牡丹、王长林《小放牛》，裘桂仙、王凤卿、陈德霖《大保国》，倒四梅兰芳、余叔岩《游龙戏凤》，倒三刘鸿升《探阴山》，压轴杨小楼、余叔岩、王凤卿、许德义《八蜡庙》，大轴梅兰芳、高庆奎、姚玉芙、姜妙香合演《天女散花》。

12月12日，裕群社中和茶园日场：

陈少五、扎金奎《清河桥》，占正亭《高平关》，刘凤林、王荣山、张彩林、曹二庚《胭脂虎》，张如庭、刘景然、赵芝香《战蒲关》，朱桂芳、杨长喜《摇钱树》，倒四高庆奎、方洪顺、扎金奎《七星灯》，倒三许德义、范宝亭、迟月亭、傅小山《艳阳楼》，压轴王凤卿、姚玉芙、王长林、李连仲、李顺亭《浣纱记》《鱼藏剑》，大轴梅兰芳、白牡丹、姜妙香、李敬山、汪金林合演《虹霓关》。

12月22日，裕群社中和园日场：

许德义、朱桂芳《水晶宫》，张如庭、罗福山《雪杯圆》，姚玉芙《六月雪》，倒三白牡丹、程继先《鸿鸾禧》，压轴王凤卿、姜妙香《群英会》，大轴梅兰芳、高庆奎、李寿山、姜妙香首次演出《红线盗盒》。

12月26日，江西会馆堂会戏目日场、夜戏连演：

全班合演《赐福》，王斌才《百寿图》，小奎官《风云会》，俞华庭、徐碧云《蟠桃会》，陆凤山、朱斌舫《满床笏》，小桂花、小寿山《双摇会》，王斌芬《斩黄袍》，芙蓉草《辛安驿》，小小楼、范斌禄《挑华车》，刘春生、朱斌仙《十八扯》，小振庭（孙毓堃）、小小楼《艳阳楼》，徐碧云《娘子军》，小桂花《打面缸》，陶显亭《山门》，侯益隆《火判》，韩世昌《琴挑》，余叔岩、王长林《胭脂褶》，郭仲衡、贾福堂《华容道》，莫敬一《碰碑》，孙庆堂、铁麟甫《镇潭州》，尚小云、言菊朋、陈德霖、姜妙香、松介眉《四郎探母》，王凤卿、王琴侬、贾福堂《二进宫》，压轴红豆馆主、钱金福、王长林、慈瑞全《问樵闹府》《打棍出箱》，大轴梅兰芳、余叔岩合演《游龙戏凤》。

12月28日，斌庆社堂会戏目：

卧云居士《目莲救母》，俞振庭《铁笼山》，鹤鸣天《四郎探母》，倒四王又宸《辕门斩子》，倒三白牡丹《花田错》，压轴老乡亲《骂杨广》，大轴梅兰芳、姜妙香、姚玉芙合演《游园惊梦》。

本年冬，名小生张宝昆约姜妙香到广德楼，送给姜一包戏本。据姜妙香撰写《我是怎样体会罗成这个人物的》文章回忆“……这包戏本是四喜班班主张淇林的大部分武戏中的所有小生角色的场子和戏词。张宝昆曾和妙卿在四喜班合作过很多戏，对妙卿非常喜爱。妙卿过世后四年，张宝昆方知，并有此赠……当晚张宝昆贴演《罗成叫关》，我也观摩了演出……”。

1919年

（民国八年，农历己未年） 29岁

本年，姜妙香八弟姜祖德殁，年方25岁。

1月11日，江西会馆彭宅堂会戏目：

全班合演《赐福》，王斌才《百寿图》，陆凤山、徐斌寿《打金枝》，耿斌福、徐碧云《八仙庆寿》，六六旦《辛安驿》，王斌芬、俞小庭《戏凤》，小振庭（孙毓堃）《艳阳楼》，小奎官《探阴山》，俞华庭、徐碧云《乾元山》，王文源《辕门斩子》，言菊朋《琼林宴》，压轴王凤卿、裘桂仙《捉放曹》，大轴梅兰芳、姜妙香、姚玉芙合演《游园惊梦》。

本年初，新明大戏院落成。股东蒲伯英是参议员，也是人艺戏剧学校校长，他向梅兰芳发出邀请，并希望裕群社所有演员全部进驻大戏院。于是，由姚佩兰、王毓楼出面组织了喜群社，演员除裕群社梅兰芳、王凤卿、姜妙香等演员外，又约请了多位名伶入社，新明大戏院就成为了喜群社固定的演出地点。

1月23日，喜群社新明大戏院打泡夜戏头天（共十出戏）：

李小山、陈文启《柳林会》，姚玉芙、陈文启《别宫》，余叔岩、钱金福《宁武关》，朱桂芳、贯大元、范宝亭、何佩亭《青石山》，白牡丹、程继先《马上缘》，倒四姜妙香、高庆奎、姚玉芙《白门楼》，倒三王毓楼、迟月亭、朱桂芳《金钱豹》，压轴王凤卿、陈德霖、李寿山《宝莲灯》，大轴梅兰芳、张彩林、李敬山合演《贵妃醉酒》。

1月24日，喜群社新明大戏院大戏院打泡夜戏第二天：

倒四姜妙香、姚玉芙《岳家庄》，倒三白牡丹、高庆奎《荀灌娘》，压轴余叔岩、侯喜瑞、程继先《开山府》，大轴梅兰芳《宇宙锋》。

1月27日，正乐育化会义务夜戏：

俞振庭、朱桂芳、阎岚秋《青石山》，周瑞安《艳阳楼》，陈德霖、龚云甫、王瑶卿、王凤卿、王蕙芳、姜妙香《雁门关》，白牡丹、小翠花《双摇会》，倒四余叔岩《闹府》，倒三梅兰芳《天女散花》，压轴杨小楼、王又宸《连营寨》，大轴孙菊仙、高庆奎合演《逍遥津》。

2月7日，堂会演出戏目：

倒四王又宸、白牡丹《游龙戏凤》，倒三王凤卿、陈德霖《芦花河》，压轴余叔岩《兴汉图》，大轴梅兰芳、姜妙香、姚玉芙合演《游园惊梦》。

2月16日，喜群社新明大戏院夜戏：

陈文启《辞朝》，许德义、朱桂芳《霸王庄》，倒四高庆奎、程继先《借赵云》，倒三余叔岩《铁莲花》，压轴王凤卿《华容道》，大轴梅兰芳、姜妙香合演《游园惊梦》。

2月20日，喜群社新明大戏院夜戏：

许德义、朱桂芳《取金陵》，白牡丹、高庆奎《翠屏山》，压轴王凤卿、姜妙香、高庆奎《群英会》，大轴梅兰芳、余叔岩合演《三击掌》。

2月22日，喜群社新明大戏院夜戏：

李寿山、傅小山《青风寨》，陈文启、慈瑞泉《孟母择邻》，朱湘泉、朱桂芳《十字坡》，倒四白牡丹、姚玉芙、程继先《得意缘》，倒三王凤卿、王长林、李连仲《取帅印》，压轴余叔岩、迟月亭、何佩亭、朱桂芳《连营寨》，大轴梅兰芳、姜妙香、王凤卿、高庆奎合演《三世姻缘》（即《玉堂春带团圆》）。

2月25日，喜群社新明大戏院夜戏：

许德义、朱桂芳《娘子军》，白牡丹《卖油郎》，高庆奎《碰碑》，倒三余叔岩《九更天》，压轴王凤卿、程继先、高庆奎《黄鹤楼》，大轴梅兰芳、姜妙香合演《琴挑》。

2月26日，喜群社新明戏院夜戏：

王荣山《战樊城》，李小山《雪杯圆》，何佩亭《金沙滩》，王长林《龙凤配》，朱桂芳《瑞草园》，倒四程继先、高庆奎《借赵云》，倒三姜妙香、姚玉芙《岳家庄》，压轴王凤卿、李顺亭《战成都》，大轴梅兰芳、余叔岩合演《桑园寄子》。

3月2日，喜群社新明大戏院夜戏：

朱桂芳、朱湘泉《快活林》，倒四白牡丹、高庆奎《奇女福》，倒三余叔岩《战樊城》，压轴王凤卿《训子》，大轴梅兰芳、姜妙香、姚玉芙合演《金山寺》。

3月3日，喜群社新明大戏院夜戏：

李小山《鱼肠剑》，朱桂芳《演火棍》，倒四白牡丹《渡仙桥》，倒三余叔岩《葭萌关》，压轴王凤卿、程继先《镇潭州》，大轴梅兰芳、姜妙香、姚玉芙合演《断桥》。

3月5日，喜群社新明大戏院夜戏：

王荣山《搜孤救孤》，刘凤林、李敬山、罗文奎《一疋布》，陈文启《望儿楼》，朱桂芳、何佩亭、迟月亭、傅小山《四美图》，高庆奎、郭春山、张文斌《奇冤报》，倒四姜妙香、占正亭、李敬山《辕门射戟》，倒三白牡丹、程继先、姚玉芙《得意缘》，压轴余叔岩、李寿山、王丽卿、慈瑞泉、钱文卿《战太平》，大轴梅兰芳、张彩林、曹二庚、朱玉龙合演《彩楼配》。

3月8日，喜群社新明大戏院夜戏：

李小山《出祁山》，许德义、朱桂芳《取金陵》，白牡丹、程继先《胭脂虎》，压轴余叔岩《太平桥》，大轴梅兰芳、王凤卿、姜妙香、姚玉芙合演《狮吼记》。

3月10日，第一舞台义务夜戏头天：

梅兰芳、白牡丹、姜妙香《穆柯寨》《穆天王》，王又宸《辕门斩子》，倒四王瑶卿《探亲》，倒三老十三旦《八大锤》，压轴老乡亲《忠烈图》，大轴杨小楼、钱金福、迟月亭、郭春山合演《水帘洞》。

3月11日，第一舞台义务夜戏第二天：

俞振庭《五花洞》，余又琴、老十三旦《英杰烈》，王又宸、姜妙香《举鼎观画》，倒四王凤卿《芦花河》，倒三老乡亲、龚云甫、陈德霖《朱砂痣》，压轴梅兰芳、余叔岩《打渔杀家》，大轴杨小楼、王瑶卿、钱金福、李连仲合演《长坂坡》。

3月12日，喜群社新明大戏院夜戏：

张彩林、慈瑞泉《入侯府》，朱桂芳《无底洞》，余叔岩、李连仲《下河东》，倒四姜妙香《监酒令》，倒三白牡丹、高庆奎《翠屏山》，压轴王凤卿、姚玉芙、李寿山《法门寺》，大轴梅兰芳《六月雪》。

3月13日，喜群社新明大戏院夜戏：

孙砚亭《双摇会》，高庆奎、朱桂芳《刺巴杰》，倒四白牡丹、程继先《鸿鸾禧》，倒三余叔岩《锤换带》，压轴王凤卿、姚玉芙《朱砂痣》，大轴梅兰芳、姜妙香合演《渔家乐》。

3月18日，喜群社新明大戏院夜戏：

李小山《文昭关》，倒四白牡丹、程继先《马上缘》，倒三朱桂芳、高庆奎《刺巴杰》，压轴王凤卿、姜妙香《黄鹤楼》，大轴梅兰芳《落花园》。

3月24日，喜群社新明大戏院夜戏：

李小山、诸茹香《赶三关》，张彩林、刘凤林《双摇会》，姜妙香《夺小沛》，倒四朱桂芳《盗魂铃》，倒三白牡丹、程继先《玉玲珑》，压轴余叔岩《泗水关》，大轴梅兰芳、王凤卿合演《桑园会》。

3月25日，喜群社新明大戏院夜戏：

李小山《开山府》，姜妙香《岳家庄》，倒四许德义、朱桂芳《取金陵》，倒三白牡丹、高庆奎《乌龙院》，压轴余叔岩、刘景然、姜妙香《宫门带》，大轴梅兰芳《出塞》。

3月28日，喜群社新明大戏院夜戏：

朱桂芳《泗州城》，白牡丹、程继先《花田错》，倒三余叔岩《打登州》，压轴王凤卿《鱼藏剑》，大轴梅兰芳、姜妙香、姚玉芙合演《千金一笑》。

3月29日，喜群社新明大戏院夜戏：

朱桂芳、许德义《攻潼关》，高庆奎《辕门斩子》，倒三白牡丹、姜妙香《鸿鸾禧》，压轴王凤卿、程继先《雄州关》，大轴梅兰芳、余叔岩合演《三娘教子》。

4月1日，什锦花园关宅堂会戏目：

王琴侬《孝义节》，陈德霖《祭塔》，倒四梅兰芳、王凤卿《汾河湾》，倒三红豆馆主、陈德霖、姜妙香、李寿峰《奇双会》，压轴杨小楼、钱金福、王长林、许德义《恶虎村》，大轴梅兰芳、余叔岩合演《游龙戏凤》。

4月，梅兰芳祖母陈氏八十寿辰，梨园界同业称觞祝寿，演出堂会。

梅兰芳共演三出，其一为旦角本工戏《麻姑献寿》。其二与王蕙芳、姜妙香反串《打面缸》，大轴余叔岩、梅兰芳、王凤卿、姜妙香等反串《艳阳楼》。余叔岩饰高登，王凤卿饰花逢春，程继先饰青面虎，梅兰芳饰呼延豹，王蕙芳饰秦仁，姜妙香饰小可怜，贯大元饰贾斯文。

4月16日，堂会演出戏目：

倒四尚小云《玉堂春》，倒三余叔岩、陈德霖、诸茹香、姜妙香《珠帘寨》，压轴杨小楼、王凤卿、程继先、龚云甫、沈华轩、刘景然、李寿山《甘露寺》《回荆州》《芦花荡》，大轴梅兰芳、姚玉芙合演《麻姑献寿》。

4月21日，梅兰芳应日本帝国剧场邀请，携喜群社部分演员首次赴日演出。随行人员演员：姚玉芙、姜妙香、贯大元、高庆奎、芙蓉草（赵桐珊）、何喜春、陶玉芝、董玉林、王毓楼。乐队：茹莱卿、陈嘉梁、何斌奎、孙惠亭、高联奎、唐春平、马宝铭、马宝珊、傅荣斌、张达楼、曹筱轩。化装师：韩佩亭、李德顺等。还有齐如山、李涛痕和曾留学日本的许伯明、舒石父，共计三十五人。

4月24下午17时，抵达下关，转乘火车赴东京。

4月25日上午8时30分，抵达日本东京。

5月1日，喜群社东京帝国剧场头天：

舞蹈《娘狮子》（日本），阿拉伯古典剧《咒》（日本），现代剧《五月的早晨》（日本），梅兰芳《天女散花》，歌舞会《本朝二十四孝》（日本）。

在东京帝国剧场的演出，是中、日两国戏剧家、舞蹈家共同登台，京剧一般排在压轴。由于人员限制，梅兰芳此次赴日很多喜群社演员不能随行，缺少花脸、小花脸、老旦行当，只有剧团演员互相调配。《天女散花》由梅兰芳饰天女，高庆奎饰如来佛（在国内是李寿山饰如来佛），贯大元饰文殊师利（在国内是高庆奎饰文殊），王毓楼饰维摩诘（在国内是李寿峰饰维摩诘），姚玉芙饰花奴，何喜春饰和尚（在国内是李敬山饰和尚），姜妙香、芙蓉草、陶玉芝、董玉林饰四仙女。

5月2日至5日，喜群社东京帝国剧场上演剧目与5月1日相同。

5月6日，喜群社东京帝国剧场：

舞蹈《娘狮子》，阿拉伯古典剧《咒》，梅兰芳、高庆奎、姜妙香《御碑亭》，现代剧《五月的早晨》，歌舞会《本朝二十四孝》。《御碑亭》由梅兰芳饰孟月华，高庆奎饰王有道，姜妙香饰柳春生，姚玉芙饰王淑英，芙蓉草饰前德禄、后报禄的。

5月7日、8日，喜群社东京帝国剧场：

舞蹈《娘狮子》，阿拉伯古典剧《咒》，现代剧《五月的早晨》，梅兰芳、高庆奎、姜妙香《御碑亭》，歌舞会《本朝二十四孝》。

5月9日、10日，喜群社东京帝国剧场：

舞蹈《娘狮子》，阿拉伯古典剧《咒》，现代剧《五月的早晨》，梅兰芳、姜妙香《黛玉葬花》，歌舞会《本朝二十四孝》。《黛玉葬花》由梅兰芳饰林黛玉，姜妙香饰贾宝玉，姚玉芙饰紫鹃，赵桐珊饰茗烟（在国内是李敬山饰茗烟）。

5月11日，喜群社东京帝国剧场：

舞蹈《娘狮子》，阿拉伯古典剧《咒》，梅兰芳、姜妙香、姚玉芙二本《虹霓关》，现代剧《五月的早晨》，歌舞会《本朝二十四孝》。

5月12日，喜群社东京帝国剧场：

舞蹈《娘狮子》，阿拉伯古典剧《咒》，梅兰芳《贵妃醉酒》，现代剧《五月的早晨》，歌舞会《本朝二十四孝》。《贵妃醉酒》由梅兰芳饰杨玉环，姜妙香饰裴力士，高庆奎饰高力士（在国内是李敬山饰高力士，高庆奎父亲高四保也演过高力士）。

5月14日，游箱根。

5月17日晚23点，喜群社离开东京。

5月18日下午15点40分，到达大阪梅田。

5月19日，喜群社大阪中央公会堂演出：

姚玉芙《思凡》，贯大元（诸葛亮）、高庆奎（司马懿）、芙蓉草（前旗牌、后老军）、王毓楼（老军）《空城计》，梅兰芳、高庆奎、姜妙香、姚玉芙合演《御碑亭》。

5月20日，喜群社大阪中央公会堂演出：

姚玉芙、姜妙香《琴挑》，贯大元、芙蓉草《乌龙院》，梅兰芳《天女散花》。

5月21日，梅兰芳一行，应马聘三、王敬祥为代表的旅日商人的邀请，为募集中华戏校基金义演五场（只演了三场），离大阪赴神户下午16时40分抵达神户三宫。

5月23日，喜群社神户聚乐馆义演头天：

姜妙香、芙蓉草《鸿鸾禧》，梅兰芳、贯大元《游龙戏凤》，姚玉芙、贯大元《武家坡》，梅兰芳、王毓楼合演《嫦娥奔月》。《嫦娥奔月》由梅兰芳饰嫦娥、王毓楼饰吴刚、高庆奎饰后羿、贯大元饰兔爷、芙蓉草饰王母。

5月24日，神户聚乐馆义演第二天：

贯大元（杨延昭）、高庆奎（赵德芳）《洪羊洞》，姜妙香《监酒令》，梅兰芳（春香）、姚玉芙（杜丽娘）、贯大元（陈最良）《春香闹学》，高庆奎（刘世昌）、芙蓉草（张别古）《乌盆记》，梅兰芳（杜丽娘）、姚玉芙（春香）、姜妙香（柳梦梅）、芙蓉草（杜母）合演《游园惊梦》。

5月25日，神户聚乐馆义演第三天：

姜妙香、姚玉芙《琴挑》，贯大元、芙蓉草《乌龙院》，高庆奎、姜妙香《举鼎观画》，梅兰芳《天女散花》。

原本与马聘三、王敬祥约定义演五场，并与姚玉芙（青蛇）、姜妙香（许仙）、芙蓉草（小和尚）、王毓楼（伽蓝）排出《金山寺》。还未上演，国内“五四”运动，局势紧张，迫于国内舆论压力，喜群社5月26日离开神户，27日离开日本。是年，梅兰芳25岁，姜妙香29岁，高庆奎29岁，贯大元22岁，姚玉芙23岁，芙蓉草19岁，茹莱卿55岁。

5月30日，梅兰芳一行到达北京。

6月26日，李宅堂会演出戏目：

高庆奎、小翠花《乌龙院》，程艳秋《宇宙锋》，余叔岩《打严嵩》，梅兰芳、姚玉芙《麻姑献寿》，王凤卿、陈德霖、裘桂仙《二进宫》，余叔岩、程继先《八大锤》，压轴梅兰芳、姜妙香、姚玉芙《游园惊梦》，大轴杨小楼、梅兰芳、钱金福、李连仲、谭小培《长坂坡》。

7月2日，喜群社由日返京新明大戏院头天营业戏日场：

朱桂芳《演火棍》，高庆奎《落马湖》，倒四白牡丹、程继先《胭脂虎》，倒三余叔岩《卖马》，压轴王凤卿《朱砂痣》，大轴梅兰芳、姜妙香、程继先、高庆奎、姚玉芙合演全部《宇宙锋》。

7月5日，喜群社新明大戏院日场：

贯大元《雪杯圆》，朱桂芳、朱湘泉《十字坡》，倒四程继先《监酒令》，倒三余叔岩、白牡丹、钱金福、傅小山、李连仲《战宛城》，压轴王凤卿、姜妙香《举鼎观画》，大轴梅兰芳、姚玉芙合演《闹学》。

7月9日，喜群社新明大戏院日场：

朱桂芳《蔡家庄》，高庆奎《捉放曹》，倒四余叔岩、李连仲、姜妙香《开山府》，倒三白牡丹、程继先《马上缘》，压轴王凤卿《浣纱记》，大轴梅兰芳、李敬山合演《女起解》。

7月27日，喜群社新明大戏院日场：

李鸣玉、王丽卿《武昭关》，孙砚亭、张文斌《打面缸》，朱桂芳、何佩亭《八蜡庙》，倒三余叔岩、白牡丹《乌龙院》，压轴王凤卿、姚玉芙《朱砂痣》，大轴梅兰芳、程继先、高庆奎、姜妙香、李敬山合演全部《奇双会》。

7月30日，冯宅堂会演出戏目：

张文斌《打城隍》，时玉奎《五台山》，阎岚秋《演火棍》，钱金福《瓦口关》，倒四陈德霖、王凤卿《骂殿》，倒三梅兰芳《出塞》，压轴红豆馆主《单刀会》，大轴梅兰芳、王凤卿、姜妙香、刘凤林、罗文奎、刘景然合演《御碑亭》。

8月1日，喜群社新明大戏院日场：

倒四白牡丹、程继先《反延安》，倒三余叔岩、慈瑞泉《铁莲花》，压轴王凤卿、姚玉芙《浣纱记》，大梅兰芳、高庆奎、姜妙香、朱桂芳、姚玉芙、程艳秋、芙蓉草合演《天河配》。

8月4日，袁宅堂会演出戏目日场、夜戏连演：

全班合演《天官赐福》，小俊卿、唐富尧《满床笏》，谭富英《失街亭》，茹富蕙、尚富霞《荡湖船》，殷连瑞、马富禄《红门寺》，马连良《状元谱》，小荷花《樊江关》，茹富兰《奇双会》，翟富仙、李富万《遇后龙袍》，马富禄《连升店》，刘富溪、唐富尧《牧羊圈》，沈富贵、苏富恩《大名府》，翟富仙《探阴山》，小荷花《喜荣归》，吴富琴《玉堂春》，沈富贵《定军山》，马连良《一捧雪》，谭富英《庆顶珠》，张富良、陈富瑞《甘露寺》，茹富兰、茹富蕙《群英会》。全班合演《天河配》，倒四龚云甫《行路训子》，倒三余叔岩、钱金福、姜妙香、王荣山、小荷花《珠帘寨》，压轴王凤卿、李顺亭《文昭关》，大轴梅兰芳《嫦娥奔月》。

8月7日，喜群社新明大戏院夜戏：

倒三余叔岩《南阳关》，压轴王凤卿、程继先、高庆奎《群英会》，大轴梅兰芳、姜妙香合演《虹霓关》。

8月8日，朱老太太七秩晋四，朱宅庆寿堂会演出戏目日场、夜戏连演：

全班《富贵长春》，寿富者《百寿图》，刘连湘、韩富信《蟠桃会》，谭富英、张富良、程富云《甘露寺》，尚富霞、董富莲《荡湖船》，马连良、马富禄《胭脂褶》，方连元、骆连翔《竹林记》，马连良、李连贞《汾河湾》，七岁丑、董富莲《绒花记》，马富禄、沈富贵《普球山》，谭富英、唐富尧《打渔杀家》，尚富霞、茹富蕙《昭君出塞》，何连涛、殷连瑞《铁笼山》，茹富兰、吴富琴、曹连孝《奇双会》。连演夜戏：张如庭《击鼓骂曹》，高连甲、何连涛《三教寺》，谭富英、吴富琴、李连贞《四郎探母》，王福寿、程连喜《对刀步战》，王长林、钱金福《祥梅寺》，程艳秋、程连喜、慈瑞泉、李连仲《虹霓关》，高庆奎、姚玉芙《武家坡》，郭仲衡、王琴侬、裘桂仙《二进宫》，倒四白牡丹、程连喜、赵芝香《得意缘》，倒三王凤卿、陈德霖、李连仲《宝莲灯》，压轴余叔岩、王瑶卿、钱金福、慈瑞泉、李瑞亭、赵芝香《珠帘寨》，大轴梅兰芳、陈德霖、姜妙香、李寿山、罗福山、郭春山、曹二庚合演《风筝误》。

8月13日，江西会馆堂会演出戏目：

《大赐福》《百寿图》，德建堂、孙喜云《满床笏》，朱桂芳、范宝亭《蟠桃会》，诸茹香、冯蕙林、慈瑞泉《鸿鸾禧》，瑞德宝、李连仲、迟月亭《恶虎村》，陈文启《长寿星》，李顺亭、屈兆奎《龙虎斗》，李连仲、迟月亭《青风寨》，瑞德宝《独木关》，尚小云、诸茹香《春香闹学》，谭小培、麻穆子《黄金台》，张文斌《送亲演礼》，李顺亭、王长林《梁灏夸才》，朱桂芳、范宝亭《演火棍》，清客串、德珺如《举鼎观画》，王蕙芳、朱素云《得意缘》，王凤卿、王琴侬、裘桂仙《大保国》，尚小云、德珺如、李顺亭、刘景然《玉堂春》，朱素云、筱翠花、慈瑞泉《闺房乐》，梅兰芳、姚玉芙《嫦娥奔月》，张文斌《连升三级》，大轴陈德霖、姜妙香、王琴依、诸茹香合演《四面观音》。

8月18日，金鱼胡同那宅怡园堂会演出戏目：

高庆奎《赐福》，傅小山《三岔口》，王瑶卿、高庆奎《花木兰》，朱素云《射戟》，王蕙芳《女起解》，阎岚秋、许德义《娘子军》，王凤卿、陈德霖《武昭关》，梅兰芳、姜妙香《琴挑》，杨小楼、钱金福《连环套》，王又宸《琼林宴》，陈德霖、姜妙香、王琴侬《戏目莲》，杨小楼、钱金福《状元印》，梅兰芳、王凤卿合演《武家坡》。

8月25日，喜群社新明大戏院夜戏：

倒三白牡丹、程继先《秦淮河》，压轴余叔岩（《定军山》黄忠）、王凤卿（《阳平关》黄忠）《定军山》《阳平关》，大轴梅兰芳、姜妙香、高庆奎（反串老旦）合演《春秋配》。

8月26日，喜群社新明大戏院夜戏：

压轴白牡丹、程继先《胭脂虎》，大轴《甘露寺》《美人计》《回荆州》。梅兰芳饰孙尚香，王凤卿饰刘备，余叔岩饰鲁肃，龚云甫饰吴国太，高庆奎饰赵云，姜妙香饰周瑜，李连仲饰孙权，李寿山饰张飞，郭春山饰乔福，刘景然饰乔玄，李鸣玉饰诸葛亮。

8月27日，喜群社新明大戏院夜戏：

朱桂芳《打韩昌》，白牡丹、罗文奎《探亲》，倒三余叔岩、慈瑞泉《铁莲花》，压轴王凤卿《弹词》，大轴梅兰芳、姜妙香、高庆奎合演《乔醋》。

8月29日，喜群社新明大戏院夜戏：

王荣山《战太平》，傅小山《桃花岭》，陈文启《哭灵》，倒三余叔岩《开山府》，压轴王凤卿《文昭关》，大轴梅兰芳、程艳秋、高庆奎、姜妙香合演《天河配》。

9月，《春柳》杂志推出“名伶演戏月表”，公开投票选举，每期三表、每表七人，共选出21位名伶。第一表当选人：梅兰芳、杨小楼、余叔岩、王凤卿、九阵风（阎岚秋）、朱桂芳；第二表当选人：姚玉芙、时慧宝、王蕙芳、高庆奎、王又宸、郭仲衡、程继先；第三表当选人：姜妙香、俞振庭、白牡丹、芙蓉草、龚云甫、王长林、张文斌。此为当时较为轰动的菊选。

9月3日，喜群社新明大戏院夜戏：

裘桂仙《草桥关》，姜妙香《玉门关》，倒三朱素云、高庆奎《白门楼》，压轴龚云甫《孟津河》，大轴梅兰芳、王凤卿、余叔岩合演《战蒲关》。

9月11日，余叔岩老母六十华诞，在西河沿内正乙祠举办堂会。

郭仲衡、贾福棠、樊润田、松介眉、铁麟甫、陈远亭《百寿图》，《八蜡庙》余叔岩反串朱光祖、世哲生反串张桂兰、林钧甫反串褚彪、毓子良反串费德功、邱伯安反串黄天霸、铁麟甫反串金大力、莫敬一反串关泰、孙庆堂反串贺仁杰（以上两出戏演员，均为春阳友会名票，余叔岩友人），《春香闹学》李寿山反串春香、姜妙香反串杜丽娘、郭春山反串陈最良，《打杠子》芙蓉草反串杠子手张三、钱金福反串艳装村妇，《问樵闹府》余叔岩饰范仲禹、王长林饰樵夫，压轴《琴挑》程艳秋饰陈妙常、姚玉芙反串潘必正，大轴《辕门射戟》梅兰芳反串吕布，余叔岩配演刘备，麻穆子饰张飞，李寿山饰纪灵。

9月12日起，喜群社班主姚佩兰、王毓楼邀集名家荟萃一堂，在新明戏院贴演全部八本《雁门关》，分八天演完。梅兰芳饰青莲公主，陈德霖饰萧太后，龚云甫饰佘太君，王凤卿饰杨四郎，朱素云饰杨八郎，姚玉芙饰碧莲公主，钱金福饰韩昌，裘桂仙饰孟良，麻穆子饰焦赞，姜妙香饰杨宗保。

9月12日，喜群社新明大戏院夜戏：

李寿山、姜妙香《忠孝全》，何佩亭《芦花荡》，朱桂芳《泗州城》，压轴王凤卿《鱼肠剑》，大轴头本《雁门关》。

9月13日，喜群社新明大戏院夜戏：

陈文启《探寒窑》，何佩亭《收关胜》，倒三余叔岩、李寿山、姜妙香《伐齐东》，压轴王凤卿《定军山》，大轴二本《雁门关》。

9月14日，喜群社新明大戏院夜戏：

姜妙香《监酒令》，何佩亭《擒张任》，压轴余叔岩、李寿山《卖马》，大轴三本《雁门关》。

9月17日，喜群社新明大戏院夜戏：

何佩亭、朱桂芳《嘉兴府》，大轴四本《雁门关》。

9月18日，喜群社新明大戏院夜戏：

姜妙香《玉门关》，朱桂芳、何佩亭《娘子军》，高庆奎《进蠻诗》，压轴余叔岩、李寿山、姜妙香《黄金台》，大轴五本《雁门关》。

9月19日，喜群社新明大戏院夜戏：

高庆奎《搜孤救孤》，压轴余叔岩《盗宗卷》，大轴六本《雁门关》。

9月20日，喜群社新明大戏院夜戏：

朱桂芳、何佩亭、高庆奎《巴骆和》，压轴余叔岩《生死板》，大轴七本《雁门关》。

9月25日，喜群社新明大戏院夜戏：

高庆奎《浣纱记》，压轴余叔岩、何佩亭、朱桂芳、李寿山《战宛城》，大轴八本《雁门关》。

9月28日，喜群社新明大戏院夜戏：

诸茹香、孙砚亭、郭春山、罗文奎《双摇会》，王长林、钱金福、方宝奎《五人义》，高庆奎、姚玉芙、陈文启、刘景然《朱砂痣》，龚云甫、慈瑞泉《哭灵托兆》，压轴余叔岩、陈德霖、王长林《南天门》，大轴梅兰芳、王凤卿、姜妙香、李寿山、裘桂仙、郭春山合演《穆柯寨》《穆天王》。

9月29日，第一舞台义务夜戏头天：

余叔岩、田桂凤《乌龙院》，裘桂仙《草桥关》，王凤卿、王琴侬《朱砂痣》，李兰亭《三岔口》，王又宸《黄鹤楼》，俞振庭、钱金福《青石山》，林颦卿《阴阳河》，倒四陈德霖《四面观音》，倒三老十三旦《辛安驿》，压轴老乡亲（孙菊仙）《舌辩侯》，大轴梅兰芳、姜妙香合演《黛玉葬花》。

9月30日，第一舞台义务夜戏第二天：

王凤卿、高庆奎、王琴侬《战蒲关》，李兰亭《铁公鸡》，田桂凤、德珺如《鸿鸾禧》，九阵风《穆柯寨》，陈德霖《彩楼配》，林颦卿《打花鼓》，倒四王又宸、王长林《天雷报》，倒三老十三旦、余叔岩《八大锤》，压轴老乡亲（孙菊仙）《逍遥津》，大轴梅兰芳、姜妙香合演《游园惊梦》。

10月4日，喜群社新明大戏院夜戏：

陈文启《钓金龟》，何佩亭、阎岚秋《取金陵》，倒三余叔岩、钱金福、王长林头二本《连环套》，压轴王凤卿、高庆奎、李寿山《战长沙》，大轴梅兰芳、姜妙香、高庆奎合演头二本《一缕麻》。

10月5日，喜群社新明大戏院夜戏：

陈文启《孟母择邻》，阎岚秋、何佩亭《演火棍》，倒三余叔岩、钱金福、王长林三四本《连环套》，压轴王凤卿、李寿山《华容道》，大轴梅兰芳、姜妙香、高庆奎合演三四本《一缕麻》。

10月19日，喜群社新明大戏院夜戏：

阎岚秋《男三战》，朱素云《罗成叫关》，压轴王凤卿《文昭关》，大轴余叔岩、梅兰芳、李顺亭、钱金福、王长林、姜妙香合演《珠帘寨》。

10月20日，喜群社新明大戏院夜戏：大轴梅兰芳、姜妙香合演《乔醋》。

10月23日，喜群社新明大戏院夜戏：

倒三王凤卿、朱素云《雄州关》，压轴余叔岩、王长林《胭脂褶》，大轴梅兰芳、姜妙香合演《佳期》。

10月29日，江西会馆陈宅堂会演出戏目：

裘桂仙《御果园》，阎岚秋、王长林《小放牛》，钱金福《瓦口关》，倒四程艳秋《思凡》，倒三陈德霖、王凤卿《骂殿》，压轴余叔岩、钱金福《定军山》，大轴梅兰芳、姚玉芙、姜妙香、李敬山合演《天女散花》，

10月31日，会贤堂堂会演出戏目：

李黛玉《贪欢报》，李凤云《金钱豹》，韩世昌《思凡》，言菊朋《托兆碰碑》，倒四陈德霖、俞振庭、姜妙香、许德义、朱桂芳《混元盒》，倒三余叔岩、王长林《胭脂褶》，压轴红豆馆主《盗宗卷》，大轴梅兰芳、余叔岩合演《游龙戏凤》。

11月1日，第一舞台义务夜戏头天：

九阵风《小放牛》，卧云居士《辞朝》，俞振庭、王又宸、何佩亭《金钱豹》，余叔岩、程继先《群英会》，倒四陈德霖、王凤卿、裘桂仙《二进宫》，倒三梅兰芳、姜妙香、李敬山《醉酒》，压轴老乡亲（孙菊仙）《雍凉关》，大轴老十三旦《花田错》。

11月2日，第一舞台义务夜戏第二天：

姜妙香《岳家庄》，阎岚秋、俞振庭《金山寺》，卧云居士《徐母骂曹》，陈德霖《孝义节》，王凤卿《华容道》，倒四余叔岩《盗宗卷》，倒三老乡亲（孙菊仙）《渑池会》，压轴老十三旦《伐子都》，大轴梅兰芳、姚玉芙、姜妙香合演《天女散花》。

11月4日，喜群社新明大戏院夜戏：

陈文启、李敬山《钓金龟》，裘桂仙、高德禄、孙甫亭《草桥关》，九阵风、何佩亭《取金陵》，倒三王凤卿、李顺亭《战长沙》，压轴余叔岩、王长林、钱金福《连环套》，大轴梅兰芳、姜妙香、郭春山、姚玉芙、李敬山合演《一缕麻》。

11月6日，喜群社新明大戏院义务夜戏：

钱金福《青风寨》，裘桂仙、陈文启、姜妙香《打龙袍》，九阵风、何佩亭《取金陵》，压轴王凤卿、李寿山《挡曹》，大轴梅兰芳、余叔岩合演《南天门》。

11月9日，喜群社新明大戏院义务夜戏：

阎岚秋、许德义《取金陵》，程艳秋、姜妙香《琴挑》，梅兰芳（反串小生）《辕门射戟》，倒三余叔岩《碰碑》，压轴陈德霖、王凤

卿、裘桂仙《二进宫》，大轴梅兰芳、姜妙香合演《游园惊梦》。

11月13日，江西会馆吴宅堂会演出戏目：

全班合演《天官赐福》，李金榜《百寿图》，陆凤琴《荷珠配》，钱宝森《金沙滩》，朱素云《白门楼》，龚云甫《徐母骂曹》，言菊朋、刘景然《珠帘寨》，倒四程艳秋《思凡》，倒三王又宸《失街亭》，压轴余叔岩、钱金福、王长林《连环套》，大轴梅兰芳、姜妙香、姚玉芙合演《虹霓关》。送客戏：李金榜《风云会》。

11月15日，金鱼胡同那家花园演出戏目：

阎岚秋、许德意《摇钱树》，程艳秋、姜妙香《穆柯寨》，梅兰芳、王凤卿、姜妙香、李敬山《穆天王》，压轴余叔岩、王长林、钱金福《琼林宴》，大轴梅兰芳、姜妙香、姚玉芙合演《游园惊梦》。

11月19日，织云公所赵宅堂会演出戏目日场、夜戏连演：

全班合演《天官赐福》，刘春生、朱斌仙《百寿图》，徐碧云《蟠桃会》，王文源、小永春《上天台》，耿斌福、范斌禄《溪皇庄》，小翠花、徐碧云《樊江关》，王斌芬、殷斌奎《古城会》，孙毓堃、俞华庭、范斌禄《百凉楼》，小翠花、小百岁《醉酒》，王斌芬、小小楼《水淹七军》，余幼琴《夜奔》，俞华庭、王斌芬《三江口》，田桐秋、李敬山《拾玉镯》，侯益隆《嫁妹》，阎岚秋、王福寿《夺太仓》，韩世昌《闹学》，孟小如、高德禄《打棍出箱》，梅兰芳、姜妙香、姚玉芙《虹霓关》。连演夜戏：俞步兰、徐碧云、小桂花《游园惊梦》，余玉琴、胡素仙、余幼琴、张文斌《能仁寺》，张文斌、李敬山《打城隍》，王君直《武家坡》，俞振庭《水帘洞》，陈德霖、王凤卿《骂殿》，压轴孙菊仙、胡素仙《朱砂痣》，大轴余叔岩、陈德霖、王瑶卿、钱金福、李顺亭、王长林合演《珠帘寨》。

11月底，梅兰芳应汉口大舞台经理赵子安邀请，带领喜群社王凤卿、朱素云、姜妙香、李寿山、姚玉芙等，赴汉口大舞台演出一个半月。演出半个月后，同来的王凤卿返京，余叔岩来接替，陈德霖、王长林、李顺亭也随行来汉。

11月30日，喜群社汉口大舞台夜戏头天：

全班合演《两将军》，陈少五《清河桥》，王少芳、赵芝香《南天门》，张宝昆、孙砚亭《秦淮河》，张如庭、福小田《洪羊洞》，朱素云《雅观楼》，朱桂芳、沈华轩、许德义、王福山、钟喜久、艾云飞《刺巴杰》，王蕙芳、郭仲衡、慈瑞泉《鸿雁捎书》，压轴王凤卿、张荣奎、李寿山、罗文奎《战成都》，大轴梅兰芳、姜妙香、姚玉芙合演《千金一笑》。

12月1日，喜群社汉口合记舞台夜戏：

全班合演《千秋岭》，陈少五《群臣宴》，赵芝香、文亮臣《母女会》，张如庭《捉放曹》，沈华轩、朱桂芳、许德义、王福山、钟喜久、沈三玉《溪皇庄》，朱素云、福小田、扎金奎《夺小沛》，郭仲衡、张宝昆《举鼎观画》，王蕙芳、慈瑞泉《探新亲》，压轴王凤卿、姚玉芙《浣纱记》《鱼藏剑》，大轴梅兰芳、姜妙香、张荣奎、扎金奎、曹二庚合演《玉堂春》。

12月2日，喜群社汉口合记舞台夜戏：

全班合演《善宝庄》，张宝昆《打虎招亲》，安乐亭《父子会》，张如庭、赵芝香、文亮臣《乾坤带》，沈华轩、许德义、钟喜久、朱桂芳、沈三玉《恶虎村》，郭仲衡、福小田、张荣奎《战长沙》，王蕙芳、慈瑞泉《女起解》，压轴王凤卿、姚玉芙《朱砂痣》，大轴梅兰芳、朱素云、李寿山、姜妙香、慈瑞泉合演全部《奇双会》。

12月3日，喜群社汉口合记舞台夜戏：

全班合演《求寿》，朱桂芳、许德义《攻潼关》，郭仲衡《取帅印》，姜妙香《监酒令》，王蕙芳《双钉计》，压轴王凤卿、李寿山《华容道》，大轴梅兰芳、姚玉芙合演《嫦娥奔月》。

12月4日，喜群社汉口合记舞台夜戏：

张如庭《法场换子》，郭仲衡《完璧归赵》，朱桂芳、许德义《取金陵》，压轴王凤卿、福小田《捉放曹》，大轴梅兰芳、姜妙香、王蕙芳合演头二本《虹霓关》。

12月5日，喜群社汉口合记舞台夜戏：

全班合演《祥梅寺》，张如庭《空城计》，朱桂芳、许德义《芦林坡》，郭仲衡《雪杯圆》，王蕙芳《文章会》，压轴王凤卿《文昭关》，大轴梅兰芳、姜妙香合演全本《邓霞姑》。

12月6日，喜群社汉口合记舞台夜戏：

全班合演《胭脂褶》，张如庭《献长安》，姜妙香、朱桂芳、许德义《岳家庄》，王蕙芳、朱素云《马上缘》，压轴郭仲衡、福小田《托兆碰碑》，大轴梅兰芳、王凤卿、姜妙香合演全本《狮吼记》。

12月7日，喜群社汉口合记舞台夜戏：

全班合演《永平安》，朱桂芳、许德义《青石山》，王蕙芳、朱素云全本《胭脂虎》，压轴王凤卿、姜妙香《双狮图》，大轴梅兰芳、姚玉芙合演《天女散花》。

12月8日，喜群社汉口合记舞台夜戏：

全班合演《雁门关》，张如庭《伐齐东》，朱桂芳、许德义《娘子军》，郭仲衡《天水关》，王蕙芳、朱素云《翠屏山》，压轴梅兰芳、姜妙香《琴挑》，大轴梅兰芳、王凤卿合演《汾河湾》。

12月9日，喜群社汉口合记舞台夜戏：

全班合演《山海关》，张如庭《乌盆记》，朱桂芳、许德义《嘉兴府》，姜妙香《孝感天》，郭仲衡《搜孤救孤》，压轴王凤卿、张如庭、福小田《战长沙》，大轴梅兰芳、朱素云、王蕙芳、许德义合演全本《能仁寺》。

12月10日，喜群社汉口合记舞台夜戏：

全班合演《收罗成》，朱桂芳《无底洞》，王蕙芳《坐楼杀惜》，压轴朱素云、王凤卿、张如庭、福小田《群英会》，大轴梅兰芳、姜妙香、姚玉芙合演《黛玉葬花》。

12月11日，喜群社汉口合记舞台夜戏：

张如庭《铡美案》，许德义、朱桂芳《铁笼山》，姜妙香《岳家庄》，压轴朱素云、王蕙芳《关王庙》，大轴梅兰芳、姜妙香、王凤卿合演《木兰从军》。

12月12日，喜群社汉口合记舞台夜戏：

全班合演《遇龙馆》，福小田二本《草桥关》，朱桂芳《演火棍》，张如庭《浣纱记》，许德义《英雄会》，压轴朱素云、王蕙芳《悦来店》，大轴梅兰芳、姜妙香、王凤卿合演《木兰从军》。

12月13日，喜群社汉口合记舞台夜戏：

全班合演《美良川》，张如庭《战蒲关》，朱桂芳《百草山》，姜妙香《未央宫》，郭仲衡《鱼藏剑》，朱素云《白门楼》，压轴王凤卿、王蕙芳《荀灌娘》，大轴梅兰芳、张宝昆合演《贵妃醉酒》。

12月14日，喜群社汉口合记舞台夜戏：

全班合演《祥梅寺》，张宝昆《玉门关》，张如庭《金水桥》，朱桂芳、许德义《蟠桃会》，姜妙香、张如庭、钟喜久《黄鹤楼》，朱素云、王蕙芳、福小田《穆柯寨》，压轴王凤卿、李寿山《樊城长亭》，大轴梅兰芳、姚玉芙合演《天女散花》。

12月15日，喜群社汉口合记舞台夜戏：

全班合演《祥梅寺》，朱桂芳、许德义《岳家庄》，姜妙香《辕门射戟》，郭仲衡《浣纱记》，王蕙芳、朱素云《反延安》，王凤卿、姜妙香《取帅印》，压轴余叔岩、钱金福《打棍出箱》，大轴梅兰芳《春香闹学》。

12月16日，喜群社汉口合记舞台夜戏：

姜妙香、张如庭《双狮图》，朱桂芳、许德义《芦林坡》，王蕙芳、郭仲衡《银空山》，王凤卿、李寿山《捉放曹》，压轴龚云甫《钓金龟》，大轴梅兰芳、余叔岩合演《打渔杀家》。

12月17日，喜群社汉口合记舞台夜戏：

全班合演《山海关》，张如庭《法门寺》，朱素云《飞虎山》，朱桂芳、王长林《青石山》，王蕙芳《探亲家》，压轴龚云甫《行路训子》，大轴梅兰芳、余叔岩、郭仲衡、姜妙香、慈瑞泉、福小田合演《珠帘寨》。

12月19日，喜群社汉口合记舞台夜戏：

全班合演《大赐福》，张如庭、福小田《取荥阳》，朱桂芳《泗州城》，王蕙芳《鸿雁捎书》，龚云甫《游六殿》，压轴余叔岩、朱素云、钱金福全本《八大锤》，大轴梅兰芳、姜妙香合演《佳期拷红》。

12月20日，喜群社汉口合记舞台夜戏：

全班合演《渭水河》，姜妙香、福小田《忠孝全》，朱桂芳、许德义《嘉兴府》，郭仲衡、张如庭、王蕙芳、龚云甫、朱素云、沈华轩《回荆州》，压轴余叔岩、钱金福、慈瑞泉《当锏卖马》，大轴梅兰芳、姚玉芙合演《嫦娥奔月》。

12月21日，喜群社汉口合记舞台夜戏：

朱素云、许德义《乾元山》，王蕙芳、张如庭《汾河湾》，龚云甫《长寿星》，压轴余叔岩、钱金福、李寿山、慈瑞泉《失街亭》，大轴梅兰芳、姜妙香、姚玉芙合演《游园惊梦》。

12月22日，喜群社汉口合记舞台夜戏：

全班合演《打銮驾》，张如庭、福小田《黄金台》，许德义、朱桂芳《翠凤楼》，朱素云、钱金福《雅观楼》，压轴余叔岩、王蕙芳、龚云甫、陈德霖、姜妙香《四郎探母》，大轴梅兰芳、姚玉芙合演《樊江关》。

12月23日，喜群社汉口合记舞台夜戏：

全班合演《百寿图》，张如庭《八义图》，姜妙香《万里封侯》，许德义《攻潼关》，周瑞安、钱金福《金锁阵》，王蕙芳、张如庭《乌龙院》，龚云甫《遇皇后》，压轴余叔岩、王长林《天雷报》，大轴梅兰芳、陈德霖合演《麻姑献寿》。

12月24日，喜群社汉口合记舞台夜戏：

全班合演《两将军》，张如庭《桑园寄子》，朱素云、郭仲衡、钱金福《九龙山》，姚玉芙《五花洞》，郭仲衡、龚云甫《雪杯圆》，余叔岩《盗宗卷》，压轴陈德霖《彩楼配》，大轴梅兰芳、朱素云、姜妙香合演《奇双会》。

12月25日，喜群社汉口合记舞台夜戏：

全班合演《大赐福》，张如庭《鱼藏剑》，王长林、许德义《九龙杯》，王蕙芳、姜妙香《鸿鸾禧》，郭仲衡、王蕙芳《武家坡》，压轴余叔岩、福小田《打严嵩》，大轴梅兰芳、余叔岩、陈德霖、龚云甫、朱素云、姜妙香合演头本《雁门关》。梅兰芳的青莲公主，陈德霖的萧太后，余叔岩的杨四郎，龚云甫饰佘太君，朱素云的杨八郎，姜妙香的杨宗保，姚玉芙的碧莲公主。

12月26日，喜群社汉口合记舞台夜戏：

全班合演《山海关》，许德义《艳阳楼》，姚玉芙《宇宙锋》，郭仲衡《战成都》，王蕙芳《文章会》，压轴余叔岩、姜妙香《胭脂虎》，大轴梅兰芳、余叔岩、陈德霖、龚云甫、朱素云、姜妙香合演二本《雁门关》。

12月27日，喜群社汉口合记舞台夜戏：

全班合演《打弹》，许德义《英雄会》，王长林《打沙锅》，姜妙香、姚玉芙《孝感天》，压轴余叔岩《捉放曹》，大轴梅兰芳、余叔岩、陈德霖、龚云甫、朱素云、姜妙香合演三本《雁门关》。

12月28日，喜群社汉口合记舞台夜戏：

全班合演《渭水河》。姚玉芙《打金枝》，许德义《收关胜》，王长林《定计化缘》，压轴余叔岩、钱金福、王长林《定军山》，大轴梅兰芳、余叔岩、陈德霖、龚云甫、朱素云、姜妙香合演四、五本《雁门关》。

12月29日，喜群社汉口合记舞台夜戏：

全班合演《取西川》，张如庭、姜妙香《双狮图》，龚云甫、姚玉芙《探寒窑》，许德义《薛家庄》，王长林《打面缸》，压轴余叔岩《南阳关》，大轴梅兰芳、余叔岩、陈德霖、龚云甫、朱素云、姜妙香合演六、七本《雁门关》。

12月30日，喜群社汉口合记舞台夜戏：

全班合演《美良川》，张如庭《浣纱记》，龚云甫、姚玉芙《六月雪》，许德义《闹昆阳》，压轴余叔岩《奇冤报》，大轴梅兰芳、余叔岩、陈德霖、龚云甫、朱素云、姜妙香合演甫八、九本《雁门关》。

12月31日，喜群社汉口合记舞台夜戏：

全班合演《百寿图》，张如庭《乾坤带》，朱桂芳、许德义《无底洞》，郭仲衡、福小田《华容道》，朱素云、王蕙芳《马上缘》，压轴余叔岩、陈德霖《审头刺汤》，大轴梅兰芳、姜妙香、姚玉芙合演《黛玉葬花》。

1920年

（民国九年，农历庚申年） 30岁

1月1日，喜群社汉口合记舞台夜戏：

全班合演《美良川》，张如庭《献长安》，朱桂芳、许德义《芦林坡》，朱素云、王蕙芳《穆柯寨》，压轴余叔岩、陈德霖《走雪山》，大轴梅兰芳、姜妙香、姚玉芙、张春彦、曹二庚、罗文奎合演《牢狱鸳鸯》。

1月2日，喜群社汉口合记舞台夜戏：

全班合演《山海关》，张如庭《牧羊卷》，朱桂芳《水晶宫》，钱金福《芦花荡》，郭仲衡《文昭关》，王蕙芳《探新亲》，压轴余叔岩、福小田《托兆碰碑》，大轴梅兰芳、姜妙香、姚玉芙、曹二庚、罗文奎合演前本《一缕麻》。

1月3日，喜群社汉口合记舞台夜戏：

全班合演《夜战》，张如庭《法门寺》，朱桂芳《取金陵》，郭仲衡《鱼藏剑》，压轴余叔岩、王蕙芳《乌龙院》，大轴梅兰芳、姜妙香、姚玉芙、曹二庚、罗文奎前本合演《一缕麻》。

1月4日，喜群社汉口合记舞台夜戏：

全班合演《庆阳图》，许德义《飞波岛》，朱素云、姚玉芙《岳家庄》，朱桂芳、王长林《打瓜园》，张如庭、王蕙芳《赶三关》，压轴余叔岩、郭仲衡《洪羊洞》，大轴梅兰芳、姜妙香合演《千金一笑》。

1月5日，喜群社汉口合记舞台夜戏：

姜妙香《监酒令》，朱桂芳、许德义《娘子军》，朱素云、王长林、张如庭《群英会》，王蕙芳《浣花溪》，压轴梅兰芳《春香闹学》，大轴梅兰芳、余叔岩合演《武家坡》。

1月6日，喜群社汉口合记舞台夜戏：

全班合演《永平安》，张如庭《乌盆记》，朱桂芳《盗魂铃》，王蕙芳、朱素云《胭脂虎》，梅兰芳《尼姑思凡》，压轴余叔岩《击鼓骂曹》，大轴梅兰芳、姜妙香、姚玉芙合演《游园惊梦》。

1月7日，喜群社汉口合记舞台夜戏：

全班合演《大财神》，钱金福《青风寨》，张如庭《桑园寄子》，朱素云、朱桂芳《金光洞》，郭仲衡《完璧归赵》，王蕙芳、罗文奎《女起解》，压轴余叔岩《空城计》，大轴梅兰芳、姜妙香合演《春秋配》。

1月8日，喜群社汉口合记舞台夜戏：

全班合演《遇龙馆》，朱桂芳《大兴梁山》，朱素云《雅观楼》，郭仲衡、姜妙香《双狮图》，钱金福、王长林、朱素云《五人义》，压轴余叔岩、王蕙芳《汾河湾》，大轴梅兰芳、姚玉芙合演《天女散花》。

1月9日，喜群社汉口合记舞台夜戏：

全班合演《遇龙封官》，朱桂芳《蔡家庄》，朱素云《岳家庄》，姜妙香、王蕙芳《枪挑穆天王》，龚云甫《徐母骂曹》，压轴郭仲衡、王长林《辕门斩子》，大轴梅兰芳、余叔岩合演《游龙戏凤》。

1月12日，应江苏南通实业家张謇之邀由汉口赴南通演出，姜妙香、朱素云、姚玉芙等随行，余叔岩留在汉口继续演出。

1月12日，梅兰芳、姜妙香等抵达南通。当晚，张謇摆宴为梅兰芳、姜妙香等人接风，席间姜妙香结识了昆剧名宿俞粟庐（俞振飞的父亲）。承华社在南通的演出一共十场，姜妙香参加八场。

1月13日，喜群社南通更俗舞台夜戏：

倒三欧阳予倩《宝蟾送酒》，压轴朱素云《岳家庄》，大轴梅兰芳、姜妙香、姚玉芙、李寿山合演《佳期拷红》。

1月14日，喜群社南通更俗舞台夜戏：

苗胜春、张月亭、彭春芳《连环套》，倒四芙蓉草《铁公缘》，倒三欧阳予倩、芙蓉草、苗胜春古装新戏《柳暗花明》，压轴朱素云、李寿山《辕门射戟》，大轴梅兰芳、姜妙香、李寿山、姚玉芙合演《游园惊梦》。

1月15日，喜群社南通更俗舞台夜戏：

倒三欧阳予倩、查天影、芙蓉草、苗胜春、邹剑魂《爱情之牺牲》，压轴朱素云、李寿山《雅观楼》，大轴梅兰芳、姜妙香、姚玉芙合演《千金一笑》。

1月17日，喜群社南通更俗舞台夜戏：

倒四姜妙香、朱素云、苗胜春、张月亭《群英会》（特烦双演周瑜），倒三梅兰芳、郭庆丰《女起解》，压轴欧阳予倩、查天影、吴我尊、芙蓉草、苗胜春《一念之差》，大轴梅兰芳、李寿山、姚玉芙合演《春香闹学》。

1月18日，喜群社南通更俗舞台夜戏：

倒四芙蓉草、查天影《鸿鸾禧》，倒三欧阳予倩《思凡》，压轴姜妙香、朱素云、李琴仙《白门楼》(特烦双演吕布)，大轴梅兰芳、李寿山、姚玉芙、苗胜春、张月亭合演头本《木兰从军》。

1月19日，喜群社南通更俗舞台夜戏：

南通伶工学校学生唱开场的几出戏，大轴梅兰芳、姜妙香、李寿山、姚玉芙合演二本《木兰从军》。

1月20日，喜群社南通更俗舞台夜戏：

倒四姜妙香、李桂荣、赵会亭《玉门关》，倒三朱素云、关洪林《小宴》，压轴欧阳予倩、郭庆丰《惊变》，大轴梅兰芳、李寿山、姚玉芙、苗胜春、李琴仙合演《嫦娥奔月》。

1月22日，喜群社南通更俗舞台夜戏：

倒三梅兰芳、姜妙香《琴挑》，压轴欧阳予倩《宝蟾送酒》，大轴梅兰芳、姜妙香合演《贵妃醉酒》。

1月23日，喜群社南通更俗舞台夜戏：

倒四欧阳予倩《百花赠剑》，倒三姜妙香、芙蓉草《穆天王》，压轴朱素云、苗胜春、张月亭《临江会》，大轴梅兰芳、李寿山、姚玉芙合演《天女散花》。

1月24日，梅兰芳、姜妙香等离开南通，张謇、张孝若等至候亭送行。

2月2日，李石曾、蔡元培、吴敬恒利用庚子赔款在北京创办中法大学，特烦杨小楼、梅兰芳、姜妙香、尚小云、程艳秋、谭小培等，在新明大戏院演出义务戏。

2月4日，张謇、欧阳予倩致函姜妙香，欲聘为南通伶工学校教员。姜因佐梅演出繁忙，婉拒。

2月6日，喜群社从南通返京新明大戏院头天夜戏：

裘桂仙、陈文启《断太后》，朱桂芳、何佩亭《取金陵》，倒三钱金福、王长林、朱素云《五人义》，压轴荣蝶仙、程连喜《马上缘》，大轴梅兰芳、王凤卿、陈德霖、龚云甫、姜妙香合演《探母回令》。

2月8日，江西会馆杨穆生宅堂会戏目：

小奎官《百寿图》，小小楼、徐碧云《蟠桃会》，王斌芬《战长沙》，俞步兰、王文源《四郎探母》，小寿山、小桂花（计艳芬）《一疋布》，俞步兰、王斌芬、徐斌寿《玉堂春》，孙毓堃、俞华亭、徐碧云《百凉楼》，小翠花、徐斌寿《贵妃醉酒》，徐碧云、俞华亭《东皇庄》，程连喜《辕门射戟》，德珺如《罗成叫关》，程艳秋《宇宙锋》，尚小云《雷峰塔》，龚云甫《钓金龟》，陈德霖《二度梅》，倒四余叔岩、尚小云、萧长华《审头刺汤》，倒三王凤卿《取成都》，压轴杨小楼、钱金福《挑华车》，大轴梅兰芳、姜妙香（吴刚）、姚玉芙合演《嫦娥奔月》。

2月9日，安徽会馆堂会戏目（当晚共12出戏目）：

迟子俊、陆凤琴《浣花溪》，王蕴秋、萧兰舫、姜妙香、诸茹香《四郎探母》，尚小云《春香闹学》，言菊朋、王长林《青风亭》，陈德霖《宇宙锋》，倒三余叔岩、钱金福、李顺亭、王长林《定军山》，压轴梅兰芳、李敬山《女起解》，大轴杨小楼、许德义合演《艳阳楼》。

2月13日，第一舞台义务夜戏：

开场小翠花、慈瑞泉《探亲家》，继之孙毓堃、范宝亭《麒麟阁》，余玉琴、王琴侬、姜妙香、余幼琴、范文英《能仁寺》，荣蝶仙、金仲仁、张文斌、诸茹香《马上缘》，谭小培、尚小云、王长林《庆顶珠》，王又宸、程艳秋《桑园寄子》，王凤卿、朱素云、裘桂仙《群英会》，陈德霖、龚云甫《孝义节》，杨小楼、余叔岩、郝寿臣、钱金福、迟月亭《阳平关》，倒三刘鸿升、李敬山、赵芝香《普天乐》，压轴梅兰芳、李寿山、姚玉芙、李敬山《天女散花》，大轴俞振庭、九阵风、徐碧云、俞赞庭、范宝亭合演《青石洞》。

2月21日，张謇由南通寄到北京"便面四叶"，并附函请姜妙香画牡丹。张謇书画造诣颇深，对姜妙香画牡丹推崇备至。

2月26日，梁燕孙宅堂会戏目：

倒四程艳秋、程连喜、荣蝶仙《虹霓关》，倒三余叔岩、陈德霖《南天门》，压轴杨小楼、王长林、钱金福《连环套》，大轴梅兰芳、王凤卿、姜妙香、姚玉芙合演《狮吼记》。

2月27日，张宅堂会戏目：

郝寿臣、姜妙香《取洛阳》，倒四梅兰芳《春香闹学》，倒三杨小楼、王凤卿、钱金福、许德义、李连仲、王长林、姚玉芙《长坂坡》，压轴刘鸿升《草桥关》，大轴梅兰芳、姚玉芙合演《麻姑献寿》。

2月28日，怀仁堂茶宴日场：

姜妙香、慈瑞泉《连升三级》，倒四陈德霖《出塞》，倒三龚云甫《钓金龟》，压轴杨小楼、梅兰芳、余叔岩、程继先、高庆奎、钱金福《甘露寺》《美人计》《回荆州》，大轴王凤卿、李连仲合演《华容道》。

3月4日，沈吉甫堂会戏目：

程艳秋《佳期》，王长林、钱金福、朱桂芳《打瓜园》，梅兰芳、余叔岩、慈瑞泉《审头刺汤》，王凤卿、陈德霖《芦花河》，压轴梅兰芳、姜妙香、姚玉芙《金雀记》，大轴杨小楼（赵云）、余叔岩（黄忠）、刘鸿升（曹操）合演《阳平关》。

3月5日，喜群社新明大戏院夜戏：

裘桂仙、李小山《华容道》，朱素云《小显》，何佩亭《独虎营》，压轴龚云甫《游六殿》，大轴梅兰芳首次演出《上元夫人》。梅兰芳饰上元夫人、陈德霖饰西王母、王凤卿饰汉武帝、程艳秋饰许飞琼、姜妙香饰东方朔、程连喜饰仙童、荣蝶仙饰郭密香、朱桂芳饰阮凌华、赵芝香饰段安香、刘凤林饰王子登。

3月中旬，梅兰芳率喜群社姜妙香、姚玉芙、李寿山等赴沪演出。

3月10日至4月9日，喜群社在上海天蟾大舞台演出。

3月17日，喜群社上海天蟾舞台夜戏：

罗小宝、董俊峰《失街亭》《空城计》，倒四白牡丹、李桂芳《宝蟾送酒》，倒三时慧宝、林树森《戏迷传》，压轴盖叫天、林树森、王益芳、沙香玉三本《年羹尧》，大轴梅兰芳、姚玉芙、李寿山、姜妙香、林树森合演头二本《木兰从军》。

3月18日，喜群社上海天蟾舞台夜戏：

罗小宝、杨春芳《琼林宴》，倒四沙香玉、萧砚香《红梅阁》，倒三时慧宝、李桂芳《举鼎观画》，压轴盖叫天、白牡丹、林树森、罗小宝、吴彩霞《神仙世界》，大轴梅兰芳、姚玉芙、李寿山、姜妙香、林树森合演三四本《木兰从军》。

3月28日，喜群社上海天蟾舞台夜戏：

罗小宝、杨春芳《辕门斩子》，倒四白牡丹、李桂芳《拾玉镯》，倒三盖叫天、李德山、王益芳《四杰村》，压轴时慧宝、董俊峰《上天台》，大轴梅兰芳、白牡丹、姜妙香、姚玉芙合演《上元夫人》。

4月9日，喜群社在上海天蟾舞台演出期满。

4月12日起，至5月24日，喜群社上海天蟾舞台加演一期三十天，并再加演十天。

4月12日，喜群社上海天蟾舞台夜戏头天：

开场《得胜回朝》，八岁红《挑华车》，白牡丹、李桂芳《马上缘》，盖叫天《乾坤圈》，姜妙香、姚玉芙《白门楼》，压轴王凤卿《朱砂痣》，大轴梅兰芳、李桂芳合演《彩楼配》。

4月13日，喜群社上海天蟾舞台夜戏：

开场《高平关》，八岁红《冀州城》，白牡丹、李桂芳《鸿鸾禧》，姚玉芙《宇宙锋》，倒三盖叫天《恶虎村》，压轴王凤卿《文昭关》，大轴梅兰芳、姜妙香合演《玉堂春》。

4月14日，喜群社上海天蟾舞台夜戏：

开场《清河桥》，八岁红《八大锤》，白牡丹、林树森《游龙戏凤》，姜妙香《辕门射戟》，姚玉芙《思凡》，倒三盖叫天《三岔口》，压轴时慧宝《上天台》，大轴梅兰芳、王凤卿合演《汾河湾》。

4月15日，喜群社上海天蟾舞台夜戏：

开场《瑞兵会》，八岁红《收关胜》，罗小宝《琼林宴》，白牡丹、李桂芳头本《虹霓关》，倒四时慧宝《戏迷传》，倒三盖叫天《武松打店》，压轴王凤卿《华容道》，大轴梅兰芳、姜妙香、姚玉芙合演《千金一笑》。

4月17日，喜群社上海天蟾舞台夜戏：

开场《借清兵》，八岁红《新长坂坡》，白牡丹《贵妃醉酒》，倒四时慧宝《携琴访友》，倒三盖叫天《白水滩》，压轴王凤卿《取成都》，大轴梅兰芳、姜妙香、姚玉芙合演《嫦娥奔月》。

4月18日，喜群社上海天蟾舞台日场：

开场《龙虎斗》，八岁红《挑华车》，倒四时慧宝《桑园寄子》，倒三盖叫天《铁公鸡》，压轴王凤卿《草船借箭》，大轴梅兰芳、姜妙香、姚玉芙、林树勋合演二本《虹霓关》。

4月18日，喜群社上海天蟾舞台夜戏：

开场《太平桥》，八岁红《潞安州》，倒四白牡丹、李桂芳《穆柯寨》，倒三盖叫天《英雄义》，压轴时慧宝《逍遥津》，大轴梅兰芳、王凤卿、姜妙香合演《狮吼记》。

4月19日，喜群社上海天蟾舞台夜戏：

梅兰芳、王凤卿、时慧宝、姜妙香、盖叫天、白牡丹、八岁红、林树勋合演全部《红鬃烈马》。

4月20日，喜群社上海天蟾舞台夜戏：

开场《美良川》，八岁红《刀劈三关》，白牡丹《花田错》，倒三盖叫天《盘肠大战》，压轴时慧宝《李陵碑》，大轴梅兰芳、王凤卿、姜妙香合演前本《木兰从军》。

4月21日，喜群社上海天蟾舞台夜戏：

开场《反五侯》，八岁红《八大锤》，白牡丹《拾玉镯》，倒三时慧宝《群臣宴》，压轴盖叫天《大闹蜈蚣岭》，大轴梅兰芳、王凤卿、姜妙香合演后本《木兰从军》。

4月22日，喜群社上海天蟾舞台夜戏：

开场《祥梅寺》，白牡丹、八岁红《翠屏山》，倒四时慧宝《柴桑口》，倒三盖叫天《乾坤圈》，压轴王凤卿《樊城长亭》，大轴梅兰芳、姜妙香合演全本《贩马记》。

4月23日，喜群社上海天蟾舞台夜戏：

开场《祥梅寺》，八岁红《新长坂坡》，倒四白牡丹、李桂芳《鸿鸾禧》，倒三时慧宝《空城计》，压轴盖叫天《年羹尧》，大轴梅兰芳、王凤卿、姜妙香合演《珠帘寨》。

4月25日，喜群社上海天蟾舞台日场：

开场《太平桥》，八岁红《潞安州》，白牡丹、林树森《游龙戏凤》，倒四时慧宝《朱砂痣》，倒三盖叫天《三岔口》，压轴王凤卿《战长沙》，大轴梅兰芳、姜妙香合演《百花亭》。

4月25日，喜群社上海天蟾舞台夜戏：

开场《高平关》，八岁红《冀州城》，白牡丹、李桂芳头本《虹霓关》，倒四时慧宝《七星灯》，倒三盖叫天《年羹尧》，压轴王凤卿、姜妙香《举鼎观画》，大轴梅兰芳、姜妙香合演《游园惊梦》。

4月28日，喜群社上海天蟾舞台夜戏：

开场《高平关》，盖叫天《收关胜》，林树森《徐策跑城》，罗小宝《打鼓骂曹》，倒四白牡丹、李桂芳《天门阵》，倒三时慧宝《桑园寄子》，压轴王凤卿、姜妙香《智取南郡》，梅兰芳、姜妙香、姚玉芙合演《黛玉葬花》。

4月29日，喜群社上海天蟾舞台夜戏：

开场《功臣宴》，林树森《少年立志》，罗小宝《秦琼卖马》，白牡丹、李桂芳《马上缘》，倒四时慧宝《举鼎观画》，倒三盖叫天《白水滩》，压轴王凤卿、姜妙香《智取南郡》，大轴梅兰芳、姚玉芙合演《麻姑献寿》。

5月2日，喜群社上海天蟾舞台日场：

开场《美良川》，林树森《反武场》，罗小宝《捉放曹》，白牡丹《拾玉镯》，倒四时慧宝《空城计》，倒三盖叫天《武松打店》，压轴王凤卿《鱼藏剑》，大轴梅兰芳、姜妙香、姚玉芙合演《牡丹亭》。

5月2日，喜群社上海天蟾舞台夜戏：

开场《太平城》，林树森《冀州城》，罗小宝《琼林宴》，白牡丹《花田错》，倒四时慧宝《李陵碑》，倒三盖叫天《三岔口》，压轴王凤卿《取成都》，大轴梅兰芳、姚玉芙、姜妙香合演《天女散花》（姜妙香饰演文殊师利）。

5月3日，喜群社上海天蟾舞台夜戏：

开场《征北海》，林树森《战岱州》，白牡丹《枪挑穆天王》，倒四时慧宝《武家坡》，倒三盖叫天《年羹尧》，压轴王凤卿《取成都》，大轴梅兰芳、姚玉芙、姜妙香合演《天女散花》（姜妙香饰演文殊师利）。

5月5日，喜群社上海天蟾舞台夜戏：

罗小宝《失街亭》《空城计》《斩马谡》，白牡丹《宝蟾送酒》，时慧宝《戏迷传》，压轴盖叫天《年羹尧》，大轴梅兰芳、王凤卿、姜妙香、林树森合演头二本《木兰从军》。

5月6日，喜群社上海天蟾舞台夜戏：

开场《太平城》，时慧宝《举鼎观画》，压轴盖叫天、白牡丹、林树森《神仙世界》，大轴梅兰芳、王凤卿、姜妙香、林树森合演三四本《木兰从军》。

5月7日，喜群社上海天蟾舞台夜戏：

开场《楚晋争》，白牡丹《马上缘》，倒四时慧宝《李陵碑》，倒三盖叫天《三岔口》，压轴王凤卿《樊城长亭》，大轴梅兰芳、姜妙香、姚玉芙合演《玉簪记》。

5月8日，喜群社上海天蟾舞台夜戏：

开场《清河桥》，林树森《战岱州》，罗筱宝《秦琼卖马》，倒四时慧宝、白牡丹《四郎探母》，倒三盖叫天《三岔口》，压轴王凤卿《捉放曹》，大轴梅兰芳、姜妙香、姚玉芙合演《黛玉葬花》。

5月9日，喜群社上海天蟾舞台日场：

开场《借清兵》，罗小宝《辕门斩子》，白牡丹、李桂芳《天门阵》，倒四时慧宝《奇冤报》，倒三盖叫天《恶虎村》，压轴王凤卿《朱砂痣》，大轴梅兰芳、姜妙香、姚玉芙合演《佳期拷红》。

5月9日，喜群社上海天蟾舞台夜戏：

开场《高平关》，罗小宝《八义图》，白牡丹、李桂芳头本《虹霓关》，倒四时慧宝《法门寺》，倒三盖叫天《英雄义》，压轴王凤卿、姜妙香《智取南郡》，大轴梅兰芳、姚玉芙合演《嫦娥奔月》。

5月10日，喜群社上海天蟾舞台夜戏：

开场《南北斗》，罗小宝《桑园寄子》，白牡丹《游龙戏凤》，倒四时慧宝《携琴访友》，倒三盖叫天《乾坤圈》，压轴王凤卿《智取南郡》，大轴梅兰芳、姜妙香、姚玉芙合演《游园惊梦》。

5月12日，喜群社上海天蟾舞台夜戏：

开场《反五侯》，白牡丹、李桂芳《枪挑穆天王》，罗小宝《空城计》，倒三盖叫天《白水滩》，压轴王凤卿《文昭关》，大轴梅兰芳、姜妙香、姚玉芙、林树森合演《邓霞姑》。

5月13日，喜群社上海天蟾舞台夜戏：

开场《九龙柱》，罗小宝《朱砂痣》，白牡丹、李桂芳《马上缘》，倒三盖叫天《盘肠大战》，压轴王凤卿《华容道》，大轴梅兰芳、姜妙香、姚玉芙合演头二本《春秋配》。

5月14日，喜群社上海天蟾舞台夜戏：

开场《风云会》，罗小宝《辕门斩子》，时慧宝《三顾茅庐》，白牡丹《花田错》，压轴盖叫天《铁公鸡》，大轴梅兰芳、王凤卿、姜妙香、姚玉芙合演三四本《春秋配》。

5月15日，喜群社上海天蟾舞台夜戏：

开场《瑞兵会》，罗小宝《辕门斩子》，白牡丹《拾玉镯》，盖叫天《四杰村》，压轴时慧宝《上天台》，大轴梅兰芳、王凤卿、姚玉芙、姜妙香合演《上元夫人》。

5月16日，喜群社上海天蟾舞台日场：

开场《清河桥》，林树森《徐策跑城》，罗小宝《捉放曹》，白牡丹《贵妃醉酒》，倒四姜妙香、姚玉芙《岳家庄》，倒三时慧宝《柴桑口》，压轴盖叫天《三岔口》，大轴梅兰芳、王凤卿合演《汾河湾》。

5月16日，喜群社上海天蟾舞台夜戏：

开场《太平城》，罗小宝《琼林宴》，林树森《古城会》，时慧宝《七星灯》，压轴盖叫天《恶虎村》，大轴梅兰芳、王凤卿、姜妙香、姚玉芙合演《上元夫人》。

5月17日，喜群社上海天蟾舞台夜戏：

开场《反西凉》，罗小宝《洪羊洞》，白牡丹《鸿鸾禧》，时慧宝《戏迷传》，压轴盖叫天《英雄义》，大轴梅兰芳、王凤卿、姜妙香、姚玉芙合演《上元夫人》。

5月18日，喜群社上海天蟾舞台夜戏：

开场《黄巢造反》，罗小宝《武家坡》，白牡丹《天门阵》，时慧宝《戏迷传》，盖叫天《武十回》，压轴王凤卿《捉放曹》，大轴梅兰芳、姚玉芙、姜妙香合演《天女散花》。

5月20日，喜群社上海天蟾舞台夜戏：

开场《反五侯》，小七岁红《冀州城》，盖叫天《三岔口》，压轴王凤卿《取成都》，大轴梅兰芳、姜妙香合演《黛玉葬花》。

5月21日，喜群社上海天蟾舞台夜戏：

开场《庆阳图》，白牡丹《贵妃醉酒》，时慧宝《李陵碑》，压轴王凤卿《鼎足三分》，大轴梅兰芳、姜妙香、姚玉芙合演《嫦娥奔月》。

5月26日，梅兰芳、王凤卿、姜妙香、姚玉芙等再次应张謇之邀到达南通。

5月26日，喜群社南通更俗舞台夜戏：

倒三王蕙芳、金仲仁《能仁寺》，压轴王凤卿、郭仲衡《文昭关》，大轴梅兰芳、姜妙香、姚玉芙合演《黛玉葬花》。

5月27日，喜群社南通更俗舞台夜戏：

倒三郭仲衡、王蕙芳《武家坡》，压轴王凤卿、姚玉芙《朱砂痣》，大轴梅兰芳、姜妙香合演《玉簪记》。

5月28日，喜群社南通更俗舞台夜戏：

倒四郭仲衡、李琴仙《斩黄袍》，倒三王蕙芳、金仲仁、慈瑞泉《查头关》，压轴王凤卿、姜妙香《双狮图》，大轴梅兰芳、李寿山、姚玉芙合演《天女散花》。

5月29日一早，梅兰芳与王凤卿、姜妙香等，离开南通返回上海。

5月30日，上海天蟾舞台夜戏堂会头天：

姜妙香、王蕙芳《马上缘》，倒四刘鸿升、龚云甫《遇后龙袍》，倒三余叔岩、王长林《琼林宴》，压轴杨小楼、王凤卿、钱金福、李连仲、谭小培、尚小云《长坂坡》《汉津口》，大轴梅兰芳、陈德霖、姚玉芙、荣蝶仙、赵芝香合演《麻姑献寿》。

5月31日，上海天蟾舞台夜戏堂会第二天：

王凤卿、尚小云、陈德霖、姜妙香《探母回令》，杨小楼《冀州城》，孙菊仙《逍遥津》，刘鸿升《斩黄袍》，倒三梅兰芳、余叔岩《梅龙镇》，压轴杨小楼《晋阳宫》，大轴梅兰芳、余叔岩（吴刚）、姚玉芙合演《嫦娥奔月》。

6月1日，上海天蟾舞台夜戏堂会第三天：

梅兰芳、姚玉芙、李寿山《天女散花》，王凤卿、刘鸿升《定军山》《阳平关》，压轴杨小楼、钱金福《安天会》，大轴梅兰芳、龚云甫、陈德霖、余叔岩、朱素云、姜妙香合演《雁门关》。

6月2日，上海天蟾舞台夜戏堂会第四天：

陈德霖、刘鸿升、王凤卿《二进宫》，倒四尚小云《桑园寄子》，倒三梅兰芳、姜妙香、姚玉芙《千金一笑》，压轴杨小楼、钱金福《挑华车》，大轴梅兰芳、余叔岩、王长林合演《审头刺汤》。

6月3日，上海天蟾舞台夜戏堂会第五天：

龚云甫《徐母骂曹》，王凤卿《取成都》，余叔岩《骂曹》，孙菊仙《清官册》，刘鸿升《草桥关》，倒四余叔岩、王瑶卿、朱素云《珠帘寨》，倒三梅兰芳、王凤卿《汾河湾》，压轴杨小楼、钱金福《麒麟阁》，大轴梅兰芳、姜妙香合演《贵妃醉酒》。

6月，梅兰芳、姜妙香等，结束上海演出后，赴天津参加王祝三堂会。

6月12日，天津王祝三宅堂会第一天演出戏目：

白牡丹、姜妙香《胭脂虎》，杨小楼、余叔岩《八大锤》，倒四小杨月楼、孙菊仙《朱砂痣》，倒三梅兰芳、余叔岩《梅龙镇》，压轴杨小楼、王凤卿、程继先《黄鹤楼》，大轴梅兰芳、陈德霖合演《麻姑献寿》。

6月13日，天津王祝三宅堂会第二天演出戏目：

倒四梅兰芳、陈德霖、王凤卿、姜妙香、姚玉芙、罗福山《探母回令》，倒三余叔岩、陈德霖《南天门》，压轴杨小楼、钱金福《挑华车》，大轴杨小楼、梅兰芳、余叔岩、王凤卿合演《八蜡庙》。

6月22日，江西会馆饶宅堂会演出戏目：

谭富英《上天台》，马连良、姜妙香《状元谱》，萧长华《绒花记》，孙锡臣《珠帘寨》，卧云居士《长寿星》，程艳秋、姚玉芙《五花洞》，阎岚秋《取金陵》，倒四王凤卿、陈德霖、裘桂仙《二进宫》，倒三梅兰芳、姜妙香《虹霓关》，倒三杨小楼、钱金福、许德义《车轮战》，压轴杨小楼、余叔岩《断臂说书》，大轴梅兰芳、余叔岩、王长林合演《庆顶珠》。

7月3日，堂会演出戏目：

孟小帆《独木关》，张笑侬《逍遥津》，高警民《鱼藏剑》，压轴韩世昌《游园惊梦》，大轴梅兰芳、姜妙香合演《贵妃醉酒》。

8月17日，冯宅堂会演出戏目：

钱金福《芦花荡》，王凤卿《捉放曹》，倒四刘鸿升、裘桂仙、王琴侬《二进宫》，倒三陈德霖《刺虎》，压轴王凤卿《让成都》，大轴梅兰芳、姜妙香合演《宇宙锋》（“修本”“金殿”）。

8月20日，堂会演出戏目：

朱素云《辕门射戟》，王蕙芳、王瑶卿、程继先《能仁寺》，萧长华、姜妙香《连升三级》，王凤卿《取成都》，余叔岩、陈德霖、程继先《珠帘寨》，杨小楼、钱金福、王长林《连环套》，梅兰芳、王凤卿、姜妙香《木兰从军》，刘鸿升《上天台》，压轴杨小楼、余叔岩《连营寨》，大轴梅兰芳、姚玉芙合演《嫦娥奔月》。

9月11日，北京梨园工益总会十六省水灾急赈义务戏，第一舞台夜戏头天：

全体合演《百寿图》，陆凤琴《一疋布》，谭富英《定军山》，周瑞安、朱桂芳《青石山》，倒四尚小云、姜妙香、侯喜瑞《穆柯寨》，倒三程艳秋、王少楼《贺后骂殿》，压轴杨小楼、小翠花、郝寿臣、傅小山《战宛城》，大轴梅兰芳、余叔岩合演《游龙戏凤》。

9月12日，北京梨园工益总会十六省水灾急赈义务戏，第一舞台夜戏第二天：

全体合演《大赐福》，陆凤琴《荷珠配》，贯大元、裘桂仙《捉放曹》，尚和玉、沈三玉《艳阳楼》，倒四小翠花、侯喜瑞、慈瑞泉《马思远》，倒三谭富英、朱琴心《乌龙院》，压轴王又宸、尚小云、程艳秋、王少楼《双探母回令》，大轴梅兰芳、杨小楼、王凤卿、姜妙香、钱金福合演《霸王别姬》。

9月13日，北京梨园公益总会十六省水灾急赈义务戏，第一舞台夜戏第三天：

全体合演《战太平》，陈喜星、时玉奎、高荣亭《搜孤救孤》，阎岚秋、李三星、杨春龙、钱富川《泗州城》，姜妙香《辕门射戟》，言菊朋、裘桂仙、陈少五《击鼓骂曹》，小翠花、朱琴心、萧长华、王又荃、罗文奎、赵春绵《双摇会》，尚小云、周瑞安、范宝亭《娘子军》，程艳秋、马连良、李洪春《甘露寺》，杨小楼、梅兰芳、王凤卿、郝寿臣、刘砚亭、孙甫亭《美人计》，尚和玉、龚云甫、程继先、李多奎、谭富英、贾多才、蒋少奎《回荆州》，大轴梅兰芳、余叔岩、钱金福、慈瑞泉、鲍吉祥、郭春山、霍仲三、李四广合演《打渔杀家》。

9月15日，塔王府堂会演出戏目：

九阵风（阎岚秋）《夺太仓》，王瑶卿、王蕙芳、程继先《儿女英雄传》，陈德霖、龚云甫《孝义节》，倒四刘鸿升《斩黄袍》，倒三杨小楼、尚小云、钱金福、李连仲、迟月亭《长坂坡》，压轴余叔岩、王瑶卿、钱金福、姜妙香、王长林、鲍吉祥《珠帘寨》，大轴梅兰芳、王凤卿、姜妙香合演头二本《木兰从军》。

9月17日，喜群社从沪返京，新明大戏院正式营业戏头天夜戏：

王蕙芳、朱素云《马上缘》，龚云甫《太君辞朝》，压轴王凤卿《朱砂痣》，大轴梅兰芳、姜妙香、李敬山合演《贵妃醉酒》。

9月18日，梅兰芳、王凤卿、姜妙香等赶往天津参加张勋堂会。

9月18日，张勋在天津英租界耀华里自办大型堂会第一天：

李兰亭《乾坤圈》，刘汉臣《精忠传》，尚和玉《四平山》，慈瑞泉、曹二庚、罗文奎《打城隍》，郝寿臣、侯喜瑞《闹江州》，程艳秋、姜妙香、刘景然《玉堂春》，九阵风、沈三玉《演火棍》，陈德霖、罗福山《孝义节》，倒四龚云甫《徐母骂曹》，倒三杨小楼、郝寿臣《连环套》，压轴梅兰芳、王凤卿、姜妙香前部《木兰从军》，大轴余叔岩、裘桂仙合演《击鼓骂曹》。

9月19日，张勋在天津英租界耀华里自办大型堂会第二天：

刘汉臣《潞安州》，尚和玉《铁笼山》，裘桂仙《御果园》，郝寿臣《瓦口关》，程艳秋《醉酒》，阎岚秋《泗州城》，龚云甫、慈瑞泉《钓金龟》，倒三杨小楼《夜奔》，压轴梅兰芳、王凤卿、姜妙香后部《木兰从军》，大轴余叔岩、钱金福、王长林合演《定军山》。

9月23日，喜群社新明大戏院夜戏：

倒四程艳秋《二进宫》，倒三梅兰芳、王蕙芳、姜妙香、慈瑞泉二本《虹霓关》，压轴陈德霖、龚云甫《孝义节》，大轴梅兰芳、姜妙香、程艳秋、姚玉芙合演《天河配》。

9月27日，东三省欢迎会演出戏目：

九阵风、王长林《小放牛》，王又宸《失街亭》，倒四余叔岩、程继先《群英会》，倒三刘鸿升《斩黄袍》，压轴梅兰芳、姜妙香、姚玉芙《虹霓关》，大轴杨小楼、王瑶卿、王凤卿、程艳秋、谭小培合演《长坂坡》《汉津口》。

10月2日，喜群社新明大戏院夜戏：

裘桂仙《白良关》，何佩亭《刺巴杰》，姚玉芙《彩楼配》，朱素云、王蕙芳《翠屏山》，压轴龚云甫《望儿楼》，大轴梅兰芳、王凤卿、姜妙香合演《牢狱鸳鸯》。

10月8日，喜群社新明大戏院夜戏：

李小山《黄金台》，刘凤林《卖饽饽》，裘桂仙《御果园》，朱桂芳《取金陵》，姜妙香《岳家庄》，王蕙芳《英雄儿女》，压轴龚云甫《徐母骂曹》，大轴梅兰芳、王凤卿合演《武家坡》。

10月16日，吉祥园义务戏日场：

诸茹香《荷珠配》，朱桂芳《蟠桃会》，王凤卿、朱素云、慈瑞泉、李鸣玉《群英会》，压轴杨小楼、钱金福、许德义《麒麟阁》，大轴梅兰芳、姜妙香合演《玉簪记》。

10月16日，第一舞台义务夜戏：

王丽卿、姜妙香《马上缘》，王蕙芳、尚小云《五花洞》，倒三王瑶卿《棋盘山》，压轴刘鸿升《探阴山》，大轴杨小楼、梅兰芳、王凤卿、龚云甫、程继先合演《回荆州》。

10月17日，第一舞台义务夜戏：

王瑶卿、程继先《能仁寺》，倒四王凤卿《浣纱记》，倒三刘鸿升《金水桥》，压轴梅兰芳、姜妙香《奇双会》，大轴杨小楼、俞振庭合演《八蜡庙》。

10月31日，织云公所吴震修宅堂会戏戏目日场、夜戏连演：

全班合演《赐福》，徐碧云、小小楼《蟠桃会》，赵绮霞、小金红《小磨房》，俞华庭《乾元山》，王文源《空城计》，俞步兰、徐斌寿《千金一笑》，孙毓堃《铁笼山》，小桂花（计艳芬）《打花鼓》，王斌芬、孙毓堃《百凉楼》，俞步兰、王文源、郎绍山《二进宫》，梅兰芳、王蕙芳《樊江关》。连演夜戏：小桂花、苏斌泰《小放牛》，徐碧云、小小楼《金山寺》，福芝芳《戏凤》，小桂花、小寿山《打灶王》，王斌芬、徐碧云《混元盒》，杨小楼、钱金福、傅小山《连环套》，程艳秋《学堂》，姚玉芙《彩楼配》，王凤卿、裘桂仙《中牟县》，龚云甫《徐母骂曹》，陈德霖《宇宙锋》，压轴侯俊山、崔灵芝、孙佩亭《凤仪亭》，大轴梅兰芳、姜妙香、徐兰生、李寿山合演《玉簪记》。

10月31日，藏园家宴戏目：

《大赐福》《百寿图》，钱金福、姜妙香《取洛阳》，张小山《大回朝》，裘桂仙、李鸣玉《断密涧》，载阔亭、诸茹香、萧长华《绒花记》，程继先、朱桂芳、迟月亭《蔡家庄》，陈德霖《宇宙锋》，林钧甫、世哲生《娘子军》，梅兰芳、姚玉芙、李寿山《春香闹学》，恩禹之、铨燕平、诸茹香《审头刺汤》，大轴红豆馆主（曹操）、杨小楼（张绣）、王蕙芳（邹氏）、钱金福（典韦）合演《大战宛城》。

11月15日，张宅堂会演出戏目：

王瑶卿《双沙河》，朱素云、路三宝《马上缘》，姜妙香《白门楼》，陈德霖、王凤卿《宝莲灯》，裘桂仙《牧虎关》，倒四老乡亲《鱼藏剑》，倒三刘鸿升《逍遥津》，压轴杨小楼、迟月亭《挑华车》，大轴梅兰芳《宇宙锋》。

11月16日，张宅堂会演出戏目：

王蕙芳《女起解》，陈德霖、谭小培、裘桂仙《二进宫》，王凤卿《取成都》，梅兰芳、姚玉芙《麻姑献寿》，倒四老乡亲《教子》，倒三刘鸿升、龚云甫《断后龙袍》，杨小楼、尚小云、王凤卿、钱金福《长坂坡》《汉津口》，大轴梅兰芳、姜妙香、姚玉芙合演《金雀记》。

12月5日，喜群社吉祥园日场：

王蕙芳、姜妙香《马上缘》，裘桂仙《反洛阳》，梅兰芳《思凡》，压轴陈德霖、王凤卿《骂殿》，大轴梅兰芳《辕门射戟》。

12月15日，天津张宅堂会，梅兰芳、姜妙香合演《黛玉葬花》。

12月20日，江西会馆江宅堂会，梅兰芳、姜妙香合演《宇宙锋》（“修本”“装疯”）。

12月27日，堂会演出戏目：

姚玉芙、李鸣玉《回龙阁》，裘桂仙《白良关》，倒四朱桂芳、何佩亭《娘子军》，倒三朱素云、王蕙芳《得意缘》，压轴梅兰芳、王凤卿《汾河湾》，大轴梅兰芳、王凤卿、陈德霖、姜妙香、程艳秋合演《上元夫人》。

本年，汪宅堂会戏目：

白天：开场《群仙祝寿》，学生《打金枝》，学生《十面》，学生《青石山》，小益芳《失街亭》，姚佩秋、姜妙香《得意缘》，孟朴斋、孙喜云《朱砂痣》，朱桂芳、许德义《取金陵》，王凤卿、李顺亭《战长沙》。

夜戏：小益芳《定军山》，诸茹香、赵仙舫《探亲》，孙喜云、罗福山《探寒窑》，姚佩秋、赵仙舫《变羊记》，张彩林《浣花溪》，大轴王凤卿、王琴侬、姜妙香合演《探母回令》。

1921年

（民国十年，农历辛酉年） 31岁

1月8日，第一舞台义务夜戏：

韩世昌《大小宴》，阎岚秋《泗州城》，贯大元、王蕙芳《朱砂痣》，王瑶卿、姜妙香《悦来店》，王凤卿《战长沙》，金少梅《一笑缘》，倒四王又宸、尚小云《打渔杀家》，倒三刘鸿升、陈德霖、龚云甫《金水桥》，压轴梅兰芳、俞振庭《嫦娥奔月》，大轴杨小楼、郝寿臣合演《连环套》。

1月9日，第一舞台义务夜戏：

韩世昌、侯益隆《梳妆掷戟》，瑞德宝《刺巴杰》，谭小培、小翠花《胭脂虎》，王瑶卿、王蕙芳、姜妙香《能仁寺》，俞振庭《金钱豹》，尚小云、贯大元《武家坡》，金少梅《醉酒》，倒四陈德霖、龚云甫《孝义节》，倒三杨小楼、王凤卿、刘鸿升（曹操）《阳平关》，压轴王又宸、王琴侬、裘桂仙《二进宫》，大轴杨小楼、梅兰芳、姜妙香、姚玉芙、朱桂芳合演《金山寺》。

1月30日，齐耀琳宅堂会第一天戏目：

倒四王瑶卿、程继先、王蕙芳《能仁寺》，倒三梅兰芳、姜妙香《金雀记》，压轴刘鸿升《白虎堂》，大轴梅兰芳、王凤卿、陈德霖、龚云甫、姜妙香合演《探母回令》。

1月31日，齐耀琳宅堂会第二天戏目：

韩世昌《出塞》，王瑶卿、王蕙芳《樊江关》，倒四刘鸿升《探阴山》，倒三王凤卿《战成都》，压轴梅兰芳、王瑶卿、程继先二本《虹霓关》，大轴梅兰芳、朱素云、姜妙香、扎金奎合演全本《奇双会》。

2月初，杨小楼、梅兰芳组崇林社，刘砚芳、姚玉芙任经理。头牌杨小楼、梅兰芳，二牌王凤卿。旦角：陈德霖、姚玉芙、诸茹香、吴彩霞、刘凤林、王丽卿、孙砚亭、陆凤林、赵芝香，老生：王荣山、张如庭、李鸣玉、谭春仲、张春彦、甄洪奎、扎金奎、刘景然、李春林，武生：迟月亭、朱玉康、朱湘泉、李三星、王玉吉、吴玉玲、侯海林，小生：朱素云、姜妙香、韩金福、吴彩云，老旦：龚云甫、罗福山、吴稚禅、张菊舫，武旦：朱桂芳、八仙旦（靳湘林）、陶玉芝、刘玉芳、刘连湘，花脸：裘桂仙、麻穆子、李寿山、福小田、侯喜瑞、方洪顺、彭福陵，武花脸：钱金福、许德义、范宝亭、杨春龙、赵寿臣，小花脸：郭春山、陆金桂、萧长华、慈瑞泉、曹二庚、罗文奎、李四广，武丑：王长林、傅小山。

2月2日，第一舞台义务夜戏：

开场富连成《五湖船》，姜妙香、王琴侬《岳家庄》，郭仲衡《长亭会》，俞振庭《闹昆阳》，王凤卿、黄润卿《杀家》，高庆奎、尚小云《浣纱记》，王瑶卿、王蕙芳《雁门关》，杨小楼、梅兰芳《长坂坡》，王又宸、陈德霖《战蒲关》，刘鸿升、龚云甫《断太后》，大轴杨小楼、梅兰芳、余叔岩、刘鸿升、尚小云、龚云甫、郝寿臣、王瑶卿、王蕙芳反串《八蜡庙》。

2月16日，崇林社文明园日场：

张如庭《八义图》，德珺如、侯喜瑞《取洛阳》，姜妙香《岳家庄》，高庆奎、朱素云《借赵云》，姚玉芙、许德义、诸茹香、裘桂仙《五花洞》，压轴梅兰芳、王凤卿《庆顶珠》，大轴杨小楼、许德义、迟月亭合演《艳阳楼》。

2月16日，史宅堂会夜戏戏目：

陈德霖《宇宙锋》，倒四梅兰芳、王蕙芳《樊江关》，倒三王凤卿、陈德霖与票友合演《探母回令》，压轴王又宸、尚小云《庆顶珠》，大轴梅兰芳、王凤卿、姜妙香合演《御碑亭》。

2月22日，崇林社文明茶园日场：

张如庭《法门寺》，八仙旦《泗州城》，倒三王凤卿《战樊城》，压轴杨小楼、钱金福、迟月亭《金锁阵》，大轴梅兰芳、姜妙香、姚玉芙合演《游园惊梦》。

2月25日，崇林社文明园日场：

张如庭《骂曹》，裘桂仙《御果园》，许德义、王荣山《金沙滩》，朱素云、赵芝香、王丽卿《打玉》，压轴杨小楼、钱金福、迟月亭《溪皇庄》，大轴梅兰芳、王凤卿、姜妙香合演《牢狱鸳鸯》。

2月26日，崇林社文明园日场：

张如庭《奇冤报》，裘桂仙《断密涧》，八仙旦《四美图》，倒三朱素云《岳家庄》，压轴杨小楼（颜良）、王凤卿（关羽）、李寿山（曹操）《白马坡》，大轴梅兰芳、姜妙香合演《黛玉葬花》。

3月9日，崇林社文明园日场：

张如庭、刘景然、王丽卿《战蒲关》，诸茹香《双摇会》，许德义、慈瑞泉《普球山》，倒三王凤卿、朱素云《黄鹤楼》，压轴杨小楼、钱金福《白龙关》，大轴梅兰芳、杨小楼、姚玉芙、姜妙香、朱桂芳、李寿山合演《金山寺》。

3月12日，天津庆寿堂会演出戏目：

尚和玉《四平山》，杨宝忠、姜妙香《状元谱》，王颂臣《上天台》，倒四韩世昌《闹学》，倒三梅兰芳《嫦娥奔月》，压轴老乡亲《火烧葫芦峪》，大轴梅兰芳、王凤卿合演《汾河湾》。

3月20日，崇林社吉祥茶园日场：

迟月亭《界牌关》，八仙旦《百草堂》，钱金福《芦花荡》，倒四诸茹香、朱素云《穆柯寨》，倒三王凤卿、陈德霖、裘桂仙《二进宫》，压轴杨小楼、许德义《武文华》，大轴梅兰芳、姜妙香、姚玉芙合演《千金一笑》。

4月14日，开滦矿务局宴会演出戏目：

倒四陈德霖、裘桂仙、王又宸《二进宫》，倒三余叔岩、侯喜瑞、王长林、麻穆子、慈瑞泉、萧长华《打棍出箱》，压轴杨小楼、王瑶卿、王凤卿、钱金福、李连仲《长坂坡》，大轴梅兰芳、姚玉芙、姜妙香合演《天女散花》。

4月22日，堂会演出戏目为：

王长林《巧连环》，朱素云、慈瑞泉《连升三级》，王瑶卿、姜妙香《棋盘山》，刘鸿升、龚云甫、王长林《天齐庙》，倒四王凤卿、王琴侬《回龙阁》，倒三余叔岩《击鼓骂曹》，压轴杨小楼《八大锤》“车轮战”，大轴梅兰芳、陈德霖、姚玉芙合演《麻姑献寿》。

5月8日，崇林社文明园日场：

诸茹香《贪欢报》，裘桂仙《御果园》，朱桂芳《泗州城》，倒三朱素云、李寿山《临江会》，压轴杨小楼、钱金福、许德义《状元印》，大轴梅兰芳、杨小楼、王凤卿、陈德霖、姜妙香合演《探母回令》。

5月12日，天津王君直宅堂会演出戏目日场、夜戏连演：

《大赐福》《长生殿》，刘景然、诸茹香《胭脂虎》，德珺如《飞虎山》，俞赞庭《卧虎沟》，傅小山《巧连环》，阎岚秋《蟠桃会》，醉蝉《玉门关》，郝寿臣《盗御马》，贯大元、李春林、赵芝香、范宝亭、慈瑞泉《珠帘寨》，醉蝉、王华甫《连升三级》，俞振庭《鄱阳湖》，朱琴心、舒子宽《打花鼓》，贯大元、尚小云《汾河湾》，阎岚秋《扈家庄》，恩禹之《文昭关》，姜妙香《雅观楼》，王颂臣《空城计》，言菊朋、俞振庭、郝寿臣《阳平关》，王蕙芳《女起解》，尚小云、德珺如、刘景然《玉堂春》，压轴王君直、裘桂仙《骂曹》，大轴梅兰芳、陈德霖、姚玉芙合演《麻姑献寿》。送客戏：全班合演《遇龙封官》。

5月15日，那家花园堂会演出戏目：

王瑶卿、程继先《能仁寺》，陈德霖、裘桂仙、谭小培《二进宫》，余叔岩、侯喜瑞《定军山》，倒四梅兰芳、姜妙香《奇双会》，倒三王凤卿《战成都》，压轴杨小楼、钱金福、李寿山《长坂坡》，大轴梅兰芳、余叔岩合演《武家坡》。

5月16日，京师商界公演戏目：

朱桂芳、王长林《打瓜园》，倒三陈德霖、龚云甫《孝义节》，压轴梅兰芳、余叔岩《打渔杀家》，大轴杨小楼、钱金福合演《挑华车》。

5月26日，堂会演出戏目：

萧长华、程继先《连升三级》，王凤卿、陈德霖《雁门关》，倒四梅兰芳《尼姑思凡》，倒三余叔岩、王荣山、王瑶卿、姜妙香《珠帘寨》，压轴杨小楼、钱金福《状元印》，大轴梅兰芳、余叔岩、慈瑞泉合演《审头刺汤》。

6月9日，崇林社文明园日场：

梅兰芳、王凤卿《朱砂痣》，杨小楼《金锁阵》，大轴杨小楼、梅兰芳、王凤卿、陈德霖、钱金福、李寿山、姚玉芙、姜妙香合演头本《混元盒》。

6月9日，堂会演出戏目：

九阵风《夺太仓》，高庆奎《太白醉写》，倒四俞振庭《金钱豹》，倒三余叔岩、钱金福、诸茹香、程继先《珠帘寨》，压轴杨小楼、侯喜瑞《连环套》，大轴梅兰芳、王凤卿、姜妙香合演《狮吼记》。

6月10日，崇林社文明园日场：

许德义《金沙滩》，梅兰芳、王凤卿《桑园会》，大轴杨小楼、梅兰芳、王凤卿、陈德霖、钱金福、李寿山、姚玉芙、姜妙香合演二本《混元盒》。

6月11日，崇林社文明园日场：

许德义《收关胜》，大轴杨小楼、梅兰芳、王凤卿、陈德霖、钱金福、李寿山、姚玉芙、姜妙香合演三本《混元盒》。

6月12日，崇林社文明园日场：

杨小楼、梅兰芳、王凤卿、陈德霖、钱金福、李寿山、姚玉芙、姜妙香合演四本《混元盒》。

6月16日，崇林社文明园日场：

姜妙香、诸茹香《胭脂虎》，裘桂仙《铡美案》，朱桂芳、许德义《芦林坡》，倒三王凤卿、朱素云《镇潭州》，压轴梅兰芳、刘景然《三击掌》，大轴杨小楼、梅兰芳、王凤卿、陈德霖、钱金福、李寿山、姚玉芙、姜妙香合演五本《混元盒》。

6月17日，崇林社文明园日场：

姜妙香《未央宫》，裘桂仙《草桥关》，王凤卿、朱素云《黄鹤楼》，大轴杨小楼、梅兰芳、王凤卿、陈德霖、钱金福、李寿山、姚玉芙、姜妙香合演六本《混元盒》。

6月18日，崇林社文明园日场：

裘桂仙《打龙袍》，王凤卿、姜妙香《双狮图》，压轴杨小楼、李连仲、朱素云《五人义》，大轴杨小楼、梅兰芳、王凤卿、陈德霖、钱金福、李寿山、姚玉芙、姜妙香合演七本《混元盒》。

6月19日，崇林社文明园日场：

梅兰芳、姜妙香、刘景然《宇宙锋》，杨小楼、王凤卿、李寿山《阳平关》，大轴全班合演八本《混元盒》。

7月29日，天津张公馆堂会头天戏目：

全班合演《天官赐福》，阎岚秋、范宝亭《蟠桃会》，高庆奎、朱素云《临江会》，王蕙芳、程继先《马上缘》，姜妙香《岳家庄》，龚云甫《长寿星》，尚小云、孟小如《汾河湾》，梅兰芳《嫦娥奔月》，余叔岩《定军山》，尚小云《贵妃醉酒》，王凤卿《战长沙》，压轴杨小楼、钱金福、许德义《麒麟阁》，大轴梅兰芳、余叔岩合演《游龙戏凤》。

7月30日，天津张公馆堂会第二天戏目：

全班合演《天官赐福》，王长林、朱桂芳《打瓜园》，朱素云《打玉》，九阵风《娘子军》，尚小云、高庆奎《四郎探母》，倒四老乡亲《三娘教子》，倒三余叔岩、王瑶卿、钱金福、程继先《珠帘寨》，压轴杨小楼、王瑶卿、谭小培《长坂坡》，大轴梅兰芳、王凤卿、姜妙香合演《狮吼记》。

8月7日，冯宅堂会演出戏目：

九阵风、侯喜瑞《扈家庄》，朱桂芳《湘江会》，高庆奎、王琴侬、姜妙香《御碑亭》，程艳秋、王又荃《琴挑》，王瑶卿、王蕙芳、程继先《得意缘》，倒四陈德霖《宇宙锋》，倒三王凤卿、郝寿臣《天水关》，压轴红豆馆主《八大锤》，大轴梅兰芳、王凤卿合演《武家坡》。

8月15日，俞宅堂会演出戏目：

九阵风、王长林《小放牛》，小翠花《宝蟾送酒》，尚小云《宇宙锋》，程艳秋《醉酒》，余叔岩、尚小云《游龙戏凤》，倒四杨小楼《状元印》，倒三红豆馆主《奇双会》，压轴余叔岩、荀慧生、钱金福、王荣山《珠帘寨》，大轴梅兰芳、姜妙香、张春彦合演《玉堂春》。

8月28日，建德周氏家宴演出戏目：

王少奎《连升店》，程继先《岳家庄》，王琴侬《花园彩楼》，姜妙香《辕门射戟》，姚玉芙《尼姑思凡》，王琴侬《孝义节》，言菊朋、程继先《镇潭州》，倒四王凤卿、姚玉芙《朱砂痣》，倒三梅兰芳、姜妙香《乔醋》，压轴余叔岩、程继先《状元谱》，大轴梅兰芳、姜妙香合演《贵妃醉酒》。

8月30日，堂会演出戏目：

倒四王凤卿、尚小云、王琴侬、姜妙香、罗福山《四郎探母》，倒三梅兰芳、余叔岩《庆顶珠》，压轴杨小楼、钱金福、王长林《连环套》，大轴梅兰芳、陈德霖合演《麻姑献寿》。

9月5日，黎总统宅堂会演出戏目：

灵芝花《蟠桃会》，小月芬《空城计》，思佩贤《探亲家》，灵芝花、朱素霞《虹霓关》，梅兰芳、姜妙香、姚玉芙《千金一笑》，十三旦、小月芬《献西施》，大轴梅兰芳、姚玉芙、姜妙香合演《金雀记》。

9月22日，金鱼胡同那宅花园陆军部晚宴演出戏目：

倒四陈德霖、王瑶卿、龚云甫、钱金福、朱素云、姜妙香《南北合》，倒三梅兰芳、姚玉芙、李寿山《春香闹学》，压轴杨小楼、许德义、迟月亭、刘砚亭《八大锤》，大轴余叔岩、杨小楼、钱金福、罗福山合演《断臂说书》。

9月27日，崇林社吉祥园日场：

吴西禅《行路》，张如庭《搜孤救孤》，朱桂芳、许德义《芦林坡》，黄润卿、姜妙香《虹霓关》，压轴郭仲衡《战成都》，大轴杨小楼、钱金福合演《赵家楼》。

10月2日，那宅堂会演出戏目：

裘桂仙《探阴山》，朱桂芳《夺太仓》，朱素云《延安关》，龚云甫《钓金龟》，压轴杨小楼、王凤卿、钱金福、李连仲、迟月亭《长坂坡》《汉津口》，大轴梅兰芳、余叔岩、陈德霖、龚云甫、姜妙香合演《探母回令》。

10月9日，崇林社文明园日场：

裘桂仙《铡美案》，朱桂芳、许德义《取金陵》，压轴杨小楼、王凤卿、朱素云、钱金福《黄鹤楼》，大轴梅兰芳、陈德霖、姜妙香合演《风筝误》。

10月20日，藏园家宴演出戏目：

王蕙芳、程继先《得意缘》，谭小培、王蕙芳《汾河湾》，钱金福、王长林《祥梅寺》，程继先《探庄射灯》，倒四陈德霖《落花园》，倒三梅兰芳、谭小培《梅龙镇》，压轴杨小楼、钱金福《麒麟阁》，大轴梅兰芳、姜妙香合演《嫦娥奔月》。

10月21日，崇林社文明园日场：

朱素云、阎岚秋《乾元山》，姜妙香、姚玉芙、陈文启《孝感天》，压轴梅兰芳、王凤卿《武家坡》，大轴杨小楼、钱金福、朱桂芳合演

《战宛城》。

11月29日，冯耿光40生辰堂会戏，杨小楼（岳飞）、梅兰芳（反串杨再兴）、姜妙香（岳云）合演《镇潭州》。

12月5日，堂会演出戏目：

陈德霖《孝义节》，龚云甫《钓金龟》，倒四王凤卿、裘桂仙《双投唐》，倒三余叔岩《打棍出箱》，压轴杨小楼、侯喜瑞《连环套》，大轴梅兰芳、朱素云、姜妙香、张春彦合演《奇双会》。

12月21日，方毓庆堂会演出戏目日场、夜戏连演：

全班《赐福》，邱富棠、殷连瑞《蟠桃会》，翟富夔、李富森《打龙袍》，马连良、马连昆《开山府》，方连元、何连涛《青石山》，尚富霞、马富禄、萧连芳《打樱桃》，杜富隆、孙盛辅、李盛荫、王盛如《群英会》，马富禄、尚富霞、阎喜林《荷珠配》，沈富贵、刘连荣、苏富恩《战濮阳》，谭富英、小金钟、马连昆《失街亭》。连演夜戏：全班《请清兵》，杜富隆《小天宫》，高庆奎、裘桂仙、王琴侬《二进宫》，陈德霖、姜妙香、王琴侬、诸茹香、王丽卿、曹二庚《劝善金科》，余叔岩、王长林《盗宗卷》，压轴杨小楼、钱金福、傅小山《连环套》，大轴梅兰芳、王凤卿、陈德霖、龚云甫、姜妙香、慈瑞泉、王丽卿、李鸣玉合演《探母回令》。送客戏：何连涛、刘连荣、方连元《水帘洞》。

1922年

（民国十一年，农历壬戌年） 32岁

1月5日，朱宅堂会演出戏目：

钱金福、王长林《祥梅寺》，倒四言菊朋《汾河湾》，倒三陈德霖《宇宙锋》，压轴红豆馆主《前后亲》，大轴梅兰芳、姜妙香、姚玉芙合演《金雀记》。

1月19日，齐宅祝寿堂会演出戏目：

程艳秋、王又荃《虹霓关》，裘桂仙、谭小培《进宫》，韩世昌《跳墙着棋》，王凤卿《昭关》，郝寿臣《审李七》，王瑶卿、程继先《悦来店》，倒四王又宸、郝寿臣《失街亭》，倒三梅兰芳、王凤卿《汾河湾》，压轴余卓夫《取成都》，大轴梅兰芳、姜妙香合演《醉酒》。

1月20日，齐宅庆寿堂会演出戏目：

韩世昌《学舌》，张文斌与票友合演《女起解》，王瑶卿、程继先、程艳秋《能仁寺》，陈德霖与票友合演《武家坡》，倒四王凤卿、裘桂仙《断密涧》，倒三余叔岩《盗宗卷》，压轴杨小楼、钱金福《挑华车》，大轴梅兰芳、姜妙香、王凤卿合演《玉堂春》。

2月5日，吴航林氏家宴演出戏目：

钱金福、冯蕙林《取洛阳》，张小山《山门》，刘玉如、松介眉、钱麟甫、陆凤琴《胭脂虎》，秦椵厂、舒子宽、诸茹香《白门楼》，余玉琴、张文彬、余幼琴《能仁寺》，世哲生、孙庆堂《状元印》，林钧甫、姜妙香《贵妃醉酒》，倒三恩禹之、陈德霖、王长林《一捧雪》，压轴红豆馆主、田桐秋、罗福山《乌龙院》，大轴梅兰芳、余叔岩合演《庆顶珠》。

2月6日，东珠市口三里河路北织云公所，瑞蚨祥布行谢客堂会戏戏目：

荣蝶仙《得意缘》，张春彦、苏连汉《开山府》，董俊峰《草桥关》，阎岚秋、许德义《取金陵》，程继先、马连良《八大锤》，俞振庭《挑华车》，时慧宝、小翠花《乌龙院》，茹富兰《艳阳楼》，程艳秋、高庆奎《庆顶珠》、压轴尚小云、王又宸、陈德霖、龚云甫《探母回令》，大轴杨小楼、梅兰芳首次贴演新戏《霸王别姬》。杨小楼饰项羽，梅兰芳饰虞姬，王凤卿饰韩信，钱金福饰彭越，姜妙香饰虞子期，许德义饰项伯，李寿山饰周兰，迟月亭饰钟离昧，方洪顺饰樊哙，王玉吉饰曹参，张春彦饰李左车，李鸣玉饰刘邦，傅小山饰马童，郭春山饰报子。

2月15日，崇林社第一舞台夜戏：

李小山《定军山》，姜妙香《雅观楼》，倒四裘桂仙《御果园》，倒三朱桂芳《泗州城》，压轴诸茹香、朱素云《得意缘》，大轴杨小楼、梅兰芳、王凤卿、姜妙香首次演出《霸王别姬》（杨小楼、梅兰芳首次以营业戏方式公开演出此剧）。

4月16日，崇林社吉祥园日场：

裘桂仙《白良关》，朱桂芳《百草山》，压轴朱素云、诸茹香《胭脂虎》，大轴杨小楼、梅兰芳、王凤卿、姜妙香合演《霸王别姬》。

5月24日，杨小楼、梅兰芳率崇林社王凤卿、姜妙香等演员，赴天津演出《霸王别姬》。

5月25日，梅兰芳、姜妙香等乘奉天号船赴沪演出，杨小楼、王凤卿乘坐津浦火车与梅等上海汇合。

5月29日，崇林社上海天蟾舞台夜戏头天：

开场《天官赐福》，姜妙香《辕门射戟》，小翠花、张春彦《游龙戏凤》，压轴梅兰芳、王凤卿《武家坡》，大轴杨小楼、郝寿臣、王长林合演《连环套》。

5月30日，崇林社上海天蟾舞台夜戏：

开场《采石矶》，小翠花、杨瑞亭《放牛唱歌》，倒三王凤卿《朱砂痣》，压轴杨小楼、钱金福、郝寿臣《挑华车》，大轴梅兰芳、姜妙香、王凤卿合演《玉堂春》。

5月31日，崇林社上海天蟾舞台日场：

开场《斩五毒》，倒四姜妙香《岳家庄》，倒三王凤卿《举鼎观画》，压轴梅兰芳、姚玉芙《双金莲》，大轴杨小楼、钱金福、郝寿臣、王长林合演《大战宛城》。

5月31日，崇林社上海天蟾舞台夜戏：

开场《清河桥》，倒四小翠花、张子焕《鸿鸾禧》，倒三王凤卿《华容道》，压轴杨小楼、钱金福《落马湖》，大轴梅兰芳、杨小楼、姜妙香、姚玉芙合演《白蛇传》。

6月1日，崇林社上海天蟾舞台夜戏：

小翠花、张子焕头本《虹霓关》，王凤卿《战樊城》，压轴梅兰芳、姜妙香、姚玉芙《牡丹亭》，大轴杨小楼、梅兰芳、钱金福、郝寿臣、迟月亭合演《长坂坡》。

6月2日，崇林社上海天蟾舞台夜戏：

开场《山海关》，李春来《武文华》，姜妙香《岳家庄》，德仁趾《徐扬进宫》，倒四小翠花《探亲相骂》，倒三王凤卿、郝寿臣、张春彦《战长沙》，压轴杨小楼、钱金福《铁笼山》，大轴梅兰芳、姚玉芙合演《嫦娥奔月》。

6月3日，崇林社上海天蟾舞台夜戏：

开场《高平关》，吴彩霞《彩楼配》，德仁趾《空城计》，倒四小翠花、张子焕《鸿鸾禧》，倒三王凤卿、张春彦《文昭关》，压轴杨小楼、许德义《安天会》，大轴梅兰芳、姜妙香、姚玉芙合演《千金一笑》。

6月4日，崇林社上海天蟾舞台日场：

开场《金沙滩》，郝寿臣、张春彦《下河东》，德仁趾《武家坡》，倒三小翠花、马富禄、张子焕《贵妃醉酒》，压轴杨小楼、许德义、王长林《拿高登》，大轴梅兰芳、王凤卿、姜妙香合演全本《御碑亭》。

6月4日，崇林社上海天蟾舞台夜戏：

开场《大回朝》，德仁趾《斩黄袍》，倒三梅兰芳、小翠花、姜妙香二本《虹霓关》，压轴杨小楼、钱金福、王长林、许德义《恶虎村》，大轴梅兰芳、王凤卿、郝寿臣、慈瑞泉、姜妙香、小翠花合演全本《法门寺》。

6月5日，崇林社上海天蟾舞台夜戏：

开场《御林郡》，德仁趾《搜孤救孤》，倒四小翠花、张春彦《南天门》，倒三王凤卿、姜妙香《群英会》，压轴杨小楼、钱金福、许德义《状元印》，大轴梅兰芳、姚玉芙、姜妙香、张春彦、马富禄、李寿山合演《天女散花》。

6月6日，崇林社上海天蟾舞台夜戏：

开场《美良川》，吴彩霞《祭江》，小翠花、张子焕全本《穆柯寨》，压轴杨小楼、王凤卿、钱金福、罗福山全本《八大锤》，大轴梅兰芳、王凤卿、姜妙香合演头二本《花木兰》。

6月7日，崇林社上海天蟾舞台夜戏：

开场《祥梅寺》，董俊峰、吴彩霞《普天同庆》，德仁趾《游龙戏凤》，小翠花、张春彦《坐楼杀惜》，压轴杨小楼、朱桂芳、许德义《大金钱豹》，梅兰芳、王凤卿、姜妙香合演三四本《花木兰》。

6月8日，崇林社上海天蟾舞台夜戏：

开场《庆阳图》，郝寿臣《取洛阳》，德仁趾《李陵碑》，小翠花、张春彦《游龙戏凤》，王凤卿《捉放曹》，压轴杨小楼《武文华》，大轴梅兰芳、姜妙香合演全本《贩马记》。

6月9日，崇林社上海天蟾舞台夜戏：

吴彩霞《梅开二度》，王凤卿、德仁趾《鼎盛春秋》，倒三梅兰芳、小翠花《樊江关》，压轴杨小楼、李连仲、王长林《五人义》，大轴杨小楼、梅兰芳、王凤卿、姜妙香、郝寿臣、钱金福合演全本《美人计》《回荆州》。

6月10日，崇林社上海天蟾舞台夜戏：

开场《山海关》，德仁趾《桑园寄子》，小翠花、张子焕《马上缘》，王凤卿《取成都》，压轴杨小楼、郝寿臣、王长林《盗御马》《连环套》，大轴梅兰芳、姚玉芙、姜妙香、张春彦、马富禄、李寿山合演《天女散花》。

6月11日，崇林社上海天蟾舞台夜戏：

开场《清河桥》，德仁趾《上天台》，小翠花、王长林《小放牛》，倒三王凤卿《朱砂痣》，压轴杨小楼、小翠花、郝寿臣、钱金福、王长林《割发代首》，大轴梅兰芳、姚玉芙、姜妙香、张春彦、马富禄、李寿山合演《天女散花》。

6月12日，崇林社上海天蟾舞台夜戏：

开场《战太平》，吴彩霞《龙抬头》，倒四郝寿臣、王长林、姜妙香《忠孝全》，倒三德仁趾、董俊峰《辕门斩子》，压轴小翠花、马富禄、张子焕《贵妃醉酒》，大轴杨小楼、梅兰芳、王凤卿、姜妙香合演《霸王别姬》。

6月13日，崇林社上海天蟾舞台夜戏：

开场《赵彦求寿》，董俊峰《双投唐》，德仁趾《斩黄袍》，王长林、张春彦《天雷报》，小翠花、马富禄、张子焕《得意缘》，大轴杨小楼、梅兰芳、王凤卿、姜妙香合演《霸王别姬》。

6月14日，崇林社上海天蟾舞台夜戏：

开场《功臣宴》，郝寿臣《白绫记》，德仁趾《武家坡》，压轴小翠花、张子焕《棒打薄情郎》，大轴杨小楼、梅兰芳、王凤卿、姜妙香合演《霸王别姬》。

6月15日，崇林社上海天蟾舞台夜戏：

开场《御林郡》，吴彩霞《孝感天》，德仁趾《举鼎观画》，倒三小翠花、姜妙香、郝寿臣、董俊峰、马富禄全本《穆柯寨》，压轴梅兰芳、王凤卿、王长林《打渔杀家》，大轴杨小楼、梅兰芳、郝寿臣、钱金福合演《新长坂坡》。

6月16日，崇林社上海天蟾舞台夜戏：

开场《采石矶》，郝寿臣《河东救驾》，德仁趾《奇冤报》，倒四小翠花、张子焕《天门阵》，倒三王凤卿《文昭关》，压轴杨小楼、许德义《拿高登》，大轴梅兰芳、姜妙香、姚玉芙合演《黛玉葬花》。

6月17日，崇林社上海天蟾舞台夜戏：

郝寿臣《丁甲山》，德仁趾《打棍出箱》，倒四小翠花、马富禄《蛇攒七窍》，倒三王凤卿《华容道》，压轴杨小楼、许德义《安天会》，大轴梅兰芳、姜妙香合演《游园惊梦》。

6月18日，崇林社上海天蟾舞台日场：

开场《伍申会》，德仁趾《桑园寄子》，小翠花、马富禄、张子焕《拾玉镯》，压轴杨小楼、钱金福、许德义《恶虎村》，大轴梅兰芳、姜妙香、张春彦合演全部《贩马记》。

6月18日，崇林社上海天蟾舞台夜戏：

开场《山海关》，郝寿臣、姜妙香《取洛阳》，德仁趾《洪羊洞》，小翠花、张子焕头本《虹霓关》，压轴杨小楼、钱金福《落马湖》，大轴梅兰芳、王凤卿、姜妙香合演《上元夫人》。

6月19日，梅兰芳应张謇之邀再次来到南通，王凤卿、姜妙香等同行。

6月19日，江苏南通更俗剧场夜戏：

倒三王凤卿、吴彩霞、李春林《朱砂痣》，压轴杨小楼、许德义、王长林、傅小山、张春彦《落马湖》，大轴梅兰芳、姜妙香、姚玉芙、李寿山合演《天女散花》（姜妙香饰演文殊师利）。

6月20日，江苏南通更俗剧场日场：

倒三王凤卿、姜妙香《举鼎观画》，压轴杨小楼、王长林、郝寿臣《长坂坡》，大轴梅兰芳、姚玉芙、吴彩霞、李寿山合演《麻姑献寿》。

6月20日，江苏南通更俗剧场夜戏：

倒三王凤卿、李春林《文昭关》，压轴杨小楼、郝寿臣、王长林《连环套》，大轴梅兰芳、姜妙香、姚玉芙、李寿山合演《游园惊梦》。

6月21日晨，杨小楼、梅兰芳、王凤卿、姜妙香等，乘船由江苏南通返回上海，继续在天蟾舞台演出。

6月21日，崇林社上海天蟾舞台夜戏：

姜妙香、姚玉芙《白门楼》，小翠花、马富禄、张子焕《贵妃醉酒》，王凤卿《鼎盛春秋》，压轴杨小楼《八大锤》，大轴梅兰芳、姚玉芙合演《麻姑献寿》。

6月22日，崇林社上海天蟾舞台夜戏：

开场《功臣宴》，云中凤《嘉兴府》，德仁趾《二进宫》，王长林、郝寿臣《九龙杯》，小翠花、张春彦《坐楼杀惜》，倒三王凤卿《朱砂痣》，压轴杨小楼《水帘洞》，大轴梅兰芳、姜妙香合演《玉簪记》。

6月23日，崇林社上海天蟾舞台夜戏：

开场《摘缨会》，德仁趾《武家坡》，小翠花《放牛唱歌》，王凤卿《捉放曹》，压轴杨小楼、钱金福、迟月亭《冀州城》，大轴梅兰芳、姜妙香、姚玉芙合演《邓霞姑》。

6月24日，崇林社上海天蟾舞台夜戏：

开场《祥梅寺》，德仁趾《武家坡》，小翠花《马上缘》，王凤卿《取成都》，压轴杨小楼、郝寿臣《盗御马》《连环套》，大轴梅兰芳、姜妙香、姚玉芙合演《天女散花》。

6月25日，崇林社上海天蟾舞台日场：

开场《太平桥》，德仁趾《上天台》，小翠花、姜妙香、马富禄《得意缘》，王凤卿《战长沙》，压轴杨小楼《武文华》，大轴梅兰芳、王长林合演《苏三起解》。

6月25日，崇林社上海天蟾舞台夜戏：

开场《御林郡》，吴彩霞《彩楼招亲》，王长林《大闹山塘街》，德仁趾《空城计》，压轴小翠花、张春彦《游龙戏凤》，大轴梅兰芳、杨小楼、王凤卿、姜妙香合演《霸王别姬》。

6月26日，崇林社上海天蟾舞台夜戏：

开场《美良川》，云中凤《金山寺》，吴彩霞《二度梅》，姜妙香《玉门关》，王凤卿《李陵碑》，压轴梅兰芳、小翠花《樊江关》，大轴杨小楼、梅兰芳、王凤卿、郝寿臣、钱金福合演《新长坂坡》。

6月27日，崇林社上海天蟾舞台夜戏：

开场《高平关》，吴彩霞《金殿装疯》，德仁趾《辕门斩子》，王长林、张彦春《天雷报》，王凤卿《文昭关》，压轴杨小楼、郝寿臣、钱金福、王长林、迟月亭《割发代首》，大轴梅兰芳、姜妙香合演《黛玉葬花》。

6月28日，崇林社上海天蟾舞台夜戏：

开场《战太平》，张春彦《九更天》，德仁趾《桑园寄子》，梅兰芳、小翠花、姜妙香二本《虹霓关》，王凤卿《战樊城》，压轴梅兰芳、姜妙香、李寿山《风筝误》，大轴杨小楼、钱金福合演《恶虎村》。

6月29日，崇林社上海天蟾舞台夜戏：

吴彩霞《探寒窑》，德仁趾《打棍出箱》，小翠花《枪挑穆天王》，杨小楼、王凤卿、刘砚芳、小翠花《八蜡庙》，压轴梅兰芳、姜妙香《牡丹亭》，大轴杨小楼、梅兰芳、王凤卿、姜妙香合演全本《美人计》。

6月30日，崇林社上海天蟾舞台夜戏：

开场《大回朝》，吴彩霞、姜妙香《孝感天》，郝寿臣《丁甲山》，德仁趾《打鼓骂曹》，小翠花、张子焕《棒打薄情郎》，压轴梅兰芳、王凤卿、姜妙香《狮吼记》，大轴杨小楼、钱金福合演《铁笼山》。

7月1日，崇林社上海天蟾舞台夜戏：

开场《祥梅寺》，吴彩霞《孝义节》，王长林《九龙杯》，德仁趾《洪羊洞》，压轴小翠花《贵妃醉酒》，大轴杨小楼、梅兰芳、王凤卿、姜妙香合演《霸王别姬》。

7月2日，崇林社上海天蟾舞台日场：

吴彩霞《祭江》，德仁趾《斩黄袍》，倒四小翠花、张子焕《天门阵》，倒三王凤卿、郝寿臣《取帅印》，压轴杨小楼、王长林、许德义《落马湖》，大轴梅兰芳、姜妙香、李寿山、陆寿卿合演《玉簪记》。

7月2日，崇林社上海天蟾舞台夜戏：

开场《清河桥》，吴彩霞《南天门》，德仁趾《捉放曹》，倒四小翠花、张子焕头本《虹霓关》，倒三王凤卿《朱砂痣》，压轴杨小楼、郝寿臣、王长林、钱金福全本《盗御马》《连环套》，大轴梅兰芳、姚玉芙、姜妙香合演《天女散花》。

7月3日，崇林社上海天蟾舞台夜戏：

开场《庆阳图》，吴彩霞《龙抬头》，郝寿臣、张春彦《下河东》，德仁趾《奇冤报》，倒四小翠花、马富禄《小放牛》，倒三王凤卿《文昭关》，压轴杨小楼、钱金福、许德义《状元印》，大轴梅兰芳、姜妙香、张春彦合演全本《贩马记》。

7月4日，崇林社上海天蟾舞台夜戏：

开场《太平桥》，德仁趾《徐扬进宫》，倒四小翠花、马富禄《小放牛》，倒三梅兰芳、王凤卿、郝寿臣、慈瑞泉《法门寺》，压轴杨小楼《挑华车》，大轴梅兰芳、姜妙香、姚玉芙合演《南柯梦》。

7月5日，崇林社上海天蟾舞台夜戏：

开场《满堂红》，云中凤《收关胜》，吴彩霞《芦花荡》，德仁趾《空城计》，压轴小翠花《贵妃醉酒》，大轴梅兰芳、杨小楼、王凤卿、姜妙香合演《霸王别姬》。

7月6日，崇林社上海天蟾舞台夜戏：

开场《高平关》，吴彩霞《普天同庆》，倒四小翠花《蛇攒七窍》，倒三王凤卿《取成都》，压轴杨小楼《安天会》，大轴梅兰芳、姜妙香、姚玉芙合演《金雀记》。

7月7日，崇林社上海天蟾舞台夜戏：

开场《南北斗》，印德山《界牌关》，德仁趾《武家坡》，倒四小翠花、张春彦《坐楼杀惜》，倒三王凤卿《文昭关》，压轴梅兰芳、姜妙香、姚玉芙《金针刺红蟒》，大轴杨小楼、郝寿臣、王长林合演全本《连环套》。

7月8日，崇林社上海天蟾舞台夜戏：

开场《北壁关》，云中凤《摇钱树》，张宏生《妓女擒寇》，德仁趾《辕门斩子》，小翠花《得意缘》，压轴王长林、郝寿臣《九龙杯》，大轴梅兰芳、杨小楼、王凤卿、姜妙香合演《霸王别姬》。

7月9日，崇林社上海天蟾舞台夜戏：

开场《战太平》，吴彩霞《梅开二度》，德仁趾《斩黄袍》，倒四小翠花《棒打薄情郎》，倒三王凤卿《取成都》，压轴杨小楼、钱金福《安天会》，大轴梅兰芳、姚玉芙、姜妙香合演《天女散花》。

7月10日，崇林社上海天蟾舞台最后一场夜戏：

开场《得胜回朝》，云中凤《金山寺》，吴彩霞《赶三关》，王长林《大闹山塘街》，德仁趾《空城计》，压轴小翠花、张春彦《游龙戏凤》，大轴杨小楼、梅兰芳、王凤卿、姜妙香合演《霸王别姬》。

7月，崇林社由沪返京后，梅兰芳自组承华社。旦角梅兰芳、陈德霖、姚玉芙、诸茹香、王丽卿，老生王凤卿、刘景然、张春彦、扎金奎、李春林，小生朱素云、姜妙香、韩金福，武旦朱桂芳、陶玉芝，老旦龚云甫、张菊舫，花脸郝寿臣、李寿山、福小田，武花脸何佩亭、沈三玉，小花脸郭春山、萧长华、慈瑞泉、罗文奎、曹二庚，武生朱湘泉、朱玉康。演出地点在新建的真光戏院，这是一座仿欧式巴洛克风格建筑的剧场，并实行对号入座。

8月5日，承华社真光剧场日场：

朱素云、诸茹香《胭脂虎》，郝寿臣、朱素云《取洛阳》，王凤卿、姚玉芙《朱砂痣》，大轴梅兰芳、姜妙香、萧长华合演《贵妃醉酒》。

8月6日，承华社真光剧场日场：

李鸣玉、姚玉芙《浣纱记》，诸茹香、萧长华《双摇会》，王凤卿、郝寿臣、张春彦《捉放曹》，大轴梅兰芳、朱素云、姜妙香、李寿山合演《奇双会》。

8月29日，承华社真光剧场夜戏：

孙砚亭、萧长华《绒花记》，郝寿臣《丁甲山》，王凤卿、朱素云、姚玉芙《战太平》，大轴梅兰芳、姜妙香、朱桂芳、李鸣玉合演《天河配》。

9月1日，承华社真光剧场夜戏：

萧长华《变羊记》，朱素云、李寿山《临江会》，郝寿臣、姜妙香《取洛阳》，朱桂芳、朱湘泉《十字坡》，大轴梅兰芳、王凤卿合演《游龙戏凤》。

9月3日，朱宅堂会戏目：

全班合演《八仙上寿》，裘桂仙《草桥关》，贯大元《琼林宴》，钱金福、王长林《祥梅寺》，梅兰芳、姚玉芙《嫦娥奔月》，倒四余叔岩、钱金福、鲍吉祥、慈瑞泉《定军山》，倒三王蕙芳、姜妙香《得意缘》，压轴陈德霖、萧长华、刘景然《审头刺汤》，大轴余叔岩、梅兰芳合演《游龙戏凤》。

9月9日，承华社真光剧场夜戏：

朱湘泉、朱桂芳《三岔口》，诸茹香、萧长华《鸿鸾禧》，郝寿臣、姜妙香《取洛阳》，压轴王凤卿、张春彦、福小田《战长沙》，大轴梅兰芳、陈德霖、姜妙香合演《风筝误》。

9月10日，承华社真光剧场夜戏：

姜妙香《监酒令》，朱桂芳、朱湘泉、萧长华《百草山》，郝寿臣《青风寨》，压轴王凤卿《战成都》，大轴梅兰芳、陈德霖合演《麻姑献寿》。

9月14日，金鱼胡同怡园堂会戏目：

卧云居士《徐母骂曹》，陈德霖《五花洞》，阎岚秋《扈家庄》，王凤卿《战宛城》，压轴梅兰芳、姚玉芙、姜妙香、李寿山《觅花庵会乔醋醉园》，大轴杨小楼、钱金福合演《恶虎村》。

9月，珠市口大街路南与第一舞台对街，新建成了一座新型剧院——

开明大戏院。这座剧院自建成一直到三十年代初期，被看成是专供达官贵人享用之所，经常汽车、马车、包车云集，使一般观众不敢问津。戏院开幕之时，一定要请梅兰芳在此首演，而梅兰芳10月已经应邀赴香港演出，于是剧院于17日匆忙开幕，很多设施不能正常使用，多处油漆也未干。

9月17日，承华社开明大戏院开幕头天夜戏：

朱素云、诸茹香《马上缘》，朱桂芳《演火棍》，郝寿臣《闹江州》，王凤卿、李鸣玉《战成都》，龚云甫、萧长华《钓金龟》，大轴梅兰芳、姜妙香合演《贵妃醉酒》。

10月15日，梅兰芳应香港太平戏院老板源汝荣邀请，率领承华社140余人抵达香港。演员有老生郭仲衡、张春彦、扎金奎、李春林、孙小山，武生沈华轩、朱湘泉、王玉吉，花旦诸茹香、小荷花（于莲仙），小生姜妙香、韩金福，武旦朱桂芳、邱富棠、陶玉芝，花脸李寿山、福小田、霍仲三，武花脸沈三玉、陶玉树，小花脸曹二庚、罗文奎、朱斌仙、贾多才，老旦孙少云，武丑陆喜才等。原本太平戏院邀请的武生为杨小楼，但因病未能同行，才易沈华轩。

10月15日晚，何棣生在金陵酒店设宴相款承华社全体成员。

10月24日正式开始对外公演，每晚戏单均标注“夜戏由七点半演至十二点止”。姜妙香参加了三十天三十二场，外加两场义演的全部演出。

10月24日，承华社太平戏院夜戏头天：

《大赐福》，朱桂芳《泗州城》，诸茹香、姜妙香《马上缘》，倒三沈华轩、王丽卿、李寿山、沈三玉《长坂坡》，压轴郭仲衡《战成都》，大轴梅兰芳、姚玉芙合演《麻姑献寿》。

10月25日，承华社太平戏院夜戏：

福小田、律佩芳《父子会》，朱桂芳、沈三玉《娘子军》，倒四诸茹香、曹二庚《打樱桃》，倒三沈华轩、李寿山、罗文奎《落马湖》，压轴郭仲衡、陈少五《文昭关》，大轴梅兰芳、姜妙香、张春彦、姚玉芙合演《御碑亭》。

10月26日，承华社太平戏院夜戏：

孙小山、贾多才《渭水河》，张春彦、李连贞《浣纱记》，朱桂芳、吴玉林《打韩昌》，倒四诸茹香、小荷花（于莲仙）《双摇会》，倒三沈华轩、李寿山、陆喜才《连环套》，压轴郭仲衡、福小田《华容道》，大轴梅兰芳、姜妙香、姚玉芙合演《千金一笑》。

10月27日，承华社太平戏院夜戏：

王丽卿、姚玉芙《双彩楼配》，诸茹香《贪欢报》，姜妙香《白门楼》，沈华轩《铁笼山》，压轴朱桂芳《百草山》，大轴梅兰芳、郭仲衡合演《汾河湾》。

10月28日，承华社太平戏院夜戏：

小荷花《顶花砖》，沈华轩《贾家楼》，张春彦、诸茹香《乌龙院》，朱桂芳《摇钱树》，压轴郭仲衡《朱砂痣》，大轴梅兰芳、姜妙香合演《奇双会》。

10月29日，承华社太平戏院日场：

王丽卿、陈少五《武昭关》，罗文奎《瞎子逛灯》，沈华轩、沈三玉《艳阳楼》，倒四诸茹香、姜妙香《胭脂虎》，倒三朱桂芳、沈三玉《红桃山》，压轴郭仲衡、张春彦、福小田《战长沙》，大轴梅兰芳、姚玉芙合演《樊江关》。

10月29日，承华社太平戏院夜戏：

诸茹香、陈少五《游龙戏凤》，沈华轩、李寿山、沈三玉、陆喜才、朱桂芳《恶虎村》，压轴姜妙香、郭仲衡、张春彦、李寿山、罗文奎《群英会》，大轴梅兰芳、姚玉芙合演《嫦娥奔月》。

10月30日，承华社太平戏院夜戏：

小荷花、朱斌仙《玉玲珑》，张春彦、孙少云《天雷报》，倒三朱桂芳、沈华轩《青石山》，压轴郭仲衡、诸茹香、张春彦、韩金福《珠帘寨》，大轴梅兰芳、姜妙香、姚玉芙、曹二庚、福小田合演头二本《虹霓关》。

10月31日，承华社太平戏院夜戏：

小荷花、朱斌仙《入侯府》，朱桂芳、朱湘泉《十字坡》，张春彦、福小田《打棍出箱》，压轴沈华轩、李寿山《水淹七军》，大轴梅兰芳、郭仲衡、姜妙香、张春彦、王丽卿、孙少云、曹二庚、贾多才合演《探母回令》。

11月1日，承华社太平戏院夜戏：

《二度梅》，沈华轩、沈三玉《冀州城》，诸茹香、贾多才《下河南》，朱桂芳、沈三玉《蟠桃会》，压轴郭仲衡、李寿山《捉放曹》，大轴梅兰芳、姜妙香、姚玉芙合演《黛玉葬花》。

11月2日，承华社太平戏院夜戏：

小荷花、朱斌仙《荷珠配》，沈华轩、李寿山《古城会》，郭仲衡、张春彦、福小田《鱼藏剑》，压轴朱桂芳、沈三玉《取金陵》，大轴梅兰芳、姜妙香、姚玉芙、张春彦、曹二庚、罗文奎合演《牢狱鸳鸯》。

11月3日，承华社太平戏院夜戏：

王丽卿《宇宙锋》，小荷花、朱斌仙《查头关》，朱桂芳、沈三玉《攻潼关》，压轴郭仲衡、姜妙香《举鼎观画》，大轴梅兰芳、姜妙香、姚玉芙合演《邓霞姑》。

11月4日，承华社太平戏院夜戏：

李春林《太平桥》，沈华轩、陈少五《阳平关》，诸茹香、张春彦《庆顶珠》，朱桂芳、沈三玉《无底洞》，倒三梅兰芳、姚玉芙《春香闹学》，压轴郭仲衡、罗文奎、韩金福《取帅印》，大轴梅兰芳、姜妙香、姚玉芙合演《游园惊梦》。

11月5日，承华社太平戏院日场：

陈少五、王丽卿《摘缨会》，沈三玉《金沙滩》，诸茹香、朱斌仙、贾多才《双怕婆》，张春彦、福小田《打鼓骂曹》，压轴沈华轩、朱桂芳《金钱豹》，大轴梅兰芳、郭仲衡、姜妙香、张春彦、王丽卿、孙少云、曹二庚、朱斌仙合演《银空山》带《回龙阁》。

11月5日，承华社太平戏院夜戏：

福小田、乔玉林《庆阳图》，小荷花、曹二庚《一疋布》，压轴沈华轩、张春彦、李寿山《八大锤》，大轴梅兰芳、姜妙香、郭仲衡、姚玉芙、诸茹香合演《上元夫人》。

11月6日，承华社太平戏院夜戏：

李春林、王丽卿《武昭关》，诸茹香、张春彦《胭脂虎》，朱桂芳、沈三玉《取金陵》，沈华轩、陈少五、罗文奎、陆喜才《落马湖》，压轴郭仲衡、福小田《取成都》，大轴梅兰芳、姜妙香、罗文奎合演《贵妃醉酒》。

11月7日，承华社太平戏院夜戏：

诸茹香、曹二庚、罗文奎、朱斌仙、贾多才《打面缸》，姚玉芙《双金莲》，压轴朱桂芳、韩金福《蔡家庄》，大轴梅兰芳、姜妙香、沈华轩、李寿山、郭仲衡、张春彦、孙少云合演《甘露寺》《美人计》《回荆州》。

11月8日、9日，承华社太平戏院夜戏：

小荷花、曹二庚《打灶王》，姜妙香、张春彦《借赵云》，沈华轩、李寿山《下河东》，压轴郭仲衡、福小田、李春林《樊城长亭》，朱桂芳、沈三玉《取金陵》，梅兰芳、姚玉芙、姜妙香合演《天女散花》。

11月10日，承华社太平戏院夜戏：

姜妙香、孙少云《孝感天》，沈华轩、陈少五、李寿山《阳平关》，诸茹香《浣花溪》，朱桂芳、沈三玉《打瓜园》，压轴郭仲衡《完璧归赵》，大轴梅兰芳、姜妙香、姚玉芙合演《佳期拷红》。

11月11日，承华社太平戏院夜戏：

孙少云《钓金龟》，沈华轩、诸茹香、李寿山、沈三玉、陆喜才《战宛城》，压轴郭仲衡、福小田、张春彦《托兆碰碑》，大轴梅兰芳、姜妙香、姚玉芙合演《天河配》。

11月12日，承华社太平戏院夜戏：

李春林、韩金福《状元谱》，郭仲衡、福小田《辕门斩子》，姜妙香《玉门关》，压轴沈华轩、朱桂芳、沈三玉《刺巴杰》，大轴梅兰芳、姚玉芙合演《麻姑献寿》。

11月13日，承华社太平戏院夜戏：

张春彦、福小田《开山府》，小荷花《双羊计》，朱桂芳、沈华轩、沈三玉《夺太仓》，压轴郭仲衡、李寿山《华容档曹》，大轴梅兰芳、姜妙香、姚玉芙、沈三玉合演头二本《虹霓关》。

11月14日，承华社太平戏院夜戏：

王丽卿、孙少云《探寒窑》，沈华轩、沈三玉《挑华车》，诸茹香《小过年》，朱桂芳、朱湘泉《湘江会》，压轴郭仲衡、福小田《搜孤救孤》，大轴梅兰芳、姜妙香、姚玉芙合演《千金一笑》。

11月15日，承华社太平戏院夜戏：

王丽卿《落园》，沈华轩、罗文奎《问樵酒楼》，朱桂芳、沈三玉《泗州城》，压轴姜妙香、诸茹香《天门阵》，大轴梅兰芳、姚玉芙合演《巾帼英雄》（即《木兰从军》）。

11月16日、17日，承华社太平戏院夜戏（加演送客戏）：

姜妙香、福小田《取洛阳》，诸茹香、张春彦《坐楼杀惜》，朱桂芳、沈三玉《泗州城》，大轴郭仲衡、李寿山、扎金奎《战长沙》，大轴梅兰芳、姜妙香、姚玉芙合演《黛玉葬花》。送客戏：孙小山《三家店》。

11月18日，承华社太平戏院夜戏：

李寿山、张春彦《审七长亭》，姜妙香、诸茹香《马上缘》，朱桂芳、沈华轩《青石山》，压轴梅兰芳《尼姑思凡》，大轴梅兰芳、郭仲衡、曹二庚合演《打渔杀家》。

11月19日，承华社太平戏院夜戏：

福小田《父子会》，李连贞、孙少云《六月雪》，朱桂芳《摇钱树》，压轴诸茹香、曹二庚《荷珠配》，大轴梅兰芳、沈华轩、姜妙香、张春彦合演《霸王别姬》。

11月20日，承华社太平戏院莅港最后三天夜戏第一天：

孙少云《滑油山》，张春彦《盗宗卷》，姜妙香、诸茹香《穆柯寨》，朱桂芳《蟠桃会》，压轴郭仲衡、李寿山《战成都》，大轴梅兰芳、姚玉芙合演《嫦娥奔月》。

11月21日，承华社太平戏院莅港最后三天夜戏第二天（加演送客戏）：

福小田、韩金福、陈少五《忠孝全》，朱桂芳、朱湘泉《十字坡》，压轴诸茹香、罗文奎《一疋布》，大轴梅兰芳、沈华轩、姜妙香、郭仲衡合演《霸王别姬》。送客戏：孙小山、霍仲三《山海关》。

11月22日，承华社太平戏院承华社莅港最后三天夜戏第三天（加演送客戏）：

李连贞、孙少云《孝义节》，诸茹香、罗文奎《查头关》，倒四张春彦、霍仲三《失街亭》，倒三朱桂芳、朱湘泉、沈三玉《取金陵》，压轴郭仲衡、姜妙香、沈华轩、福小田《黄鹤楼》，大轴梅兰芳、姚玉芙合演《天女散花》。送客戏：贾多才、赵春锦《瞎子逛灯》。

演出期满，共演三十二场。11月23日承华社应华东医院、潮汕赈灾会、同乐会等单位邀请，加演两场，戏单注明“梅艺员兰芳、姜艺员妙香、姚艺员玉芙报效太平戏院，为东华医院孔圣会潮汕救灾会演戏筹款义演”。

11月23日，承华社太平戏院义务夜戏（加演送客戏）：

孙少云《游六殿》，诸茹香、曹二庚《打杠子》，沈华轩、李寿山、陆喜才《连环套》，郭仲衡《樊城长亭》，压轴梅兰芳、张春彦《辕门射戟》，大轴梅兰芳、姜妙香、姚玉芙合演《天河配》。送客戏：孙小山《收罗成》。

11月24日，承华社太平戏院义务夜戏（加演送客戏）：

福小田、王丽卿、陈少五《铡美案》，诸茹香、张春彦《梅龙镇》，倒四朱桂芳、沈华轩、沈三玉《夺太仓》，倒三梅兰芳《春香闹学》，压轴郭仲衡、霍仲三《托兆碰碑》，大轴梅兰芳、姜妙香、姚玉芙、沈华轩合演《金山寺》。送客戏：孙小山、唐长立《风云会》。

11月底，梅兰芳率承华社由港返京。

11月30日，逊清宗室墨麒（润西）七十寿辰，其三子宝叔鸿在织云公所办堂会：

雷喜福《黄金台》，萧长华《瞎子逛灯》，裘桂仙《探阴山》，尚和玉《挑华车》，小翠花、诸茹香、慈瑞泉《双摇会》，程继先《探庄》，言菊朋、郝寿臣《战太平》，倒四王又宸、尚小云、朱素云《御碑亭》，倒三言菊朋、徐碧云《坐宫》，压轴杨小楼、钱金福、王长林《连环套》，大轴梅兰芳、姜妙香合演《琴挑》。

12月13日，张勋六十九岁生辰，张家花园堂会第一天：

朱桂芳《蟠桃会》，孟小如《打棍出箱》，程继先《连升店》，钱金福《山门》，王蕙芳、姜妙香《穆柯寨》，小翠花、慈瑞泉《荷珠配》，尚和玉《四平山》，马连良、程艳秋《宝莲灯》，尚小云、朱素云《玉堂春》，倒四梅兰芳《思凡》，倒三杨小楼《武文华》，压轴余叔岩、裘桂仙《捉放曹》，大轴杨小楼、梅兰芳、余叔岩、王凤卿、龚云甫、程继先、高庆奎、钱金福合演《回荆州》。

12月14日，张勋六十九岁生辰，张家花园堂会第二天：

朱桂芳、许德义《取金陵》，侯喜瑞、雷喜福《开山府》，尚和玉《铁笼山》，程艳秋《女起解》，王凤卿、姜妙香《举鼎观画》，尚小云、小翠花、王蕙芳二本《虹霓关》，倒三余叔岩、程继先《八大锤》，压轴杨小楼、许德义《艳阳楼》，大轴梅兰芳、姜妙香合演《黛玉葬花》。

12月15日，张勋六十九岁生辰，张家花园堂会第三天：

许德义《收关胜》，王蕙芳、姜妙香《马上缘》，尚和玉《英雄义》，小翠花、慈瑞泉《一疋布》，马连良、程艳秋《汾河湾》，倒四尚小云、高庆奎、朱素云《御碑亭》，倒三孙菊仙《鱼肠剑》，压轴梅兰芳、余叔岩《梅龙镇》，大轴杨小楼、钱金福合演《落马湖》。

12月17日，天津南善堂筹集善款义务夜戏头天：

鲍玉奎《八百年》，郄云岐、张鸣武《白水滩》，朱桂芳、许德义、朱湘泉《娘子军》，龚云甫、王长林《钓金龟》，杨小楼、侯喜瑞《连环套》，余叔岩、鲍吉祥、钱金福、慈瑞泉《定军山》，梅兰芳、姚玉芙、李寿山、慈瑞泉、姜妙香《天女散花》，压轴陈德霖、王凤卿、裘桂仙《二进宫》，大轴杨小楼、王瑶卿、王凤卿、侯喜瑞、钱金福合演《长坂坡》《汉津口》。

12月18日，天津南善堂筹集善款义务夜戏第二天：

王瑶卿、王蕙芳、姜妙香、李寿山《得意缘》，龚云甫、侯喜瑞《徐母骂曹》，杨小楼、余叔岩《八大锤》，梅兰芳、姜妙香、慈瑞泉《贵妃醉酒》，陈德霖、王凤卿《武家坡》，大轴杨小楼、梅兰芳、余叔岩、王凤卿、侯喜瑞合演《八蜡庙》。

12月19日，天津南善堂筹集善款义务夜戏第三天：

王长林、朱桂芳、范宝亭《打瓜园》，裘桂仙《花园救驾》，龚云甫、陈德霖、王瑶卿、王凤卿、姜妙香、王蕙芳、朱桂芳、姚玉芙合演《雁门关》，压轴余叔岩、王长林、侯喜瑞《打棍出箱》，大轴杨小楼、梅兰芳、王凤卿、姜妙香合演《霸王别姬》。

12月23日，承华社开明戏院夜戏：

郝寿臣、姜妙香《取洛阳》，萧长华、诸茹香《变羊记》，压轴王凤卿《取成都》，大轴程艳秋、朱素云合演《玉堂春》。

1923年

（民国十二年，农历癸亥年） 33岁

1月1日，承华社开明戏院夜戏：

姜妙香、霍仲三、扎金奎《辕门射戟》，朱桂芳、范宝亭《演火棍》，朱素云、萧长华《连升三级》，王凤卿、李鸣玉《鱼藏剑》，大轴程艳秋、荣蝶仙、郝寿臣、诸茹香、王又荃合演《弓砚缘》。

1月7日，第一舞台救济贫苦同业义务夜戏头天：

德仁趾《鼎盛春秋》，孙毓堃、周瑞安、傅小山《莲花湖》，韩世昌、陈荣会《佳期拷红》，阎岚秋、德珺如、荣蝶仙、王又荃、董俊峰、范福泰《双穆柯寨》，林颦卿《凤阳花鼓》，王凤卿、郭仲衡、王琴侬、罗福山《双朱砂痣》，高庆奎、王又宸、贯大元、马连良、萧长华《四闹府出箱》，俞振庭、程艳秋、王蕙芳、黄润卿、俞步兰、徐碧云、吴彩霞《六五花洞》，尚小云、小翠花、朱素云、慈瑞泉《虹霓关》，倒三龚云甫、陈德霖《孝义节》，压轴梅兰芳、姜妙香、姚玉芙、王斌芬、郭春山《游园惊梦》，大轴杨小楼、王瑶卿、谭小培、郝寿臣、钱金福合演《长坂坡》。

1月8日，第一舞台救济贫苦同业义务夜戏第二天：

俞振庭《海渥添筹》，郭仲衡、董俊峰《华容道》，韩世昌《春香闹学》，孙毓堃、周瑞安、刘春利《双艳阳楼》，小翠花、林颦卿《双摇会》，王又宸、萧长华《当锏卖马》，高庆奎、王琴侬、裘桂仙《二进宫》，尚小云、谭小培、马连良、郭春山、侯喜瑞《双庆顶珠》，程艳秋、荣蝶仙、王又荃、慈瑞泉《能仁寺》，陈德霖、王瑶卿、王凤卿、龚云甫、朱素云《雁门关》，压轴梅兰芳、姜妙香、姚玉芙《千金一笑》，大轴杨小楼、郝寿臣、傅小山合演《连环套》。

1月14日，承华社真光剧场夜戏：

朱桂芳、萧长华《青石山》，郝寿臣《下河东》，朱素云、诸茹香《马上缘》，压轴王凤卿、陈德霖《女斩子》，大轴梅兰芳、姜妙

香合演《玉簪记》（“琴挑”、“问病”、“偷诗”）。

1月21日，岳宅堂会演出戏目：

占正亭《百寿图》，九阵风《蟠桃会》，傅小山《巧连环》，李鸣玉《二进宫》，郝寿臣《瓦口关》，倒三高庆奎《定军山》，压轴余叔岩、小翠花、程继先、钱金福《珠帘寨》，大轴梅兰芳、朱素云、姜妙香合演《奇双会》。

1月27日，承华社真光剧场夜戏：

郝寿臣《青风寨》，龚云甫《三进士》，压轴王凤卿、陈德霖《骂殿》，大轴梅兰芳、姚玉芙、姜妙香合演《天女散花》（姜妙香饰演文殊师利）。

2月7日，齐宅堂会第一天演出戏目：

全班合演《富贵长春》，俞少亭《讲堂对志》，小桂花、小寿山《凤阳花鼓》，徐碧云、小寿山《苏三起解》，俞振庭、赵斌忠、范斌禄《乾元山》，王斌芬、刘春生、小永春《战长沙》，杨宝森、彭斌连《天降麒麟》，黄智斌、小桂花《马前泼水》，俞华庭、徐碧云、王斌芬、殷斌奎《三江口》，钱金福《芦花荡》，王华甫《金钱豹》，郭仲衡《文昭关》，言菊朋、蒋君稼《汾河湾》，王凤卿、陈德霖、裘桂仙《二进宫》，俞华庭、徐碧云《金钱豹》，王颂臣、侯喜瑞、罗福山《辕门斩子》，梅兰芳、姜妙香《游园》，大轴王君直、侯喜瑞、安乐亭合演《失街亭》。

2月8日，齐宅堂会第二天演出戏目：

徐碧云《探亲》，俞振庭《艳阳楼》，王凤卿、裘桂仙《断密涧》，压轴言菊朋、姜妙香《战太平》，大轴梅兰芳、慈瑞泉合演《苏三起解》。

2月11日，第一舞台义务夜戏：

倒四尚小云、小翠花、朱素云《虹霓关》，倒三余叔岩《盗宗卷》，压轴王又宸、陈德霖、龚云甫《四郎探母》，大轴杨小楼、梅兰芳、王凤卿、姜妙香合演《霸王别姬》。

2月22日，承华社真光剧场夜戏：

朱素云《未央宫》，萧长华、诸茹香《变羊记》，朱桂芳《打瓜园》，郝寿臣《李七长亭》，压轴王凤卿《战长沙》，大轴梅兰芳、姜妙香、姚玉芙合演《金山寺》。

2月23日，黎元洪总统府春节堂会戏第一天第二场（招待议员）：

碧云霞《天女散花》，陈德霖，龚云甫《孝义节》，琴雪芳《黛玉葬花》，陈德霖、王凤卿、尚小云、龚云甫、王瑶卿、朱素云、姜妙香《南北和》，金少梅《女起解》，梅兰芳、姜妙香《玉堂春》，苏兰芳，李桂芬，王金奎《大保国》，余叔岩，杨小楼、钱金福合演《八大锤》。

2月24日，黎元洪总统府春节堂会戏第二天（招待外交团）：

琴雪芳《悦来店》，余叔岩、尚小云、姜妙香《御碑亭》，苏兰芳《芦花河》，梅兰芳《木兰从军》，金少梅《千金一笑》，杨小楼、郝寿臣、王长林合演《连环套》。

2月25日，黎元洪总统府春节堂会戏第三天（招待本府各机关）：

王凤卿《文昭关》，金少梅《打花鼓》，谭小培、郝寿臣、尚小云、萧长华、姜妙香、小翠花《拾玉镯》《法门寺》，杨小楼《安天会》，琴雪芳《仙缘记》，余叔岩、陈德霖、王又宸、梅兰芳、龚云甫、程继先《四郎探母》，程艳秋，小翠花《樊江关》，俞振庭《青石山》。

3月1日，承华社开明戏院夜戏：

朱素云、刘景然《临江会》，刘凤林、罗文奎《一疋布》，郝寿臣、沈三玉、朱湘泉《丁甲山》，大轴梅兰芳、陈德霖、王凤卿、姜妙香、朱桂芳合演《上元夫人》。

3月2日，恽宅堂会演出戏目：

关醉蝉、陆凤琴《荷珠配》，梅龕《定军山》，世哲生《通天犀》，蒋君稼、周裕亭《女起解》，林钧甫《穆柯寨》，言菊朋、赵芝香、姜妙香《战太平》，阎岚秋、侯喜瑞《扈家庄》，小翠花、王又荃、赵芝香、侯喜瑞、罗福山《得意缘》，压轴红豆馆主、刘景然、罗福山《盗宗卷》，大轴梅兰芳、王凤卿合演《汾河湾》。

3月，冯耿光母亲七十晋五华诞堂会，姜妙香在前边演出《辕门射戟》，压轴言菊朋、郝寿臣《骂曹》，大轴梅兰芳（周瑜）、杨小楼（张飞）、余叔岩、钱金福合演《黄鹤楼》带《三江口》。

3月31日，承华社开明戏院夜戏：

朱桂芳、沈三玉、朱湘泉《雄黄阵》，萧长华、慈瑞泉、诸茹香《龙凤配》，王凤卿、郝寿臣、张春彦《战长沙》，大轴梅兰芳、朱素云、姜妙香、李鸣玉、郭春山合演《奇双会》。

4月1日，承华社开明戏院夜戏：

朱桂芳、沈三玉《演火棍》，萧长华、诸茹香《探亲家》，王凤卿、朱素云、郝寿臣《镇潭州》，大轴梅兰芳、姜妙香、张春彦合演《红线盗盒》。

4月10日，第一舞台筹办教养乞丐工场工本义演夜戏头天：

朱桂芳《打瓜园》，贯大元《捉放曹》，郭仲衡《华容道》，倒四王又宸、陈德霖《南天门》，倒三龚云甫《徐母骂曹》，压轴梅兰芳、姜妙香、李寿山《奇双会》，大轴杨小楼、钱金福、许德义合演《安天会》。

4月11日，第一舞台筹办教养乞丐工场工本义演夜戏第二天：

九阵风《小放牛》，小翠花《醉酒》，贯大元《二进宫》，倒三王又宸、程艳秋《庆顶珠》，压轴陈德霖、龚云甫、朱素云《雁门关》，大轴梅兰芳、杨小楼、王凤卿、姜妙香合演《霸王别姬》。

4月22日，安亲王府喜事堂会戏目：

徐碧云《女起解》，李春来《落马湖》，倒四龚云甫《徐母骂曹》，倒三陈德霖、王凤卿《宝莲灯》，压轴杨小楼、钱金福《状元印》，大轴梅兰芳、姚玉芙、姜妙香合演《天女散花》。

4月26日，程艳秋和果素瑛在前门外同兴堂饭庄举行结婚典礼，姜妙香陪同陈德霖参加。

5月7日，第一舞台义务夜戏：

朱桂芳《取金陵》，周瑞安、王长林、九阵风《殷家堡》，贯大元、郭仲衡、黄润卿、朱琴心《穆天王》《辕门斩子》，倒四王又宸、小翠花《乌龙院》，倒三梅兰芳、王凤卿、程艳秋、白牡丹、龚云甫、姜妙香《银空山》带《大登殿》，压轴陈德霖《落花园》，大轴杨小楼、梅兰芳、谭小培合演《长坂坡》。

5月8日，开明戏院筹募浙江春赈义务夜场：

吴彩霞《彩楼配》，小翠花、孙毓堃、侯喜瑞《战宛城》，白牡丹、王长林《小放牛》，压轴王又宸、尚小云、陈德霖、龚云甫、德珺如《探母回令》，大轴梅兰芳、杨小楼、王凤卿、姜妙香合演《霸王别姬》。

5月，朱素云辞班随尚小云出外演出，程继先搭入承华社。程继先抵朱素云，本来只是在前边单唱一出，后姜妙香让出大轴与梅兰芳合作的《白蛇传》等戏，改由程继先与梅合演。

5月25日，承华社真光剧场夜戏：

朱桂芳《泗州城》，萧长华、诸茹香《入侯府》，郝寿臣《青风寨》，压轴王凤卿、陈德霖《女斩子》，大轴梅兰芳、程继先、姜妙香、张春彦合演全部《奇双会》。

6月2日，第一舞台鄂灾急赈义演夜戏头天：

郭仲衡、姜妙香《举鼎观画》，小翠花《宝蟾送酒》，王又宸《捉放曹》，陈德霖、龚云甫六本《雁门关》，倒三程艳秋《花舫缘》，压轴梅兰芳、余叔岩《游龙戏凤》，大轴杨小楼、梅兰芳、王凤卿、许德义合演《八腊庙》。

6月3日，第一舞台鄂灾急赈义演夜戏第二天：

钱金福、王长林《祥梅寺》，贯大元、小翠花《坐楼杀惜》，倒三王凤卿、程艳秋、陈德霖、姜妙香《探母回令》，压轴梅兰芳、王少亭、姜妙香、刘连荣《红线盗盒》，大轴杨小楼、余叔岩合演《八大锤》。

9月8日，承华社真光剧场夜戏：

程继先、李寿山《临江会》，朱桂芳、许德义《夺太仓》，大轴梅兰芳首次演出头本《西施》。梅兰芳饰西施、王凤卿饰范蠡、姜妙香饰文种、郝寿臣饰吴王夫差、肖长华饰伯嚭、张春彦饰越王勾践、姚玉芙饰旋波。

9月9日，承华社真光剧场夜戏：

程继先、诸茹香《得意缘》，大轴梅兰芳、王凤卿、姜妙香首次演出二本《西施》。

9月12日，为日本东京和横滨市地震义演，梅兰芳、沈华轩、姜妙香合演《霸王别姬》，收入一万余元悉数捐献日本。

9月15日，杨宅堂会演出戏目：

尚和玉《四平山》，陈德霖、刘景然《击掌》，小翠花、贯大元《坐楼杀惜》，龚云甫《行路训子》，压轴言菊朋、钱金福《定军山》，大轴梅兰芳、姜妙香、姚玉芙合演《黛玉葬花》。

10月2日，瑾妃五十整寿，升平署在漱芳斋承应演戏。

升平署档案记录：（农历）八月二十二日（阳历十月二日），漱芳斋伺候戏，辰正三刻五分开戏，亥正一刻五分戏毕。

演出剧目：《跳灵官》，《借赵云》（马连良、茹富兰），《卢州城》（刘连荣、沈富贵），《游园惊梦》（梅兰芳、姚玉芙、姜妙香），《双金钱豹》（杨小楼、俞振庭、范宝亭），《打棍出箱》（王又宸），《恶虎村》（赵盛璧、陈富瑞），《汾河湾》（王凤卿、尚小云），《霸王别姬》（杨小楼、梅兰芳），《定军山》（余叔岩、余幼琴），《殷家堡》（周瑞安、九阵风），《借靴》（高富远），《火烧战船》（雷喜福、殷连瑞），《黄金台》（时慧宝），《演礼》（訾得全），反串《八蜡庙》（杨小楼）。

10月2日，第一舞台北京剧界助赈会义演夜戏：

徐碧云《女起解》，马连良《万里缘》，李万春《两将军》，王又宸、尚小云《庆顶珠》，倒四余叔岩《盗宗卷》，倒三梅兰芳、姜妙香、孙甫亭《秋莲捡柴》，压轴杨小楼、郝寿臣《连环套》，大轴杨小楼、梅兰芳、余叔岩、王凤卿、程继先、郝寿臣、钱金福合演全本《回荆州》。

10月3日，宫中赏升平署教习银二千四百二十五元，梅兰芳与姜妙香都是第一次也是最后一次在宫里唱戏。梅兰芳、杨小楼得赏银三百元，余叔岩二百元，姜妙香、陈德霖、王瑶卿、钱金福等得赏银一百元，富连成雷喜福等三十元。

10月6日，承华社开明戏院夜戏：

萧长华、诸茹香《入侯府》，姜妙香、刘景然《借赵云》，程继先、朱桂芳、朱湘泉《蔡家庄》，王凤卿、郝寿臣《华容道》，大轴梅兰芳、姚玉芙、李寿山、李连贞、慈瑞泉合演《嫦娥奔月》。

本年堂会戏（戏单未注明月份）：

前十出戏是富连成学员演出，裘桂仙《御果园》，陈少霖《进蛮诗》，王凤卿、王琴侬《武家坡》，龚云甫《徐母骂曹》，陈德霖《孝义节》，梅兰芳、姜妙香《贵妃醉酒》，压轴余叔岩、王长林、诸茹香、朱素云、钱金福、鲍吉祥《珠帘寨》，大轴梅兰芳、余叔岩、姜妙香合演《御碑亭》。

10月10日，旧刑部街奉天会馆钱宅堂会演出戏目：

范宝亭《通天犀》，小桂花（计艳芬）、德珺如《穆柯寨》，孙毓堃《状元印》，王长林、范宝亭、朱桂芳《打瓜园》，小桂花、慈瑞泉《鸿鸾禧》，俞振庭《金钱豹》，尚小云、言菊朋《宝莲灯》，马连良《琼林宴》，王瑶卿、小翠花、姜妙香《得意缘》，蒋君稼、龚云甫《孝义节》，徐碧云《玉堂春》，马连良、孙毓堃、朱素云《八大锤》，朱琴心《打花鼓》，碧云霞《麻姑献寿》，王凤卿、尚小云、朱素云、王长林、慈瑞泉、罗福山《探母回令》，俞振庭、阎岚秋《青石山》，压轴余叔岩、陈德霖《走雪山》，大轴梅兰芳、李春林、范宝亭合演《红线盗盒》。

11月4日，孙宅堂会演出戏目：

全班合演《赐福》，赵芝香《孝感天》，德珺如《叫关》，张如庭《击鼓骂曹》，萧长华、张宝昆《连升三级》，朱桂芳、朱湘泉《打瓜园》，时慧宝《上天台》，尚小云《贵妃醉酒》，压轴杨小楼、朱琴心、郝寿臣、钱金福《战宛城》，大轴梅兰芳、姚玉芙、姜妙香合演《天女散花》。

11月7日，奉天会馆苏宅堂会演出戏目：

全班合演《百寿图》，陈喜星《打金枝》，朱琴心《鸿鸾禧》，马连良《珠帘寨》，龚云甫、裘桂仙《遇后龙袍》，尚小云、言菊朋《汾河湾》，倒四王凤卿、姜妙香《群英会》，倒三轴梅兰芳、姚玉芙《嫦娥奔月》，压轴杨小楼《落马湖》，大轴杨小楼、梅兰芳、王凤卿、程继先合演《回荆州》。

11月12日，开明戏院义务夜戏：

李万春、蓝月春《神亭岭》，琴雪芳《白蛇传》，田桂凤、萧长华《关王庙》，徐碧云《女起解》，程继先、包丹亭《镇潭州》，尚小云、言菊朋《汾河湾》，压轴梅兰芳、姜妙香、李寿山、徐兰生《问病偷诗》，大轴杨小楼、钱金福、许德义合演《麒麟阁》。

11月21日，承华社开明戏院夜戏：

诸茹香、萧长华《荡湖船》，沈三玉《金沙滩》，倒三郝寿臣《李七长亭》，压轴王凤卿、程继先《雄州关》，大轴梅兰芳首次演出《洛神》。梅兰芳饰洛神、姜妙香饰曹子建、姚玉芙饰湘水神妃、朱桂芳饰汉滨游女。

11月，堂会戏戏目（戏单未注明何人堂会）：

全班合演吉祥戏，胡素仙、冯蕙林《满床笏》，方连元、冯连恩《蟠桃会》，陆凤琴、马富禄《荷珠配》，傅小山、甄洪奎《二龙山》，李多奎、陈少五《长寿星》，李荣升、扎金奎《定军山》，尚富霞、张连升《鸿鸾禧》，方连元、罗连云《娘子军》，金继贤、福小田《失街亭》，裘桂仙、律佩芳《黑风帕》，程继先、方宝泉《探庄》，尚和玉、朱小義《挑华车》，言菊朋、王幼卿《四郎探母》，尚小云、朱素云全本《玉堂春》，余叔岩、王长林《琼林宴》，杨小楼、钱金福、王长林《连环套》，梅兰芳、姜妙香、姚玉芙、朱桂芳合演《洛神》。送客戏：《风云会》。

11月29日，承华社真光剧场夜戏：

朱桂芳、沈三玉《红桃山》，诸茹香、萧长华《打刀》，程继先《临江会》，压轴王凤卿、郝寿臣、李春林《战长沙》，大轴梅兰芳、姜妙香、朱桂芳首次上演《廉锦枫》。

12月5日，梅兰芳约请还未正式下海的言菊朋同赴上海演出，由陈彦衡为言操琴，王凤卿、姜妙香等随行。

12月7日，承华社于法租界郑家木桥老共舞台正式开演头天夜戏：

吴彩霞《彩楼配》，姜妙香、姚玉芙、小孟七《白门楼》，朱桂芳、曹宝义《取金陵》，小桂花（计艳芬）、李桂芳《鸿鸾禧》，周瑞安、刘春利、刘凤奎《艳阳楼》，压轴言菊朋、郝寿臣、董俊峰、张春彦《失街亭》《空城计》《斩马谡》（陈彦衡操琴），大轴梅兰芳、王凤卿合演《武家坡》。

12月9日，承华社上海共舞台日场：

葛玉亭《天雷报》，曹宝义《收关胜》，郝寿臣、李桂芳《取洛阳》，朱桂芳、董燕飞、吕晓樵《金山寺》，小桂花、林树森《游龙戏凤》，周瑞安、刘凤奎《金钱豹》，压轴言菊朋、小孟七、董俊峰、吴彩霞《八义图》（陈彦衡操琴），大轴梅兰芳、王凤卿、姜妙香、姚玉芙、张春彦、王文祥合演《御碑亭》。

12月9日，承华社上海共舞台夜戏：

林树森《徐策跑城》，朱桂芳《虹桥相会》，郝寿臣《审李七》，小桂花《穆柯寨》，周瑞安《冀州城》，压轴王凤卿、姚玉芙《朱砂痣》，大轴梅兰芳、言菊朋、姜妙香、小桂花合演《珠帘寨》。

12月10日，承华社上海共舞台夜戏：

朱桂芳《摇钱树》，小桂花、萧长华《打樱桃》，周瑞安《潞安州》，压轴王凤卿、董俊峰《华容道》，大轴梅兰芳、姜妙香、姚玉芙合演《黛玉葬花》。

12月11日，承华社上海共舞台夜戏：

林树森《扫松下书》，朱桂芳《娘子军》，萧长华、小桂花《查头关》，周瑞安《恶虎村》，言菊朋、董俊峰《琼林宴》，压轴王凤卿、郝寿臣《捉放曹》，大轴梅兰芳、姜妙香、林树森合演全部《贩马记》。

12月12日，承华社上海共舞台夜戏：

林树森《徐策跑城》，朱桂芳《打瓜园》，姜妙香《岳家庄》，梅兰芳、王凤卿、周瑞安、郝寿臣《新长坂坡》，压轴言菊朋、姜妙香《状元谱》，梅兰芳、小桂花合演《樊江关》。

12月13日，承华社上海共舞台夜戏：

董俊峰《威镇草桥》，朱桂芳《盗仙草》，小桂花、李桂芳《瓦岗寨》，周瑞安《挑灯夜战》，言菊朋《南阳关》，压轴王凤卿《文昭关》，大轴梅兰芳、姚玉芙、姜妙香合演《麻姑献寿》。

12月14日，承华社上海共舞台夜戏：

林树森《九更天》，朱桂芳《无底洞》，小桂花《打花鼓》，周瑞安《落马湖》，王凤卿、郝寿臣、姚玉芙《鼎盛春秋》，压轴言菊朋、董俊峰《奇冤报》，大轴梅兰芳、姜妙香合演《玉簪记》。

12月15日，承华社上海共舞台夜戏：

朱桂芳《取金陵》，小桂花、李桂芳《得意缘》，王凤卿《取帅印》，压轴言菊朋、郝寿臣《定军山》，大轴梅兰芳、姚玉芙、姜妙香合演《天女散花》（姜妙香饰文殊师利）。

12月16日，承华社上海共舞台日场：

朱桂芳《泗州城》，姜妙香、郝寿臣《夺小沛》，小桂花《鸿鸾禧》，周瑞安《拿高登》，压轴言菊朋《盗宗卷》，大轴梅兰芳、王凤卿合演《汾河湾》。

12月16日，承华社上海共舞台夜戏：

林树森《黄鹤楼》，朱桂芳、朱湘泉《殷家堡》，小桂花、张春彦《坐楼杀惜》，周瑞安《铁笼山》，言菊朋、吴彩霞《桑园寄子》，压轴王凤卿《战樊城》，大轴梅兰芳、姚玉芙、姜妙香合演《天女散花》。

12月17日，承华社上海共舞台夜戏：

朱桂芳《水漫金山》，小桂花、林树森《游龙戏凤》，郝寿臣《真假李逵》，压轴言菊朋、董俊峰、姚玉芙《战太平》，大轴梅兰芳、周瑞安、王凤卿、姜妙香、萧长华、张春彦合演《霸王别姬》。

12月18日，承华社上海共舞台夜戏：

朱桂芳《夺太仓》，萧长华、小桂花《打樱桃》，郝寿臣《丁甲山》，压轴言菊朋、董俊峰《托兆碰碑》，大轴梅兰芳、周瑞安、王凤卿、姜妙香、萧长华合演《霸王别姬》。

12月19日，承华社上海共舞台夜戏：

林树森《徐策跑城》，朱桂芳《蟠桃会》，小桂花、萧长华《查头关》，周瑞安、郝寿臣《盗御马》，王凤卿《朱砂痣》，压轴言菊朋、董俊峰《打鼓骂曹》，大轴梅兰芳、姜妙香合演《金雀记》(乔醋)。

12月21日，承华社上海共舞台夜戏：

薛银麟《金雁桥》，小孟七《一捧雪》，朱桂芳、曹宝义、王益芳《双新八蜡庙》，林树森、小桂花《游龙戏凤》，周瑞安、郝寿臣、苗胜春、董俊峰《连环套》，言菊朋、吴彩霞《桑园寄子》，压轴王凤卿、董俊峰《捉放曹》，大轴梅兰芳、张春彦、李寿山、姜妙香合演《红线盗盒》。

12月23日，承华社上海共舞台日场：

小孟七《审刺客》，林树森《扫松下书》，吴彩霞、董俊峰《打銮驾》，朱桂芳《虹桥相会》，小桂花《小放牛》，周瑞安《金钱豹》，压轴言菊朋、姜妙香《举鼎观画》，大轴梅兰芳、王凤卿、周瑞安合演《美人计》。

12月23日，承华社上海共舞台夜戏：

郝寿臣《下河东》，朱桂芳《摇钱树》，小桂花、林树森《游龙戏凤》，周瑞安《艳阳楼》，王凤卿、姜妙香、张春彦《群英会》，压轴言菊朋、萧长华《天雷报》，大轴梅兰芳、姜妙香、周瑞安、姚玉芙合演《邓霞姑》。

12月24日，承华社上海共舞台夜戏：

大轴梅兰芳、周瑞安、王凤卿、姜妙香、萧长华合演《霸王别姬》。

12月25日，承华社上海共舞台日场：

开场《江东桥》，小孟七《战长沙》，朱桂芳、曹宝义《取金陵》，小桂花《贵妃醉酒》，周瑞安《潞安州》，言菊朋、董俊峰、萧长华《当锏卖马》，压轴王凤卿、郝寿臣、吴彩霞《鱼藏剑》，大轴梅兰芳、姜妙香、姚玉芙合演《牡丹亭》。

12月25日，承华社上海共舞台夜戏：

林树森《徐策跑城》，吴彩霞《宇宙锋》，朱桂芳、曹宝义《娘子军》，小桂花、李桂芳《穆柯寨》，郝寿臣《李七长亭》，周瑞安《安天会》，压轴王凤卿《文昭关》，大轴梅兰芳、言菊朋、姜妙香、小桂花、张春彦合演《珠帘寨》。

12月26日，承华社上海共舞台夜戏：

开场《龙虎斗》，刘四立三本《铁公鸡》，董俊峰《草桥关》，小桂花、朱湘泉《翠屏山》，周瑞安《恶虎村》，压轴言菊朋《状元谱》，大轴梅兰芳、王凤卿、姜妙香、郝寿臣、萧长华合演头本《西施》。

12月27日，承华社上海共舞台夜戏：

林树森《扫松下书》，朱桂芳《蟠桃会》，小桂花《小放牛》，周瑞安《挑灯夜战》，压轴言菊朋、董俊峰《琼林宴》，大轴梅兰芳、王凤卿、姜妙香、郝寿臣、萧长华合演头本《西施》。

12月28日，承华社上海共舞台夜戏：

开场《清河桥》，林树森《战长沙》，朱桂芳《打瓜园》，小桂花、萧长华《打樱桃》，董俊峰《黑风帕》，周瑞安《金钱豹》，压轴言菊朋《南阳关》，大轴梅兰芳、王凤卿、姜妙香、郝寿臣、萧长华合演头本《西施》。

12月29日，承华社上海共舞台夜戏：

小孟七《九更天》，刘四立《白水滩》，林树森《徐策跑城》，朱桂芳《取金陵》，小桂花、李桂芳《虹霓关》，周瑞安《水帘洞》，压轴言菊朋、董俊峰《打鼓骂曹》，大轴梅兰芳、王凤卿、姜妙香、郝寿臣、萧长华合演头本《西施》。

12月30日，承华社上海共舞台日场：

小孟七《战蒲关》，朱桂芳《泗州城》，小桂花《鸿鸾禧》，周瑞安《冀州城》，压轴言菊朋、董俊峰《奇冤报》，大轴梅兰芳、姜妙香合演《春秋配》。

12月30日，承华社上海共舞台夜戏：

开场《太平桥》，林树森三本《走麦城》，吴彩霞、姚玉芙《母女会》，小桂花《贵妃醉酒》，周瑞安《铁笼山》，压轴言菊朋、董俊峰《托兆碰碑》，大轴梅兰芳、王凤卿、姜妙香、郝寿臣、姚玉芙合演二本《西施》。

12月31日，承华社上海共舞台夜戏：

小孟七《九更天》，林树森《长坂坡》，小桂花、李桂芳《得意缘》，周瑞安《安天会》，压轴言菊朋、董俊峰、郝寿臣《洪羊洞》，大轴梅兰芳、王凤卿、姜妙香、郝寿臣、姚玉芙合演二本《西施》。

1924年

（民国十三年，农历甲子年） 34岁

1月1日，承华社上海共舞台日场：

刘四立《收关胜》，林树森《战长沙》，朱桂芳《蟠桃会》，董俊峰《打龙袍》，周瑞安《战渭南》，言菊朋、姚玉芙、萧长华《打渔杀家》，压轴王凤卿《举鼎观画》，大轴梅兰芳、姜妙香合演《贩马记》。

1月1日，承华社上海共舞台夜戏：

小孟七《一捧雪》，朱桂芳《八蜡庙》，小桂花、林树森《游龙戏凤》，周瑞安、郝寿臣《盗御马》，言菊朋、姚玉芙《桑园寄子》，压轴王凤卿、董俊峰《捉放曹》，大轴梅兰芳、张春彦、李寿山、姜妙香合演《红线盗盒》。

1月2日，承华社上海共舞台夜戏：

林树森《铁公鸡》，吴彩霞《宇宙锋》，朱桂芳《摇钱树》，小桂花、萧长华《查头关》，言菊朋、董俊峰、姚玉芙《战太平》，压轴梅兰芳、王凤卿、周瑞安、郝寿臣《长坂坡》，大轴梅兰芳、姜妙香合演《金针刺红蟒》。

1月3日，承华社上海共舞台夜戏：

刘四立《花蝴蝶》，吴彩霞《斩窦娥》，林树森《斩华雄》，朱桂芳《演火棍》，小桂花、李桂芳《浣花溪》，压轴言菊朋、董俊峰、萧长华《空城计》，大轴梅兰芳、周瑞安、王凤卿、姜妙香、萧长华合演《霸王别姬》。

1月4日，承华社上海共舞台夜戏：

刘四立《嘉兴府》，林树森、朱桂芳《黄鹤楼》，吴彩霞《彩楼配》，小桂花、张春彦《坐楼杀惜》，周瑞安《拿高登》，王凤卿《取帅印》，压轴言菊朋、郝寿臣《定军山》，大轴梅兰芳、姜妙香、姚玉芙合演《天河配》。

1月5日，承华社上海共舞台夜戏：

林树森《扫松下书》，吴彩霞《孝感天》，小桂花、郝寿臣《穆柯寨》，周瑞安、小孟七、苗胜春《殷家堡》《落马湖》，言菊朋、董俊峰《捉放曹》，压轴王凤卿、李寿山《取成都》，大轴梅兰芳、姜妙香、朱桂芳、张春彦、李春林、林树勋合演《廉锦枫》。

1月6日，承华社上海共舞台日场：

开场《渭水河》，刘四立《四杰村》，吴彩霞《宇宙锋》，朱桂芳《金山寺》，小桂花、林树森《翠屏山》，周瑞安《水帘洞》，王凤卿、姜妙香、郝寿臣、张春彦《群英会》，压轴言菊朋、董俊峰《琼林宴》，大轴梅兰芳、姜妙香、朱桂芳合演《廉锦枫》。

1月6日，承华社上海共舞台夜戏：

开场《借清兵》，小孟七《九更天》，朱桂芳《摇钱树》，董俊

峰《铡美案》，郝寿臣《丁甲山》，压轴周瑞安《挑灯夜战》，大轴梅兰芳、王凤卿、言菊朋、姜妙香、萧长华、张春彦合演《红鬃烈马》。

1月8日，承华社上海共舞台夜戏：

开场《太平桥》，小孟七《开山府》，刘四立《花蝴蝶》，林树森《扫松下书》，董俊峰《探阴山》，朱桂芳《演火棍》，小桂花《满汉结亲》，周瑞安《冀州城》，压轴言菊朋《天雷报》，大轴梅兰芳、王凤卿、姜妙香、郝寿臣、萧长华合演头本《西施》。

1月9日，承华社上海共舞台夜戏：

杨瑞亭《徐母骂曹》，压轴言菊朋、董俊峰《卖马当锏》，大轴梅兰芳、王凤卿、姜妙香、郝寿臣、萧长华合演二本《西施》。

1月10日，承华社上海共舞台夜戏：

林树森《战长沙》，朱桂芳《芦林坡》，小桂花、李桂芳《虹霓关》，周瑞安、郝寿臣《盗御马》，压轴言菊朋、董俊峰《搜孤救孤》，大轴梅兰芳、王凤卿、言菊朋、姜妙香、吴彩霞、萧长华合演《四郎探母》。

1月11日，承华社上海共舞台夜戏：

小孟七《徐策跑城》，朱桂芳《虹桥相会》，林树森《下河东》，周瑞安《拿高登》，梅兰芳、姜妙香、姚玉芙二本《虹霓关》，压轴言菊朋、萧长华、郝寿臣、董俊峰《洪羊洞》，大轴梅兰芳、王凤卿合演《汾河湾》。

1月12日，承华社上海共舞台日场：

林树森《铁公鸡》，苗胜春《疯僧扫秦》，郝寿臣《审李七》，压轴周瑞安《冀州城》，大轴梅兰芳、王凤卿、言菊朋、姜妙香、萧长华、张春彦合演《红鬃烈马》。

1月12日，承华社上海共舞台夜戏：

开场《吞并六国》，吴彩霞、张春彦《宝莲灯》，朱桂芳《取金陵》，小桂花《鸿鸾禧》，压轴言菊朋、董俊峰《空城计》，大轴梅兰芳、周瑞安、王凤卿、姜妙香、萧长华、张春彦合演《霸王别姬》。

1月13日，承华社上海共舞台夜戏：

刘四立《花蝴蝶》，林树森、王益芳《赠袍赐马》，小孟七、吴彩霞《九更天》，朱桂芳《打瓜园》，小桂花《贵妃醉酒》，周瑞安、葛玉庭《挑灯夜战》，压轴言菊朋、董俊峰《托兆碰碑》，大轴梅兰芳、王凤卿、姜妙香、郝寿臣合演头本《西施》。

1月14日，承华社上海共舞台夜戏：

吴彩霞《宇宙锋》，林树森、张德禄《白马坡》，小桂花、小孟七《浣花溪》，周瑞安《水帘洞》，压轴言菊朋、董俊峰《战太平》，大轴梅兰芳、王凤卿、姜妙香、郝寿臣合演二本《西施》。

1月15日，共舞台夜戏：

林树森《扫松下书》，郝寿臣、李桂芳《取洛阳》，萧长华、小桂花《打樱桃》，周瑞安《八大锤》，王凤卿、吴彩霞《朱砂痣》，压轴言菊朋、董俊峰《捉放曹》，大轴梅兰芳、姜妙香合演《洛神》。

1月16日，承华社上海共舞台夜戏：

刘四立《萧何月下追韩信》，董俊峰《黑风帕》，小桂花、林树森《游龙戏凤》，周瑞安《金钱豹》，言菊朋、郝寿臣《定军山》，压轴王凤卿《文昭关》，大轴梅兰芳、姜妙香合演《洛神》。

1月17日，承华社上海共舞台夜戏：

小孟七、吴彩霞《宝莲灯》，林树森、王益芳《过五关》，小桂花《鸿鸾禧》，朱桂芳《夺太仓》，言菊朋、董俊峰《空城计》，压轴梅兰芳《思凡》，大轴梅兰芳、周瑞安、王凤卿、姜妙香、萧长华合演《霸王别姬》。

1月18日，承华社上海共舞台夜戏：

小孟七《徐策跑城》，刘四立《收关胜》，小桂花《查头关》，周瑞安《艳阳楼》，王凤卿、姚玉芙《鼎盛春秋》，压轴言菊朋、董俊峰《打鼓骂曹》，大轴梅兰芳、姜妙香合演《洛神》。

1月19日，承华社上海共舞台夜戏：

小孟七《战长沙》，吴彩霞《宇宙锋》，朱桂芳《取金陵》，小桂花《鸿鸾禧》，周瑞安《落马湖》，压轴言菊朋、董俊峰《空城计》，大轴梅兰芳、周瑞安、王凤卿、姜妙香、萧长华合演《霸王别姬》。

1月20日，承华社上海共舞台日场：

小孟七《九更天》，吴彩霞《彩楼配》，朱桂芳《泗州城》，小桂花《查头关》，周瑞安《拿高登》，王凤卿、郝寿臣《华容道》，压轴言菊朋、董俊峰《当锏卖马》，大轴梅兰芳、姜妙香、张春彦合演《玉堂春》。

1月20日，承华社上海共舞台夜戏：

吴彩霞、姚玉芙《母女会》，郝寿臣《丁甲山》，小桂花《浣花溪》，周瑞安《安天会》，梅兰芳、王凤卿《汾河湾》，压轴言菊朋、董俊峰《捉放曹》，大轴梅兰芳、姜妙香、朱桂芳、张春彦合演《廉锦枫》。

此次赴沪演出原订一月，期满后，加演十天，后又加演三天。23日正式结束演出返京。言菊朋此次随梅兰芳、王凤卿、姜妙香等沪上演出载誉返京后，正式下海唱戏。

1月底，第一舞台窝窝头会义务戏（言菊朋正式下海第一场戏）：

全班合演《天官赐福》，裘桂仙《草桥关》，阎岚秋、傅小山《巴骆和》，马连良（前）、王又宸（后）、王幼卿《探母回令》，徐碧云、郭仲衡《梅龙镇》，压轴余叔岩、尚小云《庆顶珠》，加演言菊朋、裘桂仙、赵芝香《战太平》，大轴梅兰芳、杨小楼、王凤卿、姜妙香合演《霸王别姬》。

1月27日，堂会演出戏目：

俞华庭《水帘洞》，魏莲芳《麻姑献寿》，徐碧云《花木兰》，王瑶卿、程继先《穆天王》，谭富英、侯喜瑞《定军山》，俞振庭《金钱豹》，压轴王凤卿、陈德霖、姜妙香、吴彩霞、罗福山《探母回令》，大轴梅兰芳、姜妙香合演《洛神》。

1月28日，齐宅堂会演出戏目：

俞华庭《殷家堡》，九阵风、许德义《取金陵》，余胜荪《南阳关》，李万春《珠帘寨》，魏莲芳《散花》，谭富英《战太平》，徐碧云《武家坡》，王凤卿、陈德霖《骂殿》，压轴杨小楼、钱金福《挑华车》，大轴梅兰芳、萧长华、姜妙香合演《廉锦枫》。

1月31日，承华社从沪返京开明大戏院营业戏头天夜戏：

朱桂芳、李寿山《取金陵》，程继先、诸茹香《鸿鸾禧》，压轴王凤卿、陈德霖、郝寿臣《宝莲灯》，大轴梅兰芳、姜妙香、张春彦合演《玉堂春》。

2月1日，第一舞台北京正乐育化会全体艺员义演：

时慧宝《上天台》，谭富英、小翠花《乌龙院》，白牡丹、萧长华《宝蟾送酒》，王瑶卿、王幼卿《棋盘山》，王又宸、程艳秋《四郎探母》，压轴余叔岩、尚小云《打渔杀家》，大轴杨小楼、梅兰芳、王凤卿、姜妙香合演《霸王别姬》。

2月10日，承华社开明戏院夜戏：

程继先、刘景然《借赵云》，朱桂芳《无底洞》，萧长华、刘凤林、曹二庚《一疋布》，王凤卿、陈少五《文昭关》，大轴梅兰芳、姜妙香、诸茹香、慈瑞泉合演头二本《虹霓关》。

3月13日至18日，杨小楼、余叔岩、姜妙香等赴东北参加张作霖五十寿宴堂会（不知何故，梅兰芳未去）。

3月13日，张作霖五十寿宴堂会夜戏头天：

第五出刘宗扬《神亭岭》，九阵风、茹锡久、李寿山《大乾元山》，陈德霖《落花园》，王瑶卿、程继先《弓砚缘》，俞振庭《金钱豹》，龚云甫《药茶计》，马连良、小翠花《乌龙院》，言菊朋、荀慧生、姜妙香《御碑亭》，尚小云、高庆奎《庆顶珠》，王凤卿、裘桂仙《捉放曹》，程艳秋、王又荃、郭仲衡《玉堂春》，压轴余叔岩、王长林、钱金福《琼林宴》，大轴杨小楼、李连仲、王长林合演《五人义》。

3月14日，张作霖五十寿宴堂会夜戏：

第七出俞振庭、迟月亭《飞叉阵》，荣蝶仙、王又荃《穆柯寨》，裘桂仙《威镇草桥》，姜妙香《辕门射戟》，王瑶卿、程继先《得意缘》，荀慧生、贯大元《梅龙镇》，王又宸、程艳秋、陈德霖、龚云甫《探母回令》，尚小云、谭小培《桑园会》，压轴余叔岩、王凤卿、陈德霖《战蒲关》，大轴杨小楼、钱金福合演《铁笼山》。

3月15日，张作霖五十寿宴堂会夜戏：

第九出言菊朋《战太平》，王又宸、荀慧生《汾河湾》，尚小云、小翠花、朱素云《虹霓关》，王凤卿、程继先《镇潭州》，大轴程砚秋、姜妙香、吴富琴、文亮臣、《花舫缘》，压轴余叔岩、裘桂仙《托兆碰碑》，杨小楼、李连仲、王长林合演《连环套》。

3月16日，张作霖五十寿宴堂会夜戏：

马连良、郝寿臣、姜妙香、萧长华《火牛阵》，尚小云、谭小培、金少山《二进宫》，压轴程艳秋、郭仲衡《红拂传》，大轴杨小楼、余叔岩、钱金福、罗福山合演《八大锤》《断臂说书》。

3月17日，张作霖五十寿宴堂会夜戏：

孙菊仙、高庆奎《逍遥津》，程艳秋、王又荃《风流棒》，压轴余叔岩、王瑶卿、钱金福、姜妙香《珠帘寨》，大轴杨小楼、尚小云、龚云甫合演《大登殿》。

3月18日，张作霖五十寿宴堂会夜戏：

马连良、姜妙香、萧长华《群英会》，程艳秋、郭仲衡、侯喜瑞《宝莲灯》，尚小云《昭君出塞》，压轴余叔岩、钱金福、王长林《定军山》，大轴杨小楼、王凤卿、李连仲合演《阳平关》。

4月30日，北京卓宅堂会演出戏目：

魏莲芳《鸿鸾禧》，李万春《两将军》，小桂花《探亲家》，王少楼《群臣宴》，萧长华《变羊记》，程艳秋《能仁寺》，言菊朋《空城计》，压轴余叔岩《定军山》，大轴梅兰芳、姜妙香合演《奇双会》。

5月至9月，姜妙香搭入双庆社，与尚小云合作演出，朱素云也在该班。

5月19日，梅兰芳、姜妙香在开明剧场为泰戈尔和随行人员专场演出神话剧《洛神》。

5月24日，第一舞台贫民教养院筹款义演夜戏头天：

阎岚秋、周瑞安、郝寿臣、小振庭、傅小山《刺巴杰》，时慧宝、时玉奎《上天台》，小翠花、侯喜瑞《马思远》，王凤卿、程继先、裘桂仙、萧长华、王连浦《群英会》，萧长华、田桐秋《也是斋》，贯大元、朱琴心《梅龙镇》，王又宸、尚小云、陈德霖、龚云甫、王长林、慈瑞泉、金仲仁《探母回令》，程艳秋、郭仲衡、王又荃《玉堂春》，压轴梅兰芳、张春彦、范宝亭、姜妙香《红线盗盒》，大轴杨小楼、余叔岩、钱金福、罗福山、许德义、迟月亭、刘砚亭合演《八大锤》《断臂说书》。

5月25日，第一舞台贫民教养院筹款义演夜戏第二天：

德珺如《岳家庄》，裘桂仙《御果园》，周瑞安、范宝亭、小振庭《艳阳楼》，阎岚秋、王长林《小放牛》，时慧宝、时玉奎《金马门》，小翠花、侯喜瑞、慈瑞泉、朱素云《二本马思远》，王又宸、朱琴心、马富禄《乌龙院》，程艳秋、郭仲衡《宝莲灯》，陈德霖、龚云甫、贯大元、谭小培、郝寿臣、王蕙芳、金仲仁《雁门关》，压轴余叔岩、尚小云、萧长华《审头刺汤》，大轴杨小楼、梅兰芳、王凤卿、姜妙香合演《霸王别姬》。

6月22日，第一舞台义务戏：

周瑞安《剑锋山》，萧长华、程继先《连升店》，侯喜瑞《青风寨》，郭仲衡《举鼎观画》，时慧宝《摔琴》，朱琴心《鸿鸾禧》，田桂凤、张彩林《关王庙》，龚云甫、陈德霖《母女会》，尚小云、王又宸、朱素云、小翠花《御碑亭》，压轴程艳秋、姜妙香《玉狮坠》，大轴余叔岩、杨小楼、郝寿臣、钱金福合演《定军山》《阳平关》《五截山》。

7月10日，双庆社广德楼夜戏：

阎岚秋、许德义《取金陵》，俞振庭《飞叉阵》，小翠花《马上缘》，王又宸《南阳关》，压轴时慧宝、朱素云《举鼎观画》，大轴尚小云、姜妙香《佳期拷红》。此为尚小云首次上演《佳期拷红》。

7月16日，北平梨园公益会大义务夜戏头天：

朱桂芳《演火棍》，郝寿臣、侯喜瑞《双李逵》，姜妙香《岳家庄》，朱琴心、贯大元《武家坡》，马连良《盗宗卷》，尚小云、小翠花、姜妙香《金山寺》，杨小楼、梅兰芳、余叔岩、王凤卿、郝寿臣、程继先、钱金福全本《回荆州》，压轴程艳秋、王又荃、张春彦《玉堂春》，大轴杨小楼、梅兰芳、余叔岩、王凤卿、许德义合演《八蜡庙》。

7月17日，北平梨园公益会大义务夜戏：

朱琴心《打花鼓》，田桂凤《双摇会》，陈德霖、王又宸、裘桂仙《二进宫》，程艳秋、王少楼《贺后骂殿》，尚小云、时慧宝、郝寿臣、王长林、小翠花、姜妙香《拾玉镯》《法门寺》，压轴余叔岩《南阳关》，大轴梅兰芳、杨小楼、王凤卿、姜妙香、萧长华合演《霸王别姬》。

8月2日，第一舞台顺直水灾急赈义演夜戏头天：

时慧宝《上天台》，侯喜瑞《青风寨》，贯大元、小翠花《乌龙院》，程艳秋、郭仲衡《御碑亭》，王凤卿、尚小云、龚云甫、姜妙香《探母回令》，压轴梅兰芳、姚玉芙、姜妙香、朱桂芳《廉锦枫》，大轴杨小楼、郝寿臣、钱金福、白牡丹、迟月亭合演《战宛城》。

8月3日，第一舞台顺直水灾急赈义演夜戏第二天：

时慧宝《戏迷传》，陈德霖《孝义节》，程艳秋《武家坡》，言菊朋《战太平》，压轴余叔岩、尚小云《打渔杀家》，大轴梅兰芳、杨小楼、王凤卿、姜妙香合演《霸王别姬》。

9月6日，徐宅堂会演出戏目：

小小楼《艳阳楼》，魏莲芳《天女散花》，李万春《英雄义》，程艳秋《玉堂春》，王凤卿、裘桂仙《大保国》，压轴杨小楼、钱金福、九阵风《青石山》，大轴梅兰芳、余叔岩、陈德霖、龚云甫、姜妙香、慈瑞泉、萧长华合演《探母回令》。

10月，日本帝国剧场社长大仓男爵，为了感谢梅兰芳捐款重建在地震中坍塌的帝国剧场，邀请梅兰芳二次赴日参加帝国剧场修复后的开幕演出。

10月9日，梅兰芳率姜妙香、姚玉芙、陈喜兴等承华社四十六人，于晨5时30分从天津乘邮船“南岭丸”号赴日。

10月13日晨，梅兰芳、姜妙香等抵达神户港。

10月14日上午10时，梅兰芳、姜妙香乘火车到达东京。

10月20日，正式在日本东京帝国剧场演出《麻姑献寿》（姜妙香未参加头场演出）。

10月21日，日本东京帝国剧场，梅兰芳、姜妙香等合演《廉锦枫》。

10月22日，日本东京帝国剧场，梅兰芳、姜妙香等合演《红线盗盒》。

10月23日，日本东京帝国剧场，梅兰芳、姜妙香等合演《贵妃醉酒》。

10月26日，日本东京帝国剧场，梅兰芳、姜妙香等合演《贩马记》。

10月28日，日本东京帝国剧场，梅兰芳、姜妙香等合演《贵妃醉酒》。

10月29日，日本东京帝国剧场，梅兰芳、姜妙香等合演头本《虹霓关》。

10月30日，日本东京帝国剧场，梅兰芳、姜妙香等合演《红线盗盒》。

10月31日，日本东京帝国剧场，梅兰芳、姜妙香等合演《廉锦枫》。

11月2日，日本东京帝国剧场，梅兰芳、姜妙香等合演《御碑亭》。

11月3日，日本东京帝国剧场，梅兰芳、姜妙香等合演头本《虹霓关》。

11月4日，日本东京帝国剧场，梅兰芳、姜妙香等合演《黛玉葬花》。

11月5日，离开东京前往大阪。

11月7日，大阪宝家大歌剧院首场演出，姜妙香在与陈喜兴合演《战太平》，大轴梅兰芳反串《辕门射戟》。

11月8日，大阪宝家大歌剧院，姜妙香在前边唱《岳家庄》，压轴梅兰芳、姜妙香《贵妃醉酒》。

11月9日，大阪宝家大歌剧院，梅兰芳、姜妙香等合演《洛神》。

11月10日，大阪宝家大歌剧院，姜妙香在前边唱《连升三级》，压轴梅兰芳、姜妙香等合演头本《虹霓关》。

11月11日，大阪宝家大歌剧院，梅兰芳、姜妙香等合演《廉锦枫》。

11月12日，应日本帝国电影公司之邀，于中午起在小坂电影制片厂拍电影。剧目为《红线盗盒》《廉锦枫》《虹霓关》，导演为枝正义郎、小泽得二、佐佐木圭郎，全片共五卷。《虹霓关》由梅兰芳饰东方氏、姜妙香饰王伯党。

11月13日，大阪宝家大歌剧院，梅兰芳、姜妙香等合演《红线盗盒》。

11月17日下午5时，姜妙香、姚玉芙等承华社成员四十六人，按原计划乘坐大阪商轮“河南丸”号轮船先行回国。梅兰芳因患急性肠炎，推迟回国计划。

11月至年底，瑞蚨祥掌柜孟觐侯出资，为徐碧云改组云兴社为玉华社（徐碧云是梅兰芳的妹夫），邀请姜妙香加入，每日在中和园演日场。

12月24日，忏绮园主人六十寿辰堂会戏目：

时慧宝《上天台》，李万春、蓝月春《神亭岭》，秦雪芳《凤阳花鼓》，小翠花《贵妃醉酒》，尚小云《思凡》，程艳秋、郭仲衡、王又荃《红拂传》，压轴杨小楼、钱金福《落马湖》，大轴梅兰芳、王凤卿、龚云甫、陈德霖、姜妙香、张春彦合演《探母回令》。

本年，刘砚芳组织荣华社，姜妙香之子姜少香与王少芳（王蕙芳之子）、杨宝森、刘宗杨等均在此班外串。

12月24日，荣华社同乐园日场：

姜少香《二进宫》，刘兰秋《鸿鸾禧》，吴碧兰《宇宙锋》，压轴刘宗杨《连环套》，大轴杨宝森《定军山》。

1925年

（民国十四年，农历乙丑年） 35岁

本年，姜妙香搭梅兰芳承华社，马连良、朱琴心和胜社，徐碧云玉华社、永平社、荣华社、萦华社演出。

1月1日，承华社由日回京开明大戏院夜戏头天：

朱桂芳、朱湘泉《十字坡》，姜妙香、姚玉芙《白门楼》，程继先、黄润卿《鸿鸾禧》，压轴小龙长胜《挑华车》，大轴梅兰芳、王凤卿、郝寿臣合演《宝莲灯》。

1月24日，承华社开明大戏院夜戏：大轴梅兰芳、姜妙香合演《贵妃醉酒》。

1月25日，承华社开明大戏院夜戏：姜妙香、郝寿臣《取洛阳》，大轴梅兰芳、王凤卿合演《汾河湾》。

1月31日，承华社开明大戏院夜戏：压轴梅兰芳《闹学》，大轴梅兰芳、姜妙香合演《枪挑穆天王》。

2月1日，承华社开明戏院夜戏：

程继先、黄润卿、萧长华《马上缘》，朱桂芳、郝寿臣、小龙长胜、沈三玉《刺巴杰》，王凤卿、张春彦、慈瑞泉《战成都》，大轴梅兰芳、姜妙香、罗福山、曹二庚合演《游园惊梦》。

2月7日，和胜社华乐园日场：

荣蝶仙《马上缘》，尚和玉、朱小义《艳阳楼》，压轴王凤卿、姜妙香《举鼎观画》，大轴马连良、朱琴心、许德义合演《陈圆圆》。

2月8日，和胜社华乐园日场：

方连元、许德义《娘子军》，姜妙香《玉门关》，尚和玉《惜惺惺》，压轴朱琴心、王凤卿、尚和玉《翠屏山》，大轴马连良、郝寿臣首次上演《广泰庄》。

2月9日，和胜社华乐园日场：

贾福堂《打龙袍》，刘凤林、曹二庚《荷珠配》，方连元《无底洞》，王又荃《未央宫》，荣蝶仙、姜妙香、慈瑞泉《穆天王》，尚和玉《英雄义》，王凤卿、吴彩霞《朱砂痣》，大轴马连良、朱琴心、郝寿臣、许德义、茹富蕙合演《陈圆圆》。

2月14日，和胜社华乐园日场：

朱小义《白水滩》，吴彩霞、刘景然《三击掌》，荣蝶仙、方连元《演火棍》，郝寿臣、王又荃《取洛阳》，尚和玉、娄廷玉、傅小山《挑华车》，压轴马连良、李洪福《宫门带》，大轴朱琴心、王凤卿、姜妙香、茹富蕙合演《奇双会》。

2月14日，承华社开明大戏院夜戏：

黄润卿、程继先、萧长华《秦淮河》，小龙长胜、朱桂芳《殷家堡》，梅兰芳《尼姑思凡》，王凤卿、郝寿臣、张春彦《鱼藏剑》(带“专诸别母”)，大轴梅兰芳、姜妙香、诸茹香、慈瑞泉合演二本《虹霓关》。

2月18日，和胜社华乐园日场：

沈华轩《溪皇庄》，尚和玉、朱小义《对刀步战》，压轴王凤卿《鱼肠剑》，大轴马连良、朱琴心、郝寿臣、荣蝶仙、姜妙香合演《四进士》。

3月2日，陆军部大礼堂临时执政府宴会日场演出剧目：

裘桂仙《草桥关》，程砚秋、姜妙香、吴富琴、文亮臣、李洪春、《花舫缘》，压轴余叔岩《清官册》，大轴杨小楼、梅兰芳、龚云甫、王凤卿、钱金福、程继先合演全本《回荆州》。

3月3日，赴东北参加张作霖第二次举办五十寿辰堂会。

3月5日，张作霖第二次举办五十寿辰堂会夜戏头天：

言菊朋、郝寿臣《失街亭》《空城计》《斩马谡》，荀慧生《花田错》，程艳秋、郭仲衡《红拂传》，陈德霖、龚云甫、王瑶卿、王凤卿、金仲仁八本《雁门关》，压轴余叔岩《击鼓骂曹》，大轴梅兰芳、杨小楼、王凤卿、姜妙香、萧长华合演《霸王别姬》。

3月14日，承华社开明大戏院夜戏：大轴梅兰芳、姜妙香合演前本《春秋配》。

3月15日，和胜社华乐园日场：

慈瑞泉《送亲演礼》，吴彩霞《落花园》，沈华轩、方连元、朱小义《八蜡庙》，姜妙香、王又荃《双未央宫》，尚和玉、朱小义《惜惺惺》，王凤卿、马连昆《华容道》，大轴马连良、朱琴心、郝寿臣、许德义合演《陈圆圆》。

3月15日，承华社开明大戏院夜戏：大轴梅兰芳、姜妙香、侯喜瑞合演后本《春秋配》，梅兰芳、姜妙香加演《宇宙锋》。

3月17日，和胜社华乐园日场：

吴彩霞、刘景然《三击掌》，方连元《打瓜园》，茹富蕙、王又荃《连升三级》，沈华轩《剑峰山》，姜妙香《雅观楼》，王凤卿、鲍吉祥《文昭关》，大轴马连良、朱琴心、尚和玉、许德义、慈瑞泉合演《长坂坡》。

3月21日，承华社开明大戏院夜戏：

程继先、慈瑞泉《连升店》，朱桂芳《泗州城》，王凤卿、郝寿臣《捉放曹》，压轴尚和玉、朱小义《四平山》，大轴梅兰芳、姜妙香合演《黛玉葬花》。

3月22日，承华社开明大戏院夜戏：压轴梅兰芳、王凤卿《打渔杀家》大轴梅兰芳、姜妙香合演《贵妃醉酒》。

3月28日，承华社开明大戏院夜戏：大轴梅兰芳、姜妙香合演《奇双会》。

3月29日，承华社开明大戏院夜戏：大轴梅兰芳、姜妙香、张春彦合演《红线盗盒》。

4月1日，承华社开明大戏院夜戏：

朱桂芳《夺太仓》，王凤卿、姜妙香、郝寿臣、萧长华《群英会》，大轴梅兰芳、姜妙香合演《贵妃醉酒》。

4月2日，郭宅堂会演出戏目：

王幼卿《女起解》，王瑶卿、侯喜瑞《红柳村》，小翠花《双铃记》，大轴梅兰芳、程继先、姜妙香合演《奇双会》。

4月4日，和胜社华乐园日场：

王凤卿《战樊城》，马连良、朱琴心、姜妙香首次演出《化外奇缘》。马连良饰诸葛亮，朱琴心饰花鬘公主，姜妙香饰关索，郝寿臣饰魏延，周瑞安饰孟获。

4月4日，承华社开明大戏院夜戏：大轴梅兰芳、姜妙香、姚玉芙、尚和玉、朱桂芳合演《金山寺》。

4月5日，承华社开明大戏院夜戏：大轴梅兰芳、王凤卿、姜妙香、郝寿臣合演前本《西施》。

4月11日，承华社开明大戏院夜戏：大轴梅兰芳、王凤卿、姜妙香、郝寿臣合演后本《西施》。

4月12日，承华社开明大戏院夜戏：压轴梅兰芳、王凤卿、郝寿臣《法门寺》，大轴梅兰芳、姜妙香合演二本《虹霓关》。

4月18日，承华社开明大戏院夜戏：大轴梅兰芳、姜妙香合演全本《虹霓关》。

4月19日，承华社开明大戏院日场：大轴梅兰芳、姜妙香合演《牢狱鸳鸯》。

4月25日，承华社开明大戏院夜戏：大轴梅兰芳、陈德霖、姜妙香、李寿山合演《风筝误》。

4月26日，承华社开明大戏院夜戏：大轴王凤卿、梅兰芳、姜妙香合演《探母回令》。

4月26日，双庆社特烦姜妙香师父冯蕙林，在新明戏院与余叔岩合演《状元谱》，大轴余叔岩、杨小楼、白牡丹合演《摘缨会》。

5月2日，承华社开明大戏院夜戏：大轴梅兰芳、姜妙香合演《佳期拷红》。

5月9日，第一舞台贫民教养院义务戏第一天：大轴梅兰芳、姜妙香、张春彦、朱桂芳合演《廉锦枫》。

5月10日，第一舞台贫民教养院义务戏第二天：王凤卿、姜妙香《举鼎观画》，大轴梅兰芳、余叔岩合演《游龙戏凤》。

5月16日，承华社开明大戏院夜戏：大轴梅兰芳、王凤卿、姜妙香合演《御碑亭》。

5月23日，玉华社中和园日场：

李多奎《打龙袍》，朱桂芳《取金陵》，压轴谭富英、王长林《天雷报》，大轴徐碧云、尚和玉、时慧宝、姜妙香首次演出《薛琼英》。

5月24日，承华社开明大戏院夜戏：大轴梅兰芳、姜妙香合演《奇双会》。

5月28日，玉华社中和园日场：

朱小义《盘肠战》，吴彩霞《彩楼配》，李多奎《游六殿》，尚和玉《嘉兴府》，时慧宝《搜孤救孤》，压轴谭富英《洪羊洞》，大轴徐碧云、尚和玉、时慧宝、姜妙香合演头本《花木兰》。

5月29日，玉华社中和园日场：大轴徐碧云、尚和玉、时慧宝、姜妙香合演二本《花木兰》。

5月30日，承华社开明大戏院夜戏：大轴梅兰芳、姜妙香合演《穆天王》。

5月31日，承华社开明大戏院夜戏：大轴梅兰芳、姜妙香、张春彦、朱桂芳合演《廉锦枫》。

6月6日，玉华社中和园日场：

朱桂芳《水晶宫》，李多奎《六殿》，尚和玉《神亭岭》，谭富英《卖马》，大轴徐碧云、姜妙香首次演出《虞小翠》。

6月6日，承华社开明大戏院夜戏：大轴梅兰芳、姜妙香合演《瑶台》。

6月7日，和胜社中和园日场：

方连元、许德义《取金陵》，孟小如《铁莲花》，郝寿臣《打龙棚》，压轴周瑞安《金钱豹》，大轴马连良、朱琴心、姜妙香、荣蝶仙、萧长华、李多奎合演《探母回令》。

6月7日，承华社开明大戏院夜戏：大轴梅兰芳、姜妙香合演《邓霞姑》。

6月14日，和胜社华乐园义务戏日场：

贾福堂、福小田《白良关》，李洪春、罗福山《焚绵山》，方连元《泗州城》，许德义《采石矶》，孟小如《朱砂痣》，周瑞安、郝寿臣、傅小山《连环套》，压轴马连良、马连昆《樊城长亭》，大轴朱琴心、姜妙香、茹富蕙、蒋少奎合演《刘倩倩》。

6月14日，承华社开明大戏院夜戏：

黄润卿、朱桂芳、程继先《红桃山》，郝寿臣、刘景然《审李七》，尚和玉、朱小义《四平山》，大轴梅兰芳、王凤卿、姜妙香、姚玉芙、李寿山、慈瑞泉合演全部《狮吼记》。

6月15日，玉华社中和园日场：

李多奎《胭脂虎》，徐碧云、时慧宝《宝莲灯》，压轴尚和玉、姜妙香、侯喜瑞、雷喜福《大芦花荡》，谭富英《卖马》，大轴徐碧云、谭富英、钱金福合演《八大锤》《断臂说书》。

6月17日，北京梨园公益总会援助上海罢工失业同胞筹款，第一舞台义务夜戏：

王又宸《辕门斩子》，尚小云、言菊朋、姜妙香《四郎探母》，压轴梅兰芳、余叔岩《打渔杀家》，大轴杨小楼、梅兰芳、郝寿臣、钱金福合演《大长坂坡》。

6月25日，和胜社中和园日场：

方连元《打瓜园》，许德义《收关胜》，孟小如《洪羊洞》，周瑞安、郝寿臣《战渭南》，压轴马连良、姜妙香、孙甫亭《盗宗卷》，大轴朱琴心《曹娥投江》。

6月26日，承华社开明大戏院夜戏：大轴梅兰芳、姜妙香、诸茹香、张春彦、孙甫亭合演头二本《梅玉配》。

6月27日，承华社开明大戏院夜戏：大轴梅兰芳、姜妙香、诸茹香、张春彦、孙甫亭合演三四本《梅玉配》。

6月28日，怀柳堂堂会演出戏目：

白牡丹《花田错》，孟小冬、王长林、郝寿臣、裘桂仙《失街亭》《空城计》《斩马谡》，陈德霖《宇宙锋》，王凤卿、尚小云《武家坡》，余叔岩、王长林、钱金福《定军山》，压轴杨小楼、王长林、侯喜瑞《连环套》，大轴梅兰芳、姜妙香、姚玉芙合演《洛神》。

7月4日，堂会演出戏目：

李万春、蓝月春《两将军》，朽木敬棠《乔醋》，孟小冬、裘桂仙《空城计》，压轴程艳秋《孔雀屏》，大轴梅兰芳、余叔岩、陈德霖、龚云甫、姜妙香合演《探母回令》。

7月，徐碧云改组永平社，姜妙香仍在该班。

7月11日，永平社中和园日场：

徐碧云、姜妙香、侯喜瑞、王长林、马连昆《穆柯寨》，尚和玉、朱小义《飞叉阵》，压轴时慧宝、裘桂仙《上天台》，大轴徐碧云、谭富英合演《汾河湾》。

7月12日，承华社开明大戏院夜戏：大轴梅兰芳、姜妙香、张春彦合演《红线盗盒》。

7月17日，永平社中和园日场：

王长林《大小骗》，侯喜瑞《丁甲山》，压轴时慧宝《柴桑口》，大轴徐碧云、谭富英、姜妙香、萧长华、诸茹香、尚和玉合演《绿珠坠楼》。

7月，中国红十字会天津分会举办救济陕甘两省难民义务戏，姜妙香与杨小楼、梅兰芳、马连良、程艳秋、韩世昌等赴天津参加义演。

8月3日，双栝庐夜宴演出戏目：

琴雪芳《游龙戏凤》，马艳云《醉酒》，盖荣萱《乾坤圈》，压轴孟小冬、裘桂仙《骂曹》，大轴梅兰芳、姜妙香、李寿山合演《奇双会》。

8月8日，永平社中和园日场：

姜妙香、吴彩霞《岳家庄》，朱桂芳《泗州城》，尚和玉、雷喜福《连营寨》，压轴谭富英《卖马》，大轴徐碧云、尚和玉、雷喜福、姜妙香合演全部《花木兰》。

8月15日，永平社中和园日场：

朱桂芳《瑞草园》，雷喜福《盗宗卷》，压轴谭富英、王长林《天雷报》，大轴徐碧云、尚和玉、萧长华、姜妙香首次演出《无愁天子》。

8月，第一舞台大义务戏：

马连良、荀慧生《汾河湾》，孟小冬、裘桂仙《上天台》，压轴余叔岩、尚小云、王长林《打渔杀家》，大轴梅兰芳、杨小楼、王凤卿、姜妙香合演《霸王别姬》。

8月23日，冯公度母亲八十寿辰堂会，大轴梅兰芳、孟小冬、龚云甫、姚玉芙、姜妙香《探母回令》。

8月29日，承华社开明大戏院夜戏：

朱桂芳《无底洞》，黄润卿、张春彦《坐楼》，侯喜瑞、程继先《取洛阳》，压轴尚和玉《战滁州》，大轴梅兰芳、王凤卿、姜妙香、姚玉芙、萧长华、侯喜瑞首次演出头本《太真外传》（“入道”、“册封”、“窥浴”、“赐盒”、“定情”）。

8月30日，承华社开明大戏院夜戏：

张春彦《盗宗卷》，朱桂芳、沈三玉《取金陵》，黄润卿、程继先、侯喜瑞《穆柯寨》，尚和玉《挑华车》，大轴梅兰芳、王凤卿、姜妙香、姚玉芙、萧长华、侯喜瑞合演头本《太真外传》。

9月，杨小楼、梅兰芳、姜妙香等赴山东参加济南游艺园京剧场（进德会京剧场前身）开幕演出：大轴杨小楼、梅兰芳、王凤卿、姜妙香合演《霸王别姬》。

9月17日，吴宅堂会演戏目：

慈瑞泉《打城隍》，压轴王凤卿、尚小云、侯喜瑞、慈瑞泉《法门寺》，大轴梅兰芳、余叔岩、陈德霖、龚云甫、姜妙香合演《探母回令》。

9月21日，姜妙香随徐碧云、马连良赴沪参加义演头天：大轴马连良、徐碧云、姜妙香合演《御碑亭》。

9月26日，荣华社中和戏院日场：

朱小义、张德发《界牌关》，王长林、许德义、王福山《五人义》，刘永奎、诸茹香《戏迷传》，谭富英、曹连孝、马连昆《南阳关》，大轴徐碧云、姜妙香、雷喜福、萧长华、朱桂芳合演《虞小翠》。

9月26日，梨园公会公益会，第一舞台大义务夜戏：

时慧宝、刘景然《柴桑口》，李吉瑞、马富禄《落马湖》，马连良（《阳平关》黄忠）、谭富英（《定军山》黄忠）、茹富兰、刘永奎《定军山》《阳平关》，徐碧云、贯大元、裘桂仙《二进宫》，龚云甫、茹富蕙《钓金龟》，梅兰芳、尚小云、荀慧生、小翠花、高庆奎、萧长华、慈瑞泉、王福山、马富禄《四五花洞》，压轴杨小楼、郝寿臣、王长林《连环套》，大轴余叔岩、梅兰芳、王长林、钱金福、姜妙香、鲍吉祥合演《珠帘寨》。

10月2日，承华社开明大戏院夜戏：大轴梅兰芳、姚玉芙、姜妙香合演《嫦娥奔月》。

10月3日，承华社开明大戏院夜戏：大轴梅兰芳、王凤卿、姜妙香合演头本《木兰从军》。

10月4日，承华社开明大戏院夜戏：大轴梅兰芳、王凤卿、姜妙香合演二本《木兰从军》。

11月23日，承华社开明大戏院夜戏：

黄润卿、程继先《花田错》，尚和玉《铁笼山》，大轴梅兰芳、姜妙香、王凤卿、侯喜瑞、姚玉芙、张春彦合演二本《太真外传》（“赏花”、“醉写”、“觅梅”、“搜写”、“拈钗”、“偷笛”、“出宫”、“献发”、“回宫”、“游月”）。

11月25日，荣华社开明大戏院夜戏：

吴彩霞《宇宙锋》，许德义、朱桂芳《嘉兴府》，荣蝶仙《穆柯寨》，压轴谭富英、尚和玉、侯喜瑞《阳平关》，大轴徐碧云、姜妙香、萧长华、雷喜福合演《虞小翠》。

11月28日，承华社开明大戏院夜戏：大轴梅兰芳、姜妙香合演全本《虹霓关》。

11月29日，承华社开明大戏院夜戏：大轴梅兰芳、王凤卿、陈德霖、姜妙香合演《探母回令》。

12月9日，荣华社开明大戏院夜戏：

李洪春《战太平》，朱桂芳《演火棍》，许德义、荣蝶仙、侯喜瑞《红柳村》，压轴王又宸、尚和玉《连营寨》，大轴徐碧云、谭富英、姜妙香、萧长华首次演出《芙蓉屏》。

12月19日，承华社开明大戏院夜戏：大轴梅兰芳、姜妙香、张春彦合演《红线盗盒》。

12月20日，承华社开明大戏院夜戏：大轴梅兰芳、陈德霖、姜妙香、李寿山合演《风筝误》。

12月26日，承华社开明大戏院夜戏：大轴梅兰芳、王凤卿、姜妙香、郝寿臣、萧长华合演前本《西施》。

12月27日，承华社开明大戏院夜戏：大轴梅兰芳、王凤卿、姜妙香、郝寿臣、萧长华合演后本《西施》。

徐碧云改组萦华社。

12月30日，萦华社开明大戏院夜戏：

侯喜瑞、姜妙香《取洛阳》，谭富英《铁莲花》，王又宸《捉放曹》，大轴徐碧云、雷喜福、姜妙香、尚和玉、朱桂芳合演《薛琼英》。

本年，杨小楼、梅兰芳、余叔岩、姜妙香、尚小云、荀慧生等赴山东参加张宗昌为母举办堂会演出。

本年，那亲王府堂会戏目：

王又荃《岳家庄》，时玉奎《草桥关》，侯喜瑞《清风寨》，茹富兰、韩富信《武文华》，压轴徐碧云、贯大元《庆顶珠》，大轴徐碧云、谭富英、姜妙香合演《御碑亭》。

1926年

（民国十五年，农历丙寅年） 36岁

本年，姜妙香搭梅兰芳承华社，徐碧云荣华社、萦华社演出。

1月1日，承华社开明大戏院夜戏：大轴梅兰芳、姜妙香、张春彦、萧长华合演《奇双会》。

1月3日，承华社开明大戏院夜戏：大轴梅兰芳、王凤卿、姜妙香、侯喜瑞、萧长华合演二本《太真外传》。

1月6日，萦华社开明大戏院夜戏：

张德发、朱小义《白水滩》，王又宸、王长林《卖马》，大轴徐碧云、谭富英、尚和玉、姜妙香、萧长华首次上演《褒姒》。

1月9日，承华社开明大戏院夜戏：大轴梅兰芳、王凤卿、姜妙香、郝寿臣、萧长华、诸茹香合演《拾玉镯》《法门寺》。

1月16日，承华社开明大戏院夜戏：大轴梅兰芳、姜妙香、萧长华、孙甫亭合演前本《春秋配》。

1月17日，承华社开明大戏院夜戏：大轴梅兰芳、姜妙香、萧长华、侯喜瑞合演后本《春秋配》。

1月20日，萦华社开明大戏院夜戏：

朱小义《蜈蚣岭》，朱桂芳、许德义《娘子军》，王又宸、王长林《乌盆记》，大轴徐碧云、谭富英、尚和玉、姜妙香、侯喜瑞、萧长华首次上演《李香君》。

2月初（旧历年底），第一舞台窝窝头大义务戏：

大轴杨小楼、梅兰芳、余叔岩、王凤卿、龚云甫、马连良、姜妙香合演全部《回荆州》。

2月6日，承华社开明大戏院夜戏：

程继先《借赵云》，尚和玉《对刀步战》，大轴梅兰芳、王凤卿、姜妙香、侯喜瑞、萧长华首次上演三本《太真外传》（“七夕舞盘”）。

2月7日，徐碧云萦华社演出地点移至中和戏院头天日场：

徐斌寿《借赵云》，朱桂芳《娘子军》，荣蝶仙《红柳村》，徐碧云、谭富英《游龙戏凤》，压轴尚和玉《英雄义》，大轴徐碧云、王又宸、姜妙香、萧长华合演《四郎探母》。

2月7日，承华社开明大戏院夜戏：大轴梅兰芳、王凤卿、姜妙香、侯喜瑞、萧长华合演三本《太真外传》。

2月21日，承华社开明大戏院夜戏：大轴梅兰芳、王凤卿、姜妙香、萧长华合演《御碑亭》。

2月22日，萦华社中和戏院夜戏：

吴彩霞《母女会》，朱桂芳《无底洞》，荣蝶仙《穆柯寨》，尚和玉《赵家楼》，谭富英、徐斌寿《状元谱》，压轴王又宸《奇冤报》，大轴徐碧云、雷喜福、姜妙香、尚和玉合演前本《木兰从军》。

2月23日，萦华社中和戏院夜戏：

姜妙香《岳家庄》，朱桂芳《芦林坡》，萧长华《请医》，谭富英、尚和玉、侯喜瑞《阳平关》，压轴王又宸《洪羊洞》，大轴徐碧云、雷喜福、姜妙香、尚和玉合演后本《木兰从军》。

3月6日，承华社开明大戏院夜戏：大轴梅兰芳、姜妙香、姚玉芙合演《游园惊梦》。

3月7日，萦华社中和戏院夜戏：

吴彩霞《宇宙锋》，尚和玉《罗四虎》，谭富英、侯喜瑞《开山府》，压轴王又宸《卖马》，大轴徐碧云、姜妙香、荣蝶仙、雷喜福、萧长华合演《虞小翠》。

3月20日，萦华社中和戏院夜戏：

吴彩霞《六月雪》，侯喜瑞《丁甲山》，许德义《采石矶》，压轴王又宸《奇冤报》，大轴徐碧云、谭富英、尚和玉、姜妙香、萧长华合演《绿珠坠楼》。

4月30日至5月6日，北京伶界以欢迎直鲁联军名义全体在第一舞台连演七天夜戏。

4月30日，第一舞台合作戏头天：大轴梅兰芳、杨小楼、王凤卿、姜妙香合演《霸王别姬》。

5月1日，第一舞台合作戏第二天：王凤卿、姜妙香《群英会》，大轴杨小楼、梅兰芳、钱金福、侯喜瑞合演《长坂坡》。

5月2日，第一舞台合作戏第三天：姜妙香在前边唱《辕门射戟》，大轴梅兰芳、余叔岩合演《打渔杀家》。

5月3日，第一舞台合作戏第四天：大轴梅兰芳、王凤卿、姜妙香、郝寿臣合演《西施》。

5月4日，第一舞台合作戏第五天：大轴梅兰芳、姜妙香、李寿山、萧长华合演全部《奇双会》。

5月5日，第一舞台合作戏第六天：压轴梅兰芳、姜妙香、张春彦、朱桂芳合演《廉锦枫》，大轴杨小楼《安天会》。

5月6日，第一舞台合作戏最后一天：梅兰芳、王凤卿、姜妙香合演二本《木兰从军》，大轴杨小楼、余叔岩合演《连营寨》。

5月29日，萦华社中和戏院夜戏：

马连昆《白良关》，吴彩霞、雷喜福《三击掌》，萧长华《绒花记》，压轴荣蝶仙、许德义、侯喜瑞合演《红柳村》，大轴徐碧云、谭富英、尚和玉、姜妙香、朱桂芳首次上演《大乔小乔》。

6月5日，萦华社中和戏院夜戏：

吴彩霞《孝义节》，朱小义《探庄》，姜妙香、雷喜福《借赵云》，尚和玉、侯喜瑞、许德义《恶虎村》，压轴谭富英《骂曹》，大轴徐碧云、谭富英、姜妙香、雷喜福合演《玉堂春》。

6月13日，承华社开明大戏院夜戏：大轴梅兰芳、姜妙香、张春彦合演《红线盗盒》。

6月14日，承华社开明大戏院夜戏：大轴梅兰芳、姜妙香合演《金针刺红蟒》。

7月2日，荣华社中和戏院夜戏：

姜妙香《岳家庄》，许德义、尚和玉、朱桂芳《殷家堡》，大轴徐碧云、谭富英、萧长华、雷喜福首次上演全本《雪艳娘》。

7月10日，承华社开明大戏院夜戏：大轴梅兰芳、姜妙香合演《黛玉葬花》。

7月11日，承华社开明大戏院夜戏：姜妙香在前边唱《岳家庄》，大轴梅兰芳、王凤卿、刘景然合演《战蒲关》。

7月17日，承华社开明大戏院夜戏：大轴梅兰芳、姜妙香合演《奇双会》。

8月8日，荣华社中和戏院夜戏：

朱小义《蜈蚣岭》，姜妙香《岳家庄》，朱桂芳、许德义《芦林坡》，郝寿臣《审李七》，压轴谭富英、刘永奎《捉放曹》，大轴徐碧云、尚和玉、姜妙香、萧长华首次上演《大英杰烈》。

8月14日，承华社开明大戏院夜戏：大轴梅兰芳、姜妙香合演《天河配》。

8月16日，承华社开明大戏院夜戏：大轴梅兰芳、姜妙香合演《天河配》，梅兰芳加演《思凡》。

8月20日晚19时30分，日本名伶守田勘弥等来京。梅兰芳约请尚小云、老十三旦（侯俊山）、姜妙香、姚玉芙等亲往车站迎接。

8月22日至25日，开明大戏院，梅兰芳、姜妙香等与守田勘弥歌舞伎团合作演出三天，梅兰芳、姜妙香、姚玉芙、朱桂芳、尚和玉等合演《金山寺》。

8月29日，荣华社中和戏院日场：

朱桂芳、许德义《芦林坡》，郝寿臣《青风寨》，尚和玉《神亭岭》，压轴谭富英《闹府》，大轴徐碧云、刘永奎、姜妙香、萧长华、雷喜福首次上演《焚椒记》。

9月5日，第一舞台义务夜戏：

裘桂仙《草桥关》，邱富棠、韩富信《泗州城》，尚和玉、沈三玉、曹玺彦二本《窃兵符》，尚小云、李宝奎、骆连翔《昭君出塞》，小翠花、马富禄、苏连汉《双钉记》，压轴尚小云、高庆奎、李多奎、吴彩霞、慈瑞泉、尚富霞《探母回令》，大轴杨小楼、梅兰芳、王凤卿、姜妙香、萧长华、郭春山、张春彦合演《霸王别姬》。

9月11日，承华社开明大戏院夜戏：大轴梅兰芳、王凤卿、姜妙香合演《御碑亭》。

9月19日，承华社开明大戏院夜戏：大轴梅兰芳、姜妙香合演《贵妃醉酒》。

9月20日，承华社开明大戏院夜戏：压轴王凤卿、姜妙香《举鼎观画》，大轴梅兰芳、刘景然、萧长华合演《审头刺汤》。

9月21日，荣华社中和戏院日场：

朱桂芳、许德义《兴梁山》，姜妙香《白门楼》，压轴谭富英《奇冤报》，大轴徐碧云、郝寿臣、萧长华、雷喜福、诸茹香合演头二本

《天香庆节》。

9月21日，承华社开明大戏院夜戏：大轴梅兰芳、姜妙香、姚玉芙合演《嫦娥奔月》。

9月26日，第一舞台义务戏：大轴余叔岩、梅兰芳、钱金福、王长林、姜妙香合演《珠帘寨》。

9月29日，荣华社中和戏院日场：

许德义《采石矶》，王长林《打面缸》，徐碧云、雷喜福《三娘教子》，压轴谭富英、郝寿臣《骂曹》，大轴徐碧云、尚和玉、刘永奎、萧长华、姜妙香合演《八仙庆寿》。

10月，天津八善堂救济会为修筑大红桥堤，在新明大戏院举办义务夜戏 。

10月2日，天津八善堂在天津新明大戏院举办义务夜戏头天：

孙少仙《烧骨记》，张翠仙《幽界关》，七阵风《泗州城》，王凤卿《文昭关》，梅兰芳、姜妙香、郭春山、李寿山、陈少五、张连升《贩马记》（“哭监”起“团圆”止），余叔岩、王幼卿《南天门》，大轴杨小楼、郝寿臣、王长林合演全本《连环套》。

10月3日，天津八善堂在新明大戏院举办义务夜戏第二天：

刘林奎《渭水河》，顾炳奎《骂阎罗》，张少仙《小放牛》，孙小楼《四杰村》，金仲仁、慈瑞泉《连升店》，郝寿臣《黄一刀》，龚云甫《钓金龟》，余叔岩、王幼卿、王长林、钱金福《打渔杀家》，大轴杨小楼、梅兰芳、王凤卿、姜妙香合演《霸王别姬》。

10月4日，天津八善堂在新明大戏院举办义务夜戏加演一天：

王幼卿、王长林《女起解》，杨小楼、钱金福《安天会》，《甘露寺》《美人计》《回荆州》（杨小楼饰赵云、梅兰芳饰孙尚香、余叔岩饰鲁肃、龚云甫饰吴国太、王凤卿饰刘备、姜妙香饰周瑜、郝寿臣饰孙权、王长林饰乔福、钱金福饰张飞、刘景然饰乔玄），赵子英《水淹七军》，大轴梅兰芳、余叔岩合演《游龙戏凤》。

10月27日晚，瑞典王储古斯塔夫斯六世夫妇在瑞典大使的陪同下来到无量大人胡同梅宅。梅宅临时搭了小小的戏台，观众席能容下三十个人，座后预备了冷西餐的陈设。梅兰芳与姜妙香合演《琴挑》，与周瑞安合演《霸王别姬》中的“舞剑”。

11月上旬，梅兰芳率承华社赴上海大新舞台演出，姜妙香随行。

11月15日，承华社上海大新舞台夜戏头天：

杨瑞亭、碧琴芳《游龙戏凤》，李万春、兰月春《两将军》，大轴梅兰芳、王凤卿、姜妙香、姚玉芙合演《御碑亭》。

11月16日，承华社上海大新舞台夜戏：

李万春《定军山》，王凤卿《取成都》，大轴梅兰芳、姜妙香、萧长华、李斐叔合演《贩马记》。

11月18日，承华社上海大新舞台夜戏：

金少山《青风寨》，朱桂芳《开山献佛》，碧琴芳《牡丹亭》，姜妙香、侯喜瑞《取洛阳》，碧琴芳《牡丹亭》，李万春《南阳关》，大轴梅兰芳、王凤卿、杨瑞亭、姜妙香合演《四郎探母》。

11月19日，承华社上海大新舞台夜戏：

李瑞亭《目莲救母》，李万春《神亭岭》，王凤卿《战长沙》，大轴梅兰芳、姜妙香、碧琴芳合演头二本《虹霓关》。

11月20日，承华社上海大新舞台夜戏：

侯喜瑞《白良关》，碧琴芳《黄鹤楼》，李万春《英雄义》，王凤卿《文昭关》，大轴梅兰芳、姜妙香、朱桂芳合演全本《廉锦枫》。

11月21日，承华社上海大新舞台日场：

于莲仙《秦淮河》，萧长华、碧琴芳《连升三级》，姜妙香《辕门射戟》，杨瑞亭《坐楼杀惜》，李万春《刺巴杰》，大轴梅兰芳、王凤卿合演《汾河湾》。

11月21日，承华社上海大新舞台夜戏：

蓝月春《拿高登》，碧琴芳《花田错》，杨瑞亭《潞安州》，李万春《打鼓骂曹》，王凤卿、姜妙香《群英会》，大轴梅兰芳、张春彦合演《红线盗盒》。

11月22日，承华社上海大新舞台夜戏：

于莲仙《玉玲珑》，朱桂芳《瑞草园》，姜妙香《白门楼》，杨瑞亭《新长坂坡》，李万春《武十回》，王凤卿、金少山全本《鱼藏剑》《刺王僚》，大轴梅兰芳、萧长华合演《苏三起解》。

11月23日，承华社上海大新舞台夜戏：

兰月春《挑华车》，姜妙香《岳家庄》，杨瑞亭《珠帘寨》，李万春、金少山《连环套》，王凤卿《华容道》，大轴梅兰芳、萧长华、刘景然合演《审头刺汤》。

11月24日，承华社上海大新舞台夜戏：

金少山《探阴山》，碧琴芳《嫦娥奔月》，朱桂芳《金山寺》，李万春《恶虎村》，大轴梅兰芳、王凤卿、姜妙香、杨瑞亭、萧长华合演全本《甘露寺》。

12月10日，承华社上海大新舞台夜戏：大轴梅兰芳、金少山、王凤卿、姜妙香首次合演《霸王别姬》。

本年，江西会馆端方夫人六十寿辰堂会戏目：

周瑞安《金钱豹》，阎岚秋、许德义《竹林记》，陈德霖、龚云甫《孝义节》，压轴梅兰芳、姜妙香《黛玉葬花》，阎岚秋、王长林加演《小放牛》，大轴余叔岩、陈德霖、裘桂仙合演《二进宫》。

本年，冯耿光四十五生辰堂会戏，梅兰芳、姜妙香演出《贩马记》。

同年，王克敏五十生辰堂会，姜妙香、裘桂仙在前边演出《飞虎山》，大轴梅兰芳、孟小冬首次合演《游龙戏凤》。

1927年

（民国十六年，农历丁卯年） 37岁

本年，姜妙香搭梅兰芳承华社，马连良、朱琴心协和社，马连良春福社，俞振庭双庆社演出。

1月18日，世界红十字会第一舞台义务戏夜戏头天：

荀慧生《双沙河》，高庆奎、小翠花《乌龙院》，程艳秋《红拂传》，尚小云、王又宸、陈德霖、姜妙香《探母回令》，压轴梅兰芳、王凤卿《宝莲灯》，大轴杨小楼、余叔岩、钱金福、许德义、迟月亭、刘砚亭、罗福山合演《八大锤》《断臂说书》。

1月19日，世界红十字会第一舞台义务戏夜戏第二天：

高庆奎《二进宫》，程艳秋、郭仲衡《游龙戏凤》，尚小云、王又宸、小翠花、朱素云《御碑亭》，余叔岩、荀慧生《打渔杀家》，大轴梅兰芳、杨小楼、王凤卿、姜妙香合演《霸王别姬》。

1月20日，协和社开明大戏院夜戏：

方连元《百草山》，孟小如《状元谱》，姜妙香《岳家庄》，压轴马连良、尚和玉、郝寿臣《阳平关》，大轴朱琴心、姜妙香、任凤侣首次上演《关盼盼》。

1月21日，承华社开明大戏院夜戏（承华社由沪回京正式营业戏头天）：

王少亭《捉放曹》，尚和玉《战滁州》，压轴程继先《鸿鸾禧》，大轴梅兰芳、王凤卿、姜妙香、侯喜瑞、萧长华合演三本《太真外传》。

1月22日，承华社开明大戏院夜戏：

程继先《岳家庄》，尚和玉《艳阳楼》，王少亭、于莲仙《乌龙院》，梅兰芳、王凤卿、姜妙香、侯喜瑞、朱桂芳首次演出四本《太真外传》（“小宴”、“惊变”、“马嵬”、“驿玉”、“真君”）。

本年初，杨梧山在那家花园办堂会，日场、夜戏共两场。

杨梧山那家花园堂会夜戏：

孙毓堃《状元印》，李万春《夜奔》，程艳秋《起解》，梅兰芳、姜妙香《玉堂春》，余叔岩《上天台》，压轴杨小楼、迟月亭《水帘洞》，大轴杨小楼、梅兰芳、余叔岩、钱金福、王长林合演《摘缨会》。

1月25日，北平梨园公会总会第一舞台义务夜戏：

时慧宝《朱砂痣》，尚和玉、周瑞安、茹富兰、孙毓堃、李万春、俞赞庭、侯喜瑞《六长坂坡》，王又宸、朱琴心、程继先、马连良、王琴侬、姜妙香《双金榜乐》，高庆奎、郝寿臣、李多奎、茹富蕙《辕门斩子》，陈德霖、龚云甫、贯大元、朱素云、王蕙芳、阎岚秋《雁门关》，倒四程艳秋、郭仲衡《贺后骂殿》，倒三杨小楼、梅兰芳、尚小云、荀慧生、小翠花、高庆奎、慈瑞泉、萧长华、王福山、马富禄《四五花洞》，压轴余叔岩、王幼卿《南天门》，大轴杨小楼（张桂兰）、梅兰芳（黄天霸）、余叔岩（朱光祖）、尚小云（贺仁杰）、阎岚秋（褚彪）、朱桂芳（费德功）、小翠花（王栋）、荀慧生（王梁）、萧长华（施仕纶）、郝寿臣（小张妈）、朱素云（金大力）、诸茹香（秦义诚）、王蕙芳（费兴）、王琴侬（老道）、侯喜瑞（秦小姐）、方连元（米龙）、邱富棠（窦虎）合演《八蜡庙》。

2月2日（农历正月初一），承华社开明大戏院夜戏：

黄润卿、诸茹香《玉玲珑》，王少亭、程继先《状元谱》，侯喜瑞、张春彦《开山府》，尚和玉、朱桂芳、萧长华《青石山》，王凤卿、姚玉芙、罗福山《朱砂痣》，大轴梅兰芳、姜妙香合演《贵妃醉酒》。

2月5日，开明大戏院夜戏：

王又荃《连升三级》，孟小如、吴彩霞《朱砂痣》，周瑞安、侯喜瑞、刘春利《连环套》，言菊朋、王长林《胭脂褶》，大轴朱琴心、姜妙香、王蕙芳、罗福山、蒋少奎合演《得意缘》。

2月10日至12日，姜妙香赴山东参加张宗昌寿辰堂会，共演三天。

2月10日，张宗昌寿辰堂会，演出地点在山东济南督办公署戏楼，堂会头天夜戏戏目：

阎岚秋、许德义《取金陵》，郝寿臣、侯喜瑞《双李逵》，俞振庭、孙毓堃、范宝亭《挑华车》，王瑶卿、程继先《悦来店》，贯大元、朱琴心《游龙戏凤》，李万春、蓝月春《战马超》，尚小云、马连良《庆顶珠》，高庆奎、荀慧生、慈瑞泉《翠屏山》，程艳秋、王又荃、张春彦《玉堂春》，余叔岩、王凤卿、陈德霖《战蒲关》，孙菊仙《逍遥津》，梅兰芳、姜妙香《黛玉葬花》，压轴杨小楼、钱金福、迟月亭《安天会》，大轴梅兰芳、尚小云、程艳秋、荀慧生、小翠花、王蕙芳、王琴侬、王又宸、余叔岩、王凤卿、杨小楼、龚云甫、朱素云、慈瑞泉、萧长华合演全部《王宝钏》。

2月11日，张宗昌寿辰堂会第二天夜戏戏目：

俞振庭、孙毓堃《艳阳楼》，阎岚秋、阎岚亭《扈家庄》，陈德霖、贯大元、裘桂仙《二进宫》，李万春、蓝月春《神亭岭》，王又宸、高庆奎、程继先、郝寿臣、侯喜瑞《群英会》，马连良、小翠花、马富禄《乌龙院》，龚云甫、慈瑞泉《钓金龟》，尚小云、荀慧生、朱素云《虹霓关》，程砚秋、吴富琴《花舫缘》，王凤卿、姜妙香《举鼎观画》，压轴杨小楼、余叔岩、罗福山、钱金福《八大锤》《断臂说书》，大轴梅兰芳、陈德霖合演《麻姑献寿》。

三天堂会演完，全体演员又赴张宗昌的原籍山东掖县，临时搭建大戏台演出三天。

掖县演出完毕，张宗昌同乡，金融巨头刘子山又约堂会原班人马赴山东青岛，在刘子山独资新建的平度路22号“新舞台”做开幕演出三天。

2月25日，姜妙香在冯府参加梅兰芳、孟小冬婚礼，并拍照留念。

3月16日，第一舞台义务戏夜戏：

全班合演《大赐福》，萧长华、尚富霞《龙凤配》，茹富兰、阎岚秋、沈三玉《乾元山》，王又宸、吴彩霞、刘景然《搜孤救孤》，尚和玉、朱小义《战滁州》，陈德霖、王琴侬、姜妙香、诸茹香、王丽卿、郭春山《戏目莲》，龚云甫、裘桂仙《遇皇后》，王瑶卿、金仲仁、王幼卿、福小田《能仁寺》，朱琴心、姜妙香、茹富蕙、陆凤琴《闺房乐》，高庆奎、董俊峰、郭春山、张鸣才《胭脂粉》，尚小云、小翠花、李寿山、朱素云、范宝亭、慈瑞泉《秦良玉》，压轴梅兰芳、余叔岩《游龙戏凤》，大轴杨小楼、梅兰芳、贯大元、郝寿臣、王蕙芳、钱金福、王长林合演《长坂坡》。

3月，天津明星大戏院建成，特邀承华社参加开幕演出，姜妙香参加演出。

3月5日，承华社开明大戏院夜戏：

姜妙香、诸茹香《白门楼》，黄润卿、萧长华《查头关》，王少亭、张春彦、时玉奎《搜孤救孤》，尚和玉、娄廷玉、朱小义《四平山》，大轴梅兰芳、王凤卿、侯喜瑞、慈瑞泉合演《宝莲灯》。

3月27日，第一舞台义务戏夜场：

高庆奎《斩黄袍》，荀慧生、程继先、萧长华《虹霓关》，王又宸、尚小云《汾河湾》，程艳秋《红拂传》，余叔岩、王长林、侯喜瑞《琼林宴》，杨小楼、郝寿臣、钱金福《战宛城》，压轴梅兰芳、姜妙香、李寿山、姚玉芙《天女散花》，大轴杨小楼、梅兰芳、陈德霖、程艳秋合演《混元盒》。

4月16日，梁宅堂会演出戏目：

全班合演《百寿图》，李万春《英雄义》，朱桂芳《蟠桃会》，白牡丹《打樱桃》，卧云居士《钓金龟》，朱琴心《凤阳花鼓》，白牡丹《宝蟾送酒》，程艳秋《碧玉簪》，压轴杨小楼、余叔岩《八大锤》，大轴梅兰芳、王凤卿、姜妙香、姚玉芙合演《御碑亭》。

4月21日至27日，承华社应天津明星大戏院之邀赴天津演出。

4月28日，第一舞台义务戏：

时玉奎《大回朝》，方连元《蟠桃会》，贯大元《黄金台》，李万春、蓝月春《白马坡》，周瑞安《艳阳楼》，高庆奎《逍遥津》，朱琴心、荀慧生《虹霓关》，尚小云、王又宸《汾河湾》，程砚秋、侯喜瑞、王又荃《红拂传》，余叔岩《闹府》，杨小楼、郝寿臣、尚和玉、小翠花、王长林《战宛城》，压轴梅兰芳、姚玉芙、姜妙香《天女散花》，大轴杨小楼、梅兰芳、陈德霖、尚和玉、尚小云、程艳秋、小翠花、郝寿臣、侯喜瑞合演头本《混元盒》。

5月6日，承华社开明大戏院夜戏：大轴梅兰芳、姜妙香、张春彦合演全部《奇双会》。英国驻华公使蓝博森莅临观看。

5月7日，承华社开明大戏院夜戏：大轴梅兰芳、姜妙香合演《黛玉葬花》。克伯屈博士、张伯苓、朱君毅、陶知行、陈科美等莅临观看。

5月19日至22日，许少卿组织协兴社，特邀承华社与余叔岩在天津新明大戏院演出四天。

5月19日，承华社天津新明大戏院夜戏：

姜妙香《辕门射戟》，陈德霖《彩楼配》，周瑞安、郝寿臣《连环套》，压轴王凤卿《取成都》，大轴梅兰芳、余叔岩合演《打渔杀家》。

5月20日，承华社天津新明大戏院夜戏：

周瑞安《金钱豹》，王凤卿《捉放曹》，压轴余叔岩、钱金福《定军山》，大轴梅兰芳、王凤卿、姜妙香、郝寿臣、萧长华合演二本《西施》。

5月21日，承华社天津新明大戏院夜戏：

周瑞安《夜战马超》，王凤卿、姜妙香《取南郡》，压轴余叔岩、王长林《打棍出箱》，大轴梅兰芳、姜妙香、朱桂芳、萧长华合演《廉锦枫》。

5月22日，承华社天津新明大戏院夜戏：

压轴余叔岩、陈德霖《南天门》，大轴梅兰芳、王凤卿、周瑞安、姜妙香、萧长华合演《霸王别姬》。

5月25日，为崇外慧幼女工厂筹备经费，第一舞台义务夜戏头天：

马连良、徐碧云《游龙戏凤》，王凤卿、程继先、王琴侬《御碑亭》，尚小云、程艳秋、朱素云头二本《虹霓关》，压轴梅兰芳、余叔岩、陈德霖、龚云甫、姜妙香《探母回令》，大轴杨小楼、郝寿臣、王长林合演《连环套》。

5月26日，为崇外慧幼女工厂筹备经费，第一舞台义务夜戏第二天：

马连良、徐碧云《八大锤》《断臂说书》，高庆奎、郝寿臣《斩黄袍》，荀慧生、小翠花《双沙河》，程艳秋《孔雀屏》，压轴余叔岩、尚小云《打渔杀家》，大轴梅兰芳、杨小楼、王凤卿、姜妙香、萧长华合演《霸王别姬》。

5月27日，为世界红十字会北京分会筹款，第一舞台义务夜戏头天：

朱琴心、荀慧生《虹霓关》，程艳秋、郭仲衡《骂殿》，王凤卿、尚小云、陈德霖、姜妙香《探母回令》，压轴梅兰芳、姜妙香、张春彦《红线盗盒》，大轴杨小楼、余叔岩、钱金福、侯喜瑞、荀慧生合演《战宛城》。

5月28日，为世界红十字会北京分会筹款，第一舞台义务夜戏第二天：

荀慧生、小翠花《双摇会》，徐碧云、高庆奎《三江口》，程艳秋、李万春《宝莲灯》，陈德霖、诸茹香《雁门关》，压轴余叔岩、尚小云、王长林、侯喜瑞《打渔杀家》，大轴梅兰芳、杨小楼、王凤卿、姜妙香、钱金福合演《霸王别姬》。

5月29日，为世界红十字会北京分会筹款，第一舞台义务夜戏第三天：

谭富英《武家坡》，尚和玉《四平山》，王幼卿、徐碧云《五花洞》，王凤卿《战长沙》，荀慧生《樊江关》，程艳秋、马连良、高庆奎《美人计》，杨小楼、许德义《安天会》，压轴余叔岩、钱金福、王长林、程继先、王荣山《珠帘寨》，大轴梅兰芳、王凤卿、姜妙香、郝寿臣、萧长华合演二本《西施》。

6月7日，朱家溍祖母七十寿辰，会贤堂堂会戏目：

尚和玉《四平山》，压轴余叔岩、裘桂仙《骂曹》，大轴梅兰芳、姜妙香合演《贵妃醉酒》。

6月，姜妙香加入马连良春福社。春福社为荣蝶仙所组，马连良挂头牌 。

6月9日，春福社庆乐园日场：

诸茹香、李荣升《胭脂虎》，朱桂芳《娘子军》，吴彦衡《英雄义》，郝寿臣、姜妙香《打龙棚》（姜妙香饰高怀德），压轴王幼卿《女起解》，大轴马连良、钱金福、王长林合演《定军山》。

6月11日，为海城灾情筹款，第一舞台演出义务夜戏头天：

谭富英、马连良、高庆奎、王凤卿、王琴侬、陈德霖、荀慧生、程艳秋、姜妙香、侯喜瑞全部《王宝钏》，尚小云、朱素云《得意缘》，余叔岩《战太平》，压轴梅兰芳、姜妙香、朱桂芳、萧长华《廉锦枫》，大轴杨小楼、郝寿臣、王长林合演《连环套》。

6月12日，为海城灾情筹款，第一舞台演出义务夜戏第二天：

陈德霖《探窑》，高庆奎、马连良、姜妙香《群英会》《借东风》，程艳秋《玉狮坠》，压轴余叔岩、梅兰芳、杨小楼、钱金福、王长林《摘缨会》，大轴杨小楼、梅兰芳、尚小云、荀慧生、小翠花合演《五花洞》。

6月26日，春福社庆乐园日场：

朱桂芳《十字坡》，诸茹香《胭脂虎》，李荣升、姜妙香《举鼎观画》，压轴王幼卿《六月雪》，大轴马连良、郝寿臣、吴彦衡合演《武乡侯》。

6月26日，承华社开明大戏院夜戏：

梅兰芳、王凤卿、姜妙香、萧长华、侯喜瑞合演全本《太真外传》。

7月6日，春福社庆乐园日场：

李荣升、鲍吉祥《搜孤救孤》，朱桂芳、钱宝森《芦林坡》，姜妙香、诸茹香《得意缘》，吴彦衡、刘砚亭、许幼田《恶虎村》，王幼卿、罗福山、马富禄《六月雪》，大轴马连良、郝寿臣、王长林、张春彦合演《失街亭》《空城计》《斩马谡》。

7月23日，双庆社广德楼夜戏：大轴高庆奎、徐碧云、姜妙香、萧长华、马富禄、张鸣才合演《红鬃烈马》。

7月25日，春福社庆乐园日场：大轴马连良、王长林、姜妙香、郝寿臣合演《龙凤呈祥》。

8月6日，春福社庆乐园日场：

姜妙香《监酒令》，诸茹香《浣花溪》，朱桂芳《无底洞》，李荣升《桑园会》，吴彦衡、钱宝森《赵家楼》，压轴关丽卿《彩楼配》，大轴马连良、郝寿臣、鲍吉祥合演《青梅煮酒论英雄》。

8月12日至15日，承华社应天津明星大戏院之邀赴天津演出四天。

8月12日，承华社天津明星大戏院夜戏：大轴梅兰芳、姜妙香、萧长华、张春彦合演全部《奇双会》。

8月13日，承华社天津明星大戏院夜戏：大轴梅兰芳、王凤卿、姜妙香、张春彦合演《牢狱鸳鸯》。

8月14日，承华社天津明星大戏院夜戏：大轴梅兰芳、王凤卿、陈德霖、龚云甫、姜妙香、萧长华、张春彦合演全部《探母回令》。

8月15日，承华社天津明星大戏院夜戏：大轴梅兰芳、姜妙香合演《天河配》。

8月18日，春福社庆乐园日场：

马连良大轴贴演《盘河战》。约请姜妙香以小生应工饰演赵云，马春樵饰演颜良，钱宝森饰演文丑。姜妙香请阎庆林代为向冯蕙林学了这出，阎又转述给姜妙香，圆满上演了这出小生应工赵云的《盘河战》。

8月21日，承华社开明大戏院夜戏：大轴梅兰芳、姜妙香合演《贵妃醉酒》。

8月25日至28日，承华社应邀在天津明星大戏院演出四天。

8月31日，应许少卿之约，转至天津新明戏院与杨小楼合作演出四天。

8月31日，天津新明戏院夜戏：

王凤卿、姜妙香、关丽卿《御碑亭》《金榜乐》，压轴梅兰芳《嫦娥奔月》，大轴杨小楼、郝寿臣、王长林合演二本《连环套》（带“盗钩”）。

9月1日，天津新明戏院夜戏：

姜妙香、关丽卿《玉堂春》，压轴杨小楼、钱金福《挑华车》，大轴梅兰芳、王凤卿、侯喜瑞合演全本《宝莲灯》。

9月2日，天津新明戏院夜戏：

姜妙香《白门楼》，关丽卿《六月雪》，压轴梅兰芳、王凤卿《汾河湾》，大轴杨小楼、梅兰芳、郝寿臣、钱金福合演《长坂坡》。

9月3日，王凤卿、关丽卿、郝寿臣、慈瑞泉《法门寺》，压轴杨小楼、钱金福、许德义《安天会》，大轴梅兰芳、姜妙香合演《黛玉葬花》。

9月9日，春福社华乐园日场：

钱宝森《采石矶》，吴彦衡、朱桂芳《青石山》，芙蓉草《樊江关》，压轴关丽卿《六月雪》，大轴马连良、郝寿臣、姜妙香、王长林、吴彩霞合演《夜审潘洪》（姜妙香饰八贤王）。

9月11日，红十字会慈善救济游园会，北海公园演出戏目：

全班合演《大赐福》，侯喜瑞《闹江洲》，高庆奎《捉放曹》，压轴程艳秋、郭仲衡《花筵赚》，大轴梅兰芳、杨小楼、王凤卿、姜妙香合演《霸王别姬》。

9月21日，阎宅堂会演出戏目：

程玉箐《女起解》，程艳秋、郭仲衡《骂殿》，言菊朋《文昭关》，余叔岩、侯喜瑞《闹府》，压轴杨小楼、钱金福《落马湖》，大轴梅兰芳、姜妙香合演《贵妃醉酒》。

9月22日，春福社华乐园日场：

李洪福、吴彩霞《金水桥》，诸茹香、姜妙香《胭脂虎》，马春樵、钱宝森《白马坡》，郝寿臣、朱桂芳《普球山》，压轴关丽卿《宇宙锋》，大轴马连良、芙蓉草、吴彦衡、王长林、钱金福合演《摘缨会》。

9月24日，为京师女子职业学校筹款，第一舞台义务夜戏：

马连良、高庆奎、姜妙香《群英会》，荀慧生《文章会》，龚云甫《钓金龟》，程艳秋《红拂传》，压轴杨小楼、钱金福、许德义《恶虎村》，大轴梅兰芳、陈德霖、王凤卿、姜妙香合演《上元夫人》。

10月2日，春福社华乐园日场：

朱桂芳、钱宝森《芦林坡》，王长林、马富禄《打面缸》，压轴关丽卿、关继良《武家坡》，大轴马连良、郝寿臣、姜妙香、马春樵、钱金福合演头二本《取南郡》。

10月6日，春福社华乐园日场：

李洪春《取荥阳》，王长林、诸茹香、马富禄《一疋布》，朱桂芳《演火棍》，马春樵《英雄义》，压轴关丽卿、姜妙香、张春彦《玉堂春》，大轴马连良、郝寿臣、吴彦衡、刘砚亭、钱宝森、鲍吉祥合演《盘河战》。

10月7日，春福社华乐园日场：

钱宝森《铁笼山》，诸茹香、姜妙香、马富禄、张春彦《胭脂虎》，吴彦衡、朱桂芳、王福山《殷家堡》，郝寿臣、甄洪奎《审李七》，大轴马连良、关丽卿、王长林合演《打渔杀家》。

10月8日，春福社华乐园日场：

姜妙香、诸茹香《得意缘》，朱桂芳《摇钱树》，钱金福《庆阳图》，压轴马春樵《艳阳楼》，大轴马连良、关丽卿、郝寿臣、王长林、吴彦衡合演《秦琼发配》。

10月9日，春福社华乐园日场：

马富禄《打城隍》，朱桂芳、钱宝森《泗州城》，压轴关丽卿、诸茹香《五花洞》，大轴马连良、姜妙香、郝寿臣、钱金福合演三四本《取南郡》。

10月13日，春福社华乐园日场：

李洪福、诸茹香《赶三关》，朱桂芳、钱宝森《攻潼关》，吴彦衡《莲花湖》，马连良、姜妙香、郝寿臣《黄鹤楼》，压轴关丽卿、马富禄《女起解》，大轴马连良、王长林合演《失印救火》。

10月29日，春福社华乐园日场：

朱桂芳、钱宝森《取金陵》，吴彦衡、马春樵《三侠剑》，芙蓉草、姜妙香《虹霓关》，压轴关丽卿《彩楼配》，大轴马连良、郝寿臣、王长林、姜妙香、马春樵合演《兴周灭纣》。

10月29日，寿宴堂会演出戏目：

程艳秋《烛影记》，压轴王凤卿、尚小云、王琴侬、朱素云《四郎探母》，大轴梅兰芳、程继先、姜妙香合演《奇双会》。

10月30日，春福社华乐园日场：

姜妙香《玉门关》，芙蓉草《樊江关》，朱桂芳、马春樵、王长林《青石山》，压轴关丽卿、关继良《三击掌》，大轴马连良、郝寿臣、吴彦衡合演《武乡侯》。

11月3日，春福社华乐园日场：

李洪福、诸茹香《回龙阁》，吴彦衡、朱桂芳《殷家堡》，压轴关丽卿、姜妙香《玉堂春》，大轴马连良、郝寿臣、芙蓉草、王长林首次上演《战宛城》。

11月4日，春福社华乐园日场：

朱桂芳、钱宝森《芦林坡》，芙蓉草《打樱桃》，关继良《卖马》，大轴马连良、关丽卿、郝寿臣、姜妙香、吴彦衡、马春樵合演《甘露寺》《回荆州》《美人计》《芦花荡》。

11月6日，春福社华乐园日场：

朱桂芳、朱湘泉《蔡家庄》，吴彦衡、钱宝森、马连昆《冀州城》，芙蓉草、诸茹香《双摇会》，压轴关丽卿《宇宙锋》，大轴马连良、郝寿臣、姜妙香、王长林、马春樵、鲍吉祥、刘砚亭合演《取洛阳》《白莽台》。

11月10日，春福社华乐园日场：

马春樵《铁笼山》，芙蓉草、姜妙香、郝寿臣《穆柯寨》，压轴关丽卿、吴彦衡《五花洞》，大轴马连良、罗福山合演《焚绵山》。

11月13日，春福社华乐园日场：

朱桂芳、钱宝森《泗州城》，芙蓉草、姜妙香《胭脂虎》，大轴马连良、钱金福、郝寿臣、关丽卿、马春樵、吴彦衡合演《汉阳院》带《长坂坡》。

11月18日，那园杨宅家庆堂会演出戏目：

茹富兰、韩富信、陈富康《状元印》，王凤卿、陈德霖《四郎探母》，程艳秋《女起解》，压轴梅兰芳、姜妙香《玉堂春》，大轴余叔岩、杨小楼、梅兰芳、钱金福、王长林合演《摘缨会》。

11月19至23日，春福社应邀赴天津明星大戏院演出，姜妙香随行，与马连良、郝寿臣演出《清官册》、《四进士》等。

12月4日，春福社华乐园日场：

朱桂芳、钱宝森《泗州城》，关丽卿《彩楼配》，大轴马连良、郝寿臣、姜妙香、王长林、萧长华、马春樵、吴彦衡首次上演全本《火牛阵》。

12月10日，承华社中和戏院夜戏：

朱桂芳《十字坡》，萧长华《打面缸》，尚和玉、侯喜瑞《牛皋下书》《挑华车》，压轴王凤卿《取成都》，大轴梅兰芳、姜妙香、姚玉芙、诸茹香合演《黛玉葬花》。

12月18日，承华社中和戏院夜戏：

尚和玉《恶虎村》，压轴王凤卿《朱砂痣》，大轴梅兰芳、姜妙香合演《洛神》。

12月24日，承华社中和戏院夜戏：

萧长华《龙凤配》，侯喜瑞《丁甲山》，尚和玉《神亭岭》，压轴王凤卿《鱼肠剑》，大轴梅兰芳、姚玉芙、姜妙香、魏莲芳首次演出《俊袭人》。

12月26日，承华社开明剧场夜戏：大轴梅兰芳、姚玉芙、姜妙香、魏莲芳合演《俊袭人》。

本年，梨园公益总会第一舞台大义务夜戏：

开场《富贵长春》，福小田《风云会》，蓝月春《收关胜》，时慧宝、刘景然《柴桑口》，李吉瑞、马富禄《落马湖》，谭富英、蒋少奎、李洪春、曹连孝《定军山》，马连良、茹富兰、刘永奎、许德义《阳平关》，徐碧云、贯大元、裘桂仙《二进宫》，龚云甫、茹富蕙《钓金龟》，梅兰芳、尚小云、荀慧生、小翠花、王凤卿、俞振庭、高庆奎、慈瑞泉、萧长华、朱桂芳、方连元《四五花洞》，压轴杨小楼、郝寿臣、王长林《连环套》，大轴余叔岩、梅兰芳、鲍吉祥、姜妙香、钱金福、王长林、吴彩霞合演《珠帘寨》。

1928年

（民国十七年，农历戊辰年） 38岁

本年，姜妙香搭梅兰芳承华社，马连良春福社、扶春社演出。

1月1日至4日，承华社应天津春和戏院邀请，赴天津演出四天。

1月1日，承华社天津春和戏院夜戏：

李春林、福小田《战太平》，萧长华、诸茹香《荷珠配》，压轴王凤卿《取成都》，大轴梅兰芳、姜妙香合演《贵妃醉酒》。

1月2日，承华社天津春和戏院夜戏：大轴梅兰芳、姜妙香合演头二本《虹霓关》。

1月3日，承华社天津春和戏院夜戏：大轴梅兰芳、姜妙香、朱桂芳、萧长华合演全部《廉锦枫》。

1月4日，承华社天津春和戏院夜戏：大轴梅兰芳、姜妙香合演《洛神》。

1月7日，承华社中和戏院夜戏：

朱桂芳《盗仙草》，姜妙香、王少亭《借赵云》，萧长华、诸茹香《打灶王》，尚和玉、李寿山首次上演《窃兵符》，压轴陈德霖、王凤卿、刘景然《战蒲关》，大轴梅兰芳、龚云甫合演《六月雪》（带“法场”）。

1月8日，春福社华乐园日场：

朱桂芳、钱宝森《泗州城》，关继良《搜孤救孤》，芙蓉草《双摇会》，大轴马连良、郝寿臣、吴彦衡、姜妙香、马春樵、孟小如、张春彦首次上演《鸿门宴》。

1月8日，承华社中和戏院夜戏：

姜妙香、慈瑞泉《入侯府》，侯喜瑞《青风寨》，朱桂芳《无底洞》，压轴尚和玉、朱小义、李寿山、娄廷玉首次上演二本《窃兵符》，

大轴梅兰芳、王凤卿、龚云甫、陈德霖、姜妙香、张春彦合演《探母回令》。

1月11日至14日，承华社再次应天津春和戏院邀请，赴天津演出四天。

1月11日，承华社天津春和戏院夜戏：大轴梅兰芳、姜妙香、姚玉芙合演《俊袭人》。

1月12日，承华社天津春和戏院夜戏：大轴梅兰芳、王凤卿、姜妙香、侯喜瑞、萧长华合演三本《太真外传》。

1月13日，承华社天津春和戏院夜戏：大轴梅兰芳、王凤卿、姜妙香、侯喜瑞、萧长华、姚玉芙合演四本《太真外传》。

1月14日，承华社天津春和戏院夜戏：大轴梅兰芳、王凤卿、姜妙香、姚玉芙合演《上元夫人》。

1月15日，齐宅堂会演出戏目：

云飘香《虹霓关》，侯喜瑞《火判》，李吉瑞《酸枣岭》，尚小云、朱素云《玉堂春》，压轴梅兰芳、姜妙香、姚玉芙《千金一笑》，大轴梅兰芳、陈德霖合演《麻姑献寿》。

2月6日，怀仁堂茶会演出戏目：

韩君清《痴梦》，王瑶卿、王凤卿、龚云甫、陈德霖、姜妙香《南北合》，余叔岩、萧长华《胭脂褶》，压轴杨小楼、钱金福、许德义《状元印》，大轴梅兰芳、陈德霖、姚玉芙合演《麻姑献寿》。

2月17日，承华社中和戏院夜戏：

宋继亭、吴彩霞《武昭关》，朱桂芳《战金山》，张春彦《盗宗卷》，慈瑞泉《送亲》，大轴梅兰芳、姜妙香、尚和玉、王凤卿、侯喜瑞、萧长华、诸茹香首次上演全本《宇宙锋》。

2月18日，承华社中和戏院夜戏：大轴梅兰芳、姜妙香、尚和玉、王凤卿、李寿山、萧长华、诸茹香合演《宇宙锋》。

2月23日，春福社华乐园日场：

朱桂芳《演火棍》，马春樵《白马坡》，王长林、郝寿臣《九龙杯》，压轴黄桂秋、孟小如《三击掌》，大轴马连良、芙蓉草、姜妙香、马富禄、吴彦衡、马春樵首次上演全部《临江会》。

3月1日，春福社华乐园日场：

姜妙香、张春彦《镇潭州》，王长林《打面缸》，朱桂芳、马春樵《蟠桃会》，压轴吴彦衡、钱宝森《恶虎村》，大轴马连良、郝寿臣、黄桂秋、芙蓉草、马富禄首次上演全本《浣花溪》。

3月1日，姜妙香日场《镇潭州》唱完赶赴天津，与梅兰芳汇合。当晚天津中原公司屋顶妙舞台正式开幕夜戏：

《遇龙封官》，张雅冬《托兆碰碑》，王菊仙《朱砂痣》，张德芳《大破仙人担》，鲜牡丹《千金一笑》，压轴王凤卿《捉放曹》，大轴梅兰芳、姜妙香、姚玉芙合演头二本《虹霓关》。

3月3日，承华社中和戏院夜戏：大轴梅兰芳、姜妙香、姚玉芙、张春彦、罗文奎合演《牢狱鸳鸯》。

3月4日，为直隶赤城等处赈灾募款，第一舞台义务夜戏头天：

全班合演《富贵长春》，姜妙香《辕门射戟》，时慧宝《上天台》，朱桂芳、茹富兰《金光洞》，谭富英、侯喜瑞《开山府》，尚和玉《车轮战》，荀慧生《花田错》，程艳秋、马连良《梅龙镇》，王又宸、尚小云、侯喜瑞《法门寺》，压轴梅兰芳、龚云甫、萧长华《六月雪》，大轴杨小楼、余叔岩、郝寿臣、钱金福合演《战宛城》。

3月5日，为直隶赤城等处赈灾募款，第一舞台义务夜戏第二天：

全班合演《渭水河》，裘桂仙《御果园》，李万春《狮子楼》，周瑞安《冀州城》，陈德霖、刘景然《战蒲关》，荀慧生《大英杰烈》，程艳秋《孔雀屏》，马连良、郝寿臣《捉放宿店》，压轴余叔岩《盗宗卷》，大轴梅兰芳、杨小楼、王凤卿、姜妙香合演《霸王别姬》。

3月10日，承华社中和戏院夜戏：压轴王凤卿、姜妙香《群英会》，大轴梅兰芳《女起解》。

3月17日，承华社中和戏院夜戏：大轴梅兰芳、姜妙香合演《混元盒》。

3月18日，春福社华乐园日场：

吴彦衡、朱桂芳《青石山》，马春樵《四平山》，压轴黄桂秋、姜妙香《穆天王》，大轴马连良、郝寿臣、王长林、芙蓉草、马富禄首次上演全本《范仲禹》。

3月20日，铁狮子胡同张宅堂会演出戏目：

小翠花、王幼卿、程继先《得意缘》，李万春、蓝月春《古城会》，程艳秋、王凤卿《骂殿》，红豆馆主、尚小云《奇双会》，梅兰芳、姜妙香《玉簪记》，压轴余叔岩、扎金奎《一捧雪》，大轴杨小楼、梅兰芳、程艳秋、尚小云、荀慧生、慈瑞泉、萧长华合演《四五花洞》。

4月6日，承华社中和戏院夜戏：

梅兰芳、姜妙香、尚和玉、王凤卿、侯喜瑞、萧长华、李寿山，慈瑞泉、朱桂芳首次上演全本《凤还巢》。

4月8日，为梨园全体修造东岳庙梨园祖师殿募款，第一舞台义务夜戏：

福小田《大回朝》，朱桂芳《泗州城》，尚和玉、李万春《大长坂坡》，小翠花、高庆奎、萧长华《乌龙院》，王又宸、程艳秋、陈德霖、龚云甫《探母回令》，压轴余叔岩、尚小云《打渔杀家》，大轴梅兰芳、杨小楼、王凤卿、姜妙香、许德义合演《霸王别姬》。

4月15日，承华社中和戏院夜戏：大轴梅兰芳、王凤卿、姜妙香合演后本《木兰从军》。

4月28日，承华社中和戏院夜戏：大轴梅兰芳、姜妙香合演《贵妃醉酒》。

5月4日，承华社中和戏院夜戏：压轴王凤卿、姜妙香《镇潭州》，大轴梅兰芳、萧长华、刘景然合演《审头刺汤》。

6月17日，承华社开明戏院夜戏：大轴梅兰芳、姜妙香合演《金针刺蟒》。

6月22日，承华社开明戏院夜戏：大轴梅兰芳、姜妙香、姚玉芙合演《千金一笑》。

6月24日，承华社开明戏院夜戏：大轴梅兰芳、姜妙香、朱桂芳合演全部《廉锦枫》。

6月30日，承华社开明戏院夜戏：大轴梅兰芳、姜妙香合演《虹霓关》。

7月7日，承华社开明戏院夜戏：大轴梅兰芳、姜妙香合演《黛玉葬花》。

7月13日，承华社开明戏院夜戏：大轴梅兰芳、王凤卿、侯喜瑞、慈瑞泉、姜妙香、诸茹香合演《拾玉镯》《法门寺》。

7月14日，承华社开明戏院夜戏：大轴梅兰芳、姚玉芙、姜妙香合演《嫦娥奔月》。

7月15日，承华社开明戏院夜戏：大轴梅兰芳、王凤卿、陈德霖、龚云甫、姜妙香合演《探母回令》。

7月19日，梨园公益总会筹款赈灾，第一舞台义务夜戏头天：

裘桂仙《草桥关》，尚和玉、朱桂芳《青石山》，贯大元、朱琴心、姜妙香《御碑亭》，马连良、小翠花《坐楼杀惜》，程艳秋、郭仲衡《宝莲灯》，压轴梅兰芳、龚云甫《六月雪》，大轴余叔岩、杨小楼、高庆奎、钱金福、王长林合演《定军山》《阳平关》《五截山》。

7月20日，梨园公益总会筹款赈灾，第一舞台义务夜戏第二天：

尚和玉《战滁州》，陈德霖、刘景然《战蒲关》，高庆奎、马连良、金仲仁《借东风》，荀慧生《辛安驿》，程艳秋、郭仲衡《骂殿》，压轴余叔岩《盗宗卷》，大轴梅兰芳、杨小楼、王凤卿、姜妙香合演《霸王别姬》。

7月21日，承华社中和戏院夜戏：

宋继亭《战太平》，朱桂芳《打瓜园》，张春彦、姜妙香《状元谱》，压轴尚和玉《铁笼山》，大轴梅兰芳、王凤卿、姜妙香合演头本《太真外传》。

7月22日，承华社中和戏院夜戏：

开场《顶灯》，宋继亭《定军山》，压轴尚和玉、朱桂芳《殷家堡》，大轴梅兰芳、王凤卿、姜妙香、姚玉芙、张春彦合演二本《太真外传》。

7月27日，承华社中和戏院夜戏：

张春彦《浣花溪》，压轴尚和玉《车轮战》，大轴梅兰芳、王凤卿、姜妙香、侯喜瑞、萧长华合演三本《太真外传》。

7月28日，承华社中和戏院夜戏：

尚和玉《赵家楼》，大轴梅兰芳、王凤卿、姜妙香、侯喜瑞、萧长华、姚玉芙合演四本《太真外传》。

7月29日，承华社中和戏院夜戏：

宋继亭、福小田《南阳关》，朱桂芳、沈三玉、慈瑞泉《百草山》，尚和玉、侯喜瑞、朱小义《牛皋下书》《挑华车》，王凤卿、诸茹香、罗福山《朱砂痣》，大轴梅兰芳、姜妙香、李寿山合演《玉簪记》。

8月17日，承华社中和戏院夜戏：

宋继亭《搜孤救孤》，诸茹香、慈瑞泉、刘凤林、曹二庚《双摇会》，尚和玉、朱小义、张德发《艳阳楼》，王凤卿、侯喜瑞、张春彦《战长沙》，大轴梅兰芳、姜妙香、朱桂芳合演《廉锦枫》。

8月21日，承华社开明戏院夜戏：

宋继亭《战太平》，曹二庚《瞎子逛灯》，尚和玉、侯喜瑞、朱小义、张德发《恶虎村》，王凤卿、扎金奎、时玉奎《取成都》，大轴梅兰芳、姜妙香、萧长华、张春彦、芙蓉草、朱桂芳、罗福山合演《天河配》。

8月25日，马连良组扶春社赴沪演出返京，头天在中和戏院日场便约请姜妙香参加演出。

8月25日，扶春社中和戏院日场：

陈喜兴《马鞍山》，刘雪亭《挑华车》，压轴高秋萍《醉酒》，大轴马连良、王琴侬、龚云甫、黄桂秋、姜妙香合演《探母回令》。

8月26日，扶春社中和戏院日场：

陈喜兴《黄鹤楼》，刘雪亭《赵家楼》，马春樵《四平山》，侯喜瑞《下河东》，压轴高秋萍、姜妙香《马上缘》，大轴马连良、黄桂秋、王长林、诸茹香首次上演全本《青风亭》。

9月7日，承华社开明大戏院夜戏：

宋继亭《卖马》，萧长华《入侯府》，朱小义、张德发《探庄》，朱桂芳《娘子军》，压轴侯喜瑞、张春彦《开山府》，大轴梅兰芳、王凤卿、姜妙香、尚和玉、萧长华首次上演《春灯谜》。

9月16日，承华社中和戏院夜戏：大轴梅兰芳、姜妙香、孙甫亭合演前本《春秋配》。

9月17日，承华社中和戏院夜戏：大轴梅兰芳、姜妙香、孙甫亭、侯喜瑞合演后本《春秋配》。

9月29日，扶春社华乐园日场：

陆凤琴《入侯府》，宋继亭《雪杯圆》，邱富棠《盗仙草》，诸茹香《穆柯寨》，李多奎《行路训子》，马春樵《恶虎村》，压轴黄桂秋《宇宙锋》，大轴马连良、郝寿臣、黄桂秋、姜妙香、张春彦首次上演《许田射鹿》。

10月6日，承华社开明戏院夜戏：大轴梅兰芳、王凤卿、姜妙香、萧长华合演前本《西施》。

10月7日，承华社开明戏院夜戏：大轴梅兰芳、王凤卿、姜妙香、萧长华合演后本《西施》。

10月14日，承华社中和戏院夜戏：大轴梅兰芳、王凤卿、姜妙香、尚和玉、萧长华合演《春灯谜》。

10月22日，梅兰芳应广东戊辰同乐社之邀，率领谭富英、姜妙香等一百二十余人赴粤演出。剧团乘船从大连转上海，取道香港赴广州。

10月30日，剧团抵达广州。

11月1日，广州海珠戏院夜戏头天：大轴梅兰芳、姜妙香、陈喜兴、高连峰合演全部《奇双会》。

11月2日，广州海珠戏院夜戏：大轴梅兰芳、姜妙香、朱桂芳、陈喜兴合演全部《孝女廉锦枫》。

11月3日，广州海珠戏院夜戏：大轴梅兰芳、姚玉芙、姜妙香合演《天女散花》。

11月4日，广州海珠戏院日场：大轴梅兰芳、姜妙香、于莲仙、福小田、王多寿合演头二本《虹霓关》。

11月4日，广州海珠戏院夜戏：大轴梅兰芳、姜妙香、陈喜兴合演《牢狱鸳鸯》。

11月5日，广州海珠戏院夜戏：大轴梅兰芳、谭富英、姜妙香、于莲仙、姚玉芙、扎金奎、王多寿、高连峰合演《四郎探母》。

11月6日，广州海珠戏院夜戏：大轴梅兰芳、姜妙香、金少山、陈喜兴、王多寿合演前本《西施》。

11月7日，广州海珠戏院夜戏：大轴梅兰芳、姜妙香、金少山、陈喜兴合演后本《西施》。

11月8日，广州海珠戏院夜戏：大轴梅兰芳、姜妙香、姚玉芙《黛玉葬花》。

11月9日，广州海珠戏院夜戏：大轴梅兰芳、姜妙香、陈喜兴、高连峰合演《华清池赐浴》。

11月10日，广州海珠戏院夜戏：大轴梅兰芳、姜妙香、于莲仙、姚玉芙、朱桂芳、福小田合演合演《霓裳羽衣》。

11月11日，广州海珠戏院夜戏：大轴梅兰芳、谭富英、金少山、谭小培、姜妙香、福小田、陈吉瑞合演全本《甘露寺》。

11月12日，广州海珠戏院夜戏：大轴梅兰芳、金少山、姜妙香、陈喜兴、沈三玉、王多寿合演《霸王别姬》。

11月13日，剧团全体演员从广州起程，赴香港高升戏院演出。

11月14日，香港高升戏院夜戏头天：

压轴谭富英、金少山、福小田、张彦堃《失街亭》《空城计》《斩马谡》，大轴梅兰芳、姜妙香、朱桂芳、陈喜兴合演全部《廉锦枫》。

11月15日，香港高升戏院夜戏：大轴梅兰芳、谭富英、姜妙香、于莲仙、扎金奎合演《四郎探母》。

11月16日，香港高升戏院夜戏：大轴梅兰芳、姜妙香、扎金奎合演《红线盗盒》。

11月17日，香港高升戏院夜戏：大轴梅兰芳、姜妙香、姚玉芙合演《洛神》。

11月18日，香港高升戏院日场：大轴梅兰芳、姜妙香、于莲仙、福小田、高连峰合演全本《虹霓关》。

11月18日，香港高升戏院夜戏：大轴梅兰芳、姜妙香、金少山、陈喜兴、王多寿合演前本《西施》。

11月19日，香港高升戏院夜戏：大轴梅兰芳、姜妙香、金少山、陈喜兴合演后本《西施》。

11月20日，香港高升戏院夜戏：大轴梅兰芳、姜妙香、陈喜兴、高连峰合演《华清池赐浴》。

11月21日，香港高升戏院夜戏：大轴梅兰芳、姜妙香、于莲仙、姚玉芙、朱桂芳、福小田合演合演《霓裳羽衣》。

11月22日，香港高升戏院夜戏：大轴梅兰芳、金少山、姜妙香、陈喜兴、沈三玉、王多寿、高连峰合演《霸王别姬》。

11月23日，香港高升戏院夜戏：大轴梅兰芳、姚玉芙、姜妙香合演《天女散花》。

11月24日，香港高升戏院夜戏：大轴梅兰芳、姜妙香、陈喜兴合演《长生殿》。

11月25日，香港高升戏院夜戏：大轴梅兰芳、谭富英、姜妙香合演全本《仙山楼阁》。

11月26日，香港高升戏院夜戏：大轴梅兰芳、金少山、姜妙香、陈喜兴、沈三玉合演《霸王别姬》。

香港演出结束后回到广州，继续在海珠剧场演出。

11月29日，广州海珠剧场夜戏：

王三奎《百寿图》，陈福芳《宇宙锋》，陈吉瑞《界牌关》，压轴谭富英、金少山、福小田、张彦堃《失街亭》《空城计》《斩马谡》，大轴梅兰芳、姜妙香、于莲仙、姚玉芙、朱桂芳、福小田合演二本《太真外传》。

12月2日，广州海珠剧场夜戏：大轴梅兰芳、姜妙香、于莲仙、姚玉芙、福小田、王多寿合演一至四本《太真外传》。

本年，姜妙香应胜利唱片公司邀请，灌制《火牛阵》唱片2面，姜妙香饰田法章、徐兰沅京胡、何斌奎司鼓；《孝感天》唱片1面，姜妙香饰共叔段、徐兰沅京胡、何斌奎司鼓；《木兰从军》唱片1面姜妙香饰唐王、徐兰沅京胡、何斌奎司鼓；《天河配》唱片2面姜妙香饰牛郎、徐兰沅京胡、何斌奎司鼓。

1929年

（民国十八年，农历己巳年） 39岁

本年，姜妙香搭梅兰芳承华社，马连良扶春社、扶荣社，朱琴心双成社演出。

1月13日，梅兰芳率剧团从广州抵达上海。

1月15日，上海伶界联合会设宴，高伯绥、周信芳、梅兰芳先后致辞。王凤卿、李万春、姚玉芙、姜妙香、蓝月春、谭小培、谭富英、侯喜瑞、朱桂芳、朱湘泉、张春彦、萧长华、李香林、孙甫亭、徐德增、韩佩亭等参加宴会。

1月20日，为豫陕甘等十三省赈灾会募款，上海共舞台义务夜戏头天：

压轴王凤卿《取成都》，大轴梅兰芳、姜妙香、萧长华合演《木兰从军》。

1月21日，为豫陕甘等十三省赈灾会募款，上海共舞台义务夜戏第二天：

压轴王凤卿《文昭关》，梅兰芳、周信芳、侯喜瑞、萧长华、姜妙香合演《拾玉镯》《法门寺》。

2月17日，扶春社北京中和戏院日场：

邱富棠、张连恩、阎岚亭《娘子军》，高秋萍、罗文奎《打花鼓》，压轴王幼卿、马富禄《女起解》，大轴马连良、郝寿臣、姜妙香、张春彦、马春樵、孟小如合演《鸿门宴》。

3月23日，承华社中和戏院夜戏：大轴梅兰芳、姜妙香、朱桂芳合演《廉锦枫》。

3月24日，扶春社中和戏院日场：

李洪福《朱砂痣》，高秋萍《打面缸》，姜妙香、诸茹香《破洪州》，压轴马春樵、邱富棠《青石山》，大轴马连良、郝寿臣、王幼卿、马富禄首次上演全本《天启传》。

4月6日，承华社中和戏院夜戏：大轴梅兰芳、姜妙香、姚玉芙合演《俊袭人》。

4月12日，承华社中和戏院夜戏：大轴梅兰芳、王凤卿、姜妙香、姚玉芙合演《御碑亭》。

4月20日至23日，姜妙香与梅兰芳、杨小楼、程砚秋、马连良等赴天津，参加中国红十字会万全分会为察哈尔省灾民举办赈灾义演，演出剧目《探母回令》、《霸王别姬》等。

4月27日，山西赈务会筹款，第一舞台义务夜戏：

全班合演《大赐福》，高庆奎、王幼卿、陈德霖、姜妙香《四郎探母》，荀慧生、贯大元《坐楼杀惜》，杨小楼、王凤卿、尚小云、程艳秋、马连良、程继先《甘露寺》《美人计》《回荆州》，压轴梅兰芳、余叔岩《游龙戏凤》，大轴杨小楼、余叔岩、梅兰芳、程艳秋、马连良、朱桂芳合演《八蜡庙》。

5月12日，扶春社中和戏院日场：

诸茹香、高秋萍《青州府》，邱富棠《百草山》，压轴王幼卿、罗福山《六月雪》，大轴马连良、张荣奎、郝寿臣、姜妙香合演《三顾茅庐》（马连良饰诸葛亮、张荣奎饰刘备、郝寿臣饰张飞、姜妙香饰诸葛恪）。

梅兰芳筹备赴美演出，在京演出不多，姜妙香又搭入朱琴心双成社演出。

6月4日，山西赈灾会募款义演，第一舞台夜戏：

《大赐福》，孙砚亭《荷珠配》，邱富棠《泗州城》，裘桂仙《白良关》，尚和玉、茹富兰、孙毓堃、朱小义、朱琴心、郭仲衡四演《长坂坡》（带“汉津口”），王又宸、王幼卿、陈德霖、姜妙香《四郎探母》，高庆奎、荀慧生《坐楼杀惜》，杨小楼、程艳秋、马连良、郝寿臣、龚云甫、王凤卿、贯大元、程继先、郭春山《甘露寺》《美人计》《回荆州》《芦花荡》，压轴梅兰芳、余叔岩《游龙戏凤》，大轴全体合演《八蜡庙》（杨小楼反串张桂兰，梅兰芳反串黄天霸，余叔岩反串朱光祖，程艳秋反串贺人杰，马连良反串关泰，阎岚秋反串褚彪，朱桂芳反串费德功，姜妙香反串金大力，郝寿臣反串小老妈，侯喜瑞反串秦小姐，李寿山反串丫鬟，诸茹香反串秦义成）。

6月8日，承华社开明戏院夜戏：大轴梅兰芳、姜妙香合演《金针刺蟒》。

6月22日，承华社中和戏院夜戏：压轴梅兰芳、陈德霖、姜妙香合演《风筝误》，大轴梅兰芳、王凤卿合演《汾河湾》。

8月11日，双成社中和戏院日场：

茹富蕙《入府》，钱宝森《采石矶》，周瑞安《冀州城》，压轴言菊朋《辕门斩子》，大轴朱琴心、姜妙香合演《天河配》。

8月18日，双成社中和戏院日场：

姜妙香、刘砚亭《取洛阳》，诸茹香、曹二庚《下河南》，朱桂芳《芦林坡》，周瑞安《落马湖》，压轴言菊朋《空城计》，大轴朱琴心、姜妙香、马富禄首次上演《王熙凤毒设相思局》。

9月7日，双成社中和戏院日场：

诸茹香《下河南》，朱桂芳、钱宝森《取金陵》，张如庭、周瑞安、侯喜瑞《八大锤》，压轴时慧宝《柴桑口》，大轴朱琴心、姜妙香、马富禄、张春彦首次上演《大慈庵》。

9月14日，双成社中和戏院日场：

姜妙香、诸茹香《胭脂虎》，朱桂芳《水晶宫》，朱琴心、时慧宝《桑园会》，张如庭《奇冤报》，压轴周瑞安《恶虎村》，大轴朱琴心、张春彦、高秋萍首次上演《麟骨床》。

9月17日，双成社中和戏院日场：

钱宝森《收关胜》，姜妙香、张春彦《镇潭州》，周瑞安、朱桂芳《刺巴杰》，压轴时慧宝《上天台》，大轴朱琴心、张如庭、马富禄、蒋少奎、刘砚亭首次上演《中秋赏月》。

9月，马连良改组扶荣社，姜妙香加入。

9月29日，扶荣社华乐园日场：

陆凤琴《入府》，宋继亭《雪杯圆》，邱富棠《盗仙草》，诸茹香《穆柯寨》，李多奎《行路训子》，马春樵《恶虎村》，压轴黄桂秋《宇宙锋》，大轴马连良、郝寿臣、黄桂秋、姜妙香、张春彦合演《许田射鹿》。

10月10日，承华社开明戏院夜戏：

陈喜兴《上天台》，朱桂芳《泗州城》，萧长华、诸茹香《变羊记》，尚和玉《英雄义》，压轴王凤卿《战长沙》，大轴梅兰芳、李寿山、姚玉芙、姜妙香合演《天女散花》。

10月19日，扶荣社华乐园日场：

曹锡良《探庄》，张春彦、诸茹香《胭脂虎》，郭仲衡《文昭关》，压轴黄桂秋《宇宙锋》，大轴马连良、郝寿臣、姜妙香、芙蓉草、马春樵合演《祭泸江》。

10月20日，扶荣社华乐园日场：

邱富棠《泗州城》，李多奎《钓金龟》，郭仲衡《取成都》，压轴郝寿臣、马春樵、芙蓉草首次上演《飞虎梦》，大轴马连良、黄桂秋、姜妙香、马富禄、刘连荣合演全本《十道本》。

11月10日，承华社开明大戏院夜戏：

陈喜兴《上天台》，朱桂芳《泗州城》，萧长华、诸茹香《变羊记》，尚和玉《英雄义》，压轴王凤卿《战长沙》，大轴梅兰芳、姚玉芙、李寿山、姜妙香合演《天女散花》。

11月15日至17日，姜妙香与杨小楼、梅兰芳、程砚秋、尚小云、陈德霖、小翠花等，参加天津特别市各界对俄外交后援会为慰劳东北将士举办义演。

11月15日，天津春和大戏院义演夜戏头天：

王凤卿、尚小云、程艳秋《双探母》，压轴杨小楼、郝寿臣、钱金福、朱桂芳《战宛城》，大轴梅兰芳、朱素云、李寿山、姜妙香合演《奇双会》。

11月16日，天津春和大戏院义演夜戏第二天：

压轴程艳秋《红梅寺》，大轴杨小楼、梅兰芳、王凤卿、尚小云、姜妙香合演《美人计》《回荆州》。

11月17日，天津春和大戏院义演夜戏第三天：

程艳秋《女起解》，压轴尚小云、朱素云《玉堂春》，大轴梅兰芳、杨小楼、王凤卿、姜妙香合演《霸王别姬》。

12月21日，姜妙香参加新艳秋拜师梅兰芳仪式。

12月28日，梅兰芳、姜妙香、姚玉芙等赴沪，陈德霖、尚小云、程艳秋、小翠花等至车站送行。

本年，姜妙香应高亭唱片公司邀请，灌制《西施》唱片1面，姜妙香饰文种、王少卿京胡、杭子和司鼓；《洛神》唱片1面，姜妙香饰曹子建、王少卿京胡、杭子和司鼓；《四郎探母》唱片2面，姜妙香饰杨宗保、王少卿京胡、杭子和司鼓；《监酒令》唱片2面，姜妙香饰刘章、王少卿京胡、杭子和司鼓。

本年，姜妙香应蓓开唱片公司邀请，灌制《孝感天》唱片2面，姜妙香饰共叔段、王少卿京胡、杭子和司鼓；《群英会》唱片1面，姜妙香饰周瑜、王少卿京胡、杭子和司鼓；《黛玉葬花》唱片1面，姜妙香饰贾宝玉、王少卿京胡、杭子和司鼓；《得意缘》唱片1面，姜妙香饰卢昆杰、王少卿京胡、杭子和司鼓；《二本西施》唱片1面，姜妙香饰文种、王少卿京胡、杭子和司鼓。

本年，高亭唱片公司约请梅兰芳灌制唱片，特烦姜妙香报目（即在唱片前报“高亭公司约请梅兰芳先生，唱某某戏”）。这批灌录的唱片有《凤还巢》2面，《宇宙锋》2面，《俊袭人》2面，《贵妃醉酒》

1 面，《廉锦枫》1 面，徐兰沅京胡、王少卿京二胡、何斌奎司鼓。

1930年

（民国十九年，农历庚午年） 40岁

本年，姜妙香搭马连良扶荣社，章遏云庆盛社，程艳秋鸣和社，王又宸群庆社，梅兰芳承华社演出。

1月6日，梅兰芳赴美前，在上海演出三场，上海荣记大舞台夜戏头天：

朱桂芳、刘连荣、朱湘泉、扎金奎《取金陵》，大轴梅兰芳、马连良、姜妙香、萧长华、姚玉芙、马富禄、孙甫亭、曹连孝合演《探母回令》。

1月7日，梅兰芳赴美前最后三场演出，上海荣记大舞台夜戏第二天：

朱桂芳、马春樵、朱湘泉《青石山》，压轴马连良、高连峰《捉放宿店》，大轴梅兰芳、姜妙香、萧长华、王少亭合演《贩马记》。

1月8日，梅兰芳赴美前最后三场演出，上海荣记大舞台夜戏第三天：

朱桂芳、朱湘泉《摇钱树》，压轴马连良《武乡侯》，大轴梅兰芳、姜妙香、姚玉芙合演《俊袭人》。

1月15日，为浙江赈灾募款，上海荣记大舞台大义务夜戏：

王虎辰、高雪樵、王少泉《杀四门》，刘筱衡、赵如泉、小杨月楼、王云芳、李玉琴《八郎探母》，周信芳、陈鹤峰、董志扬、周五宝《萧何月下追韩信》，压轴高庆奎、林树森、刘永奎、苗胜春《逍遥津》，大轴梅兰芳、马连良、金少山、萧长华、姜妙香、马富禄、任鞶卿、刘连荣合演《拾玉镯》《法门寺》。

1月18日，梅兰芳从上海赴美演出。赴美演出团张彭春导演认为：让美国观众在短期内了解用假声唱念的小生行当有些难度。因此，赴美演出的《虹霓关》王伯党由朱桂芳（唱念均使大嗓）兼任，姜妙香未能同行。

1月下旬，梅兰芳赴美，姜妙香与马连良在上海合作演出三场后，马连良、姜妙香同返北京。

1月27日，梨园公益会救济同业贫苦，第一舞台义务夜戏：

全班合演《富贵长春》，裘桂仙《大回朝》，陆凤琴、尚富霞、刘凤林、小桂花、茹富蕙《四摇会》，阎岚秋、邱富棠《双泗州城》，时慧宝《马鞍山》，陈德霖《彩楼配》，茹富兰、杨宝忠、范宝亭、文亮臣《八大锤》《断臂说书》，尚和玉、王幼卿、郭仲衡、黄桂秋、许德义、钱宝森《长坂坡》，倒四朱琴心、姜妙香、任凤侣《闺房乐》，倒三王凤卿、程艳秋《武家坡》，压轴尚小云、王又宸、郝寿臣、萧长华《法门寺》，大轴杨小楼、小翠花、侯喜瑞、钱金福、王长林合演《大战宛城》。

2月13日，扶荣社中和戏院日场：

马春樵、侯喜瑞《古城会》，何雅秋、曹二庚、李玉泰《鸿鸾禧》，压轴尚和玉、迟月亭、刘砚亭《艳阳楼》，大轴马连良、王琴侬、王幼卿、李多奎、姜妙香、茹富蕙、吴富琴、李洪春合演《探母回令》。

2月14日，扶荣社中和戏院日场：

宋继亭《樊城长亭》，李多奎《游六殿》，尚和玉、何雅秋、侯喜瑞、马春樵、傅小山《战宛城》，压轴王幼卿、曹二庚《女起解》，大轴马连良、姜妙香、茹富蕙、吴富琴、刘砚亭合演《十道本》。

2月15日，扶荣社中和戏院日场：

宋继亭、李洪福《搜孤救孤》，姜妙香、李多奎、王丽卿《岳家庄》，马春樵、王玉吉《鄚州庙》，何雅秋、郭春山《打花鼓》，大轴马连良、王幼卿、尚和玉、侯喜瑞、吴富琴、曹二庚合演全部《汉阳院》（“哭刘表”带“长坂坡”）。

2月16日，扶荣社中和戏院日场：

宋继亭、王丽卿《武昭关》，侯喜瑞《青风寨》，李洪福、吴富琴《赶三关》，马春樵、何雅秋、茹富蕙《翠屏山》，压轴王幼卿、李多奎《六月雪》，大轴马连良、姜妙香、刘砚亭、曹二庚、郭春山合演《夜审潘洪》。

章遏云组庆盛社，特烦姜妙香助演。

2月17日，庆盛社华乐园夜戏：

李洪福《九龙山》，韩子峰《卖马》，吴彦衡《神亭岭》，压轴吴铁庵《九更天》，大轴章遏云、姜妙香、郝寿臣合演《得意缘》。

2月18日，庆盛社华乐园夜戏：

李洪福、吴富琴《战太平》，韩子峰《奇冤报》，吴彦衡、刘砚亭、姚富才《冀州城》，姜妙香《万里封侯》，大轴章遏云，郝寿臣、吴铁庵、慈瑞泉合演《法门寺》。

2月21日，扶荣社中和戏院日场：

宋继亭《凤鸣关》，李多奎《滑油山》，尚和玉、马春樵、刘砚亭《八蜡庙》，大轴马连良、王幼卿、侯喜瑞、姜妙香、何雅秋、茹富蕙、郭春山合演《四进士》。

2月22日，扶荣社中和戏院日场：

宋继亭《武昭关》，李多奎《长寿星》，马春樵、侯喜瑞《霸王庄》，何雅秋、姜妙香、曹二庚、福小田《花田错》，大轴马连良、王幼卿、茹富蕙、刘砚亭合演《一捧雪》。

2月23日，扶荣社中和戏院日场：

宋继亭《鱼藏剑》，曹二庚《荷珠配》，刘连湘《无底洞》，马春樵、福小田、沈三玉《潞安州》，何雅秋、马富禄、李玉泰《贵妃醉酒》，大轴马连良、王幼卿、尚和玉、姜妙香、侯喜瑞、李多奎、孟小如、郭春山、刘砚亭合演《美人计》《回荆州》《芦花荡》。

2月26日，庆盛社华乐园夜戏：

吴富琴、李洪福《武昭关》，一斗丑、韩子峰《浣纱记》，姜妙香《岳家庄》，吴彦衡、范宝亭《两将军》，压轴郝寿臣《打龙棚》，大轴章遏云、吴铁庵、范宝亭、慈瑞泉、时青山合演《水浒记》。

3月6日，扶荣社中和戏院日场：

尚和玉、马春樵、董俊峰、何雅秋《大战宛城》，王幼卿、马富禄《女起解》，大轴马连良、姜妙香、张春彦、刘砚亭、茹富蕙、曹连孝、吴富琴合演全部《十道本》。

3月，程艳秋重组鸣和社，以郝寿臣易侯喜端，李洪春、李洪福易周瑞安，言菊朋易郭仲衡，后又换王少楼，姜妙香、程继先易王又荃，新聘傅小山、扎金奎、马连昆、刘春利、李多奎、金少山搭入，使鸣和社阵容愈加壮大。演于鲜鱼口内小桥路南华乐戏院。

3月7日，扶荣社中和戏院日场：

曹二庚、刘凤林《一疋布》，何雅秋、李多奎、宋继亭《胭脂虎》，尚和玉、沈三玉《英雄义》，王幼卿、茹富蕙《女起解》，大轴马连良、侯喜瑞、姜妙香、马春樵、马富禄合演《取洛阳》《白蟒台》。

3月8日，扶荣社中和戏院日场：

宋继亭《战太平》，刘连湘、杨春龙《摇钱树》，吴富琴、福小田《贪欢报》，马春樵、何雅秋《投军别窑》，尚和玉、沈三玉《四平山》，王幼卿、姜妙香、孟小如、曹二庚《玉堂春》，大轴马连良、茹富蕙、董俊峰、刘砚亭合演《洪羊洞》。

3月9日，扶荣社中和戏院日场：

宋继亭《战樊城》，刘连湘、陈少五《攻潼关》，李多奎、罗文奎《行路训子》，何雅秋、孟小如《游龙戏凤》，王幼卿、吴富琴、曹二庚《五花洞》，大轴马连良、尚和玉、姜妙香、侯喜瑞、茹富蕙、刘砚亭合演《群英会》《借东风》。

3月22日，扶荣社中和戏院日场：

孟小如、吴富琴、宋继亭《战蒲关》，李多奎、董俊峰《断太后》，尚和玉、沈三玉、陆喜才《挑华车》，王幼卿、姜妙香、何雅秋、茹富蕙《虹霓关》，大轴马连良、马春樵、马连昆、刘砚亭合演《六出祁山》。

3月23日，扶荣社中和戏院日场：

董俊峰、宋继亭《双投唐》，马君武、李洪福、福小田《凤凰山》，孟小如、罗文奎《状元谱》，何雅秋、姜妙香、曹二庚、马连昆《花田错》，尚和玉、刘砚亭《铁笼山》，王幼卿、李多奎《探寒窑》，大轴马连良、马春樵、茹富蕙、吴富琴合演《要离刺庆忌》。

3月29日，扶荣社中和戏院日场：

宋继亭、福小田《下河东》，刘连湘《无底洞》，孟小如、李洪福《搜孤救孤》，马春樵、何雅秋《投军别窑》，李多奎、董俊峰、曹二庚《打龙袍》，尚和玉、沈三玉《英雄义》，大轴马连良、王幼卿、姜妙香、茹富蕙、诸茹香、马连昆、刘砚亭合演全部《火牛阵》。

3月30日，扶荣社中和戏院日场：

宋继亭、吴富琴《献长安》，董俊峰、福小田《草桥关》，李多奎、曹二庚《钓金龟》，尚和玉、马春樵、沈三玉《招贤镇》，大轴马连良、王幼卿、姜妙香、何雅秋、马连昆、茹富蕙合演《四进士》。

3月31日，鸣和社华乐园夜戏：

李多奎、吴富琴《孝感天》，周瑞安《恶虎村》，压轴言菊朋、郝寿臣《捉放曹》，大轴程艳秋、姜妙香、李洪春、曹二庚合演《玉堂春》。

4月1日，鸣和社华乐园夜戏：

周瑞安、郝寿臣、傅小山《连环套》，大轴程艳秋、言菊朋、陈德霖、李多奎、姜妙香、慈瑞泉、李洪春、曹二庚、吴富琴合演《探母回令》。

4月2日，鸣和社华乐园演夜戏：

李多奎、慈瑞泉《钓金龟》，压轴言菊朋、周瑞安《连营寨》，大轴程艳秋、姜妙香、郝寿臣、李洪春、曹二庚合演《红拂传》。

4月4日，扶荣社中和戏院日场：

孟小如《搜孤救孤》，李多奎、曹二庚《行路训子》，姜妙香《雅观楼》，尚和玉、沈三玉《战滁州》，王幼卿、张春彦《回龙阁》，大轴马连良、茹富蕙、马富禄、郭春山、裘桂仙、刘砚亭合演全部《黑驴告状》。

4月6日，扶荣社中和戏院日场：

孟小如、宋继亭《战蒲关》，沈三玉《收关胜》，李多奎、李洪福、罗文奎《行路训子》，尚和玉、马春樵、董俊峰、何雅秋《战宛城》，王幼卿、马富禄《五花洞》，大轴马连良、姜妙香、张春彦、茹富蕙、刘砚亭、吴富琴合演全部《十道本》。

4月7日，鸣和社华乐园演夜戏：

李多奎、扎金奎、罗文奎《行路训子》，周瑞安、郭春山《金钱豹》，压轴程艳秋、言菊朋、郝寿臣、慈瑞泉《法门寺》，大轴程艳秋、姜妙香、吴富琴、曹二庚合演《虹霓关》。

4月8日，鸣和社华乐园演夜戏：

李洪春、李洪福《凤鸣关》，李多奎《滑油山》，周瑞安、周春庭《莲花湖》，压轴言菊朋、郝寿臣、慈瑞泉《夜审潘洪》，大轴程艳秋、姜妙香、芙蓉草、范宝亭、曹二庚合演《能仁寺》。

4月12日，扶荣社中和戏院日场：

宋继亭《战樊城》，孟小如、吴富琴《桑园会》，李多奎、董俊峰《断太后》，姜妙香、张春彦《镇潭州》，马春樵、刘砚亭《古城会》，尚和玉、沈三玉《四平山》，大轴马连良、王幼卿、马富禄合演《青风亭》。

4月13日，扶荣社中和戏院日场：

宋继亭《樊城长亭》，刘连湘、马连昆《取金陵》，孟小如、吴富琴《赶三关》，何雅秋、茹富蕙《打花鼓》，尚和玉、朱湘泉、杨春龙《水帘洞》，王幼卿、李多奎《六月雪》，大轴马连良、姜妙香、张春彦、马富禄、刘砚亭合演《三顾茅庐》。

4月16日，鸣和社华乐园夜戏：

李洪福、吴富琴《武昭关》，李多奎、慈瑞泉《哭灵》，周瑞安、言菊朋、芙蓉草《长坂坡》，大轴程艳秋、姜妙香、李洪春、曹二庚合演《奇双会》。

4月18日，扶荣社中和戏院日场：

宋继亭《战太平》，董俊峰、曹连孝《铡美案》，茹富蕙、罗文奎《打城隍》，芙蓉草、马富禄《小放牛》，尚和玉、沈三玉《艳阳楼》，大轴马连良、王幼卿、姜妙香、马春樵、张春彦、刘砚亭、马连昆、郭春山、文亮臣合演《美人计》《回荆州》《芦花荡》。

4月19日，扶荣社中和戏院日场：

宋继亭《南阳关》，文亮臣《行路训子》，董俊峰《探阴山》，马春樵、沈三玉《嘉兴府》，何雅秋、马富禄《绒花记》，尚和玉、刘砚亭《铁笼山》，大轴马连良、王幼卿、张春彦、茹富蕙、姜妙香、郭春山、扎金奎合演全部《一捧雪》。

4月21日，鸣和社华乐园夜戏：

芙蓉草、李多奎、李洪福、李四广《胭脂虎》，周瑞安、慈瑞泉、李洪春《落马湖》，郝寿臣、范宝亭、傅小山《桃花村》，大轴程艳秋、姜妙香、郭春山、苏连汉、吴富琴合演《游园惊梦》。

4月22日，鸣和社华乐园夜戏：

芙蓉草、吴富琴、罗文奎《双摇会》，李多奎《游六殿》，王少楼、周瑞安、郝寿臣、姜妙香、慈瑞泉、李洪春、范宝亭、苏连汉《群英会》《借东风》，大轴程艳秋、曹二庚合演《女起解》。此场演出为王少楼首次加入鸣和社的打泡演出。

4月23日，鸣和社华乐园夜戏：

芙蓉草、慈瑞泉《打花鼓》，李多奎、李洪福《长寿星》，王少楼、周瑞安、郝寿臣、李洪春、刘凤奎《八大锤》，大轴程艳秋、姜妙香、曹二庚、吴富琴、贾多才合演《青霜剑》。

4月26日，扶荣社中和戏院日场：

迟喜珠、宋继亭《雪杯圆》，刘连湘《瑞草园》，刘凤林、茹富蕙《一疋布》，文亮臣《长寿星》，姜妙香《雅观楼》，马春樵、马连昆《霸王庄》，大轴马连良、王幼卿、尚和玉、董俊峰、刘砚亭、沈三玉合演全部《汉阳院》。

4月27日，扶荣社中和戏院日场：

宋继亭《搜孤救孤》，董俊峰、文亮臣《天齐庙》，何雅秋、罗文奎《打花鼓》，尚和玉、沈三玉《战滁州》，王幼卿《宇宙锋》，大轴马连良、马春樵、刘砚亭、姜妙香、马连昆、茹富蕙合演《秦琼发配》。

4月28日，鸣和社华乐园夜戏：

李多奎《滑油山》，芙蓉草、姜妙香《悦来店》，周瑞安、刘春利《葭萌关》，大轴程艳秋、王少楼、郝寿臣、慈瑞泉合演《宝莲灯》。

4月30日，鸣和社华乐园夜戏：

李多奎《游六殿》，芙蓉草、姜妙香《马上缘》，王少楼、慈瑞泉、郝寿臣、范宝亭《洪羊洞》，大轴程艳秋、周瑞安、姜妙香、李洪春、范宝亭、曹二庚合演《文姬归汉》。

5月3日，扶荣社中和戏院日场：

文亮臣、何喜春《探寒窑》，董俊峰、宋继亭《铡美案》，芙蓉草、李玉泰、罗文奎《贵妃醉酒》，尚和玉、刘连湘、丁永利、陆喜才《水帘洞》，王幼卿、马富禄《女起解》，大轴马连良、姜妙香、马春樵、刘砚亭、张春彦、马连昆、朱湘泉合演前部《取南郡》。

5月5日，鸣和社华乐园夜戏：

芙蓉草、贾多才、郭春山《打花鼓》，压轴周瑞安、郝寿臣、刘凤奎、李洪春、周春庭《战渭南》，大轴程艳秋、王少楼、陈德霖、姜妙香、李多奎、慈瑞泉、曹二庚、吴富琴、扎金奎合演《探母回令》。

5月6日，鸣和社华乐园夜戏：

范宝亭、苏连汉《闹江州》，程艳秋（反串周瑜）、王少楼、郝寿臣、李洪春《黄鹤楼》，李多奎、慈瑞泉、李洪福《行路训子》，周瑞安、郝寿臣、刘凤奎《霸王庄》，大轴程艳秋、姜妙香、芙蓉草、曹二庚合演《虹霓关》。

5月7日，鸣和社华乐园夜戏：

周瑞安、芙蓉草、傅小山、刘春利《殷家堡》，压轴王少楼、郝寿臣、范宝亭、郭春山、李洪福《失街亭》《空城计》《斩马谡》，大轴程艳秋、姜妙香、李多奎、吴富琴、李洪春、曹二庚合演《鸳鸯冢》。

5月13日，鸣和社华乐园夜戏：

大轴程艳秋、王少楼、周瑞安、芙蓉草、姜妙香、李多奎、吴富琴、李洪春、慈瑞泉、曹二庚、李洪福、扎金奎合演全部《红鬃烈马》。

5月17日，扶荣社中和戏院日场：

董俊峰《铡美案》，芙蓉草《贵妃醉酒》，尚和玉《水帘洞》，王幼卿、马富禄《女起解》，大轴马连良、姜妙香、马春樵、张春彦、刘砚亭、范宝亭、朱湘泉、沈三玉、扎金奎合演一至四本《取南郡》。

5月18日，扶荣社中和戏院日场：

董俊峰、文亮臣《打龙袍》，芙蓉草、茹富蕙《探亲家》，马富禄、罗文奎《打城隍》，压轴尚和玉、沈三玉、朱湘泉《赵家楼》，王幼卿、李玉泰《彩楼配》，大轴马连良、姜妙香、马春樵、张春彦、刘砚亭、马连昆、沈三玉、扎金奎合演后部《取南郡》。

5月19日，鸣和社华乐园夜戏：

李洪福《太白醉写》，周瑞安、芙蓉草、郝寿臣、傅小山、刘春利《刺巴杰》《巴骆和》，大轴程艳秋、王少楼、姜妙香、李多奎、李洪春、吴富琴、慈瑞泉、曹二庚、贾多才首次上演全本《柳迎春》。

5月24日，第一舞台义务夜戏：

周瑞安、刘春利《神亭岭》，新艳秋、郭仲衡《贺后骂殿》，陈德霖、文亮臣《孝义节》，荀慧生、王凤卿、金仲仁《穆天王》，高庆奎、董俊峰、蒋少奎《辕门斩子》，王又宸、王幼卿、慈瑞泉《打渔杀家》，压轴尚小云、马连良、小翠花、郝寿臣、萧长华、马富禄、姜妙香、李寿山、诸茹香全本《玉镯记》，大轴杨小楼、钱金福、刘砚亭、迟月亭、傅小山《水帘洞》。

6月7日，扶荣社中和戏院日场：

刘连湘《无底洞》，宋继亭《武昭关》，文亮臣《钓金龟》，马富禄《打城隍》，马春樵、刘砚亭《古城会》，尚和玉、沈三玉、朱湘泉、吴玉玲《英雄义》，关丽卿、张春彦《三击掌》，大轴马连良、关丽卿、姜妙香、茹富蕙、董俊峰、扎金奎、高连峰、诸茹香、迟喜珠合演全部《马义救主》。

6月22日，扶荣社中和戏院日场：

董俊峰《锁五龙》，马春樵、王玉吉《收关胜》，马富禄、诸茹香《打杠子》，尚和玉、沈三玉、朱湘泉、吴玉玲《窃兵符》，王幼卿、文亮臣《六月雪》，大轴马连良、姜妙香、张春彦、刘砚亭、茹富蕙合演全部《十道本》。

6月30日，鸣和社华乐园夜戏：

李多奎、吴富琴《孝感天》，周瑞安、芙蓉草、傅小山、刘春利《殷家堡》，王少楼、侯喜瑞、慈瑞泉、贾多才、陈富瑞《问樵闹府》《打棍出箱》，大轴程艳秋、姜妙香、李洪春、李洪福、曹二庚合演《玉堂春》。

7月1日，鸣和社华乐园夜戏：

姜妙香、李多奎、吴富琴、陈富瑞《大岳家庄》，周瑞安、侯喜瑞、傅小山、刘春利《霸王庄》，王少楼、芙蓉草、范宝亭、慈瑞泉、赵芝香《珠帘寨》，大轴程艳秋、李洪春、曹二庚合演《审头刺汤》。

7月2日，鸣和社华乐园夜戏：

芙蓉草、李多奎、李洪福、贾多才《胭脂虎》，王少楼、周瑞安、陈富瑞、冯蕙林《连营寨》，大轴程艳秋、姜妙香、侯喜瑞、李洪春、吴富琴、慈瑞泉、曹二庚首次上演全本《风流棒》。

7月3日，程艳秋、姜妙香等赴天津，参加天津大华饭店京剧清唱堂会，连续四天。

7月5日，姜妙香于天津大华饭店京剧清唱堂会遇梅兰芳。梅兰芳赴美亏损8万余元美金，欲月底戏箱由美返回后，于上海天蟾大舞台唱一个月营业戏，以补赴美亏空。姜妙香答应梅兰芳向鸣和社告假，赴上海助阵演唱营业戏。

7月7日，鸣和社华乐园夜戏：

小春来、苏连汉《花蝴蝶》，李多奎、李洪福《长寿星》，周瑞安、刘凤奎《金钱豹》，程艳秋、姜妙香、芙蓉草、曹二庚《虹霓关》，大轴程艳秋、王少楼、侯喜瑞、慈瑞泉、贾多才、李洪春、吴富琴合演《法门寺》。

7月8日，鸣和社华乐园夜戏：

李洪福、文亮臣、苏连汉《九更天》，芙蓉草《玉玲珑》，周瑞安、侯喜瑞、傅小山《连环套》，大轴程艳秋、王少楼、姜妙香、李多奎、李洪春、吴富琴、慈瑞泉、曹二庚、贾多才合演《柳迎春》。

7月9日，鸣和社华乐园夜戏：

李洪福、文亮臣、马连昆《金水桥》，芙蓉草、贾多才、罗文奎《打花鼓》，压轴周瑞安、侯喜瑞、傅小山《连环套》，大轴程艳秋、王少楼、陈德霖、李多奎、姜妙香、慈瑞泉、曹二庚、李洪春、吴富琴合演《探母回令》。

7月14日，鸣和社华乐园夜戏：

慈瑞泉、曹二庚《打城隍》，吴富琴、李洪福《战蒲关》，李多奎、贾多才《孟津河》，程艳秋、侯喜瑞《宇宙锋》，王少楼、马连昆《群臣宴》，大轴程艳秋、姜妙香、芙蓉草、苏连汉、扎金奎、文亮臣合演《能仁寺》。

7月15日，鸣和社华乐园夜戏：

马连昆《取洛阳》，芙蓉草、李多奎、李洪福、范宝亭、赵芝香《胭脂虎》，王少楼、周瑞安、侯喜瑞、文亮臣、刘春利《八大锤》《断臂说书》，大轴程艳秋、姜妙香、吴富琴、文亮臣、李洪春、慈瑞泉、曹二庚合演《赚文娟》。

7月16日，鸣和社华乐园夜戏：

李多奎、马连昆《天齐庙》，芙蓉草、赵芝香、贾多才《贵妃醉酒》，王少楼、周瑞安、侯喜瑞《阳平关》，大轴程艳秋、姜妙香、李洪春、慈瑞泉、文亮臣、曹二庚、郭春山合演《金锁记》。

7月18日，中和戏院义务夜戏：

李荣升《取帅印》，诸茹香《打面缸》，阎岚秋、茹富兰《青石洞》，谭富英、小翠花《坐楼杀惜》，大轴尚小云、姜妙香、郭仲衡、慈瑞泉、李宝奎合演《玉堂春》（带“团圆”）。

7月19日，中和戏院义务夜戏：

李荣升《搜孤救孤》，诸茹香《一疋布》，阎岚秋《扈家庄》，尚小云、谭富英、姜妙香、茹富兰、郭仲衡、蒋少奎、时青山《甘露寺》《美人计》《回荆州》，大轴尚小云（反串石秀）、小翠花、慈瑞泉、尚富霞、高富远、李宝奎合演《翠屏山》。

7月21日，鸣和社华乐园夜戏：

李洪福《进蛮诗》，周少安、马连昆、范宝亭、苏连汉《反西凉》，周瑞安、侯喜瑞、傅小山《霸王庄》，王少楼、芙蓉草、慈瑞泉、文亮臣《坐楼杀惜》，大轴程艳秋、姜妙香、李多奎、李洪春、吴富琴、曹二庚、贾多才合演《碧玉簪》。

7月22日，鸣和社华乐园夜戏：

李洪福、吴富琴《走雪山》，李多奎、郭春山、扎金奎《行路训子》，芙蓉草、马连昆、范宝亭、赵芝香《穆柯寨》，大轴程艳秋、王少楼、周瑞安、侯喜瑞、姜妙香、慈瑞泉、曹二庚、文亮臣、李洪春合演全本《朱痕记》。

7月下旬，陈德霖自天津演出返京后重病，姜妙香守在病榻前陪同陈德霖度过了最后的时光。

7月27日，陈德霖逝世，享年69岁。

8月5日，梅兰芳回京，尚小云、程艳秋、姜妙香、王琴侬、魏莲芳及富连成全体学生赴车站欢迎。

8月6日辰时，陈德霖出殡，从北京百顺胡同寓所出，虎坊桥搭一路祭棚，王琴侬、姜妙香、王蕙芳执弟子礼扶灵，众多梨园子弟、社会名流组成了庞大送葬队伍。

8月11日，鸣和社中和戏院演出赈济陕灾义务戏：

文亮臣、芙蓉草、扎金奎、赵芝香演《胭脂虎》，李多奎、霍仲三《滑油山》，周瑞安、慈瑞泉、刘春利、范宝亭、傅小山演《恶虎村》，程艳秋、李洪春演《三击掌》，压轴王少楼、马连昆、李洪福《捉放宿店》，大轴程艳秋、李洪春、侯喜瑞、姜妙香、吴富琴合演《红拂传》。

8月12日，梅雨田夫人胡氏于8月4日病故，12日出殡。姜妙香、程艳秋、徐兰沅、朱桂芳、王蕙芳、朱幼芬、王少楼等送殡。

8月12日，鸣和社中和戏院夜戏：

李多奎《滑油山》，芙蓉草、马连昆、范宝亭、赵芝香《穆柯寨》，周瑞安、刘春利《英雄义》，压轴王少楼、侯喜瑞、扎金奎、陈少五、郭春山《定军山》，大轴程艳秋、姜妙香、李洪春、文亮臣、慈瑞泉、曹二庚、吴富琴合演《玉狮坠》。

8月13日，鸣和社中和戏院夜戏：

李洪福、文亮臣《九更天》，李多奎、马连昆《打龙袍》，芙蓉草、郭春山、罗文奎《打花鼓》，《英雄义》，压轴王少楼、周瑞安、范宝亭、刘春利《连营寨》，大轴程艳秋、姜妙香、吴富琴、李洪春、侯喜瑞、慈瑞泉、曹二庚合演《风流棒》。

8月15日，群庆社中和戏院夜戏：

刘连湘《泗州城》，裘桂仙《草桥关》，芙蓉草、文亮臣《胭脂虎》，侯喜瑞《青风寨》，压轴尚和玉《四平山》，大轴王又宸、李慧琴、王琴侬、姜妙香、李多奎合演《探母回令》。

8月18日，鸣和社中和戏院夜戏：

李多奎、吴富琴《母女会》，芙蓉草、侯喜瑞、文亮臣、傅小山、范宝亭、郭春山《儿女英雄传》，周瑞安、刘春利《英雄义》，压轴王少楼、慈瑞泉、马连昆、贾多才《琼林宴》，大轴程艳秋、姜妙香、李洪春、曹二庚、扎金奎合演《玉堂春》。

8月19日，鸣和社中和戏院夜戏：

吴富琴、文亮陈、张连升《岳家庄》，李多奎、慈瑞泉《哭灵》，程艳秋、周瑞安、王少楼、侯喜瑞、芙蓉草、马连昆《长坂坡》，大轴程艳秋、姜妙香、李洪春、曹二庚、张连升合演《奇双会》。

8月20日，鸣和社华乐园夜戏：

李多奎、马连昆《打龙袍》，周瑞安、芙蓉草、侯喜瑞、傅小山、刘春利《刺巴杰》《巴骆和》，大轴程艳秋、王少楼、姜妙香、李洪春、吴富琴、慈瑞泉、曹二庚、文亮臣、贾多才合演全本《柳迎春》。

8月22日，群庆社中和戏院夜戏：

芙蓉草、姜妙香《得意缘》，压轴尚和玉《战滁州》，大轴王又宸、侯喜瑞、李慧琴、裘桂仙、芙蓉草、慈瑞泉合演《范仲禹》。

8月25日，鸣和社华乐园夜戏：

李多奎、马连昆《打龙袍》，芙蓉草、李洪春、慈瑞泉《打渔杀家》，周瑞安、范宝亭、傅小山、刘春利《剑锋山》，王少楼、苏连汉、李洪福《群臣宴》，大轴程艳秋、姜妙香、吴富琴、李洪春、曹二庚、文亮臣合演《鸳鸯冢》。

8月26日，鸣和社华乐园夜戏：

范宝亭、杨春龙《金沙滩》，吴富琴、慈瑞泉《探亲家》，李多奎、马连昆《徐母骂曹》，周瑞安、侯喜瑞、傅小山《连环套》，大轴程艳秋、王少楼、姜妙香、芙蓉草、李洪春、文亮臣、曹二庚、扎金奎合演全本《御碑亭》。

8月27日，鸣和社华乐园夜戏：

马连昆、张连升《取洛阳》，芙蓉草、李多奎、赵芝香《胭脂虎》，王少楼、周瑞安、侯喜瑞、文亮臣《八大锤》《断臂说书》，大轴程艳秋、姜妙香、李洪春、吴富琴、曹二庚、范宝亭、贾多才合演全本《梅妃》。

8月30日，群庆社中和戏院日场：

刘连湘《摇钱树》，陈喜兴《九更天》，侯喜瑞《丁甲山》，王又宸《碰碑》，压轴尚和玉《四平山》，大轴王又宸、李慧琴、姜妙香、王琴侬合演《天河配》。

8月31日，群庆社中和戏院日场：

刘连湘《蟠桃会》，陈喜兴《南阳关》，文亮臣《哭灵》，王又宸、裘桂仙、侯喜瑞、曹连孝《洪羊洞》，压轴尚和玉《英雄义》，大轴王又宸、李慧琴、姜妙香、芙蓉草、诸茹香、慈瑞泉、蒋少奎合演《新天河配》。

9月1日，鸣和社中和戏院夜戏：

芙蓉草、姜妙香、贾多才《穆柯寨》，周瑞安《潞安州》，压轴程艳秋、王少楼《武家坡》，大轴程艳秋、王少楼、侯喜瑞合演《孔雀屏》。

9月2日，鸣和社中和戏院赈灾义务夜戏：

李多奎《望儿楼》，周瑞安、侯喜瑞、傅小山、刘春利《恶虎村》，王少楼、芙蓉草、范宝亭、赵芝香《珠帘寨》，大轴程艳秋、姜妙香、吴富琴、李洪春、曹二庚、文亮臣合演《花舫缘》。

9月3日，鸣和社中和戏院赈灾义务夜戏：

李多奎、张连升《目莲救母》，周瑞安、侯喜瑞、李洪春、范宝亭《战渭南》，王少楼、芙蓉草、傅小山《打渔杀家》，大轴程艳秋、姜妙香、吴富琴、慈瑞泉、曹二庚合演《青霜剑》。

9月8日，鸣和社中和戏院赈灾义务夜戏：

李多奎、马连昆《打龙袍》，周瑞安、芙蓉草、傅小山《殷家堡》，王少楼、侯喜瑞、慈瑞泉、扎金奎《定军山》，大轴程艳秋、姜妙香、李洪春、吴富琴、曹二庚、文亮臣合演《碧玉簪》。

9月9日，鸣和社中和戏院赈灾义务夜戏：

马连昆、张连升《取洛阳》，李多奎《滑油山》，周瑞安、慈瑞泉、李洪春《落马湖》，程艳秋、王少楼《贺后骂殿》，大轴程艳秋、姜妙香、芙蓉草、侯喜瑞、李洪春、曹二庚合演《弓砚缘》。

9月10日，鸣和社中和戏院夜戏：

李多奎、吴富琴《别皇宫》，芙蓉草、赵芝香、郭春山《贵妃醉酒》，大轴程艳秋、王少楼、周瑞安、侯喜瑞、姜妙香、文亮臣、慈瑞泉、曹二庚、李洪春合演全本《朱痕记》。

9月14日，哈尔飞大戏院开幕夜戏：

周瑞安、刘春利、范宝亭《大金钱豹》，王又宸、新艳秋、郝寿臣、朱斌仙《法门寺》，大轴梅兰芳、姜妙香、曹二庚合演《贵妃醉酒》。

9月15日，鸣和社中和戏院夜戏：

芙蓉草、李多奎、扎金奎、赵芝香《胭脂虎》，周瑞安、傅小山、刘春利《莲花湖》，王少楼、侯喜瑞、马连昆、郭春山、贾多才《失街亭》《空城计》《斩马谡》，大轴程艳秋、姜妙香、吴富琴、李洪春、慈瑞泉、曹二庚、文亮臣合演《赚文娟》。

9月16日，鸣和社中和戏院夜戏：

李多奎《钓金龟》，芙蓉草、侯喜瑞、范宝亭、傅小山《红柳村》，王少楼、周瑞安、马连昆、刘春利《连营寨》，大轴程艳秋、姜妙香、李洪春、文亮臣、慈瑞泉、曹二庚合演全本《金锁记》。

9月17日，鸣和社中和戏院夜戏：

李多奎、李洪福《长寿星》，芙蓉草、姜妙香、扎金奎、郭春山、李四广《悦来店》，王少楼、侯喜瑞、马连昆、慈瑞泉《问樵闹府》《打棍出箱》，大轴程艳秋、周瑞安、侯喜瑞、李洪春、吴富琴、曹二庚合演《文姬归汉》。

9月24日，鸣和社应张群之邀赴沪演出。

9月25日，姜妙香、王少楼、芙蓉草、文亮臣、李洪春、李多奎等自天津抵沪（26日程艳秋抵沪）。

9月27日晚，李石曾于海格路私邸宴请程艳秋、王少楼、姜妙香等。

9月28日，中国银行行长张嘉璈宴请程艳秋、王少楼、姜妙香等。

10月2日晚，盛四公子在简氏南园举办堂会戏戏目：

小达子《凤凰山》，小杨月楼《石头人招亲》，压轴金少山、陆素娟、谭小培《法门寺》，大轴程艳秋、王少楼、芙蓉草、姜妙香、李多奎、李洪春合演《四郎探母》。

10月3日，鸣和社上海荣记大舞台头天夜戏：

张少泉《行路训子》，林树森《扫松下书》，高雪樵《四杰村》，白玉昆《路遥知马力》，芙蓉草、吴富琴、文亮臣《樊江关》，压轴王少楼、金少山《捉放曹》，大轴程艳秋、姜妙香、李洪春、曹二庚合演《玉堂春》。

10月4日，鸣和社上海荣记大舞台第二天夜戏：

张少泉《钓金龟》，曹毛包《青风寨》，高雪樵、林树森《白马坡》，白玉昆、金少山《连环套》，王少楼、程少余、王荣森《定军山》，大轴程艳秋、姜妙香、芙蓉草、文亮臣、曹二庚、吴富琴合演《碧玉簪》。

10月5日，鸣和社上海荣记大舞台第三天日场：

曹毛包《双李逵》，韩金奎《花子拾金》，高雪樵《铁公鸡》，白玉昆《落马湖》，压轴姜妙香《辕门射戟》，大轴程艳秋、王少楼、金少山、曹二庚、芙蓉草、李洪春、文亮臣、贾多才合演《法门寺》。

10月5日，鸣和社上海荣记大舞台第三天夜戏：

韩金奎、于莲仙《幽界关》，曹毛包《九江口》，林树森《跑城》，高雪樵《广泰庄》，白玉昆《反五关》，压轴金少山《李七长亭》，大轴程艳秋、王少楼、姜妙香、芙蓉草、文亮臣、李洪春、曹二庚、贾多才合演《四郎探母》。

10月6日中秋，鸣和社上海荣记大舞台日场：

张少泉《徐母骂曹》，林树森、高雪樵《走麦城》，金少山《刺王僚》，白玉昆《独木关》，压轴王少楼、芙蓉草、韩金奎《打渔杀家》，大轴程艳秋、姜妙香、吴富琴、曹二庚、李洪春、文亮臣合演《孔雀屏》。

10月6日中秋，鸣和社上海荣记大舞台夜戏：

张少泉《三进士》，高雪樵《螺蛳峪》，白玉昆、林树森、曹毛包《取长沙》，压轴芙蓉草、金少山《穆柯寨》，大轴程艳秋、王少楼、姜妙香、吴富琴、曹二庚、李洪春、文亮臣合演全本《柳迎春》。

10月7日，鸣和社上海荣记大舞台夜戏：

陈月梅《拾玉镯》，高雪樵《溪皇庄》，白玉昆、芙蓉草《酸枣岭》《刺巴杰》，压轴王少楼、金少山《洪羊洞》，大轴程艳秋、姜妙香、吴富琴、曹二庚、李洪春、贾多才合演全本《文姬归汉》。

10月8日，鸣和社上海荣记大舞台夜戏：

曹毛包《丁甲山》，林树森《三娘教子》，白玉昆《铜网阵》，金少山《探阴山》，压轴王少楼、高雪樵《连营寨》，大轴程艳秋、姜妙香、芙蓉草、吴富琴、曹二庚、李洪春合演全本《赚文娟》。

10月9日，鸣和社上海荣记大舞台夜戏：

高雪樵、林树森《长坂坡》，白玉昆《马义救主》，压轴程艳秋、王少楼《贺后骂殿》，大轴程艳秋、姜妙香、芙蓉草、曹二庚合演《弓砚缘》。

10月10日，鸣和社上海荣记大舞台日场：

程少余《收关胜》，于莲仙、陈嘉璘《浣花溪》，张少泉《徐母骂曹》，白玉昆、高雪樵《铁公鸡》，压轴王少楼、金少山、曹毛包

《失街亭》《空城计》《斩马谡》，大轴程艳秋、姜妙香、芙蓉草、曹二庚、李洪春合演《十三妹》。

10月10日，鸣和社上海荣记大舞台夜戏：

韩金奎、于莲仙《幽界关》，林树森《武昭关》，高雪樵《四杰村》，白玉昆、金少山《连环套》，压轴王少楼、曹毛包《击鼓骂曹》，大轴程艳秋、姜妙香、吴富琴、李洪春、文亮臣合演《鸳鸯冢》。

10月11日，鸣和社上海荣记大舞台夜戏：

芙蓉草、林树森《坐楼杀惜》，大轴程艳秋、王少楼、姜妙香、文亮臣、曹二庚、贾多才合演全本《朱痕记》。

10月12日，鸣和社上海荣记大舞台日戏：

金少山、高雪樵、芙蓉草、韩金奎《草桥关》，压轴白玉昆、姜妙香、林树森、曹毛包《黄鹤楼》，大轴程艳秋、王少楼、曹毛包合演《宝莲灯》。

10月12日，鸣和社上海荣记大舞台夜戏：

曹毛包《双李逵》，张少泉、陈嘉璘《八珍汤》，高雪樵、林树森《白马坡》，白玉昆《反五关》，金少山《黑风帕》，压轴王少楼、韩金奎《琼林宴》，大轴程艳秋、芙蓉草、姜妙香合演全本《玉狮坠》。

10月13日，鸣和社上海荣记大舞台夜戏：

韩金奎、陈月梅《拾玉镯》，高雪樵《广泰庄》，白玉昆、林树森、曹毛包《取长沙》，金少山、张少泉《包公断后》，压轴王少楼、芙蓉草《南天门》，大轴程艳秋、姜妙香、李洪春、曹二庚合演《奇双会》。

10月14日，鸣和社上海荣记大舞台夜戏：

于莲仙、韩金奎、陈鸿奎《豪杰居》，林树森、曹毛包《古城会》，白玉昆《铜网阵》，王少楼、金少山、高雪樵《阳平关》，压轴程艳秋、姜妙香、芙蓉草二本《虹霓关》，大轴程艳秋、王少楼合演《武家坡》。

10月15日，鸣和社上海荣记大舞台夜戏：

张少泉《徐母骂曹》，高雪樵、林树森《铁公鸡》，白玉昆《落马湖》，金少山《刺王僚》，压轴王少楼《秦琼卖马》，大轴程艳秋、姜妙香、芙蓉草、李洪春、曹毛包合演《风流棒》。

10月16日，鸣和社上海荣记大舞台夜戏：

吴富琴、张少泉《妓女擒寇》，高雪樵、林树森《神亭岭》，白玉昆、芙蓉草《投军别窑》，压轴王少楼、姜妙香、金少山《群英会》《借东风》，大轴程艳秋、李洪春、曹二庚合演《审头刺汤》。

10月17日，鸣和社上海荣记大舞台夜戏：

于莲仙《马上缘》，苗胜春、林树森、高雪樵、程少余《关公走麦城》，白玉昆《杀女报恩》，压轴王少楼、芙蓉草、曹毛包《珠帘寨》，大轴程艳秋、金少山、姜妙香、李洪春合演《红拂传》。

10月18日，鸣和社上海荣记大舞台夜戏：

王小芳《花蝴蝶》，张少泉《孟津河》，高雪樵、林树森、曹毛包、苗胜春《长坂坡》，白玉昆、芙蓉草《翠屏山》，压轴金少山《探阴山》，大轴程艳秋、王少楼、姜妙香合演全部《柳迎春》。

10月19日，鸣和社上海荣记大舞台日戏：

曹毛包、苗胜春《下河东》，林树森、高雪樵《白马坡》，白玉昆、芙蓉草《坐楼杀惜》，压轴王少楼、金少山《黄金台》，大轴程艳秋、姜妙香、吴富琴、曹二庚合演《花舫缘》。

10月19日，鸣和社上海荣记大舞台夜戏：

孙庆芬《坐楼杀惜》，韩金奎《花子拾金》，曹毛包《青风寨》，高雪樵、林树森《铁公鸡》，压轴白玉昆、金少山《盗御马》《连环套》，大轴程艳秋、王少楼、姜妙香、芙蓉草、吴富琴、李洪春、曹二庚合演《四郎探母》。

10月20日，鸣和社上海荣记大舞台夜戏：

张少泉、陈嘉璘《三进士》，林树森《徐策跑城》，高雪樵《螺蛳峪》，白玉昆《呼延赞》，压轴王少楼、金少山、曹毛包《空城计》，大轴程艳秋、姜妙香、芙蓉草合演《鸳鸯冢》。

10月22日，鸣和社上海荣记大舞台夜戏：

张少泉《行路训子》，陈嘉璘《八义图》，高雪樵《力杀四门》，白玉昆、林树森《取长沙》，金少山《黑风帕》，压轴王少楼、曹毛包《奇冤报》，大轴程艳秋、姜妙香、芙蓉草合演《青霜剑》。

10月23日，鸣和社上海荣记大舞台夜戏：

韩金奎《幽界关》，林树森《扫松下书》，高雪樵、曹毛包《四杰村》，白玉昆《落马湖》，金少山、张少泉《打龙袍》，王少楼《盗宗卷》，压轴程艳秋、姜妙香、芙蓉草、曹二庚《能仁寺》，大轴程艳秋、王少楼、张少泉合演《回龙阁》。

10月24日，鸣和社上海荣记大舞台夜戏：

吴富琴、张少泉《胭脂虎》，林树森、高雪樵《走麦城》，芙蓉草、白玉昆《酸枣岭》《刺巴杰》，压轴金少山《李七长亭》，大轴程艳秋、王少楼、姜妙香、高雪樵合演《朱痕记》。

10月25日，鸣和社上海荣记大舞台夜戏：

苗胜春、谢德声《莲花湖》，曹毛包《光武兴》，林树森《武昭关》，白玉昆《独木关》，金少山《刺王僚》，压轴王少楼、高雪樵《连营寨》，大轴程艳秋、姜妙香、芙蓉草合演《梅妃》。

10月26日，鸣和社上海荣记大舞台日戏：

韩金奎、陈鸿奎《双拾黄金》，曹毛包《丁甲山》，吴富琴、于莲仙《五花洞》，高雪樵、白玉昆《铁公鸡》，压轴金少山、林树森、陈嘉璘《草桥关》，大轴程艳秋、王少楼、姜妙香、芙蓉草、曹二庚合演《御碑亭》。

10月26日，鸣和社上海荣记大舞台夜戏：

曹毛包、程少余《双李逵》，高雪樵、林树森《神亭岭》，芙蓉草、吴富琴《樊江关》，白玉昆《马三保》，压轴王少楼、金少山《捉放曹》，大轴程艳秋、姜妙香、李洪春、陈嘉璘合演《玉堂春》。

10月27日，鸣和社上海荣记大舞台夜戏：

张少泉、陈嘉璘《三进士》，曹毛包《青风寨》，林树森、高雪樵《白马坡》，白玉昆《反五关》，压轴王少楼、金少山《李陵碑》，大轴程艳秋、姜妙香、芙蓉草合演《玉狮坠》。

10月28日，鸣和社上海荣记大舞台夜戏：

吴富琴、陈嘉璘《宋江闹院》，林树森《徐策跑城》，高雪樵、曹毛包《四杰村》，白玉昆《九更天》，金少山《探阴山》，压轴王少楼、芙蓉草《打渔杀家》，大轴程艳秋、姜妙香合演《贩马记》。

10月29日，鸣和社上海荣记大舞台夜戏：

吴富琴、陈嘉璘《胭脂虎》，林树森、高雪樵《李元霸》，白玉昆、金少山《连环套》，压轴王少楼、芙蓉草《宋十回》，大轴程艳秋、姜妙香、张少泉、曹二庚合演《金锁记》。

10月30日，鸣和社上海荣记大舞台夜戏：

韩金奎、于莲仙《满汉结亲》，林树森《三娘教子》，高雪樵《伐子都》，白玉昆《落马湖》，金少山、张少泉《断太后》，压轴王少楼、程少余《打鼓骂曹》，大轴程艳秋、姜妙香、芙蓉草合演《风流棒》。

10月31日，鸣和社上海荣记大舞台夜戏：

曹毛包《五老聚会》，林树森《扫松下书》，高雪樵《螺蛳峪》，白玉昆《铜网阵》，金少山《万花亭》，压轴王少楼、韩金奎、程少余《秦琼卖马》，大轴程艳秋、姜妙香、芙蓉草、曹二庚合演《赚文娟》。

11月1日，鸣和社上海荣记大舞台夜戏：

林树森、程少余、苗胜春《古城会》，高雪樵、白玉昆《铁公鸡》，金少山《刺王僚》，压轴王少楼、程少余、韩金奎《琼林宴》，大轴程艳秋、姜妙香、芙蓉草、李洪春、曹毛包合演《沈云英》。

11月2日，鸣和社上海荣记大舞台日戏：

程艳秋、王少楼、白玉昆、姜妙香、芙蓉草、林树森、高雪樵、苗胜春、李洪春、文亮臣、曹二庚、吴富琴、陈鸿奎、曹毛包、陈嘉璘、贾多才合演全部《红鬃烈马》。

11月2日，鸣和社上海荣记大舞台夜戏：

于莲仙、韩金奎《鸿鸾禧》，白玉昆、芙蓉草、高雪樵、程少余《割发代首》，金少山、张少泉《断太后》，程艳秋、姜妙香《孔雀屏》，压轴王少楼《战樊城》，大轴程艳秋、王少楼、文亮臣合演《秋胡戏妻》。

11月3日，鸣和社上海荣记大舞台夜戏：

张少泉《八珍汤》，高雪樵、林树森、苗胜春、程少余《长坂坡》，白玉昆、芙蓉草《翠屏山》，压轴王少楼、曹毛包《黄金台》，大轴程艳秋、金少山、姜妙香、李洪春合演《红拂传》。

11月4日，鸣和社上海荣记大舞台夜戏：

韩金奎、毕春芳《满汉结亲》，高雪樵、林树森《白马坡》，白玉昆《马义救主》，金少山《探阴山》，压轴王少楼、曹毛包《搜孤救孤》，大轴程艳秋、姜妙香、芙蓉草、曹二庚、贾多才合演《碧玉簪》。

11月5日，鸣和社上海荣记大舞台日戏：

韩金奎、陈鸿奎《拾黄金》，曹毛包、苗胜春《下河东》，高雪樵、林树森《铁公鸡》，金少山、白玉昆《连环套》，大轴程艳秋、王少楼、姜妙香、芙蓉草、李洪春、吴富琴、文亮臣、曹二庚、贾多才合演《四郎探母》。

11月5日，鸣和社上海荣记大舞台夜戏：

于莲仙、韩金奎《卖雄鸡》，曹毛包《九江口》，林树森《武昭关》，白玉昆《马三保》，压轴王少楼、金少山、高雪樵《阳平关》，大轴程艳秋、姜妙香、吴富琴、李洪春、文亮臣合演《鸳鸯冢》。

11月6日，鸣和社上海荣记大舞台夜戏：

张少泉《徐母骂曹》，林树森《徐策跑城》，高雪樵、曹毛包《四杰村》，白玉昆《落马湖》，金少山《黑风帕》，压轴王少楼《定军山》，大轴程艳秋、姜妙香、芙蓉草合演《梅妃》。

11月7日，鸣和社上海荣记大舞台夜戏：

张少泉《朱砂痣》，于莲仙、陈月梅《二美争风》，高雪樵、林树森《李元霸》，白玉昆、芙蓉草《酸枣岭》《刺巴杰》，压轴王少楼、金少山《李陵碑》，大轴程艳秋、姜妙香、李洪春、吴富琴、曹二庚合演《文姬归汉》。

11月8日，鸣和社上海荣记大舞台日戏：

于莲仙《卖绒花》，陈嘉璘《双狮图》，林树森、高雪樵《走麦城》，白玉昆《杀女报恩》，王少楼《南阳关》，压轴程艳秋、姜妙香、芙蓉草《十三妹》，大轴程艳秋、王少楼、金少山、芙蓉草、曹二庚合演《法门寺》。

11月8日，鸣和社上海荣记大舞台夜戏：

曹毛包《青风寨》，林树森、高雪樵《白马坡》，白玉昆、芙蓉草《投军别窑》，压轴金少山、张少泉《包公断后》，大轴程艳秋、王少楼、姜妙香、李洪春、文亮臣、曹二庚、贾多才合演全部《柳迎春》。

11月9日，鸣和社上海荣记大舞台日戏：

曹毛包《光武兴》，高雪樵、林树森《铁公鸡》，白玉昆、芙蓉草《坐楼杀惜》，压轴王少楼、金少山《捉放曹》，大轴程艳秋、姜妙香、李洪春、陈嘉璘合演《玉堂春》。

11月9日，鸣和社上海荣记大舞台夜戏：

高雪樵、林树森《神亭岭》，白玉昆《独木关》，芙蓉草、姜妙香、金少山《穆柯寨》，压轴王少楼《打鼓骂曹》，大轴程艳秋、李洪春、曹毛包、吴富琴合演《陈丽卿》。

11月10日，鸣和社上海荣记大舞台日戏：

林树森《三娘教子》，高雪樵《大四杰村》，芙蓉草、吴富琴《樊江关》，白玉昆《反五关》，压轴王少楼、金少山、曹毛包《空城计》，大轴程艳秋、姜妙香、文亮臣、曹二庚、贾多才合演《金锁记》。

11月11日，鸣和社上海荣记大舞台夜戏最后一天：

林树森、高雪樵《溪皇庄》，白玉昆、芙蓉草《翠屏山》，压轴王少楼、姜妙香、金少山《群英会》《借东风》，大轴程艳秋、曹毛包、李洪春、吴富琴合演全本《陈丽卿》。

11月13日，程艳秋应中华戏曲音乐会之邀，率姜妙香、王少楼等鸣和社成员由上海赴江苏南京，参加赈济辽宁水灾大义演。

11月14日晚，国民党第三届四中全会召开，宴请外宾，蒋介石、张学良等全体国民党中央委员出席，程艳秋、姜妙香合演《青霜剑》。

11月15日，姜妙香、王少楼、梁华亭、徐伯明同游紫金山，谒拜中山陵。

11月15日晚，赈济辽宁水灾大义演头天夜戏：

周信芳、王芸芳《投军别窑》，压轴王少楼《定军山》，大轴程艳秋、姜妙香合演《玉堂春》。

11月16日晚，赈济辽宁水灾大义演第二天夜戏：

压轴姜妙香《岳家庄》，大轴程艳秋、王少楼、芙蓉草、姜妙香、文亮臣合演《四郎探母》。

11月17日晚，赈济辽宁水灾大义演第三天夜戏：

大轴程艳秋、王少楼、芙蓉草、姜妙香、文亮臣合演全部《柳迎春》。

11月18日至20日，江祖岱等宴请程艳秋、王少楼、姜妙香，商谈特烦续演三天。

11月18日晚，鸣和社南京国民大戏院夜戏：

压轴王少楼《骂曹》，大轴程艳秋、姜妙香合演《青霜剑》。

11月19日晚，鸣和社南京国民大戏院夜戏：

压轴王少楼、芙蓉草《南天门》，大轴程艳秋、姜妙香、吴富琴、李洪春、贾多才合演《文姬归汉》。

11月20日晚，鸣和社南京国民大戏院夜戏：

压轴王少楼、芙蓉草《乌龙院》，大轴程艳秋、姜妙香、李洪春、吴富琴、苏连汉合演全部《红拂传》。

南京演出结束后，姜妙香辞班赴沪与梅兰芳汇合，程艳秋及鸣和社返京，小生易程继先。

11月下旬，梅兰芳应上海黄金荣邀请，率承华社赴沪演出，并邀谭富英加盟。

11月26日，杜月笙长女杜美如弥月堂会戏戏目：

吕慧君二本《虹霓关》，董舒良《打鼓骂曹》，盖叫天《十字坡》，雪艳琴《苏三起解》，周信芳、董俊峰《开山王府》，谭富英《定军山》，压轴王凤卿《取成都》，大轴梅兰芳、姜妙香、张春彦、萧长华合演《玉堂春》。

12月4日，承华社上海荣记大舞台夜戏头天：

高雪樵、林树森《白马坡》，诸茹香、王蕙芳、孙甫亭《胭脂虎》，金少山、于莲仙《探阴山》，朱桂芳、曹毛包《取金陵》，姜妙香《岳家庄》，谭富英、刘连荣《打鼓骂曹》，压轴王凤卿、王荣森《文昭关》，大轴梅兰芳、萧长华合演《苏三起解》。

12月5日，承华社上海荣记大舞台夜戏：

张少泉《钓金龟》，林树森、吕慧君《坐楼杀惜》，高雪樵《四杰村》，金少山《万花亭》，朱桂芳《无底洞》，压轴谭富英、刘连荣《定军山》，大轴梅兰芳、王凤卿、萧长华、姜妙香、孙甫亭合演全本《四郎探母》。

12月6日，承华社上海荣记大舞台夜戏：

曹毛包《九江口》，张少泉《行路训子》，吕慧君《浣花溪》，高雪樵、林树森《李元霸》，谭富英、诸茹香、姜妙香、刘连荣、韩金奎《珠帘寨》，压轴王凤卿《鱼藏剑》，大轴梅兰芳、萧长华、姜妙香、朱桂芳合演《廉锦枫》。

12月7日，承华社上海荣记大舞台日场：

程少余《收关胜》，林树森、吕慧君《游龙戏凤》，朱桂芳《盗仙草》，姜妙香《未央宫》，压轴谭富英、高雪樵《连营寨》，大轴梅兰芳、王凤卿、金少山、萧长华、诸茹香合演全本《法门寺》。

12月7日，承华社上海荣记大舞台夜戏：

高雪樵《螺蛳峪》，林树森、吕慧君《武昭关》，朱桂芳《百草山》，谭富英、韩金奎《琼林宴》，压轴王凤卿、姜妙香、张春彦《群英会》，大轴梅兰芳、刘连荣、姚玉芙合演《刺虎》。

12月8日，承华社上海荣记大舞台夜戏：

高雪樵、林树森《太史慈》，诸茹香、王蕙芳《得意缘》，萧长华《连升店》，压轴谭富英、金少山、曹毛包、苗胜春《失街亭》《空城计》《斩马谡》，大轴梅兰芳、姜妙香、姚玉芙、朱桂芳合演《洛神》。

12月9日，承华社上海荣记大舞台夜戏：

王荣森《马蹄金》，吕慧君《贺后骂殿》，高雪樵、林树森、朱桂芳《大八蜡庙》，压轴谭富英、金少山《黄金台》，大轴梅兰芳、王凤卿、姜妙香、萧长华合演全部《宇宙锋》。

12月10日，承华社上海荣记大舞台夜戏：

朱桂芳《聚宝盆》，吕慧君《虹霓关》，高雪樵、林树森《铁公鸡》，谭富英、金少山《托兆碰碑》，压轴王凤卿、刘连荣、张春彦《取长沙》，大轴梅兰芳、姜妙香、萧长华、王蕙芳合演《奇双会》。

12月11日，承华社上海荣记大舞台夜戏：

谢德声《贾家楼》，大轴梅兰芳、王凤卿、谭富英、姜妙香、姚玉芙、萧长华、高雪樵、林树森、吕慧君、诸茹香、刘连荣合演全部《红鬃烈马》。

12月12日，承华社上海荣记大舞台夜戏：

朱桂芳《演火棍》，萧长华、诸茹香《入侯府》，高雪樵、林树森《白马坡》，金少山《李七长亭》，谭富英、吕慧君《南天门》，压轴王凤卿《取成都》，大轴梅兰芳、姜妙香、姚玉芙合演《俊袭人》。

12月13日，承华社上海荣记大舞台夜戏：

朱桂芳《取金陵》，林树森、吕慧君《坐楼杀惜》，高雪樵、曹毛包《四杰村》，压轴谭富英、金少山《捉放曹》，大轴梅兰芳、王凤卿、姜妙香、姚玉芙、萧长华、张春彦合演前部《西施》。

12月14日，承华社上海荣记大舞台日场：

诸茹香《玉玲珑》，刘连荣《下河东》，朱桂芳《蟠桃会》，吕慧君、姜妙香、萧长华《鸿鸾禧》，高雪樵、林树森三本《铁公鸡》，压轴谭富英、金少山、曹毛包、苗胜春《失街亭》《空城计》《斩马谡》，大轴梅兰芳、王凤卿合演《汾河湾》。

12月14日，承华社上海荣记大舞台夜戏：

曹毛包《剑峰山》，吕慧君《拾玉镯》，高雪樵、林树森《走麦城》，压轴谭富英、金少山《洪羊洞》，大轴梅兰芳、王凤卿、姜妙香、萧长华、朱桂芳合演后部《西施》。

12月15日，承华社上海荣记大舞台夜戏：

曹毛包、程少余《双李逵》，朱桂芳、朱湘泉《无底洞》，林树森、吕慧君《武昭关》，高雪樵《杀四门》，金少山、孙庆芬《探阴山》，压轴谭富英、刘连荣《定军山》，大轴梅兰芳、王凤卿、姜妙香、萧长华、张春彦、诸茹香、孙甫亭、于莲仙合演全部《错姻缘》（即全本《春灯谜》）。

12月16日，承华社上海荣记大舞台夜戏：

诸茹香、于莲仙《双潘金莲》，朱桂芳《盗仙草》，吕慧君《春香闹学》，高雪樵、林树森《李元霸》，压轴谭富英《盗宗卷》，大轴梅兰芳、王凤卿、金少山、姜妙香、萧长华、刘连荣、张春彦、朱湘泉、孙甫亭、宋继亭合演全部《霸王别姬》。

12月17日，承华社上海荣记大舞台夜戏：

吕慧君、林树森《游龙戏凤》，高雪樵《新长坂坡》，金少山《刺王僚》，压轴谭富英、韩金奎《奇冤报》，大轴梅兰芳、王凤卿、姜妙香、萧长华合演头本《杨贵妃》。

12月18日，承华社上海荣记大舞台夜戏：

苗胜春《溪皇庄》，吕慧君二本《虹霓关》，高雪樵、林树森《神亭岭》，金少山《万花亭》，压轴谭富英、曹毛包、陈嘉璘《搜孤救孤》，大轴梅兰芳、王凤卿、姜妙香、姚玉芙合演二本《杨贵妃》。

12月19日，承华社上海荣记大舞台夜戏：

吕慧君《投军别窑》，朱桂芳《聚宝盆》，林树森《徐策跑城》，高雪樵《大四杰村》，梅兰芳、王凤卿、姜妙香、萧长华《穆天王》，压轴谭富英、金少山《捉放曹》，大轴梅兰芳、刘连荣、姚玉芙合演《刺虎》。

12月20日，承华社上海荣记大舞台夜戏：

吕慧君《浣花溪》，高雪樵《螺蛳峪》，林树森《扫松下书》，朱桂芳《蟠桃会》，姜妙香《岳家庄》，谭富英、陈嘉璘、姜妙香、刘连荣《珠帘寨》，压轴王凤卿、林树森、金少山《关公取长沙》，大轴梅兰芳、孙甫亭合演《六月雪》。

12月21日，承华社上海荣记大舞台日场：

张少泉《行路训子》，诸茹香、张春彦《胭脂虎》，林树森、高雪樵三本《铁公鸡》，朱桂芳《取金陵》，姜妙香《辕门射戟》，压轴谭富英、姚玉芙《打渔杀家》，大轴梅兰芳、王凤卿合演《宝莲灯》。

12月21日，承华社上海荣记大舞台夜戏：

朱桂芳《虹桥赠珠》，吕慧君《卖雄鸡》，林树森、高雪樵《白马坡》，压轴谭富英、曹毛包《当锏卖马》，大轴梅兰芳、王凤卿、金少山、姜妙香、萧长华合演《霸王别姬》。

12月22日，黄（金荣）府堂会第二天演出白天戏目：

谭富英《当锏卖马》，谭小培《摘缨会》，马连良、金少山《取荥阳》，杜夫人《喜封侯》，马连良《三家店》，压轴王凤卿、姜妙香《举鼎观画》，大轴梅兰芳、姚玉芙、杜月笙、洪雁宾合演《大登殿》。

12月22日，承华社上海荣记大舞台夜戏：

诸茹香、于莲仙《双沙河》，朱桂芳《百草山》，林树森《古城相会》，吕慧君《贺后骂殿》，压轴谭富英、高雪樵、曹毛包《阳平关》，大轴梅兰芳、王凤卿、姜妙香、萧长华合演三本《杨贵妃》。

12月23日，承华社上海荣记大舞台夜戏：

张少泉《三进士》，曹毛包、苗胜春《下河东》，林树森、高雪樵《关公走麦城》，金少山《牧虎关》，压轴谭富英、吕慧君《南天门》，大轴梅兰芳、王凤卿、姜妙香、姚玉芙合演四本《杨贵妃》。

12月24日，承华社上海荣记大舞台夜戏：

朱桂芳《盗仙草》，林树森、吕慧君《坐楼杀惜》，高雪樵《四杰村》，金少山《探阴山》，压轴王凤卿、刘连荣《伐东吴》，大轴梅兰芳、谭富英、姜妙香、姚玉芙、萧长华、张少泉合演《四郎探母》。

12月25日，承华社上海荣记大舞台夜戏：

苗胜春《战蒲关》，朱桂芳《无底洞》，吕慧君《百花亭》，高雪樵《广泰庄》，金少山《刺王僚》，大轴梅兰芳、王凤卿、谭富英、姜妙香、林树森合演全本《美人计》《回荆州》。

12月26日，承华社上海荣记大舞台夜戏：

吕慧君二本《虹霓关》，朱桂芳《摇钱树》，萧长华、诸茹香《入侯府》，高雪樵、林树森三本《铁公鸡》，梅兰芳、姜妙香《乔醋》，压轴谭富英、金少山、曹毛包《失街亭》《空城计》《斩马谡》，大轴梅兰芳、王凤卿合演《武昭关》。

12月27日，承华社上海荣记大舞台夜戏：

苗胜春、朱桂芳《大八蜡庙》，吕慧君、诸茹香《双潘金莲》，高雪樵、林树森《神亭岭》，压轴谭富英、侯喜瑞、曹毛包、陈嘉璘《首阳山》，大轴梅兰芳、王凤卿、金少山、姜妙香、萧长华合演《霸王别姬》。

12月28日，承华社上海荣记大舞台日场：

朱桂芳《泗州城》，吕慧君、林树森《游龙戏凤》，高雪樵《新长坂坡》，金少山《打龙袍》，谭富英、韩金奎《琼林宴》，压轴王凤卿《取帅印》，大轴梅兰芳、姜妙香、陈嘉璘、萧长华合演全本《奇双会》。

12月28日，承华社上海荣记大舞台夜戏：

苗胜春《溪皇庄》，吕慧君、诸茹香《樊江关》，高雪樵、林树森《新白马坡》，压轴谭富英、金少山、侯喜瑞《洪羊洞》，大轴梅兰芳、王凤卿、姜妙香、萧长华、刘连荣、张春彦、朱桂芳、曹毛包、孙甫亭、林树勋合演合演全部《凤还巢》。

12月29日，承华社上海荣记大舞台夜戏：

高雪樵《大闹嘉兴府》，吕慧君《春香闹学》，朱桂芳、曹毛包《取金陵》，金少山《李七长亭》，谭富英、曹毛包《击鼓骂曹》，压轴王凤卿、刘连荣《取成都》，大轴梅兰芳、姜妙香、萧长华合演《黛玉葬花》。

12月30日，承华社上海荣记大舞台夜戏：

曹毛包《青风寨》，朱桂芳《蟠桃会》，吕慧君《拾玉镯》，高雪樵《伐子都》，梅兰芳《思凡》，压轴谭富英、金少山《托兆碰碑》，大轴梅兰芳、王凤卿、姜妙香、萧长华、诸茹香合演《御碑亭》。

12月31日，承华社上海荣记大舞台夜戏：

吕慧君头本《虹霓关》，朱桂芳《打瓜园》，高雪樵《螺蛳峪》，压轴谭富英、金少山《黄金台》，梅兰芳、王凤卿、萧长华、姜妙香合演全本《宇宙锋》。（当晚戏报特印人物表：梅兰芳饰赵艳蓉，王凤卿饰匡洪，姜妙香饰匡扶，萧长华饰康建业，刘连荣饰赵高，张春彦饰潘宴，诸茹香饰孙黄氏，陈嘉麟饰赵忠，宋继亭饰李信，毕春芳饰胡亥，于莲仙饰哑奴，李茂芝饰孙龙，卢庆元饰周缺）。

本年，姜妙香应胜利唱片公司邀请，灌制《霸王别姬》唱片1面，姜妙香饰虞子期、梅兰芳饰虞姬、徐兰沅京胡、王少卿京二胡、何斌奎司鼓；《打侄上坟》唱片2面，姜妙香饰陈大官、萧长华饰朱灿、霍文元京胡、何斌奎司鼓；《杨贵妃》（太真外传）唱片1面，姜妙香饰裴力士、梅兰芳饰杨贵妃、徐兰沅京胡、王少卿京二胡、何斌奎司鼓；《群英会》唱片2面，姜妙香饰周瑜、萧长华饰蒋干/太史慈、霍文元京胡、何斌奎司鼓；《贩马记》唱片2面，姜妙香饰赵宠、梅兰芳饰李桂枝、马宝明司笛、徐兰沅京二胡、唐春明司鼓。

1931年

（民国二十年，农历辛未年） 41岁

本年，姜妙香搭梅兰芳承华社，马连良扶风社，程艳秋鸣和社演出。

1月1日，承华社上海荣记大舞台日场：

吕慧君、姜妙香、萧长华《鸿鸾禧》，高雪樵《大四杰村》，谭富英、曹毛包《定军山》，压轴王凤卿《鱼藏剑》，大轴梅兰芳、姜妙香、刘连荣合演《红线盗盒》。

1月1日，承华社上海荣记大舞台夜戏：

大轴梅兰芳、王凤卿、姜妙香、刘连荣、朱桂芳、萧长华、张春彦合演前部《西施》。

1月2日，承华社上海荣记大舞台夜戏：

大轴梅兰芳、王凤卿、姜妙香、刘连荣、朱桂芳、萧长华、张春彦合演后部《西施》。

1月3日，承华社上海荣记大舞台夜戏：

朱桂芳《红桃山》，吕慧君《穆柯寨》，高雪樵《挑华车》，压轴谭富英《战太平》，大轴梅兰芳、金少山、王凤卿、姜妙香、萧长华合演《霸王别姬》。

1月4日，承华社上海荣记大舞台日场：

朱桂芳《演火棍》，高雪樵《四杰村》，谭富英、姜妙香、刘连荣、陈嘉璘、韩金奎《珠帘寨》，压轴王凤卿、金少山《取长沙》，大轴梅兰芳、姜妙香、萧长华、张少泉合演前部《春秋配》。

1月4日，承华社上海荣记大舞台夜戏：

吕慧君、林树森《游龙戏凤》，萧长华《下河南》，高雪樵三本《铁公鸡》，金少山《锁五龙》，压轴王凤卿、谭富英、姜妙香《赤壁鏖兵》，大轴梅兰芳、姜妙香合演《洛神》。

1月5日，承华社上海荣记大舞台夜戏：

刘连荣《闹江州》，林树森、高雪樵《白马坡》，金少山《探阴山》，压轴谭富英《审头刺汤》，大轴梅兰芳、王凤卿、姜妙香、萧长华、刘连荣合演头本《杨贵妃》。

1月6日，承华社上海荣记大舞台夜戏：

韩金奎《十八扯》，林树森、高雪樵《走麦城》，金少山《草桥关》，压轴谭富英、吕慧君《牧羊卷》，大轴梅兰芳、王凤卿、姜妙香、萧长华合演二本《太真外传》。

1月7日，承华社上海荣记大舞台日场：

朱桂芳《取金陵》，姜妙香、宋继亭《借赵云》，高雪樵三本《铁公鸡》，压轴王凤卿、姚玉芙《朱砂痣》，大轴梅兰芳、谭富英、金少山、萧长华合演全本《法门寺》。

1月7日，承华社上海荣记大舞台夜戏：

朱桂芳《摇钱树》，吕慧君《拾玉镯》，高雪樵《李元霸》，金

少山《刺王僚》，压轴谭富英、曹毛包《打严嵩》，大轴梅兰芳、王凤卿、姜妙香、萧长华合演三本《太真外传》。

1月9日，承华社上海荣记大舞台夜戏：

吕慧君、刘连荣《穆柯寨》，朱桂芳《无底洞》，林树森《扫松下书》，高雪樵《越虎城》，压轴谭富英、吕慧君《南天门》，大轴梅兰芳、金少山、王凤卿、姜妙香、萧长华合演《霸王别姬》。

1月10日，承华社上海荣记大舞台夜戏：

吕慧君《潘金莲》，朱桂芳《打瓜园》，高雪樵、林树森《神亭岭》，压轴谭富英、刘连荣《当锏卖马》，大轴梅兰芳、金少山、王凤卿、姜妙香、萧长华合演《霸王别姬》。

1月11日，承华社上海荣记大舞台夜戏：

于莲仙《胭脂虎》，林树森《斩华雄》，诸茹香《樊江关》，高雪樵《广泰庄》，压轴谭富英、金少山《洪羊洞》，大轴梅兰芳、王凤卿、姜妙香、萧长华合演《凤还巢》。

1月12日，承华社上海荣记大舞台夜戏：

吕慧君二本《虹霓关》，朱桂芳《金山寺》，萧长华《请医》，高雪樵三本《铁公鸡》，金少山《锁五龙》，梅兰芳、谭富英《打渔杀家》，压轴王凤卿《文昭关》，大轴梅兰芳、姜妙香、姚玉芙合演《俊袭人》。

1月14日，承华社上海荣记大舞台夜戏：

诸茹香《浣花溪》，朱桂芳《聚宝盆》，林树森、吕慧君《坐楼杀惜》，高雪樵《四杰村》，压轴谭富英、金少山、曹毛包《失街亭》《空城计》《斩马谡》，大轴梅兰芳、姜妙香、王凤卿、萧长华合演《玉堂春》。

1月16日，承华社上海荣记大舞台夜戏：

诸茹香《玉玲珑》，朱桂芳《雄黄阵》，吕慧君、林树森《梅龙镇》，高雪樵《艳阳楼》，压轴谭富英《捉放曹》，大轴梅兰芳、金少山、王凤卿、姜妙香、萧长华合演《霸王别姬》。

1月17日，承华社上海荣记大舞台夜戏：

韩金奎《拾黄金》，高雪樵《战宛城》，王凤卿《取成都》，压轴梅兰芳、谭富英、姜妙香、萧长华、诸茹香《御碑亭》，大轴全班合演《新八蜡庙》。

1月下旬，承华社结束上海演出回到北京后，重新调整。1931年1月30日，承华社调整后立册名单（按承华社名册原始顺序）。旦行：梅兰芳、姚玉芙、王琴侬、王蕙芳、诸茹香、刘凤林、王丽卿、张蕊香、律佩芳等十六人，老生：王凤卿、王少亭、张春彦、李春林、乔玉林、甄洪奎、谭春仲、孙小山、宋继亭、方宝全、陈喜兴、扎金奎、陈少五、李春义等二十人，小生：姜妙香、程继先、韩金福、吴彩云、石小山，丑行慈瑞泉、萧长华、郭春山、罗文奎、赵春锦、何二各、李石头、刘玉泰、韩二秃、罗文元、高连峰，净行：侯喜瑞、刘连荣、李寿山、时玉奎、唐长立、耿大庄、霍仲三等十五人，武行：尚和玉、朱桂芳、朱湘泉、沈三玉、杨春龙、李三星、王玉吉、刘玉芳、张万祥，老旦孙甫亭，管事：迟喜珠等九人。

2月5日下午，梅兰芳在无量大人胡同梅宅举行家宴，欢迎美国影星范朋克，杨小楼、余叔岩、尚小云、程艳秋、荀慧生、姜妙香作陪。

3月3月，承华社开明戏院夜戏：

刘连荣《下河东》，程继先、王少亭《状元谱》，压轴尚和玉《铁笼山》，大轴梅兰芳、王凤卿、王琴侬、诸茹香、姜妙香、朱桂芳合演《上元夫人》。

3月4日至6日，姜妙香与杨小楼、梅兰芳、程艳秋、尚小云、荀慧生、王又宸、谭富英等，参加天津富商孟洛泉八十寿辰堂会戏。演出剧目《霸王别姬》、《探母回令》、《廉锦枫》、《春秋配》、《玉堂春》、《奇双会》、《能仁寺》、《法门寺》、《御碑亭》、《红拂传》等。

3月21日，扶风社中和戏院日场：

邱富棠、许德义《夺太仓》，陈丽芳、李洪福《骂殿》，何雅秋、李洪春《别窑》，压轴尚和玉《对刀步战》，大轴马连良、姜妙香、刘砚亭、茹富蕙合演《夜审潘洪》。

3月29日，承华社开明大戏院夜戏：

王蕙芳《未央宫》，陈喜兴《骂曹》，王少亭《状元谱》，压轴尚和玉《战滁州》，大轴梅兰芳、王凤卿、姜妙香、萧长华、刘连荣、李寿山合演四本《太真外传》。

4月16日至19日，承华社赴天津明星影院演出。

4月下旬，承华社应邀赴广州演出。

4月25日，承华社部分成员经上海抵广州。

4月28日，承华社广州海珠戏院夜戏：大轴梅兰芳、王凤卿、姜妙香、萧长华、刘连荣合演头本《西施》。

4月29日，承华社广州海珠戏院夜戏：大轴梅兰芳、王凤卿、姜妙香、萧长华、刘连荣合演《凤还巢》。

4月30日，承华社广州海珠戏院夜戏：大轴梅兰芳、刘连荣、王凤卿、姜妙香、萧长华合演《霸王别姬》。

5月1日，承华社广州海珠戏院夜戏：大轴梅兰芳、王凤卿、姜妙香、萧长华、刘连荣合演头本《太真外传》。

5月2日，承华社广州海珠戏院夜戏：大轴梅兰芳、王凤卿、姜妙香、萧长华、刘连荣合演二本《西施》。

5月3日，承华社广州海珠戏院日场：大轴梅兰芳、姜妙香、萧长华、刘连荣合演《穆柯寨》。

5月3日，承华社广州海珠戏院夜戏：大轴梅兰芳、王凤卿、姜妙香、萧长华、刘连荣合演《霸王别姬》。

5月13日，承华社广州海珠戏院夜戏：大轴梅兰芳、刘连荣、王凤卿、姜妙香、萧长华合演《霸王别姬》。

5月14日，承华社广州海珠戏院夜戏：大轴梅兰芳、姜妙香合演《洛神》。

5月15日，承华社广州海珠戏院夜戏：大轴梅兰芳、王凤卿、姜妙香、萧长华合演四本《太真外传》。

5月18日，承华社广州海珠戏院夜戏：大轴梅兰芳、刘连荣、王凤卿、姜妙香、萧长华合演《霸王别姬》。

5月19日，承华社广州海珠戏院夜戏：大轴梅兰芳、王凤卿、姜妙香、萧长华合演《仙山阁楼》。

5月21日，承华社广州海珠戏院夜戏：大轴梅兰芳、刘连荣、王凤卿、姜妙香、萧长华合演《霸王别姬》。

6月9日，上海杜月笙为上海杜氏祠堂落成会演大合作戏第一天日场（15时开戏）：天蟾全班合演《天官赐福》，徐碧云、言菊朋、姜妙香（戏单误为金仲仁）、芙蓉草《金榜乐》，荀慧生、金仲仁（戏单误为姜妙香）、马富禄、张春彦《鸿鸾禧》。

6月9日，杜氏祠堂落成夜戏（19时开戏）：

雪艳琴《百花亭》，张藻辰、尚小云《汾河湾》，华慧麟、萧长华、马富禄《打花鼓》，李吉瑞、小桂元《落马湖》，程艳秋、王少楼《芦花河》，大轴《龙凤呈祥》（梅兰芳饰孙尚香，杨小楼饰赵云，马连良饰乔玄，高庆奎饰前刘备，谭小培饰后刘备，谭富英饰鲁肃，龚云甫饰国太，金少山饰张飞，萧长华饰乔福，姜妙香饰周瑜，曹毛宝饰孙权）。

6月10日，上海杜氏祠堂落成会演第二天日场（12时开戏）：

麒麟童、赵如泉《富贵长春》，袁履登、王晓籁《八百八年》，郭继云《空城计》，季小姐《宇宙锋》，孙化成《群臣宴》，王庾生，小杨月楼《庆顶珠》，刘宗杨《安天会》，郑永泉《北湖州》，张藻辰、金仲仁《状元谱》，芝英夫人、高庆奎、姜妙香、张春彦《玉堂春》，谭富英《定军山》，王少楼、华慧麟《坐宫》，李万春、蓝月春《两将军》，程艳秋、贯大元《骂殿》，李吉瑞、小桂元、苗胜春《独木关》，王又宸《卖马》，压轴《长坂坡》（杨小楼饰赵云、高庆奎饰刘备、雪艳琴饰糜夫人、雪艳舫饰甘夫人、刘砚亭饰张郃、刘奎官饰张飞、蒋宝印饰曹操、刘斌昆饰夏侯恩）。大轴《全部红鬃烈马》（徐碧云《彩楼配》，尚小云、贯大元《三击掌》，麒麟童、王芸芳《别窑》，程艳秋、龚云甫《探寒窑》，郭仲衡、芙蓉草《赶三关》，梅兰芳、谭富英（前薛平贵）、言菊朋（后薛平贵）《武家坡》，谭小培、雪艳琴《算粮》，谭小培、荀慧生、姜妙香《银空山》，梅兰芳、荀慧生、马连良、龚云甫合演《大登殿》）。

6月11日，上海杜氏祠堂落成会演第三天日场（12时开戏）：

杨鼐侬、金碧玉《满堂红》，小杨月楼、小奎官《岳家庄》，言菊朋《琼林宴》，《战宛城》（麒麟童饰张绣，荀慧生饰邹氏，刘奎官饰典韦，金仲仁饰曹昂，曹毛包饰曹操，陈鹤峰饰贾诩，马富禄饰曹安氏，蒋宝印饰许褚），马连良、金少山《取荥阳》，高庆奎《取帅印》，徐碧云《花木兰》。

6月11日，上海杜氏祠堂落成会演夜戏（19时开戏）：

尚小云、贯大元、龚云甫《马蹄金》，刘宗杨《挑华车》，梅兰芳、谭小培、金少山《二进宫》，李万春《林冲夜奔》，雪艳琴、姜妙香、雪艳舫《弓砚缘》，李吉瑞《卧虎沟》，程艳秋、谭富英、王少楼《忠义节》，《八大锤》（杨小楼饰陆文龙，马连良饰王佐，刘汉臣饰岳云，刘砚亭饰金兀术，刘奎官饰狄雷，高雪樵饰何元庆，马富禄饰乳娘，张质彬饰严成方，张国斌饰岳飞），《五花洞》（梅兰芳、程艳秋、尚小云、荀慧生饰四潘金莲，高庆奎饰张天师，金少山饰包公），大轴麒麟童，王英武，赵如泉，刘汉臣，金素琴，刘奎官《庆贺黄马褂》。

6月30日至7月2日，上海筹募江西急赈会，特请平津名优在荣记大舞台演出义务戏三天。参演名伶有：杨小楼、梅兰芳、尚小云、程艳秋、荀慧生、高庆奎、金少山、龚云甫、谭小培、马连良、谭富英、姜妙香、贯大元、刘宗杨、雪艳琴、李吉瑞、刘汉臣、刘砚亭、刘奎官、高雪樵、马富禄。

7月2日，上海筹募江西急赈会，荣记大舞台义务戏第三天：

韩金奎《幽界关》，林树森《古城会》，李吉瑞、陈嘉粼、韩金奎《落马湖》，荀慧生、马富禄《小放牛》，压轴言菊朋、曹毛包《托兆碰碑》，大轴梅兰芳、金少山、姜妙香、张春彦、张桂芬合演《霸王别姬》。

7月，承华社返京。

7月31日，堂会演出戏目：

杨盛春、韩盛信《恶虎村》，雪艳琴、姜妙香《玉堂春》，马连良《失街亭》，压轴传世兰《游园惊梦》，大轴梅兰芳、姜妙香、刘连荣合演《红线盗盒》。

8月14日，承华社开明大戏院夜戏（梅兰芳由沪粤回京头天营业戏）：

宋继亭《战樊城》，陈喜兴、时玉奎《沙陀国》，刘连荣、朱桂芳《取金陵》，王少亭、王蕙芳、诸茹香《胭脂虎》，姜妙香《岳家庄》，程继先、萧长华《连升店》，压轴尚和玉《神亭岭》，大轴梅兰芳、王凤卿合演《汾河湾》。

8月20日，承华社开明大戏院夜戏：

时玉奎、宋继亭《铡美案》，慈瑞泉《演礼》，王少亭、程继先《举鼎观画》，压轴王凤卿、尚和玉《阳平关》，大轴梅兰芳、姜妙香、姚玉芙、萧长华、朱桂芳、陈喜兴合演《天河配》。

9月2日，鸣和社赈灾义务戏，中和戏院夜戏：

傅小山《九龙杯》，曹二庚《定计化缘》，李多奎、慈瑞泉《钓金龟》，大轴王瑶卿、程艳秋、芙蓉草、王少楼、侯喜瑞、姜妙香、李洪春、吴富琴、贾多才、文亮臣合演《南北和》。

9月11日，北平梨园总会十六省水灾急赈，第一舞台义务戏头天：

朱桂芳、周瑞安《青石山》，谭富英《定军山》，程艳秋、王少楼《贺后骂殿》，尚小云、朱素云、侯喜瑞《穆柯寨》，压轴杨小楼、郝寿臣、钱金福、小翠花《战宛城》，大轴梅兰芳、余叔岩合演《游龙戏凤》。

9月12日，北平梨园总会十六省水灾急赈，第一舞台义务戏第二天：

尚和玉《艳阳楼》，谭富英、徐碧云《乌龙院》，小翠花《马思远》，压轴尚小云、程艳秋、王少楼、王琴侬、程继先《探母回令》，大轴杨小楼、梅兰芳、王凤卿、姜妙香合演《霸王别姬》。

9月13日，北平梨园总会十六省水灾急赈，第一舞台义务戏第三天：

姜妙香、侯喜瑞《取洛阳》，言菊朋《击鼓骂曹》，尚小云《娘子军》，压轴杨小楼、梅兰芳、王凤卿、程艳秋、马连良、程继先、谭富英、尚和玉、郝寿臣、李多奎《甘露寺》《美人计》《回荆州》，大轴梅兰芳、余叔岩合演《打渔杀家》。

9月18日，承华社中和戏院夜戏：

大轴梅兰芳全部《宇宙锋》（当晚“九一八事变”）。梅兰芳饰赵艳蓉，王凤卿饰匡洪，姜妙香饰匡扶，萧长华饰康建业，刘连荣饰赵高，宋继亭饰潘宴，诸茹香饰孙黄氏，宋继亭饰李信，韩金福饰胡亥，姚玉芙饰哑奴。

10月10日，庆生社吉祥戏院夜戏：

苏连汉《下河东》，文亮臣《行路》，何雅秋《起解》，小翠花《醉酒》，压轴吴铁庵、孙毓堃《八大锤》，大轴小翠花、阎岚秋、阎岚亭、阎庆林、于永利《吐蕃国》（即《双沙河》，此为禁戏首次开禁，特烦阎氏昆仲，及阎岚秋之子、后拜姜妙香成为姜门大弟子的阎庆林合演）。

10月20日，鸣和社中和戏院夜戏：

姜妙香、李多奎、吴富琴《岳家庄》，周瑞安、刘春利《神亭岭》，王少楼、程继先、慈瑞泉、马连昆《群英会》，大轴程艳秋、周瑞安、李洪春、文亮臣、贾多才合演全本《荒山泪》。

10月，梅兰芳、余叔岩成立国剧学会，并附设国剧研习所招考业余学员，姜妙香曾在国剧研习所短期代课，小生学员有高仲清（高维廉）、郭建英、赵玉环等。

11月，由梅兰芳、余叔岩、齐如山、张伯驹等人创办的国剧学会国剧研习所开学典礼演出：

白寿芝《女起解》，王泊生《芦花荡》，压轴张伯驹（黄忠）、姜妙香（赵云）、陈香雪（曹操）、钱宝森（徐晃）《阳平关》，大轴梅兰芳、姜妙香、朱桂芳、张伯驹、钱宝森、陈半丁反串演出《八蜡庙》。

12月10日，扶风社华乐园日场：

张喜广《忠孝全》，马春樵、邱富棠、茹富蕙《青石山》，姜妙香、陈丽芳《孝感天》，压轴马连良、何雅秋、马富禄、李洪福《翠屏山》，大轴马连良、茹富兰、刘连荣、马富禄合演《八大锤》。

12月21日，国剧学会召开第一次会议，并宴请李石曾、于学忠、胡适之、袁守和等人。晚演出剧目为：梅兰芳、余叔岩《庆顶珠》，大轴梅兰芳、张伯驹、朱桂芳、姜妙香、陈半丁反串《八蜡庙》。梅兰芳饰褚彪，张伯驹饰黄天霸，朱桂芳饰费德功，姜妙香饰金大力，钱宝森饰张桂兰，徐兰沅饰关泰，李仲恩饰贺仁杰。

本年，姜妙香应长城唱片公司邀请，灌制《辕门射戟》唱片1面，姜妙香饰吕布、王少卿京胡、杭子和司鼓；《飞虎山》唱片2面，姜妙香饰安敬思、裘桂仙饰李克用、王少卿京胡、杭子和司鼓；《枪挑穆天王》唱片2面，姜妙香饰杨宗保、梅兰芳饰穆桂英、王少卿京胡、杭子和司鼓；《御碑亭》唱片2面，姜妙香饰柳生春、王琴侬饰孟月华、王少卿京胡、杭子和司鼓。

本年，姜妙香应新乐风唱片公司邀请，灌制《俊袭人》唱片1面，姜妙香饰贾宝玉、徐兰沅京胡、何斌奎司鼓；《春灯谜》唱片1面，姜妙香饰宇文彦、徐兰沅京胡、何斌奎司鼓；《头本太真外传》唱片2面，姜妙香饰裴力士、徐兰沅京胡、何斌奎司鼓；《凤还巢》唱片1面，姜妙香饰穆居易、梅兰芳饰程雪娥、徐兰沅京胡、何斌奎司鼓。

1932年

（民国二十一年，农历壬申年） 42岁

本年，姜妙香搭梅兰芳承华社，马连良扶风社，程砚秋鸣和社，章遏云庆盛社演出。

1月1日，重庆社瀛寰大戏院夜戏：

慈瑞泉、于莲仙《打面缸》，阎岚秋、阎岚亭《蟠桃会》，压轴周瑞安、王又宸《八大锤》，大轴尚小云、李寿山、姜妙香、郭春山、诸茹香、尚富霞合演《詹淑娟》。

1月3日，鸣和社中和戏院日场：

李多奎《行路训子》，周瑞安、刘春利、傅小山《三侠剑》，芙蓉草、程继先、李洪福、范宝亭《穆天王》，压轴王少楼、慈瑞泉《琼林宴》，大轴程砚秋、姜妙香、侯喜瑞、吴富琴、李洪春、贾多才合演《文姬归汉》。

2月2日，第一舞台梨园同僚义务夜戏：

富连成学生《赐福》，周瑞安、阎岚秋、孙毓堃、朱桂芳《双青石山》，贯大元《搜孤救孤》，尚和玉《艳阳楼》，王又宸、郝寿臣、朱琴心《法门寺》，荀慧生、小翠花、侯喜瑞、马富禄、程继先、金仲仁《双沙河》，尚小云、高庆奎《刺巴杰》，压轴余叔岩《盗宗卷》，大轴杨小楼、梅兰芳、王凤卿、姜妙香合演《霸王别姬》。

2月7日，承华社中和戏院夜戏：

刘连荣《英雄会》，程继先、诸茹香《鸿鸾禧》，压轴尚和玉、朱桂芳《蟠桃会》，大轴梅兰芳、王凤卿、姜妙香、姚玉芙合演全部

《御碑亭》。

2月20日，皕忍堂堂会演出戏目

朱桂芳《蟠桃会》，小翠花《得意缘》，杨宝森、徐碧云《游龙戏凤》，高庆奎《定军山》，李万春《古城会》，荀慧生《元宵迷》，压轴杨小楼、余叔岩《朱仙镇》，大轴梅兰芳、程继先、姜妙香合演《奇双会》。

3月，梅兰芳为淞沪会战受伤将士筹集医药费义演三天，姜妙香参加义演，剧目为《贵妃醉酒》、《虹霓关》、《木兰从军》。

4月至7月间，梅兰芳携夫人江南旅游避乱，承华社暂时停演。姜妙香搭尚小云重庆社和朱琴心松庆社同时演出。

8月1日，庆盛社开明戏院夜戏：

周瑞安、蒋少奎、刘春利《恶虎村》，大轴章遏云、贯大元、姜妙香、芙蓉草、慈瑞泉、孙甫亭、李宝奎合演《金榜乐》《御碑亭》《大团圆》。

8月2日，庆盛社开明戏院夜戏：

王盛意、孙甫亭《探寒窑》，芙蓉草、姜妙香、蒋少奎、李寿山《穆柯寨》，周瑞安、刘春利《神亭岭》，大轴章遏云、贯大元、慈瑞泉、苏连汉、李宝奎合演全本《丽珠梦》。

8月5日，承华社中和戏院夜戏：

王少亭《黄金台》，刘连荣、慈瑞泉《普球山》，程继先《岳家庄》，尚和玉、朱桂芳、陈喜兴、曹二庚《青石山》，大轴梅兰芳、王凤卿、姜妙香、萧长华、张春彦、诸茹香、孙甫亭合演全本《御碑亭》。

8月6日，承华社中和戏院夜戏：

王少亭、陈喜兴《搜孤救孤》，朱桂芳、慈瑞泉、朱湘泉《百草山》，张春彦、曹二庚《胭脂褶》，萧长华、诸茹香《荡湖船》，王凤卿、尚和玉、曹玺彦、沈三玉《阳平关》，大轴梅兰芳、程继先、姜妙香、李寿山、罗文奎合演全本《奇双会》。

8月7日，承华社中和戏院夜戏：

王少亭《乌盆记》，刘连荣、朱湘泉《青风寨》，慈瑞泉《送亲演礼》，尚和玉、曹玺彦《战滁州》，王凤卿、程继先、曹二庚《双狮图》，大轴梅兰芳、姜妙香、萧长华、朱桂芳、张春彦、李寿山、诸茹香合演《天河配》。

8月8日，庆盛社开明戏院夜戏：

苏连汉《青风寨》，陈少五《下河东》，姜妙香《监酒令》，周瑞安《莲花湖》，压轴贯大元、蒋少奎《黄金台》，大轴章遏云、芙蓉草、慈瑞泉、李宝奎合演《天河配》。

8月8日，承华社中和戏院夜戏：

陈喜兴《一捧雪》，慈瑞泉《打城隍》，程继先、王少亭、曹二庚《状元谱》，压轴王凤卿、尚和玉、刘连荣《白马坡》，大轴梅兰芳、姜妙香、萧长华、朱桂芳、张春彦、李寿山、诸茹香合演《天河配》。

8月10日，扶风社吉祥戏院夜戏（马连良由沪回京头天）：

邱富棠《青石山》，何雅秋、陈丽芳《五花洞》，大轴马连良、王幼卿、姜妙香、马春樵合演《甘露寺》《美人计》《回荆州》。

8月12日，承华社中和戏院夜戏：

慈瑞泉、曹二庚《定计化缘》，尚和玉、曹玺彦《四平山》，王凤卿、程继先、刘连荣、陈喜兴《黄鹤楼》，大轴梅兰芳、姜妙香、萧长华、朱桂芳、张春彦、李寿山、诸茹香合演《天河配》。

8月13日，承华社中和戏院夜戏：

王少亭、王丽卿、曹二庚《赶三关》，慈瑞泉、诸茹香《一疋布》，朱桂芳、程继先、朱湘泉、沈三玉《蔡家庄》，大轴梅兰芳、王凤卿、尚和玉、姜妙香、萧长华、张春彦、刘连荣、孙甫亭合演全本《甘露寺》。

8月14日，承华社中和戏院夜戏：

陈喜兴、孙甫亭、曹二庚《天雷报》，王少亭、慈瑞泉、时玉奎《当锏卖马》，程继先、萧长华、诸茹香《贪欢报》，尚和玉、朱桂芳、王斌才、沈三玉《恶虎村》，王凤卿、姜妙香《镇潭州》，大轴梅兰芳、张春彦、刘连荣、朱湘泉、吴玉玲合演《红线盗盒》。

8月15日，庆盛社开明戏院夜戏：

苏连汉《取洛阳》，慈瑞泉《送亲演礼》，周瑞安、刘春利、周春庭《剑锋山》，贯大元、蒋少奎《打鼓骂曹》，大轴章遏云、姜妙香、芙蓉草、孙甫亭、王盛意合演《得意缘》。

8月16日，庆盛社开明戏院夜戏：

孙甫亭《目莲救母》，慈瑞泉《连升三级》，贯大元、周瑞安、蒋少奎《阳平关》《五截山》，大轴章遏云、姜妙香、芙蓉草、李宝奎、孙甫亭、王盛意合演《四八郎招亲》。

8月19日，承华社中和戏院夜戏：

张春彦、孙甫亭、王丽卿《九更天》，王少亭、诸茹香、曹二庚《乌龙院》，朱桂芳、朱湘泉《盗仙草》，程继先、萧长华《连升三级》，尚和玉、刘连荣、沈三玉《挑华车》，王凤卿、陈喜兴、慈瑞泉《取成都》，大轴梅兰芳、姜妙香、姚玉芙合演《晴雯撕扇》。

8月20日，承华社中和戏院夜戏：

王少亭、王丽卿《南天门》，慈瑞泉、刘凤林《双怕婆》，朱桂芳、朱湘泉《无底洞》，程继先、姜妙香、曹二庚、王斌才《双雅观楼》，尚和玉、沈三玉《艳阳楼》，大轴梅兰芳、王凤卿、萧长华、刘连荣、张春彦、诸茹香、孙甫亭合演《法门寺》。

8月21日，承华社中和戏院夜戏：

王少亭、时玉奎《黄金台》，程继先、诸茹香、张春彦、孙甫亭、慈瑞泉《胭脂虎》，萧长华《请医》，尚和玉、沈三玉、朱桂芳《八蜡庙》，王凤卿、刘连荣、陈喜兴《战长沙》，大轴梅兰芳、姜妙香、曹二庚、郭春山合演《玉簪记》（“琴挑”、“问病”、“偷诗”）。

8月23日，庆盛社开明戏院夜戏：

周少安《战太平》，孙甫亭、王多寿、高荣亭《行路训子》，章遏云、贯大元、周瑞安、慈瑞泉、王盛意《翠屏山》，芙蓉草、姜妙香、贾多才《贵妃醉酒》，大轴章遏云、贯大元、周瑞安、蒋少奎、苏连汉、刘春利、王盛意合演《大长坂坡》。

8月25日，阎庆林在骡马市大街震春园拜姜妙香为师，成为姜妙香开山大弟子。阎庆林祖父阎金福为旦角演员，父亲阎岚秋艺名“九阵风”为著名武旦演员，弟阎世喜富连成毕业工丑角，阎庆林娶妻孙氏为著名青衣孙怡云之女。

8月26日，承华社开明戏院夜戏：

慈瑞泉、刘凤林《顶花砖》，王少亭、曹二庚《盗宗卷》，朱桂芳、朱湘泉《打瓜园》，程继先、张春彦《借赵云》，尚和玉、曹玺彦《收关胜》，王凤卿、陈喜兴《文昭关》，大轴梅兰芳、姜妙香、萧长华、诸茹香、刘连荣合演头二本《虹霓关》。

8月27日，承华社开明戏院夜戏：

姜妙香、王少亭、曹二庚《双狮图》，朱桂芳、慈瑞泉、朱湘泉《取金陵》，程继先、张春彦、刘连荣《临江会》，萧长华、诸茹香《打杠子》，尚和玉、沈三玉、曹玺彦《英雄义》，大轴梅兰芳、王凤卿、孙甫亭合演《桑园会》。

8月28日，承华社开明戏院夜戏：

宋继亭、王斌才《下河东》，王少亭、陈喜兴、王丽卿《战蒲关》，朱桂芳、朱湘泉《摇钱树》，刘连荣、张春彦、萧长华《李七长亭》，尚和玉、沈三玉、曹玺彦《铁笼山》，王凤卿、程继先、慈瑞泉、孙甫亭《状元谱》，大轴梅兰芳、姜妙香、姚玉芙、诸茹香、曹二庚合演《黛玉葬花》。

10月29日至31日，承华社应天津春和戏院邀请，赴天津演出，姜妙香随行。演出剧目《春秋配》、《凤还巢》、《太真外传》。□

11月3日，扶风社华乐戏院夜戏：

邱富棠《锯大缸》，陈丽芳、姜妙香《穆柯寨》，马富禄《绒花记》，大轴马连良、王幼卿、马春樵、何雅秋、刘连荣合演《假金牌》。

11月19日，承华社开明大戏院夜戏：

宋继亭《定军山》，张春彦、刘连荣《开山府》，朱桂芳《摇钱树》，萧长华、诸茹香《一疋布》，尚和玉《英雄义》，压轴王凤卿《战樊城》，大轴梅兰芳、程继先、姜妙香合演《奇双会》(“哭监”起“团圆”止)。

11月25日，银行家卞白眉为其母作寿，在天津明星戏院演出堂会戏：

张荣奎、陈桐云《镇潭州》，沈小姐（沈丽莺）、姜妙香《玉堂春》，王华甫《拾黄金》，芙蓉草、姜妙香《穆柯寨》，程继先、萧长华《连升店》，压轴尚小云《秦良玉》，大轴梅兰芳、姜妙香合演《宇宙锋》。

12月初，梅兰芳迁居上海，姜妙香随行抵沪。

12月6日至8日，为鄂豫皖三省赈灾义演。

12月7日，上海赈济鄂豫皖三省水灾义演，上海天蟾舞台义务夜戏第二天：

王得天、尤菊荪《鼎盛春秋》，周文瑞、李慧琴《贺后骂殿》，华慧麟、姜妙香《玉堂春》，雪艳琴、雪艳舫二本《虹霓关》，大轴周夫人、姚太夫人（小兰英）、金少山、林树森、马富禄合演《群英会》。

12月8日，上海赈济鄂豫皖三省水灾义演，上海天蟾舞台义务夜戏第三天：

张啸林、杜月笙、张慰如《黄鹤楼》，华慧麟、姜妙香《悦来店》，雪艳琴、周夫人《御碑亭》，姜太夫人（恩晓峰）、金少山《将相和》，大轴雪艳琴、周夫人、姚太夫人、姜太夫人、杜夫人、程永龙合演《节义廉明》。

12月10日，上海天蟾舞台邀请梅兰芳、马连良合作演出夜戏头天：

朱桂芳、马春樵《取金陵》，压轴马连良、姜妙香、金少山、刘连荣、马富禄、曹连孝、高联峰《群英会》《借东风》，大轴梅兰芳、萧长华合演《苏三起解》。

12月11日，上海天蟾舞台夜戏：

董舒良《八义图》，朱桂芳《演火棍》，高雪樵《越虎城》，王云芳、陈鹤峰《坐楼杀惜》，林树森、金少山《风云会》，压轴马连良、马富禄《天雷报》，大轴梅兰芳、姜妙香、姚玉芙合演《洛神》。

12月12日，上海天蟾舞台夜戏：

张桂芬《马鞍山》，王富英《铁公鸡》，董舒良《法场换子》，高雪樵《螺蛳峪》，王云芳《思凡》，林树森、金少山、陈鹤峰《战长沙》，压轴马连良、马富禄《盗宗卷》，大轴梅兰芳、姜妙香、萧长华、王少亭合演《凤还巢》。

12月13日，上海天蟾舞台夜戏：

董舒良《乐毅伐齐》，王富英《彭公案》，陈鹤峰《黄鹤楼》，高雪樵《广泰庄》，王云芳、林树森《武昭关》，林树森、金少山、陈鹤峰《战长沙》，压轴马连良、马富禄、刘连荣《审潘洪》，大轴梅兰芳、金少山、姜妙香、萧长华合演《霸王别姬》。

12月14日，上海天蟾舞台夜戏：

董舒良《搜孤救孤》，陈鹤峰《追韩信》，高雪樵《艳阳楼》，王云芳《查头关》，林树森《华容道》，梅兰芳、姜妙香、萧长华、孙甫亭《春秋配》，压轴马连良、金少山、马富禄《白蟒台》，大轴梅兰芳、刘连荣合演《刺虎》。

12月15日，上海天蟾舞台夜戏：

张桂芬《柳林会》，董舒良《十二太保》，董志扬、王富英《兴梁山》，陈鹤峰《开山府》，高雪樵《战冀州》，王云芳、林树森《斩经堂》，压轴马连良、马富禄、刘连荣《琼林宴》，大轴梅兰芳、金少山、姜妙香、萧长华合演《霸王别姬》。

12月16日，上海天蟾舞台夜戏：

董舒良《双狮图》，董志扬、王富英《八蜡庙》，陈鹤峰《投军别窑》，高雪樵《越虎城》，林树森、金少山《古城会》，压轴马连良、王云芳、马富禄《打渔杀家》，大轴梅兰芳、姜妙香、刘连荣、萧长华、王少亭、朱桂芳合演前部《西施》。

12月17日，上海天蟾舞台夜戏：

韩金奎《拾黄金》，高雪樵《铁公鸡》，陈鹤峰、王云芳《投军别窑》，金少山《御果园》，压轴马连良、马富禄《马义救主》，大轴梅兰芳、姜妙香、刘连荣、萧长华、林树森合演全部《宇宙锋》。

12月18日，上海天蟾舞台夜戏：

韩金奎《请医》，董舒良《天堂州》，高雪樵《驱车战将》，陈鹤峰、王云芳《南天门》，林树森、金少山《风云会》，压轴马连良、马富禄《一捧雪》，大轴梅兰芳、姜妙香、刘连荣、萧长华、王少亭、朱桂芳合演后部《西施》。

12月19日，上海天蟾舞台夜戏：

董舒良《上天台》，董志扬《剑峰山》，陈鹤峰《开山府》，高雪樵《挑华车》，王云芳《春香闹学》，梅兰芳、姜妙香、林树森《穆天王》，压轴马连良、刘连荣、马富禄《甘露寺》，大轴梅兰芳、姜妙香、朱桂芳合演《廉锦枫》。

12月20日，上海天蟾舞台夜戏：

于莲仙、李鑫培《胭脂虎》，蒋宝印《丁甲山》，高雪樵《螺蛳峪》，陈鹤峰、王云芳《游龙戏凤》，林树森《水淹七军》，压轴马连良、金少山、刘连荣、马富禄《失街亭》《空城计》《斩马谡》，大轴梅兰芳、姜妙香、萧长华、王少亭合演全本《贩马记》。

12月22日，上海天蟾舞台夜戏：

李鑫培《九更天》，王富英《收关胜》，董舒良《朱砂痣》，高雪樵《四杰村》，林树森、金少山、陈鹤峰《黄鹤楼》，压轴马连良、王云芳、姜妙香、马富禄、刘连荣《四进士》，大轴梅兰芳、萧长华、孙甫亭合演《六月雪》。

12月23日，上海天蟾舞台夜戏：

李瑞亭《鄚州庙》，董舒良《琼林宴》，韩金奎《丑表功》，陈鹤峰《追韩信》，高雪樵《收姜维》，林树森、王云芳《武昭关》，梅兰芳、姜妙香、于莲仙二本《虹霓关》，压轴马连良、马富禄《当锏卖马》，大轴梅兰芳、马连良、金少山、萧长华、马富禄合演《法门寺》。

12月24日，上海天蟾舞台夜戏：

韩金奎《拾黄金》，董志扬《薛家窝》，董舒良《八义图》，高雪樵《伐子都》，陈鹤峰、王云芳《投军别窑》，林树森、金少山《古城会》，压轴马连良、刘连荣、马富禄、曹连孝《十道本》，大轴梅兰芳、姜妙香、姚玉芙、朱桂芳合演《洛神》。

12月25日，上海天蟾舞台日场：

王富英《取金陵》，于莲仙、韩金奎《顶花砖》，董舒良《上天台》，高雪樵《铁公鸡》，陈鹤峰、王云芳《小春庭》，大轴梅兰芳、马连良、姜妙香、金少山、林树森、刘连荣、萧长华合演《龙凤呈祥》。

12月25日，上海天蟾舞台夜戏：

董志扬《彭公案》，陈鹤峰《落马湖》，高雪樵《广泰庄》，林树森《华容道》，王云芳《鸿鸾禧》，压轴马连良、刘连荣、萧长华、马富禄《黄金台》，大轴梅兰芳、金少山、姜妙香、萧长华、王少亭合演《霸王别姬》。

12月26日，上海天蟾舞台夜戏：

董志扬《八蜡庙》，董舒良《十二太保》，高雪樵《杀四门》，林树森、金少山、陈鹤峰《战长沙》，压轴马连良、王云芳、马富禄《假金牌》，大轴梅兰芳、姜妙香、姚玉芙合演《俊袭人》。

12月27日，上海天蟾舞台夜戏：

韩金奎《瞎子逛灯》，董志扬《泗州城》，董舒良《临江会》，高雪樵《螺蛳峪》，陈鹤峰、王云芳《宋江杀惜》，金少山《刺王僚》，压轴马连良、马富禄《焚绵山》，大轴梅兰芳、姜妙香、刘连荣、萧长华、林树森、王少亭合演全部《宇宙锋》。

12月28日，上海天蟾舞台夜戏：

张桂芬《桑园会》，董志扬《剑峰山》，董舒良《琼林宴》，陈鹤峰《凤凰山》，林树森、高雪樵《白马坡》，王云芳《春香闹学》，压轴马连良《白蟒台》，大轴梅兰芳、金少山、姜妙香、萧长华、王少亭合演《霸王别姬》。

12月29日，上海天蟾舞台夜戏最后一天：

董志扬《铁公鸡》，董舒良《八义图》，高雪樵《驱车战将》，陈鹤峰、王云芳《武昭关》，压轴马连良、姜妙香、金少山、马富禄、刘连荣、曹连孝《群英会》《借东风》，大轴梅兰芳、姜妙香、萧长华、林树森合演《玉堂春》。

本年，姜妙香应百代唱片公司邀请，灌制《黄鹤楼》唱片1面，姜妙香饰周瑜、王少卿京胡、杭子和司鼓；《鸳鸯冢》唱片1面，姜妙香饰谢招郎、王少卿京胡、杭子和司鼓；《孔雀屏》唱片2面，姜妙香饰李渊、王少卿京胡、杭子和司鼓；《玉堂春》唱片1面，姜妙香饰王金龙、王少卿京胡、杭子和司鼓；《木兰从军》唱片1面，姜妙香饰魏主、田宝琳京胡。

1933年

（民国二十二年，农历癸酉年） 43岁

本年，姜妙香搭梅兰芳承华社，马连良扶风社，程砚秋鸣和社，章遏云庆盛社，陆素娟和平社演出。

1月1日，为鄂豫皖灾区临时义赈会募款，上海天蟾舞台义务戏日场：

开场《百凉楼》，张桂芬、李鑫培《战蒲关》，王富英《神亭岭》，董舒良《天堂州》，陈鹤峰《扫松下书》，高雪樵、董志扬《铁公鸡》，林树森《水淹七军》，王云芳《鸿鸾禧》，大轴梅兰芳、马连良、金少山、萧长华、姜妙香、于莲仙合演全本《拾玉镯》《法门寺》。

1月1日，为鄂豫皖灾区临时义赈会募款，上海天蟾舞台义务夜戏：

开场《应天球》，李鑫培《下河东》，王富英《挑华车》，董舒良《上天台》，董志扬《青风寨》，陈鹤峰、于莲仙《投军别窑》，高雪樵《大四杰村》，林树森《斩熊虎》，压轴马连良、王云芳、金少山《晋楚交兵》，大轴梅兰芳、姜妙香合演《红线盗盒》。

1月2日，上海天蟾舞台夜戏：

压轴梅兰芳、马连良、金少山、萧长华、姜妙香、于莲仙全本《拾玉镯》《法门寺》，大轴梅兰芳、姜妙香、萧长华合演《贵妃醉酒》。

1月3日，上海市伶界联合会举办义务戏，上海天蟾舞台日场：

压轴马连良、萧长华《失印救火》，大轴梅兰芳、金少山、姜妙香、萧长华合演《霸王别姬》。

1月3日，梅兰芳、马连良合作演出，上海天蟾舞台夜戏最后三天：

梅兰芳、姜妙香头本《虹霓关》，压轴马连良、萧长华、王云芳《审头刺汤》，大轴梅兰芳、刘连荣合演《刺虎》。

1月4日，上海天蟾舞台夜戏：

姜妙香《辕门射戟》，压轴梅兰芳《思凡》，大轴梅兰芳、马连良、刘连荣、萧长华合演《宝莲灯》。

1月5日，上海天蟾舞台夜戏：

压轴马连良《武乡侯》，大轴梅兰芳、金少山、姜妙香、萧长华合演《霸王别姬》。

1月12日至14日，应苏州各界联名邀请，梅兰芳与马连良、姜妙香、金少山、萧长华、姚玉芙、孙兰亭等同赴苏州演义务戏三日。

1月12日，苏州东方大戏院夜戏：

压轴梅兰芳、马连良、金少山、萧长华、姜妙香、马福禄、于莲仙全本《拾玉镯》《法门寺》，大轴梅兰芳、萧长华合演《苏三起解》。

1月13日，苏州东方大戏院夜戏：

梅兰芳、马连良、金少山、萧长华、姜妙香、刘连荣、孙兰亭合演全本《甘露寺》《美人计》《回荆州》，大轴梅兰芳、金少山、姜妙香、王少亭、萧长华合演《霸王别姬》。

1月14日，苏州东方大戏院夜戏：

压轴金少山、姜妙香《飞虎山》，大轴梅兰芳、马连良、刘连荣、萧长华合演《宝莲灯》。

5月19日，梅兰芳、高庆奎应上海天蟾舞台之邀抵沪，承华社姜妙香、萧长华、姚玉芙、朱桂芳、刘连荣、李春林、王少亭、孙甫亭、吴玉玲等随行。

5月26日，承华社上海天蟾舞台夜戏：

王富英《溪皇庄》，董舒良《首阳山》，粉菊花《拾玉镯》，朱桂芳、吴玉玲《取金陵》，林秋雯《人面桃花》，姜妙香、姚玉芙、孙甫亭《岳家庄》，高雪樵《铁公鸡》，压轴高庆奎、金少山、刘连荣《失街亭》《空城计》《斩马谡》，大轴梅兰芳、萧长华合演《苏三起解》。

5月27日，承华社上海天蟾舞台夜戏：

董舒良《骂阎罗》，刘连荣、王富英《李逵扮女》，林秋雯《鸿鸾禧》，高雪樵《大四杰村》，金少山《审李七》，压轴高庆奎、刘连荣、李春林《逍遥津》，大轴梅兰芳、姜妙香、姚玉芙合演《洛神》。

5月28日，承华社上海天蟾舞台日场：

高雪樵、粉菊花、朱桂芳全部《雷峰塔》，大轴梅兰芳、高庆奎、金少山、萧长华、姜妙香、林秋雯合演全本《拾玉镯》《法门寺》。

5月28日，承华社上海天蟾舞台夜戏：

朱桂芳、粉菊花一至四本《白蛇传》，刘连荣、王富英《丁甲山》，高雪樵《挑华车》，压轴金少山《李七长亭》，大轴梅兰芳、高庆奎、姜妙香、孙甫亭、萧长华、姚玉芙合演全部《四郎探母》。

5月29日，承华社上海天蟾舞台夜戏：

林秋雯、董舒良《南天门》，粉菊花《蟠桃会》，朱桂芳《瓦岗寨》，高雪樵《两将军》，压轴高庆奎《琼林宴》，大轴梅兰芳、金少山、姜妙香、王少亭、萧长华合演《霸王别姬》。

5月30日，承华社上海天蟾舞台夜戏：

小小活猴《卖弓记》，董舒良、张婉云《桑园会》，林秋雯《花田错》，王富英《八蜡庙》，粉菊花《阴阳河》，高雪樵《百凉楼》，压轴高庆奎、金少山全本《应天球》，大轴梅兰芳、姜妙香、刘连荣、王少亭、萧长华合演前部《西施》。

5月31日，承华社上海天蟾舞台夜戏：

王富英《大闹嘉兴府》，粉菊花《探亲相骂》，高雪樵《新长坂坡》，压轴高庆奎、金少山《上天台》，大轴梅兰芳、姜妙香、刘连荣、王少亭、萧长华合演后部《西施》。

6月1日，承华社上海天蟾舞台夜戏：

董舒良《忠节义》，王富英《史文恭》，林秋雯《打花鼓》，粉菊花《演火棍》，高雪樵《广泰庄》，梅兰芳、高庆奎《打渔杀家》，压轴金少山《黑风帕》，大轴梅兰芳、姜妙香、萧长华、王少亭合演全本《奇双会》。

6月2日，承华社上海天蟾舞台夜戏：

董舒良《十二太保》，林秋雯、张婉云《双金莲》，王富英《伐子都》，粉菊花《七星庙》，高雪樵《艳阳楼》，压轴高庆奎、金少山《割麦装神》，大轴梅兰芳、姜妙香、萧长华、刘连荣、李春林、王少亭合演全部《凤还巢》。

6月3日，承华社上海天蟾舞台夜戏：

董舒良、林秋雯《梅龙镇》，朱桂芳、王富英《大泗州城》，粉菊花《查头关》，高雪樵《螺蛳峪》，压轴高庆奎、刘连荣《捉放曹》，大轴梅兰芳、金少山、姜妙香、王少亭、萧长华合演《霸王别姬》。

6月4日，承华社上海天蟾舞台日场：

张桂芬《伯牙访友》，董舒良《南天门》，小小活猴《乾坤圈》，林秋雯《牡丹亭》，粉菊花《阴阳河》，压轴朱桂芳《取金陵》，大轴梅兰芳、高庆奎、姜妙香、金少山、萧长华、刘连荣、孙甫亭合演全部《甘露寺》《美人计》《回荆州》。

6月6日，承华社上海天蟾舞台夜戏：

小小活猴《水帘洞》，张婉云《三戏白牡丹》，王富英《花蝴蝶》，粉菊花、董舒良《翠屏山》，高雪樵《葭萌关》. 姜妙香、李慧琴《虹霓关》，梅兰芳《思凡》，压轴高庆奎、金少山《托兆碰碑》，大轴梅兰芳、高庆奎合演《汾河湾》。

6月7日，承华社上海天蟾舞台夜戏：

小小活猴《金刀阵》，王富英《溪皇庄》，刘连荣、李瑞亭《取洛阳》，粉菊花、董舒良《乌龙院》，高雪樵《挑华车》，金少山《李七长亭》，压轴高庆奎、李慧琴《重耳走国》，大轴梅兰芳、姜妙香、朱桂芳、萧长华合演《廉锦枫》。

6月8日，承华社上海天蟾舞台夜戏：

董舒良、张婉云《庆顶珠》，刘连荣《下河东》，朱桂芳《聚宝盆》，粉菊花头本《虹霓关》，高雪樵《收姜维》，金少山《刺王僚》，李慧琴《苏三起解》，大轴梅兰芳、高庆奎、姜妙香、孙甫亭、姚玉芙、萧长华合演全部《四郎探母》。

6月9日，承华社上海天蟾舞台夜戏：

张桂芬、张婉云《桑园寄子》，小小活猴《狮子楼》，董舒良《兴汉图》，刘连荣《双李逵》，朱桂芳、王富英《雄黄阵》，粉菊花《探亲相骂》，高雪樵《越虎城》，压轴高庆奎、李慧琴全本《金光阵》，大轴梅兰芳、金少山、姜妙香、王少亭、萧长华合演《霸王别姬》。

6月10日，承华社上海天蟾舞台夜戏：

张桂芬《柳林会》，王富英《罗通扫北》，董舒良、张婉云《武家坡》，朱桂芳《蟠桃会》，粉菊花《演火棍》，金少山《普天同庆》，李慧琴《鸿鸾禧》，压轴高庆奎、高雪樵《连营寨》，大轴梅兰芳、王少亭、姜妙香、萧长华、刘连荣合演三本《太真外传》。

6月11日，承华社上海天蟾舞台日场：

小小活猴《怕婆顶砖》，刘连荣《青风寨》，粉菊花《蛇钻七窍》，王富英《铁公鸡》，李慧琴、董舒良《梅龙镇》，压轴高庆奎、金少山、高雪樵《阳平关》，大轴梅兰芳、姜妙香、王少亭、萧长华合演《奇双会》。

6月11日，承华社上海天蟾舞台夜戏：

张桂芬、张婉云《桑园会》，王富英《伐子都》，董舒良《法场换子》，韩金奎《拾黄金》，高雪樵、粉菊花《大四杰村》，金少山

《审李七》，压轴高庆奎、李慧琴《南天门》，大轴梅兰芳、姜妙香、萧长华、姚玉芙、王少亭、刘连荣、朱桂芳合演四本《太真外传》。

6月12日，承华社上海天蟾舞台夜戏：

董舒良、张桂芬、张婉云《战蒲关》，小小活猴《乾坤圈》，粉菊花《红梅阁》，高雪樵、王富英《艳阳楼》，金少山《草桥关》，李慧琴《尚香别宫》，压轴高庆奎《琼林宴》，大轴梅兰芳、姜妙香、萧长华、李春林、王少亭、刘连荣合演全本《凤还巢》。

6月13日，承华社上海天蟾舞台夜戏：

王富英《义令旗》，董舒良、张婉云《二进宫》，朱桂芳《金山寺》，粉菊花《辛安驿》，高雪樵、金少山《牛皋下书》《挑华车》，李慧琴《彩楼配》，压轴高庆奎、刘连荣《定军山》，大轴梅兰芳、高庆奎、姜妙香合演《牢狱鸳鸯》。

6月14日，承华社上海天蟾舞台夜戏：

董舒良《十二太保》，粉菊花《佘塘关》，朱桂芳、王富英《取金陵》，压轴高庆奎、金少山、李慧琴、高雪樵、韩金奎全部《浔阳楼》，大轴梅兰芳、姜妙香、姚玉芙合演《俊袭人》。

6月15日，承华社上海天蟾舞台夜戏：

董舒良《庆顶珠》，韩金奎《丑表功》，高雪樵、粉菊花《大八蜡庙》，林树森、金少山《古城会》，压轴高庆奎、李慧琴《桑园寄子》，大轴梅兰芳、姜妙香、林树森、萧长华、王少亭、刘连荣合演全部《宇宙锋》。

6月16日，承华社上海天蟾舞台夜戏：

张桂芬《马鞍山》，董舒良《南阳关》，王富英《英雄毕至》，李鑫培《投军别窑》，粉菊花《拾玉镯》，李慧琴《六月雪》，高庆奎、金少山《华容道》，大轴梅兰芳首次演出全部《抗金兵》。该剧是梅兰芳排演的抗战题材新剧。梅兰芳饰梁红玉，林树森饰韩世忠，金少山饰牛皋，姜妙香饰周邦彦，萧长华饰朱贵，刘连荣饰兀术，李瑞亭饰岳飞，朱桂芳饰韩彦直，高雪樵饰韩尚德。

6月17日，承华社上海天蟾舞台夜戏：

小小活猴《武文华》，张婉云《白牡丹》，董舒良《乌盆记》，粉菊花《大泗州城》，李慧琴、李鑫培《宝莲灯》，高庆奎、张桂芬、程少余《逍遥津》，大轴梅兰芳、林树森、金少山、姜妙香合演全部《抗金兵》。

6月18日，承华社上海天蟾舞台夜戏：

王富英《花蝴蝶》，董舒良《刀劈三关》，李鑫培《九更天》，朱桂芳《摇钱树》，粉菊花《鸿鸾禧》，林树森、高雪樵《斩颜良》，压轴高庆奎、刘连荣《胭粉计》，大轴梅兰芳、金少山、姜妙香、王少亭、萧长华、张桂芬合演《霸王别姬》。

6月19日，承华社上海天蟾舞台夜戏：

张桂芬《状元谱》，王富英《大溪皇庄》，董舒良《桑园会》，朱桂芳《金山寺》，粉菊花《阴阳河》，高雪樵《越虎城》，高庆奎、林树森《战长沙》，压轴梅兰芳、姜妙香、姚玉芙《游园惊梦》，大轴梅兰芳、高庆奎、金少山、萧长华合演全本《法门寺》。

6月20日，承华社上海天蟾舞台夜戏：

张桂芬《三娘教子》，王富英《收关胜》，董舒良、张婉云《南天门》，朱桂芳、小小活猴《雄黄阵》，粉菊花、李鑫培《宋江闹院》，高雪樵《广泰庄》，压轴高庆奎、姜妙香、林树森、金少山、刘连荣全本《三国志》，大轴梅兰芳、姚玉芙、王少亭合演《天女散花》。

6月21日，承华社上海天蟾舞台夜戏：

张桂芬《鱼藏剑》，小小活猴《金刀阵》，董舒良、张婉云《贺后骂殿》，王富英《剑峰山》，李鑫培《落马湖》，粉菊花《辛安驿》，压轴高庆奎、萧长华《奇冤报》，大轴梅兰芳、姜妙香、金少山、林树森合演全部《抗金兵》。

6月22日，承华社上海天蟾舞台夜戏：

张桂芬、张婉云《浣纱记》，王富英《四杰村》，粉菊花、董舒良《石十回》，高雪樵《螺蛳峪》，林树森、金少山《古城会》，压轴高庆奎、李慧琴、李鑫培《珠帘寨》，大轴梅兰芳、姜妙香、王少亭、姚玉芙、朱桂芳、韩金奎合演二本《太真外传》。

6月23日，承华社上海天蟾舞台夜戏：

张桂芬《打侄上坟》，王富英《绿牡丹》，董舒良、李鑫培《忠节义》，粉菊花《探亲相骂》，高雪樵《驱车战将》，金少山《黑风帕》，林树森、李慧琴《武昭关》，压轴高庆奎《击鼓骂曹》，大轴梅兰芳、姜妙香、王少亭、萧长华、刘连荣合演三本《太真外传》。

6月24日，承华社上海天蟾舞台夜戏：

张婉云《孟姜女》，王富英《铁公鸡》，董舒良《李陵碑》，高雪樵《英雄义》，李慧琴、李鑫培《宝莲灯》，高庆奎、粉菊花《翠屏山》，梅兰芳、姜妙香《春秋配》，压轴高庆奎、林树森、金少山《首阳山》，大轴梅兰芳、王少亭合演《辕门射戟》。

6月25日，承华社上海天蟾舞台日场：

李瑞亭、小小活猴《聚宝盆》，张桂芬《铁莲花》，董舒良、张婉云《庆顶珠》，粉菊花、李鑫培《刺惜娇》，高雪樵《拿高登》，金少山、林树森《风云际会》，李慧琴《鸿鸾禧》，压轴高庆奎《胭粉计》，大轴梅兰芳、姜妙香、姚玉芙合演三本《太真外传》。

6月25日，承华社上海天蟾舞台夜戏：

董舒良《赶三关》，粉菊花《阴阳河》，金少山《普天同庆》，压轴高庆奎、李慧琴、林树森、高雪樵、王富英全部《哭秦庭》，大轴梅兰芳、姜妙香、王少亭合演四本《太真外传》。

6月26日，承华社上海天蟾舞台夜戏：

董舒良《朱砂痣》，王富英《溪皇庄》，李鑫培《杀女报恩》，粉菊花《查头关》，金少山《刺王僚》，林树森、李慧琴《回龙阁》，压轴高庆奎、高雪樵《连营寨》，大轴梅兰芳、姜妙香、萧长华、李春林、王少亭、刘连荣合演全本《凤还巢》。

6月27日，承华社上海天蟾舞台夜戏：

董舒良《八义图》，粉菊花《拾玉镯》，高雪樵《伐子都》，林树森、李慧琴《游龙戏凤》，压轴高庆奎、李春林《逍遥津》，大轴梅兰芳、金少山、姜妙香、王少亭、萧长华合演《霸王别姬》。

6月28日，承华社上海天蟾舞台夜戏：

朱桂芳《盗仙草》，董舒良《天堂州》，高雪樵《战马超》，林树森、金少山《太行山》，压轴李慧琴《浣花溪》，大轴梅兰芳、高庆奎、姜妙香、孙甫亭、萧长华合演全部《四郎探母》。

6月29日，承华社上海天蟾舞台夜戏：

王富英《恶虎村》，粉菊花、董舒良《乌龙院》，高雪樵《越虎城》，林树森、金少山《古城会》，压轴高庆奎、李慧琴、李春林《珠帘寨》，大轴梅兰芳、姜妙香、王少亭合演二本《太真外传》。

6月30日，承华社上海天蟾舞台夜戏：

小小活猴《芭蕉扇》，董舒良《忠节义》，粉菊花《阴阳河》，高雪樵《少年立志》，林树森《徐策跑城》，李慧琴《女起解》，压轴高庆奎、刘连荣、韩金奎《琼林宴》，大轴梅兰芳、金少山、姜妙香、王少亭、萧长华合演《霸王别姬》。

7月1日，承华社上海天蟾舞台夜戏：

粉菊花头本《虹霓关》，金少山《草桥关》，压轴高庆奎全部《哭秦庭》，大轴梅兰芳、姜妙香、王少亭合演《玉堂春》。

7月2日，承华社上海天蟾舞台日场：

开场《御林郡》，粉菊花《石十回》，高雪樵《铁公鸡》，林树森《大登殿》，高庆奎《定军山》，大轴梅兰芳、金少山、姜妙香、王少亭、萧长华合演《霸王别姬》。

7月2日，承华社上海天蟾舞台夜戏：

粉菊花、林树森《乌龙院》，李慧琴二本《虹霓关》，高庆奎《失街亭》《空城计》《斩马谡》，大轴梅兰芳、金少山、姜妙香、林树森合演全部《抗金兵》。

7月3日，承华社上海天蟾舞台夜戏：

粉菊花《宋江刺惜》，高雪樵《艳阳楼》，林树森《武昭关》，压轴高庆奎《琼林宴》，大轴梅兰芳、金少山、姜妙香、王少亭、萧长华合演《霸王别姬》。

7月中旬，姜妙香在上海与梅兰芳等，参加杜月笙夫人陈氏如三十生辰堂会演出后，返京。

7月13日，程砚秋赴欧洲考察归国，重组鸣和社邀请姜妙香加入，其他演员还有王少楼、金少山、程继先、芙蓉草、侯喜瑞、周瑞安、吴富琴、慈瑞泉、李多奎等。本日，正式于中和戏院公演夜戏。

8月8日，庆盛社开明戏院夜戏：

苏连汉、张连升《取洛阳》，慈瑞泉、赵春锦《送亲演礼》，章遏云、杨宝忠、芙蓉草、文亮臣《回龙阁》，压轴张云溪、吴玉玲、王德禄《乾元山》，大轴章遏云、姜妙香、芙蓉草、吴富琴、文亮臣、李宝奎合演《新天河配》。

8月12日，华乐戏院日场：

陈喜兴、诸茹香《桑园会》，阎岚秋、王福山《打瓜园》，李多奎《长寿星》，压轴李慧琴、王又荃、慈瑞泉《虹霓关》，大轴高庆奎、郝寿臣、姜妙香、马富禄、吴彦衡、范宝亭合演全部《三国志》。

8月12日，和平社中和戏院夜戏：

朱桂芳《泗州城》，尚和玉、刘连荣《挑华车》，大轴陆素娟、贯大元、姜妙香、萧长华、诸茹香、孙甫亭、陈喜兴合演《御碑亭》。

8月24日，鸣和社中和戏院夜戏：

大轴程砚秋、姜妙香、吴富琴、文亮臣合演《碧玉簪》。

8月25日，鸣和社中和戏院夜戏：

大轴程砚秋、王少楼、姜妙香、文亮臣合演《朱痕记》。

8月30日，鸣和社中和戏院夜戏：

大轴程砚秋、王少楼、姜妙香、吴富琴、文亮臣、慈瑞泉、张春彦合演《武家坡》《算军粮》《银空山》《大登殿》。

8月31日，鸣和社中和戏院夜戏：大轴程砚秋、姜妙香合演《玉狮坠》。

9月，堂会戏目：

杨宝忠《骂曹》，《甘露寺》《美人计》《回荆州》（马连良前饰乔玄后饰鲁肃、高庆奎饰前刘备、茹富兰饰赵云、李多奎饰吴国太、程砚秋饰孙尚香、谭富英饰后刘备），压轴梅兰芳、姜妙香、王凤卿、萧长华《凤还巢》，大轴杨小楼、侯喜瑞、刘宗扬合演三四本《连环套》。

9月1日，鸣和社中和戏院夜戏：大轴程砚秋、慈瑞泉、姜妙香合演《朱痕记》。

9月5日，鸣和社中和戏院夜戏：

李多奎《钓金龟》，周瑞安、芙蓉草全本《殷家堡》，压轴王少楼、程继先、李春恒、慈瑞泉、鲍吉祥《群英会》，大轴程砚秋、姜妙香、吴富琴、文亮臣、李洪春合演《花舫缘》。

9月7日至12日，鸣和社应天津明星大戏院之邀赴天津演出。

9月7日，鸣和社天津明星大戏院夜戏头天：大轴程砚秋、程继先、姜妙香、张春彦合演全部《贩马记》。

9月8日，鸣和社天津明星大戏院夜戏：

程砚秋、王少楼《贺后骂殿》，压轴姜妙香、李多奎《孝感天》，大轴程砚秋、程继先合演《弓砚缘》。

9月9日，鸣和社天津明星大戏院夜戏：大轴程砚秋、王少楼、姜妙香、文亮臣合演《朱痕记》。

9月13日，鸣和社中和戏院夜戏：大轴程砚秋、王少楼、侯喜瑞、慈瑞泉、姜妙香、吴富琴合演《拾玉镯》《法门寺》。

9月14日，鸣和社天津明星大戏院夜戏：大轴程砚秋、姜妙香合演《风流棒》。

9月17日，鸣和社中和戏院夜戏：

李多奎、姜妙香、吴富琴《孝感天》，程继先、慈瑞泉《连升店》，程砚秋、芙蓉草、李洪春《春香闹学》，大轴程砚秋、王少楼、马连昆合演《宝莲灯》。

9月20日，鸣和社中和戏院夜戏：大轴程砚秋、王少楼、慈瑞泉、张春彦、姜妙香合演全部《一捧雪》。

9月21日，鸣和社中和戏院夜戏：大轴程砚秋、张春彦、吴富琴、姜妙香合演《花筵赚》。

9月22日，鸣和社中和戏院夜戏：大轴程砚秋、姜妙香、吴富琴合演《鸳鸯冢》。

9月24日，鸣和社中和戏院日场：

大轴程砚秋、王少楼、姜妙香、吴富琴、慈瑞泉、文亮臣合演《探母回令》。

9月25日，孟小冬息影五年以后重返舞台，吉祥戏院日场：

周少安《南阳关》，陈喜兴《黄金台》，李春恒《草桥关》，周瑞安、侯喜瑞《连环套》，压轴俞步兰、杨宝义《鸿鸾禧》，大轴孟小冬、李慧琴、姜妙香、诸茹香、鲍吉祥合演《探母回令》。

10月12日，鸣和社中和戏院夜戏：

芙蓉草、慈瑞泉《会稽城》，程继先、李多奎《胭脂虎》，王少楼、周瑞安《连营寨》，大轴程砚秋、侯喜瑞、姜妙香、李洪春、吴富琴、苏连汉合演全部《红拂传》。

10月17日至10月30日，姜妙香随鸣和社赴南京演出。同行者还有金少山，戏校学生王和霖、赵金蓉。

10月19日，鸣和社南京全国运动大会中央体育场夜戏头天：

王和霖、赵金蓉《三娘教子》，杨畹侬《女起解》，王少楼、金少山《捉放曹》，大轴程砚秋、姜妙香、侯喜瑞合演《聂隐娘》。

10月21日，鸣和社于励志社演出夜戏：大轴程砚秋、姜妙香、吴富琴、文亮臣合演《碧玉簪》。

10月22日，南京国民大戏院赈济黄河水灾大义务夜戏：

大轴红豆馆主、程砚秋、姜妙香、慈瑞泉合演《贩马记》。

10月23日至27日，为筹募南京戏曲音乐院剧场基金义演五场。

10月23日，义演头天：大轴程砚秋、姜妙香、吴富琴合演《花舫缘》。

10月24日，义演第二天：大轴程砚秋、姜妙香、吴富琴合演《鸳鸯冢》。

10月25日，义演第三天：大轴程砚秋、姜妙香合演《赚文娟》。

10月26日，义演第四天：大轴程砚秋、姜妙香、慈瑞泉、文亮臣合演《金锁记》。

10月30日，鸣和社由南京赴沪演出，电邀谭富英南下参加演出。

11月3日，谭富英抵沪与鸣和社汇合。

11月11日，姜妙香、程砚秋、姚玉芙（由京抵沪）等，在上海为梅兰芳庆祝四十大寿。

11月15日，鸣和社上海天蟾舞台夜戏头天：

董舒良《忠节义》，李鑫培、雪明珠《三戏白牡丹》，王富英《嘉兴府》，陈鹤峰、林秋雯《九更天》，刘汉臣《三岔口》，程永龙《古城会》，芙蓉草《贵妃醉酒》，压轴谭富英、刘连荣、扎金奎、贾多才《失街亭》《空城计》《斩马谡》，大轴程砚秋、姜妙香、张春彦合演《玉堂春》。

11月16日，鸣和社上海天蟾舞台夜戏：

董舒良《八义图》，李鑫培、雪明珠《三戏白牡丹》，王富英《铁公鸡》，陈鹤峰、林秋雯《南天门》，刘汉臣《凤凰山》，程永龙《九江口》，芙蓉草《穆柯寨》，压轴谭富英、刘连荣、贾多才《琼林宴》，大轴程砚秋、姜妙香、张春彦合演《花舫缘》。

11月17日，鸣和社上海天蟾舞台夜戏：

董舒良《南阳关》，雪明珠《嫦娥奔月》，李鑫培、林秋雯《投军别窑》，王富英、李瑞亭《大四杰村》，程永龙、刘汉臣、陈鹤峰、王富英《黄鹤楼》带《芦花荡》，压轴谭富英、刘连荣、扎金奎《捉放曹》，大轴程砚秋、姜妙香、芙蓉草合演《鸳鸯冢》。

11月18日，鸣和社上海天蟾舞台夜戏：

董舒良、林秋雯《桑园会》，雪明珠、李鑫培《浣花溪》，王富英、李瑞亭《艳阳楼》，陈鹤峰《徐策跑城》，程永龙、刘汉臣《青风寨》，压轴谭富英、王富英全本《连营寨》，大轴程砚秋、姜妙香、芙蓉草合演《碧玉簪》。

11月19日，鸣和社上海天蟾舞台日场：

张辛佩《行路哭灵》，周菊芳《泗州城》，董舒良、林秋雯《武家坡》，雪明珠《打花鼓》，王富英《挑华车》，程永龙、刘汉臣、陈鹤峰《连环套》，芙蓉草《穆天王》，大轴程砚秋、谭富英、姜妙香、刘连荣、文亮臣、扎金奎、李瑞亭合演《龙凤呈祥》。

11月19日，鸣和社上海天蟾舞台夜戏：

董舒良《刀劈三关》，雪明珠《棒打薄情郎》，李鑫培、林秋雯《武昭关》，王富英、李瑞亭《铁膀张三》，陈鹤峰、刘连荣《开山府》，程永龙、王富英《斩颜良》，大轴程砚秋、谭富英、姜妙香、芙蓉草、文亮臣、扎金奎、贾多才合演《四郎探母》。

11月20日，鸣和社上海天蟾舞台夜戏：

董舒良《黄金台》，李鑫培、林秋雯、雪明珠《妓女擒寇》，王富英《溪皇庄》，程永龙、芙蓉草、陈鹤峰《刘唐下书》《宋江杀惜》，压轴谭富英、王富英、刘连荣全本《八大锤》，大轴程砚秋、姜妙香合演《聂隐娘》。

11月21日，鸣和社上海天蟾舞台夜戏：

董舒良、马银凤《庆顶珠》，雪明珠《牡丹亭》，王富英、程永龙、林秋雯《长坂坡》，陈鹤峰《追韩信》，程砚秋、姜妙香、芙蓉草、贾多才二本《虹霓关》，压轴谭富英、刘连荣《奇冤报》，大轴程砚秋、张春彦合演《贺后骂殿》。

11月22日，鸣和社上海天蟾舞台夜戏：

董舒良、马盛龙《战蒲关》，胡玉楼《薛家窝》，雪明珠、马银凤《五花洞》，李鑫培、林秋雯《百草堂》，王富英《三岔口》，程永龙、芙蓉草、陈鹤峰《战宛城》，大轴程砚秋、谭富英、姜妙香、刘连荣、张春彦、文亮臣、贾多才合演全本《朱痕记》。

11月23日，鸣和社上海天蟾舞台夜戏：

董舒良《李陵碑》，雪明珠《花田错》，李鑫培、林秋雯《浣纱记》，王富英《铁公鸡》，陈鹤峰《路遥知马力》，程永龙《过五关》，压轴谭富英、王富英全本《连营寨》，大轴程砚秋、姜妙香、芙蓉草合演《赚文娟》。

11月24日，鸣和社上海天蟾舞台夜戏：

董舒良《法场换子》，李鑫培、雪明珠《桑园会》，王富英《四杰村》，程永龙《芦花荡》，陈鹤峰、林秋雯《南天门》，压轴谭富英《南阳关》，大轴程砚秋、姜妙香、芙蓉草合演《风流棒》。

11月25日，鸣和社上海天蟾舞台夜戏：

董舒良、雪明珠《梅龙镇》，王富英《嘉兴府》，程永龙《双李逵》，陈鹤峰、林秋雯《九更天》，芙蓉草、姜妙香《悦来店》，压轴谭富英、刘连荣、扎金奎《定军山》，大轴程砚秋、张春彦、贾多才首次在上海上演《荒山泪》。

11月26日，鸣和社上海天蟾舞台日场：

胡玉楼《武文华》，雪明珠《小放牛》，李鑫培、董舒良《战蒲关》，王富英《铁公鸡》，陈鹤峰、林秋雯《投军别窑》，程永龙《九江口》，压轴谭富英、刘连荣、贾多才《打棍出箱》，大轴程砚秋、谭富英、姜妙香、芙蓉草合演《鸳鸯冢》。

11月26日，鸣和社上海天蟾舞台夜戏：

马盛龙《当锏卖马》，董舒良、雪明珠《庆顶珠》，王富英《扬州擂》，陈鹤峰、林秋雯《武昭关》，程永龙、王富英《白马坡》，谭富英、刘连荣《黄金台》，压轴程砚秋、姜妙香、芙蓉草、贾多才《能仁寺》，大轴程砚秋、谭富英、张春彦、文亮臣合演《大登殿》。

11月27日，鸣和社上海天蟾舞台夜戏：

李瑞亭《八蜡庙》，董舒良、林秋雯《武家坡》，雪明珠《打花鼓》，王富英《挑华车》，陈鹤峰《扫松下书》，程永龙、李鑫培《红逼宫》，压轴谭富英、刘连荣、扎金奎《托兆碰碑》，大轴程砚秋、姜妙香、芙蓉草合演《青霜剑》。

11月28日，鸣和社上海天蟾舞台夜戏：

周菊芳《取金陵》，董舒良《搜孤救孤》，雪明珠《嫦娥奔月》，王富英、李瑞亭《神亭岭》，程永龙《青风寨》，陈鹤峰、李鑫培、林秋雯《战蒲关》，芙蓉草、刘连荣《穆柯寨》，大轴程砚秋、谭富英、姜妙香、张春彦合演全部《柳迎春》。

11月29日，鸣和社上海天蟾舞台夜戏：

胡玉楼《武文华》，董舒良《乌盆记》，李鑫培、林秋雯、雪明珠《妓女擒寇》，王富英、李瑞亭《英雄义》，陈鹤峰《路遥知马力》，程永龙《河东救驾》，压轴谭富英、芙蓉草、贾多才《打渔杀家》，大轴程砚秋、姜妙香、芙蓉草、刘连荣首次在上海上演全部《红拂传》。

11月30日，鸣和社上海天蟾舞台夜戏最后一天：

雪明珠《牡丹亭》，李鑫培、林秋雯《南天门》，王富英《大溪皇庄》，程永龙《夺小沛》，陈鹤峰《追韩信》，压轴谭富英、刘连荣、扎金奎《捉放曹》，大轴程砚秋、姜妙香、芙蓉草合演《梅妃》。

12月2日，鸣和社上海天蟾舞台夜戏（临别纪念加演）：

大轴程砚秋、姜妙香、侯喜瑞、吴富琴、李洪春合演《文姬归汉》。

12月6日，鸣和社赈济黄河水灾，上海天蟾舞台义务夜戏：

李瑞亭《拿高登》，林秋雯、雪明珠《双金莲》，程永龙、王富英《斩颜良》，陈鹤峰《路遥知马力》，刘筱艳《打花鼓》，张慰如、谢葆生、朱如山《黄鹤楼》，大轴程砚秋、谭富英、杜月笙、姜妙香、芙蓉草、张春彦、文亮臣、吴富琴合演《四郎探母》。

12月7日，鸣和社赈济黄河水灾，上海天蟾舞台义务夜戏：

董舒良、林秋雯《南天门》，李鑫培、雪明珠《百草堂》，王富英《嘉兴府》，陈鹤峰、刘筱艳《投军别窑》，孙兰亭、尤菊荪、程永龙《恶虎村》，谭富英、姜妙香、芙蓉草、刘连荣《珠帘寨》，张啸林、钱志翔《鞭打督邮》，大轴程砚秋、张慰如、姜妙香、张春彦合演全本《贩马记》。

12月20日，汉口大舞台竣工，第一期承租人章遏云亲自领衔出演，特烦姜妙香助演。姜妙香在汉口与章遏云演出《棋盘山》、《乾坤福寿镜》（姜妙香饰林弼显）、《八本雁门关》、《文姬归汉》、《霸王别姬》等戏。

1934年

（民国二十三年，农历甲戌年） 44岁

本年，姜妙香搭梅兰芳承华社演出。

1月10日，姜妙香结束在汉口演出后返京。

1月底，姜妙香、谭富英、李少春与承华社班底，应上海黄金荣邀邀请赴上海黄金大戏院，与在上海定居的梅兰芳联袂演出。

1月29日，承华社上海黄金大戏院夜戏头天：

朱桂芳《雄黄阵》，压轴李少春《安天会》，大轴梅兰芳、谭富英、姜妙香、姚玉芙合演《四郎探母》。

2月2日，承华社上海黄金大戏院夜戏：

朱桂芳《演火棍》，压轴谭富英、金少山《琼林宴》，大轴梅兰芳、姜妙香、王少亭、萧长华、刘连荣、朱斌仙合演全本《宇宙锋》。

2月4日，承华社上海黄金大戏院日场：

梅春奎《行善得子》，压轴李少春《水帘洞》，大轴梅兰芳、姜妙香、谭富英、李少春、孙甫亭合演《美人计》《回荆州》。

2月4日，承华社上海黄金大戏院夜戏：

李少春《武文华》，压轴谭富英、金少山《捉放曹》，大轴梅兰芳、姜妙香、姚玉芙合演《洛神》。

2月5日，承华社上海黄金大戏院夜戏：

李茂芝《战樊城》，朱桂芳《取金陵》，压轴姜妙香《岳家庄》，大轴梅兰芳、谭富英、金少山、萧长华合演《法门寺》。

2月6日，承华社上海黄金大戏院夜戏：

朱桂芳《泗州城》，压轴谭富英《盗宗卷》，大轴梅兰芳、金少山、姜妙香、王少亭、萧长华、张桂芬合演《霸王别姬》。

2月10日，梅兰芳、谭富英、姜妙香赶回北京，参加梨园公益会在第一舞台救济同业贫苦大义务夜戏：

尚小云、王又宸、谭富英、贯大元、姜妙香、吴彩霞、李多奎、慈瑞泉《探母回令》，压轴杨小楼、程砚秋、王少楼、郝寿臣、萧长华、张春彦、文亮臣、诸茹香《法门寺》，大轴杨小楼（张桂兰）、尚小云（黄天霸）、朱桂芳（费德功）、高庆奎（朱光祖）、芙蓉草（褚彪）、郝寿臣（小张妈）、小翠花（贺仁杰）、侯喜瑞（小姐）、姜妙香（关泰）、慈瑞泉（施仕纶）、尚富霞（金大力）、许德义（丫环）反串《八蜡庙》。该场演出完毕，梅兰芳、谭富英、姜妙香返回上海继续演出。

2月19日至21日，承华社为黄河水灾农赈筹款，在励志社礼堂演出三天义务戏。

2月19日，励志社礼堂义务夜戏头天：

朱桂芳《泗州城》，压轴谭富英、金少山《空城计》，大轴梅兰芳、姜妙香、萧长华、刘连荣合演《宇宙锋》。

2月20日，励志社礼堂义务夜戏第二天：

姜妙香《辕门射戟》，梅兰芳、萧长华《苏三起解》，压轴谭富英、金少山《捉放曹》，大轴梅兰芳、刘连荣合演《贞娥刺虎》。

2月21日，励志社礼堂义务夜戏第三天：

朱桂芳《演火棍》，压轴褚民谊《独木关》，大轴梅兰芳、金少山、姜妙香、王少亭、萧长华合演《霸王别姬》。

2月26日，承华社上海黄金大戏院夜戏：

大轴梅兰芳、姜妙香、刘连荣首次演出新编戏《生死恨》。梅兰芳饰韩玉娘，姜妙香饰程鹏举，王少亭饰赵寻，萧长华饰胡为，孙甫亭饰李妪，韦三奎饰宗泽，刘连荣饰张万户，李春林饰瞿士锡。

2月28日，梅兰芳应章遏云之邀，率领承华社第二次赴汉口演出。

3月3日，承华社武汉大舞台头天夜戏：大轴梅兰芳、姜妙香、谭富英、萧长华合演《女起解》《玉堂春》。

3月4日，承华社武汉大舞台日场：大轴梅兰芳、谭富英、金少山、萧长华、姜妙香、于莲仙、刘连荣合演全部《拾玉镯》《法门寺》。

3月4日，承华社武汉大舞台夜戏：大轴梅兰芳、姜妙香合演《洛神》。

3月5日，承华社武汉大舞台夜戏：大轴梅兰芳、谭富英、姜妙香、于莲仙、萧长华、孙甫亭合演《探母回令》。

3月12日，梅兰芳在武汉演出期满，又续五天，外加给剧院帮忙一天，到3月18日止，正式演出十六天，全部客满。承华社演出传统戏、古装戏外，还演出了《霸王别姬》、《西施》、《太真外传》等未在汉口演出过的新戏。

3月20日至22日，承华社为湖北省赈济水灾义演三天，剧目为《霸王别姬》、《西施》、《太真外传》。

3月23日至25日，应新市场大舞台之邀，演出三天，剧目为《霸王别姬》、《西施》、《太真外传》。

3月29日至31日，再次应新市场大舞台之邀，加演三天。

3月31日，承华社新市场大舞台夜戏：

朱桂芳、吴玉玲《蟠桃会》，金少山、时青山、雪艳香《牧虎关》，压轴谭富英、李俊臣、孙春生《打棍出箱》，大轴梅兰芳、姜妙香、萧长华、刘连荣、王少亭、李春林合演全部《宇宙锋》。

4月，承华社结束在汉口的演出后，应邀赴上海演出。

4月13日，上海天蟾舞台日场：

朱桂芳《雄黄阵》，压轴王又宸《黄金台》，大轴梅兰芳、姜妙香、王少亭、刘连荣、萧长华合演《生死恨》。

4月13日，上海天蟾舞台夜戏：

王少亭《搜孤救孤》，朱桂芳《取金陵》，压轴王又宸、金少山《空城计》，大轴梅兰芳、姜妙香、孙甫亭、刘连荣合演《春秋配》。

4月14日，上海天蟾舞台夜戏：

朱桂芳《泗州城》，姜妙香、刘连荣《取洛阳》，大轴梅兰芳、王又宸、姜妙香、姚玉芙、王少亭、孙甫亭、萧长华合演《四郎探母》。

4月15日，上海天蟾舞台日场：

朱桂芳《百草山》，姜妙香《岳家庄》，压轴王又宸《打棍出箱》，大轴梅兰芳、王少亭、姜妙香、刘连荣合演《红线盗盒》。

4月15日，上海天蟾舞台夜戏：

朱桂芳《攻潼关》，压轴王又宸、金少山《捉放曹》，大轴梅兰芳、姜妙香、王少亭、萧长华合演《奇双会》。

4月21日，上海天蟾舞台夜戏：

朱桂芳《无底洞》，压轴梅兰芳、姜妙香、金少山、刘连荣《穆柯寨》，大轴梅兰芳、王又宸合演《汾河湾》。

4月28日，上海天蟾舞台夜戏：

朱桂芳《男三战》，压轴王又宸、金少山《搜孤救孤》，大轴梅兰芳、姜妙香、王少亭、刘连荣、萧长华合演《宇宙锋》。

4月29日，上海天蟾舞台日场：

朱桂芳《蟠桃会》，压轴王又宸、金少山《打鼓骂曹》，大轴梅兰芳、姜妙香、王少亭、姚玉芙合演《牢狱鸳鸯》。

4月29日，上海天蟾舞台夜戏：

袁小楼《罗通扫北》，压轴王又宸《打棍出箱》，大轴梅兰芳、姜妙香、姚玉芙、王少亭、刘连荣合演后部《西施》。

5月4日，上海天蟾舞台夜戏：

朱桂芳《盗仙草》，姜妙香《辕门射戟》，压轴梅兰芳、王又宸《战蒲关》，大轴梅兰芳、王又宸、王少亭、刘连荣合演《打渔杀家》。

5月5日，上海天蟾舞台夜戏：

朱桂芳《摇钱树》，大轴梅兰芳、王又宸、姜妙香、姚玉芙合演全部《御碑亭》。

5月6日，上海天蟾舞台日场：

朱桂芳《打焦赞》，压轴王又宸、姜妙香《断臂说书》，大轴梅兰芳、姚玉芙、王少亭合演《木兰从军》。

5月6日，上海天蟾舞台夜戏：

朱桂芳、刘连荣《取金陵》，大轴梅兰芳、王又宸、姜妙香、萧长华、孙甫亭、王少亭合演《四郎探母》。

5月11日，上海天蟾舞台夜戏：

朱桂芳《无底洞》，压轴王又宸《鱼藏剑》，大轴梅兰芳、姜妙香、王少亭、刘连荣合演全本《生死恨》。

5月12日，上海天蟾舞台夜戏：

姜妙香《白门楼》，王又宸、金少山《托兆碰碑》，压轴梅兰芳《女起解》，大轴梅兰芳、姜妙香、王少亭、朱桂芳合演《金山寺》。

5月18日，上海天蟾舞台夜戏：

朱桂芳《取金陵》，大轴梅兰芳、姜妙香、金少山、刘连荣合演《穆柯寨》《枪桃穆天王》。

5月19日，上海天蟾舞台夜戏：

陆树田《扫松下书》，压轴王又宸、金少山、刘连荣《失街亭》，大轴梅兰芳、姜妙香、姚玉芙、王少亭合演《太真外传》

5月20日，上海天蟾舞台日场：

王少亭《南阳关》，刘连荣《丁甲山》，压轴王又宸《打棍出箱》，大轴梅兰芳、姜妙香、姚玉芙合演《洛神》。

5月20日，上海天蟾舞台夜戏：

压轴王又宸、金少山《捉放曹》，大轴梅兰芳、姜妙香、刘连荣、王少亭、萧长华、朱桂芳合演《凤还巢》。

5月25日，上海天蟾舞台夜戏：

朱桂芳《演火棍》，压轴王又宸《盗魂铃》，大轴梅兰芳、姜妙香、王少亭、刘连荣、萧长华合演《宇宙锋》。

5月26日，上海天蟾舞台夜戏：

朱桂芳《攻潼关》，压轴王又宸、金少山《打鼓骂曹》，大轴梅兰芳、姜妙香、王少亭合演《玉堂春》。

5月27日，上海天蟾舞台夜戏：

朱桂芳《无底洞》，刘连荣《双李逵》，大轴梅兰芳、王又宸、姜妙香、萧长华、孙甫亭、王少亭合演《四郎探母》。

6月1日，上海天蟾舞台夜戏：

常德顺《美良川》，朱桂芳《百草山》，压轴王又宸、金少山《捉放曹》，大轴梅兰芳、姜妙香、萧长华、王少亭合演《太真外传》。

6月2日，上海天蟾舞台夜戏：

谢彬甫《战樊城》，朱桂芳《红桃山》，压轴王又宸、金少山《空城计》，大轴梅兰芳、姜妙香、刘连荣、王少亭合演《生死恨》。

6月3日，上海天蟾舞台夜戏：

李茂芝《伍申会》，朱桂芳《盗仙草》，压轴姜妙香《辕门射戟》，大轴梅兰芳、王又宸合演《宝莲灯》。

6月8日，上海天蟾舞台夜戏：

王荣森《子胥投吴》，压轴王又宸《打棍出箱》，大轴梅兰芳、姜妙香、王少亭、姚玉芙合演四本《太真外传》。

6月10日，上海天蟾舞台夜戏：

朱桂芳《聚宝盆》，压轴王又宸、金少山《当锏卖马》，大轴梅兰芳、姜妙香、刘连荣、萧长华合演全本《生死恨》。

仲夏，河南发生水灾。河南受灾后，当时担任河南省政府秘书长的郑剑西受河南省赈灾委员会总务主任赵维诚之托，向梅兰芳及承华社发出了赈灾邀请。

6月21日，梅兰芳应河南省政府邀请，率领承华社赴河南开封举行赈灾义演。随梅兰芳一同到开封的演员有王又宸、姜妙香、姚玉芙、刘连荣、朱桂芳、魏莲芳、陈月梅等人。

6月23日，承华社开封人民会场赈灾义演夜戏头天：大轴梅兰芳、刘连荣、姜妙香、王少亭、萧长华合演《霸王别姬》。

义演原本计划三日，后因观众的强烈要求增加了八场。演出剧目有《宇宙锋》、《贵妃醉酒》、《霸王别姬》、《梁红玉》、《西施》、《洛神》、《凤还巢》等。义演共持续十一天。最后一场收入捐赠给当地贫苦演员。

河南演出结束后，姜妙香返京。由于过度劳累再度吐血，暂时停演，陆素娟和平社小生换程继先，谭富英同庆社小生先换高维廉，后易金仲仁 。

9月至10月，黄金荣的上海荣记大舞台重张开幕，应黄金荣邀请，梅兰芳、马连良两剧团联袂在荣记大舞台演出，姜妙香因病未能到沪，《凤还巢》、《洛神》、《宇宙锋》、《生死恨》、《廉锦枫》、《霸王别姬》等剧小生角色均由程继先代演。

本年，姜妙香应胜利唱片公司邀请，灌制《金殿装疯》唱片1面，姜妙香饰秦二世、梅兰芳饰赵艳容、徐兰沅京胡、王少卿京二胡、何斌奎司鼓；《牢狱鸳鸯》唱片1面，姜妙香饰卫玉、梅兰芳饰郦珊柯、徐兰沅京胡、王少卿京二胡、何斌奎司鼓。

1935年

（民国二十四年，农历乙亥年） 45岁

本年，姜妙香搭梅兰芳承华社，王又宸群庆社，陆素娟和平社，徐碧云荣华社，谭富英扶春社，以及孙盛芳、李丹林班社演出。

1月，梅兰芳、姜妙香等赴南京演出15天。

2月，梅兰芳赴苏联演出，张彭春任艺术指导。张彭春还是认为“用假声唱念的小生行当，不易在短期内让外国观众了解”。因此，赴苏演出的《虹霓关》王伯党，继续由朱桂芳兼任，唱念均使大嗓，《贵妃醉酒》裴力士和《宇宙风》胡亥，由王少亭兼任，姜妙香未能同行。

2月1日，北平市办理灾区冬赈募捐委员会义务夜戏：

方连元、刘砚亭《蟠桃会》，王幼卿、慈瑞泉《探亲家》，尚小云、尚富霞、范宝亭、何雅秋、高富远《秦良玉》，马连良、小翠花、马富禄《坐楼杀惜》，压轴谭富英、程砚秋、姜妙香、吴富琴《御碑亭》，大轴杨小楼、侯喜瑞、荀慧生、钱宝森、王福山合演《战宛城》。

2月20日，群庆社中和戏院日场：

徐斌寿《千秋岭》，韩盛信《取金陵》，方连元、茹富蕙《反延安》，沈富贵、陈富康、王泉奎《战濮阳》，压轴刘盛莲、姜妙香、陈盛荪、贯盛吉、贯盛习、孙甫亭、诸茹香合演头二三四本《梅玉配》，大轴王又宸、哈宝山、王泉奎、马连昆、陈盛泰合演《洪羊洞》。

2月27日，吉祥大戏院夜戏：

诸茹香、赵绮霞《贪欢报》，赵静尘、李洪春《岳母刺字》，压轴吴彦衡、侯喜瑞、李洪春《阳平关》，大轴金素琴、姜妙香、马富禄、何佩华、诸茹香、王福山、朱斌仙合演全部《盘丝洞》。

3月14日，哈尔飞戏院夜戏：

诸茹香、赵芝香《得意缘》，姜妙香《辕门射戟》，贯大元、姜妙香、茹富蕙《状元谱》，大轴李香匀、孙毓堃、蒋少奎、苏连汉合演《抗金兵》。

3月16日，群庆社中和戏院日场：

王士英《状元印》，陈盛荪《战金山》，王士英、王泉奎《白马坡》，刘盛莲《妓女擒寇》，大轴王又宸、陈盛荪、姜妙香、诸茹香、茹富蕙、孙甫亭合演《御碑亭》。

3月23日，群庆社中和戏院日场：

诸茹香《打面缸》，王士英《赵家楼》，陈盛荪、贯盛习、贯盛吉《一捧雪》《审头刺汤》，刘盛莲、姜妙香《得意缘》，大轴王又宸、王泉奎合演《捉放曹》。

3月24日，群庆社中和戏院日场：

刘盛莲、徐斌寿、贯盛吉《花田错》，王又宸、陈盛荪、王泉奎《二进宫》，大轴王又宸、陈盛荪、王士英、姜妙香合演《金钱豹》

《盗魂铃》。

3月30日，群庆社中和戏院日场：

诸茹香、贯盛吉《荡湖船》，徐斌寿《岳家庄》，王士英《战冀州》，刘盛莲、姜妙香、贯盛习《任蔡卿》，大轴王又宸、陈盛荪合演全部《黑水国》。

4月6日，群庆社中和戏院日场：

刘盛莲、贯盛吉《双钉计》，陈盛荪、姜妙香、贯盛习《玉堂春》，大轴王又宸、茹富蕙、王泉奎合演《洪羊洞》。

4月13日，群庆社中和戏院日场：

贯盛习、徐斌寿《状元谱》，王士英《金雁桥》，刘盛莲《海慧寺》，陈盛荪、姜妙香、诸茹香《虹霓关》，大轴王又宸、茹富蕙、贯盛吉、马连昆合演《问樵闹府》《打棍出箱》。

4月14日，群庆社中和戏院日场：

贯盛习、徐斌寿《镇潭州》，王士英《石秀探庄》，刘盛莲、贯盛吉《马思远》，陈盛荪、姜妙香《宇宙锋》（“修本”“金殿”），大轴王又宸、茹富蕙、马连昆、王泉奎合演《失街亭》《空城计》《斩马谡》。

4月16日，同庆社哈尔飞戏院夜戏：

计砚芬、高维廉《得意缘》，周少安《战樊城》，王幼卿、何盛清《母女会》，大轴谭富英、姜妙香、马连昆、慈瑞泉、李宝奎合演《群英会》《借东风》。

4月21日，群庆社中和戏院日场：

王士英《赵家楼》，刘盛莲、姜妙香《破洪州》，王又宸、陈盛荪《南天门》，大轴王又宸、王士英、方连元、徐斌寿合演《金钱豹》《盗魂铃》。

4月27日，群庆社中和戏院日场：

贯盛习、马连昆《战长沙》，王士英《挑华车》，刘盛莲、姜妙香《花田错》，大轴王又宸、陈盛荪、茹富蕙、工泉奎合演《法门寺》。

4月28日，宋哲元堂会戏目：

徐碧云、贯大元、姜妙香《御碑亭》，马连良、叶盛兰《八大锤》，谭富英、刘连荣《定军山》，荀慧生、金仲仁、马富禄《英杰烈》，压轴程砚秋、俞振飞、侯喜瑞《红拂传》，大轴杨小楼、郝寿臣、王长林合演《连环套》。

4月29日，吉祥戏院夜戏：

钱小峰《武文华》，刘盛莲、王连奎、贯盛吉、徐斌寿《马思远》，大轴赵炳南、姜妙香、马连昆、马富禄、裘盛戎、贯盛习、陈富康、高荣亭合演《三国志》。

5月12日，华乐戏院夜戏：

李盛斌《大四杰村》，邢君明、蒋少奎、陈喜兴《白蟒台》，大轴孙盛芳、姜妙香、马富禄、计砚芬、陈富瑞合演《得意缘》。

5月25日，吉祥大戏院日场：

诸茹香、阎庆林《顶花砖》，周瑞安、李春恒、周少安、苏连汉头二本《连环套》，大轴孟小冬、李慧琴、李多奎、吴彩霞、姜妙香、孙盛武、鲍吉祥、朱斌仙合演《探母回令》。

5月26日，吉祥大戏院日场：

周少安、苏连汉、阎庆林《打严嵩》，李多奎、孙盛武《钓金龟》，周瑞安、刘永利《两将军》，李慧琴、姜妙香《玉堂春》，大轴孟小冬、李春恒、鲍吉祥合演《捉放曹》。

5月30日，华乐戏院夜戏：

李盛斌《神亭岭》，孙盛芳、姜妙香、马富禄、计砚芬《虹霓关》，大轴孙盛芳、邢君明、姜妙香、孙甫亭合演《朱痕记》。

6月4日，吉祥戏院夜戏：

李多奎《太君辞朝》，周瑞安《冀州城》，李慧琴、姜妙香《虹霓关》，大轴孟小冬、李春恒、朱斌仙合演《奇冤报》。

6月8日，吉祥戏院日场：

王泉奎《白良关》，王盛如、朱斌仙《打花鼓》，李盛斌、王福友《铁公鸡》，大轴金素雯、管绍华、姜妙香、鲍吉祥、王多寿合演《御碑亭》。

6月14日，华乐戏院夜戏：

孙治樑《白水滩》，孙盛芳、姜妙香、王多寿《文章会》，邢君明、李盛斌、陈富瑞《阳平关》，大轴孙盛芳、姜妙香合演《金针刺蟒》。

6月23日，开明戏院日场：

裘盛戎、李世霖《铡美案》，李丹林、姜妙香《花田错》，孙毓堃《艳阳楼》，大轴李丹林、程玉菁、姜妙香、朱斌仙合演《十三妹》。

8月10日，中和戏院合作夜戏：

朱桂芳、于莲仙、诸茹香、徐斌寿《吐蕃国》，贯盛习、王泉奎《白马坡》，小翠花、阎岚秋、阎岚亭、阎庆林、于永利《吐蕃国》，压轴杨盛春、张连廷、韩盛信《英雄义》，大轴陆素娟、姜妙香、贯大元、王少亭、萧长华、刘连荣、贯盛吉、孙甫亭、张蝶芬合演《凤还巢》。

8月28日，第一舞台赈济各省水灾义务夜戏：

尚和玉《战滁州》，李多奎《滑油山》，周瑞安《金钱豹》，小翠花《文章会》，尚小云、芙蓉草、尚富霞、范宝亭《秦良玉》，压轴程砚秋、谭富英、侯喜瑞、姜妙香《朱痕记》，大轴杨小楼、王凤卿、尚小云、王又宸、郝寿臣、钱金福合演《长坂坡》《汉津口》。

8月30日，冯公度寿辰堂会戏，下午开戏直至深夜，戏目为：

马祥麟《棋盘会》，郝振基《芭蕉扇》，芙蓉草、贾多才《一疋布》，姜妙香、王泉奎《飞虎山》，芙蓉草《辛安驿》，程继先《岳家庄》，尚和玉、刘宗杨、侯喜瑞《阳平关》，李万春《打店》，尚和玉、朱小义、钱富川《四平山》，王凤卿、王幼卿《武昭关》，尚小云、姜妙香、张春彦、尚富霞《贩马记》，压轴小翠花、程继先、芙蓉草《得意缘》，大轴尚小云、王又宸、吴彩霞、姜妙香、李多奎、慈瑞泉、张春彦合演《探母回令》。

9月5日，荣华社中和戏院夜戏：

朱斌仙《双铃记》，李洪福、徐斌寿《镇潭州》，刘盛莲《海慧寺》，压轴周瑞安、侯喜瑞《连环套》，大轴徐碧云、贯大元、刘盛莲、姜妙香、马富禄、孙甫亭、苏连汉、诸茹香、陈富康合演《绿珠坠楼》。

9月6日，荣华社中和戏院夜戏：

徐碧云、贯大元、马富禄《审头刺汤》，大轴徐碧云、周瑞安、姜妙香、马富禄、苏连汉、陈富康、李洪福合演《霸王别姬》。

9月中旬，梅兰芳、姜妙香、萧长华等，赴杭州参加支援华北赈灾义演。

9月24日，杭州大光明戏院夜戏：

章耀泉《花蝴蝶》，张啸林《连环套》，杜夫人、孙兰亭《骂阎罗》，大轴梅兰芳、萧长华、姜妙香及杭州当地演员合演《甘露寺》。

9月27日，杭州大光明戏院夜戏：

俞云谷《坐楼杀惜》，杜月笙、张啸林《落马湖》，杜夫人《钓金龟》，大轴梅兰芳、金少山、姜妙香、萧长华及杭州当地演员合演《霸王别姬》。

10月，谭小培为谭富英组扶春社，头牌老生谭富英，二牌旦角王幼卿，三牌武生为周瑞安，小生姜妙香，铜锤花脸王泉奎，架子花脸马连昆，丑角慈瑞泉、慈少泉，里子老生哈宝山。演出地点在吉祥戏院，夜戏。

10月2日至19日，黄金荣在上海黄金大戏院，举办赈济八省水灾义演。参加演员有姜妙香、金少山、萧长华、刘连荣、朱桂芳、王少亭、苗胜春、盖三省、韩金奎等，杜月笙、张啸林、王晓籁、赵培鑫等都参加了演出。

10月18日，上海黄金大戏院赈济八省水灾义演：

张德禄、刘文魁《金枪传》，朱桂芳《百草山》，金少山《黑风帕》，压轴张啸林、杜月笙、王得天、张慰如、赵培鑫、孙兰亭全本《落马湖》，大轴梅兰芳、姚玉兰（杜月笙夫人）、李白水、姜妙香合演《四郎探母》。

10月19日，上海黄金大戏院赈济八省水灾义演：

吴江枫《搜孤救孤》，金元声《黄金台》，赵培忠《辕门斩子》，压轴王得天、姚玉兰《上天台》，大轴梅兰芳、金少山、姜妙香、王少亭、萧长华、苗胜春合演《霸王别姬》。

11月9日，第一舞台义务夜戏：

罗万华《打登州》，钱宝森、王福山《祥梅寺》，芙蓉草、罗文奎《小上坟》，刘宗扬《夜奔》，言菊朋、程继先《群英会》，尚小云、尚富霞《穆柯寨》，压轴马连良、侯喜瑞《打严嵩》，大轴杨小楼、雪艳琴、王凤卿、姜妙香合演《霸王别姬》。

12月14日，哈尔飞戏院夜戏：

刘盛莲、贯盛吉、陈盛泰、贾多才、王连奎、慈少泉《马思远》，大轴雪艳琴（孙尚香）、言菊朋（前乔玄、中刘备、后鲁肃）、姜妙香（周瑜）、尚和玉（赵云）、侯喜瑞（张飞）、李多奎（吴国太）、顾兰荪、孙盛武、曹玺彦、王连奎、李一车合演全部《龙凤呈祥》（“甘露寺”、“美人计”、“回荆州”、“芦花荡”、“献西川”、“截长江”、“夺阿斗”）。

1936年

（民国二十五年，农历丙子年） 46岁

本年，姜妙香搭陆素娟和平社，谭富英扶春社，梅兰芳梅剧团，王又宸群庆社演出。

1月18日，北平梨园公会为疾苦同业筹款大义务夜戏：

《富贵长春》，袁世海、罗万华《白龙关》，裘盛戎、徐寿祺、慈少泉《牧虎关》，朱桂芳、吴玉玲、钱富川《泗州城》，崔钟麟《上天台》，王幼卿、王少楼、慈瑞泉《庆顶珠》，尚和玉、曹玺彦、陆喜才《艳阳楼》，尚小云、荀慧生、姜妙香、马富禄、范宝亭、孙甫亭《十三妹》，压轴王又宸、马连昆、萧长华《打棍出箱》，大轴杨小楼、侯喜瑞、小翠花、王福山、计砚芬、许德义、迟月亭、刘砚亭合演《大战宛城》。

1月21日，扶春社吉祥戏院夜戏：

周少安《战太平》，裘盛戎《父子会》，计砚芬《打樱桃》，压轴茹富兰、韩富信《战濮阳》，大轴谭富英、王幼卿、吴彩霞、姜妙香合演《探母回令》。

2月26日，梅兰芳、姜妙香、刘连荣等，在上海天蟾舞台演出《生死恨》。该戏反映沦陷区百姓的痛苦生活和悲惨遭遇，激励全国人民积极投身抗日斗争。梅兰芳饰韩玉娘，姜妙香饰程鹏举，王少亭饰赵寻，萧长华饰胡为，孙甫亭饰李妪，韦三奎饰宗泽，刘连荣饰张万户，李春林饰瞿士锡。

2月29日，国内反日情绪高涨，梅兰芳、姜妙香赴南京，在大华戏院连续演出三天《生死恨》。

3月，谭富英率扶春社姜妙香、程玉箐、吴彩霞、计砚芬、慈瑞泉、马连昆、李宝奎、李四广赴天津演出。

3月4日，扶春社天津明星戏院夜戏：

压轴谭富英、马连昆《捉放曹》，大轴谭富英、程玉箐、姜妙香、计砚芬、慈瑞泉、李宝奎、李四广合演《红鬃烈马》。

3月5日，扶春社天津明星戏院夜戏：

谭富英、马连昆《卖马》，压轴程玉箐、姜妙香《十三妹》，大轴谭富英、李宝奎合演《碰碑》。

3月6日，扶春社天津明星戏院夜戏：

大轴谭富英、程玉箐、吴彩霞、姜妙香、计砚芬、慈瑞泉、李宝奎、李四广合演《探母回令》。

3月7日，扶春社天津明星戏院夜戏：

压轴程玉箐、姜妙香《宇宙锋》，大轴谭富英、马连昆、李宝奎、慈瑞泉、李四广合演《失街亭》《空城计》《斩马谡》。

3月8日，扶春社天津明星戏院夜戏：

压轴谭富英、程玉箐、姜妙香、马连昆《朱痕记》，大轴谭富英、程玉箐、慈瑞泉合演《庆顶珠》。

3月9日，扶春社为北平民铎小学筹款，天津明星戏院义务戏：

姜妙香在前边唱《辕门射戟》，压轴谭小培、李宝奎《天雷报》，大轴谭富英、慈瑞泉合演《奇冤报》。

4月，姜妙香应邀陪孙盛芳在天津北洋戏院演出三场，加演一场。

4月4日，天津北洋戏院夜戏：大轴孙盛芳、管绍华、姜妙香、李盛斌合演全部《朱痕记》。

4月5日，天津北洋戏院夜戏：大轴孙盛芳、姜妙香、李洪春合演全部《奇双会》。

4月6日，天津北洋戏院夜戏：大轴孙盛芳、姜妙香、李盛斌、李洪春合演全部《十三妹》。

4月7日，天津北洋戏院夜戏：

压轴姜妙香、李洪春《镇潭州》，大轴孙盛芳、管绍华、茹富蕙合演《雪艳娘》。

本年春，时任天津市市长的萧振瀛，在北京秦老胡同本宅演堂会戏：

郝寿臣、郭春山《醉打山门》，陆素娟、姜妙香、朱桂芳、萧长华、王少亭、孙甫亭《廉锦枫》，近云馆主、程希贤《坐宫》，程砚秋、俞振飞、程继先、侯喜瑞《红拂传》，尚小云、谭富英、姜妙香《探母回令》，余叔岩、鲍吉祥《盗宗卷》，大轴杨小楼、钱金福合演《落马湖》。

本年春，梅兰芳在国剧学会收富连成李世芳为徒，同时行礼拜师的还有毛世来、李元芳、刘元彤、张世孝。参加拜师仪式的有：杨小楼、余叔岩、王瑶卿、尚小云、程砚秋、荀慧生、姜妙香、谭小培、萧长华、郭春山、徐兰沅等。

本年春，俞振庭贫病交加，杨小楼、梅兰芳、王凤卿、姜妙香等，在第一舞台为俞振庭唱搭桌戏两场。剧目为《霸王别姬》、全本《回荆州》。

4月9日，和平社中和戏院夜戏：

新丽琴、罗盛公《双怕婆》，朱桂芳、陈富康《取金陵》，王少亭、孙甫亭、郭春山、徐斌寿《状元谱》，萧长华、诸茹香、张文斌《变羊记》，压轴吴彦衡、刘连荣、奎富光、张连廷《恶虎村》，大轴陆素娟、姜妙香、于莲仙、陆素瑛合演全部《俊袭人》。

4月30日，庆乐戏院重张开幕庆生社夜戏：

范富喜、范斌禄《红桃山》，张菊舫《长寿星》，李洪春、诸茹香《平贵别窑》，李盛斌、任富保《花蝴蝶》，压轴孟小如、陈盛荪《三娘教子》，大轴孟小如、姜妙香、刘连荣、茹富蕙、裘盛戎合演《群英会》。

5月，陆素娟应天津国泰戏院之邀，与承华社班底赴天津演出。

5月7日，天津国泰戏院夜戏：

压轴杨宝森《捉放曹》，大轴陆素娟、姜妙香、刘连荣、萧长华、王少亭合演《凤还巢》。

5月8日，天津国泰戏院夜戏：

压轴杨宝森《文昭关》，大轴陆素娟、刘连荣、姜妙香、萧长华、王少亭合演《霸王别姬》。

5月9日，天津国泰戏院日场：

压轴杨宝森《打鼓骂曹》，大轴陆素娟、姜妙香、刘连荣、萧长华、王少亭合演前部《西施》。

5月9日，天津国泰戏院夜戏：

压轴杨宝森《奇冤报》，大轴陆素娟、姜妙香、刘连荣、萧长华、朱桂芳、王少亭合演后部《西施》。

5月10日，天津国泰戏院日场：

压轴杨宝森《洪羊洞》，大轴陆素娟、姜妙香合演《俊袭人》。

5月10日，天津国泰戏院夜戏：

大轴陆素娟、姜妙香、刘连荣、萧长华、王少亭、朱桂芳合演《太真外传》。

5月，梅兰芳重组梅剧团，老生换了奚啸伯，小生仍是姜妙香。

5月28日，梅剧团第三次赴武汉演出，演出地点汉口光明大戏院。

本年，杜月笙长子杜维藩结婚堂，杜月笙包下了新新公司的全部各层楼面，并设东西两个剧场同时上演堂会戏。

东楼第一剧场头天大轴为：梅兰芳、马连良、谭富英、王又宸、姜妙香、金少山、李万春、刘连荣合演《龙凤呈祥》。

西楼第二剧场头天压轴为：孟小冬、章遏云、芙蓉草、姜妙香《探母回令》，大轴程砚秋、俞振飞、芙蓉草合演《碧玉簪》。

东楼第一剧场第二天大轴为：梅兰芳、周信芳（“别窑”）、马连良（“大登殿”）、谭富英（“武家坡”）、王又宸（“赶三关”）、姜妙香、华慧麟合演全部《红鬃烈马》。

西楼第二剧场第二天压轴为：孟小冬、谭小培、芙蓉草、姜妙香《珠帘寨》，大轴程砚秋、张慰如（票友）、金少山、俞振飞合演《红拂传》。

6月21日至6月23日，上海张啸林六十生辰堂会，在海格路大沪花园举行。

据戏单旁跋所载：本次堂会与戏单有两处不符，戏单上有金少山和当时很年轻的叶盛兰的名字，但二人均未参加堂会演出。金少山是临时生病告假，叶盛兰是因张啸林的姨太太对提调说“没听说过叶盛兰，堂会要北平的一等名角才行”，当时姜妙香随梅来沪给陈庸庵拜寿尚未返京，提调临时特烦姜妙香顶替了叶盛兰。堂会个别戏目与实际演出也有出入。当晚杜月笙也粉墨登场，用悦声居士的名字，操着一口浦东方言票演了《探母回令》的“坐宫”。

6月21日，上海张啸林六十生辰堂会第一天：

压轴尚小云、马连良、姜妙香（戏单为叶盛兰）、芙蓉草、马富禄《御碑亭》，大轴梅兰芳、马连良、周信芳、王又宸、姜妙香合演《龙凤呈祥》。

6月22日，上海张啸林六十生辰堂会第二天：

大轴梅兰芳、谭富英、马富禄（临时顶替金少山演刘瑾）、高富远（临时顶替马富禄演贾桂）、姜妙香、新艳秋合演《拾玉镯》《法门寺》。

6月23日，上海张啸林六十生辰堂会第三天：

大轴《探母回令》，梅兰芳饰铁镜公主（“回令”），章遏云饰铁镜公主（“坐宫”），新艳秋饰铁镜公主（“盗令”），杜月笙饰杨延辉（“坐宫”），谭富英饰杨延辉（“别宫”至“见娘”），马连良饰杨延辉（“哭堂”、“回令”），姜妙香饰杨宗保，芙蓉草饰萧太后（“回令”），林秋雯饰萧太后（“盗令”），谭小培饰杨延昭，马富禄饰二国舅，苗胜春饰大国舅，张少泉饰佘太君。

9月6日至10月14日，梅兰芳回京，梅剧团在第一舞台演出。

9月6日，第一舞台义务夜戏：

吴彩霞、时慧宝《朱砂痣》，杨盛春、刘宗扬、高盛麟、张云溪《四白水滩》，尚小云、荀慧生《樊江关》，压轴程砚秋、王又宸、郝寿臣、姜妙香、小翠花《拾玉镯》《法门寺》，大轴梅兰芳、杨小楼、马连良、王凤卿、程继先合演《甘露寺》《美人计》《回荆州》。

9月7日，第一舞台义务夜戏：

程砚秋、王又宸《武家坡》，荀慧生、刘宗扬《算军粮》，刘宗扬、芙蓉草、俞振飞《银空山》，尚小云、马连良、李多奎、芙蓉草《大登殿》，大轴梅兰芳、王凤卿、姜妙香、王少亭、萧长华合演《霸王别姬》。

9月11日，梅剧团第一舞台义务夜戏：

朱桂芳《攻潼关》，姜妙香、诸茹香《马上缘》，程继先、王少亭《状元谱》，压轴杨盛春、韩盛信《战濮阳》，大轴梅兰芳、王凤卿、萧长华合演《宝莲灯》。

9月12日，梅剧团第一舞台夜戏：

《摘缨会》，朱桂芳《泗州城》，于莲仙《双摇会》，萧长华《请医》，杨盛春《挑华车》，压轴王凤卿《战长沙》，大轴梅兰芳、姜妙香、王少亭合演《奇双会》。

9月13日，梅剧团第一舞台夜戏：

王泉奎《探阴山》，朱桂芳、吴玉玲、杨春龙《无底洞》，程继先、孙甫亭、王丽卿《岳家庄》，杨盛春、张连廷、韩盛信《武文华》，压轴王凤卿、扎金奎《文昭关》，大轴梅兰芳、姜妙香、萧长华、王少亭、于莲仙、诸茹香、郭春山、罗文奎合演《宇宙锋》。

9月14日，梅剧团第一舞台夜戏：

姜妙香、王少亭《借赵云》，刘连荣《普球山》，程继先、萧长华《连升店》，压轴杨盛春、韩盛信《安天会》，大轴梅兰芳、王凤卿合演《汾河湾》。

9月15日，梅剧团第一舞台夜戏：

杨春龙《收关胜》，于莲仙《顶花砖》，贯盛习《下河东》，压轴王凤卿、杨盛春《阳平关》，大轴梅兰芳、姜妙香、王少亭、刘连荣、萧长华合演《凤还巢》。

9月16日，梅剧团第一舞台夜戏：

杨春龙《金沙滩》，王少亭《南阳关》，诸茹香《背板凳》，杨盛春、韩盛信《艳阳楼》，压轴王凤卿、程继先、王少亭《群英会》，大轴梅兰芳、姜妙香合演《洛神》。

9月19日，姜妙香赴天津参加天津中国大戏院开幕典礼。

9月21日，梅剧团第一舞台夜戏：

朱桂芳《蔡家庄》，萧长华《绒花记》，压轴杨盛春、韩盛信《两将军》，大轴梅兰芳、王凤卿、姜妙香、诸茹香、王少亭合演《御碑亭》。

9月22日，梅剧团第一舞台夜戏：

诸茹香、李四广《一疋布》，程继先、王少亭、贯盛习、王泉奎《黄鹤楼》，压轴杨盛春、张连廷、韩盛信《赵家楼》，大轴梅兰芳、王凤卿、姜妙香、萧长华、慈瑞泉、刘连荣、诸茹香、朱桂芳、于莲仙合演前部《西施》。

9月23日，梅剧团第一舞台夜戏：

杨春龙《采石矶》，王泉奎《铡美案》，于莲仙《双羊计》，程继先、王少亭《临江会》，压轴杨盛春、张连廷《英雄义》，大轴梅兰芳、王凤卿、姜妙香、萧长华、刘连荣合演后部《西施》。

9月24日，梅剧团第一舞台夜戏：

杨春龙《双龙会》，王少亭、姜妙香《双狮图》，于莲仙《贪欢报》，杨盛春《恶虎村》，梅兰芳、萧长华《女起解》，压轴王凤卿《华容道》，大轴梅兰芳、刘连荣、姚玉芙合演《贞娥刺虎》。

9月25日，梅剧团第一舞台夜戏：

王泉奎、王少亭《白龙关》，诸茹香、贯盛习《乌龙院》，朱桂芳、杨春龙《百草山》，姜妙香《雅观楼》，压轴杨盛春、韩盛信《金锁阵》，大轴梅兰芳、王凤卿、萧长华合演全部《三娘教子》。

9月28日，梅剧团第一舞台夜戏：

朱桂芳、杨春龙《无底洞》，于莲仙《卖饽饽》，王少亭《徐州解围》，压轴杨盛春《摩天岭》，大轴梅兰芳、王凤卿、姜妙香、王泉奎、刘连荣、萧长华合演《穆柯寨》《穆天王》。

9月29日，梅剧团第一舞台夜戏：

王泉奎《锁五龙》，朱桂芳《取金陵》，王少亭、程继先《打侄上坟》，萧长华《请医》，杨盛春《罗四虎》，大轴梅兰芳、姜妙香、王凤卿、刘连荣、萧长华合演全部《春秋配》。

9月30日，梅剧团第一舞台夜戏：

全班合演《吉祥新戏》，压轴姜妙香《未央宫》，大轴梅兰芳、王凤卿、于莲仙、萧长华、杨盛春合演全部《王宝钏》。

10月1日，梅剧团第一舞台夜戏：

杨春龙《斩颜良》，王少亭、程继先、诸茹香《胭脂虎》，压轴杨盛春、韩盛信《白水滩》，大轴梅兰芳、王凤卿、姜妙香、萧长华合演三本《太真外传》。

10月2日，梅剧团第一舞台夜戏：

朱桂芳、吴玉玲、杨春龙《摇钱树》，程继先、诸茹香、慈瑞泉《鸿鸾禧》，王少亭《盗宗卷》，压轴杨盛春、贯盛习、张连廷、韩盛信《连环阵》，大轴梅兰芳、王凤卿、姜妙香、萧长华、刘连荣、于莲仙合演三本《太真外传》。

10月3日，第一舞台义务夜戏：

李世芳、迟世恭《武家坡》，袁世海、黄元庆《丁甲山》，李世芳、毛世来《剑侠传》，萧长华、诸茹香《双羊计》，姜妙香《辕门射戟》，梅兰芳《宇宙锋》，压轴杨小楼、郝寿臣《连环套》，大轴梅兰芳、余叔岩合演《庆顶珠》。

10月5日，梅剧团第一舞台夜戏：

《功臣宴》，朱桂芳、杨春龙《夺太仓》，诸茹香《入侯府》，杨盛春《林冲夜奔》，压轴王凤卿《东吴赴宴》，大轴梅兰芳、姜妙香、刘连荣、萧长华合演全部《生死恨》。

10月6日，梅剧团第一舞台夜戏：

杨春龙《收关胜》，程继先《岳家庄》，王少亭《鱼藏剑》，王泉奎《刺王僚》，压轴杨盛春《水帘洞》，大轴梅兰芳、王凤卿、姜妙香、萧长华合演四本《太真外传》。

10月7日，梅剧团第一舞台夜戏：

慈瑞泉《送亲演礼》，杨盛春《殷家堡》，压轴王凤卿、程继先《镇潭州》，大轴梅兰芳、姜妙香、刘连荣、萧长华合演全部《生死恨》。

10月8日，梅剧团第一舞台夜戏：

王少亭、刘连荣《开山府》，慈瑞泉、诸茹香《打灶王》，于莲仙、程继先《破洪州》，压轴杨盛春、韩盛信《状元印》，大轴梅兰芳、王凤卿、姜妙香、姚玉芙合演四本《太真外传》。

10月9日，梅剧团第一舞台夜戏：

刘连荣《青风寨》，诸茹香、萧长华《双羊计》，程继先、王少亭《临江会》，杨盛春《天霸招亲》，压轴王凤卿《战太平》，大轴梅兰芳，姜妙香、刘连荣、王少亭、萧长华合演全部《生死恨》。

10月10日，宋哲元在中南海怀仁堂办堂会，庆祝“双十”节，戏码为：

余叔岩、程继先、鲍吉祥、王福山《群英会》，马连良、尚小云《赶三关》，梅兰芳、谭富英《武家坡》，谭小培、小翠花、姜妙香《算粮》《银空山》，王凤卿、程艳秋、荀慧生、李多奎《大登殿》。

10月11日，梅剧团第一舞台夜戏：

诸茹香、慈瑞泉《双摇会》，刘连荣《丁甲山》，程继先、萧长华《连升三级》，梅兰芳、姜妙香《乔醋》，压轴王凤卿、杨盛春《阳平关》，大轴梅兰芳、姜妙香、萧长华合演全部《廉锦枫》。

10月14日，第一舞台义务夜戏：

全班合演《渭水河》，王叔奎《下河东》，王永昌《草桥关》，于莲仙《打灶王》，李洪春《镇潭州》，孙毓堃、侯喜瑞《霸王庄》，郝寿臣、萧长华《普球山》，荀慧生、谭富英《乌龙院》，压轴尚小云、小翠花、慈瑞泉、金仲仁、高富远《梅玉配》，大轴梅兰芳、杨小楼、王凤卿、姜妙香合演《霸王别姬》。

10月15日，梅兰芳应邀率姜妙香、刘连荣、萧长华等梅剧团成员赴天津参加天津茶商李伯芝夫人生辰堂会演出及筹款义务戏演出。

10月16日，天津商检局局长常鸿钧等，宴请杨小楼、梅兰芳、程砚秋、姜妙香、小翠花、奚啸伯等。

10月16日，李宅堂会在天津明星戏院夜戏：

小翠花《醉酒》，谭富英《定军山》，程砚秋、姜妙香《三堂会审》，奚啸伯（原订余叔岩）、程继先《群英会》，杨小楼、钱金福《铁笼山》，梅兰芳、姜妙香《宇宙锋》（“修本”“金殿”）。

10月17日至11月中旬，梅剧团在天津中国大戏院、国泰戏院演出。

10月17日，梅剧团天津中国大戏院夜戏：

朱桂芳、吴玉玲《摇钱树》，慈瑞泉《送亲演礼》，杨盛春、张连廷、韩盛信《挑华车》，压轴奚啸伯、王泉奎《捉放曹》，大轴梅兰芳、姜妙香、刘连荣、萧长华、王少亭、于莲仙、贯盛习合演《宇宙锋》。

10月18日，梅剧团天津中国大戏院夜戏：

大轴梅兰芳、姜妙香、王少亭、萧长华、韩金福、罗文奎合演《贩马记》。

10月19日，梅剧团天津中国大戏院夜戏：

慈瑞泉《打城隍》，朱桂芳《取金陵》，压轴杨盛春、韩盛信《战濮阳》，大轴梅兰芳、奚啸伯、于莲仙、姜妙香、萧长华、孙甫亭、罗文奎合演《探母回令》。

10月20日，梅剧团天津中国大戏院夜戏：

贯盛习《战太平》，杨盛春《武文华》，压轴奚啸伯《白蟒台》，大轴梅兰芳、姜妙香、刘连荣、王少亭、萧长华合演前部《西施》。

10月21日，梅剧团天津中国大戏院夜戏：

王少亭《下河东》，杨盛春《英雄义》，压轴奚啸伯、王丽卿《贺后骂殿》，大轴梅兰芳、姜妙香、刘连荣、王少亭、萧长华合演后部《西施》。

10月22日，梅剧团天津中国大戏院夜戏：

于莲仙、慈瑞泉《打杠子》，杨盛春《连环阵》，压轴奚啸伯、王泉奎《上天台》，大轴梅兰芳、姜妙香、刘连荣、王少亭、萧长华合演《凤还巢》。

10月23日，梅剧团天津中国大戏院夜戏：

于莲仙《背板凳》，王少亭、姜妙香《黄鹤楼》，程继先、萧长华《连升三级》，杨盛春、张连廷《战滁州》，压轴梅兰芳、刘连荣、姚玉芙《贞娥刺虎》，大轴梅兰芳、奚啸伯合演《汾河湾》。

10月24日，梅剧团天津中国大戏院夜戏：

王泉奎《父子会》，朱桂芳《百草山》，姜妙香《岳家庄》，压轴杨盛春、韩盛信《两将军》，大轴梅兰芳、奚啸伯合演全本《三娘教子》。

10月26日，梅剧团天津中国大戏院夜戏：

朱桂芳《无底洞》，贯盛习《九更天》，压轴奚啸伯、杨盛春《八大锤》，大轴梅兰芳、姜妙香、萧长华合演三本《太真外传》。

10月27日，梅剧团天津中国大戏院夜戏：

杨四立《探亲家》，杨盛春《水帘洞》，压轴奚啸伯、王泉奎、刘连荣《洪羊洞》，大轴梅兰芳、姜妙香、王少亭合演四本《太真外传》。

10月28日，梅剧团天津中国大戏院夜戏：

朱桂芳《泗州城》，姜妙香、刘连荣《取洛阳》，压轴杨盛春《金雁桥》，大轴梅兰芳、奚啸伯全部《王宝钏》。

10月29日，梅剧团天津中国大戏院夜戏：

朱桂芳《攻潼关》，杨盛春《林冲夜奔》，压轴奚啸伯、王泉奎《托兆碰碑》，大轴梅兰芳、姜妙香、刘连荣、王少亭、萧长华合演《生死恨》。

10月30日，梅剧团天津中国大戏院夜戏：

王泉奎《侧美案》，朱桂芳《红桃山》，罗文奎《请医》，杨盛春《铁笼山》，压轴奚啸白《十道本》，大轴梅兰芳、姜妙香、刘连荣、王少亭、萧长华合演《生死恨》。

10月31日，梅剧团天津中国大戏院夜戏：

朱桂芳《盗仙草》，于莲仙《一疋布》，杨盛春《摩天岭》，压轴奚啸伯、王泉奎《清官册》，大轴梅兰芳、刘连荣、姜妙香、王少亭、萧长华合演《霸王别姬》。

11月1日，梅剧团天津中国大戏院夜戏：

朱桂芳《夺太仓》，于莲仙《打面缸》，杨盛春《安天会》，压轴梅兰芳《女起解》，大轴梅兰芳、奚啸伯、姜妙香、王泉奎、刘连荣、萧长华、孙甫亭、王少亭合演全部《龙凤呈祥》。

11月2日，梅剧团天津中国大戏院夜戏：

方连元《取金陵》，贯盛习《白龙关》，于莲仙、罗文奎《查头关》，杨盛春、韩盛信《艳阳楼》，压轴奚啸伯《法场换子》，大轴梅兰芳、姜妙香、刘连荣、王少亭、萧长华合演《凤还巢》。

11月3日，梅剧团天津中国大戏院夜戏：

贯盛习《白马坡》，杨盛春《状元印》，奚啸伯、萧长华《打棍出箱》，压轴梅兰芳、姜妙香、孙甫亭《春秋配》，大轴梅兰芳、杨盛春、姜妙香、朱桂芳合演《金山寺》。

11月4日，梅剧团天津中国大戏院夜戏：

王泉奎《锁五龙》，朱桂芳《无底洞》，慈瑞泉、诸茹香《双怕婆》，奚啸伯、杨盛春《连营寨》，大轴梅兰芳、姜妙香、刘连荣、萧长华合演《宇宙锋》。

11月5日，梅剧团天津中国大戏院夜戏：

贯盛习《战太平》，赵碧云《顶金砖》，朱桂芳《娘子军》，杨盛春《白水滩》，压轴梅兰芳、奚啸伯、慈瑞泉、王泉奎、姜妙香、于莲仙《拾玉镯》《法门寺》，大轴梅兰芳、姜妙香合演《黛玉葬花》。

11月6日，梅剧团天津中国大戏院夜戏：

王少亭《盗宗卷》，刘连荣《丁甲山》，慈瑞泉《定计化缘》，杨盛春、韩盛信《战冀州》，压轴奚啸伯《奇冤报》，大轴梅兰芳、姜妙香合演《洛神》。

11月7日，梅剧团天津中国大戏院夜戏：

朱桂芳、杨春龙《取金陵》，慈瑞泉《探亲家》，杨盛春、韩盛信《赵家楼》，压轴奚啸伯、王泉奎《捉放曹》，大轴梅兰芳、姜妙香、刘连荣、王少亭、萧长华合演《生死恨》。

11月8日，梅剧团天津中国大戏院夜戏：

朱桂芳《演火棍》，慈瑞泉《双羊记》，杨盛春、韩盛信《恶虎村》，压轴奚啸伯、王泉奎、刘连荣、萧长华、罗文奎《失街亭》，大轴梅兰芳、姜妙香、王少亭合演《玉堂春》。

11月11日至13日，为天津市慈善联合会冬赈义务演出三天。

11月11日，国泰戏院义务夜戏头天：

全班合演《赐福》，方连元《取金陵》，赵碧云《胭脂虎》，叶盛兰《探庄》，小杨月楼《奇冤报》，姜妙香《辕门射戟》，小翠花《双钉记》，压轴梅兰芳、马连良《汾河湾》，大轴杨小楼、梅兰芳、马连良、钱金福、郝寿臣合演《长坂坡》。

11月12日，国泰戏院义务夜戏：

全班合演《大赐福》，李克昌《探阴山》，方连元《盗仙草》，侯喜瑞《丁甲山》，梅兰芳、小翠花《樊江关》，叶盛兰《雅观楼》，压轴马连良、小翠花、马富禄《坐楼杀惜》，大轴梅兰芳、杨小楼、姜妙香、王少亭合演《霸王别姬》。

11月13日，国泰戏院义务夜戏：

梅兰芳、马连良《打渔杀家》，萧长华、姜妙香《连升三级》，压轴梅兰芳、马连良合演《宝莲灯》，大轴杨小楼、郝寿臣、钱金福、小翠花合演《战宛城》。

结束天津的演出后，梅剧团返回北京。

11月下旬，梅剧团应山东济南方面之邀，首次赴山东济南演出。随行演员有杨宝森、姜妙香、贯盛习、王少亭、姚玉芙等。在济南共演出十五天。

11月20日，梅剧团济南进德会京剧场夜戏头天：

慈瑞泉《演礼》，朱桂芳《娘子军》，杨盛春《武文华》，压轴杨宝森《定军山》，大轴梅兰芳、姜妙香、刘连荣、王少亭、萧长华合演《宇宙锋》。

11月21日，梅剧团济南进德会京剧场夜戏：

杨盛春、韩盛信《挑华车》，压轴杨宝森、王泉奎《捉放曹》，大轴梅兰芳、姜妙香、刘连荣、王少亭、萧长华合演前部《西施》。

11月23日，梅剧团济南进德会京剧场夜戏：

贯盛习、王泉奎《战太平》，杨盛春、韩盛信《两将军》，压轴杨宝森、于莲仙《乌龙院》，大轴梅兰芳、姜妙香、萧长华、刘连荣、王少亭、慈瑞泉、孙甫亭合演《凤还巢》。

11月24日，梅剧团济南进德会京剧场夜戏：

贯盛习、王泉奎《下河东》，王少亭、姜妙香《状元谱》，萧长华《请医》，梅兰芳、姜妙香、姚玉芙《黛玉葬花》，压轴杨宝森、杨盛春《连营寨》，大轴梅兰芳、刘连荣、朱桂芳合演《贞娥刺虎》。

11月25日，梅剧团济南进德会京剧场夜戏：

朱桂芳、杨春龙《取金陵》，慈瑞泉、罗文奎《打城隍》，杨盛春、韩盛信、张连廷《艳阳楼》，压轴杨宝森、王泉奎《托兆碰碑》，大轴梅兰芳、姜妙香、刘连荣、王少亭、萧长华合演全部《生死恨》。

11月26日，梅剧团济南进德会京剧场夜戏：

慈瑞泉《背板凳》，杨盛春、韩盛信《连环阵》，梅兰芳、姜妙香、萧长华《枪桃穆天王》，压轴杨宝森、王泉奎《搜孤救孤》，大轴梅兰芳、姜妙香、王少亭、萧长华合演《廉锦枫》。

11月27日，梅剧团济南进德会京剧场夜戏：

刘连荣《青风寨》，王少亭《盗宗卷》，萧长华、姜妙香《连升店》，压轴杨宝森、杨盛春《八大锤》，大轴梅兰芳、姜妙香合演《洛神》。

11月28日，金少山应邀到达济南加入演出。

11月28日，梅剧团济南进德会京剧场夜戏：

压轴杨宝森、王泉奎、刘连荣、慈瑞泉、罗文奎《失街亭》《空城计》《斩马谡》，大轴梅兰芳、金少山、姜妙香、王少亭、萧长华合演《霸王别姬》。

11月30日，梅剧团济南进德会京剧场夜戏：

慈瑞泉、于莲仙《入侯府》，杨盛春、朱桂芳、吴玉玲、张连廷、韩盛信《白水滩》，压轴杨宝森、王泉奎、刘连荣、孙甫亭、韦三奎

《洪羊洞》，大轴梅兰芳、金少山、姜妙香、萧长华、王少亭、贯盛习合演《霸王别姬》。

12月1日，梅剧团济南进德会京剧场夜戏：

金少山《盗御马》，压轴杨宝森《奇冤报》，大轴梅兰芳、姜妙香、王少亭合演三本《太真外传》。

12月2日，梅剧团济南进德会京剧场夜戏：

萧长华、于莲仙《下河南》，杨盛春、韩盛信《恶虎村》，压轴杨宝森、王泉奎、慈瑞泉、罗文奎《闹府出箱》，大轴梅兰芳、金少山、姜妙香、王少亭、萧长华合演《霸王别姬》。

12月5日，梅剧团济南进德会京剧场夜戏：

朱桂芳《攻潼关》，姜妙香《岳家庄》，杨盛春《摩天岭》，压轴杨宝森、金少山《鱼藏剑》《刺王僚》，大轴梅兰芳、刘连荣、姜妙香、王少亭、萧长华合演全本《木兰从军》。

12月6日，梅剧团济南进德会京剧场夜戏：

朱桂芳《无底洞》，贯盛习、刘连荣《开山府》，金少山《连环套》，压轴杨宝森、杨盛春、王泉奎《阳平关》，大轴梅兰芳、姜妙香、萧长华、王少亭合演《牢狱鸳鸯》。

12月27日，群庆社华乐戏院日场：

王士英（王又宸之子）、钱富川、张连廷、奎富光《战冀州》，陈盛荪、姜妙香、王连奎、扎金奎、钱少卿、褚子良、慈少泉《穆柯寨》《穆天王》，压轴王又宸、马连昆、文亮臣、茹富蕙、扎金奎、薛永胜《辕门斩子》，大轴《八蜡庙》。王又宸反串朱光祖、王士英反串张桂兰、陈盛荪反串黄天霸、姜妙香反串金大力、茹富蕙反串施世纶、文亮臣反串褚彪、马连昆反串秦小姐、苏连汉反串丫鬟、王连奎反串小老妈、张蝶芬反串贺人杰、扎金奎反串关泰、李继香反串费德功、时青山反串秦义成。

1937年

（民国二十六年，农历丁丑年） 47岁

本年，姜妙香搭谭富英扶春社，梅兰芳梅剧团，王又宸群庆社，马连良扶风社，奚啸伯忠信社，金少山松竹社演出。

2月4日，吴幼权宅堂会戏目：

王少楼、俞振飞、侯喜瑞《黄鹤楼》，程砚秋、芙蓉草、程继先《弓砚缘》，尚小云、王又宸、姜妙香《御碑亭》，程砚秋、谭富英、周大文《大登殿》，马连良、吕宝棻、马连昆、叶盛兰、杨盛春《甘露寺》《美人计》《回荆州》，压轴吴幼权、吕宝棻、吴彦衡、韩富信《青石山》，大轴余叔岩、马连昆合演《托兆碰碑》。

2月6日，何应钦在中南海为其母祝寿堂会戏目：

压轴余叔岩（后鲁肃）、马连良（孔明）、谭富英（前鲁肃）、姜妙香、萧长华《群英会》，大轴梅兰芳、姚玉芙合演《麻姑献寿》。

2月7日，梨园公会救济贫苦同业，第一舞台义务夜戏：

叶盛兰《雅观楼》，王又宸、姜妙香《举鼎观画》，尚小云、谭富英《打渔杀家》，压轴杨小楼、程砚秋、马连良、程继先、郝寿臣、李多奎《甘露寺》《美人计》《回荆州》，大轴全体反串《八蜡庙》（杨小楼饰张桂兰，尚小云饰黄天霸，芙蓉草饰褚彪，马连良饰金大力，谭富英饰朱光祖，郝寿臣饰小张妈，朱桂芳饰费德功，姜妙香饰关泰，小翠花饰贺仁杰，李多奎饰秦义成）。

2月11日（农历正月初一），群庆社华乐戏院日场：

王泉奎《草桥关》，小寿山《过新年》，王士英、朱桂芳《青石山》，压轴王又宸《黄金台》，大轴王又宸、李慧琴、姜妙香合演《御碑亭》。

2月11日，扶春社庆乐戏院夜戏：

宋继亭《天水关》，计砚芬《鸿鸾禧》，刘砚亭、王福山《九龙杯》，压轴吴彦衡《青石山》，大轴谭富英、陈丽芳、姜妙香合演《御碑亭》。

2月中旬，梅剧团应邀赴南京演出。

2月16日，梅剧团南京大华大戏院夜戏头天：

梅兰芳、奚啸伯、杨盛春、姜妙香、吕慧君、萧长华、孙甫亭合演全部《王宝钏》。

2月17日，梅剧团南京大华大戏院夜戏：

杨盛春《夜奔》，梅兰芳、萧长华《女起解》，压轴奚啸伯、姜妙香《举鼎观画》，大轴梅兰芳、刘连荣合演《贞娥刺虎》。

2月19日，梅剧团南京大华大戏院夜戏：

杨盛春、韩盛信《白水滩》，压轴奚啸伯、王泉奎《捉放宿店》，大轴梅兰芳、姜妙香、刘连荣、王少亭合演《宇宙锋》。

2月20日，梅剧团南京大华大戏院夜戏：

杨盛春、张连廷、韩盛信、吴玉玲《挑华车》，压轴奚啸伯、王泉奎《白蟒台》，大轴梅兰芳、姜妙香、刘连荣、王少亭、萧长华、于莲仙、朱桂芳、李庆山、韦三奎合演前部《西施》。

2月21日，梅剧团南京大华大戏院日场：

杨盛春、韩盛信《恶虎村》，压轴奚啸伯、王泉奎《托兆碰碑》，大轴梅兰芳、王少亭、姜妙香、萧长华、姚玉芙合演《木兰从军》。

2月21日，梅剧团南京大华大戏院夜戏：

杨盛春《英雄义》，压轴奚啸伯、王泉奎《击鼓骂曹》，大轴梅兰芳、姜妙香、王少亭、刘连荣、朱桂芳合演后部《西施》。

2月22日，梅剧团南京大华大戏院夜戏：

刘连荣、王泉奎《真假李逵》，压轴杨盛春、韩盛信《两将军》，大轴梅兰芳、奚啸伯、姜妙香、于莲仙、萧长华、王少亭、孙甫亭、李庆山合演《探母回令》。

2月23日，梅剧团南京大华大戏院夜戏：

杨盛春、韩盛信、张连廷《艳阳楼》，压轴奚啸伯、姜妙香、萧长华《状元谱》，大轴梅兰芳、刘连荣、姜妙香、萧长华、王少亭、李庆山合演《霸王别姬》。

2月24日，梅剧团南京大华大戏院夜戏：

杨盛春、韩盛信《蜈蚣岭》，梅兰芳、萧长华《女起解》，压轴奚啸伯、姜妙香、王泉奎《群英会》，大轴梅兰芳、刘连荣合演《贞娥刺虎》。

2月25日，梅剧团南京大华大戏院日场：

杨盛春《摩天岭》，压轴奚啸伯、王泉奎《搜孤救孤》，大轴梅兰芳、刘连荣、姜妙香、王少亭合演《霸王别姬》。

2月25日，梅剧团南京大华大戏院夜戏：

杨盛春、张连廷《英雄义》，压轴姜妙香、王泉奎《飞虎山》，大轴梅兰芳、奚啸伯、姜妙香、萧长华、于莲仙、孙甫亭、李庆山、王少亭合演《探母回令》。

2月26日，梅剧团南京大华大戏院夜戏：

压轴奚啸伯、王泉奎《捉放曹》，大轴梅兰芳、姜妙香、刘连荣、韦三奎、于莲仙、王少亭、李庆山、李春林合演全部《生死恨》。

2月27日，梅剧团南京大华大戏院夜戏：

杨盛春、韩富信《战冀州》，压轴奚啸伯、王泉奎、刘连荣《洪羊洞》，大轴梅兰芳、姜妙香、萧长华、李庆山、刘连荣、王少亭、李春林、孙甫亭合演全部《凤还巢》。

2月28日，梅剧团南京大华大戏院日场：

杨盛春《殷家堡》，压轴奚啸伯、王泉奎《黄金台》，大轴梅兰芳、刘连荣、姜妙香、王少亭、萧长华合演《霸王别姬》。

2月28日，梅剧团南京大华大戏院夜戏：

杨盛春《战滁州》，压轴奚啸伯、王泉奎、萧长华《打棍出箱》，大轴梅兰芳、姜妙香、刘连荣、王少亭合演全本《生死恨》。

3月2日，梅剧团南京大华大戏院夜戏：

压轴奚啸伯、杨盛春、韩盛信、张连廷《八大锤》，大轴梅兰芳、姜妙香、刘连荣、王少亭合演全部《生死恨》。

3月3日，梅剧团代表首都各界及冬赈联合会，为冬赈赈灾义演，在南京大华大戏院日场：

杨盛春、韩盛信《武文华》，压轴奚啸伯、王泉奎、刘连荣、萧长华、李庆山《失街亭》，大轴梅兰芳、姜妙香合演《奇双会》。

3月3日，梅剧团代表首都各界及冬赈联合会，为冬赈赈灾义演，在南京大华大戏院夜戏：

沈元豫《长生殿》，姜妙香、刘连荣《取洛阳》，压轴杨盛春、韩盛信《八蜡庙》，大轴梅兰芳、奚啸伯、于莲仙、姜妙香、萧长华、孙甫亭、李庆山合演《王宝钏》。

3月15日，梅剧团结束汉口演出后，又赴湖南长沙演出。

4月7日，梅剧团在长沙大戏院为湖南各慈善团体演出义务夜戏头天：

王泉奎《草桥关》，杨盛春、韩盛信《独虎营》，梅兰芳、于莲仙、萧长华《樊江关》，压轴奚啸伯、姜妙香、刘连荣《群英会》，大轴梅兰芳、朱桂芳、萧长华、王少亭合演《天女散花》。

4月8日，梅剧团在长沙大戏院为湖南各慈善团体演出义务夜戏：

杨盛春、韩盛信、张连廷《挑华车》，梅兰芳《红线盗盒》，压轴奚啸伯、王泉奎《捉放曹》，大轴梅兰芳、姜妙香、萧长华合演《贵妃醉酒》。

4月中旬，梅剧团从长沙赴汉口演出。

4月17日，梅剧团汉口大舞台夜戏头天：

杨盛春《英雄义》，压轴奚啸伯、王泉奎《托兆碰碑》，大轴梅兰芳、姜妙香、萧长华、刘连荣、王少亭、李春林、孙甫亭、李庆山合演全部《凤还巢》。

4月18日，梅剧团汉口大舞台日场：

朱桂芳《百草山》，刘连荣、王泉奎《双李逵》，压轴奚啸伯、杨盛春《火烧连营寨》，大轴梅兰芳、姜妙香、萧长华、王少亭合演《牢狱鸳鸯》。

4月18日，梅剧团汉口大舞台夜戏：

王泉奎《探阴山》，杨盛春、朱桂芳《泗州城》，压轴奚啸伯、于莲仙《沙陀国》，大轴梅兰芳、刘连荣、姜妙香、萧长华、王少亭合演《霸王别姬》。

4月19日，梅剧团汉口大舞台夜戏：

王泉奎《铡美案》，朱桂芳、刘连荣《取金陵》，于莲仙、姜妙香、王少亭《胭脂虎》，梅兰芳、萧长华《女起解》，压轴杨盛春《林冲夜奔》，大轴梅兰芳、奚啸伯合演《汾河湾》。

4月20日，梅剧团汉口大舞台夜戏：

朱桂芳《红桃山》，杨盛春、韩盛信《两将军》，压轴奚啸伯、王泉奎《上天台》，大轴梅兰芳、姜妙香、萧长华、于莲仙、刘连荣、王少亭合演全部《生死恨》。

4月21日，梅剧团汉口大舞台夜戏：

杨盛春、韩盛信《铁笼山》，压轴奚啸伯、王泉奎《清官册》，大轴梅兰芳、姜妙香、萧长华、刘连荣、王少亭、朱桂芳、孙甫亭合演四本《太真外传》。

4月22日，梅剧团汉口大舞台夜戏：

王泉奎《父子会》，姜妙香《岳家庄》，压轴杨盛春、朱桂芳《水帘洞》，大轴梅兰芳、奚啸伯、萧长华、刘连荣、王少亭合演全部《三娘教子》。

4月23日，梅剧团汉口大舞台夜戏：

王泉奎《大回朝》，大轴梅兰芳、奚啸伯、杨盛春、姜妙香、萧长华、刘连荣、王少亭、孙甫亭合演全部《王宝钏》。

4月24日，梅剧团汉口大舞台夜戏：

王少亭、姜妙香《状元谱》，杨盛春《冀州城》，萧长华《请医》，压轴奚啸伯、刘连荣、王泉奎《洪羊洞》，大轴梅兰芳、姜妙香合演《洛神》。

4月25日，梅剧团汉口大舞台日场：

白玉楼《摩天岭》，于莲仙、李庆山《一疋布》，压轴朱桂芳《无底洞》，大轴梅兰芳、奚啸伯、姜妙香、刘连荣、王泉奎、萧长华、孙甫亭合演全部《甘露寺》。

4月25日，梅剧团汉口大舞台夜戏：

杨盛春、朱桂芳、韩盛信《白水滩》，压轴奚啸伯、王泉奎、李庆山《奇冤报》，大轴梅兰芳、姜妙香、刘连荣、萧长华、王少亭合演《霸王别姬》。

4月26日，梅剧团汉口大舞台夜戏：

王泉奎《锁五龙》，杨盛春、韩盛信、刘连荣《火烧濮阳城》，梅兰芳、姜妙香《黛玉葬花》，压轴奚啸伯、王少亭《十道本》，大轴梅兰芳、姜妙香、杨盛春、朱桂芳、萧长华合演《金山寺》。

4月27日，梅剧团汉口大舞台夜戏：

朱桂芳《夺太仓》，于莲仙《查头关》，杨盛春、韩盛信《武文华》，压轴奚啸伯、刘连荣、王泉奎《失街亭》，大轴梅兰芳、姜妙香、萧长华、王少亭合演《玉堂春》。

4月28日，梅剧团汉口大舞台夜戏：

杨盛春、韩盛信、张连廷《挑华车》，压轴奚啸伯、于莲仙《坐楼杀惜》，大轴梅兰芳、姜妙香、萧长华、刘连荣、王少亭合演全部《凤还巢》。

4月底，梅剧团在汉口大舞台，为体育会募捐义演一场，剧目为《霸王别姬》。

结束汉口演出后，梅剧团回京，梅兰芳返回上海。

梅剧团返京后，北平盐业银行总经理王绍贤出资为陆素娟组班，取名“和平社”（“和平社”一度易名梅剧团的老名字“承华社”，意在继承梅畹华衣钵）。梅剧团主要成员小生姜妙香、丑角肖长华、花脸刘连荣、武旦朱桂芳、老生王少亭、琴师徐兰沅等几乎全部搭入了陆素娟的承华社。当时梅兰芳居沪很少演出，陆素娟率承华社受到众多观众追捧，一直唱到年底。年底，陆素娟嫁给王绍贤后，又唱了很短的一段时间。陆素娟的和平社（承华社）前后共演出七个月左右。姜妙香、萧长华、刘连荣、朱桂芳、王少亭等梅剧团成员陪陆素娟演出剧目有《贩马记》、《梅龙镇》、《审头刺汤》、《回荆州》、《审头刺汤》、《法门寺》、《凤还巢》、《西施》、《廉锦枫》、《女起解》、《玉堂春》、《凤还巢》、《俊袭人》、《宇宙锋》、《洛神》、《廉锦枫》、《霸王别姬》、《太真外传》、《邓霞姑》等。

梅剧团返京后，奚啸伯自组忠信社（此时叶盛兰的忠信社已经停演），自己挑班唱头牌。小生约请了姜妙香，旦角侯玉兰、陈丽卿，武生高盛麟、吴彦衡、傅德威，花脸侯喜瑞、王泉奎、裘盛戎，丑角萧长华、茹富蕙，老旦李多奎。王少亭等梅剧团成员也搭入忠信社。姜妙香在奚啸伯忠信社单挑常演剧目有：《岳家庄》、《监酒令》、《辕门射戟》、《白门楼》等；与奚啸伯合作剧目有《状元谱》、《御碑亭》、《黄鹤楼》、《群英会》、《举鼎观画》、《八大锤》（后陆文龙，前陆文龙高盛麟饰）、《珠帘寨》、《十道本》、《苏武牧羊》等；与侯玉兰合作《奇双会》、《玉堂春》、《白蛇传》、《虹霓关》、《游园惊梦》、《穆天王》等；与其他演员合作《取洛阳》（与侯喜瑞）、《连升店》（与萧长华）、《飞虎山》（与王泉奎）、《忠孝全》（与王泉奎）、《借赵云》（与王少亭）、《镇潭州》（与王少亭）、《穆天王》（与陈丽卿）、《风流棒》（与陈丽卿）、《红拂传》（与陈丽卿）等，合作大戏有《四郎探母》、《甘露寺》、《回荆州》、《红鬃烈马》、《杨家将》等。

5月8日，扶春社吉祥戏院夜戏：

计砚芬《打灶王》，姜妙香《岳家庄》，压轴吴彦衡《冀州城》，大轴谭富英、陈丽芳、刘砚亭、王泉奎合演全部《鼎盛春秋》。

5月13日，群庆社吉祥戏院夜戏：

文亮臣《钓金龟》，王士英《恶虎村》，压轴林秋雯、姜妙香《玉堂春》，大轴王又宸《斩黄袍》。

5月22日，第一舞台河南赈灾筹款义务夜戏：

方宝泉、侯海林《战太平》，王盛意、郭春山、赵春锦《荷珠配》，周瑞安、刘春利《夜战马超》，言菊朋、李春恒《打鼓骂曹》，小翠花、金仲仁、王福山《文章会》，李万春、毛庆来、王德禄《武松打店》，压轴金少山、李玉泰、金鹤年《御果园》，大轴尚小云、谭富英、姜妙香、李多奎、吴彩霞、慈瑞泉、贾多才、张春彦、于莲仙、高富远合演《探母回令》。

6月13日，和平社中和戏院夜戏：

徐次珊《武文华》，王少亭《状元谱》，杨盛春《青石山》，压轴贯大元《击鼓骂曹》，大轴陆素娟、姜妙香、萧长华合演《俊袭人》。

7月7日，"七七事变"爆发，日军迅速侵占上海，梅兰芳闭门谢客，拒绝一切戏院邀请，梅剧团正式宣布停演。

10月2日，新新大戏院义务夜戏：

褚子良、李春义《渭水河》，李万春、毛庆来《武松打店》，压轴孟小冬、尚小云、郝寿臣、小翠花、慈瑞泉合演《拾玉镯》《法门寺》，大轴杨小楼、陆素娟、王凤卿、姜妙香合演《霸王别姬》。

10月3日，新新大戏院义务夜戏：

李桂云《纺棉花》，李万春《佟家坞》，压轴奚啸伯、王泉奎《捉放曹》，大轴杨小楼、陆素娟、王凤卿、姜妙香合演《霸王别姬》。

10月18日，梅剧团停演数月后，本日，在上海黄金大戏院夜戏贴演反映抗战题材的剧目全部《生死恨》，并将故事本末印在当晚戏单之上。姜妙香等由京赴沪参加演出。

10月18日，梅剧团在上海黄金大戏院夜戏：

朱桂芳《雄黄阵》，张德禄、夏如云《武松杀嫂》，尤菊荪、李兰亭《新白马坡》，杜夫人、金少山《斩黄袍》，大轴梅兰芳、姜妙香、萧长华、王少亭、刘连荣、李春林合演全部《生死恨》。

此场演出后，梅剧团继续停演。姜妙香返京，继续搭奚啸伯忠信社和陆素娟和平社演出。

10月23日，新新戏院义务戏日场：

程继先、萧长华《连升店》，王又宸、刘宗扬《连营寨》，压轴尚小云、荀慧生、姜妙香《得意缘》，大轴杨小楼、小翠花、郝寿臣合演《战宛城》。

11月12日，群庆社长安戏院夜戏：

姜妙香、王少亭《借赵云》，王士英《霸王庄》，压轴张君秋《金锁记》，大轴王又宸、马富禄、王泉奎合演《打棍出箱》。

11月14日，扶风社新新戏院日场：

马君武《金隄关》，大轴马连良、张君秋、姜妙香、马富禄、马春樵、刘连荣、李洪福、孙盛武合演《苏武牧羊》。

11月，谭富英、奚啸伯打对台，始于前门外中和戏院与广德楼的轮演。开始本是各戏园的常规演出，有好事者在报纸上挑起事端，捧谭者与捧奚者视同水火，报纸每天报道双方戏目之比较。后来广德楼与中和戏院分别进入其他班社，谭富英移到吉祥戏院，奚啸伯移至哈尔飞戏院，相隔甚远但仍然对峙。这期间，姜妙香既是扶春社成员，同时也是忠信社成员，处于两难之地。有人劝他，不必辞演，正好趁此时机两边都可以拿双戏份。姜妙香考虑再三，决定在忠信社临时告假，为扶春社谭富英助演，并登门向奚啸伯致歉。当月，奚啸伯贴演双出，谭富英也贴演双出，并邀请姜妙香在前边或压轴单挑唱一出。在这期间，姜妙香自己单唱了《岳家庄》、《辕门射戟》、《飞虎山》、《监酒令》、《连升店》、《忠孝全》、《天门阵》、《梅玉配》、《反延安》、《孝感天》、《小显》等，陪谭富英唱《镇潭州》、《摘缨会》、《状元谱》、《举鼎观画》、《八大锤》、《群英会》等。

11月21日，扶春社吉祥戏院日场：

计砚芬《贪欢报》，吴彦衡《两将军》，姜妙香《辕门射戟》，压轴谭富英、慈瑞泉、王泉奎《卖马》，大轴谭富英、张春彦、刘砚亭合演《碰碑》。

11月21日，忠信社哈尔飞日场：

李多奎《钓金龟》，周瑞安《两将军》，压轴奚啸伯《上天台》，大轴奚啸伯、陈丽芳、侯喜瑞、茹富蕙合演《法门寺》。

扶春社与忠信社双方对台一直打到次年年初。谭富英出面宴请奚啸伯，姜妙香作陪，双方握手言和，姜妙香重新搭入忠信社。

11月27日，松竹社吉祥戏院日场：

慈瑞泉、李玉泰《连升店》，周瑞安《潞安州》，姜妙香《辕门射戟》，压轴陈少霖《洪羊洞》，大轴金少山、鲍吉祥、李多奎、诸茹香、于莲仙合演全部《铡美案》。

12月4日，新新戏院义务夜戏：

朱桂芳、王福山《打瓜园》，李多奎《钓金龟》，李桂云《纺棉花》，压轴奚啸伯、王泉奎《捉放曹》，大轴陆素娟、金少山、姜妙香、萧长华合演《霸王别姬》。

1938年

（民国二十七年，农历戊寅年） 48岁

本年，姜妙香搭陆素娟和平社，马连良扶风社，谭富英扶春社，王又宸群庆社，金少山松竹社，梅兰芳梅剧团，奚啸伯忠信社，程砚秋秋声社演出。

1月8日，和平社中和戏院夜戏：

诸茹香、朱桂芳《双沙河》，杨盛春《独木关》，大轴陆素娟、姜妙香、贯大元、王少亭、刘连荣、萧长华、贯盛吉、孙甫亭合演全部《凤还巢》。

1月8日，扶春社吉祥戏院夜戏：

谭富英、陈丽芳、吴彦衡、姜妙香、李洪春、计砚芬、刘砚亭、慈瑞泉、孙甫亭、王连浦合演全部《红鬃烈马》（"赠黄金"、"彩楼配"、"三击掌"、"寒窑配"、"降红鬃"、"封官挂帅"、"投军寒窑"、"误卯三打"、"被擒招亲"、"鸿雁捎书"、"赶三关"、"武家坡"、"算军粮"、"银空山"、"大登殿"）。

1月15日，扶春社中和戏院夜戏：

压轴谭富英、张君秋、郝寿臣、慈瑞泉、姜妙香、计砚芬《拾玉镯》《法门寺》，大轴谭富英、张君秋、钱宝森、李洪春合演全部《黑水国》。

1月15日，和平社新新戏院夜戏：

压轴贯大元、杨盛春《连营寨》，大轴陆素娟、姜妙香、王少亭、萧长华合演《太真外传》。

1月16日，扶风社新新戏院夜戏：

大轴马连良、张君秋、姜妙香、林秋雯、马富禄、刘连荣合演全部《一捧雪》。

1月18日，扶风社新新戏院夜戏：

压轴张君秋、姜妙香《玉堂春》，大轴马连良、小翠花、马富禄合演全部《乌龙院》。

1月19日，群庆社吉祥戏院夜戏：

计砚芬《金鸡岭》，姜妙香《岳家庄》，王士英、袁世海《连环套》，压轴王又宸、张君秋、裘盛戎《二进宫》，大轴王又宸、张君秋、马富禄合演《庆顶珠》。

本场演出后，王又宸带领群庆社赴天津演出，姜妙香未随行，王又宸返京后即殁，王又宸群庆社报散。

1月20日，北京梨园公会救济贫苦同业，新新戏院义务夜戏：

张春芳《大赐福》，褚子良《百寿图》，诸茹香、贯盛吉《荷珠配》，贯盛习、王泉奎、王少亭《搜孤救孤》，杨盛春、贯大元、刘连荣、孙甫亭、韩盛信、张连庭《八大锤》《断臂说书》，压轴孟小冬、鲍吉祥、李春恒《击鼓骂曹》，大轴陆素娟、姜妙香、朱桂芳合演《洛神》。

1月22日，扶春社吉祥戏院夜戏：

王泉奎《草桥关》，计砚芬《打面缸》，刘连荣《青风寨》，吴彦衡、李洪春《栖悟山》，大轴谭富英、张君秋、姜妙香、吴彩霞、慈瑞泉、孙甫亭、宋继亭合演《探母回令》。

1月23日，扶风社新新戏院夜戏：

魏莲芳、马富禄、张蝶芬《双沙河》，李多奎《太君辞朝》，压轴张君秋、姜妙香、李洪福《玉堂春》，大轴马连良、小翠花、马富禄合演全部《乌龙院》。

1月24日，新新戏院大义务夜戏：

全班合演《百寿图》，裘世戎《草桥关》，高盛麟、孙盛文《金锁阵》，李多奎、王泉奎《法门寺》，郝寿臣、叶盛章、郭春山、朱桂芳《黄一刀》，奚啸伯、毛世来、茹富蕙、马连昆《打渔杀家》，压轴荀慧生、李万春、马富禄、陈喜兴《翠屏山》，大轴尚小云、谭富英、姜妙香、小翠花、萧长华、鲍吉祥合演《御碑亭》。

1月25日，华乐戏院夜戏：

马连昆《草桥关》，魏莲芳《穆柯寨》，大轴吴素秋、姜妙香、李洪春合演全部《玉堂春》。

1月27日，长安大戏院夜戏：

张君秋、马富禄《苏三起解》，荀慧生、姜妙香、李洪春、尚富霞《贩马记》（“哭监”起“团圆”止），压轴郝寿臣《打曹豹》，大轴尚小云、马连良合演《庆顶珠》。

1月27日，中和戏院夜戏：

杨盛春《恶虎村》，贯大元《南阳关》，大轴陆素娟、姜妙香、王少亭、萧长华合演《太真外传》。

1月28日，中和戏院夜戏：

杨盛春《艳阳楼》，贯大元《乌盆记》，大轴陆素娟、姜妙香、王少亭、萧长华合演《太真外传》。

2月22日，松竹社庆乐戏院夜戏：

杨少谱、宋继亭《樊城长亭》，贯盛习、王泉奎《开山府》，姜妙香、于莲仙、裘盛戎、何盛清《岳家庄》，周瑞安、刘春利、慈永胜《金锁阵》，沈蔓华、董富森《彩楼配》，金少山、周瑞安、王福山、杨春龙《青风寨》，沈蔓华、李多奎、郭春山、李四广《六月雪》，大轴金少山、鲍吉祥、李玉泰、韦三奎、律配芳合演《锁五龙》。

2月25日，松竹社中和戏院夜戏：

裘盛戎、宋继亭《开山府》，李多奎《哭灵》，压轴沈蔓华、姜妙香、于莲仙、慈瑞泉《虹霓关》，大轴金少山、周瑞安、王福山、鲍吉祥、刘春利、韦三奎合演全本《连环套》。

3月10日至15日，梅兰芳在上海为募集难民救济款复出登台。姜妙香、奚啸伯等梅剧团旧人，应邀赴上海演出。陆素娟班小生改为叶盛兰。

3月10日，大上海戏院夜戏头天：压轴奚啸伯《白蟒台》，大轴梅兰芳、姜妙香、王少亭、刘连荣合演《宇宙锋》。

3月11日，大上海戏院夜戏：大轴梅兰芳、奚啸伯、姜妙香、于莲仙、萧长华合演《四郎探母》。

3月12日，大上海戏院夜戏：压轴奚啸伯、王泉奎《捉放曹》，大轴梅兰芳、姜妙香、王少亭、萧长华合演《凤还巢》。

3月13日，大上海戏院夜戏：大轴梅兰芳、奚啸伯、姜妙香、于莲仙、萧长华合演全部《王宝钏》。

3月14日，大上海戏院夜戏：大轴梅兰芳、奚啸伯、杨盛春、姜妙香、王泉奎、萧长华、刘连荣合演全部《美人计》《回荆州》。

3月15日，大上海戏院夜戏：压轴奚啸伯、于莲仙《梅龙镇》，大轴梅兰芳、姜妙香、刘连荣、萧长华、王少亭合演《生死恨》。

4月1日起，梅剧团移至上海天蟾舞台继续演出。

4月1日，梅剧团上海天蟾舞台夜戏头天：

朱桂芳《蟠桃会》，姜妙香《岳家庄》，压轴杨盛春《立志少年》，大轴梅兰芳、奚啸伯合演《三娘教子》。

4月2日，梅剧团上海天蟾舞台夜戏：

朱桂芳《取金陵》，梅兰芳、姜妙香、萧长华《枪挑穆天王》，压轴杨盛春《林冲夜奔》，大轴梅兰芳、奚啸伯、姜妙香合演全部《御碑亭》。

4月3日，梅剧团上海天蟾舞台日场：

杨盛春、朱桂芳《青石山》，压轴奚啸伯、姜妙香、王泉奎全部《群英会》，大轴梅兰芳、刘连荣、王少亭合演《红线盗盒》。

4月3日，梅剧团上海天蟾舞台夜戏：

杨盛春、韩盛信《武文华》，压轴奚啸伯、王泉奎《捉放曹》，大轴梅兰芳、姜妙香、刘连荣、王少亭合演全部《宇宙锋》。

4月4日，梅剧团上海天蟾舞台夜戏：

朱桂芳《打焦赞》，压轴奚啸伯、杨盛春《八大锤》，大轴梅兰芳、刘连荣、姜妙香、王少亭、萧长华合演《霸王别姬》。

4月5日，梅剧团上海天蟾舞台夜戏：

朱桂芳《攻潼关》，压轴杨盛春、韩盛信《挑华车》，大轴梅兰芳、奚啸伯、姜妙香、于莲仙、萧长华、孙甫亭、李庆山合演《四郎探母》。

4月6日，梅剧团上海天蟾舞台夜戏：

梅兰芳、奚啸伯、杨盛春、姜妙香、刘连荣、萧长华合演全部《王宝钏》。

4月7日，梅剧团上海天蟾舞台夜戏：

杨盛春、韩盛信《连环套》，压轴奚啸伯、王泉奎《击鼓骂曹》，大轴梅兰芳、姜妙香、刘连荣、王少亭、萧长华、李庆山合演《凤还巢》。

4月9日，梅剧团上海天蟾舞台夜戏：

朱桂芳《大泗州城》，压轴奚啸伯、杨盛春《连营寨》，大轴梅兰芳、姜妙香、刘连荣、王少亭、萧长华合演《生死恨》。

4月10日，梅剧团上海天蟾舞台日场：

孙庆春《双李逵》，杨盛春、韩盛信《铁笼山》，压轴奚啸伯、于莲仙、姜妙香《沙陀国》，大轴梅兰芳、姜妙香、王少亭、刘连荣、萧长华合演前部《西施》。

4月10日，梅剧团上海天蟾舞台夜戏：

杨盛春《薛家窝》，压轴奚啸伯、王泉奎《失街亭》《空城计》《斩马谡》，大轴梅兰芳、刘连荣、姜妙香、王少亭、萧长华合演《霸王别姬》。

4月11日，梅剧团上海天蟾舞台夜戏：

朱桂芳、韩盛信《赤福寿》，压轴梅兰芳、姜妙香《黛玉葬花》，大轴梅兰芳、奚啸伯、姜妙香、杨盛春、孙甫亭、萧长华、王泉奎、刘连荣合演全本《甘露寺》。

4月12日，梅剧团上海天蟾舞台夜戏：

朱桂芳《红桃山》，杨盛春、韩盛信《恶虎村》，压轴奚啸伯、王泉奎《托兆碰碑》，大轴梅兰芳、姜妙香、王少亭、刘连荣合演三本《杨贵妃》。

4月13日，梅剧团上海天蟾舞台夜戏：

杨盛春《殷家堡》，奚啸伯《法场换子》，梅兰芳、奚啸伯、萧长华、王泉奎《法门寺》，大轴梅兰芳、姜妙香合演《洛神》。

4月14日，梅剧团上海天蟾舞台夜戏：

杨盛春《冀州城》，压轴奚啸伯《白蟒台》，大轴梅兰芳、姜妙香、萧长华、刘连荣合演全本《春灯谜》。

4月15日，梅剧团上海天蟾舞台夜戏：

朱桂芳《百草山》，杨盛春、王泉奎《安天会》，大轴梅兰芳、奚啸伯、姜妙香、于莲仙、萧长华、孙甫亭、李庆山合演《四郎探母》。

4月16日，梅剧团上海天蟾舞台夜戏：

杨盛春、韩盛信、朱桂芳《白水滩》，压轴奚啸伯、王泉奎《捉放曹》，大轴梅兰芳、姜妙香、萧长华、刘连荣合演全部《春灯谜》。

4月17日，梅剧团上海天蟾舞台日场：

大轴梅兰芳、奚啸伯、杨盛春、姜妙香、刘连荣、吕慧君、王少亭、朱桂芳合演全部《王宝钏》。

4月17日，梅剧团上海天蟾舞台夜戏：

于莲仙、李庆山《双怕妻》，杨盛春、朱桂芳《摇钱树》，压轴奚啸伯、王泉奎、萧长华《洪羊洞》，大轴梅兰芳、刘连荣、姜妙香、王少亭、萧长华合演《霸王别姬》。

4月18日，梅剧团上海天蟾舞台夜戏：

杨盛春《水帘洞》，压轴奚啸伯、王泉奎《击鼓骂曹》，大轴梅兰芳、姜妙香、刘连荣、王少亭合演全部《宇宙锋》。

4月19日，梅剧团上海天蟾舞台夜戏：

倪金利《真假李逵》，朱桂芳、韩盛信《夺太仓》，姜妙香《辕门射戟》，压轴杨盛春《英雄义》，大轴梅兰芳、奚啸伯合演《三娘教子》。

4月20日，梅剧团上海天蟾舞台夜戏：

杨盛春、韩盛信《武文华》，压轴奚啸伯、姜妙香、杨盛春、王泉奎、刘连荣、王少亭《群英会》《借东风》，大轴梅兰芳、朱桂芳合演《天女散花》。

4月21日，梅剧团上海天蟾舞台夜戏：

朱桂芳《盗仙草》，杨盛春、韩盛信《状元印》，压轴奚啸伯《十道本》，大轴梅兰芳、姜妙香、刘连荣、王少亭合演《生死恨》。□

4月22日，梅剧团上海天蟾舞台夜戏：

朱桂芳、韩盛信《大泗州城》，压轴奚啸伯、杨盛春《连营寨》，大轴梅兰芳、姜妙香、萧长华、刘连荣合演全部《春灯谜》。

4月23日，梅剧团上海天蟾舞台夜戏：

朱桂芳《无底洞》，杨盛春、韩盛信《艳阳楼》，压轴奚啸伯、刘连荣、王泉奎、萧长华、李庆山《失街亭》《空城计》《斩马谡》，大轴梅兰芳、姜妙香、王少亭合演《玉堂春》。

4月24日，梅剧团上海天蟾舞台日场：

杨盛春、韩盛信《恶虎村》，压轴奚啸伯、萧长华、王泉奎《奇冤报》，大轴梅兰芳、刘连荣、姜妙香、王少亭、萧长华合演《霸王别姬》。

4月24日，梅剧团上海天蟾舞台夜戏：

姜妙香《岳家庄》，杨盛春《战滁州》，压轴奚啸伯、王泉奎《捉放曹》，大轴梅兰芳、刘连荣、姜妙香、王少亭合演《木兰从军》。

4月26日，为上海伶界联合会筹款义务夜戏：

高雪樵《铁公鸡》，朱桂芳、杨盛春《大泗州城》，奚啸伯、于莲仙、王泉奎、李春林《珠帘寨》，大轴梅兰芳、刘连荣、姜妙香、王少亭、萧长华合演《霸王别姬》。

4月底，梅兰芳携家眷和梅剧团演职人员，乘上海邮轮第四次赴香港演出。在香港利舞台演出二十天。

5月11日，梅剧团香港利舞台夜戏：

朱桂芳《蟠桃会》，杨盛春《武文华》，压轴奚啸伯、王泉奎《骂曹》，大轴梅兰芳、姜妙香、王少亭合演《西施》。

5月12日，梅剧团香港利舞台夜戏：

杨盛春、朱桂芳《泗州城》，压轴奚啸伯、王泉奎、刘连荣、萧长华、李庆山《空城计》，大轴梅兰芳、姜妙香、王少亭合演《奇双会》。

5月13日，梅剧团香港利舞台夜戏：

梅兰芳、奚啸伯、杨盛春、吕慧君合演全部《王宝钏》。

5月14日，梅剧团香港利舞台夜戏：

杨盛春、朱桂芳《摇钱树》，压轴奚啸伯《王佐断臂》，大轴梅兰芳、奚啸伯、姜妙香、刘连荣、萧长华合演《宇宙锋》。

5月15日，梅剧团香港利舞台日场：

朱桂芳、杨盛春《取金陵》，于莲仙、萧长华《荷珠配》，大轴梅兰芳、奚啸伯、姜妙香、杨盛春合演《回荆州》。

5月15日，梅剧团香港利舞台夜戏：

朱桂芳《盗仙草》，杨盛春、韩盛信《恶虎村》，压轴奚啸伯、姚玉芙《梅龙镇》，大轴梅兰芳、刘连荣、姜妙香、王少亭、萧长华合演《霸王别姬》。

5月16日，梅剧团香港利舞台夜戏：

朱桂芳《红桃山》，杨盛春、韩盛信《夜战马超》，压轴奚啸伯《十道本》，大轴梅兰芳、姜妙香、刘连荣、萧长华合演《生死恨》。

5月17日，梅剧团香港利舞台夜戏：

于莲仙、萧长华《一疋布》，姜妙香、王少亭《借赵云》，梅兰芳、姚玉芙、刘连荣《贞娥刺虎》，压轴杨盛春《水帘洞》，大轴梅兰芳、奚啸伯合演《汾河湾》。

5月18日，梅剧团香港利舞台夜戏：

于莲仙、萧长华、李庆山《双怕婆》，压轴奚啸伯、王泉奎《捉放曹》，大轴梅兰芳、杨盛春、刘连荣、姜妙香、姚玉芙合演《抗金兵》。

5月19日，梅剧团香港利舞台夜戏：

杨盛春、朱桂芳、韩盛信《白水滩》，压轴奚啸伯、王泉奎《托兆碰碑》，大轴梅兰芳、姜妙香、朱桂芳、刘连荣合演《虹霓关》。

5月20日，梅剧团香港利舞台夜戏：

杨盛春、韩盛信《挑华车》，压轴奚啸伯、于莲仙《乌龙院》，大轴梅兰芳、姜妙香、刘连荣、萧长华、王少亭合演《凤还巢》。

5月21日，梅剧团香港利舞台夜戏：

朱桂芳《百草山》，杨盛春、王泉奎、于莲仙、韩盛信《长坂坡》，压轴奚啸伯、姜妙香合演《三国志》，大轴梅兰芳、姚玉芙合演《天女散花》。

5月24日，梅剧团香港利舞台夜戏：

朱桂芳《夺太仓》，压轴杨盛春、刘连荣《安天会》，大轴梅兰芳、奚啸伯、于莲仙、姜妙香、萧长华、孙甫亭、李庆山、姚玉芙合演《四郎探母》。

5月25日，梅剧团香港利舞台夜戏：

杨盛春、朱桂芳《青石山》，压轴奚啸伯、萧长华、王泉奎、李庆山《琼林宴》，大轴梅兰芳、姜妙香、王少亭、刘连荣合演《太真外传》。

香港演出结束后，梅兰芳及家人留居香港，奚啸伯、姜妙香等其他梅剧团成员返沪。

回到上海后，谭富英在沪演出，姜妙香搭扶春社演出一期后返京。继续搭奚啸伯忠信社和谭富英的扶春社演出。

6月29日，扶春社由沪返京华乐园夜戏头天：

吴彦衡《挑华车》，陈丽芳、姜妙香、李洪春《玉堂春》，大轴谭富英、王泉奎、刘砚亭、茹富蕙《失街亭》《空城计》《斩马谡》。

7月2日，扶春社吉祥戏院夜戏：

苏连汉《丁甲山》，李洪春《栖梧山》，大轴谭富英、陈丽芳、吴彦衡、姜妙香、茹富蕙、刘砚亭、孙甫亭合演全部《红鬃烈马》。

7月7日，扶春社吉祥戏院夜戏：

吴彦衡、刘砚亭《小商河》，陈丽芳、姜妙香、李洪春《玉堂春》，大轴谭富英、苏连汉、哈宝山合演全部《捉放曹》（“公堂”起“宿店”止）。

8月20日，新新戏院义务夜戏（电台实地转播）：

侯喜瑞、姜妙香《取洛阳》，大轴谭富英、小翠花、萧长华合演《坐楼杀惜》。

9月10日，扶春社吉祥戏院夜戏：

谭世英《丁甲山》，姜妙香、哈宝山《临江会》，谭富英、陈丽芳、何盛清《桑园会》，吴彦衡、苏连汉、苏富恩《恶虎村》，大轴谭富英、茹富蕙、刘砚亭、王泉奎合演《洪羊洞》。

9月14日，新新戏院赈济河南水灾义务夜戏：

李多奎、茹富蕙《钓金龟》，周瑞安《艳阳楼》，李盛藻、袁世海、高富权《开山府》，李万春、郝寿臣、毛庆来《战宛城》，尚小云、荀慧生、小翠花、李连贞、高富远、孙盛武、徐麟甫《双樊江关》，大轴谭富英、程砚秋、姜妙香、慈瑞泉、曹二庚、孙甫亭合演《朱痕记》。

9月18日，扶春社新新戏院夜戏：

吴彦衡、李洪春《白马坡》，陈丽芳、李世琦《骂殿》，大轴谭富英、姜妙香、刘砚亭、茹富蕙、于莲仙合演《战太平》。

9月23日，长安戏院夜戏：

关迪忱《黄金台》，赵子仪《送亲演礼》，荥阳少主《战宛城》，大轴章小山、姜妙香、孙盛芳、何盛清、苏连汉合演《得意缘》。

9月24日，扶春社吉祥戏院夜戏：

谭世英、李世琦《下河东》，于莲仙《马上缘》，姜妙香、哈宝山《借赵云》，吴彦衡、刘砚亭、李洪春《挑华车》，大轴谭富英、陈丽芳、王泉奎、茹富蕙、哈宝山合演《鼎盛春秋》。

9月27日，庆祝南北政府联合委员会成立，新新戏院夜戏第一天：

姜妙香《未央宫》，王凤卿《朱砂痣》，叶盛章、高盛洪《打瓜园》，大轴谭富英、尚小云、小翠花、郝寿臣、萧长华、尚富霞合演全部《拾玉镯》《法门寺》。

9月28日，庆祝南北政府联合委员会成立，新新戏院夜戏第二天：

李洪春、苏连汉《下河东》，陈丽芳、顾珏荪《玉堂春》，李万春《安天会》，大轴程砚秋、谭富英、姜妙香、李盛藻、侯喜瑞合演全部《甘露寺》《美人计》《回荆州》《芦花荡》。

9月28日，长安戏院特烦小生大会：

冯宇兰《罗成叫关》，阎庆林（后）、李继香（前）《双未央宫》，王又荃、俞步兰、陈盛泰、江世玉《四岳家庄》，高维廉（中）、尚富霞（前）、周维俊（后）《三辕门射戟》，压轴顾珏荪（前）、李德彬（后）《雅观楼》，大轴姜妙香（"坐帐"）、程继先（"舞剑"）、俞振飞（"盗书"）、茹富兰（"打盖"）、萧长华、张春彦、陈富瑞、苏连汉合演《群英会》。

10月，姜妙香续弦冯金芙。冯金芙为冯蕙林之女，惠丰堂婚礼当天梨园界二百余人参加，余玉琴等老伶工亦到场祝贺。沈曼华、阎庆林为伴郎 。

10月8日，扶春社吉祥戏院夜戏：

于莲仙《马上缘》，吴彦衡、谭世英《截江夺斗》，谭富英、陈丽芳、茹富蕙《打渔杀家》，姜妙香、王泉奎《飞虎山》，大轴谭富英、陈丽芳、刘砚亭、茹富蕙、慈少泉、李洪春合演《摘缨会》。

10月12日，扶春社庆乐园夜戏：

于莲仙《胭脂虎》，姜妙香、哈宝山、苏连汉《借赵云》，谭世英、谭世英、李世琦《南阳关》，吴彦衡、刘砚亭、茹富蕙、李洪春《恶虎村》，大轴谭富英、王泉奎合演《托兆碰碑》。

10月15日，扶春社吉祥戏院夜戏：

苏连汉《闹江州》，于莲仙《打刀》，姜妙香、茹富蕙《连升店》，压轴吴彦衡《挑华车》，大轴谭富英、陈丽芳、王泉奎首次上演全部《龙凤阁》（即《大保国》《探皇陵》《二进宫》首次连演）。

10月下旬，程砚秋重组秋声社，小生俞振飞离社，姜妙香被邀请加入，并推荐江世玉接替扶春社小生。

10月26日至12月1日，秋声社赴上海黄金大戏院共演三十一天，四十场，最后应上海难民救济会之请加演三天义务戏。

10月26日，秋声社上海黄金大戏院夜戏头天：

粉菊花《大泗州城》，叶盛茂《盗御马》，芙蓉草、顾珏荪、吴富琴、孙甫亭《得意缘》，压轴王少楼、苏连汉、李富春《捉放曹》，大轴程砚秋、姜妙香、张春彦、王荣森合演《玉堂春》。

10月27日，秋声社上海黄金大戏院夜戏：

单德元《拿高登》，姜妙香、李克昌《飞虎山》，压轴王少楼、苏连汉、叶盛茂、李四广、慈少泉《失街亭》《空城计》《斩马谡》，大轴程砚秋、芙蓉草、顾珏荪、张春彦合演《碧玉簪》。

10月28日，秋声社上海黄金大戏院夜戏：

粉菊花《盗仙草》，张春彦、李克昌《战太平》，姜妙香《岳家庄》，压轴王少楼、苏连汉《打鼓骂曹》，大轴程砚秋、顾珏荪、芙蓉草合演《青霜剑》。

10月29日，秋声社上海黄金大戏院夜戏：

苏连汉、叶盛茂《闹江州》，顾珏荪《监酒令》，大轴程砚秋、王少楼、姜妙香、芙蓉草、吴富琴、张春彦、孙甫亭、李四广、慈少泉合演全部《四郎探母》。

10月30日，秋声社上海黄金大戏院日场：

粉菊花《大泗州城》，刘斌昆《丑表功》，孙甫亭、李克昌《天齐庙》，姜妙香、吴富琴、叶盛茂《辕门射戟》，压轴芙蓉草、顾珏荪《悦来店》，大轴程砚秋、王少楼、苏连汉合演《贺后骂殿》。

10月30日，秋声社上海黄金大戏院夜戏：

马盛龙《凤凰山》，粉菊花《双跑马》，压轴姜妙香、芙蓉草《破洪州》，大轴程砚秋、王少楼、苏连汉、顾珏荪、张春彦、孙甫亭、李四广、慈少泉合演全部《朱痕记》。

10月31日，秋声社上海黄金大戏院夜戏：

单德元《鄚州庙》，姜妙香、芙蓉草头本《虹霓关》，压轴王少楼、苏连汉《定军山》，大轴程砚秋、顾珏荪、张春彦、孙甫亭、李四广、慈少泉合演全部《金锁记》。

11月1日，秋声社上海黄金大戏院夜戏：

马盛龙、单德元《英雄比武》，刘斌昆、粉菊花《查头关》，顾珏荪、李克昌《辕门射戟》，压轴王少楼、苏连汉、叶盛茂、韩金奎《洪羊洞》，大轴程砚秋、姜妙香、芙蓉草、张春彦、孙甫亭合演全部《赚文娟》。

11月2日，秋声社上海黄金大戏院夜戏：

粉菊花、朱宝康《火烧关胜》，苗胜春《疯僧扫秦》，叶盛茂《丁甲山》，压轴姜妙香《玉门关》，大轴程砚秋、王少楼、芙蓉草、顾珏荪、张春彦、孙甫亭合演全部《王宝钏》。

11月3日，秋声社上海黄金大戏院夜戏：

粉菊花、单德元《聚宝盆》，李克昌《黑风帕》，压轴姜妙香、芙蓉草《拾玉镯》，大轴程砚秋、王少楼、顾珏荪、吴富琴合演全部《沈云英》。

11月4日，秋声社上海黄金大戏院夜戏：

马盛龙《凤鸣关》，粉菊花《金钟罩》，叶盛茂、李克昌《双包案》，王少楼、顾珏荪、李四广、孙甫亭《打侄上坟》，压轴程砚秋、王少楼《三娘教子》，大轴程砚秋、姜妙香、芙蓉草、苏连汉合演《能仁寺》。

11月5日，秋声社上海黄金大戏院夜戏：

粉菊花《辛安驿》，姜妙香、张春彦、叶盛茂《借赵云》，芙蓉草、顾珏荪《鸿鸾禧》，压轴王少楼、李克昌《捉放曹》，大轴程砚秋、张春彦、孙甫亭合演全部《荒山泪》。

11月6日，秋声社上海黄金大戏院日场：

马盛龙、单德元《莲花湖》，粉菊花、韩金奎《查头关》，程砚秋、姜妙香《穆柯寨》，芙蓉草、顾珏荪《穆天王》，大轴程砚秋、王少楼、苏连汉、李四广合演《法门寺》。

11月6日，秋声社上海黄金大戏院夜戏：

马盛龙《凤凰山》，孙甫亭、叶盛茂《断太后》，李克昌、张少泉《打龙袍》，压轴王少楼、芙蓉草、顾珏荪全本《珠帘寨》，大轴程砚秋、姜妙香、张春彦合演《玉堂春》。

11月7日，秋声社上海黄金大戏院夜戏：

粉菊花、单德元《大泗州城》，刘斌昆《下山》，叶盛茂、李克昌《草桥关》，压轴姜妙香、吴富琴、孙甫亭《孝感天》，大轴程砚秋、王少楼、芙蓉草、顾珏荪合演全部《梅妃》。

11月8日，秋声社上海黄金大戏院夜戏：

粉菊花、单德元《摇钱树》，叶盛茂、李克昌《父子会》，顾珏荪《未央宫》，压轴王少楼、吴富琴、刘斌昆、苏连汉《打渔杀家》，大轴程砚秋、姜妙香、芙蓉草合演全本《鸳鸯冢》。

11月9日，秋声社上海黄金大戏院夜戏：

粉菊花《盗仙草》，李克昌《五台山》，苏连汉《青风寨》，压轴姜妙香、芙蓉草、叶盛茂《双挂印》，大轴程砚秋、王少楼、顾珏荪、张春彦合演全部《柳迎春》。

11月10日，秋声社上海黄金大戏院夜戏：

单德元、刘春甫《艳阳楼》，叶盛茂《铡美案》，芙蓉草《浣花溪》，压轴王少楼、姜妙香、苏连汉《黄鹤楼》，大轴程砚秋、顾珏荪、张春彦、李四广合演全部《金锁记》。

11月11日，秋声社上海黄金大戏院夜戏：

马盛龙、李克昌《除三害》，粉菊花、刘斌昆《得彩头》，苏连汉、盖三省《普球山》，顾珏荪、叶盛茂《辕门射戟》，大轴程砚秋、王少楼、芙蓉草、姜妙香、张春彦、李四广合演全部《四郎探母》。

11月12日，秋声社上海黄金大戏院夜戏：

马盛龙、粉菊花《招贤镇》，姜妙香《罗成叫关》，芙蓉草、顾珏荪、吴富琴二本《虹霓关》，压轴王少楼、苏连汉、李四广《打棍出箱》，大轴程砚秋、张春彦、孙甫亭合演全部《荒山泪》。

11月13日，秋声社上海黄金大戏院日场：

粉菊花《跑马卖艺》，客串张《挑华车》，姜妙香、李克昌《飞虎山》，压轴王少楼、苏连汉、叶盛茂、韩金奎、刘斌昆《失街亭》《空城计》《斩马谡》，大轴程砚秋、顾珏荪、芙蓉草、吴富琴、张春彦合演全部《碧玉簪》。

11月13日，秋声社上海黄金大戏院夜戏：

粉菊花、单德元《大泗州城》，叶盛茂《探阴山》，芙蓉草、顾珏荪《胭脂虎》，压轴王少楼、苏连汉、慈少泉《定军山》，大轴程砚秋、姜妙香、张春彦、合演全部《贩马记》。

11月14日，秋声社上海黄金大戏院夜戏：

马盛龙、粉菊花《大溪皇庄》，顾珏荪《斩吕扶汉》，压轴王少楼、芙蓉草、刘斌昆《乌龙院》，大轴程砚秋、姜妙香、吴富琴、张春彦、苏连汉、李四广合演全部《文姬归汉》。

11月15日，秋声社上海黄金大戏院夜戏：

马盛龙、粉菊花《五老聚会》，李克昌《盗御马》，压轴姜妙香、叶盛茂《岳家庄》，大轴程砚秋、王少楼、芙蓉草、顾珏荪、吴富琴、张春彦合演全部《王宝钏》。

11月16日，秋声社上海黄金大戏院夜戏：

粉菊花、单德元《嘉兴府》，姜妙香、芙蓉草《悦来店》，压轴王少楼、李克昌、韩金奎《奇冤报》，大轴程砚秋、顾珏荪、吴富琴、张春彦、孙甫亭合演全本《春闺梦》。

11月17日，秋声社上海黄金大戏院夜戏：

刘斌昆、王会臣《祥梅寺》，叶盛茂、李克昌《双包案》，压轴姜妙香、芙蓉草《雁门关》，大轴程砚秋、王少楼、苏连汉、顾珏荪、张春彦、孙甫亭、李四广合演全部《朱痕记》。

11月18日，秋声社上海黄金大戏院夜戏：

粉菊花、单德元《摇钱树》，姜妙香、芙蓉草、苏连汉、李克昌《穆柯寨》，压轴王少楼、叶盛茂《捉放曹》，大轴程砚秋、顾珏荪、吴富琴合演全部《聂隐娘》。

11月19日，秋声社上海黄金大戏院夜戏：

粉菊花、单德元《大泗州城》，刘斌昆《下山》，李克昌《锁五龙》，压轴姜妙香、吴富琴、叶盛茂《白门楼》，大轴程砚秋、王少楼、芙蓉草、顾珏荪合演全部《梅妃》。

11月20日，秋声社上海黄金大戏院日场：

刘斌昆、盖三省《丑表功》，李克昌《御果园》，压轴王少楼、苏连汉、慈少泉《定军山》，大轴程砚秋、姜妙香、芙蓉草合演全部《鸳鸯冢》。

11月20日，秋声社上海黄金大戏院夜戏：

粉菊花《蟠桃会》，韩金奎、刘斌昆《拾黄金》，顾珏荪《辕门射戟》，压轴王少楼、苏连汉《打鼓骂曹》，大轴程砚秋、姜妙香、芙蓉草合演全部《玉狮坠》。

11月21日，秋声社上海黄金大戏院夜戏：

马盛龙、单德元《英雄比武》，苏连汉、叶盛茂《真假李逵》，姜妙香《罗成叫关》，压轴王少楼、李克昌《托兆碰碑》，大轴程砚秋、芙蓉草、顾珏荪合演全部《碧玉簪》。

11月22日，秋声社上海黄金大戏院夜戏：

马盛龙、粉菊花、单德元《天霸招亲》，苏连汉、李克昌《刺王僚》，压轴姜妙香、芙蓉草《拾玉镯》，大轴程砚秋、王少楼、顾珏苏、张春彦合演全部《柳迎春》。

11月23日，秋声社上海黄金大戏院夜戏：

马盛龙、粉菊花、单德元《八蜡庙》，叶盛茂、李克昌《白良关》，苏连汉《青风寨》，顾珏荪《未央宫》，大轴程砚秋、王少楼、芙蓉草、姜妙香、张春彦合演全部《四郎探母》。

11月24日，秋声社上海黄金大戏院夜戏：

单德元《艳阳楼》，姜妙香、芙蓉草《虹霓关》，压轴王少楼、叶盛茂、李克昌、韩金奎《失街亭》《空城计》《斩马谡》，大轴程砚秋、张春彦、孙甫亭合演《荒山泪》。

11月25日，秋声社上海黄金大戏院夜戏：

粉菊花、单德元《普球山》，芙蓉草、顾钰荪《悦来店》，压轴王少楼、李克昌、韩金奎《打棍出箱》，大轴程砚秋、姜妙香、吴富琴合演全部《文姬归汉》。

11月26日，秋声社上海黄金大戏院夜戏：

粉菊花《聚宝盆》，李克昌、张少泉《打龙袍》，压轴姜妙香、芙蓉草、吴富琴《得意缘》，大轴程砚秋、王少楼、芙蓉草、张春彦、苏连汉合演全部《费宫人》。

11月27日，秋声社上海黄金大戏院日场：

张庆才《得胜还朝》，粉菊花《大泗州城》，叶盛茂、李克昌《双包案》，压轴姜妙香、张春彦、苏连汉《借赵云》，大轴程砚秋、王少楼、芙蓉草、吴富琴、顾珏荪、李四广合演全部《王宝钏》。

11月27日，秋声社上海黄金大戏院夜戏：

粉菊花、单德元《八仙过海》，叶盛茂、李克昌《草桥关》，压轴王少楼、姜妙香、芙蓉草全部《珠帘寨》，大轴程砚秋、顾珏荪、张春彦、李四广合演全部《金锁记》。

11月28日，秋声社上海黄金大戏院夜戏（营业戏最后一天）：

马盛龙、粉菊花《大溪皇庄》，李克昌、张少泉《断太后》，苏连汉《丁甲山》，顾珏荪、叶盛茂《辕门射戟》，大轴程砚秋、王少楼、赵培鑫、姜妙香、吴富琴、张春彦、刘斌昆合演全部《四郎探母》。

11月29日至12月1日，秋声社救济上海难民，演出义务戏三天。

11月29日，秋声社上海黄金大戏院夜戏（义务戏头天）：

刘斌昆《祥梅寺》，粉菊花《大泗州城》，姜妙香、芙蓉草《悦来店》，孙兰亭《九更天》，客串云《麒麟阁》，压轴赵培鑫《借东风》，大轴程砚秋、王少楼、苏连汉合演全本《宝莲灯》。

11月30日，秋声社上海黄金大戏院夜戏（义务第二天）：

马盛龙、粉菊花、单德元《大八蜡庙》，芙蓉草《拾玉镯》，压轴王少楼、姜妙香、袁森斋（票友）《黄鹤楼》，大轴程砚秋、顾珏荪、吴富琴合演全本《春闺梦》。

12月1日，秋声社上海黄金大戏院夜戏（义务戏最后一天）：

马盛龙、粉菊花、单德元《大溪皇庄》，韩金奎、刘斌昆《双拾玉镯》，陈泽霖（票友）《潞安州》，压轴赵培鑫、鄂夫人（票友）、孙兰亭（票友）《打渔杀家》，大轴程砚秋、王少楼、姜妙香、芙蓉草合演全本《御碑亭》。

12月3日，姜妙香随秋声社返京。

1939年

（民国二十八年，农历己卯年） 49岁

本年，姜妙香搭马连良扶风社，谭富英同庆社，金少山松竹社，奚啸伯忠信社，程砚秋秋声社，言菊朋宝桂社、春元社演出。

年初，谭富英改组同庆社，武生杨盛春重新加入，小生仍是姜妙香。

1月3日，忠信社华乐戏院夜戏：

李洪春《截江夺斗》，于莲仙《穆柯寨》，压轴高盛麟《铁笼山》，大轴奚啸伯、赵金蓉、姜妙香、李洪福、慈瑞泉合演《珠帘寨》。

1月18日，华乐戏院夜戏：

常长生《功臣宴》，靳骧麟《铁公鸡》，张世奎、荣毓芬《武家坡》，大轴靳骧麟、姜妙香、裘盛戎、裘世戎、李世霖、罗文奎、王盛如《群英会》《借东风》。

1月21日，庆乐园日场：

王铁侠、裘盛戎、罗文奎、李世霖《洪羊洞》，吴彦衡、钱富川、刘永利《挑华车》，大轴孟广亨、姜妙香、刘连荣、于莲仙、孙甫亭、贯盛吉合演全部《春秋配》。

1月21日，忠信社新新戏院夜戏：

杨少甫、裘盛戎、任志秋《战太平》，朱桂芳、马连昆、王福山《无底洞》，姜妙香、于莲仙、霍仲三《得意缘》，姜妙香、哈宝山《借赵云》，吴彦衡、刘砚亭、李洪春《挑华车》，大轴奚啸伯、金少山、张君秋合演《二进宫》。

2月2日，扶风社新新戏院夜戏：

姜妙香《未央宫》，马连良、张君秋《游龙戏凤》，马春樵、马君武、林秋雯、曹连孝《长坂坡》，大轴马连良、张君秋、萧长华、袁世海合演《法门寺》。

2月6日，扶风社新新戏院夜戏：

马连良、张君秋、萧长华、姜妙香、袁世海、林秋雯、马春樵、马君武合演一至四本《四进士》。

2月8日，松竹社广德楼夜戏：

杨少甫、马连昆《战樊城》，高盛麟、王福山、杨春龙《艳阳楼》，姜妙香、贯盛习《镇潭州》，李慧君、李多奎《六月雪》，压轴王少楼、裘盛戎《打鼓骂曹》，大轴金少山、鲍吉祥、慈瑞泉合演《御果园》。

2月8日，新新戏院夜戏：

马崇仁《铁笼山》，张春彦、申美玲《打渔杀家》，万啸甫《斩黄袍》，大轴赵金蓉、姜妙香、胡少安、商四亮合演《女起解》《玉堂春》。

2月10日，庆乐园夜戏：

李庆春、张庆山《青风寨》，王文源《打棍出箱》，李砚秀《天女散花》，大轴李砚秀、姜妙香、贯盛习、贯盛吉合演《奇双会》。

2月14日，北京同义会济贫义务戏第二天：

姚世茹、赵斌芝《战太平》，金仲仁《岳家庄》，宋德珠、赵的勋《演火棍》，徐东明、徐东霞《宝莲灯》，王玉蓉、贯盛习《贺后骂殿》，小翠花、李少春、郝寿臣、陈富康、李宝奎《战宛城》，压轴谭富英、慈瑞泉《打棍出箱》，大轴马连良、姜妙香、萧长华、袁世海、李洪福、马春樵合演《群英会》。

2月15日，松竹社长安戏院夜戏：

于莲仙、慈瑞泉《查头关》，李多奎《游六殿》，李慧君、贯盛习《骂殿》，王少楼、高盛麟、裘盛戎、何盛清、扎金奎《八大锤》《断臂说书》，大轴金少山、姜妙香合演《飞虎山》。

2月19日，同庆社吉祥戏院夜戏：

姜妙香《岳家庄》，计砚芬、慈少泉《小放牛》，压轴杨盛春《金锁阵》，大轴谭富英、刘砚亭、慈瑞泉合演《定军山》。

2月19日，松竹社长安戏院夜戏：

扎金奎《龙虎斗》，李多奎《钓金龟》，姜妙香《岳家庄》，周瑞安、高盛麟《莲花湖》，王少楼、李慧君《武家坡》，大轴金少山、裘盛戎合演《白良关》。

2月23日，扶风社新新戏院夜戏：

马连良、张君秋、萧长华《天官赐福》，林秋雯《鸿鸾禧》，马君武《采石矶》，大轴《长坂坡》，大轴马连良、张君秋、姜妙香、萧长华、李多奎、袁世海、马春樵、李洪福合演《甘露寺》《美人计》《回荆州》《芦花荡》。

2月23日，同庆社广德楼夜戏：

姜妙香、计砚芬、任志秋、何盛清《得意缘》，杨盛春、韩盛信《白水滩》，陈丽芳、谭世英《宇宙锋》，大轴谭富英、慈瑞泉、刘砚亭、王泉奎、慈少泉合演《失街亭》《空城计》《斩马谡》。

2月26日，松竹社长安戏院夜戏：

宋继亭、李四广《状元谱》，李多奎、扎金奎、慈少泉《行路训子》，周瑞安、高盛麟《两将军》，李慧君《女起解》，大轴金少山、王少楼、姜妙香、裘盛戎合演《取洛阳》《白蟒台》。

2月28日，同庆社长安戏院夜戏：

何盛清、李一车《钓金龟》，姜妙香、计砚芬、罗文元《穆天王》，杨盛春、韩盛信《挑华车》，陈丽芳、李世琦《烛影计》，大轴谭富英、慈少泉、王泉奎、谭世英合演《奇冤报》。

3月4日，同庆社吉祥戏院夜戏：

何盛清《药茶计》，计砚芬、任志秋《双沙河》，杨盛春、刘砚亭、韩盛信《麒麟阁》，陈丽芳、姜妙香、哈宝山《玉堂春》，大轴谭富英、慈瑞泉、慈少泉、王泉奎、谭世英合演《问樵闹府》《打棍出箱》。

3月5日，同庆社吉祥戏院夜戏：

计砚芬、李四广《一疋布》，王泉奎、哈宝山《铡美案》，杨盛春、韩盛信《连环阵》，大轴谭富英、陈丽芳、姜妙香、哈宝山、慈瑞泉、孙甫亭、刘砚亭、慈少泉合演《红鬃烈马》。

3月7日，同庆社吉祥戏院夜戏：

何盛清、李世琦《望儿楼》，姜妙香、计砚芬《马上缘》，杨盛春、刘砚亭、韩盛信《恶虎村》，大轴谭富英、陈丽芳、王泉奎、慈瑞泉、哈宝山、何盛清、谭世英合演《鼎盛春秋》。

3月11日，同庆社吉祥戏院夜戏：

何盛清、李世琦《太君辞朝》，杨盛春、王泉奎、哈宝山、韩盛信《战濮阳》，谭富英、姜妙香、罗文元《举鼎观画》，计砚芬、慈少泉《打樱桃》，大轴谭富英、陈丽芳、慈瑞泉合演《打渔杀家》。

3月13日，扶风社新新戏院夜戏：

李多奎《长寿星》，马连良、袁世海、姜妙香、萧长华《开山府》，马春樵、马君武《两将军》，大轴马连良、张君秋、萧长华、袁世海合演全部《宝莲灯》。

3月14日，同庆社吉祥戏院夜戏：

孙甫亭、李世琦《太君辞朝》，姜妙香、计砚芬、慈少泉、任志秋《虹霓关》，杨盛春《林冲夜奔》，大轴谭富英、陈丽芳、姜妙香、慈瑞泉、王泉奎合演《战太平》。

3月16日，扶风社新新戏院夜戏：

李多奎《行路训子》，萧长华、姜妙香《连升三级》，马连良、李洪福《盗宗卷》，马春樵、马君武《挑华车》，大轴马连良、张君秋合演《三娘教子》。

3月19日，同庆社长安戏院义务夜戏：

姜妙香、计砚芬、任志秋、王泉奎《得意缘》，杨盛春、韩盛信、苏富恩、张连廷《恶虎村》，陈丽芳、何盛清《六月雪》，大轴谭富英、金少山、哈宝山、慈瑞泉合演全部《捉放曹》（“公堂”起“宿店”止）。

3月20日，扶风社新新戏院夜戏：

马春樵《夜奔》，马连良、萧长华、王泉奎、袁世海《洪羊洞》，张君秋、姜妙香、李洪福《玉堂春》，大轴马连良、林秋雯合演《马义救主》。

3月18日至21日，同庆社吉祥戏院夜戏：

谭富英首演一至四本《取南郡》，每晚演一本。谭富英饰鲁肃，姜妙香饰周瑜，杨盛春饰赵云，刘砚亭饰张飞，哈宝山饰陈矫，宋继亭饰诸葛亮，韩盛信饰曹仁，张连廷饰牛金，苏富恩饰演甘宁。

3月23日，同庆社义务夜戏：

宋继亭《武昭关》，杨盛春、苏富恩《神亭岭》，张君秋、姜妙香、侯喜瑞、王泉奎《穆柯寨》，大轴谭富英、姜妙香、刘砚亭、哈宝山、慈瑞泉、计砚芬合演《珠帘寨》。

4月3日，扶风社新新戏院夜戏：

李多奎《钓金龟》，萧长华《绒花记》，大轴马连良、张君秋、姜妙香、萧长华、袁世海、马春樵、李洪福合演《苏武牧羊》。

4月17日，扶风社新新戏院夜戏：

马连良、张君秋、萧长华、姜妙香、李多奎、裘盛戎、林秋雯、马春樵合演全部《一捧雪》。

4月21日，扶风社新新戏院夜戏：

李多奎《滑油山》，马君武《金锁阵》，大轴马连良、张君秋、萧长华、姜妙香、袁世海、李洪福合演全部《四进士》。

4月28日，扶风社新新戏院夜戏：

李多奎《钓金龟》，马连良、姜妙香、萧长华《打侄上坟》，李洪福《凤鸣关》，大轴马连良、张君秋、叶盛章合演《打渔杀家》。

5月1日，扶风社新新戏院夜戏：

马崇仁《金雁桥》，大轴马连良、张君秋、萧长华、姜妙香、袁世海、马春樵、林秋雯、李洪福合演全部《胭脂宝褶》。

5月3日，同庆社广德楼夜戏：

姜妙香、计砚芬、王泉奎《得意缘》，杨盛春、韩盛信《安天会》，大轴谭富英、刘砚亭、哈宝山、慈瑞泉合演《定军山》。

5月8日，新新戏院新民会首都指导部国剧分会寒苦同业筹款义务夜戏第二天：

王和霖《上天台》，宋德珠、萧德寅《演火棍》，张君秋、计砚芬、孙盛武、高富远《樊江关》，李盛藻、李少春、袁世海、陈富康《阳平关》，小翠花、姜妙香、慈瑞泉《拾玉镯》，大轴尚小云、马连良、金少山、萧长华、于莲仙、尚富霞合演《法门寺》。

5月11日，扶风社新新戏院夜戏：

马君武《义令旗》，李多奎《滑油山》，萧长华《小化缘》，张君秋、姜妙香、李洪福《玉堂春》，大轴马连良、马君武、萧长华、姜妙香、袁世海合演《要离刺庆忌》。

5月13日，同庆社吉祥戏院夜戏：

杨盛春、刘砚亭《战马超》，陈丽芳、姜妙香、计砚芬、慈瑞泉《虹霓关》，大轴谭富英、王泉奎、哈宝山合演《托兆碰碑》。

5月15日，扶风社新新戏院夜戏：

马崇仁《收关胜》，李多奎《游六殿》，张君秋《祭塔》，大轴马连良、姜妙香、萧长华、袁世海、马君武、李洪福合演《群英会》《借东风》。

5月16日，同庆社吉祥戏院夜戏：

谭富英、陈丽芳、杨盛春、姜妙香、刘砚亭、王泉奎、哈宝山、计砚芬、慈瑞泉合演全部《红鬃烈马》。

5月20日，同庆社吉祥戏院夜戏：

姜妙香、计砚芬《马上缘》，谭富英、陈丽芳、孙甫亭《桑园会》，大轴谭富英、杨盛春、孙甫亭、刘砚亭、哈宝山合演全部《八大锤》。

5月24日，同庆社吉祥戏院夜戏：

姜妙香、计砚芬《得意缘》，杨盛春、苏富恩《战滁州》，陈丽芳、孙甫亭《六月雪》，大轴谭富英、慈瑞泉、刘砚亭、王泉奎《奇冤报》。

6月，姜妙香应邀加入言菊朋宝桂社。

6月1日，宝桂社广德楼夜戏：

周瑞安、刘春利《战马超》，言菊朋、陈丽芳《贺后骂殿》，姜妙香《辕门射戟》，大轴言菊朋、王泉奎、扎金奎合演全部《捉放曹》（“公堂”起“宿店”止）。

6月7日，同庆社长安戏院夜戏：

姜妙香、计砚芬《马上缘》，杨盛春、韩盛信《赵家楼》，大轴谭富英、刘砚亭、王泉奎、慈瑞泉合演《失街亭》《空城计》《斩马谡》。

6月8日，宝桂社广德楼夜戏：

姜妙香《罗成叫关》，周瑞安、刘春利、刘凤奎《艳阳楼》，言菊朋、马连昆《当锏卖马》，大轴言菊朋、王泉奎、计砚芬、张春彦合演《上天台》。

6月9日，姜妙香再次被邀请加入程砚秋秋声社。

6月10日，同庆社吉祥戏院夜戏：

姜妙香、刘砚亭《取洛阳》，杨盛春、韩盛信、张连廷《恶虎村》，大轴谭富英、王泉奎、慈瑞泉合演全部《捉放曹》。

6月15日，宝桂社广德楼夜戏：

言菊朋、姜妙香、周瑞安、计砚芬、张春彦、王泉奎、马连昆合演《斩伍奢》《战樊城》《长亭会》《文昭关》。

6月20日，宝桂社广德楼夜戏：

姜妙香、张春彦《状元谱》，言菊朋、侯玉兰《贺后骂殿》，周瑞安、刘春利、刘凤奎《金钱豹》，大轴言菊朋、王福山、钱宝森、王泉奎合演《问樵闹府》《打棍出箱》。

6月21日，同庆社广德楼夜戏：

谭富英、谭小培、杨盛春、姜妙香、王泉奎、慈瑞泉、刘砚亭合演全部《群英会》《借东风》。

6月22日，同庆社长安戏院夜戏：

姜妙香、张春彦《借赵云》，杨盛春、韩盛信《连环阵》，大轴谭富英、慈瑞泉、刘砚亭、王泉奎合演全部《问樵闹府》《打棍出箱》。

6月22日，秋声社新新戏院夜戏：

魏莲芳、顾珏荪《得意缘》，钟鸣岐、朱桂芳《天霸招亲》，王少楼、林秋雯、慈瑞泉、侯喜瑞《打渔杀家》，大轴程砚秋、姜妙香、张春彦《玉堂春》。

6月24日，同庆社吉祥戏院夜戏：

慈少泉《背板凳》，哈宝山、刘砚亭《下河东》，姜妙香、计砚芬《马上缘》，杨盛春、韩盛信、王泉奎《安天会》，大轴谭富英、刘砚亭合演《击鼓骂曹》。

7月1日，同庆社吉祥戏院夜戏：

哈宝山、张春彦、计砚芬《战蒲关》，杨盛春、韩盛信《战冀州》，大轴谭富英、林秋雯、姜妙香、刘砚亭、慈瑞泉合演《战太平》。

7月6日，同庆社广德楼夜戏：

姜妙香、计砚芬、张春彦、何盛清《胭脂虎》，谭富英、慈瑞泉、王泉奎《当锏卖马》，杨盛春、韩盛信《麒麟阁》，大轴谭富英、林秋雯、刘砚亭合演《桑园寄子》。

7月12日，同庆社长安戏院夜戏：

计砚芬、姜妙香《拾玉镯》，谭富英、刘砚亭、宋继亭《南阳关》，杨盛春、韩盛信《铁笼山》，大轴谭富英、林秋雯、慈瑞泉、哈宝山、王泉奎合演《打渔杀家》。

7月19日，同庆社长安戏院夜戏：

宋继亭、刘砚亭《下河东》，谭富英、计砚芬《乌龙院》，杨盛春、韩盛信《林冲夜奔》，大轴谭富英、杨盛春、姜妙香、韩盛信合演全部《连营寨》。

8月2日，同庆社广德楼夜戏：

宋继亭《凤鸣关》，谭富英、计砚芬《乌龙院》，陈丽芳、哈宝山《贺后骂殿》，大轴谭富英、杨盛春、姜妙香、韩盛信合演全部《连营寨》。

8月3日，国剧艺术振兴会特烦丑角大会，新新戏院夜戏：

张凤祥《丑加官》，罗万春《祥梅寺》，詹世璞《浪子烧灵》，曹二庚、贾多才《双背凳》，慈瑞泉《紫金树》，叶盛章《盗银壶》，马富禄《涿州判》，大轴萧长华、姜妙香《连升三级》。

8月9日，同庆社长安戏院夜戏：

慈瑞泉《打城隍》，姜妙香、计砚芬《得意缘》，杨盛春、刘砚亭、韩盛信、哈宝山《战濮阳》，大轴谭富英、陈丽芳、王泉奎合演《大保国》《探皇陵》《二进宫》。

8月15日，国剧艺术振兴会举办汇演，长安戏院夜戏：

宋继亭、计砚芬《乌龙院》，谭富英、金少山、姜妙香、慈瑞泉《黄金台》，压轴杨盛春、韩盛信《连环阵》，大轴谭富英、金少山、姜妙香、杨盛春合演《黄鹤楼》。

8月16日，长安戏院夜戏：

阎世善《演火棍》，贾少棠《问樵闹府》，大轴黄雅珠、姜妙香、陈喜兴、李四广合演全部《玉堂春》（“起解”、“会审”、“监会”、“团圆”）。

8月20日，扶风社开明大戏院夜戏：

林秋雯《胭脂虎》，马君武《白水滩》，大轴马连良、张君秋、姜妙香、萧长华、刘连荣、李洪福合演全部《一捧雪》。

8月23日，同庆社长安大戏院夜戏：

杨盛春、韩盛信《薛家窝》，陈丽芳《宇宙锋》，大轴谭富英、姜妙香、刘砚亭、慈瑞泉、哈宝山、计砚芬合演《珠帘寨》（“解宝”“收威”）。

8月30日，同庆社广德楼夜戏：

谭富英、陈丽芳、杨盛春、姜妙香、刘砚亭、慈瑞泉、计砚芬合演全部《红鬃烈马》。

9月2日，同庆社开明大戏院夜戏：

陈丽芳、计砚芬《双沙河》，大轴谭富英、谭小培、姜妙香、杨盛春、刘砚亭、慈瑞泉、哈宝山、谭世英合演《群英会》《借东风》。

9月3日，松竹社长安戏院夜戏：

朱桂芳、周瑞安、慈瑞泉、杨少谱《青石山》，贯大元、陶默厂、姜妙香、魏莲芳、李多奎《探母回令》，大轴金少山、蒋少奎合演《白良关》。

9月8日，新新戏院赈济京津水灾义务夜戏：

荣春社学生《太平天国》，姜妙香《玉门关》，李洪春、范宝亭《古城会》，张君秋、孙盛武《苏三起解》，言菊朋、李盛藻、孙毓堃、杨盛春、高盛麟、刘宗扬、侯喜瑞、孙甫亭四演全部《八大锤》，金少山、王福山、律佩芳《牧虎关》，大轴尚小云、谭富英、叶盛兰、毛世来、张春彦、慈瑞泉合演《御碑亭》。

9月16日，同庆社开明大戏院夜戏：

计砚芬《铁弓缘》，王泉奎、谭世英《白良关》，杨盛春、刘砚亭、韩盛信《恶虎村》，大轴谭富英、陈丽芳、姜妙香、慈瑞泉、林秋雯、哈宝山合演《探母回令》。

9月20日，同庆社广德楼夜戏：

杨盛春、计砚芬、王泉奎、哈宝山《战宛城》，林秋雯、姜妙香《虹霓关》，大轴谭富英、陈丽芳、刘砚亭、慈瑞泉、哈宝山合演《战太平》。

9月22日，开明大戏院夜戏：

计砚芬、哈宝山《游龙戏凤》，孟小如、姜妙香、慈瑞泉、王泉奎、蒋少奎、曹连孝《群英会》，周瑞安、周春亭《金钱豹》，大轴孟小如、陈盛荪合演《机房训》。

9月27日，同庆社广德楼夜戏：

计砚芬、姜妙香《穆天王》，谭富英、陈丽芳、何盛清合演《桑园会》，杨盛春、韩盛信《林冲夜奔》，大轴谭富英、王泉奎《托兆碰碑》。

9月28日，松竹社新新戏院夜戏：

贯大元、陶默厂、姜妙香、魏莲芳、李多奎《探母回令》，大轴金少山、周瑞安、王福山合演《连环套》。

9月29日，开明大戏院夜戏：

孙甫亭、慈瑞泉《钓金龟》，计砚芬、姜妙香《穆柯寨》，哈宝山、蒋少奎《伐东吴》，大轴孟小如、陈盛荪、周瑞安合演《黑水国》。

10月6日，松竹社新新戏院夜戏：

李多奎、魏莲芳《探寒窑》，陶默厂、姜妙香、贯盛习《玉堂春》，大轴金少山、贯大元合演全部《天水关》《收姜维》。

10月12日，新新戏院夜戏：

周瑞安、刘永利《金钱豹》，陈丽芳、姜妙香《玉堂春》，大轴孟小冬、鲍吉祥、魏莲芳、王泉奎合演《搜孤救孤》。

10月15日，松竹社新新戏院夜戏：

陶默厂、李多奎《六月雪》，贯大元、姜妙香、周瑞安、魏莲芳、杨少谱《珠帘寨》，大轴金少山、慈瑞泉、贯盛习合演《审李七》(带"长亭")。

10月18日，宝桂社广德楼夜戏：

计砚芬、姜妙香、马连昆、钱宝森《穆柯寨》，言菊朋、王泉奎《上天台》，高盛麟、高盛洪、王福山《武文华》，大轴言菊朋、胡碧兰合演《汾河湾》。

10月19日，同庆社长安戏院夜戏：

姜妙香《玉门关》，杨盛春、韩盛信《殷家堡》，陈丽芳、孙甫亭《六月雪》，大轴谭富英、刘砚亭、慈瑞泉、哈宝山合演《定军山》。

10月21日，松竹社广德楼夜戏：

周瑞安、刘春利、刘凤奎全部《马超》，大轴金少山、贯大元、陶默厂、朱桂华、姜妙香合演《拾玉镯》《法门寺》。

10月26日，赈济山东水灾，新新戏院义务夜戏第一天：

孙毓堃、周瑞安《双长坂坡》，李盛藻、毛世来《游龙戏凤》，金少山《草桥关》，大轴言菊朋、程砚秋、马连良、姜妙香、刘宗扬、马连昆合演《甘露寺》《美人计》《回荆州》。

10月31日，宝桂社广德楼夜戏：

王泉奎《草桥关》，高盛麟《挑华车》，大轴言菊朋、胡碧兰、姜妙香、王福山、孙甫亭合演全部《红鬃烈马》。

11月1日，同庆社长安戏院夜戏：

姜妙香《监酒令》，杨盛春、刘砚亭、韩盛信、哈宝山《战濮阳》，大轴谭富英、陈丽芳、王泉奎合演《大保国》《探皇陵》《二进宫》。

11月4日，松竹社广德楼夜戏：

周瑞安、刘春利《战马超》，贯大元、陶默厂、慈瑞泉《打渔杀家》，大轴金少山、姜妙香、魏莲芳、孙甫亭合演全部《牧虎关》。

11月7日，宝桂社广德楼夜戏：

王泉奎《牧虎关》，高盛麟《铁笼山》，胡碧兰、姜妙香《春秋配》，大轴言菊朋、钱宝森、王福山合演《定军山》。

11月8日，松竹社庆乐戏院夜戏：

周瑞安、刘春利《状元印》，贯大元、陶默厂《南天门》，大轴金少山、姜妙香、魏莲芳、慈瑞泉合演全部《御果园》。

11月19日，松竹社广德楼夜戏：

陶默厂、姜妙香、陈喜兴《玉堂春》，贯大元、周瑞安、蒋少奎《阳平关》，大轴金少山、张春彦、魏莲芳合演全部《铡美案》。

11月25日，同庆社吉祥戏院夜戏：

计砚芬、慈瑞泉《打樱桃》，姜妙香《玉门关》，谭富英、陈丽芳《南天门》，大轴谭富英、杨盛春、孙甫亭、刘砚亭、韩盛信、哈宝山合演全部《八大锤》。

12月，言菊朋的宝桂社易班名为春元社，旦角由言慧珠充任。因父女合作，人称“言家班”。成员有高盛麟、姜妙香、王泉奎、马连昆、朱桂芳、林秋雯、计砚芬、钱宝森、王福山、陈喜兴、扎金奎、詹世辅等。

12月1日，春元社吉祥戏院打泡夜戏：

计砚芬、詹世璞《双摇会》，姜妙香、王泉奎《飞虎山》，朱桂芳、高盛麟、钱宝森、王福山《青石山》，言菊朋、林秋雯《贺后骂殿》，大轴言菊朋、言慧珠、王福山、马连昆、扎金奎合演《打渔杀家》。

12月2日，秋声社长安大戏院夜戏：

钟鸣岐《挑华车》，大轴程砚秋、王少楼、姜妙香、吴富琴、曹二庚、文亮臣合演全部《王宝钏》。

12月6日，同庆社广德楼夜戏：

杨盛春、韩盛信《艳阳楼》，陈丽芳、姜妙香、哈宝山《玉堂春》，大轴谭富英、慈瑞泉、刘砚亭、王泉奎合演《奇冤报》。

12月8日，春元社吉祥戏院夜戏：

林秋雯、计砚芬《双沙河》，高盛麟、钱宝森、王福山《霸王庄》，言慧珠、姜妙香、朱桂芳、陈喜兴《廉锦枫》，大轴言菊朋、王福山、马连昆、王泉奎、王福山、扎金奎合演《失街亭》《空城计》《斩马谡》。

12月10日，兴元社吉祥戏院夜戏：

朱桂芳、钱宝森《娘子军》，孙毓堃、侯喜瑞、钱富川《贾家楼》，陈盛荪《宇宙锋》，大轴孙毓堃、姜妙香、侯喜瑞、时慧宝、曹连孝合演《黄鹤楼》。

12月12日，开明戏院夜戏：

朱桂芳《泗州城》，杨盛春、刘连荣、王少亭、张连廷《战濮阳》，萧长华、姜妙香《连升三级》，大轴小翠花、奚啸伯、马富禄合演《乌龙院》（带“活捉三郎”）。

12月15日，春元社吉祥戏院夜戏：

朱桂芳《取金陵》，言慧珠、姜妙香、陈喜兴、李玉泰《奇双会》，高盛麟、林秋雯、马连昆、钱宝森《战宛城》，大轴言菊朋、言慧珠、王泉奎、王福山合演《法门寺》。

12月16日，同庆社开明戏院夜戏：

计砚芬《一疋布》，谭富英、陈丽芳、姜妙香、慈瑞泉、何盛清《红鬃烈马》（“武家坡”起“大登殿”止），杨盛春、韩盛信《安天会》，大轴谭富英、陈丽芳、姜妙香、慈瑞泉、王泉奎合演《战太平》。

12月19日，春元社新新大戏院夜戏：

高盛麟《挑华车》，言菊朋、詹世璞、钱宝森、王泉奎《奇冤报》，大轴言慧珠、刘连荣、姜妙香、陈喜兴合演《霸王别姬》。

12月20日，同庆社长安戏院夜戏：

姜妙香、哈宝山、王泉奎《镇潭州》，谭富英、陈丽芳《桑园寄子》，杨盛春、苏富恩《战滁州》，大轴谭富英、杨盛春、陈丽芳、刘砚亭、慈瑞泉合演《晋楚交兵》。

12月23日，同庆社开明戏院夜戏：

计砚芬、慈少泉《背板凳》，姜妙香《玉门关》，杨盛春、张连廷《战马超》，谭富英、王泉奎《托兆碰碑》，陈丽芳、哈宝山《三击掌》，大轴谭富英、慈瑞泉、刘砚亭合演《当锏卖马》。

12月23日，秋声社长安戏院夜戏：

钟鸣岐《白水滩》，王少楼、顾珏荪、张春彦、刘连荣《群英会》，大轴程砚秋、姜妙香、吴富琴合演《青霜剑》。

1940年

（民国二十九年，农历庚辰年） 50岁

本年，姜妙香搭奚啸伯忠信社，金少山松竹社，言菊朋春元社、谭富英同庆社、程砚秋秋声社演出。

1月10日，秋声社长安戏院夜戏：

诸茹香《胭脂虎》，朱桂芳、钟鸣岐《金山寺》，王少楼、顾珏荪《黄鹤楼》，大轴程砚秋、姜妙香、刘连荣、张春彦合演《聂隐娘》。

1月12日，春元社吉祥戏院夜戏：

高盛麟、朱桂芳、钱宝森、王福山《青石山》，言菊朋、马连昆《击鼓骂曹》（带“长亭”），大轴言慧珠、姜妙香、萧盛萱、陈喜兴、孙甫亭合演《凤还巢》。

1月17日，同庆社广德楼夜戏：

杨盛春、张连廷《战马超》，陈丽芳、姜妙香、哈宝山《玉堂春》，大轴谭富英、慈瑞泉、刘砚亭、王泉奎合演《问樵闹府》《打棍出箱》。

1月23日，新民会国剧分会冬赈义演第二天，新新戏院夜戏：

时慧宝《朱砂痣》，杨盛春《挑华车》，李盛藻、毛世来《乌龙院》，马连良、张君秋、马富禄《桑园会》，大轴言菊朋、程砚秋、金少山、姜妙香、孙毓堃合演《美人计》《回荆州》《芦花荡》。

1月24日，新民会国剧分会冬赈义演第三天，新新戏院夜戏：

李多奎、王泉奎《遇皇后》，郝寿臣、叶盛章《黄一刀》，奚啸伯、宋德珠《打渔杀家》，荀慧生、李万春、马富禄《翠屏山》，大轴尚小云、谭富英、小翠花、姜妙香合演《御碑亭》《金榜乐》《大团圆》。

1月26日，春元社吉祥戏院夜戏：

言慧珠、姜妙香、萧盛萱、陈喜兴、何盛清合演全部《金锁记》（“赶考”起），大轴言菊朋、马连昆、林秋雯《战太平》。

1月28日，春元社新新戏院封箱夜戏：

姜妙香《岳家庄》，朱桂芳、钱宝森《摇钱树》，高盛麟《铁笼山》，言慧珠、刘连荣《红线盗盒》，言菊朋、马连昆《托兆碰碑》，大轴言菊朋、言慧珠、高盛麟、姜妙香、刘连荣、钱宝森反串《打面缸》。

1月30日，新新戏院合作夜戏：

计砚芬、李玉泰《穆天王》，周瑞安、周春亭《莲花湖》，孟小冬、慈瑞泉、鲍吉祥、徐寿祺《盗宗卷》，大轴尚小云、姜妙香、张春彦、尚富霞合演全本《奇双会》。

2月8日（农历正月初一），春元社日场分包。新新戏院：言菊朋、言慧珠、钱宝森、王福山《青石山》，言菊朋、王泉奎《打鼓骂曹》。吉祥戏院：陈盛荪《彩楼配》，孙盛文、王福山《九龙杯》，时慧宝、侯喜瑞、姜妙香《黄金台》，孙毓堃、朱桂芳、许德义、言少朋合演《青石山》。

2月8日，同庆社广德楼夜戏：

王泉奎《白良关》，计砚芬、姜妙香《得意缘》，杨盛春《恶虎村》，陈丽芳《彩楼配》，大轴谭富英、刘砚亭、慈瑞泉合演《定军山》。

2月9日，同庆社长安戏院夜戏：

杨盛春、韩盛信《麒麟阁》，陈丽芳、姜妙香、哈宝山《玉堂春》，大轴谭富英、慈瑞泉、王泉奎合演《奇冤报》。

2月13日，春元社新新戏院日场：

朱桂芳、钱宝森《取金陵》，言菊朋、言小朋《连营寨》，大轴《凤还巢》。言慧珠饰程雪娥，言菊朋饰洪公，姜妙香饰穆居易，马连昆饰周监军，萧盛萱饰朱千岁，王福山饰程雪艳，孙甫亭饰程夫人，陈喜兴饰程浦，王连奎饰刘鲁七，张蝶芬饰刘瑞玉。

2月13日，扶风社新新戏院夜戏：

马君武《两将军》，李多奎、林秋雯《母女会》，大轴马连良、张君秋、马富禄、姜妙香合演全部《胭脂宝褶》。

2月14日，春元社新新戏院日场：

何盛清《钓金龟》，言小朋、钱宝森、王福山《霸王庄》，言慧珠、姜妙香、孙甫亭、陈喜兴《十三妹》，大轴言菊朋、马连昆、王泉奎、萧盛萱合演《失街亭》《空城计》《斩马谡》。

2月15日，春元社新新戏院日场：

王泉奎《牧虎关》，朱桂芳、王福山《打瓜园》，言菊朋、林秋雯《贺后骂殿》，言慧珠、姜妙香《虹霓关》，大轴言菊朋、言小朋、马连昆、钱宝森合演《阳平关》。

2月16日，松竹社新新戏院夜戏：

李洪福、姜妙香《状元谱》，李多奎《行路训子》，大轴金少山、周瑞安、王福山合演全部《连环套》。

2月17日，春元社吉祥戏院夜戏：

何盛清《行路》，马连昆、姜妙香《取洛阳》，言小朋、朱桂芳《青石山》，言慧珠、陈喜兴、钱宝森《红线盗盒》，大轴言菊朋、王福山、王泉奎合演《奇冤报》。

2月19日，春元社吉祥戏院夜戏：

王泉奎《美良川》，朱桂芳、高盛麟、钱宝森、詹世璞《青石山》，言少朋、孙盛文《战太平》，压轴言菊朋、王泉奎、扎金奎《骂曹》，大轴言慧珠、言菊朋、姜妙香、马连昆、萧盛萱合演《凤还巢》。

2月22日，松竹社新新戏院夜戏：

贯盛习、姜妙香《借赵云》，周瑞安、钱宝森、刘春利《恶虎村》，陶默厂、李多奎《母女会》，大轴金少山、慈瑞泉、于莲仙、张春彦合演全部《审李七》。

2月23日，秋声社赴济南青岛演出，姜妙香未同行，留在北京继续在春元社与言菊朋、言慧珠父女合作。

2月25日，春元社新新戏院夜戏：

马连昆《取洛阳》，言菊朋、何雅秋、王泉奎《二进宫》，言小朋《挑华车》，大轴言菊朋、言慧珠、姜妙香、萧盛萱、孙甫亭、陈喜兴、张蝶芬合演全部《御碑亭》。、

3月1日，广德楼夜戏：

殷元瑞《普球山》，沙世鑫、陈盛荪《宝莲灯》，大轴毛世来、姜妙香、胡少安、何佩华、陈喜兴合演全部《穆桂英》（“穆柯寨”起“破洪州”止）。

3月3日，春元社吉祥戏院夜戏：

朱桂芳、钱宝森《泗州城》，言小朋《金锁阵》，言菊朋、言慧珠、萧盛萱《审头刺汤》，林秋雯、姜妙香《春秋配》，大轴言菊朋、王泉奎合演《托兆碰碑》。

3月6日，同庆社广德楼夜戏：

杨盛春、王泉奎、计砚芬、韩盛信、哈宝山《长坂坡》，谭富英、慈瑞泉、刘砚亭《当锏卖马》，陈丽芳、姜妙香《虹霓关》，大轴谭富英、慈瑞泉、王泉奎、哈宝山合演《洪羊洞》。

3月8日，三庆戏院夜戏：

张蝶芬《顶花砖》，王泉奎、哈宝山《铡美案》，马君武《挑华车》，大轴徐东明、徐东霞、姜妙香、马连昆、张盛利合演《红鬃烈

马》。

4月3日，程砚秋的秋声社在青岛演出后赴沪。姜妙香、王少楼由京抵沪，与秋声社汇合。

4月3日至5月19日，秋声社程砚秋、王少楼、姜妙香等在上海黄金大戏院演出40天（原订三十天，加演十天）。演出阵容除秋声社姜妙香、王少楼、顾珏荪、芙蓉草、慈少泉、张春彦、李四广、吴富琴、孙甫亭、刘连荣等，还有黄金大戏院班底小三麻子、筱玲红、李克昌、刘斌昆、粉菊花。

4月3日，秋声社上海黄金大戏院头天夜戏：

粉菊花《八美跑车》，小三麻子《徐策跑城》，压轴芙蓉草、顾珏荪《穆天王》，大轴程砚秋、姜妙香、张春彦合演《玉堂春》。

4月4日，秋声社上海黄金大戏院夜戏：

刘世英《花蝴蝶》，小三麻子《路遥知马力》，压轴姜妙香、刘连荣、马盛龙《临江会》，大轴程砚秋、王少楼、芙蓉草、顾珏荪、张春彦、吴富琴合演全部《王宝钏》。

4月5日，秋声社上海黄金大戏院夜戏：

粉菊花《大泗州城》，姜妙香、李克昌《飞虎山》，压轴王少楼、刘连荣、李富春、慈少泉《定军山》，大轴程砚秋、芙蓉草、顾珏荪、张春彦、吴富琴合演全部《碧玉簪》。

4月6日，秋声社上海黄金大戏院夜戏：

筱玲红、韩金奎《双摇会》，姜妙香、张春彦、刘斌昆、孙甫亭《打侄上坟》，压轴王少楼、刘连荣、李富春《捉放曹》，大轴程砚秋、芙蓉草、顾珏荪、吴富琴合演全部《青霜剑》。

4月7日，秋声社上海黄金大戏院日场：

筱玲红、韩金奎《双摇会》，筱玲红《拾玉镯》，小三麻子《过五关斩六将》，压轴姜妙香、刘连荣《取洛阳》，大轴程砚秋、王少楼、芙蓉草、顾珏荪、张春彦合演全部《御碑亭》。

4月7日，秋声社上海黄金大戏院夜戏：

筱玲红、刘斌昆、韩金奎《打花鼓》，小三麻子、程少余《古城训弟》，压轴姜妙香、芙蓉草《悦来店》，大轴程砚秋、顾珏荪、刘连荣、孙甫亭、李四广合演全部《朱痕记》。

4月8日，秋声社上海黄金大戏院夜戏：

筱玲红、马盛龙《戏牡丹》，小三麻子《白马坡》，姜妙香、芙蓉草《破洪州》，压轴王少楼、刘连荣《打鼓骂曹》，大轴程砚秋、顾珏荪、孙甫亭、李四广合演全部《金锁记》。

4月9日，秋声社上海黄金大戏院夜戏：

粉菊花《大泗州城》，筱玲红、马盛龙《投军别窑》，孙甫亭、李克昌《断太后》，小三麻子、程少余《水淹七军》，压轴程砚秋、王少楼《贺后骂殿》，大轴程砚秋、姜妙香、芙蓉草、刘连荣、张春彦合演《弓砚缘》。

4月10日，秋声社上海黄金大戏院夜戏：

粉菊花《聚宝盆》，压轴王少楼、顾珏荪、刘连荣、刘斌昆《群英会》，大轴程砚秋、姜妙香、芙蓉草、张春彦、孙甫亭、李四广合演院部《鸳鸯冢》。

4月11日，秋声社上海黄金大戏院夜戏：

筱玲红、粉菊花《双夺头彩》，小三麻子、程少余《古城训弟》，大轴程砚秋、姜妙香、芙蓉草、刘连荣、张春彦、吴富琴合演全部《风流棒》。

4月12日，秋声社上海黄金大戏院夜戏：

盖三省《送亲演礼》，张少泉《钓金龟》，小三麻子、刘连荣、程少余《斩颜良诛文丑》，大轴程砚秋、姜妙香、芙蓉草、张春彦、孙甫亭、李四广合演全部《玉狮坠》。

4月13日，秋声社上海黄金大戏院夜戏：

筱玲红、刘斌昆《绒花记》，小三麻子、程少余《挂印封金》，压轴姜妙香、芙蓉草、李克昌、程少余《穆柯寨》，大轴程砚秋、顾珏荪、刘连荣、吴富琴、孙甫亭合演全部《春闺梦》。

4月14日，秋声社上海黄金大戏院日场：

马盛龙《凤凰山》，筱玲红、刘斌昆《打花鼓》，小三麻子、程少余《白马坡》，压轴芙蓉草、刘连荣、孙甫亭《红柳村》，大轴程砚秋、姜妙香、张春彦、吴富琴合演全部《奇双会》。

4月14日，秋声社上海黄金大戏院夜戏：

筱玲红、马盛龙《戏牡丹》，孙甫亭、李克昌《断太后》，小三麻子、程少余《赠袍赐马》，压轴芙蓉草、顾珏荪《穆天王》，大轴程砚秋、王少楼、姜妙香、刘连荣、张春彦、吴富琴、李四广合演全部《红拂传》。

4月15日，秋声社上海黄金大戏院夜戏：

粉菊花、马盛龙《天霸招亲》，小三麻子、韩金奎《扫松下书》，压轴芙蓉草、顾珏荪、孙甫亭《胭脂虎》，大轴程砚秋、姜妙香、刘连荣、张春彦、吴富琴、李四广合演全部《文姬归汉》。

4月16日，秋声社上海黄金大戏院夜戏：

程少余《贾家楼》，筱玲红、韩金奎《春香闹学》，小三麻子、顾珏荪、刘连荣、马盛龙《黄鹤楼》，大轴程砚秋、姜妙香、芙蓉草、张春彦、孙甫亭合演全部《赚文娟》。

4月17日，秋声社上海黄金大戏院夜戏：

筱玲红、刘斌昆《鸿鸾禧》，小三麻子、李克昌《徐策跑城》，压轴姜妙香、芙蓉草、刘连荣《白门楼》，大轴程砚秋、顾珏荪、张春彦、孙甫亭合演全部《金锁记》。

4月18日，秋声社上海黄金大戏院夜戏：

刘斌昆、韩金奎《双拾黄金》，姜妙香、小三麻子《临江会》，压轴程砚秋、王少楼《三娘教子》，大轴程砚秋、芙蓉草、顾珏荪、刘连荣合演《能仁寺》。

4月19日，秋声社上海黄金大戏院夜戏：

筱玲红、马盛龙《九曲桥》，小三麻子、程少余、苗胜春《单刀赴会》，压轴姜妙香、刘连荣《取洛阳》，大轴程砚秋、芙蓉草、顾珏荪、吴富琴、张春彦、孙甫亭合演全部《碧玉簪》。

4月20日，秋声社上海黄金大戏院夜戏：

筱玲红、刘斌昆《绒花记》，压轴姜妙香、芙蓉草、刘连荣《穆柯寨》，大轴程砚秋、王少楼、顾珏荪、吴富琴、孙甫亭、李四广合演全部《柳迎春》。

4月21日，秋声社上海黄金大戏院日场：

粉菊花、马盛龙《拷打寇承御》，小三麻子《铁莲花》，顾珏荪《辕门射戟》，压轴程砚秋、王少楼、孙甫亭《桑园会》，大轴程砚秋、姜妙香、芙蓉草、刘连荣、张春彦、李四广合演《弓砚缘》。

4月21日，秋声社上海黄金大戏院夜戏：

粉菊花《聚宝盆》，李克昌、张少泉《打龙袍》，小三麻子、程少余《古城相会》，压轴姜妙香、芙蓉草《悦来店》，大轴程砚秋、王少楼、顾珏荪、刘连荣、张春彦、吴富琴合演全部《沈云英》。

4月22日，秋声社上海黄金大戏院夜戏：

筱玲红《探亲》，小三麻子、刘连荣、程少余《斩颜良》，压轴王少楼、姜妙香、刘斌昆、孙甫亭《状元谱》，大轴程砚秋、芙蓉草、顾珏荪、吴富琴合演全部《青霜剑》。

4月23日，秋声社上海黄金大戏院夜戏：

粉菊花《聚宝盆》，筱玲红、马盛龙《抱装盒》，姜妙香、小三麻子《九龙山》，压轴王少楼、芙蓉草、刘斌昆《打渔杀家》，大轴程砚秋、顾珏荪、刘连荣、张春彦、吴富琴合演全部《聂隐娘》。

4月24日，秋声社上海黄金大戏院夜戏：

粉菊花《盗仙草》，压轴王少楼、顾珏荪、刘连荣、刘斌昆《群英会》，大轴程砚秋、姜妙香、芙蓉草、张春彦、吴富琴、孙甫亭、李四广合演全部《鸳鸯冢》。

4月25日，秋声社上海黄金大戏院夜戏：

筱玲红、韩金奎《幽界关》，张春彦、孙甫亭、吴富琴《九更天》，小三麻子、顾珏荪、马盛龙《临江会》，压轴程砚秋、姜妙香、芙蓉草《四本雁门关》，大轴程砚秋、王少楼、刘连荣、李四广合演全部《宝莲灯》。

4月26日，秋声社上海黄金大戏院夜戏：

筱玲红、马盛龙《戏牡丹》，小三麻子、程少余《挂印封金》，压轴姜妙香、孙甫亭、吴富琴《岳家庄》，大轴程砚秋、王少楼、芙蓉草、顾珏荪、刘连荣、张春彦合演全部《梅妃》。

4月27日，秋声社上海黄金大戏院夜戏：

程少余《铁笼山》，小三麻子、芙蓉草、孙甫亭《胭脂虎》，顾珏荪《监酒令》，压轴王少楼、刘连荣、刘斌昆、韩金奎《打棍出箱》，大轴程砚秋、姜妙香、张春彦合演《玉堂春》。

4月28日，秋声社上海黄金大戏院日场：

粉菊花《大泗州城》，压轴王少楼、姜妙香、刘连荣、刘斌昆《群英会》，大轴程砚秋、芙蓉草、顾珏荪、张春彦、吴富琴合演全部《碧玉簪》。

4月28日，秋声社上海黄金大戏院夜戏：

粉菊花《大泗州城》，筱玲红《拾玉镯》，压轴姜妙香、小三麻子、马盛龙《临江会》，大轴程砚秋、王少楼、芙蓉草、顾珏荪、刘连荣、张春彦合演全部《梅妃》。

4月29日，秋声社上海黄金大戏院夜戏：

筱玲红、马盛龙《投军别窑》，小三麻子、程少余《古城相会》，压轴王少楼、姜妙香、刘连荣《镇潭州》，大轴程砚秋、芙蓉草、顾珏荪、孙甫亭、刘斌昆、吴富琴、李四广首次上演新戏《锁麟囊》。

4月30日，秋声社上海黄金大戏院夜戏：

姜妙香《罗成叫关》，压轴王少楼、刘连荣《洪羊洞》，大轴程砚秋、芙蓉草、顾珏荪、孙甫亭、刘斌昆、吴富琴、李四广合演《锁麟囊》。

5月1日，秋声社上海黄金大戏院夜戏：

姜妙香、李克昌《飞虎山》，压轴王少楼、刘连荣《一捧雪》，大轴程砚秋、芙蓉草、顾珏荪、孙甫亭、刘斌昆、吴富琴、李四广合演《锁麟囊》。

5月2日，秋声社上海黄金大戏院夜戏：

李克昌《万花厅》，压轴王少楼、姜妙香、小三麻子、刘连荣《黄鹤楼》，大轴程砚秋、芙蓉草、顾珏荪、孙甫亭、刘斌昆、吴富琴、李四广合演《锁麟囊》。

5月3日，上海戏剧学校陈承荫邀请程砚秋、姜妙香、吴富琴、刘连荣参观上海戏剧学校。

5月3日，秋声社上海黄金大戏院夜戏：

小三麻子、刘连荣《白马坡》，压轴王少楼、姜妙香、慈少泉《状元谱》，大轴程砚秋、芙蓉草、顾珏荪、孙甫亭、刘斌昆、吴富琴、李四广合演《锁麟囊》。

5月4日，秋声社上海黄金大戏院夜戏：

小三麻子、程少余《徐策跑城》，压轴姜妙香、芙蓉草《悦来店》，大轴程砚秋、王少楼、顾珏荪、张春彦、孙甫亭合演全部《朱痕记》。

5月5日，秋声社上海黄金大戏院日场：

粉菊花《大泗州城》，小三麻子、韩金奎《扫松下书》，顾珏荪《辕门射戟》，压轴王少楼、吴富琴、刘连荣《打渔杀家》，大轴程砚秋、姜妙香、芙蓉草、孙甫亭、张春彦、李四广合演全部《玉狮坠》。

5月5日，秋声社上海黄金大戏院夜戏：

筱玲红、马盛龙《投军别窑》，小三麻子、程少余《赠袍赐马》，压轴芙蓉草、顾珏荪《穆柯寨》，大轴程砚秋、王少楼、姜妙香、刘连荣、张春彦、孙甫亭合演全部《红拂传》。

5月6日，秋声社上海黄金大戏院夜戏：

筱玲红、粉菊花《醋海波澜》，小三麻子《路遥知马力》，压轴姜妙香、芙蓉草《穆天王》，大轴程砚秋、王少楼、姜妙香、张春彦、孙甫亭、吴富琴、李四广合演全部《柳迎春》。

5月7日，秋声社上海黄金大戏院夜戏：

粉菊花《盗仙草》，小三麻子《九更天》，压轴王少楼、姜妙香、李克昌《镇潭州》，大轴程砚秋、芙蓉草、顾珏荪、刘连荣、张春彦、吴富琴、李四广合演全部《风流棒》。

5月8日，秋声社上海黄金大戏院夜戏：

刘世英《武文华》，压轴王少楼、姜妙香、刘连荣、韩金奎《群英会》，大轴程砚秋、芙蓉草、顾珏荪、孙甫亭、刘斌昆、吴富琴、李四广合演《锁麟囊》。

5月9日，秋声社上海黄金大戏院夜戏：

程少余《贾家楼》，姜妙香《玉门关》，压轴王少楼、刘连荣《南阳关》，大轴程砚秋、芙蓉草、顾珏荪、孙甫亭、刘斌昆、吴富琴、李四广合演《锁麟囊》。

5月10日，秋声社上海黄金大戏院夜戏：

粉菊花《双跑马》，小三麻子、程少余《困土山》，姜妙香、刘连荣《取洛阳》，压轴王少楼、芙蓉草、刘斌昆《乌龙院》，大轴程砚秋、顾珏荪、张春彦、孙甫亭、李四广、慈少泉合演全部《金锁记》。

5月11日，秋声社上海黄金大戏院夜戏：

粉菊花、马盛龙《阴阳河》，小三麻子、刘连荣、程少余《白马坡》，压轴王少楼、姜妙香《九更天》，大轴程砚秋、芙蓉草、顾珏荪、孙甫亭、刘斌昆、吴富琴、李四广合演《锁麟囊》。

5月12日，秋声社上海黄金大戏院日场：

筱玲红、刘斌昆《打花鼓》，姜妙香、小三麻子《临江会》，压轴王少楼、刘连荣、吴富琴《一捧雪》，大轴程砚秋、芙蓉草、顾珏荪、张春彦、孙甫亭、李四广合演全部《赚文娟》。

5月12日，秋声社上海黄金大戏院夜戏：

李克昌、程少余《双李逵》，筱玲红、马盛龙《虹霓关》，压轴王少楼、姜妙香、小三麻子、刘连荣《黄鹤楼》，大轴程砚秋、芙蓉草、顾珏荪、孙甫亭、刘斌昆、吴富琴、李四广合演《锁麟囊》。

5月13日，秋声社上海黄金大戏院夜戏：

筱玲红、刘斌昆《鸿鸾禧》，姜妙香《玉门关》，压轴小三麻子、刘连荣、马盛龙《战长沙》，大轴程砚秋、王少楼、芙蓉草、顾珏荪、张春彦、孙甫亭、李四广合演全部《王宝钏》。

5月14日，秋声社上海黄金大戏院夜戏：

粉菊花《摇钱树》，压轴王少楼、顾珏荪、刘连荣、刘斌昆《群英会》，大轴程砚秋、姜妙香、芙蓉草、张春彦、孙甫亭、吴富琴、李四广合演全部《鸳鸯冢》。

5月15日，秋声社上海黄金大戏院夜戏：

单德元《收关胜》，姜妙香《罗成叫关》，压轴王少楼、刘连荣、刘斌昆、韩金奎《琼林宴》，大轴程砚秋、芙蓉草、顾珏荪、张春彦、孙甫亭合演全部《碧玉簪》。

5月16日，秋声社上海黄金大戏院夜戏：

筱玲红、马盛龙《戏牡丹》，小三麻子、刘连荣、程少余《白马坡》，压轴王少楼、姜妙香、孙甫亭、刘斌昆《状元谱》，大轴程砚秋、芙蓉草、顾珏荪、孙甫亭、吴富琴、李四广合演全部《青霜剑》。

5月17日，秋声社上海黄金大戏院夜戏：

筱玲红、粉菊花、刘斌昆、韩金奎《双摇会》，小三麻子、程少余《挂印封金》，压轴姜妙香、孙甫亭、吴富琴《岳家庄》，大轴程砚秋、王少楼、芙蓉草、顾珏荪、刘连荣、张春彦合演全部《梅妃》。

5月18日，秋声社上海黄金大戏院夜戏：

粉菊花、单德元《嘉兴府》，筱玲红、马盛龙《九曲桥》，压轴王少楼、姜妙香、小三麻子、刘连荣《黄鹤楼》，大轴程砚秋、芙蓉草、顾珏荪、孙甫亭、刘斌昆、吴富琴、李四广合演《锁麟囊》。

5月19日，秋声社上海黄金大戏院最后一天日场：

筱玲红、韩金奎《春香闹学》，小三麻子《徐策跑城》，姜妙香、吴富琴、李克昌《白门楼》，压轴王少楼、芙蓉草、刘连荣《打渔杀家》，大轴程砚秋、顾珏荪、张春彦合演《玉堂春》。

5月19日，秋声社上海黄金大戏院最后一天夜戏：

粉菊花《盗仙草》，小三麻子、韩金奎《扫松下书》，顾珏荪《辕门射戟》，压轴王少楼、芙蓉草、刘斌昆《坐楼杀惜》，大轴程砚秋、姜妙香、刘连荣、张春彦、吴富琴、李四广合演《文姬归汉》。

5月22日，姜妙香、王少楼脱离秋声社自沪返京，程砚秋及秋声社赴山东演出。

6月5日，同庆社新新戏院夜戏：

杨盛春、韩盛信《罗四虎》，陈丽芳、何盛清《六月雪》，大轴谭富英、姜妙香、哈宝山、慈瑞泉、刘砚亭、计砚芬合演《珠帘寨》。

6月11日，福春社长安戏院夜戏：

管绍华、茹富兰《八大锤》《断臂说书》，大轴南铁生、姜妙香、萧盛萱、张春彦合演全部《凤还巢》。

6月12日，广德楼夜戏：

张荣奎《镇潭州》，杨盛春、韩盛信《铁笼山》，大轴言慧珠、张文娟、姜妙香、何雅秋、王少亭、何盛清合演《探母回令》。

6月13日，同庆社广德楼夜戏：

杨盛春、计砚芬《挑帘裁衣》，陈丽芳、姜妙香、哈宝山《玉堂春》，大轴谭富英、慈瑞泉、刘砚亭、王泉奎合演《问樵闹府》《打棍出箱》。

6月14日，松竹社广德楼夜戏：

贯盛习《鱼藏剑》，周瑞安《葭萌关》，陶默厂、姜妙香、张春彦《奇双会》，大轴金少山、孙甫亭合演《牧虎关》。

6月16日，同庆社新新戏院夜戏：

计砚芬《打樱桃》，陈丽芳、姜妙香《春秋配》，谭小培、萧长华《天雷报》，大轴谭富英、杨盛春、王泉奎、韩盛信合演《定军山》《阳平关》。

6月18日，福春社长安戏院夜戏：

茹富兰、韩富信《霸王庄》，管绍华、王泉奎《伐齐东》，大轴南铁生、姜妙香、程玉菁、慈瑞泉、李世霖合演全部《梅玉配》。

6月，李丹林拜赵芝香为师后，挑班演大轴，邀请姜妙香助演。

6月23日，开明大戏院日戏：

宋继亭《战太平》，裘盛戎、李世霖、董碧兰《铡美案》，孙毓堃、刘凤奎《艳阳楼》，压轴李丹林、阎庆林、赵绮霞、裘盛戎、孙甫亭《花田错》，大轴李丹林、姜妙香、程玉箐、朱斌仙、何盛清、王盛如合演《十三妹》(《悦来店》至《能仁寺》)。

6月26日，谭富英的同庆社抵达上海。姜妙香、杨盛春、陈丽芳等随行。

7月2日，同庆社上海更新舞台夜戏头天：

姜妙香、计砚芬《得意缘》，杨盛春、谭世英、韩盛信《挑华车》，压轴陈丽芳《苏三起解》，大轴谭富英、王泉奎、慈瑞泉、叶盛茂合演全部《失街亭》《空城计》《斩马谡》。

7月3日，同庆社上海更新舞台夜戏：

计砚芬《文章会》，杨盛春、叶盛茂、韩盛信《恶虎村》，压轴陈丽芳、姜妙香、哈宝山《玉堂春》，大轴谭富英、慈瑞泉、王泉奎合演全本《奇冤报》。

7月4日，同庆社上海更新舞台夜戏：

姜妙香、计砚芬、王泉奎《穆柯寨》，杨盛春、韩盛信、张连廷《连环阵》，压轴陈丽芳、谭世英《宇宙锋》，大轴谭富英、慈瑞泉、哈宝山、叶盛茂、宋继亭合演《定军山》。

7月5日，同庆社上海更新舞台夜戏：

叶盛茂、宋继亭《下河东》，杨盛春、韩盛信、张连廷《罗四虎》，压轴陈丽芳、姜妙香、计砚芬二本《虹霓关》，大轴谭富英、王泉奎、慈瑞泉、哈宝山合演全本《捉放曹》(准带“公堂”)。

7月6日，同庆社上海更新舞台夜戏：

姜妙香、计砚芬《岳家庄》，杨盛春、叶盛茂、韩盛信《战濮阳》，大轴谭富英、陈丽芳、王泉奎合演《大保国》《探皇陵》《二进宫》。

7月7日，同庆社上海更新舞台日场：

王桂武《杀四门》，叶盛茂《牧虎关》，压轴杨盛春、韩盛信、张连廷《金锁阵》，大轴谭富英、陈丽芳、王泉奎、慈瑞泉、姜妙香、计砚芬、哈宝山合演全部《法门寺》。

7月7日，同庆社上海更新舞台夜戏：

叶盛茂《草桥关》，姜妙香、计砚芬《马上缘》，杨盛春、韩盛信《两将军》，压轴陈丽芳、哈宝山《贺后骂殿》，大轴谭富英、慈瑞泉、王泉奎、谭世英、罗文元合演《打棍出箱》。

7月8日，同庆社上海更新舞台夜戏：

王桂武《战冀州》，王泉奎《探阴山》，杨盛春、韩盛信《赵家楼》，大轴谭富英、陈丽芳、姜妙香、计砚芬、慈瑞泉、哈宝山、叶盛茂、何盛清合演全部《红鬃烈马》。

7月9日，同庆社上海更新舞台夜戏：

王桂武《翠屏山》，杨盛春、韩盛信、白云亭《艳阳楼》，压轴陈丽芳、姜妙香、慈瑞泉《能仁寺》，大轴谭富英、王泉奎、哈宝山合演《托兆碰碑》。

7月10日，同庆社上海更新舞台夜戏：

叶盛茂《闹江州》，计砚芬《铁弓缘》，压轴陈丽芳、慈瑞泉《六月雪》，大轴谭富英、杨盛春、姜妙香、王泉奎、哈宝山、韩盛信合演全部《连营寨》。

7月11日，同庆社上海更新舞台夜戏：

王泉奎《草桥关》，姜妙香、计砚芬、何盛清《胭脂虎》，压轴陈丽芳、慈瑞泉《苏三起解》，大轴谭富英、杨盛春、叶盛茂、何盛清、韩盛信合演《八大锤》《断臂说书》。

7月12日，同庆社上海更新舞台夜戏：

姜妙香、计砚芬《花田错》，杨盛春、韩盛信、张连廷《白水滩》，压轴陈丽芳、何盛清《别皇宫》，大轴谭富英、慈瑞泉、王泉奎、叶盛茂、哈宝山合演全本《洪羊洞》。

7月13日，同庆社上海更新舞台夜戏：

王桂武《战宛城》，姜妙香、计砚芬《拾玉镯》，杨盛春《林冲夜奔》，大轴谭富英、陈丽芳、王泉奎、叶盛茂、宋继亭合演全本《鼎盛春秋》。

7月14日，同庆社上海更新舞台日场：

王泉奎《白良关》，杨盛春、叶盛茂、韩盛信《水帘洞》，大轴谭富英、陈丽芳、姜妙香、计砚芬、慈瑞泉、哈宝山、何盛清合演全部《御碑亭》。

7月14日，同庆社上海更新舞台夜戏：

王泉奎、何盛清《断太后》，姜妙香、哈宝山《镇潭州》，压轴陈丽芳《花园赠金》，大轴谭富英、陈丽芳、杨盛春、慈瑞泉、叶盛茂合演全部《晋楚交兵》。

7月15日，同庆社上海更新舞台夜戏：

哈宝山、叶盛茂《下河东》，压轴杨盛春、韩盛信《安天会》，大轴谭富英、陈丽芳、姜妙香、慈瑞泉、小寿山合演全部《朱痕记》。

7月16日，同庆社上海更新舞台夜戏：

计砚芬、小寿山《双摇会》，姜妙香《辕门射戟》，谭富英、陈丽芳、何盛清《桑园会》，压轴杨盛春、韩盛信《武文华》，大轴谭富英、陈丽芳、慈瑞泉合演《打渔杀家》。

7月20日，同庆社上海更新舞台夜戏：

叶盛茂《牧虎关》，杨盛春、韩盛信《洗浮山》，压轴陈丽芳、哈宝山《三击掌》，大轴谭富英、陈丽芳、姜妙香、慈瑞泉、王泉奎合演《战太平》。

7月21日，同庆社上海更新舞台日场：

姜妙香、王泉奎《飞虎山》，杨盛春、叶盛茂、计砚芬、韩盛信《战宛城》，大轴谭富英、陈丽芳、慈瑞泉合演《南天门》。

7月21日，同庆社上海更新舞台夜戏：

姜妙香、计砚芬《得意缘》，杨盛春、韩盛信、张连廷《英雄义》，压轴陈丽芳、叶盛茂《宇宙锋》，大轴谭富英、慈瑞泉、王泉奎、谭世英、罗文元合演《问樵闹府》《打棍出箱》。

7月22日，同庆社上海更新舞台夜戏：

计砚芬《双沙河》，杨盛春、韩盛信、张连廷《金雁桥》，压轴陈丽芳、姜妙香、哈宝山《宇宙锋》，大轴谭富英、慈瑞泉、王泉奎、谭世英合演全本《奇冤报》。

7月23日，同庆社上海更新舞台夜戏：

小寿山、马秀荣《小放牛》，王泉奎《白良关》，杨盛春、叶盛茂、韩盛信、张连廷《恶虎村》，大轴谭富英、陈丽芳、姜妙香、计砚芬、慈瑞泉、何盛清、哈宝山合演《探母回令》。

7月24日，同庆社上海更新舞台夜戏：

哈宝山、王泉奎《开山府》，姜妙香、计砚芬、慈瑞泉《鸿鸾禧》，压轴杨盛春、韩盛信、张连廷《铁笼山》，大轴谭富英、陈丽芳、谭世英、罗文元合演全部《桑园寄子》。

7月25日，同庆社上海更新舞台夜戏：

姜妙香、计砚芬、叶盛茂《穆柯寨》，杨盛春、韩盛信、张连廷《战滁州》，压轴陈丽芳、慈瑞泉《六月雪》，大轴谭富英、王泉奎合演《打鼓骂曹》。

7月26日，同庆社上海更新舞台夜戏：

杨盛春、韩盛信、张连廷《安天会》，压轴陈丽芳、姜妙香、计砚芬二本《虹霓关》，大轴谭富英、慈瑞泉、王泉奎、叶盛茂、哈宝山合演《洪羊洞》。

7月27日，同庆社上海更新舞台夜戏：

姜妙香、计砚芬《穆天王》，杨盛春、韩盛信、张连廷《罗四虎》，压轴陈丽芳、何盛清《探寒窑》，大轴谭富英、王泉奎、叶盛茂、慈瑞泉、哈宝山合演全部《失街亭》《空城计》《斩马谡》。

7月28日，同庆社上海更新舞台日场：

姜妙香、计砚芬、王泉奎《白门楼》，陈丽芳、哈宝山《三击掌》，大轴谭富英、杨盛春、叶盛茂、何盛清、韩盛信合演全部《八大锤》《断臂说书》。

7月28日，同庆社上海更新舞台夜戏：

姜妙香、计砚芬、王泉奎《白门楼》，陈丽芳、哈宝山《三击掌》，大轴谭富英、杨盛春、叶盛茂、何盛清、韩盛信合演全部《八大锤》《断臂说书》。

7月29日，同庆社上海更新舞台夜戏：

王泉奎《大回朝》，杨盛春、叶盛茂、韩盛信《赵家楼》，陈丽芳、姜妙香《能仁寺》，大轴谭富英、慈瑞泉、叶盛茂、哈宝山合演《定军山》。

8月1日，同庆社上海更新舞台夜戏：

王桂武《广泰庄》，姜妙香、计砚芬、慈瑞泉《马上缘》，杨盛春、韩盛信《白水滩》，大轴谭富英、陈丽芳、王泉奎合演全部《大保国》《探皇陵》《二进宫》。

8月2日，同庆社上海更新舞台夜戏：

计砚芬、何盛清《胭脂虎》，杨盛春、韩盛信《麒麟阁》，压轴陈丽芳、姜妙香《孝感天》，大轴谭富英、王泉奎、慈瑞泉合演全部《捉放曹》。

8月3日，同庆社上海更新舞台夜戏：

马秀荣、小寿山《二美夺夫》，杨盛春、韩盛信《挑华车》，压轴陈丽芳《花园赠金》，大轴谭富英、姜妙香、哈宝山、慈瑞泉、计砚芬、谭世英合演全部《珠帘寨》。

8月4日，姜妙香赶场，先在更新舞台演出日场：

姜妙香、计砚芬《弓砚缘》，杨盛春、陈丽芳、叶盛茂、韩盛信《长坂坡》，大轴谭富英、王泉奎、慈瑞泉合演《当锏卖马》。

8月4日，绍萧救灾会赈灾义演，上海卡尔登大戏院日场第二天：

钱淑敏《铁弓缘》，王兰芳、韩金奎《海潮珠》，压轴周信芳、姜妙香、黄桂秋、赵如泉、李如春、张少泉、马盛龙、高百岁《龙凤呈祥》，大轴周信芳、张翼鹏、张桂芬合演《八大锤》《断臂说书》。

8月4日，同庆社上海更新舞台夜戏：

姜妙香、王泉奎《飞虎山》，杨盛春、张连廷《英雄义》，压轴陈丽芳《苏三起解》，大轴谭富英、哈宝山、慈瑞泉、谭世英合演《定军山》。

8月5日，同庆社上海更新舞台夜戏：

王桂武《翠屏山》，杨盛春、叶盛茂、韩盛信《安天会》，大轴谭富英、陈丽芳、姜妙香、哈宝山、慈瑞泉合演全部《红鬃烈马》。

8月6日，同庆社上海更新舞台夜戏：

阎少泉《夺太仓》，压轴陈丽芳、姜妙香、计砚芬二本《虹霓关》，大轴谭富英、姜妙香、慈瑞泉、哈宝山、王泉奎、叶盛茂合演全部《群英会》。

8月7日，同庆社上海更新舞台夜戏：

杨盛春、韩盛信《霸王庄》，压轴陈丽芳、姜妙香、何盛清《孝感天》，大轴谭富英、王泉奎、叶盛茂、哈宝山、慈瑞泉合演《失街亭》《空城计》《斩马谡》。

8月8日，同庆社上海更新舞台夜戏：

姜妙香、计砚芬、慈瑞泉《鸿鸾禧》，杨盛春、叶盛茂、韩盛信《恶虎村》，压轴陈丽芳、何盛清《别皇宫》，大轴谭富英、王泉奎、哈宝山合演《托兆碰碑》。

8月9日，同庆社上海更新舞台夜戏：

叶盛茂《白良关》，杨盛春、韩盛信《白水滩》，压轴陈丽芳、何盛清《六月雪》，大轴谭富英、王泉奎、姜妙香、哈宝山、慈瑞泉合演《战太平》。

8月10日，同庆社上海更新舞台夜戏：

姜妙香、计砚芬《得意缘》，谭富英、陈丽芳、何盛清《桑园会》，压轴杨盛春《林冲夜奔》，大轴谭富英、陈丽芳、慈瑞泉、哈宝山合演《打渔杀家》。

8月11日，同庆社上海更新舞台日场：

王桂武《铁公鸡》，孟鸿茂《戏迷传》，姜妙香、王泉奎《飞虎山》，杨盛春、张连廷《英雄义》，压轴陈丽芳《苏三起解》，大轴谭富英、杨盛春、计砚芬、慈瑞泉合演全部《晋楚交兵》。

8月11日，同庆社上海更新舞台夜戏：

马秀荣《樊江关》，王桂武《三岔口》，杨盛春、韩盛信《两将军》，压轴陈丽芳、姜妙香、哈宝山《玉堂春》，大轴谭富英、慈瑞泉、王泉奎、罗文元合演《问樵闹府》《打棍出箱》。

8月14日，同庆社上海更新舞台夜戏：

王桂武《卖弓计》，王泉奎《草桥关》，杨盛春、张连廷《英雄义》，大轴谭富英、陈丽芳、姜妙香、计砚芬、哈宝山、慈瑞泉合演《四郎探母》。

8月15日，同庆社上海更新舞台夜戏：

马秀荣《花木兰》，姜妙香、计砚芬《马上缘》，杨盛春、叶盛茂、韩盛信《战濮阳》，压轴陈丽芳、哈宝山《贺后骂殿》，大轴谭富英、慈瑞泉、王泉奎合演全部《奇冤报》。

8月16日，同庆社上海更新舞台夜戏：

阎少泉《泗州城》，马秀荣、小寿山《小放牛》，杨盛春、韩盛信《镖伤三友》，压轴陈丽芳《苏三起解》，大轴谭富英、陈丽芳、姜妙香、王泉奎、慈瑞泉合演《战太平》。

8月17日，同庆社上海更新舞台夜戏：

哈宝山、计砚芬《梅龙镇》，杨盛春、韩盛信《战冀州》，压轴谭小培、姜妙香、慈瑞泉《状元谱》，大轴谭富英、陈丽芳、王泉奎合演《二进宫》。

8月18日，同庆社上海更新舞台日场：

王桂武、李瑞亭《白马坡》，姜妙香、计砚芬《花田错》，杨盛春、张连廷《战滁州》，压轴陈丽芳、何盛清《六月雪》，大轴谭富英、王泉奎、叶盛茂、哈宝山、慈瑞泉合演《失街亭》《空城计》《斩马谡》。

8月18日，同庆社上海更新舞台夜戏最后一天：

计砚芬《打樱桃》，陈丽芳、哈宝山《武昭关》，大轴谭富英、谭小培、杨盛春、姜妙香、慈瑞泉、王泉奎、叶盛茂合演全部《群英会》《借东风》。

8月22日，同庆社返京。

10月5日，忠信社吉祥戏院夜戏：

王泉奎《白良关》，杨盛春《恶虎村》，大轴奚啸伯、侯玉兰、姜妙香、侯喜瑞、茹富蕙、王少亭合演《红鬃烈马》。

年底，姜妙香演出繁忙，忠信社小生换陈盛泰代演。

1941年

（民国三十年，农历辛巳年） 51岁

本年，姜妙香搭谭富英同庆社，奚啸伯忠信社，尚小云协庆社，李世芳承芳社，南铁生福春社，金少山松竹社，程砚秋秋声社，以及黄雅珠、徐东明、言慧珠、李宗义、新艳秋、言少朋班社演出。

1月8日，同庆社吉祥大戏院夜戏：

谭富英、陈丽芳、吴彦衡、姜妙香、计砚芬、李洪春、刘砚亭、慈瑞泉、孙甫亭、宋继亭、李四广、王连奎、张蝶芬、唐富尧合演全部《红鬃烈马》（“花园赠金”、“彩楼配”、“三击掌”、“封官别窑”、“误卯三打”、“探寒窑”、“赶三关”、“武家坡”、“算军粮”、“银空山”、“大登殿”）。

1月22日，同庆社吉祥大戏院夜戏：

王泉奎《草桥关》，计砚芬、李四广《打面缸》，刘砚亭《青风寨》，压轴吴彦衡、李洪春、钱富川《栖梧山》，大轴谭富英、张君秋、吴彩霞、姜妙香、慈瑞泉、孙甫亭、宋继亭、唐富尧、李四广合演《探母回令》。

2月5日，三庆戏院日场：

大轴黄雅珠、姜妙香、茹富蕙、王少亭合演《女起解》《玉堂春》。

2月5日，同庆社广德楼夜戏：

姜妙香、哈宝山《借赵云》，侯玉兰、贯盛吉、何盛清《六月雪》，大轴谭富英、刘砚亭、孙盛武、哈宝山合演《定军山》。

2月12日，同庆社广德楼夜戏：

侯玉兰、贯盛吉《女起解》，大轴谭富英、谭小培、杨盛春、姜妙香、李春恒、孙盛武合演《群英会》《借东风》。

2月13日，同庆社长安戏院夜戏：

杨盛春、韩盛信、计砚芬全部《武松》，大轴谭富英、侯玉兰、姜妙香、任志秋、孙盛武、哈宝山合演《红鬃烈马》。

2月14日，同庆社长安戏院夜戏：

杨盛春、韩盛信、计砚芬《战宛城》，侯玉兰、姜妙香、任志秋、慈瑞泉头二本《虹霓关》，大轴谭富英、孙盛武、王泉奎合演《奇冤

报》。

2月18日，忠信社吉祥戏院夜戏：

杨盛春、侯喜瑞《牛皋下书》《挑华车》，大轴奚啸伯、侯玉兰、姜妙香、于莲仙、何盛清合演《红鬃烈马》。

2月19日，福春社吉祥戏院夜戏：

管绍华、费世威《连营寨》，大轴南铁生、姜妙香、刘连荣、张春彦合演全部《宇宙锋》。

2月21日，协庆社中和戏院夜戏：

任志秋《文章会》，尚小云、杨盛春《珍珠洞》，王凤卿、孙盛文《战樊城》《长亭会》，大轴尚小云、姜妙香、慈瑞泉、陈喜兴合演全本《贩马记》。

2月22日，同庆社长安戏院夜戏：

姜妙香、计砚芬《马上缘》，谭富英、侯玉兰《游龙戏凤》，杨盛春《铁笼山》，大轴谭富英、王泉奎合演《击鼓骂曹》。

2月26日，三庆戏院夜戏：

王泉奎《草桥关》，周瑞安《莲花湖》，大轴徐东明、徐东霞、姜妙香、计砚芬、哈宝山合演《探母回令》。

2月，李世芳组承芳社，邀请姜妙香、王少卿、贯盛习、袁世海加入。打泡首演全部《廉锦枫》。

3月1日，承芳社三庆戏院夜戏：

贯盛习、袁世海《打严嵩》，大轴李世芳、姜妙香、王少亭、詹世璞合演《牢狱鸳鸯》。

3月6日，承芳社长安戏院夜戏：

贯盛习、袁世海、李世霖《捉放曹》，大轴李世芳、姜妙香、王少亭、任志秋合演全部《廉锦枫》。

3月9日，长安戏院日场：

杨盛春《夜奔》，安舒元、李春恒《击鼓骂曹》，大轴蕉语楼主、小翠花、姜妙香、萧长华、马连昆合演全部《东方夫人》。

3月10日，松竹社长安戏院夜戏：

姜妙香、张荣奎《镇潭州》，周瑞安《水帘洞》，贯大元《奇冤报》，大轴金少山、萧长华、张春彦合演《审李七》（带“长亭”）。

4月30日，三庆戏院夜戏：

陈少霖、王泉奎《捉放曹》，大轴言慧珠、姜妙香、王少亭、萧长华、刘连荣合演前部《西施》。

5月4日，长安戏院夜戏：

姜妙香《白门楼》，李宗义、崔熹云《乌龙院》，王金璐《金锁阵》，大轴李宗义、陶默厂、王泉奎合演《二进宫》。

5月5日，忠信社长安戏院夜戏：

高盛麟《铁笼山》，奚啸伯、王少亭、孙玉祥《甘露寺》，大轴奚啸伯、侯玉兰、侯喜瑞、高富权、姜妙香、计砚芬合演全部《拾玉镯》《法门寺》。

5月7日，三庆戏院夜戏：

陈少霖、王泉奎《击鼓骂曹》，大轴言慧珠、姜妙香、王少亭、萧长华、刘连荣合演后部《西施》。

5月15日，三庆戏院夜戏：

言慧珠、刘连荣、王少亭《刺巴杰》《巴骆和》，大轴言慧珠、陈少霖、王泉奎合演《二进宫》。

5月19日，忠信社长安戏院夜戏：

高盛麟、侯喜瑞《霸王庄》，大轴奚啸伯、侯玉兰、李多奎、姜妙香、王少亭合演《红鬃烈马》。

5月29日，广和戏院日场：

大轴申月秋、纪玉良、姜妙香、王少亭、何雅秋合演《探母回令》。

6月2日，忠信社长安戏院夜戏：

高盛麟《挑华车》，侯玉兰、姜妙香、王少亭《玉堂春》，大轴奚啸伯、侯喜瑞、王泉奎合演《失街亭》《空城计》《斩马谡》。

6月3日，同庆社长安戏院夜戏：

陈丽芳《宇宙锋》，大轴谭富英、杨盛春、姜妙香、王泉奎、哈宝山合演《群英会》《借东风》。

6月8日，长安戏院夜戏：

崔熹云、姜妙香《拾玉镯》，王金璐《夜奔》，陶默厂《六月雪》，大轴李宗义、李春恒、王少亭合演《失街亭》《空城计》《斩马谡》。

6月9日，忠信社长安戏院夜戏：

高盛麟《落马湖》，侯玉兰、姜妙香《虹霓关》，大轴奚啸伯、侯喜瑞、姜妙香、王少亭、计砚芬合演《珠帘寨》。

6月12日，同庆社长安戏院夜戏：

姜妙香《辕门射戟》，杨盛春、陈丽芳、哈宝山《长坂坡》，大轴谭富英、陈丽芳、王泉奎合演《大保国》《探皇陵》《二进宫》。

6月14日，承芳社长安戏院夜戏：

大轴李世芳、姜妙香、袁世海、孙盛武、贯盛习合演全部《宇宙锋》。

6月16日，同庆社三庆戏院夜戏：

姜妙香、王泉奎《飞虎山》，谭富英、哈宝山、何盛清《盗宗卷》，杨盛春《战滁州》，大轴谭富英、陈丽芳合演《桑园寄子》。

6月22日，福春社长安戏院夜戏：

管绍华、王金璐《八大锤》《断臂说书》，大轴南铁生、姜妙香、刘连荣、张春彦、贯盛吉、孙甫亭合演全部《生死恨》。

6月23日，长安戏院合作夜戏：

朱桂芳、马连昆《取金陵》，时慧宝《金马门》，大轴言慧珠、孙毓堃、姜妙香、王少亭合演《霸王别姬》。

7月初，新艳秋应李华亭之约，赴天津中国大戏院演出十天，期满后又加演两天。剧目有《探母回令》、《红鬃烈马》、《贺后骂殿》、《御碑亭》、《朱痕记》、《宝莲灯》、《奇双会》、《法门寺》、《霸王别姬》。同台合作者有金少山、陈少霖、姜妙香、周瑞安、李宝奎、马连昆、王福山、任志秋、苏庆山。

7月16日，长安戏院义务夜戏：

孙毓堃、许德义、迟月亭《状元印》，南铁生、刘连荣《宇宙锋》，大轴谭富英、李世芳、姜妙香、毛世来、哈宝山合演《御碑亭》。

7月20日，三庆戏院合作夜戏：

王泉奎、哈宝山《铡美案》，吴彦衡《挑华车》，大轴杨宝森、言慧珠、姜妙香、于莲仙、茹富蕙、王少亭合演《探母回令》。

7月21日，同庆社三庆戏院夜戏：

姜妙香《岳家庄》，杨盛春、韩盛信、张连廷《恶虎村》，谭富英、慈少泉《当锏卖马》，陈丽芳、何盛清《母女会》，大轴谭富英、王泉奎合演《托兆碰碑》。

8月，言少朋组班公演于北京吉祥戏院，邀请姜妙香加入，另有旦角李玉芝、武生王金璐、丑角孙盛武、里子老生曹连孝。

8月14日，忠信社广德楼夜戏：

侯玉兰《六月雪》，大轴奚啸伯、杨盛春、姜妙香、侯喜瑞、茹富蕙、王泉奎合演《群英会》《借东风》。

8月18日，同庆社广德楼夜戏：

陈丽芳、计砚芬《樊江关》，谭富英、刘砚亭《南阳关》，大轴谭富英、杨盛春、姜妙香、何盛清合演《八大锤》《断臂说书》。

8月20日，广德楼夜戏：

张曼君、姜妙香、马连昆、于莲仙、王连浦、曹连孝、贾多才、张盛利合演全部《十三妹》。

8月21日，忠信社广德楼夜戏：

王泉奎《草桥关》，姜妙香《辕门射戟》，奚啸伯、侯玉兰《游龙戏凤》，杨盛春、侯喜瑞《霸王庄》，大轴奚啸伯、侯玉兰、茹富蕙合演《打渔杀家》。

8月25日，同庆社三庆戏院夜戏：

杨盛春、韩盛信、王泉奎《战濮阳》，大轴谭富英、陈丽芳、姜妙香、计砚芬、孙盛武、何盛清合演《红鬃烈马》。

9月1日，同庆社三庆戏院夜戏：

姜妙香、计砚芬《马上缘》，杨盛春《赵家楼》，大轴谭富英、王泉奎、陈丽芳、刘砚亭合演全部《鼎盛春秋》。

9月3日，华北演艺协会新民会北京国剧职业分会后援华北宣传联盟，北京新新大戏院义务夜戏：

李万春、宋德珠《青石山》，荀慧生、朱斌仙《打樱桃》，言菊朋、毛世来、萧长华《赶三关》，奚啸伯、张君秋《武家坡》，南铁生、侯喜瑞、张春彦《算军粮》，小翠花、姜妙香、扎金奎《银空山》，大轴尚小云、谭富英、小翠花、李多奎、慈瑞泉、侯喜瑞、张春彦合演《大登殿》。

9月5日，三庆戏院夜戏：

张蝶芬《双钉计》，朱桂芳《瑞草园》，陈少霖《定军山》，大轴言慧珠、姜妙香、王少亭、刘连荣、朱斌仙、孙甫亭合演《凤还巢》。

9月10日，忠信社长安戏院夜戏：

高盛麟、茹富蕙《落马湖》《殷家堡》，大轴奚啸伯、侯玉兰、侯喜瑞、姜妙香、王少亭合演全部《四进士》。

9月18日，姜妙香随程砚秋秋声社赴天津中国大戏院，与杨宝森合作演出。

9月底，秋声社赴上海演出，俞振飞重新加入秋声社，姜妙香返京继续参加谭富英同庆社演出。

10月初，程砚秋、杨宝森、俞振飞联袂在上海黄金大戏院演出，盛况空前。上海鑫记大舞台为了与之抗衡，约请谭富英、张君秋、姜妙香赴沪演出。

10月5日，谭富英、张君秋、姜妙香与同庆社演员抵沪。

10月8日，同庆社上海鑫记大舞台夜戏头天：

张质彬、张德禄《嘉兴府》，王纫秋《贺后骂殿》，姜妙香《未央宫》，杨盛春、张连廷《挑华车》，压轴张君秋、孙盛武《苏三起解》，大轴谭富英、王泉奎、叶盛茂、哈宝山、孙盛武合演全部《失街亭》《空城计》《斩马谡》。

10月9日，同庆社上海鑫记大舞台夜戏：

张德禄《收关胜》，王泉奎、谭世英《白良关》，杨盛春、叶盛茂、韩盛信《战濮阳》，大轴谭富英、张君秋、姜妙香、何盛清、孙盛武合演全部《探母回令》。

10月10日，同庆社上海鑫记大舞台夜戏：

李君玉《九龙山》，王纫秋《宇宙锋》，杨盛春、韩盛信《两将军》，压轴张君秋、姜妙香、哈宝山《玉堂春》，大轴谭富英、孙盛武、叶盛茂合演《奇冤报》。

10月11日，同庆社上海鑫记大舞台夜戏：

王纫秋、李君玉二本《虹霓关》，姜妙香、王泉奎《飞虎山》，杨盛春、韩盛信《武文华》，压轴张君秋、孙盛武、何盛清《金锁记》，大轴谭富英、哈宝山、叶盛茂合演《定军山》。

10月12日，同庆社上海鑫记大舞台日场：

张质彬《贤孝子》，王纫秋《彩楼配》，姜妙香、叶盛茂《岳家庄》，杨盛春、韩盛信《赵家楼》，大轴谭富英、张君秋、王泉奎、孙盛武、叶盛茂、哈宝山合演《法门寺》。

10月12日，同庆社上海鑫记大舞台夜戏：

张德禄《潞安洲》，王纫秋《五花洞》，杨盛春、张连廷《连环阵》，压轴张君秋、哈宝山《贺后骂殿》，大轴谭富英、孙盛武、王泉奎、谭世英、罗大元合演全部《琼林宴》。

10月13日，同庆社上海鑫记大舞台夜戏：

明玉昆《九更天》，张质彬、小九阵风《泗州城》，王纫秋、哈宝山《南天门》，王泉奎《探阴山》，压轴杨盛春、韩盛信、张连廷

《铁笼山》，大轴谭富英、张君秋、姜妙香、哈宝山、孙盛武、何盛清合演全部《薛平贵与王宝钏》。

10月14日，同庆社上海鑫记大舞台夜戏：

张质彬、李瑞来《白马坡》，王纫秋、张德禄《别寒窑》，杨盛春、叶盛茂、韩盛信《恶虎村》，压轴张君秋、姜妙香、何盛清《春秋配》，大轴谭富英、王泉奎、哈宝山合演《托兆碰碑》。

10月15日，同庆社上海鑫记大舞台夜戏：

张质彬、李瑞来《嘉兴府》，张德禄《时迁偷鸡》，压轴张君秋《士林祭塔》，大轴谭富英、姜妙香、杨盛春、王泉奎、孙盛武、哈宝山、叶盛茂合演全部《群英会》《借东风》。

10月16日，同庆社上海鑫记大舞台夜戏：

张质彬《杀四门》，王纫秋《战蒲关》，姜妙香、哈宝山《借赵云》，压轴杨盛春、叶盛茂、韩盛信《安天会》，大轴谭富英、张君秋、王泉奎合演《二进宫》。

10月17日，同庆社上海鑫记大舞台夜戏：

张德禄《狮子楼》，姜妙香、叶盛茂、哈宝山《取洛阳》，谭富英、张君秋《桑园会》，压轴杨盛春《林冲夜奔》，大轴谭富英、张君秋、孙盛武、王泉奎、哈宝山合演《打渔杀家》。

10月18日，同庆社上海鑫记大舞台夜戏：

陈炎培《浣纱记》，王宝莲《鸿鸾禧》，杨盛春、韩盛信《罗四虎》，压轴张君秋《宇宙锋》，大轴谭富英、张君秋、姜妙香、孙盛武、哈宝山、叶盛茂合演全部《珠帘寨》。

10月19日，同庆社上海鑫记大舞台日场：

明玉昆《斩经堂》，王宝莲《打花鼓》，张德禄《落马湖》，王泉奎《牧虎关》，压轴杨盛春、王泉奎、韩盛信《战宛城》，大轴谭富英、张君秋、姜妙香、孙盛武、哈宝山合演全部《御碑亭》。

10月19日，同庆社上海鑫记大舞台夜戏：

明玉昆《鹿台恨》，张质彬《裴元庆》，姜妙香、王泉奎《辕门射戟》，压轴张君秋、哈宝山《武昭关》，大轴谭富英、张君秋、杨盛春、孙盛武、叶盛茂合演全部《晋楚交兵》。

10月23日，同庆社上海鑫记大舞台夜戏：

陈炎培《双狮图》，张质彬《冀州城》，王泉奎《铡美案》，压轴杨盛春、韩盛信《艳阳楼》，大轴谭富英、张君秋、姜妙香、王纫秋、孙盛武、哈宝山、何盛清合演全部《探母回令》。

10月24日，同庆社上海鑫记大舞台夜戏：

明玉昆《梅龙镇》，李瑞来《古城会》，王纫秋、筱文林《刺汤勤》，压轴张君秋、姜妙香、谭世英、孙盛武头二本《虹霓关》，大轴谭富英、杨盛春、王泉奎、哈宝山、韩盛信、张连廷合演全部《连营寨》。

10月25日，同庆社上海鑫记大舞台夜戏：

明玉昆《坐楼杀惜》，李瑞来《水淹七军》，杨盛春、张德禄《洗浮山》，压轴张君秋、王幼秋《五花洞》，大轴谭富英、姜妙香、王泉奎、孙盛武、周斌秋合演《战太平》。

10月26日，同庆社上海鑫记大舞台日场：

明玉昆《徐策跑城》，王宝莲《花田错》，姜妙香、哈宝山、叶盛茂、谭世英《借赵云》，压轴张君秋、孙盛武《苏三起解》，大轴谭富英、杨盛春、何盛清、韩盛信、张连廷合演全部《八大锤》《断臂说书》。

10月26日，同庆社上海鑫记大舞台夜戏：

张德禄《剑峰山》，姜妙香《未央宫》，杨盛春、韩盛信《擒张任》，压轴张君秋、张桂芬、周斌秋《樊江关》，大轴谭富英、王泉奎、孙盛武、叶盛茂合演《洪羊洞》。

10月27日，同庆社上海鑫记大舞台夜戏：

王幼秋《三击掌》，杨盛春、韩盛信《霸王庄》，压轴张君秋、姜妙香、孙盛武、谭世英《能仁寺》，大轴谭富英、王泉奎、哈宝山合演全部《捉放曹》。

10月28日，同庆社上海鑫记大舞台夜戏：

明玉昆《追韩信》，张质彬《摩天岭》，压轴杨盛春、王泉奎、韩盛信、李世琦《挑华车》，大轴谭富英、张君秋、姜妙香、孙盛武、叶盛茂、何盛清合演全本《朱痕记》。

10月29日，同庆社上海鑫记大舞台夜戏：

张德禄《别寒窑》，裘盛戎、谭世英《白良关》，杨盛春、张连廷《战滁州》，压轴张君秋、姜妙香、哈宝山《玉堂春》，大轴谭富英、王泉奎、哈宝山合演《打鼓骂曹》。

10月30日，同庆社上海鑫记大舞台夜戏：

叶盛茂《真假李逵》，姜妙香、哈宝山、孙盛武《状元谱》，压轴杨盛春、王泉奎、韩盛信《战濮阳》，大轴谭富英、张君秋、王泉奎合演《二进宫》。

10月31日，同庆社上海鑫记大舞台夜戏：

明玉昆《扫松》，姜妙香、王泉奎《辕门射戟》，谭富英、张君秋《游龙戏凤》，压轴杨盛春、叶盛茂、韩盛信《麒麟阁》，大轴谭富英、张君秋合演《汾河湾》。

11月1日，同庆社上海鑫记大舞台夜戏：

张德禄《凤鸣关》，姜妙香、王泉奎、宋继亭《忠孝全》，杨盛春、韩盛信《白水滩》，压轴张君秋、何盛清《六月雪》，大轴谭富英、哈宝山、孙盛武、叶盛茂合演《定军山》。

11月2日，同庆社上海鑫记大舞台日场：

王幼秋《马蹄金》，叶盛茂《青风寨》，杨盛春、韩盛信、张连廷《状元印》，压轴张君秋、姜妙香、哈宝山《穆天王》，大轴谭富英、王泉奎、孙盛武合演《当锏卖马》。

11月2日，同庆社上海鑫记大舞台夜戏：

张德禄《潞安洲》，姜妙香《岳家庄》，杨盛春、韩盛信《赵家楼》，压轴张君秋、何盛清《孝义节》，大轴谭富英、王泉奎、孙盛武、罗文元合演全本《琼林宴》。

11月6日，同庆社上海鑫记大舞台夜戏：

张质彬、王幼秋、李瑞来《长坂坡》，王泉奎《白良关》，压轴杨盛春、叶盛茂、韩盛信《恶虎村》，大轴谭富英、张君秋、姜妙香、王幼秋、哈宝山、孙盛武、何盛清合演《探母回令》。

11月7日，同庆社上海鑫记大舞台夜戏：

王宝莲《鸿鸾禧》，张德禄《伐东吴》，姜妙香《罗成叫关》，压轴杨盛春、张连廷《英雄义》，大轴谭富英、张君秋、王泉奎、哈宝山、叶盛茂、孙盛武合演全部《鼎盛春秋》。

11月8日，同庆社上海鑫记大舞台夜戏：

王幼秋《女起解》，姜妙香、王泉奎《飞虎山》，杨盛春、张连廷《金锁阵》，压轴张君秋、哈宝山《提萦救父》，大轴谭富英、王泉奎、孙盛武合演全本《奇冤报》。

11月9日，同庆社上海鑫记大舞台日场：

张质彬《凤凰山》，姜妙香、王泉奎《取洛阳》，杨盛春、张德禄、张连廷《洗浮山》，压轴张君秋、王幼秋《樊江关》，大轴谭富英、哈宝山、叶盛茂合演《南阳关》。

11月9日，同庆社上海鑫记大舞台夜戏：

张德禄《凤鸣关》，王幼秋《彩楼配》，杨盛春、韩盛信《罗四虎》，压轴张君秋、姜妙香、何盛清《春秋配》，大轴谭富英、王泉奎、叶盛茂、哈宝山、孙盛武合演《失街亭》《空城计》《斩马谡》。

11月10日，同庆社上海鑫记大舞台夜戏：

张德禄《剑峰山》，王幼秋、哈宝山《贺后骂殿》，杨盛春、韩盛信《武文华》，压轴张君秋、哈宝山《提萦救父》，大轴谭富英、姜妙香、王泉奎、王幼秋合演《战太平》。

11月11日，同庆社上海鑫记大舞台夜戏：

叶盛茂《闹江州》，压轴杨盛春、张连廷《连环阵》，大轴谭富英、张君秋、姜妙香、哈宝山、孙盛武、何盛清合演全部《薛平贵与王宝钏》。

11月12日，同庆社上海鑫记大舞台夜戏：

张德禄《狮子楼》，姜妙香、王泉奎、宋继亭《忠孝全》，杨盛春、韩盛信《霸王庄》，压轴张君秋《宇宙锋》，大轴谭富英、哈宝山、叶盛茂、孙盛武合演《定军山》。

11月13日，同庆社上海鑫记大舞台夜戏：

王泉奎、王幼秋、哈宝山《铡美案》，姜妙香、孙盛武《连升三级》，压轴谭富英、张君秋、何盛清《桑园会》，大轴谭富英、杨盛春、叶盛茂、韩盛信合演全部《八大锤》《断臂说书》。

11月14日，同庆社上海鑫记大舞台夜戏：

王宝莲、明玉昆《乌龙院》，张德禄《收关胜》，压轴张君秋、筱文林《刺汤勤》，大轴谭富英、姜妙香、杨盛春、王泉奎、哈宝山、叶盛茂、孙盛武合演全本《群英会》《借东风》。

11月15日，同庆社上海鑫记大舞台夜戏：

姜妙香、王幼秋《虹霓关》，杨盛春、张连廷《战滁州》，压轴张君秋《六月雪》，大轴谭富英、王泉奎、哈宝山合演全本《捉放曹》。

11月16日，同庆社上海鑫记大舞台日场：

王幼秋、张质彬《长坂坡》《汉津口》，姜妙香、叶盛茂《岳家庄》，压轴杨盛春、韩盛信、谭世英《恶虎村》，大轴谭富英、张君秋、王泉奎、孙盛武、哈宝山合演《法门寺》。

11月16日，同庆社上海鑫记大舞台夜戏：

王泉奎、何盛清《断太后》，姜妙香《未央宫》，压轴张君秋、孙盛武《苏三起解》，大轴谭富英、杨盛春、王泉奎、哈宝山合演全本《连营寨》。

11月19日，同庆社上海鑫记大舞台夜戏：

明玉昆《九更天》，张德禄《时迁偷鸡》，压轴杨盛春、王泉奎、张连廷《挑华车》，大轴谭富英、张君秋、姜妙香、王幼秋、哈宝山、孙盛武、何盛清合演《四郎探母》。

11月21日，同庆社上海鑫记大舞台夜戏：

姜妙香、王泉奎《飞虎山》，杨盛春、韩盛信、宋继亭《两将军》，压轴张君秋、哈宝山《提萦救父》，大轴谭富英、王泉奎、孙盛武合演《奇冤报》。

11月22日，同庆社上海鑫记大舞台夜戏：

张质彬《冀州城》，叶盛茂《草桥关》，杨盛春、韩盛信《白水滩》，压轴张君秋、哈宝山《提萦救父》，大轴谭富英、姜妙香、王泉奎、孙盛武、王幼秋合演《战太平》。

11月23日，同庆社上海鑫记大舞台日场：

明玉昆《追韩信》，李瑞来《水淹七军》，张德禄《狮子楼》，王泉奎《牧虎关》，姜妙香《岳家庄》，压轴张君秋《宇宙锋》，大轴谭富英、杨盛春、孙盛武、叶盛茂、王幼秋合演全部《晋楚交兵》。

11月23日，同庆社上海鑫记大舞台夜戏：

张质彬《少年立志》，杨盛春、张连廷、韩盛信《英雄义》，压轴张君秋、姜妙香、何盛清《春秋配》，大轴谭富英、王泉奎、叶盛茂、孙盛武、哈宝山合演全本《失街亭》《空城计》《斩马谡》。

11月24日，同庆社上海鑫记大舞台夜戏：

张德禄《剑峰山》，王幼秋《彩楼配》，杨盛春、叶盛茂、韩盛信《战濮阳》，压轴张君秋、姜妙香、李世琦《玉堂春》，大轴谭富英、王泉奎、哈宝山、孙盛武合演《定军山》。

11月25日，同庆社上海鑫记大舞台夜戏（特烦谭小培演出三场头天）：

张质彬、李瑞来《走麦城》，杨盛春、韩盛信《林冲夜奔》，压轴谭小培、姜妙香、孙盛武、何盛清《状元谱》，大轴谭富英、张君秋、王泉奎、哈宝山、谭世英合演全部《大保国》《探皇陵》《二进宫》。

11月26日，同庆社上海鑫记大舞台夜戏：

王宝莲《打花鼓》，张德禄《潞安洲》，压轴张君秋、筱文林《苏三起解》，大轴谭富英、谭小培、姜妙香、杨盛春、孙盛武、王泉奎、哈宝山、叶盛茂合演全部《群英会》《借东风》。

11月27日，同庆社上海鑫记大舞台夜戏最后一天：

张质彬《贤孝子》，王幼秋《彩楼配》，杨盛春、张连廷《蜈蚣岭》，压轴谭富英、王泉奎、孙盛武、罗文元《问樵闹府》《打棍出箱》，大轴谭富英、谭小培、张君秋、姜妙香、杨盛春、叶盛茂、何盛清合演《美人计》《别皇宫》《回荆州》。

11月底，同庆社返京。

在沪演出期间，上海新申九老板陆菊森通过赵培鑫，聘请姜妙香教授小生戏。教戏地点在同孚路赵培鑫家中。

12月29日，同庆社三庆戏院夜戏：

姜妙香《罗成叫关》，杨盛春《夜奔》，陈丽芳、谭世英《宇宙锋》，大轴谭富英、刘砚亭、王泉奎合演《失街亭》《空城计》《斩马谡》。

12月31日，同庆社广德楼夜戏：

杨盛春《金锁阵》，陈丽芳、姜妙香《春秋配》，大轴谭富英、孙盛武、刘砚亭、王泉奎合演《奇冤报》。

12月，梨园公会会长赵砚奎出面，筹备为张君秋在北京组班谦和社，邀请姜妙香加入。

本年，冯蕙林去世，其后事料理姜妙香全部承担。

本年，由于战乱，各社演出上座均不佳，姜妙香处理冯蕙林后事花掉了所有积蓄，只得变卖北京大外廊营寓所，暂时移居麻线胡同7号。

本年，姜妙香应胜利唱片公司邀请，灌制《飞虎山》唱片2面，姜妙香饰安敬思、金少山饰李克用、贾贤英京胡、张继武司鼓。

1942年

（民国三十一年，农历壬午年） 52岁

本年，姜妙香搭谭富英同庆社，张君秋谦和社，李世芳承芳社，黄玉华玉华社，南铁生福春社，奚啸伯忠信社，金少山松竹社，以及言慧珠、李英良班社演出。

年初，张君秋谦和社正式成立。老生贯盛习、张春彦、纪玉良，花脸侯喜瑞、刘连荣、袁世海，小生姜妙香、叶盛兰、尚富霞，武生孙毓堃、周瑞安，武旦阎世善、李金鸿，老旦李多奎，小花脸萧长华、高富远、萧盛萱。姜妙香与张君秋合作的剧目有《玉堂春》、《金山寺》、《断桥》、《祭塔》、《红拂传》、《王宝钏》、《四郎探母》、《霸王别姬》等。

1月5日，同庆社三庆戏院夜戏：

杨盛春、韩盛信《挑华车》，谭富英、陈丽芳、姜妙香、计砚芬、孙盛武、刘砚亭合演《红鬃烈马》。

1月17日，伪中华同养会冬赈义务戏，长安大戏院夜戏：

李多奎《长寿星》，周瑞安、刘永利《金钱豹》，杨宝森、毛世来、孙盛武《乌龙院》，孙毓堃、南铁生、侯喜瑞、许德义《长坂坡》，尚小云、小翠花、姜妙香、马富禄、高富远《能仁寺》，大轴谭富英、金少山、李金鸿、叶盛兰、萧长华合演《摘缨会》。

1月20日，姜妙香接受胜利唱片公司邀请，与金少山、李多奎等录制《打龙袍》唱片共10面。晚21时开始录制，结束于23时。金少山饰包拯，李多奎饰李后，姜妙香饰宋仁宗，马富禄饰陈琳，萧长华饰灯官、郭槐，关德咸饰王延龄，贾贤英、周文贵京胡，张继武司鼓。

1月21日，伪北京新闻协会举办义务戏，长安大戏院夜戏：

杨盛春、李洪春、韩盛信、张连廷《九伐中原》，谭富英、金少山、萧长华、萧盛萱《黄金台》，尚小云、姜妙香、任志秋、高富远二本《虹霓关》，大轴荀慧生、小翠花、金少山、马富禄合演《双沙河》。

1月28日，伪新民会北京市总会冬赈义务戏，长安大戏院夜戏：

宋德珠《蟠桃会》，李世芳《闹学》，李盛藻、毛世来、孙盛武《打渔杀家》，小翠花、姜妙香、尚小云、马富禄《得意缘》，大轴谭富英、侯喜瑞、叶盛兰、萧长华合演《群英会》。

2月23日，同庆社三庆戏院夜戏：

杨盛春、韩盛信《挑华车》，大轴谭富英、陈丽芳、姜妙香、计砚芬、孙盛武、刘砚亭合演《红鬃烈马》。

2月27日，承芳社三庆戏院夜戏：

费世威、袁世涌《白水滩》，大轴李世芳、姜妙香、贯盛习、孙盛武合演全部《春灯谜》。

3月2日，同庆社三庆戏院夜戏：

姜妙香《辕门射戟》，谭富英、陈丽芳、何盛清《桑园会》，杨盛春、韩盛信、王泉奎《战濮阳》，谭富英、孙盛武、刘砚亭、谭世英合演《洪羊洞》。

3月5日至7日，天津安清道义建设家庙委员会，为天津安清帮各界人士筹款，演出三天义务戏。

3月6日，为天津安清帮各界人士筹款义务夜戏第二天：

杨盛春、韩富信、邱富棠《铁笼山》，南铁生、姜妙香、哈宝山《玉堂春》，金少山、李多奎、王福山、姜妙香《断太后》《打龙袍》，大轴谭富英、王泉奎、孙盛武合演《奇冤报》。

3月6日，为天津安清帮各界人士筹款义务夜戏第三天：

杨盛春、韩富信《挑华车》，南铁生、姜妙香《奇双会》，金少山、王福山《牧虎关》，大轴谭富英、王泉奎、马连昆、哈宝山、孙盛武合演《失街亭》《空城计》《斩马谡》。

3月28日，谦和社开明大戏院头天夜戏：

王泉奎《大回朝》，时慧宝《朱砂痣》，压轴孙毓堃、李金鸿、许德义、范宝亭、王福山、迟月亭《战宛城》，大轴张君秋、纪玉良、于莲仙、姜妙香、李多奎、萧长华、张春彦合演《探母回令》。

本年夏，梅兰芳由港返沪，仍然闭门谢客，拒绝一切演出。

4月1日，广德楼合作戏日场，大轴孟小冬、张君秋、姜妙香合演《御碑亭》。孟小冬饰王有道，张君秋饰孟月华，姜妙香饰柳春生，萧长华饰德禄，鲍吉祥饰申嵩，任志秋饰王淑英。

4月10日，长安大戏院夜戏：

姚童梅《宇宙锋》，张湘君《三击掌》，大轴姚童梅、姜妙香、李世霖合演《奇双会》。

4月15日，长安大戏院夜戏：

言慧珠、言少朋、言小朋、姜妙香、刘连荣、贯盛吉、赵炳啸《龙凤呈祥》，大轴言慧珠、言少朋合演《戏迷传》。

4月20日，同庆社三庆戏院夜戏：

杨盛春、韩盛信、王泉奎、计砚芬《大战宛城》，陈丽芳、姜妙香、宋继亭《玉堂春》，大轴谭富英、刘砚亭合演《定军山》。

4月22日，同庆社三庆戏院夜戏：

杨盛春、韩盛信《安天会》，陈丽芳、姜妙香《春秋配》，大轴谭富英、刘砚亭、王泉奎、慈少泉合演《奇冤报》。

4月24日，长安大戏院夜戏：

言慧珠、贯盛吉、刘连荣《双沙河》，言小朋《夜奔》，大轴言慧珠、姜妙香、贯盛吉合演《孔雀东南飞》。

4月25日，同庆社三庆戏院夜戏：

计砚芬《拾玉镯》，谭富英、王泉奎《黄金台》，陈丽芳《宇宙锋》，大轴谭富英、杨盛春、姜妙香、刘砚亭合演《连营寨》。

4月28日，玉华社长安大戏院夜戏：

费世威《挑华车》，黄玉华、姜妙香、管绍华、贾多才合演全部《凤还巢》。

4月29日，同庆社广德楼夜戏：大轴谭富英、陈丽芳、姜妙香、刘砚亭、慈少泉合演《战太平》。

4月30日，北京公益联合会为产科医院筹款，开明戏院义务夜戏：

李玉芝、储金鹏《铁弓缘》，金少山、王福山《李七长亭》，李金鸿《扈家庄》，大轴孟小冬、张君秋、姜妙香、萧长华、任志秋、鲍吉祥合演《御碑亭》《金榜乐》《大团圆》。

5月1日，同庆社广德楼夜戏：

杨盛春、韩盛信、王泉奎《战濮阳》，大轴谭富英、陈丽芳、姜妙香、计砚芬、刘砚亭、宋继亭合演《红鬃烈马》。

5月5日，玉华社长安大戏院夜戏：

李金泉《长寿星》，黄玉华、刘连荣《贞娥刺虎》，费世威《八大锤》，大轴黄玉华、姜妙香、朱斌仙、田玉林合演《廉锦枫》。

5月8日，同庆社三庆戏院夜戏：

杨盛春、王泉奎、韩盛信《牛皋下书》《挑华车》，大轴谭富英、陈丽芳、姜妙香、计砚芬、刘砚亭、宋继亭合演《红鬃烈马》。

5月17日，同庆社长安戏院夜戏：

姜妙香、刘砚亭《取洛阳》，杨盛春、韩盛信《铁笼山》，大轴谭富英、陈丽芳、王泉奎合演《大保国》《探皇陵》《二进宫》。

5月21日，开明戏院合作夜戏：

李万春、蓝月春、宋遇春、姜铁麟《真假美猴王》，大轴谭富英、吴素秋、姜妙香、李多奎、计砚芬、关德咸、韦三奎合演全部《红鬃烈马》。

5月26日，玉华社长安大戏院夜戏：

李金泉《钓金龟》，黄玉华、朱斌仙《樊江关》，管绍华、费世威《连营寨》，大轴黄玉华、姜妙香、张春彦合演《奇双会》。

5月28日，福春社长安大戏院夜戏：

费世威《挑华车》，大轴南铁生、姜妙香、管绍华、张春彦合演全部《凤还巢》。

5月29日，忠信社长安大戏院夜戏：

王少亭、姜妙香、茹富蕙《状元谱》，梁慧超《金钱豹》，大轴奚啸伯、侯玉兰、王泉奎合演《大保国》《探皇陵》《二进宫》。

5月30日，玉华社长安大戏院夜戏：

费世威《夜奔》，大轴黄玉华、管绍华、姜妙香、张春彦、朱斌仙合演全部《探母回令》。

6月3日，同庆社长安戏院夜戏：

姜妙香《岳家庄》，杨盛春《八大锤》，谭富英、陈丽芳、王泉奎、刘砚亭、哈宝山合演全部《鼎盛春秋》。

6月4日，长安戏院夜戏：

王金璐《落马湖》，李和曾《逍遥津》，大轴陈丽云、姜妙香、张春彦《玉堂春》。

6月5日，同庆社三庆戏院夜戏：

姜妙香《辕门射戟》，谭富英、王泉奎《黄金台》，杨盛春《战滁州》，大轴谭富英、刘砚亭合演《打鼓骂曹》。

6月15日，长安戏院夜戏：

王泉奎《草桥关》，杨盛春、韩盛信《挑华车》，大轴李良英、陈丽芳、姜妙香、张蝶芬、刘砚亭、哈宝山合演《红鬃烈马》。

6月20日，同庆社三庆戏院夜戏：

陈丽芳《女起解》，大轴谭富英、姜妙香、哈宝山、刘砚亭、计砚芬合演《珠帘寨》。

6月22日，松竹社长安戏院夜戏：

李多奎《滑油山》，周瑞安、刘永利、王福山《殷家堡》，荀令香、姜妙香《破洪州》，大轴金少山、张春彦合演《铡美案》。

6月29日，忠信社长安大戏院夜戏：

奚啸伯、侯玉兰、高盛麟、李多奎、姜妙香、茹富蕙、王少亭、任志秋合演全部《红鬃烈马》。

7月4日，忠信社长安大戏院夜戏：

奚啸伯、侯玉兰、高盛麟、李多奎、姜妙香、茹富蕙、王少亭、任志秋合演全部《红鬃烈马》。

7月5日，长安大戏院夜戏：

张春彦、徐和才《借赵云》，吴彦衡《挑华车》，大轴张丽君、贯盛吉、姜妙香、朱斌仙合演全部《王宝钏》。

7月7日，同庆社长安戏院夜戏：

杨盛春、叶盛章、李金鸿《大三岔口》，大轴谭富英、梁小鸾、李多奎、姜妙香、林秋雯、哈宝山合演《红鬃烈马》。

7月9日，长安戏院夜戏：

李金泉、刘砚亭《徐母骂曹》，杨盛春、韩盛信《八大锤》，陈丽芳、姜妙香、张春彦《玉堂春》，大轴李良英、李春恒合演《捉放曹》。

7月13日，长安戏院夜戏：

李多奎《太君辞朝》，王金璐《挑华车》，大轴陈少霖、李玉茹、姜妙香、萧长华、林秋雯、王少亭合演《探母回令》。

7月16日，同庆社长安戏院夜戏：

陈丽芳、计砚芬《樊江关》，大轴谭富英、谭小培、杨盛春、姜妙香、马富禄、刘砚亭、王泉奎合演《群英会》《借东风》。

7月25日，同庆社三庆戏院夜戏：

谭富英、王泉奎《托兆碰碑》，大轴谭富英、谭小培、陈丽芳、杨盛春、姜妙香、马富禄、刘砚亭合演《回荆州》。

8月8日，长安戏院合作夜戏：

杨盛春、李金鸿、姜妙香《挑帘裁衣》，大轴谭富英、金少山、王泉奎、马富禄合演《失街亭》《空城计》《斩马谡》。

8月30日，三庆戏院夜戏：

杨盛春、韩盛信《罗四虎》，陈丽芳《宇宙锋》，大轴李英良、杨盛春、姜妙香、刘砚亭、孙盛武、郭元汾合演《群英会》《借东风》。

9月8日，玉华社长安戏院夜戏：

李金泉《钓金龟》，黄玉华、刘连荣《贞娥刺虎》，费世威、姜妙香《镇潭州》，大轴黄玉华、朱斌仙、苏维明合演《红线盗盒》。

9月9日，三庆戏院夜戏：

言慧珠、言少朋、姜妙香、贯盛吉、赵炳啸合演全部《吕布与貂蝉》。

10月5日，忠信社长安戏院夜戏：

高盛麟、茹富蕙《落马湖》，奚啸伯、侯玉兰《贺后骂殿》，大轴奚啸伯、姜妙香、王少亭、任志秋、裘世戎合演全部《珠帘寨》。

10月8日，开明安戏院夜戏：

迟世恭、裘盛戎《托兆碰碑》，大轴赵艳容、姜妙香合演《玉堂春》。

10月20日，长安戏院夜戏：

言少朋、言小朋、孙甫亭《八大锤》《断臂说书》，大轴言慧珠、姜妙香、贾多才、曹世嘉合演全部《凤还巢》。

10月26日，长安戏院夜戏：

姜妙香《监酒令》，言小朋、阎世善《青石山》，言慧珠、贾多才、曹世嘉《木兰从军》，大轴言慧珠、言少朋合演《双官诰》。

11月1日，承芳社长安戏院夜戏：

阎世善《演火棍》，任志秋《辛安驿》，迟世恭、杨盛春、袁世海《阳平关》，大轴李世芳、姜妙香、孙盛武、李世霖、郭元汾合演全部《百花公主》。

11月3日，长安戏院夜戏：

言小朋、阎世善《巴骆和》，言少朋《清官册》，大轴言慧珠、姜妙香、贾多才合演《孔雀东南飞》。

11月7日，广德楼夜戏：

张洪祥《白良关》，周瑞安《金钱豹》，大轴徐绣雯、姜妙香、马连昆、张春彦合演《凤还巢》。

11月14日，长安戏院夜戏：

言小朋、阎庆林《镇潭州》，大轴言慧珠、言少朋、贯盛吉、姜妙香、贾多才、曹世嘉合演全部《一捧雪》。

11月23日，福春社长安戏院夜戏：

王金璐《挑华车》，大轴南铁生、姜妙香、刘连荣、萧盛萱、贯盛吉合演全部《凤还巢》。

12月2日，同庆社长安戏院夜戏：

计砚芬《查头关》，姜妙香《辕门射戟》，谭富英、梁小鸾、何盛清《桑园会》，杨盛春、韩盛信《连环阵》，大轴谭富英、马连昆、慈少泉、哈宝山合演《洪羊洞》。

12月3日，长安戏院夜戏：

言小朋、朱桂芳《湘江会》，言慧珠、言少朋、刘连荣《战宛城》，大轴言慧珠、姜妙香、王少亭、贯盛吉合演《天女散花》。

12月5日，承芳社长安戏院夜戏：

阎世善《瑞草园》，迟世恭、杨盛春《连营寨》，大轴李世芳、姜妙香、孙盛武、李春林、郭元汾合演全部《凤还巢》。

12月7日，长安戏院夜戏：

朱桂芳《红桃山》，言慧珠、言小朋、何佩华《刺巴杰》《巴骆和》，言少朋《捉放宿店》，大轴言慧珠、姜妙香、王少亭、贯盛吉合演《人面桃花》。

12月14日，长安戏院夜戏：

阎世善《扈家庄》，言小朋、贾多才《落马湖》，大轴言慧珠、言少朋、姜妙香、王少亭、贯盛吉、张蝶芬合演全部《祝英台》。

12月16日，同庆社长安戏院夜戏：

姜妙香、计砚芬《穆天王》，杨盛春、韩盛信、张连廷《恶虎村》，谭富英、哈宝山、孙盛武、孙甫亭《盗宗卷》，梁小鸾《女起解》，大轴谭富英、李春恒合演《击鼓骂曹》。

12月17日，长安戏院合作夜戏：

李金鸿《虹霓关》，大轴徐碧云、虞仲衡、姜妙香、于莲仙、马覆云合演《探母回令》。

12月20日，姜妙香接受言慧珠邀请赴沪演出。

12月24日，言慧珠、李盛藻联袂演出，上海黄金大戏院夜戏头天：

高雪樵、程少余《大四杰村》，压轴言小朋、袁世海、苗胜春《连环套》，大轴李盛藻、言慧珠、芙蓉草、姜妙香、孙盛武、刘斌昆（反串老旦）、韩金奎合演全部《探母回令》。

12月25日，上海黄金大戏院夜戏：

高雪樵、阎世岚《泗州城》，言小朋《林冲夜奔》，压轴李盛藻、程少余、李克昌、李世霖《胭粉计》，大轴言慧珠、袁世海、姜妙香、李盛藻、孙盛武、韩金奎合演全部《霸王别姬》。

12月26日，上海黄金大戏院夜戏：

阎世岚《演火棍》，言小朋《挑华车》，压轴言慧珠、姜妙香、李世章《玉堂春》，大轴李盛藻、言慧珠、袁世海、孙盛武、苗胜春、李世霖、程少余合演全部《哭秦庭》。

12月27日，上海黄金大戏院日场：

张国斌《焚绵山》，言小朋、阎世岚《恶虎村》，大轴李盛藻、言慧珠、姜妙香、袁世海、孙盛武、李世霖合演全部《苏武牧羊》。

12月27日，上海黄金大戏院夜戏：

李盛藻、言慧珠、袁世海、孙盛武、芙蓉草、曹雪芹、刘斌昆全部《双娇奇缘》，大轴李盛藻、言慧珠、姜妙香、袁世海、孙盛武、刘斌昆、言小朋、韩金奎合演全部《龙凤呈祥》。

12月28日，上海黄金大戏院夜戏：

李克昌《万花厅》，压轴言慧珠、姜妙香、孙盛武、张国斌《廉锦枫》，大轴李盛藻、袁世海、李世霖、李世章、程少余合演全部《青梅煮酒论英雄》。

12月29日，上海黄金大戏院夜戏：

阎世岚《金山寺》，言小朋《冀州城》，压轴李盛藻、袁世海、李世霖《击鼓骂曹》，大轴言慧珠、姜妙香、袁世海、李盛藻、孙盛武、韩金奎合演全部《凤还巢》。

12月30日，上海黄金大戏院夜戏：

阎世岚《盗仙草》，高雪樵、苗胜春、冯国斌《铁公鸡》，压轴言慧珠芙蓉草《樊江关》，大轴李盛藻、姜妙香、言小朋、孙盛武、李世霖、李克昌合演全部《群英会》《借东风》。

12月31日，上海黄金大戏院夜戏：

阎世岚《盗宝库》，言小朋《金锁阵》，压轴李盛藻、何润初、李克昌、韩金奎《马义救主》，大轴言慧珠、袁世海、姜妙香、孙盛武、朱桂芳、李世霖合演全部《西施》。

1943年

（民国三十二年，农历癸未年） 53岁

1月1日，上海黄金大戏院日场：

曹雪芹《探亲家》，言小朋、程少余《八大锤》，压轴言慧珠、姜妙香、芙蓉草、李克昌《得意缘》，大轴李盛藻、袁世海、孙盛武、李世霖合演全部《赠绨袍》。

1月2日，上海黄金大戏院夜戏：

夏宗英《雪杯圆》，高雪樵《四杰村》，压轴言小朋、袁世海、苗胜春、李世章《连环套》，大轴李盛藻、言慧珠、姜妙香、芙蓉草、孙盛武、刘斌昆合演全部《四郎探母》。

1月3日，上海黄金大戏院日场：

李盛藻、言慧珠、袁世海、孙盛武、芙蓉草、曹雪芹、刘斌昆全部《双娇奇缘》，大轴李盛藻、言慧珠、姜妙香、袁世海、孙盛武、刘斌昆、言小朋、韩金奎合演全部《龙凤呈祥》。

1月3日，上海黄金大戏院夜戏：

张国斌《焚绵山》，言小朋《林冲夜奔》，大轴李盛藻、言慧珠、姜妙香、袁世海、李克昌、孙盛武、李世霖合演全部《穆柯寨》《穆天王》《辕门斩子》。

1月4日，上海黄金大戏院夜戏：

阎世岚《演火棍》，言小朋、袁世海《霸王庄》，大轴李盛藻、言慧珠、姜妙香、刘斌昆、李世霖、韩金奎合演《善宝庄》（“敲骨求金”）《叹骷髅》（“指悟白简”）《蝴蝶梦》（“田氏劈棺”）。

1月5日，上海黄金大戏院夜戏：

李克昌《牧虎关》，言小朋、袁世海、阎世岚《普球山》，大轴李盛藻、言慧珠、姜妙香、刘斌昆、李世霖、韩金奎合演《善宝庄》《叹骷髅》《蝴蝶梦》。

1月6日，上海黄金大戏院夜戏：

邱玉成、曹雪芹《投军别窑》，言小朋《贾家楼》，压轴李盛藻、芙蓉草、刘斌昆《乌龙院》，大轴言慧珠、袁世海、姜妙香、李盛藻、孙盛武合演全部《霸王别姬》。

1月7日，上海黄金大戏院夜戏：

曹雪芹、张国斌《南天门》，言小朋《八大锤》，李盛藻、姜妙香、袁世海、何润初《断臂说书》，大轴李盛藻、言慧珠、言少朋、言小朋、孙盛武合演《男女戏迷传》。

1月8日，上海黄金大戏院夜戏：

阎世岚、程少余、刘世英《杨排风》，压轴李盛藻、姜妙香、言小朋、袁世海《黄鹤楼》，大轴李盛藻、言慧珠、言小朋、言少朋、孙盛武合演《男女戏迷传》。

1月9日，上海黄金大戏院夜戏：

高雪樵、阎世岚《大泗州城》，姜妙香《罗成叫关》，压轴李盛藻、袁世海《割麦装神》，大轴李盛藻、言慧珠、言小朋、言少朋、孙盛武合演《男女戏迷传》。

1月10日，上海黄金大戏院日场：

阎世岚《取金陵》，高雪樵《驱车战将》，压轴李盛藻、袁世海、姜妙香、孙盛武《开山府》，大轴言慧珠、言小朋、李世霖、韩金奎合演《木兰从军》。

1月10日，上海黄金大戏院夜戏：

李盛藻、言慧珠、袁世海、孙盛武、芙蓉草、曹雪芹、刘斌昆全部《双娇奇缘》，大轴李盛藻、言慧珠、姜妙香、袁世海、孙盛武、刘斌昆、言小朋合演全部《龙凤呈祥》。

1月11日、12日，上海黄金大戏院夜戏：

《大名府》《玉麒麟》《秦淮河》《贪欢报》连演。李盛藻饰卢俊义，言慧珠饰贾氏、李香兰，袁世海饰张顺，言小朋饰燕青，姜妙香饰安道全，芙蓉草饰鸨母，孙盛武饰张旺，刘斌昆饰醉皂隶，高雪樵饰石秀，苗胜春饰时迁，李克昌饰李逵，韩金奎饰李固，程少余饰索超，李世霖饰梁士杰。

1月13日，上海黄金大戏院夜戏：

阎世岚《演火棍》，言小朋、袁世海、李世章《阳平关》，大轴李盛藻、言慧珠、姜妙香、刘斌昆、李世霖、韩金奎合演《善宝庄》《叹骷髅》《蝴蝶梦》。

1月14日，上海黄金大戏院夜戏：

高雪樵、程少余《伐子都》，压轴李盛藻、袁世海、孙盛武《应天球》，大轴李盛藻、言慧珠、言小朋、言少朋、姜妙香、孙盛武合演《男女戏迷传》。

1月15日，上海黄金大戏院夜戏：

邱玉成、曹雪芹《投军别窑》，言小朋、袁世海、芙蓉草、苗胜春《酸枣岭》《刺巴杰》《巴骆和》，大轴李盛藻、言慧珠、姜妙香、刘斌昆、李世霖、韩金奎合演《善宝庄》《叹骷髅》《蝴蝶梦》。

1月16日，上海黄金大戏院夜戏：

邱玉成、曹雪芹《贺后骂殿》，阎世岚《蟠桃会》，压轴李盛藻、姜妙香、袁世海《借赵云》，大轴李盛藻、言慧珠、言小朋、言少朋、孙盛武合演《男女戏迷传》。

1月17日，上海黄金大戏院日场：

阎世岚《盗仙草》，张英武、程少余《古城会》，压轴言慧珠、芙蓉草《樊江关》，大轴李盛藻、姜妙香、言小朋、孙盛武、李克昌合演全部《群英会》《借东风》。

1月17日，上海黄金大戏院夜戏：

高雪樵、阎世岚、程少余《四杰村》，言小朋、袁世海、苗胜春《连环套》，大轴李盛藻、言慧珠、芙蓉草、姜妙香、孙盛武、刘斌昆、韩金奎合演《四郎探母》。

1月18日，上海黄金大戏院夜戏：

阎世岚《盗宝库》，言小朋《林冲夜奔》，压轴李盛藻、袁世海、李世霖、程少余《胭粉计》，大轴言慧珠、姜妙香、孙盛武、李世章、盖三省合演全部《生死恨》。

1月19日，上海黄金大戏院夜戏：

高雪樵、阎世岚《大泗州城》，袁世海、李世霖《造白袍》，压轴李盛藻、言小朋《连营寨》，大轴言慧珠、姜妙香、朱桂芳合演《洛神传》。

1月20日，上海黄金大戏院夜戏：

李克昌《牧虎关》，言小朋、韩金奎《落马湖》，压轴言慧珠、姜妙香、朱桂芳、李世章《金山寺》，大轴李盛藻、袁世海、芙蓉草、孙盛武合演全部《哭秦庭》。

1月21日，上海黄金大戏院夜戏：

张国斌《焚绵山》，阎世岚《朝金顶》，言小朋《贾家楼》，压轴言慧珠、李世霖、李克昌《红线盗盒》，大轴李盛藻、袁世海、姜妙香、李世霖、程少余合演全部《许田射鹿》。

1月22日，上海黄金大戏院夜戏：

傅云苔《洪羊洞》，高雪樵、程少余、李克昌《长坂坡》，压轴言慧珠、言小朋、姜妙香、袁世海《借赵云》，大轴李盛藻、言慧珠、言小朋、言少朋、孙盛武合演《男女戏迷传》。

1月23日，上海黄金大戏院夜戏：

曹雪芹、盖三省《探亲家》，言小朋、阎世岚《天霸招亲》，压轴李盛藻、孙盛武、李克昌《奇冤报》，大轴言慧珠、姜妙香、袁世海、孙盛武、李世霖合演头二本《太真外传》。

1月24日，上海黄金大戏院日场：

邱玉成、王洪魁《打严嵩》，高雪樵、阎世岚、程少余《四杰村》，压轴言小朋、袁世海、苗胜春《连环套》，大轴李盛藻、言慧珠、姜妙香、刘斌昆、李世霖、韩金奎合演《善宝庄》《叹骷髅》《蝴蝶梦》。

1月24日，上海黄金大戏院夜戏：

李盛藻、言慧珠、袁世海、孙盛武、芙蓉草、曹雪芹、刘斌昆全部《双娇奇缘》，大轴李盛藻、言慧珠、姜妙香、袁世海、孙盛武、刘斌昆、言小朋合演全部《龙凤呈祥》。

1月25日至27日，伪上海特别市社会局，为冬赈经费筹募委员会筹款，举办京戏演员会串演剧三天，演出均为日场，演出地点在上海更新舞台。参加演出者有：周信芳、赵如泉、姜妙香、林树森、刘斌昆、李少春、李盛藻、言慧珠、童芷苓、高盛麟、高雪樵、迟世恭、袁世海、张翼鹏等。

1月25日，上海黄金大戏院夜戏：

邱玉成、曹雪芹《投军别窑》，言小朋、程少余《霸王庄》，压轴李盛藻、芙蓉草、刘斌昆《乌龙院》（带“活捉”），大轴言慧珠、袁世海、姜妙香、孙盛武、李世霖、韩金奎合演全部《霸王别姬》。

1月26日，上海黄金大戏院夜戏：

高雪樵《周瑜归天》，压轴李盛藻、言慧珠、姜妙香、刘斌昆、李世霖、韩金奎合演《善宝庄》《叹骷髅》《蝴蝶梦》，大轴李盛藻、言慧珠、言小朋、言少朋、孙盛武合演《男女戏迷传》。

1月27日，伪上海特别市社会局，在上海更新舞台为冬赈经费筹募委员会筹款最后一天日场：

高雪樵、赵如泉、李仲林、李如春、王富英《铁公鸡》，压轴周信芳、姜妙香、林树森、高盛麟、迟世恭、裘盛戎、郭少亭《群英会》《借东风》《华容道》，大轴周信芳、童芷苓、刘斌昆、葛次江、韩金奎、童寿苓合演《善宝庄》《蝴蝶梦》《大劈棺》。

1月27日，上海黄金大戏院夜戏：

高雪樵《驱车战将》，压轴言慧珠、姜妙香、孙盛武《孔雀东南飞》，大轴李盛藻、言慧珠、袁世海、孙盛武、李世霖合演《打渔杀家》。

1月28日，上海黄金大戏院夜戏：

阎世岚《演火棍》，言小朋《林冲夜奔》，压轴李盛藻、袁世海、姜妙香、孙盛武《火牛阵》，大轴言慧珠、刘斌昆合演《纺棉花》。

1月29日，上海黄金大戏院夜戏：

阎世岚、刘世英《摇钱树》，姜妙香、芙蓉草《岳家庄》，压轴李盛藻、袁世海、言小朋、孙盛武《定军山》《阳平关》，大轴言慧珠、刘斌昆合演《纺棉花》。

1月30日，上海黄金大戏院夜戏：

高雪樵《挑华车》，压轴李盛藻、言慧珠、姜妙香、刘斌昆、李世霖、韩金奎合演《善宝庄》《叹骷髅》《蝴蝶梦》，大轴李盛藻、言慧珠、言小朋、言少朋、孙盛武合演《男女戏迷传》。

1月31日，上海黄金大戏院日场：

阎世岚《聚宝盆》，高雪樵、张英武《铁公鸡》，压轴李盛藻、言慧珠、袁世海、姜妙香、孙盛武《四进士》，大轴言慧珠、刘斌昆合演《纺棉花》。

1月31日，上海黄金大戏院夜戏：

高雪樵《大四杰村》，言小朋、袁世海、苗胜春《连环套》，压轴李盛藻、言慧珠、芙蓉草、姜妙香、孙盛武、刘斌昆（反串老旦）、韩金奎合演全部《探母回令》，大轴李盛藻、言慧珠、言小朋、言少朋、孙盛武合演《男女戏迷传》。

2月1日，李盛藻、姜妙香返京。

2月14日，同庆社三庆戏院夜戏：

杨盛春、韩盛信《状元印》，大轴谭富英、陈丽芳、姜妙香、计砚芬、哈宝山、何盛清合演《红鬃烈马》。

2月15日，忠信社长安戏院夜戏：

侯玉兰、王少亭《三击掌》，大轴奚啸伯、王泉奎、姜妙香、马君武合演全部《杨家将》。

2月20日，同庆社三庆戏院夜戏：

杨盛春《挑华车》，梁小鸾、姜妙香《春秋配》，大轴谭富英、刘砚亭、王泉奎合演《打棍出箱》。

3月6日，同庆社三庆戏院夜戏：

姜妙香《岳家庄》，谭富英、梁小鸾《游龙戏凤》，杨盛春、刘砚亭《铁笼山》，大轴谭富英、王泉奎合演《托兆碰碑》。

3月17日，同庆社长安戏院夜戏：

谭富英、杨盛春、姜妙香、孙盛武、马连昆、刘砚亭、哈宝山合演《群英会》《借东风》。

3月18日，长安大戏院夜戏：

毛世来、陈少霖、姜妙香、李多奎、杨盛春合演全部《穆桂英》。

3月25日，长安戏院合作夜戏：

孙毓堃、侯喜瑞、李金鸿、王福山《大战宛城》，大轴谭富英、张君秋、李多奎、姜妙香、孙盛武、哈宝山、刘砚亭、任志秋合演《红鬃烈马》。

4月，谭富英组“黄金阵容”赴沪，于上海更新舞台演出。头牌老生谭富英，二牌旦角梁小鸾，武生杨盛春，小生姜妙香，花脸王泉奎、刘砚亭，武旦阎世善，另有孙盛武、孙盛佐、林秋雯、殷金振、哈宝山、张连廷、韩盛信、谭世英、苏盛轼、韩洪奎等。

4月14日，谭富英率同庆社抵沪。

4月16日，同庆社上海更新舞台夜戏头天：

刘文魁《斩颜良》，王泉奎《锁五龙》，阎世善《摇钱树》，压轴杨盛春、刘砚亭《挑华车》，大轴谭富英、梁小鸾、姜妙香、林秋雯、孙盛武、何盛清、哈宝山合演全部《四郎探母》。

4月17日，同庆社上海更新舞台夜戏：

阎世善、姜妙香、林秋雯《虹霓关》，杨盛春、韩盛信《武文华》，压轴梁小鸾《女起解》，大轴谭富英、王泉奎、刘砚亭、哈宝山、孙盛武合演全部《失街亭》《空城计》《斩马谡》。

4月18日，同庆社上海更新舞台日场：

姜妙香、林秋雯《得意缘》，阎世善《杨排风》，压轴杨盛春、刘砚亭《霸王庄》，大轴谭富英、梁小鸾、王泉奎、孙盛武、哈宝山、谭世英合演《法门寺》。

4月18日，同庆社上海更新舞台夜戏：

刘文魁《追韩信》，阎世善《百草山》，杨盛春、韩盛信、宋继亭《战马超》，压轴梁小鸾、姜妙香、哈宝山《玉堂春》，大轴谭富英、孙盛武、王泉奎、刘砚亭合演《奇冤报》。

4月19日，同庆社上海更新舞台夜戏：

姜妙香、林秋雯、刘砚亭《岳家庄》，阎世善、殷金振《小放牛》，压轴杨盛春、韩盛信、张连廷《铁笼山》，大轴谭富英、梁小鸾、王泉奎合演全部《大保国》《探皇陵》《二进宫》。

4月20日，同庆社上海更新舞台夜戏：

刘文魁《扫松》，姜妙香、林秋雯、王泉奎、刘砚亭《穆柯寨》，杨盛春、阎世善《殷家堡》，压轴梁小鸾、何盛清《六月雪》，大轴谭富英、刘砚亭、孙盛武、哈宝山合演《定军山》。

4月21日，同庆社上海更新舞台夜戏：

刘文魁、筱月春《溪皇庄》，王泉奎、哈宝山《下河东》，阎世善《金山寺》，压轴梁小鸾、姜妙香、何盛清《春秋配》，大轴谭富英、梁小鸾、杨盛春、孙盛武、刘砚亭合演全部《晋楚交兵》。

4月22日，同庆社上海更新舞台夜戏：

刘文魁《路遥知马力》，王泉奎、何盛清《遇皇后》，阎世善、刘砚亭《取金陵》，压轴梁小鸾、姜妙香、孙盛武《铁弓缘》，大轴谭富英、杨盛春、刘砚亭、哈宝山、李世琦合演全本《连营寨》。

4月23日，同庆社上海更新舞台夜戏：

刘文魁《战长沙》，杨盛春、阎世善、孙盛武《大青石山》，压轴梁小鸾、姜妙香、林秋雯、刘砚亭、何盛清《得意缘》，大轴谭富英、王泉奎、哈宝山合演《托兆碰碑》。

4月24日，同庆社上海更新舞台夜戏：

刘文魁、蓝月春《凤凰山》，阎世善《蟠桃会》，压轴梁小鸾、谭世英《宇宙锋》，大轴谭富英、姜妙香、杨盛春、王泉奎、孙盛武、刘砚亭、哈宝山合演全本《群英会》《借东风》。

4月25日，同庆社上海更新舞台日场：

刘文魁《古城会》，姜妙香、林秋雯《穆天王》，压轴杨盛春、阎世善、王泉奎、韩盛信《大战宛城》，大轴谭富英、梁小鸾、孙盛武、刘砚亭、哈宝山合演《打渔杀家》。

4月25日，同庆社上海更新舞台夜戏：

蓝月春《水帘洞》，阎世善《盗仙草》，杨盛春、张连廷《战滁州》，压轴梁小鸾、姜妙香、哈宝山《奇双会》，大轴谭富英、孙盛武、王泉奎、刘砚亭、罗文元合演全本《问樵闹府》《打棍出箱》。

4月29日，同庆社上海更新舞台夜戏：

蓝月春《嘉兴府》，刘砚亭《闹江州》，阎世善《摇钱树》，压轴杨盛春、王泉奎、韩盛信《战濮阳》，大轴谭富英、梁小鸾、姜妙香、林秋雯、孙盛武、何盛清、哈宝山合演《探母回令》。

4月30日，同庆社上海更新舞台夜戏：

蓝月春《杀四门》，阎世善《泗州城》，杨盛春、刘砚亭、韩盛信《恶虎村》，压轴梁小鸾、姜妙香、林秋雯《虹霓关》，大轴谭富英、王泉奎、孙盛武、哈宝山合演全本《捉放曹》。

5月1日，同庆社上海更新舞台夜戏：

蓝月春《铁公鸡》，姜妙香、林秋雯《秦淮河》，阎世善《盗库银》，压轴梁小鸾《女起解》，大轴谭富英、王泉奎、孙盛武、刘砚亭、哈宝山合演《洪羊洞》。

5月2日，同庆社上海更新舞台日场：

蓝月春《花蝴蝶》，王泉奎《探阴山》，阎世善《杨排风》，压轴梁小鸾、姜妙香《十三妹》，大轴谭富英、杨盛春、刘砚亭、何盛清、李世琦合演全本《八大锤》《断臂说书》。

5月2日，同庆社上海更新舞台夜戏：

鲍月春《送状元》，王泉奎《锁五龙》，杨盛春、阎世善、殷金振《殷家堡》，压轴梁小鸾、姜妙香、何盛清《春秋配》，大轴谭富英、孙盛武、刘砚亭、哈宝山合演《定军山》。

5月3日，同庆社上海更新舞台夜戏：

鲍月春《铁公鸡》，林秋雯、哈宝山《武昭关》，阎世善《青龙棍》，压轴杨盛春《安天会》，大轴谭富英、梁小鸾、姜妙香、孙盛武、刘砚亭、何盛清合演全本《朱痕记》。

5月4日，同庆社上海更新舞台夜戏：

鲍月春《凤凰山》，阎世善、苏盛轼《攻潼关》，杨盛春、刘砚亭《霸王庄》，压轴梁小鸾、哈宝山《贺后骂殿》，大轴谭富英、姜妙香、林秋雯、孙盛武、王泉奎合演《战太平》。

5月5日，同庆社上海更新舞台夜戏：

鲍月春《水帘洞》，姜妙香、林秋雯《鸿鸾禧》，杨盛春、阎世善《东昌府》，压轴梁小鸾《祭塔》，大轴谭富英、王泉奎、孙盛武、刘砚亭、哈宝山合演全本《失街亭》《空城计》《斩马谡》。

5月6日，同庆社上海更新舞台夜戏：

鲍月春《螺蛳峪》，王泉奎、哈宝山《铡美案》，姜妙香、孙盛武《文章会》，阎世善《朝金顶》，谭富英、梁小鸾、何盛清《桑园会》，压轴杨盛春《林冲夜奔》，大轴谭富英、刘砚亭、哈宝山合演《南阳关》。

5月7日，同庆社上海更新舞台夜戏：

鲍月春《裴元庆》，杨盛春、阎世善、姜妙香、殷金振《武松与潘金莲》，压轴梁小鸾《女起解》，大轴谭富英、王泉奎、孙盛武合演《击鼓骂曹》。

5月8日，同庆社上海更新舞台夜戏：

鲍月春《花蝴蝶》，林秋雯、李世琦、何盛清《胭脂虎》，阎世善《百草山》，杨盛春、张连廷《金雁桥》，压轴梁小鸾、姜妙香、哈宝山《玉堂春》，大轴谭富英、王泉奎、孙盛武、刘砚亭合演《奇冤报》。

5月9日，同庆社上海更新舞台日场：

王泉奎《白良关》，阎世善《金山寺》，压轴杨盛春、刘砚亭《挑华车》，大轴谭富英、梁小鸾、姜妙香、林秋雯、孙盛武、哈宝山合演全本《御碑亭》。

5月9日，同庆社上海更新舞台夜戏：

鲍月春《百凉楼》，杨盛春、阎世善《青石山》，压轴梁小鸾、姜妙香、林秋雯、何盛清《得意缘》，大轴谭富英、王泉奎、孙盛武、刘砚亭合演《问樵闹府》《打棍出箱》。

5月13日，同庆社上海更新舞台夜戏：

鲍月春《独木关》，王泉奎《御果园》，阎世善《水晶宫》，压轴杨盛春《铁笼山》，大轴谭富英、梁小鸾、姜妙香、林秋雯、孙盛武、何盛清、哈宝山合演全部《红鬃烈马》。

5月14日，同庆社上海更新舞台夜戏：

鲍月春《怀都关》，姜妙香、林秋雯《岳家庄》，阎世善、殷金振《小放牛》，压轴杨盛春、刘砚亭、韩盛信《战濮阳》，大轴谭富英、梁小鸾、王泉奎、哈宝山、谭世英合演全部《大保国》《探皇陵》《二进宫》。

5月15日，同庆社上海更新舞台夜戏：

鲍月春《凤凰山》，阎世善《取金陵》，压轴梁小鸾（反串小生）、林秋雯头本《虹霓关》，大轴谭富英、姜妙香、杨盛春、王泉奎、孙盛武、刘砚亭、哈宝山合演全部《群英会》《借东风》。

5月16日，同庆社上海更新舞台日场：

鲍月春《溪皇庄》，王泉奎、哈宝山《铡美案》，杨盛春、韩盛信《两将军》，压轴梁小鸾、姜妙香、阎世善《金山寺》《断桥》《祭塔》，大轴谭富英、孙盛武、刘砚亭合演《当锏卖马》。

5月16日，同庆社上海更新舞台夜戏：

鲍月春《神亭岭》，刘砚亭《闹江州》，阎世善《夺太仓》，杨盛春、韩盛信《白水滩》，压轴梁小鸾、姜妙香、孙盛武《铁弓缘》，大轴谭富英、王泉奎、哈宝山合演《托兆碰碑》。

5月17日，同庆社上海更新舞台夜戏：

鲍月春《独木关》，李世琦、何盛清《雪杯圆》，阎世善《朝金顶》，杨盛春、刘砚亭、韩盛信《恶虎村》，压轴梁小鸾、哈宝山《贺后骂殿》，大轴谭富英、姜妙香、王泉奎、林秋雯、孙盛武合演《战太平》。

5月18日，同庆社上海更新舞台夜戏：

姜妙香、林秋雯、王泉奎、刘砚亭《穆柯寨》，阎世善《盗仙草》，杨盛春、张连廷《英雄义》，压轴梁小鸾、姜妙香《奇双会》，大轴谭富英、梁小鸾、谭世英合演《桑园寄子》。

5月19日，同庆社上海更新舞台夜戏：

周斌秋《背板凳》，阎世善《氤氲阵》，杨盛春《洗浮山》，压轴梁小鸾、姜妙香、林秋雯、何盛清《春秋配》，大轴谭富英、王泉奎、刘砚亭、孙盛武、哈宝山合演全部《失街亭》《空城计》《斩马谡》。

5月20日，同庆社上海更新舞台夜戏：

姜妙香、林秋雯《花田错》，阎世善《演火棍》，压轴谭富英、梁小鸾《游龙戏凤》，大轴谭富英、梁小鸾、孙盛武、刘砚亭、哈宝山合演《打渔杀家》。

5月21日，同庆社上海更新舞台夜戏：

鲍月春《杀四门》，姜妙香、林秋雯《鸿鸾禧》，阎世善、孙盛武《小放牛》，压轴杨盛春《赵家楼》，大轴谭富英、梁小鸾、王泉奎、孙盛武、刘砚亭、哈宝山、何盛清合演全部《鼎盛春秋》。

5月22日，同庆社上海更新舞台夜戏：

林秋雯、哈宝山《武昭关》，阎世善《百草山》，杨盛春《金雁桥》，压轴梁小鸾、姜妙香、哈宝山《玉堂春》，大轴谭富英、孙盛武、王泉奎、刘砚亭合演《奇冤报》。

5月23日，同庆社上海更新舞台日场：

鲍月春《艳阳楼》，姜妙香、林秋雯《岳家庄》，阎世善《扈家庄》，压轴杨盛春、韩盛信《铁笼山》，大轴谭富英、梁小鸾、谭世英合演《汾河湾》。

5月23日，同庆社上海更新舞台夜戏：

鲍月春《嘉兴府》，姜妙香、林秋雯《马上缘》，杨盛春、阎世善、殷金振《殷家堡》，压轴梁小鸾、王泉奎《宇宙锋》，大轴谭富英、孙盛武、刘砚亭、哈宝山合演《定军山》。

5月27日，同庆社上海更新舞台夜戏：

鲍月春《怀都关》，王泉奎、何盛清《遇皇后》，杨盛春、张连廷《英雄义》，压轴梁小鸾、李世琦《贺后骂殿》，大轴谭富英、阎世善、姜妙香、孙盛武、哈宝山、刘砚亭合演全部《珠帘寨》。

5月28日，同庆社上海更新舞台夜戏：

哈宝山、刘砚亭《开山府》，阎世善《朝金顶》，杨盛春《林冲夜奔》，压轴梁小鸾、焦宝奎《女起解》，大轴谭富英、王泉奎、姜妙香、林秋雯、孙盛武合演《战太平》。

5月29日，同庆社上海更新舞台夜戏：

鲍月春《送状元》，阎世善《演火棍》，杨盛春、韩盛信《武文华》，压轴梁小鸾、姜妙香、何盛清《春秋配》，大轴谭富英、王泉奎、刘砚亭、孙盛武、哈宝山合演全部《失街亭》《空城计》《斩马谡》。

5月30日，同庆社上海更新舞台日场：

鲍月春《水帘洞》，王泉奎、哈宝山《八义图》，阎世善《夺太仓》，杨盛春、张连廷《金锁阵》，压轴梁小鸾、姜妙香、谭世英《能仁寺》，大轴谭富英、梁小鸾、杨盛春、孙盛武、刘砚亭合演全本《晋楚交兵》。

5月30日，同庆社上海更新舞台夜戏：

鲍月春《雅观楼》，阎世善《红桃山》，杨盛春、刘砚亭、韩盛信《恶虎村》，压轴梁小鸾、姜妙香、李世琦《玉堂春》，大轴谭富英、王泉奎、孙盛武、哈宝山合演《洪羊洞》。

5月31日，同庆社上海更新舞台夜戏：

鲍月春《百凉楼》，阎世善《百草山》，杨盛春《连环阵》，压轴梁小鸾、姜妙香、林秋雯《得意缘》，大轴谭富英、孙盛武、王泉奎、刘砚亭合演《问樵闹府》《打棍出箱》。

6月1日，同庆社上海更新舞台夜戏：

鲍月春《独木关》，阎世善《青龙棍》，压轴杨盛春、王泉奎《安天会》，大轴谭富英、梁小鸾、姜妙香、林秋雯、孙盛武、刘砚亭、何盛清合演全部《红鬃烈马》。

6月2日，同庆社上海更新舞台夜戏：

哈宝山《下河东》，阎世善《杨排风》，谭富英、姜妙香、刘砚亭、孙盛武《黄金台》，压轴梁小鸾（反串小生）、林秋雯《虹霓关》，大轴谭富英、杨盛春、王泉奎、韩盛信合演《阳平关》。

6月3日，同庆社上海更新舞台夜戏：

鲍月春《雅观楼》，姜妙香、林秋雯《鸿鸾禧》，阎世善《蟠桃会》，压轴杨盛春、刘砚亭、李世琦、殷金振《挑华车》，大轴谭富英、梁小鸾、王泉奎合演全部《大保国》《探皇陵》《二进宫》。

6月4日，同庆社上海更新舞台夜戏：

林秋雯、哈宝山《武昭关》，阎世善、鲍月春《泗州城》，杨盛春《金雁桥》，压轴梁小鸾、姜妙香、哈宝山《奇双会》，大轴谭富英、孙盛武、王泉奎、刘砚亭合演《奇冤报》。

6月5日，同庆社上海更新舞台夜戏：

姜妙香、林秋雯、王泉奎《岳家庄》，阎世善《盗仙草》，杨盛春、张连廷《英雄义》，压轴梁小鸾、焦宝奎《女起解》，大轴谭富英、刘砚亭、孙盛武、哈宝山合演《定军山》。

6月6日，同庆社上海更新舞台夜戏：

鲍月春《百凉楼》，阎世善《百草山》，杨盛春《连环阵》，压轴梁小鸾、姜妙香、林秋雯《得意缘》，大轴谭富英、孙盛武、王泉奎、刘砚亭合演《问樵闹府》《打棍出箱》。

6月7日，同庆社上海更新舞台日场：

林秋雯、周斌秋《双摇会》，阎世善《盗库银》，压轴梁小鸾、谭世英《宇宙锋》，大轴谭富英、姜妙香、杨盛春、王泉奎、刘砚亭、孙盛武、哈宝山合演全部《群英会》《借东风》。

6月7日，同庆社上海更新舞台夜戏：

林秋雯、姜妙香《穆天王》，杨盛春、阎世善、殷金振《殷家堡》，压轴梁小鸾、姜妙香、哈宝山《玉堂春》，大轴谭富英、孙盛武、王泉奎、刘砚亭合演《问樵闹府》《打棍出箱》。

6月11日，同庆社上海更新舞台夜戏：

姜妙香、刘砚亭《取洛阳》，杨盛春、阎世善、韩盛信《东昌府》，大轴谭富英、梁小鸾、姜妙香、林秋雯、孙盛武、何盛清、哈宝山合演《探母回令》。

6月12日，同庆社上海更新舞台夜戏：

鲍月春《水帘洞》，阎世善、姜妙香《金山寺》，杨盛春、刘砚亭《挑华车》，压轴梁小鸾、李世琦《贺后骂殿》，大轴谭富英、王泉奎、哈宝山、孙盛武合演全本《捉放曹》。

6月13日，同庆社上海更新舞台日场：

王泉奎、哈宝山《开山府》，阎世善《杨排风》，压轴梁小鸾、姜妙香、孙盛武《铁弓缘》，大轴谭富英、杨盛春、何盛清、刘砚亭合演全本《八大锤》《断臂说书》。

6月13日，同庆社上海更新舞台夜戏：

鲍月春《嘉兴府》，阎世善《取金陵》，杨盛春、王泉奎《安天会》，压轴梁小鸾、姜妙香、林秋雯、何盛清《得意缘》，大轴谭富英、刘砚亭、孙盛武、哈宝山合演《定军山》。

6月14日，同庆社上海更新舞台夜戏：

鲍月春《花蝴蝶》，阎世善《夺太仓》，杨盛春、韩盛信《艳阳楼》，压轴梁小鸾、姜妙香、林秋雯《虹霓关》，大轴谭富英、王泉奎、刘砚亭、孙盛武、哈宝山合演全部《失街亭》《空城计》《斩马谡》。

6月15日，同庆社上海更新舞台夜戏：

林秋雯、哈宝山《武昭关》，阎世善《蟠桃会》，谭富英、王泉奎、孙盛武《当锏卖马》，压轴杨盛春、韩盛信《两将军》，大轴谭富英、梁小鸾、姜妙香、何盛清、孙盛武、刘砚亭合演全本《朱痕记》。

6月16日，同庆社上海更新舞台夜戏：

哈宝山《庆阳图》，阎世善《百草山》，杨盛春《林冲夜奔》，压轴梁小鸾、焦宝奎《女起解》，大轴谭富英、王泉奎、姜妙香、林秋雯、孙盛武合演《战太平》。

6月17日，谭富英高烧，回戏。并宣布停演四天。

6月22日，同庆社上海更新舞台夜戏：

林秋雯、姜妙香《穆天王》，阎世善《张四姐》，杨盛春、张连廷《英雄义》，压轴梁小鸾、姜妙香、哈宝山《玉堂春》，大轴谭富英、王泉奎、孙盛武、刘砚亭合演《奇冤报》。

6月23日，同庆社上海更新舞台夜戏：

鲍月春《独木关》，姜妙香、林秋雯《鸿鸾禧》，阎世善《金山寺》，压轴杨盛春、韩盛信《铁笼山》，大轴谭富英、梁小鸾、王泉奎、孙盛武、刘砚亭、何盛清、哈宝山合演全本《鼎盛春秋》。

6月24日，同庆社上海更新舞台夜戏：

王泉奎、哈宝山《下河东》，阎世善、鲍月春《泗州城》，压轴杨盛春、刘砚亭、韩盛信、殷金振《恶虎村》，大轴谭富英、梁小鸾、姜妙香、林秋雯、孙盛武、何盛清合演《探母回令》。

6月25日，同庆社上海更新舞台夜戏：

鲍月春《群贤毕至》，阎世善《百草山》，杨盛春《赵家楼》，压轴梁小鸾、焦宝奎《女起解》，大轴谭富英、王泉奎、姜妙香、林秋雯、孙盛武合演《战太平》。

6月26日，同庆社上海更新舞台夜戏：

鲍月春《花蝴蝶》，阎世善《杨排风》，压轴梁小鸾、姜妙香、林秋雯二本《虹霓关》，大轴谭富英、杨盛春、王泉奎、哈宝山、孙盛武、刘砚亭合演《定军山》《阳平关》。

6月27日，同庆社上海更新舞台日场：

姜妙香、林秋雯《岳家庄》，阎世善《青龙棍》，杨盛春、李瑞亭《挑华车》，压轴梁小鸾、李世琦《贺后骂殿》，大轴谭富英、王泉奎、孙盛武、刘砚亭、哈宝山合演《问樵闹府》《打棍出箱》。

6月27日，同庆社上海更新舞台夜戏：

林秋雯、哈宝山、何盛清《胭脂虎》，阎世善、姜妙香《金山寺》，杨盛春、韩盛信、李世琦《两将军》，压轴梁小鸾《祭塔》，大轴谭富英、王泉奎、刘砚亭、孙盛武、哈宝山合演全部《失街亭》《空城计》《斩马谡》。

6月28日，同庆社上海更新舞台夜戏最后一天：

鲍月春《百凉楼》，阎世善、刘砚亭《扈家庄》，压轴杨盛春、王泉奎、韩盛信《战濮阳》，大轴谭富英、梁小鸾、姜妙香、林秋雯、何盛清、孙盛武、哈宝山合演《探母回令》。

6月29日，同庆社上海更新舞台加演一天夜戏：

杨盛春、阎世善《青石山》，梁小鸾、姜妙香、何盛清、林秋雯《春秋配》，压轴谭富英、王泉奎、孙盛武、谭世英、哈宝山《洪羊洞》，大轴谭富英、梁小鸾、杨盛春、阎世善、王泉奎、林秋雯、孙盛武合演《大八蜡庙》。

6月30日，同庆社上海更新舞台再次加演一天夜戏（特烦谭小培参演）：

阎世善《百草山》，杨盛春、韩盛信《武文华》，梁小鸾、哈宝山《贺后骂殿》，大轴谭富英、谭小培、杨盛春、姜妙香、王泉奎、孙盛武、刘砚亭合演全部《群英会》《借东风》。

7月1日，同庆社上海更新舞台赈灾义务戏夜戏：

鲍月春《螺蛳峪》，阎世善《蟠桃会》，杨盛春、苏富恩《英雄义》，压轴梁小鸾、姜妙香、李世琦《玉堂春》，大轴谭富英、王泉奎、刘砚亭、孙盛武、哈宝山合演全部《失街亭》《空城计》《斩马谡》。

7月至8月，姜妙香随言慧珠赴天津中国大戏院演出十天。演出结束后，言慧珠单独赴沪，姜妙香等梅团班底留在天津，与张君秋合作演出一期。张君秋、姜妙香、贯盛习打泡首演《起解》《玉堂春》。临别最后一场张君秋、姜妙香、贯盛习合演《金山寺》《断桥》《雷峰塔》。

8月30日，张君秋、姜妙香赶回北京参加义务戏演出，演出结束后，返回天津继续演出。

8月30日，北京长安大戏院大义务夜戏：

李多奎《钓金龟》，萧长华、叶盛兰《连升三级》，孙毓堃、侯喜瑞、王福山、范宝亭头二本《连环套》（坐寨、盗马、拜山、盗钩），压轴尚小云、奚啸伯、姜妙香、张春彦、任志秋、高富远《御碑亭》《金榜乐》《大团圆》，大轴谭富英、金少山、张君秋《二进宫》。

9月，李宗义拜师鲍吉祥正式下海后，名声鹊起。并与中华戏校“四块玉”之一的李玉芝合作组班赴上海演出，约请姜妙香助演。

9月13日，上海更新舞台夜戏打泡戏头天：

开场《罗四虎》，金少臣《御果园》，压轴傅德威、王玉让《挑华车》，大轴李宗义、李玉芝、姜妙香、李多奎、吴富琴、李洪福合演《四郎探母》。

9月14日，上海更新舞台日场：

开场《白马坡》，傅德威、金少臣、殷金振《盗御马》《连环套》《盗双钩》，压轴李多奎《钓金龟》，大轴李宗义、李玉芝、姜妙香、韩金奎、王玉让合演《朱痕记》。

9月14日，上海更新舞台夜戏：

李瑞亭《洗浮山》，傅德威《艳阳楼》，李多奎《目莲救母》，压轴李玉芝、姜妙香、慈少泉《铁弓缘》，大轴李宗义、金少臣、王玉让、李洪福、慈少泉合演全部《失街亭》《空城计》《斩马谡》。

9月15日，上海更新舞台夜戏：

开场《嘉兴府》，姜妙香《辕门射戟》，傅德威《四平山》，压轴李多奎《滑油山》，大轴李宗义、李玉芝、金少臣合演全部《大保国》《探皇陵》《二进宫》。

9月16日，上海更新舞台夜戏：

开场《霸王庄》，傅德威、韩盛信《两将军》，李多奎《望儿楼》，压轴李玉芝、姜妙香、李洪福《玉堂春》，大轴李宗义、金少臣、慈少泉、李盛佐合演《奇冤报》。

9月17日，上海更新舞台夜戏：

金少臣《草桥关》，傅德威《铁笼山》，压轴李多奎《钓金龟》，大轴李宗义、李玉芝、姜妙香、李洪福、吴富琴、王玉让、慈少泉合演全部《红鬃烈马》。

9月18日，上海更新舞台夜戏：

李瑞亭《洗浮山》，傅德威《金钱豹》，李多奎、金少臣《断太后》，压轴李玉芝、慈少泉《女起解》，大轴李宗义、姜妙香、吴富琴、王玉让、李洪福、慈少泉合演全部《珠帘寨》。

9月19日，上海更新舞台日场：

傅德威《挑华车》，李宗义、李玉芝、金少臣、慈少泉《法门寺》，压轴李多奎《游六殿》，大轴李宗义、李玉芝、姜妙香、金少臣、王玉让、李洪福、慈少泉合演全部《龙凤呈祥》。

9月19日，上海更新舞台夜戏：

傅德威、王玉让《牛皋下书》《挑华车》，李多奎《太君辞朝》，压轴李玉芝、姜妙香、吴富琴《得意缘》，大轴李宗义、金少臣、李洪福、慈少泉合演全部《捉放曹》。

9月20日，上海更新舞台夜戏：

王玉让《盗御马》，傅德威、张少甫《百凉楼》，李多奎、姜妙香《掘地见母》，压轴李宗义、李玉芝、慈少泉《打渔杀家》，大轴李宗义、傅德威、张少甫合演《伐东吴》《哭灵牌》《连营寨》。

9月21日，上海更新舞台夜戏：

李多奎《滑油山》，大轴李宗义、李玉芝、姜妙香、傅德威、张少甫、金少臣、王玉让、李洪福、慈少泉、吴富琴合演全部《杨家将》。

9月22日，上海更新舞台夜戏：

李多奎《望儿楼》，大轴李宗义、李玉芝、姜妙香、傅德威、张少甫、金少臣、王玉让、李洪福、慈少泉、吴富琴合演全部《杨家将》。

9月23日，上海更新舞台夜戏：

傅德威、吴富琴、金少臣《大长坂坡》，李多奎《钓金龟》，压轴李玉芝、姜妙香《春秋配》，大轴李宗义、金少臣、王玉让、李洪福、慈少泉合演全部《失街亭》《空城计》《斩马谡》。

9月24日，上海更新舞台夜戏：

傅德威、张少甫《大溪皇庄》，李多奎《行路训子》，压轴李玉芝、王玉让、姜妙香《霸王别姬》，大轴李宗义、金少臣、慈少泉合演《奇冤报》。

9月25日，上海更新舞台夜戏：

金少臣《牧虎关》，张少甫、王玉让、慈少泉《独木关》，大轴李宗义、李玉芝、姜妙香、李多奎、吴富琴、李洪福、慈少泉合演全部《探母回令》。

9月26日，上海更新舞台夜戏：

傅德威、张少甫《阳平关》，大轴李宗义、李玉芝、李多奎、姜妙香、王玉让、李洪福、慈少泉合演全部《一捧雪》。

9月27日，上海更新舞台夜戏：

殷金振《时迁偷鸡》，傅德威、姜妙香《采石矶》，张少甫、王玉让《战太平》，压轴李多奎《滑油山》，大轴李宗义、李玉芝、金少臣合演全部《大保国》《探皇陵》《二进宫》。

9月28日，上海更新舞台夜戏：

李多奎《望儿楼》，大轴李宗义、李玉芝、姜妙香、傅德威、张少甫、金少臣、王玉让、李洪福、慈少泉、吴富琴合演全部《杨家将》。

9月29日，上海更新舞台日场：

姜妙香、吴富琴《岳家庄》，张少甫《剑峰山》，李多奎、金少臣、姜妙香《打龙袍》，压轴李宗义、李玉芝《桑园会》，大轴李宗义、傅德威、张少甫合演《伐东吴》《哭灵牌》《连营寨》。

9月29日，上海更新舞台夜戏：

傅德威《艳阳楼》，李多奎《太君辞朝》，压轴李玉芝、盖三省《苏三起解》，大轴李宗义、姜妙香、傅德威、金少臣、慈少泉、王玉让合演全部《群英会》《借东风》。

9月30日，上海更新舞台夜戏：

傅德威《铁笼山》，李多奎《钓金龟》，压轴李宗义、金少臣《打鼓骂曹》，大轴李宗义、李玉芝、姜妙香、慈少泉合演全部《朱痕记》。

10月1日，上海更新舞台夜戏：

张少甫《精忠庙》，李多奎《滑油山》，压轴李玉芝、姜妙香、李洪福《玉堂春》，大轴李宗义、金少臣、王玉让、慈少泉合演全部《失街亭》《空城计》《斩马谡》。

10月2日，上海更新舞台夜戏：

张少甫、傅德威《莲花湖》，李多奎《行路训子》，大轴李宗义、李玉芝、金少臣、姜妙香、慈少泉合演全部《鼎盛春秋》。

10月3日，上海更新舞台日场：

傅德威《采石矶》，张少甫《战太平》，压轴李宗义、李玉芝、金少臣、慈少泉《法门寺曹》，大轴李宗义、李玉芝、姜妙香、傅德威、李多奎、李洪福、慈少泉合演全部《龙凤呈祥》。

10月3日，上海更新舞台夜戏：

姜妙香、王玉让《辕门射戟》，傅德威《四平山》，李多奎《滑油山》，压轴张少甫、李玉芝《投军别窑》，大轴李宗义、金少臣、慈少泉、韩盛信合演《奇冤报》。

10月4日，上海更新舞台夜戏：

韩盛信《收关胜》，压轴张少甫、姜妙香《镇潭州》，大轴李宗义、李玉芝、姜妙香、李多奎、李洪福、慈少泉、王玉让合演全部《一捧雪》。

10月5日，马连良、小翠花、林树森联袂演出于天蟾舞台，杨宝森、章遏云、高盛麟联袂演出于黄金大戏院，竞争激烈。更新舞台再次加演双出。

10月5日，上海更新舞台夜戏：

张少甫、傅德威、金少臣、王玉让《定军山》《阳平关》，李多奎、慈少泉《哭灵》《托兆》，压轴李宗义、李玉芝、李多奎《桑园会》，大轴李宗义、傅德威、姜妙香、李洪福合演《连营寨》。

10月6日，上海更新舞台夜戏：

姜妙香、王玉让《白门楼》，张少甫《独木关》，李多奎《钓金龟》，大轴李宗义、李玉芝、金少臣、李洪福、李盛佐合演全部《大保国》《探皇陵》《二进宫》。

10月7日，上海更新舞台夜戏：

金少臣《万花厅》，傅德威、韩盛信《两将军》，张少甫《天雷报》，大轴李宗义、李玉芝、李多奎、姜妙香、李洪福、慈少泉合演全部《四郎探母》。

10月8日，上海更新舞台夜戏：

王玉让《青风寨》，傅德威《铁笼山》，李多奎《钓金龟》，压轴李宗义、金少臣《打鼓骂曹》，大轴李宗义、李玉芝、姜妙香、慈少泉合演全部《朱痕记》。

10月9日，上海更新舞台夜戏：

傅德威《采石矶》，张少甫《战太平》，大轴李宗义、李玉芝、李多奎、姜妙香、李洪福、慈少泉、吴富琴合演全部《红鬃烈马》。

10月10日，上海更新舞台日场：

吴富琴、李洪福《战蒲关》，傅德威、王玉让《挑华车》，李多奎《钓金龟》，压轴李玉芝、张少甫《投军别窑》，大轴李宗义、金少臣、李洪福合演《打鼓骂曹》。

10月10日，上海更新舞台夜戏：

李多奎、吴富琴《母女会》，大轴李宗义、李玉芝、姜妙香、傅德威、张少甫、金少臣、吴富琴、慈少泉、高盛洪合演全部《杨家将》。

10月11日，上海更新舞台夜戏：

傅德威《艳阳楼》，张少甫《打棍出箱》，压轴李玉芝、李多奎《母女会》，大轴李宗义、金少臣、王玉让、李洪福、慈少泉合演全部《失街亭》《空城计》《斩马谡》。

10月12日，上海更新舞台夜戏：

韩盛信《收关胜》，张少甫《独木关》，大轴李宗义、李玉芝、姜妙香、李多奎、李洪福、慈少泉、王玉让合演全部《一捧雪》。

10月13日，上海更新舞台夜戏：

张少甫、慈瑞泉《天雷报》，大轴李宗义、李玉芝、李多奎、姜妙香、傅德威、李洪福、慈少泉、高盛洪合演全部《金钱豹》《盘丝洞》《盗魂铃》。

10月14日，上海更新舞台夜戏：

周斌秋《战蒲关》，张少甫、慈少泉《天雷报》，压轴李多奎、金少臣《断太后》，大轴李宗义、李玉芝、傅德威、姜妙香、慈少泉、殷金振合演全部《金钱豹》《盘丝洞》《盗魂铃》。

10月15日，上海更新舞台夜戏：

周斌秋《穆柯寨》，张少甫《战太平》，压轴李多奎、金少臣《打龙袍》，大轴李宗义、李玉芝、傅德威、姜妙香、慈少泉、殷金振合演全部《金钱豹》《盘丝洞》《盗魂铃》。

10月16日，上海更新舞台夜戏：

金少臣《万花厅》，傅德威、王玉让《牛皋下书》《挑华车》，压轴张少甫《九更天》，大轴李宗义、李玉芝、李多奎、姜妙香、吴富琴、慈少泉、李洪福合演全部《四郎探母》。

10月17日，上海更新舞台夜戏：

张少甫、王玉让《战长沙》，压轴李多奎《滑油山》，大轴李宗义、李玉芝、傅德威、姜妙香、慈少泉、殷金振合演全部《金钱豹》《盘丝洞》《盗魂铃》。

10月18日，上海更新舞台夜戏：

韩盛信《收关胜》，傅德威、张少甫《四平山》，大轴李宗义、李玉芝、李多奎、姜妙香、吴富琴、李洪福、慈少泉合演全部《四郎探母》。

10月19日，上海更新舞台夜戏：

张少甫《独木关》，李多奎、金少臣《断太后》，大轴李宗义、李玉芝、傅德威、姜妙香、慈少泉、殷金振合演全部《金钱豹》《盘丝洞》《盗魂铃》。

10月20日，上海更新舞台夜戏：

开场《潘金莲》，李多奎、慈少泉《钓金龟》，大轴李宗义、李玉芝、姜妙香、傅德威、张少甫、金少臣、吴富琴、慈少泉、高盛洪合演全部《杨家将》。

10月21日，上海更新舞台夜戏：

张少甫《九更天》，李多奎、金少臣《打龙袍》，大轴李宗义、李玉芝、傅德威、姜妙香、慈少泉、殷金振合演全部《金钱豹》《盘丝洞》《盗魂铃》。

10月22日，上海更新舞台夜戏：

金少臣《万花厅》，张少甫《独木关》，压轴李多奎《望儿楼》，大轴李宗义、李玉芝、傅德威、姜妙香、慈少泉、殷金振合演全部《金钱豹》《盘丝洞》《盗魂铃》。

10月23日，上海更新舞台夜戏：

赵玉民《八义图》，傅德威、王玉让《牛皋下书》《挑华车》，李多奎、慈少泉《钓金龟》，压轴李玉芝《女起解》，大轴李宗义、姜妙香、吴富琴、金少臣、慈少泉合演《战太平》。

10月24日，上海更新舞台日场：

傅德威、张少甫《剑峰山》，李多奎《游六殿》，压轴李玉芝、姜妙香《玉堂春》，大轴李宗义、金少臣、王玉让、李洪福、慈少泉合演全部《失街亭》《空城计》《斩马谡》。

10月24日，上海更新舞台夜戏：

开场《打花鼓》，张少甫、王玉让、李瑞亭《战长沙》，压轴李多奎、金少臣《断太后》，大轴李宗义、李玉芝、傅德威、姜妙香、慈少泉、殷金振合演全部《金钱豹》《盘丝洞》《盗魂铃》。

10月25日，上海更新舞台夜戏最后一场：

王玉让、杜富隆《取洛阳》，张少甫、焦宝奎《天雷报》，压轴李多奎、金少臣《断太后》，大轴李宗义、李玉芝、傅德威、姜妙香、慈少泉、殷金振合演全部《金钱豹》《盘丝洞》《盗魂铃》。

10月27日，上海更新舞台各界挽留最后一场夜戏：

金少臣《牧虎关》，张少甫《九更天》，压轴李多奎、金少臣《断太后》，大轴李宗义、李玉芝、傅德威、姜妙香、慈少泉、殷金振合演全部《金钱豹》《盘丝洞》《盗魂铃》。

此场演毕，李宗义、李玉芝转至皇后大戏院继续演唱，姜妙香、李多奎接受张君秋谦和社与上海更新舞台邀请，参加更新舞台演出。

11月5日，谦和社更新舞台夜戏头天：

张少甫、金少臣《忠孝全》，萧长华、姜妙香《连升三级》，压轴孙毓堃、韩盛信《铁笼山》，大轴张君秋、贯盛习、李多奎、姜妙香、魏莲芳、萧长华、刘连荣、萧盛萱合演全部《红鬃烈马》。

11月6日，谦和社更新舞台夜戏：

张少甫、金少臣《九更天》，刘连荣、韩盛信《闹江州》，压轴孙毓堃、高富远、殷金振《金钱豹》，大轴张君秋、贯盛习、李多奎、姜妙香、魏莲芳、萧长华、萧盛萱合演全部《四郎探母》。

11月7日，谦和社更新舞台夜戏日场：

张君秋、贯盛习、金少臣、王福山、魏莲芳《拾玉镯》《法门寺》，大轴张君秋、贯盛习、李多奎、姜妙香、孙毓堃、刘连荣合演全本《龙凤呈祥》。

11月7日，谦和社更新舞台夜戏：

张少甫、金少臣《开山府》，李多奎《望儿楼》，贯盛习、王福山、赵德钰《奇冤报》，大轴张君秋、孙毓堃、姜妙香、萧长华、张春彦、萧盛萱合演全部《霸王别姬》。

11月8日，谦和社更新舞台夜戏：

张少甫、吴富琴《投军别窑》，李多奎《滑油山》，贯盛习、金少臣、刘连荣、萧长华、萧盛萱《失街亭》《空城计》《斩马谡》，大轴张君秋、孙毓堃、姜妙香、萧长华、张春彦、萧盛萱合演全部《霸王别姬》。

11月9日，谦和社更新舞台夜戏：

张少甫《状元谱》，魏莲芳、吴富琴《樊江关》，李多奎、金少臣《断太后》，压轴贯盛习、孙毓堃、刘连荣《阳平关》，大轴张君秋、姜妙香、萧长华、张春彦、韦三奎合演《女起解》《玉堂春》。

11月10日，谦和社更新舞台夜戏：

张少甫、金少臣《九更天》，李多奎、萧长华《钓金龟》，压轴孙毓堃、魏莲芳、刘连荣、王福山《大战宛城》，大轴张君秋、贯盛习、姜妙香、张春彦、萧盛萱合演全部《三娘教子》。

11月11日，谦和社更新舞台夜戏：

张少甫、李瑞亭《大溪皇庄》，魏莲芳、姜妙香《穆天王》，压轴孙毓堃、韩盛信、赵德钰《铁笼山》，大轴张君秋、贯盛习、李多奎、萧长华、张春彦、刘连荣、萧盛萱合演全部《牧羊卷》。

11月12日，谦和社更新舞台夜戏：

张少甫、韩盛信、殷金振《剑峰山》，李多奎、金少臣《打龙袍》，贯盛习、孙毓堃、刘连荣、赵德钰全部《八大锤》，大轴张君秋、姜妙香、萧长华、张春彦、韦三奎合演《女起解》《玉堂春》。

11月13日，谦和社更新舞台夜戏：

张少甫、吴富琴《投军别窑》，孙毓堃、韩盛信《状元印》，压轴贯盛习、刘连荣、萧长华、萧盛萱《打棍出箱》，大轴张君秋、孙毓堃、姜妙香、魏莲芳、张春彦、萧盛萱合演全部《金山寺》《断桥》《雷峰塔》。

11月14日，谦和社更新舞台日场：

张少甫、金少臣《战太平》，萧长华、姜妙香《连升三级》，压轴孙毓堃、殷金振《金钱豹》，大轴张君秋、贯盛习、李多奎、姜妙香、魏莲芳、张春彦、萧盛萱合演全部《红鬃烈马》。

11月14日，谦和社更新舞台夜戏：

张君秋、贯盛习、李多奎、萧长华、金少臣、姜妙香、张少甫全部《一捧雪》，大轴孙毓堃、张君秋、贯盛习、金少臣、刘连荣、王福山、韩盛信合演《长坂坡》。

11月15日，谦和社更新舞台夜戏：

张少甫《莲花湖》，魏莲芳、吴富琴《樊江关》，压轴贯盛习、姜妙香、孙毓堃、萧长华、金少臣、张春彦、刘连荣《群英会》《借东风》，大轴张君秋、李多奎、姜妙香、萧长华、萧盛萱、王福山合演全部《金锁记》。

11月16日，谦和社更新舞台夜戏：

张少甫、吴富琴《投军别窑》，压轴孙毓堃、刘连荣、王福山、韩盛信《连环套》，大轴张君秋、贯盛习、李多奎、姜妙香、魏莲芳、萧长华、张春彦、萧盛萱合演全部《四郎探母》。

11月17日，谦和社更新舞台夜戏：

张少甫、金少臣《九更天》，魏莲芳、周斌秋《虹霓关》，压轴贯盛习、孙毓堃、金少臣、王福山、韩盛信《定军山》《阳平关》，大轴张君秋、姜妙香、萧长华、刘连荣、张春彦、萧盛萱合演全部《凤还巢》。

11月18日，谦和社更新舞台夜戏：

张少甫《战蒲关》，李多奎、王福山《钓金龟》，压轴孙毓堃、韩盛信《挑华车》，大轴张君秋、姜妙香、贯盛习、萧长华、刘连荣、吴富琴合演全部《春秋配》。

11月19日，谦和社更新舞台夜戏：

张少甫《凤鸣关》，李多奎、金少臣《断太后》，压轴贯盛习、孙毓堃、刘连荣全本《八大锤》，大轴张君秋、姜妙香、萧长华、张春彦合演《女起解》《玉堂春》。

11月20日，谦和社更新舞台夜戏：

张少甫、金少臣《战太平》，萧长华、姜妙香《连升三级》，李多奎《滑油山》，压轴孙毓堃《艳阳楼》，大轴张君秋、贯盛习、姜妙香、刘连荣、张春彦、吴富琴合演全部《红拂传》。

11月21日，谦和社更新舞台日场：

张少甫《盗宗卷》，魏莲芳、姜妙香、吴富琴、萧长华《虹霓关》，李多奎《长寿星》，压轴孙毓堃、韩盛信《挑华车》，大轴张君秋、贯盛习、张春彦、姜妙香、萧盛萱合演全部《三娘教子》。

11月21日，谦和社更新舞台夜戏：

张少甫、吴富琴《南天门》，孙毓堃、刘连荣、王福山、韩盛信《连环套》，大轴张君秋、贯盛习、李多奎、姜妙香、魏莲芳、萧长华、张春彦、萧盛萱合演全部《四郎探母》。

11月22日，谦和社更新舞台夜戏：

魏莲芳、吴富琴《樊江关》，孙毓堃、韩盛信、殷金振《艳阳楼》，压轴贯盛习、刘连荣、韩盛信、王福山、高富远《失街亭》《空城计》《斩马谡》，大轴张君秋、李多奎、姜妙香、萧长华、张春彦、萧盛萱合演全部《金锁记》。

11月23日，谦和社更新舞台夜戏：

开场《男三战》，张少甫《凤鸣关》，魏莲芳、姜妙香、吴富琴、韩盛信、高富远、萧盛萱《悦来店》《能仁寺》，大轴张君秋、贯盛习、李多奎、魏莲芳、萧长华、刘连荣合演全部《金水桥》。

11月24日，谦和社更新舞台夜戏：

张少甫、姜妙香《镇潭州》，李多奎《目莲救母》，压轴贯盛习、金少臣《捉放曹》，大轴张君秋、姜妙香、萧长华、刘连荣、张春彦、萧盛萱合演全部《凤还巢》。

11月25日，谦和社更新舞台夜戏：

魏莲芳、姜妙香、萧长华《鸿鸾禧》，压轴孙毓堃、刘连荣、王福山《连环套》，大轴张君秋、贯盛习、金少臣、张春彦、赵德钰合演全部《大保国》《探皇陵》《二进宫》。

11月26日，谦和社更新舞台夜戏：

张少甫《独木关》，李多奎、赵玉民《望儿楼》，压轴贯盛习、孙毓堃、刘连荣、王福山《阳平关》，大轴张君秋、姜妙香、萧长华、张春彦合演《女起解》《玉堂春》。

11月27日，谦和社更新舞台夜戏：

张少甫《莲花湖》，魏莲芳、姜妙香《穆天王》，压轴贯盛习、金少臣《捉放曹》，大轴张君秋、孙毓堃、姜妙香、萧长华、张春彦、萧盛萱合演全部《霸王别姬》。

11月28日，谦和社更新舞台日场：

张少甫、吴富琴《投军别窑》，压轴孙毓堃、刘连荣、王福山《连环套》，大轴张君秋、贯盛习、李多奎、姜妙香、魏莲芳、萧长华、张春彦、萧盛萱合演全部《四郎探母》。

11月28日，谦和社更新舞台夜戏：

张少甫、姜妙香、金少臣、吴富琴《战太平》，张君秋、贯盛习、萧长华《审头刺汤》，压轴李多奎、王福山《钓金龟》，大轴张君秋、孙毓堃、萧盛萱、吴富琴、高富远合演《琵琶缘》。

11月29日，谦和社更新舞台夜戏：

金少臣《白良关》，压轴孙毓堃、张少甫《闹昆阳》，大轴张君秋、贯盛习、李多奎、姜妙香、魏莲芳、萧长华、张春彦、刘连荣、萧盛萱合演全部《红鬃烈马》。

11月30日，谦和社更新舞台夜戏：

张少甫、吴富琴《南天门》，李多奎、王福山《钓金龟》，压轴贯盛习、刘连荣、高富远《定军山》，大轴张君秋、孙毓堃、姜妙香、萧长华、张春彦、萧盛萱合演全部《霸王别姬》。

12月1日，谦和社更新舞台夜戏：

金少臣《御果园》，孙毓堃、张少甫《飞叉阵》，压轴贯盛习、萧长华、刘连荣《奇冤报》，大轴张君秋、姜妙香、萧长华、张春彦合演《女起解》《玉堂春》。

12月2日，谦和社更新舞台夜戏：

张少甫《剑峰山》，李多奎、金少臣《断太后》，大轴张君秋、贯盛习、孙毓堃、姜妙香、萧长华、刘连荣合演全部《汉明妃》。

12月3日，谦和社更新舞台夜戏：

张少甫《战太平》，李多奎、金少臣《打龙袍》，大轴张君秋、贯盛习、孙毓堃、姜妙香、萧长华、刘连荣合演全部《汉明妃》。

12月4日，谦和社更新舞台夜戏：

张少甫《溪皇庄》，魏莲芳、姜妙香《虹霓关》，李多奎《滑油山》，大轴张君秋、贯盛习、孙毓堃、姜妙香、萧长华、刘连荣合演全部《汉明妃》。

12月5日，谦和社更新舞台日场：

张少甫、吴富琴《投军别窑》，魏莲芳、姜妙香《马上缘》，李多奎、萧长华《钓金龟》，压轴孙毓堃、韩盛信《铁笼山》，大轴张君秋、贯盛习、金少臣合演全部《大保国》《探皇陵》《二进宫》。

12月5日，谦和社更新舞台夜戏：

压轴孙毓堃、刘连荣、王福山《连环套》，大轴张君秋、贯盛习、李多奎、姜妙香、魏莲芳、萧长华、张春彦、萧盛萱合演全部《四郎探母》。

12月6日，谦和社更新舞台夜戏：

张少甫、吴富琴《走雪山》，魏莲芳、吴富琴《樊江关》，压轴孙毓堃、韩盛信、王福山《水帘洞》，大轴张君秋、贯盛习、孙毓堃、姜妙香、萧长华、刘连荣合演全部《汉明妃》。

12月7日，谦和社更新舞台夜戏：

李多奎《游六殿》，压轴孙毓堃、韩盛信《艳阳楼》，大轴张君秋、贯盛习、孙毓堃、姜妙香、萧长华、刘连荣合演全部《汉明妃》。

12月8日，谦和社更新舞台夜戏：

魏莲芳、杜富隆《穆天王》，李多奎《望儿楼》，压轴孙毓堃、韩盛信《挑华车》，大轴张君秋、贯盛习、孙毓堃、姜妙香、萧长华、刘连荣合演全部《汉明妃》。

12月9日，谦和社更新舞台夜戏：

张少甫《莲花湖》，李多奎《太君辞朝》，压轴贯盛习、金少臣、吴富琴、杜富隆、高富远《战太平》，大轴张君秋、孙毓堃、姜妙香、萧长华、张春彦、萧盛萱合演全部《霸王别姬》。

12月10日，谦和社更新舞台夜戏：

张少甫《九更天》，李多奎《滑油山》，压轴孙毓堃、韩盛信《金锁阵》，大轴张君秋、贯盛习、孙毓堃、姜妙香、萧长华、刘连荣合演全部《汉明妃》。

12月11日，谦和社更新舞台夜戏：

张少甫《凤鸣关》，李多奎、金少臣《打龙袍》，压轴贯盛习、孙毓堃、刘连荣全本《八大锤》，大轴张君秋、姜妙香、萧长华、张春彦合演《女起解》《玉堂春》。

12月12日，谦和社更新舞台日场：

张少甫、金少臣《九更天》，压轴孙毓堃、刘连荣、王福山《连环套》，大轴张君秋、贯盛习、李多奎、姜妙香、魏莲芳、萧长华、张春彦、萧盛萱合演全部《四郎探母》。

12月12日，谦和社更新舞台夜戏：

张少甫、吴富琴《投军别窑》，李多奎《钓金龟》，压轴孙毓堃、韩盛信《铁笼山》，大轴张君秋、贯盛习、孙毓堃、姜妙香、萧长华、刘连荣合演全部《汉明妃》。

12月13日，谦和社更新舞台夜戏：

李多奎《哭灵》《托兆》，压轴贯盛习、孙毓堃、张少甫、金少臣《定军山》《阳平关》，大轴张君秋、姜妙香、萧长华、刘连荣、吴富琴合演全部《宇宙锋》。

12月14日，谦和社更新舞台夜戏：

张少甫《九更天》，李多奎、杜富隆《目莲救母》，压轴孙毓堃、孙元彬《艳阳楼》，大轴张君秋、贯盛习、孙毓堃、姜妙香、萧长华、刘连荣合演全部《汉明妃》。

12月15日，谦和社更新舞台夜戏：

张少甫、吴富琴《战蒲关》，压轴贯盛习、孙毓堃、姜妙香、萧长华、金少臣、刘连荣、张春彦《群英会》《借东风》，大轴张君秋、李多奎、姜妙香、萧长华、张春彦合演全部《金锁记》。

12月16日，谦和社更新舞台夜戏：

张少甫《独木关》，李多奎、王福山《钓金龟》，压轴孙毓堃、贯盛习、刘连荣、吴富琴《大长坂坡》，大轴张君秋、姜妙香、萧长华、张春彦合演《女起解》《玉堂春》。

12月17日，谦和社更新舞台夜戏：

张少甫《盗宗卷》，李多奎《滑油山》，压轴孙毓堃、韩盛信《状元印》，大轴张君秋、贯盛习、孙毓堃、姜妙香、萧长华、刘连荣合演全部《汉明妃》。

12月18日，谦和社更新舞台夜戏：

张少甫《九更天》，孙毓堃、刘连荣、王福山《连环套》，大轴张君秋、贯盛习、李多奎、姜妙香、魏莲芳、萧长华合演全部《四郎探母》。

12月19日，谦和社更新舞台日场：

张少甫《定军山》，李多奎、杜富隆《目莲救母》，压轴孙毓堃、韩盛信《铁笼山》，大轴张君秋、贯盛习、孙毓堃、姜妙香、萧长华、刘连荣合演全部《汉明妃》。

12月19日，谦和社更新舞台夜戏：

张少甫《凤鸣关》，萧长华、姜妙香《绒花记》，压轴孙毓堃、韩盛信《恶虎村》，大轴张君秋、贯盛习、李多奎、姜妙香、萧长华、吴富琴、刘连荣合演全部《红鬃烈马》。

12月20日，谦和社更新舞台夜戏：

张少甫《莲花湖》，李多奎《长寿星》，压轴孙毓堃、韩盛信《挑华车》，大轴张君秋、贯盛习、孙毓堃、姜妙香、萧长华、刘连荣合演全部《汉明妃》。

12月21日，谦和社更新舞台夜戏：

张少甫、吴富琴《投军别窑》，李多奎、金少臣《打龙袍》，压轴孙毓堃、韩盛信、孙元彬《艳阳楼》，大轴张君秋、贯盛习、孙毓堃、姜妙香、萧长华、刘连荣合演全部《汉明妃》。

12月22日，谦和社更新舞台夜戏：

张少甫、吴富琴《南天门》，孙毓堃、刘连荣、王福山《连环套》，大轴张君秋、贯盛习、李多奎、姜妙香、魏莲芳、萧长华合演全部《四郎探母》。

12月23日，谦和社更新舞台夜戏：

张少甫、杜富隆《打侄上坟》，李多奎《掘地见母》，压轴孙毓堃、韩盛信《状元印》，大轴张君秋、贯盛习、孙毓堃、姜妙香、萧长华、刘连荣合演全部《汉明妃》。

12月24日，谦和社更新舞台夜戏：

张少甫、金少臣《开山府》，李多奎、萧盛萱《钓金龟》，压轴贯盛习、金少臣、刘连荣、王福山、高富远《失街亭》《空城计》《斩马谡》，大轴张君秋、孙毓堃、姜妙香、萧长华、张春彦、萧盛萱合演全部《霸王别姬》。

12月25日，谦和社更新舞台夜戏：

张少甫《战长沙》，李多奎、金少臣《断太后》，压轴贯盛习、孙毓堃、刘连荣全本《八大锤》，大轴张君秋、姜妙香、萧长华、张春彦合演《女起解》《玉堂春》。

12月26日，谦和社更新舞台日场：

张少甫《独木关》，李多奎《游六殿》，压轴贯盛习、金少臣、刘连荣、王福山、高富远《失街亭》《空城计》《斩马谡》，大轴张君秋、孙毓堃、姜妙香、萧长华、张春彦、萧盛萱合演全部《霸王别姬》。

12月26日，谦和社更新舞台夜戏：

张少甫《九更天》，李多奎、金少臣《打龙袍》，压轴孙毓堃、韩盛信《铁笼山》，大轴张君秋、贯盛习、孙毓堃、姜妙香、萧长华、刘连荣合演全部《汉明妃》。

12月27日，谦和社更新舞台夜戏：

张少甫《凤鸣关》，孙毓堃、刘连荣、王福山《连环套》，大轴张君秋、贯盛习、李多奎、姜妙香、魏莲芳、萧长华合演全部《四郎探母》。

12月28日，谦和社更新舞台夜戏：

张少甫、吴富琴《庆顶珠》，压轴贯盛习、孙毓堃、姜妙香、萧长华、金少臣、刘连荣、张春彦《群英会》《借东风》，大轴张君秋、李多奎、姜妙香、萧长华、张春彦合演全部《金锁记》。

12月29日，谦和社更新舞台夜戏：

张少甫《凤鸣关》，李多奎、吴富琴《母女会》，压轴孙毓堃、韩盛信《艳阳楼》，大轴张君秋、贯盛习、孙毓堃、姜妙香、萧长华、刘连荣合演全部《汉明妃》。

12月30日，谦和社更新舞台夜戏：

张少甫、金少臣《战太平》，孙毓堃、韩盛信《金锁阵》，压轴贯盛习、金少臣《捉放曹》，大轴张君秋、姜妙香、萧长华、张春彦合演《女起解》《玉堂春》。

12月31日，谦和社更新舞台夜戏：

张少甫《天雷报》，李多奎《钓金龟》，压轴贯盛习、孙毓堃、韩盛信《连营寨》，大轴张君秋、姜妙香、刘连荣、萧长华、张春彦、吴富琴合演全部《凤双栖》。

1944年

（民国三十三年，农历甲申年） 54岁

1月1日，谦和社更新舞台日场：

张少甫《九更天》，萧长华、姜妙香《连升三级》，李多奎《滑油山》，压轴孙毓堃、韩盛信《金锁阵》，大轴张君秋、贯盛习、孙毓堃、姜妙香、萧长华、刘连荣合演全部《汉明妃》。

1月1日，谦和社更新舞台夜戏：

张少甫、吴富琴《投军别窑》，李多奎《游六殿》，压轴贯盛习、孙毓堃、韩盛信全本《八大锤》，大轴张君秋、姜妙香、刘连荣、萧长华、张春彦、吴富琴合演全部《凤双栖》。

1月2日，谦和社更新舞台日场：

张少甫、杜富隆《状元谱》，李多奎、赵玉民《望儿楼》，压轴孙毓堃、韩盛信、孙元彬《恶虎村》，大轴张君秋、贯盛习、孙毓堃、姜妙香、萧长华、刘连荣合演全部《汉明妃》。

1月2日，谦和社更新舞台夜戏：

张少甫、吴富琴《走雪山》，孙毓堃、殷金振《金钱豹》，压轴贯盛习、王福山《打棍出箱》，大轴张君秋、姜妙香、刘连荣、萧长华、张春彦、吴富琴合演全部《凤双栖》。

1月3日，谦和社更新舞台日场：

张少甫《盗宗卷》，萧长华《老黄请医》，压轴孙毓堃、韩盛信《铁笼山》，大轴张君秋、贯盛习、孙毓堃、姜妙香、萧长华、刘连荣合演全部《汉明妃》。

1月3日，谦和社更新舞台夜戏：

张少甫、金少臣《下河东》，孙毓堃、刘连荣、王福山《连环套》，大轴张君秋、贯盛习、李多奎、姜妙香、魏莲芳、萧长华合演全部《四郎探母》。

1月4日，谦和社更新舞台夜戏：

张少甫、吴富琴《战蒲关》，李多奎《钓金龟》，压轴贯盛习、孙毓堃、金少臣《阳平关》，大轴张君秋、姜妙香、刘连荣、萧长华、张春彦、吴富琴合演全部《凤双栖》。

1月5日，谦和社更新舞台夜戏：

张少甫、吴富琴《九更天》，孙毓堃、韩盛信、孙元彬、殷金振《挑华车》，压轴贯盛习、萧长华《乌盆记》，大轴张君秋、姜妙香、刘连荣、萧长华、张春彦、吴富琴合演全部《凤双栖》。

1月6日，谦和社更新舞台夜戏：

张少甫《战长沙》，李多奎、金少臣《断太后》，压轴贯盛习、孙毓堃、韩盛信《连营寨》，大轴张君秋、姜妙香、萧长华、张春彦合演《女起解》《玉堂春》。

1月7日，谦和社更新舞台夜戏：

张少甫、吴富琴《投军别窑》，李多奎、金少臣《打龙袍》，压轴孙毓堃、韩盛信、孙元彬《拿高登》，大轴张君秋、贯盛习、孙毓堃、姜妙香、萧长华、刘连荣合演全部《汉明妃》。

1月8日，谦和社更新舞台夜戏：

张少甫、杜富隆《状元谱》，孙毓堃、韩盛信《挑华车》，压轴贯盛习、李多奎、吴富琴《桑园会》，大轴张君秋、姜妙香、刘连荣、萧长华、张春彦、吴富琴合演全部《凤双栖》。

1月9日，谦和社更新舞台日场：

张少甫《独木关》，李多奎《钓金龟》，压轴贯盛习、孙毓堃、韩盛信全本《八大锤》，大轴张君秋、姜妙香、萧长华、张春彦合演《女起解》《玉堂春》。

1月9日，谦和社更新舞台夜戏：

张少甫、金少臣《打严嵩》，萧长华、姜妙香《连升三级》，压轴孙毓堃、韩盛信《铁笼山》，大轴张君秋、贯盛习、李多奎、姜妙香、魏莲芳、萧长华合演全部《四郎探母》。

1月10日，谦和社更新舞台夜戏最后一天：

张少甫《凤鸣关》，孙毓堃、韩盛信、孙元彬、殷金振《恶虎村》，压轴贯盛习、萧长华、金少臣、王福山《打棍出箱》，大轴张君秋、姜妙香、刘连荣、萧长华、张春彦、吴富琴合演全部《凤双栖》。

上海更新舞台演出结束后，由于战乱，时局紧张，姜妙香滞留上海，接受上海大来国剧公司邀请，成为大来旗下黄金大戏院座包演员，住在黄金大戏院的公寓。

1月20日，赶在农历年底，姜妙香夫人冯金芙抵沪，在上海暂时安顿下来。

1月25日（农历正月初一），姜妙香正式加入上海黄金大戏院夜戏头天：

小三麻子、程少余《赠袍赐马》，马德成、刘砚亭《英雄会》，压轴梁慧超《八大锤》，大轴童芷苓、姜妙香、雷喜福、刘斌昆合演全本《玉堂春》（“嫖院”起“团圆”止）。

1月26日，上海黄金大戏院日场：

马德成、刘砚亭《独木关》，梁慧超、小三麻子、程少余《长坂坡》《汉津口》，压轴童芷苓、雷喜福、董俊峰《二进宫》，大轴童芷苓、姜妙香、刘砚亭合演《棋盘山》。

1月26日，上海黄金大戏院夜戏：

小三麻子《水淹七军》，梁慧超《水帘洞》，压轴雷喜福、姜妙香、贾多才《清官册》，大轴童芷苓、童寿苓、艾世菊、苗胜春合演《红娘》。

1月27日，上海黄金大戏院日场：

梁慧超、马德成、程少余《八蜡庙》，压轴雷喜福、董俊峰《九更天》，大轴童芷苓、姜妙香、刘斌昆、贾多才合演《棒打薄情郎》。

1月27日，上海黄金大戏院夜戏：

班世超《蟠桃会》，小三麻子、程少余《古城会》，压轴童芷苓、马德成、张春华、刘砚亭《刺巴杰》，大轴童芷苓、梁慧超、姜妙香、刘斌昆合演全部《金钱豹》《盗魂铃》《盘丝洞》。

1月28日，上海黄金大戏院日场：

小三麻子《路遥知马力》，梁慧超《大铁笼山》，压轴雷喜福、刘斌昆、葛次江、骆洪年《天雷报》，大轴童芷苓、姜妙香、芙蓉草、刘斌昆合演一至八本《得意缘》。

1月28日，上海黄金大戏院夜戏：

班世超《盗仙草》，梁慧超《挑华车》，压轴雷喜福、童芷苓、姜妙香、刘砚亭、艾世菊《四进士》，大轴童芷苓、芙蓉草、童寿苓、刘砚亭、刘斌昆合演《秦淮河》《贪欢报》。

1月29日，上海黄金大戏院日场：

小三麻子《徐策跑城》，梁慧超《安天会》，压轴童芷苓、童寿苓、刘砚亭《花田八错》，大轴童芷苓、姜妙香、雷喜福、刘斌昆合演全部《贩马记》。

1月29日，上海黄金大戏院夜戏：

小三麻子、程少余《斩颜良》，梁慧超、马德成《英雄会》，压轴童芷苓、姜妙香、张春华《双沙河》，大轴童芷苓、雷喜福、姜妙香、刘斌昆合演《蝴蝶梦》《大劈棺》。

1月30日，上海黄金大戏院夜戏：

小三麻子、姜妙香《举鼎观画》，马德成《凤凰山》，梁慧超、艾世菊、班世超《三岔口》，雷喜福、张彦堃《盗宗卷》，压轴童芷苓、芙蓉草《樊江关》，大轴童芷苓、雷喜福、童寿苓、童祥苓、童葆苓合演《新戏迷传》。

1月31日，上海黄金大戏院夜戏：

梁慧超、班世超、程少余《乾元山》，童芷苓、童寿苓、吴继兰《打樱桃》，压轴雷喜福、姜妙香、刘斌昆《状元谱》，大轴童芷苓、童寿苓、周金莲合演《孔雀东南飞》。

2月1日，上海黄金大戏院夜戏：

小三麻子、程少余《古城会》，马德成《独木关》，压轴雷喜福、董俊峰、姜妙香、苗胜春《打严嵩》，大轴童芷苓、梁慧超、姜妙香、刘斌昆合演《金钱豹》《盘丝洞》《盗魂铃》。

2月2日，上海黄金大戏院夜戏：

小三麻子、姜妙香《举鼎观画》，马德成《凤凰山》，梁慧超、艾世菊、班世超《三岔口》，雷喜福、张彦堃《盗宗卷》，压轴童芷苓、芙蓉草《樊江关》，大轴童芷苓、雷喜福、童寿苓、童祥苓、童葆苓合演《新戏迷传》。

2月4日，上海黄金大戏院夜戏：

小三麻子《赠袍赐马》，马德成《独木关》，雷喜福、杨洪英、艾世菊《庆顶珠》，大轴童芷苓、梁慧超、姜妙香、詹世辅、周金莲、贾多才、吴继兰合演《金钱豹》《盘丝洞》《盗魂铃》。

2月5日，上海黄金大戏院夜戏：

小三麻子《扫松》，马德成、董峻峰《连环套》，雷喜福《定军山》，童芷苓、梁慧超、艾世菊、姜妙香、芙蓉草《潘金莲与武松》，大轴童芷苓、童寿苓、刘斌昆合演《新纺棉花》。

2月6日，上海黄金大戏院日场：

小三麻子《跑城》，马德成《剑峰山》，雷喜福、刘砚亭、吴继兰《一捧雪》，大轴童芷苓、梁慧超、姜妙香、詹世辅、周金莲、贾多才、吴继兰合演《金钱豹》《盘丝洞》《盗魂铃》。

2月8日，上海黄金大戏院夜戏：

小三麻子、姜妙香《举鼎观画》，梁慧超《夜战马超》，童芷苓、马德成、艾世菊《刺巴杰》，雷喜福、程少余《九更天》，大轴童芷苓、童寿苓、刘斌昆合演《新纺棉花》。

2月9日，上海黄金大戏院夜戏：

小三麻子《扫松下书》，马德成、董俊峰《连环套》，雷喜福《定军山》，童芷苓、梁慧超、艾世菊、姜妙香、芙蓉草、刘韵芳《潘金莲与武松》，大轴童芷苓、童寿苓、刘斌昆合演《新纺棉花》。

2月10日，上海黄金大戏院夜戏：

小三麻子《古城相会》，马德成《薛礼叹月》，梁慧超、班世超、刘砚亭《青石山》，童芷苓、雷喜福、姜妙香、刘斌昆《蝴蝶梦》《大劈棺》，大轴童芷苓、雷喜福、童寿苓、童祥苓、童葆苓合演《新戏迷传》。

2月11日，上海黄金大戏院夜戏：

小三麻子、董俊峰《华容道》，马德成、艾世菊《落马湖》，、童芷苓、雷喜福、梁慧超、姜妙香《金钱豹》《盘丝洞》《盗魂铃》，大轴童芷苓、童寿苓、刘斌昆合演《新纺棉花》。

2月12日，上海黄金大戏院夜戏：

小三麻子《徐策跑城》，马德成《独木关》，雷喜福、董俊峰《打严嵩》，童芷苓、梁慧超、姜妙香、芙蓉草、艾世菊《潘金莲与武松》，大轴童芷苓、童寿苓、刘斌昆合演《新纺棉花》。

2月13日，上海黄金大戏院日场：

小三麻子《单刀赴会》，梁慧超《冀州城》，童芷苓、雷喜福、姜妙香《大英杰烈》，大轴童芷苓、梁慧超、小三麻子、刘砚亭、艾世菊、马德成、雷喜福、班世超、程少余、吴继兰合演《大八蜡庙》。

2月13日，上海黄金大戏院夜戏：

马德成《叹月》，梁慧超、刘砚亭、小三麻子、程少余《长坂坡》带《汉津口》，童芷苓、雷喜福、姜妙香、刘斌昆《蝴蝶梦》《大劈棺》，大轴童芷苓、童寿苓、雷喜福、童祥苓、童葆苓合演《新戏迷传》。

2月14日，上海黄金大戏院夜戏：

小三麻子、董俊峰《华容道》，马德成、艾世菊、苗胜春《落马湖》，童芷苓、雷喜福、梁慧超、姜妙香《金钱豹》《盘丝洞》《盗魂铃》，大轴童芷苓、童寿苓、刘斌昆合演《新纺棉花》。

2月15日，上海黄金大戏院夜戏：

班世超《大战赤福寿》，雷喜福、小三麻子、董俊峰《阳平关》，童芷苓、梁慧超、姜妙香、芙蓉草、艾世菊《潘金莲与武松》，大轴童芷苓、童寿苓、刘斌昆合演《新纺棉花》。

2月16日，上海黄金大戏院夜戏：

小三麻子《白马坡》，马德成《问樵酒楼》，梁慧超、刘砚亭《牛头山》，童芷苓、雷喜福、姜妙香、刘斌昆《蝴蝶梦》《大劈棺》，大轴童芷苓、童寿苓、雷喜福、童祥苓、童葆苓合演《新戏迷传》。

2月17日，上海黄金大戏院夜戏：

小三麻子《单刀赴会》，马德成、董俊峰《连环套》《天霸拜山》，童芷苓、雷喜福、梁慧超、姜妙香、刘斌昆《金钱豹》《盘丝洞》《盗魂铃》，大轴童芷苓、童寿苓、刘斌昆合演《新纺棉花》。

2月18日，上海黄金大戏院夜戏：

班世超《大泗州城》，小三麻子《水淹七军》，童芷苓、雷喜福、梁慧超、姜妙香、刘斌昆《金钱豹》《盘丝洞》《盗魂铃》，大轴童芷苓、童寿苓、刘斌昆合演《新纺棉花》。

2月19日，上海黄金大戏院夜戏：

马德成《凤凰山》，梁慧超、班世超、程少余《乾元山》，童芷苓、雷喜福、姜妙香、刘斌昆《蝴蝶梦》《大劈棺》，大轴童芷苓、童寿苓、雷喜福、童祥苓、童葆苓合演《新戏迷传》。

2月20日，上海黄金大戏院日场：

小三麻子、程少余《单刀赴会》，马德成、董俊峰《连环套》，童芷苓、雷喜福、梁慧超、姜妙香、周金莲、贾多才《金钱豹》《盘丝洞》《盗魂铃》，大轴童芷苓、童寿苓、刘斌昆《新纺棉花》。

2月20日，上海黄金大戏院夜戏：

小三麻子《路遥知马力》，梁慧超、马德成、班世超、艾世菊《八蜡庙》，童芷苓、雷喜福、姜妙香、刘斌昆《蝴蝶梦》《大劈棺》，梁慧超《水帘洞》，大轴童芷苓、童寿苓、刘斌昆合演《纺棉花》。

2月21日，上海黄金大戏院夜戏

马德成《剑峰山》，梁慧超、班世超《三岔口》，童芷苓、雷喜福、姜妙香、刘斌昆《蝴蝶梦》《大劈棺》，梁慧超《越虎城》，大轴童芷苓、童寿苓、刘斌昆合演《新纺棉花》。

2月22日，上海黄金大戏院夜戏：

小三麻子《古城会》，马德成《薛礼叹月》，梁慧超《大白水滩》，童芷苓、雷喜福、姜妙香、刘斌昆《蝴蝶梦》《大劈棺》，梁慧超《两威将军》，大轴童芷苓、童寿苓、刘斌昆合演《新纺棉花》。

2月23日，上海黄金大戏院夜戏：

班世超《盗仙草》，姜妙香《辕门射戟》，童芷苓、雷喜福、梁慧超、马德成、刘砚亭、董俊峰、艾世菊《盗御马》《连环套》《盗双钩》，大轴童芷苓、童寿苓、雷喜福、童祥苓、童葆苓合演《新戏迷传》。

2月24日，上海黄金大戏院夜戏：

小三麻子、董俊峰《华容道》，梁慧超《乾坤圈》，童芷苓、雷喜福、姜妙香、刘斌昆《蝴蝶梦》《大劈棺》，梁慧超《挑华车》，大轴童芷苓、童寿苓、刘斌昆合演《新纺棉花》。

2月25日，上海黄金大戏院夜戏：

小三麻子《古城会》，马德成《薛礼叹月》，梁慧超《白水滩》，童芷苓、雷喜福、姜妙香、刘斌昆《蝴蝶梦》《大劈棺》，梁慧超《两将军》，大轴童芷苓、童寿苓、刘斌昆合演《新纺棉花》。

2月26日，上海黄金大戏院夜戏：

小三麻子《单刀赴会》，马德成、董俊峰《天霸拜山》，雷喜福、童芷苓、梁慧超、姜妙香《金钱豹》《盘丝洞》《盗魂铃》，大轴童芷苓、童寿苓、雷喜福、童祥苓、童葆苓合演《新戏迷传》。

2月27日，上海黄金大戏院日场：

班世超《大泗州城》，小三麻子《水淹七军》，童芷苓、雷喜福、梁慧超、姜妙香《金钱豹》《盘丝洞》《盗魂铃》，大轴童芷苓、童寿苓、刘斌昆合演《新纺棉花》。

2月27日，上海黄金大戏院夜戏：

小三麻子《下书》，马德成《剑峰山》，梁慧超《三岔口》，童芷苓、雷喜福、姜妙香、刘斌昆《蝴蝶梦》《大劈棺》，梁慧超《越虎城》，大轴童芷苓、童寿苓、刘斌昆合演《新纺棉花》。

2月28日，上海黄金大戏院夜戏：

小三麻子《古城会》，马德成《独木关》，童芷苓、雷喜福、姜妙香、刘斌昆《蝴蝶梦》《大劈棺》，梁慧超《挑华车》，大轴童芷苓、童寿苓、刘斌昆合演《新纺棉花》。

2月29日，上海黄金大戏院夜戏：

小三麻子《跑城》，马德成《独木关》，童芷苓、梁慧超、姜妙香、、芙蓉草、艾世菊《潘金莲与武松》，大轴童芷苓、雷喜福、童寿苓、童祥苓、童葆苓合演《新戏迷传》。

3月1日，上海黄金大戏院夜戏：

董俊峰《黑风帕》，小三麻子《单刀会》，马德成《凤凰山》，童芷苓、雷喜福、姜妙香、刘斌昆《蝴蝶梦》《大劈棺》，梁慧超《越虎城》，大轴童芷苓、童寿苓、刘斌昆合演《新纺棉花》。

3月2日，上海黄金大戏院夜戏：

马德成《落马湖》，童芷苓（反串孔明）、雷喜福、姜妙香、董俊峰、刘斌昆、程少余《群英会》《借东风》，梁慧超《白水滩》，大轴童芷苓、童寿苓、周金莲、贾多才合演《红娘》。

3月3日，上海黄金大戏院夜戏：

小三麻子《扫松》，马德成、董俊峰《天霸拜山》，雷喜福、童芷苓、梁慧超、姜妙香《金钱豹》《盘丝洞》《盗魂铃》，大轴童芷苓、雷喜福、童寿苓、童祥苓、童葆苓合演《新戏迷传》。

3月4日，上海黄金大戏院夜戏：

小三麻子、程少余《水淹七军》，马德成、艾世菊、苗胜春《问樵酒楼》，梁慧超《杀四门》，大轴童芷苓、雷喜福、姜妙香、贾多才、童寿苓、刘斌昆、刘韵芳合演全部《玉堂春》。

3月7日，上海黄金大戏院夜戏：

小三麻子《古城会》，马德成《薛礼叹月》，雷喜福、董俊峰《打严嵩》，童芷苓、梁慧超、姜妙香、艾世菊《潘金莲与武松》，大轴童芷苓、刘斌昆、童寿苓合演《新纺棉花》。

3月8日，上海黄金大戏院夜戏：

马德成《凤凰山》，童芷苓、雷喜福、姜妙香、董俊峰、刘斌昆、程少余《群英会》《借东风》，梁慧超《大白水滩》，大轴童芷苓、童寿苓、周金莲、贾多才合演《红娘》。

3月9日，上海黄金大戏院夜戏：

王麟昆《九更天》，马德成《落马湖》，童芷苓、雷喜福、姜妙香、刘斌昆《蝴蝶梦》《大劈棺》，梁慧超《挑华车》，大轴童芷苓、刘斌昆、童寿苓合演《新纺棉花》。

3月10日，上海黄金大戏院夜戏：

小三麻子《白马坡》，马德成、董俊峰《拜山》，童芷苓、雷喜福、姜妙香、刘斌昆《蝴蝶梦》《大劈棺》，梁慧超《杀四门》，大轴童芷苓、刘斌昆、童寿苓合演《新纺棉花》。

3月11日，上海黄金大戏院夜戏：

王麟昆《追韩信》，姜妙香《辕门射戟》，马德成《独木关》，梁慧超《水帘洞》，大轴童芷苓、雷喜福、刘斌昆、吴富琴、童寿苓、贾多才合演《锁麟囊》。

3月12日，上海黄金大戏院日场：

小三麻子、马德成、董俊峰、程少余、王麟昆、苗胜春《单刀会》带《逍遥津》，童芷苓、梁慧超、雷喜福、姜妙香《金钱豹》《盘丝洞》《盗魂铃》，大轴童芷苓、刘斌昆、童寿苓合演《新纺棉花》。

3月12日，上海黄金大戏院夜戏：

王麟昆《鹿台恨》，小三麻子、董俊峰《华容道》，马德成、艾世菊、程少余《剑峰山》，童芷苓、雷喜福、姜妙香、刘斌昆《蝴蝶梦》《大劈棺》，梁慧超《两将军》，大轴童芷苓、刘斌昆、童寿苓合演《新纺棉花》。

3月13日，上海黄金大戏院夜戏：

小三麻子、程少余《水淹七军》，马德成《问樵酒楼》，童芷苓、雷喜福、姜妙香、刘斌昆《蝴蝶梦》《大劈棺》，梁慧超《三岔口》，大轴童芷苓、刘斌昆、童寿苓合演《新纺棉花》。

3月14日，上海黄金大戏院夜戏：

姜妙香、董俊峰《飞虎山》，马德成《薛礼救驾》，梁慧超《赚历城》，大轴童芷苓、雷喜福、刘斌昆、吴富琴、童寿苓、贾多才合演《锁麟囊》。

3月15日，上海黄金大戏院夜戏：

小三麻子《跑城》，马德成、艾世菊、程少余《请宋灵》，童芷苓、雷喜福、姜妙香《新玉堂春》，梁慧超《金锁阵》，大轴童芷苓、刘斌昆、童寿苓合演《新纺棉花》。

3月17日，上海黄金大戏院夜戏：

小三麻子、马德成、董俊峰《天霸拜山》，童芷苓、雷喜福、姜妙香、刘斌昆《蝴蝶梦》《大劈棺》，梁慧超、程少余、张彦堃《战渭南》，大轴童芷苓、刘斌昆、童寿苓合演《新纺棉花》。

3月19日，上海黄金大戏院日场：

小三麻子、程少余《斩颜良》，马德成《独木关》，童芷苓、雷喜福、姜妙香、刘斌昆《蝴蝶梦》《大劈棺》，梁慧超《金钱豹》，大轴童芷苓、刘斌昆、童寿苓合演《新纺棉花》。

3月20日，上海黄金大戏院夜戏：

小三麻子、马德成、董俊峰、王麟昆、程少余《单刀会》带《逍遥津》，童芷苓、雷喜福、梁慧超、姜妙香《金钱豹》《盘丝洞》《盗魂铃》，大轴童芷苓、雷喜福、童祥苓、童寿苓、童葆苓合演《新戏迷传》。

3月21日，上海黄金大戏院夜戏：

小三麻子《古城会》，马德成《落马湖》，童芷苓、雷喜福、姜妙香、刘斌昆《蝴蝶梦》《大劈棺》，梁慧超《挑华车》，大轴童芷苓、刘斌昆、童寿苓合演《新纺棉花》。

3月22日，上海黄金大戏院夜戏：

王麟昆《投军别窑》，小三麻子、程少余《灞陵桥》，马德成、董俊峰《连环套》，童芷苓、雷喜福、梁慧超、姜妙香《金钱豹》《盘丝洞》《盗魂铃》，大轴童芷苓、刘斌昆、童寿苓合演《新纺棉花》。

3月23日，上海黄金大戏院夜戏：

王麟昆《追韩信》，小三麻子《斩颜良》，马德成《独木关》，童芷苓、雷喜福、姜妙香、刘斌昆《蝴蝶梦》《大劈棺》，梁慧超《金钱豹》，大轴童芷苓、刘斌昆、童寿苓合演《新纺棉花》。

3月24日，上海黄金大戏院夜戏：

小三麻子、程少余《水淹七军》，马德成《薛礼叹月》，雷喜福、童寿苓《借赵云》，童芷苓、梁慧超、姜妙香、艾世菊《潘金莲与武松》，大轴童芷苓、刘斌昆、童寿苓合演《新纺棉花》。

3月25日，上海黄金大戏院夜戏：

金少臣《探阴山》，雷喜福、姜妙香、马德成、董俊峰《黄鹤楼》，大轴童芷苓、雷喜福、刘斌昆、吴富琴、童寿苓、贾多才合演《锁麟囊》。

3月26日，上海黄金大戏院日场：

王麟昆《九更天》，董俊峰、金少臣、马德成、艾世菊《盗御马》《连环套》，童芷苓、雷喜福、姜妙香、刘斌昆《蝴蝶梦》《大劈棺》，梁慧超《金钱豹》，大轴童芷苓、刘斌昆、童寿苓合演《新纺棉花》。

3月26日，上海黄金大戏院夜戏：

金少臣《万花厅》，马德成、艾世菊、程少余《剑峰山》，童芷苓、雷喜福、姜妙香、刘斌昆《蝴蝶梦》《大劈棺》，梁慧超《挑华车》，大轴童芷苓、刘斌昆、童寿苓合演《新纺棉花》。

3月27日，上海黄金大戏院日场：

金少臣《黑风帕》，马德成《凤凰山》，童芷苓、雷喜福、姜妙香、刘斌昆《蝴蝶梦》《大劈棺》，梁慧超《金钱豹》，大轴童芷苓、刘斌昆、童寿苓合演《新纺棉花》。

3月30日，上海黄金大戏院日场：

小三麻子、程少余《古城会》，姜妙香、董俊峰《飞虎山》，梁慧超《金钱豹》，李桂芬、金少臣《捉放曹》，大轴谢兰玉、刘斌昆合演《新纺棉花》。

3月31日，上海黄金大戏院日场：

小三麻子《徐策跑城》，梁慧超《挑华车》，谢兰玉、姜妙香《玉堂春》，大轴李桂芬、金少臣、程少余、刘韵芳合演《洪羊洞》。

4月1日，上海黄金大戏院日场：

盖春来《九江口》，金少臣《草桥关》，梁慧超《杀四门》，李桂芬、谢兰玉、董俊峰、姜妙香、艾世菊《拾玉镯》《法门寺》，大轴谢兰玉、刘斌昆合演《新纺棉花》。

4月3日，上海黄金大戏院日场：

小三麻子、董俊峰《华容道》，梁一鸣、金少臣《上天台》，谢兰玉、姜妙香、刘韵芳《花田错》，梁慧超《赚历城》，大轴谢兰玉、刘斌昆合演《新纺棉花》。

4月4日，上海黄金大戏院日场：

小三麻子《水淹七军》，梁一鸣、吴富琴《朱砂痣》，谢兰玉、姜妙香《春秋配》，梁慧超《两将军》，大轴谢兰玉、刘斌昆合演《新纺棉花》。

4月5日，上海黄金大戏院日场：

金少臣《探阴山》，小三麻子、姜妙香、董俊峰、梁一鸣《黄鹤楼》，梁慧超《白水滩》，谢兰玉、艾世菊《打花鼓》，大轴谢兰玉、刘斌昆合演《新纺棉花》。

4月7日，杨宝森宝华社上海黄金大戏院头天打泡戏日场（下午四时开演）：

小三麻子、董俊峰《华容道》，李金鸿、梁慧超、商四亮、程少余《青石山》，压轴李玉芝、姜妙香《玉堂春》，大轴杨宝森、王泉奎、苏连汉、艾世菊、曹世嘉合演《失街亭》《空城计》《斩马谡》。

4月8日，宝华社上海黄金大戏院日场：

小三麻子、董俊峰《斩颜良》，李金鸿、程少余、曹世嘉全部《杨排风》，压轴李玉芝、姜妙香、吴富琴《春秋配》，大轴杨宝森、王泉奎、苏连汉、艾世菊合演《奇冤报》。

4月9日，宝华社上海黄金大戏院日场（下午一时开戏）：

小三麻子、程少余《古城训弟》，压轴李金鸿、姜妙香、董俊峰、王泉奎《穆柯寨》，大轴杨宝森、梁慧超、李金鸿、李玉芝合演《金钱豹》《盘丝洞》《盗魂铃》。

4月10日，宝华社上海黄金大戏院日场：

小三麻子、程少余《灞陵桥》，梁慧超、苏连汉《牛皋下书》《挑华车》，李金鸿、江金爵、沈金启《盗仙草》，大轴杨宝森、李玉芝、姜妙香、吴富琴、艾世菊、刘斌昆、哈宝山合演《四郎探母》。

4月11日，宝华社上海黄金大戏院夜戏：

董俊峰《锁五龙》，小三麻子、程少余《古城训弟》，大轴杨宝森、李玉芝、梁慧超、李金鸿、王泉奎、姜妙香（八贤王）、苏连汉、艾世菊、吴富琴、曹世嘉合演全部《杨家将》。

4月13日，宝华社上海黄金大戏院夜戏：

小三麻子、姜妙香、董俊峰、梁一鸣《黄鹤楼》，李金鸿《金山寺》，压轴李玉芝《金锁记》，大轴杨宝森、苏连汉、艾世菊、王泉奎《失街亭》《空城计》《斩马谡》。

4月15日，宝华社上海黄金大戏院夜戏：

小三麻子、董俊峰《华容道》，王泉奎《牧虎关》，梁慧超、程少余《恶虎村》，大轴杨宝森、李玉芝、姜妙香、李金鸿、苏连汉、哈宝山、艾世菊、曹世嘉合演全部《红鬃烈马》（“赶三关”、“武家坡”、“算军粮”、“银空山”、“回龙阁”、“大登殿”）。

4月16日，宝华社黄金大戏院日场：

小三麻子、程少余《古城训弟》，压轴李金鸿、姜妙香、董俊峰、王泉奎《穆柯寨》，大轴杨宝森、梁慧超、李金鸿、李玉芝合演《金钱豹》《盘丝洞》《盗魂铃》。

4月16日，宝华社黄金大戏院夜戏：

苏连汉《青风寨》，大轴杨宝森、李玉芝、梁慧超、李金鸿、王泉奎、姜妙香（八贤王）、苏连汉、艾世菊、吴富琴、曹世嘉合演全部《杨家将》。

4月18日，宝华社黄金大戏院夜戏：

梁慧超《两将军》，压轴李金鸿、江金爵、沈金启《盗仙草》，大轴杨宝森、李玉芝、姜妙香、吴富琴、艾世菊、刘斌昆、哈宝山合演《四郎探母》。

4月19日，宝华社黄金大戏院夜戏：

董俊峰《御果园》，姜妙香、哈宝山《借赵云》，梁慧超《赚历城》，压轴李金鸿《杨排风》，大轴杨宝森、李玉芝、王泉奎合演《大保国》《探皇陵》《二进宫》。

4月20日，宝华社黄金大戏院夜戏：

哈宝山、吴富琴《金光阵》，李金鸿《虹桥赠珠》，杨宝森、姜妙香、艾世菊《打侄上坟》，压轴李玉芝《宇宙锋》，大轴杨宝森、王泉奎、艾世菊、苏连汉合演《打棍出箱》。

4月21日，宝华社黄金大戏院夜戏：

梁慧超、小三麻子、王泉奎、程少余、吴富琴《长坂坡》《汉津口》，杨宝森《法场换子》，压轴李玉芝、李金鸿、姜妙香、艾世菊《盘丝洞》，大轴杨宝森、苏连汉、哈宝山合演《定军山》。

4月22日，宝华社黄金大戏院夜戏：

小三麻子、董俊峰《华容道》，梁慧超、程少余《乾元山》，压轴李玉芝、李金鸿、姜妙香、苏连汉、刘斌昆头二本《虹霓关》，大轴杨宝森、王泉奎、苏连汉、艾世菊、哈宝山合演《失街亭》《空城计》《斩马谡》。

4月23日，宝华社黄金大戏院日场：

小三麻子、程少余《古城训弟》，压轴杨宝森、李玉芝、梁慧超、李金鸿《金钱豹》《盘丝洞》《盗魂铃》，大轴杨宝森、梁慧超、姜妙香、王泉奎合演《八大锤》《断臂说书》。

4月23日，宝华社黄金大戏院夜戏：

小三麻子、姜妙香、梁一鸣《黄鹤楼》，李金鸿《金山寺》，压轴李玉芝、姜妙香、苗胜春、刘韵芳《玉堂春》，大轴杨宝森、王泉奎、艾世菊、苏连汉合演《奇冤报》。

4月24日，宝华社黄金大戏院夜戏：

小三麻子、程少余《赠袍赐马》，大轴杨宝森、李玉芝、梁慧超、李金鸿、王泉奎、姜妙香（八贤王）、苏连汉、艾世菊、吴富琴、曹世嘉合演全部《杨家将》。

4月25日，宝华社黄金大戏院夜戏：

小三麻子《徐策跑城》，李金鸿《取金陵》，杨宝森、苏连汉《打鼓骂曹》，压轴李玉芝、姜妙香、苗胜春《春秋配》，大轴杨宝森、王泉奎、苏连汉、哈宝山、艾世菊合演《洪羊洞》。

4月27日，宝华社黄金大戏院夜戏：

小三麻子、程少余《古城训弟》，王泉奎《锁五龙》，压轴李金鸿《金山寺》，大轴杨宝森、李玉芝、姜妙香、吴富琴、艾世菊、刘斌昆、哈宝山合演《四郎探母》。

4月29日，宝华社黄金大戏院夜戏：

小三麻子《徐策跑城》，李金鸿、姜妙香、董俊峰、程少余《穆柯寨》，压轴杨宝森、李玉芝、梁慧超、苏连汉《宝莲灯》《劈山救母》，大轴杨宝森、王泉奎、哈宝山合演《捉放曹》。

4月30日，宝华社黄金大戏院日场：

小三麻子、程少余《古城训弟》，压轴杨宝森、李玉芝、梁慧超、李金鸿《金钱豹》《盘丝洞》《盗魂铃》，大轴杨宝森、梁慧超、姜妙香、王泉奎合演《八大锤》《断臂说书》。

4月30日，宝华社黄金大戏院夜戏：

小三麻子、程少余《水淹七军》，压轴李玉芝、姜妙香、苗胜春、刘韵芳《玉堂春》，大轴杨宝森、王泉奎、苏连汉、艾世菊、哈宝山合演《失街亭》《空城计》《斩马谡》。

5月1日，宝华社黄金大戏院夜戏：

苏连汉《青风寨》，大轴杨宝森、李玉芝、梁慧超、李金鸿、王泉奎、姜妙香（八贤王）、苏连汉、艾世菊、吴富琴、曹世嘉合演全部《杨家将》。

5月4日，宝华社黄金大戏院夜戏：

吴富琴《杀妻犒军》，梁慧超、李金鸿、小三麻子、艾世菊《巴骆和》，压轴李玉芝、王泉奎、姜妙香、哈宝山《霸王别姬》，大轴杨宝森、王泉奎、苏连汉、艾世菊合演《奇冤报》。

5月5日，宝华社黄金大戏院夜戏：

吴继兰《伯党招亲》，小三麻子、程少余《古城训弟》，压轴李金鸿《金山寺》，大轴杨宝森、李玉芝、姜妙香、吴富琴、艾世菊、刘斌昆、哈宝山合演《四郎探母》。

5月7日，宝华社黄金大戏院日场：

小三麻子《跑城》，压轴李金鸿、姜妙香、王泉奎、程少余《穆柯寨》，李玉芝、梁慧超、李金鸿合演《金钱豹》《盘丝洞》，大轴杨宝森、梁慧超、哈宝山、苏连汉合演全本《连营寨》。

5月7日，宝华社黄金大戏院夜戏：

董俊峰《牧虎关》，小三麻子《过五关》，李金鸿《金山寺》，压轴李玉芝、姜妙香、苗胜春、刘韵芳《玉堂春》，大轴杨宝森、王泉奎、苏连汉、艾世菊、哈宝山合演《失街亭》《空城计》《斩马谡》。

5月8日，宝华社黄金大戏院夜戏：

小三麻子《下书》，李金鸿《扈家庄》，杨宝森、苏连汉《打鼓骂曹》，压轴李玉芝、姜妙香《花田错》，大轴杨宝森、王泉奎、苏连汉、哈宝山、艾世菊合演《洪羊洞》。

5月9日，宝华社黄金大戏院夜戏：

小三麻子、董俊峰《华容道》，大轴杨宝森、李玉芝、梁慧超、李金鸿、王泉奎、姜妙香、苏连汉、艾世菊、吴富琴、曹世嘉合演全部《杨家将》。

5月11日，宝华社黄金大戏院夜戏：

姜妙香、董俊峰《飞虎山》，李金鸿、艾世菊《锯大缸》，压轴杨宝森、李玉芝、梁慧超、苏连汉《宝莲灯》《劈山救母》，大轴杨宝森、王泉奎、哈宝山合演《捉放曹》。

5月12日，宝华社黄金大戏院夜戏：

小三麻子、程少余《白马坡》，王泉奎《坐寨盗马》，压轴李金鸿《金山寺》，大轴杨宝森、李玉芝、姜妙香、吴富琴、艾世菊、刘斌昆、哈宝山合演《四郎探母》。

5月13日，宝华社黄金大戏院夜戏：

小三麻子《水淹七军》，梁慧超《挑华车》，杨宝森、李金鸿、刘斌昆、哈宝山、苏连汉《打渔杀家》，压轴李玉芝、姜妙香《春秋配》，大轴杨宝森、王泉奎、苏连汉、艾世菊合演《奇冤报》。

5月14日，宝华社黄金大戏院日场：

小三麻子《探阴山》，艾世菊《偷鸡》，李玉芝、王泉奎、姜妙香、哈宝山《霸王别姬》，压轴杨宝森、李金鸿《盗魂铃》，大轴杨宝森、梁慧超、姜妙香、王泉奎合演《八大锤》《断臂说书》。

5月14日，宝华社黄金大戏院夜戏：

小三麻子、程少余《古城训弟》，李金鸿《扈家庄》，压轴李玉芝、姜妙香、苗胜春、刘韵芳《玉堂春》，大轴杨宝森、王泉奎、苏连汉、艾世菊、哈宝山合演《失街亭》《空城计》《斩马谡》。

5月16日，宝华社黄金大戏院夜戏：

小三麻子、程少余、苗胜春《战长沙》，大轴杨宝森、李玉芝、梁慧超、李金鸿、王泉奎、姜妙香、苏连汉、艾世菊、吴富琴、曹世嘉合演全部《杨家将》。

5月17日，宝华社黄金大戏院夜戏：

小三麻子、董俊峰《华容道》，王泉奎《坐寨盗马》，压轴李金鸿《金山寺》，大轴杨宝森、李玉芝、姜妙香、吴富琴、艾世菊、刘斌昆、哈宝山合演《四郎探母》。

5月18日，宝华社黄金大戏院夜戏：

姜妙香、董俊峰《飞虎山》，梁慧超、李金鸿、程少余、苏连汉、艾世菊《大战宛城》，压轴杨宝森、李玉芝《三娘教子》，大轴杨宝森、李玉芝、王泉奎、艾世菊、吴富琴、刘斌昆合演《法门寺》。

5月19日，宝华社黄金大戏院夜戏：

小三麻子《跑城》，李金鸿《盗仙草》，杨宝森、苏连汉《打鼓骂曹》，压轴李玉芝、姜妙香、刘斌昆《铁弓缘》，大轴杨宝森、王泉奎、苏连汉、哈宝山、艾世菊合演《洪羊洞》。

5月21日，宝华社黄金大戏院夜戏：

小三麻子《灞陵桥》，梁慧超、李金鸿、姜妙香、艾世菊《武松与潘金莲》，压轴李玉芝、王泉奎、姜妙香、哈宝山《霸王别姬》，大轴杨宝森、姜妙香、苏连汉、艾世菊合演《晋楚交兵》。

5月22日，宝华社黄金大戏院夜戏：

小三麻子、程少余《古城训弟》，李金鸿《扈家庄》，压轴李玉芝、姜妙香、苗胜春、刘韵芳《玉堂春》，大轴杨宝森、王泉奎、苏连汉、艾世菊、哈宝山合演《失街亭》《空城计》《斩马谡》。

5月23日，宝华社黄金大戏院夜戏：

小三麻子《赠袍赐马》，梁慧超《挑华车》，杨宝森、李金鸿、刘斌昆、哈宝山、苏连汉《打渔杀家》，压轴李玉芝、姜妙香《春秋配》，大轴杨宝森、王泉奎、苏连汉、艾世菊合演《奇冤报》。

5月26日，宝华社黄金大戏院夜戏：

小三麻子《过五关》，王泉奎《坐寨盗马》，压轴李金鸿、艾世菊《扈家庄》，大轴杨宝森、李玉芝、姜妙香、吴富琴、艾世菊、刘斌昆、哈宝山合演《四郎探母》。

5月28日，宝华社黄金大戏院日场：

苏连汉、曹世嘉《下河东》，姜妙香、董俊峰《飞虎山》，梁慧超《金钱豹》，压轴杨宝森、李玉芝《盗魂铃》，大轴杨宝森、李玉芝、王泉奎、艾世菊、吴富琴、刘斌昆合演《法门寺》。

5月29日，宝华社黄金大戏院夜戏：

董俊峰《白良关》，小三麻子、程少余《白马坡》，李金鸿《扈家庄》，压轴李玉芝、姜妙香、苗胜春、刘韵芳《玉堂春》，大轴杨宝森、王泉奎、苏连汉、艾世菊、哈宝山合演《失街亭》《空城计》《斩马谡》。

5月30日，宝华社黄金大戏院夜戏最后一天：

小三麻子、程少余《水淹七军》，姜妙香、吴富琴《岳家庄》，王泉奎《草桥关》，李金鸿《金山寺》，压轴杨宝森、李玉芝、梁慧超、苏连汉全本《黑水国》，大轴杨宝森、李玉芝、李金鸿、姜妙香、王泉奎反串《打面缸》。

6月1日，上海黄金大戏院夜戏：

王泉奎、王玉让《白良关》，梁慧超《越虎城》，张菊仙《辛安驿》，大轴李宗义、陈啸秋、姜妙香、刘斌昆、吴富琴、艾世菊、梁一鸣合演《四郎探母》。

6月2日，上海黄金大戏院夜戏：

小三麻子《跑城》，张菊仙、艾世菊《牧童放牛》，陈啸秋《宇宙锋》，大轴李宗义、姜妙香、王泉奎、刘斌昆、王玉让、梁一鸣合演《群英会》《借东风》。

6月3日，上海黄金大戏院夜戏：

王泉奎《探阴山》，张菊仙、刘斌昆《董家山》，陈啸秋、苗胜春、姜妙香、刘韵芳《玉堂春》，大轴李宗义、梁慧超、王玉让、吴富琴合演《盗魂铃》。

6月4日，上海黄金大戏院日场：

小三麻子、程少余、刘韵芳《走麦城》，张菊仙、姜妙香《拾玉镯》，陈啸秋、刘斌昆《女起解》，李宗义、王泉奎《击鼓骂曹》，大轴李宗义、梁慧超、姜妙香、王玉让合演《八大锤》。

6月4日，上海黄金大戏院夜戏：

梁慧超、董俊峰、张菊仙、程少余、艾世菊《大战宛城》，陈啸秋、姜妙香、吴富琴、苗胜春《春秋配》，大轴李宗义、王泉奎、王玉让、梁一鸣合演《失街亭》《空城计》《斩马谡》。

6月6日，上海黄金大戏院夜戏：

李宗义、梁慧超、小三麻子、姜妙香、程少余全部《白帝城》，张菊仙《金山寺》，大轴李宗义、陈啸秋、王泉奎合演《二进宫》。

6月7日，上海黄金大戏院夜戏：

王泉奎《锁五龙》，张菊仙、刘斌昆《小上坟》，李宗义、姜妙香、陈啸秋、吴富琴、商四亮全部《珠痕记》，大轴李宗义、梁慧超、王玉让、吴富琴合演《金钱豹》《盗魂铃》。

6月8日，上海黄金大戏院夜戏：

小三麻子、程少余《古城会》，梁慧超《杀四门》，张菊仙《辛安驿》，大轴李宗义、陈啸秋、姜妙香、王泉奎、王玉让、艾世菊合演《苏武牧羊》。

6月9日，上海黄金大戏院夜戏：

王玉让《取洛阳》，李宗义、梁慧超、小三麻子、姜妙香、程少余全部《白帝城》，张菊仙、刘斌昆《小上坟》，大轴陈啸秋、李宗义、王泉奎合演《二进宫》。

6月10日，上海黄金大戏院夜戏：

王泉奎、王玉让《白良关》，梁慧超《挑华车》，张菊仙《辛安驿》，大轴李宗义、陈啸秋、姜妙香、吴富琴、刘斌昆、艾世菊、梁一鸣合演《四郎探母》。

6月11日，上海黄金大戏院日场：

董俊峰《探阴山》，张菊仙、艾世菊《小放牛》，大轴李宗义、陈啸秋、梁慧超、姜妙香、王泉奎、小三麻子、刘斌昆、王玉让、程少余、梁一鸣、艾世菊合演《甘露寺》《美人计》《回荆州》连演《走麦城》《哭灵牌》《连营寨》《七百里》《白帝城》。

6月11日，上海黄金大戏院夜戏：

小三麻子《跑城》，张菊仙、刘斌昆《小上坟》，陈啸秋、姜妙香《三堂会审》，李宗义、王泉奎《打鼓骂曹》，大轴李宗义、梁慧超、张菊仙合演《金钱豹》《盗魂铃》。

6月18日，上海黄金大戏院日场：

董俊峰《探阴山》，张菊仙、艾世菊《小放牛》，李宗义、陈啸秋、梁慧超、姜妙香、王泉奎、小三麻子、刘斌昆、王玉让、程少余、梁一鸣、艾世菊合演《甘露寺》《美人计》《回荆州》连演《走麦城》《哭灵牌》《连营寨》《七百里》《白帝城》。

6月21日，上海黄金大戏院夜戏：

梁慧超、张菊仙、小三麻子、艾世菊、苗胜春、刘斌昆《大翠屏山》，陈啸秋、姜妙香、吴富琴、何润初《春秋配》，大轴李宗义、王泉奎、王玉让、张彦堃合演《胭粉计》。

6月22日，上海黄金大戏院夜戏：

梁慧超、小三麻子、王泉奎、吴富琴、王玉让《长坂坡》《汉津口》，张菊仙、刘斌昆《小上坟》，大轴李宗义、陈啸秋、姜妙香、刘斌昆、吴富琴、艾世菊、梁一鸣、商四亮合演《四郎探母》。

6月23日，上海黄金大戏院夜戏：

李宗义、梁慧超、小三麻子、姜妙香、张质彬、程少余、钱元通《白帝城》，张菊仙、刘斌昆《小上坟》，大轴李宗义、陈啸秋、王泉奎合演《大保国》《探皇陵》《二进宫》。

6月24日，上海黄金大戏院夜戏：

小三麻子、张质彬、董俊峰《斩颜良》，姜妙香、张菊仙、刘斌昆《文章会》，陈啸秋、李宗义、梁慧超、程少余《宝莲灯》，大轴李宗义、王泉奎、艾世菊、王玉让合演《奇冤报》。

6月25日、26日，上海黄金大戏院夜戏：

张菊仙、姜妙香、小三麻子、张质彬、吴富琴、刘斌昆、梁一鸣、艾世菊、钱元通、苗胜春、商四亮全部《白蛇传》，陈啸秋、艾世菊《女起解》，大轴李宗义、梁慧超、张菊仙、王玉让、吴富琴《金钱豹》《盗魂铃》。

6月27日，上海黄金大戏院夜戏：

李宗义、陈啸秋、梁慧超、张菊仙、姜妙香、小三麻子、王泉奎、刘斌昆、张质彬、梁一鸣合演全部《杨家将》。

6月28日，上海黄金大戏院夜戏：

陈啸秋《宇宙锋》，李宗义、张菊仙、姜妙香、王泉奎、吴富琴、梁一鸣、艾世菊《珠帘寨》，大轴李宗义、梁慧超、张菊仙、王玉让、吴富琴合演《金钱豹》《盗魂铃》。

6月29日，上海黄金大戏院夜戏：

李宗义、陈啸秋、梁慧超、姜妙香、小三麻子、王玉让、程少余、张质彬、钱元通《走麦城》《白帝城》《尚香祭江》，大轴李宗义、张菊仙合演《宋十回》。

7月2日，上海黄金大戏院夜戏：

三麻子、程少余《打严嵩》，李宗义、陈啸秋、姜妙香、王泉奎、张质彬、刘斌昆、梁一鸣、王玉让《龙凤呈祥》，大轴李宗义、梁慧超、张菊仙、王玉让、吴富琴合演《金钱豹》《盗魂铃》。

7月3日，上海黄金大戏院夜戏：

王泉奎、王玉让《白良关》，梁慧超《挑华车》，张菊仙、刘斌昆《小上坟》，大轴李宗义、陈啸秋、姜妙香、刘斌昆、梁一鸣、吴富琴、艾世菊合演《四郎探母》。

7月5日，上海黄金大戏院夜戏：

梁慧超《大乾元山》，李宗义、陈啸秋、张菊仙、姜妙香、梁一鸣、刘斌昆、艾世菊《龙凤呈祥》，大轴李宗义、刘斌昆合演《钓金龟》。

7月6日，上海黄金大戏院夜戏：

李宗义、陈啸秋、梁慧超、三麻子、张菊仙、姜妙香、王泉奎、张质彬、刘斌昆、梁一鸣合演全部《杨家将》。

7月8日，上海黄金大戏院夜戏：

小三麻子、张质彬、程少余《斩颜良》，李宗义、陈啸秋、姜妙香、刘斌昆、梁一鸣《红鬃烈马》，大轴李宗义、刘斌昆合演《钓金龟》。

7月9日，上海黄金大戏院夜戏：

李宗义、梁慧超、陈啸秋、姜妙香、小三麻子、张质彬、王玉让、程少余《走麦城》《连营寨》《白帝城》，大轴李宗义、梁慧超、张菊仙、王玉让、吴富琴合演《金钱豹》《盗魂铃》。

7月10日，上海黄金大戏院夜戏：

梁慧超、张菊仙、程少余《大战宛城》，李宗义、陈啸秋、姜妙香、王泉奎、王玉让、艾世菊《苏武牧羊》，大轴李宗义、刘斌昆合演《钓金龟》。

7月12日，上海黄金大戏院夜戏：

张质彬、程少余《八蜡庙》，小三麻子、张菊仙、艾世菊、刘斌昆、苗胜春《时迁偷鸡》《翠屏山》，大轴李宗义、陈啸秋、姜妙香、刘斌昆、梁一鸣、吴富琴、艾世菊《四郎探母》。

7月13日，上海黄金大戏院夜戏：

小三麻子、张质彬、程少余《白马坡》，张菊仙、艾世菊《金玉奴》，李宗义、梁慧超、姜妙香、王玉让《八大锤》《断臂说书》，压轴陈啸秋、艾世菊《苏三起解》，大轴李宗义、王泉奎、刘斌昆、王玉让合演《奇冤报》。

7月15日，上海黄金大戏院夜戏：

张质彬《裴元庆》，王泉奎《黑风帕》，李宗义、陈啸秋、姜妙香、梁一鸣、王玉让、吴富琴、钱元通《红鬃烈马》，压轴梁慧超、艾世菊、班世超《三岔口》，大轴李宗义、刘斌昆合演《钓金龟》。

7月16日，上海黄金大戏院日场：

李宗义、张菊仙、三麻子、刘斌昆、梁一鸣、程少余、苗胜春《七擒孟获》，压轴陈啸秋、姜妙香、吴富琴《春秋配》，大轴李宗义、梁慧超、张菊仙、王玉让、吴富琴合演《金钱豹》《盗魂铃》。

7月16日，上海黄金大戏院夜戏：

张质彬《杀四门》，李宗义、梁慧超、姜妙香、王泉奎、刘斌昆、梁一鸣、王玉让、钱元通《群英会》《借东风》，压轴张菊仙《辛安驿》，大轴李宗义、陈啸秋、王泉奎合演《二进宫》。

7月17日，上海黄金大戏院夜戏：

梁慧超《赚历城》，大轴李宗义、陈啸秋、姜妙香、王泉奎、梁一鸣、王玉让、吴富琴、刘韵芳合演全部《赵屠恨史》。

7月18日，上海黄金大戏院夜戏：

梁慧超《战马超》，大轴李宗义、陈啸秋、姜妙香、王泉奎、梁一鸣、王玉让、吴富琴、刘韵芳合演全部《赵屠恨史》。

7月19日，上海黄金大戏院夜戏：

小三麻子、张质彬《白马坡》，李宗义、陈啸秋、梁慧超、姜妙香、王泉奎、梁一鸣、刘斌昆、艾世菊《龙凤呈祥》，压轴张菊仙《辛安驿》，大轴李宗义、刘斌昆合演《钓金龟》。

7月20日，上海黄金大戏院夜戏：

小三麻子、张质彬、程少余《走麦城》，张菊仙、姜妙香、艾世菊《拾玉镯》，压轴李宗义、陈啸秋、王泉奎《二进宫》，大轴李宗义、梁慧超、张菊仙、王玉让、刘斌昆合演《金钱豹》《盗魂铃》。

7月21日，上海黄金大戏院夜戏：

小三麻子《徐策跑城》，梁慧超《杀四门》，大轴李宗义、陈啸秋、姜妙香、梁一鸣、刘斌昆、艾世菊、吴富琴、王玉让合演全部《一捧雪》。

7月22日，上海黄金大戏院夜戏：

李宗义、陈啸秋、梁慧超、姜妙香、王泉奎、王玉让、艾世菊合演全部《刘关张》（“甘露寺”起“白帝城”止），压轴张菊仙、艾世菊《小放牛》，大轴李宗义、刘斌昆合演《钓金龟》。

7月23日，上海黄金大戏院日场：

张菊仙《金山寺》，陈啸秋、艾世菊《苏三起解》，大轴李宗义、梁慧超、姜妙香、王泉奎、三麻子、梁一鸣、刘斌昆、王玉让《群英会》《借东风》《华容道》。

7月24日，上海黄金大戏院夜戏：

张质彬《绝虎岭》，王泉奎《牧虎关》，李宗义、陈啸秋、姜妙香、梁一鸣、王玉让、艾世菊、吴富琴《红鬃烈马》，压轴梁慧超、艾世菊《三岔口》，大轴李宗义、刘斌昆合演《钓金龟》。

7月25日，上海黄金大戏院夜戏：

小三麻子、程少余《斩颜良》，张菊仙、姜妙香、艾世菊《拾玉镯》，压轴李宗义、陈啸秋、王泉奎《二进宫》，大轴李宗义、梁慧超、张菊仙、王玉让、刘斌昆合演《金钱豹》《盗魂铃》。

7月26日，上海黄金大戏院夜戏：

梁慧超、程少余《乾坤圈》，李宗义、张菊仙、姜妙香、梁一鸣、王玉让《珠帘寨》，压轴陈啸秋、姜妙香《玉堂春》，大轴李宗义、王泉奎、姜妙香、刘斌昆合演《断太后》《打龙袍》。

7月27日，上海黄金大戏院夜戏：

李宗义、陈啸秋、梁慧超、姜妙香、王泉奎、王玉让、艾世菊合演全部《刘关张》（“甘露寺”起“白帝城”止），压轴张菊仙、艾世菊《小放牛》，大轴李宗义、刘斌昆合演《钓金龟》。

7月28日，上海黄金大戏院夜戏：

梁慧超、程少余《乾坤圈》，李宗义、梁一鸣、王玉让《八义图》，压轴陈啸秋、姜妙香《玉堂春》，大轴李宗义、王泉奎、姜妙香、刘斌昆合演《断太后》《打龙袍》。

7月29日，上海黄金大戏院夜戏：

张菊仙《辛安驿》，李宗义、梁慧超、姜妙香、王玉让《八大锤》《断臂说书》，压轴陈啸秋《女起解》，大轴李宗义、王泉奎、姜妙香、刘斌昆合演《断太后》《打龙袍》。

7月30日，上海黄金大戏院夜戏：

张质彬《裴元庆》，张菊仙、姜妙香《花田错》，压轴李宗义、陈啸秋、梁慧超《宝莲灯》《劈山救母》，大轴李宗义、王泉奎、刘斌昆、梁一鸣、吴富琴、艾世菊合演《辕门斩子》。

7月31日，上海黄金大戏院夜戏营业戏最后一天：

张质彬《八蜡庙》，张菊仙、刘斌昆《小上坟》，李宗义、陈啸秋、王泉奎《大保国》《探皇陵》《二进宫》，压轴梁慧超《挑华车》，大轴李宗义、陈啸秋、张菊仙、姜妙香、王泉奎、王玉让反串《法门寺》。

8月1日，大来国剧公司庆祝复兴节收回租界周年大义演，上海天蟾舞台夜戏：

压轴周信芳、李宗义、姜妙香、王泉奎、刘斌昆、林树森、裘盛戎合演《群英会》《借东风》《华容道》，大轴周信芳、盖叫天、李万春、李桐春、赵如泉合演三本《铁公鸡》。

本期演出结束后，黄金大戏院为节省开支，辞退了价码较高的姜妙香，同时解聘的还有吴富琴。经赵培鑫介绍，姜妙香每日下午到同孚路赵培鑫家中，为上海新申九老板陆菊森、中华第一针织厂老板吴中一说戏。由于战乱，通货膨胀严重，收入也只能勉强糊口。

9月，周信芳与黄金大戏院签订演出三期（三个月）合同，剧院重新请回姜妙香、吴富琴。

9月15日，上海黄金大戏院头天打泡夜戏：

姜铁麟、王泉奎《牛皋下书》《挑华车》，高玉倩、艾世菊《小放牛》，压轴黄桂秋、姜妙香、吴富琴、苗胜春《春秋配》，大轴周信芳、小三麻子、刘斌昆、刘韵芳合演全部《萧何》。

9月16日，上海黄金大戏院夜戏：

姜铁麟、小三麻子三本《铁公鸡》，周信芳、王泉奎《打严嵩》，压轴黄桂秋、姜妙香、梁一鸣《玉堂春》，大轴周信芳、高玉倩、刘斌昆、张宏奎合演全本《九更天》。

9月17日，上海黄金大戏院日场：

姜铁麟、盖春来《两将军》，周信芳、王泉奎、艾世菊、梁一鸣《连环套》，压轴黄桂秋、刘斌昆《别宫祭江》，大轴周信芳、姜妙香、张宏奎、高婉华合演全本《薛家将》。

9月17日，上海黄金大戏院夜戏：

姜铁麟、盖春来《大四杰村》，大轴周信芳、黄桂秋、姜妙香、王泉奎、刘斌昆、梁一鸣、艾世菊合演全部《四进士》。

9月18日，上海黄金大戏院夜戏：

黄桂秋《宇宙锋》，大轴周信芳、姜妙香、姜铁麟、王泉奎、刘斌昆、梁一鸣合演《群英会》《借东风》《华容道》。

9月19日，上海黄金大戏院夜戏：

姜铁麟、盖春来《大四杰村》，大轴周信芳、黄桂秋、姜妙香、王泉奎、刘斌昆、梁一鸣、艾世菊合演全部《四进士》。

9月21日，上海黄金大戏院夜戏：

姜铁麟、小三麻子《铁公鸡》，大轴周信芳、黄桂秋、姜妙香、王泉奎、刘斌昆、梁一鸣、艾世菊合演全部《四进士》。

9月22日，上海黄金大戏院夜戏：

姜铁麟、盖春来《嘉兴府》，高玉倩、姜妙香、艾世菊《拾玉镯》，压轴周信芳、王泉奎、小三麻子《战长沙》，大轴周信芳、黄桂秋、刘斌昆、吴富琴、刘韵芳合演全部《青风亭》。

9月23日，上海黄金大戏院夜戏：

姜铁麟、小三麻子《铁公鸡》，周信芳、王泉奎《打严嵩》，压轴黄桂秋、姜妙香、梁一鸣《玉堂春》，大轴周信芳、高玉倩、刘斌昆、苗胜春合演全部《九更天》。

9月24日，上海黄金大戏院日场：

姜铁麟《金钱豹》，周信芳、王泉奎、高玉倩、刘斌昆、艾世菊《黑驴告状》，大轴周信芳、黄桂秋、姜妙香、刘斌昆、吴富琴、梁一鸣、艾世菊合演全部《四郎探母》。

9月24日，上海黄金大戏院夜戏：

姜铁麟、小三麻子《铁公鸡》，大轴周信芳、黄桂秋、姜妙香、王泉奎、刘斌昆、梁一鸣、艾世菊合演全部《四进士》。

9月25日，上海黄金大戏院夜戏：

姜铁麟《四杰村》，周信芳、高玉倩、王泉奎、刘斌昆《宋十回》，压轴黄桂秋、姜妙香《虹霓关》，大轴周信芳、黄桂秋合演《斩经堂》。

9月26日，上海黄金大戏院夜戏：

高玉倩、姜妙香、艾世菊《铁弓缘》，周信芳、王泉奎、刘斌昆《凤凰山》，大轴周信芳、黄桂秋、姜铁麟、张宏奎合演全本《桑园寄子》。

9月27日，上海黄金大戏院夜戏：

姜铁麟、小三麻子《铁公鸡》，大轴周信芳、黄桂秋、姜妙香、王泉奎、刘斌昆、梁一鸣、艾世菊合演全部《四进士》。

9月28日，上海黄金大戏院夜戏：

姜铁麟、小三麻子《铁公鸡》，周信芳、王泉奎《打严嵩》，压轴黄桂秋、姜妙香、梁一鸣《玉堂春》，大轴周信芳、高玉倩、刘斌昆、苗胜春合演全部《九更天》。

9月29日，上海黄金大戏院夜戏：

姜铁麟、小三麻子《铁公鸡》，大轴周信芳、黄桂秋、姜妙香、王泉奎、刘斌昆、梁一鸣、艾世菊合演全部《四进士》。

9月30日，上海黄金大戏院夜戏：

高玉倩、姜妙香、艾世菊《拾玉镯》，周信芳、王泉奎、刘斌昆《凤凰山》，大轴周信芳、黄桂秋、姜铁麟、张宏奎合演全本《桑园寄子》。

10月1日，上海黄金大戏院日场：

高玉倩《辛安驿》，周信芳、黄桂秋、姜妙香、姜铁麟、王泉奎、刘斌昆、梁一鸣《龙凤呈祥》，大轴周信芳、小三麻子、刘斌昆、苗胜春合演《路遥知马力》。

10月1日，上海黄金大戏院夜戏：

姜铁麟、小三麻子《铁公鸡》，大轴周信芳、黄桂秋、姜妙香、王泉奎、刘斌昆、梁一鸣、艾世菊合演全部《四进士》。

10月2日，上海黄金大戏院夜戏：

姜铁麟《金钱豹》，周信芳、姜妙香、张宏奎《薛家将》，大轴周信芳、黄桂秋、姜妙香、刘斌昆、吴富琴、梁一鸣、艾世菊合演全部《四郎探母》。

10月5日，上海黄金大戏院夜戏：

姜铁麟、小三麻子《铁公鸡》，周信芳、王泉奎《打严嵩》，压轴黄桂秋、姜妙香、吴富琴、苗胜春《春秋配》，大轴周信芳、高玉倩、刘斌昆、苗胜春合演全部《九更天》。

10月7日，上海黄金大戏院夜戏：

姜铁麟《两将军》，高玉倩、刘斌昆《十八扯》，压轴黄桂秋、姜妙香、梁一鸣《玉堂春》，大轴周信芳、小三麻子、刘斌昆、苗胜春合演全部《萧何》。

10月8日，上海黄金大戏院日场：

姜铁麟《四杰村》，周信芳、王泉奎、艾世菊、梁一鸣《连环套》，压轴黄桂秋、刘斌昆《别宫祭江》，大轴周信芳、姜妙香、张宏奎、高婉华合演全本《薛家将》。

10月8日，上海黄金大戏院夜戏：

姜铁麟、小三麻子《铁公鸡》，大轴周信芳、黄桂秋、姜妙香、王泉奎、刘斌昆、梁一鸣、艾世菊合演全部《四进士》。

10月10日，上海黄金大戏院夜戏：

艾世菊《时迁偷鸡》，王泉奎《锁五龙》，高玉倩、刘斌昆《十八扯》，压轴周信芳、姜妙香、艾世菊《打侄上坟》，大轴周信芳、黄桂秋、刘斌昆、吴富琴合演全部《青风亭》。

10月12日，上海黄金大戏院夜戏：

高玉倩、姜妙香、艾世菊《拾玉镯》，周信芳、王泉奎、刘斌昆《凤凰山》，大轴周信芳、黄桂秋、姜铁麟、张宏奎合演全本《桑园寄子》。

10月15日，上海黄金大戏院日场：

高玉倩、姜铁麟《金钱豹》《盗魂铃》，大轴周信芳、姜妙香、姜铁麟、王泉奎、刘斌昆、梁一鸣、张宏奎合演《群英会》《借东风》

《华容道》。

10月15日，上海黄金大戏院夜戏：

姜铁麟、小三麻子《铁公鸡》，大轴周信芳、黄桂秋、姜妙香、王泉奎、刘斌昆、梁一鸣、艾世菊合演全部《四进士》。

10月16日，上海黄金大戏院夜戏：

周信芳、高玉倩、姜铁麟、姜妙香、王泉奎、刘斌昆、三麻子、梁一鸣、艾世菊合演全部《杨继业》。

10月21日，上海黄金大戏院夜戏：

姜铁麟、小三麻子《铁公鸡》，大轴周信芳、黄桂秋、姜妙香、王泉奎、刘斌昆、梁一鸣、艾世菊合演全部《四进士》。

10月24日，上海黄金大戏院夜戏：

姜铁麟《挑华车》，张曼君、姜妙香《春秋配》，压轴周信芳、王泉奎、姜妙香《打严嵩》，大轴周信芳、高玉倩、刘斌昆合演全部《九更天》。

10月27日，上海黄金大戏院头天打泡夜戏：

姜铁麟《少年立志》，高玉倩、刘斌昆《十八扯》，压轴黄桂秋、姜妙香、吴富琴、苗胜春《春秋配》，大轴周信芳、小三麻子、刘斌昆、刘韵芳合演全部《萧何》。

10月29日，上海黄金大戏院日场：

小三麻子《走麦城》，姜铁麟、艾世菊《三岔口》，张曼君、王泉奎、梁一鸣《二进宫》，压轴周信芳、姜妙香、刘斌昆《状元谱》，大轴周信芳、姜妙香、姜铁麟合演全部《八大锤》。

10月29日，上海黄金大戏院夜戏：

姜铁麟、小三麻子《铁公鸡》，大轴周信芳、黄桂秋、姜妙香、王泉奎、刘斌昆、梁一鸣、艾世菊合演全部《四进士》。

10月31日，上海黄金大戏院夜戏：

高玉倩、姜铁麟、小三麻子、张曼君《大溪皇庄》，大轴周信芳、黄桂秋、姜妙香、王泉奎、刘斌昆、梁一鸣、吴富琴合演全部《一捧雪》。

11月1日，上海黄金大戏院夜戏：

姜铁麟《四杰村》，大轴周信芳、黄桂秋、姜妙香、王泉奎、刘斌昆、梁一鸣、艾世菊合演全部《四进士》。

11月4日，上海黄金大戏院夜戏：

姜铁麟、张宏奎、艾世菊《恶虎村》，李如春、高婉华《打銮驾》，压轴黄桂秋、姜妙香、吴富琴、苗胜春《春秋配》，大轴周信芳、小三麻子、刘斌昆、苗胜春合演全部《萧何》。

11月5日，上海黄金大戏院日场：

姜铁麟、张曼君《长坂坡》，压轴周信芳、姜妙香、李如春、王富英《黄鹤楼》《芦花荡》，大轴周信芳、高玉倩、王泉奎、刘斌昆合演全部《黑驴告状》。

11月5日，上海黄金大戏院夜戏：

姜铁麟《铁公鸡》，大轴周信芳、黄桂秋、姜妙香、王泉奎、刘斌昆、梁一鸣、艾世菊合演全部《四进士》。

11月6日，上海黄金大戏院夜戏：

姜铁麟、小三麻子《铁公鸡》，李如春、王富英《白马坡》，压轴周信芳、王泉奎、姜妙香《打严嵩》，压轴黄桂秋《宇宙锋》，大轴周信芳、高玉倩、刘斌昆、苗胜春合演全部《九更天》。

11月7日，上海黄金大戏院夜戏：

周信芳、高玉倩、姜铁麟、姜妙香、王泉奎、刘斌昆、三麻子、梁一鸣、艾世菊合演全部《杨继业》。

11月10日，上海黄金大戏院夜戏：

姜铁麟《嘉兴府》，大轴周信芳、黄桂秋、姜妙香、刘斌昆、李如春、吴富琴合演全部《赵五娘》。

11月11日，上海黄金大戏院夜戏：

姜铁麟、张宏奎、艾世菊《恶虎村》，李如春、高婉华《打銮驾》，压轴黄桂秋、姜妙香、吴富琴、苗胜春《春秋配》，大轴周信芳、小三麻子、刘斌昆、苗胜春合演全部《萧何》。

11月12日，上海黄金大戏院夜戏：

姜铁麟《铁公鸡》，大轴周信芳、黄桂秋、姜妙香、王泉奎、刘斌昆、梁一鸣、艾世菊合演全部《四进士》。

11月13日，上海黄金大戏院夜戏：

姜铁麟《嘉兴府》，大轴周信芳、黄桂秋、姜妙香、刘斌昆、李如春、吴富琴合演全部《赵五娘》。

11月19日，上海黄金大戏院日场：

姜铁麟《挑华车》，压轴周信芳、李如春、王富英《鸿门宴》，大轴周信芳、黄桂秋、姜妙香、刘斌昆、吴富琴、艾世菊合演全部《临江驿》。

11月19日，上海黄金大戏院夜戏：

姜铁麟、张宏奎、艾世菊《恶虎村》，李如春、高婉华《打銮驾》，压轴黄桂秋、姜妙香、吴富琴、苗胜春《春秋配》，大轴周信芳、小三麻子、刘斌昆、苗胜春合演全部《萧何》。

11月20日，上海黄金大戏院夜戏：

姜铁麟《嘉兴府》，大轴周信芳、黄桂秋、姜妙香、刘斌昆、李如春、吴富琴合演全部《赵五娘》。

11月22日，上海黄金大戏院夜戏：

周信芳、黄桂秋、姜妙香、刘斌昆、梁一鸣、艾世菊合演全部《明末遗恨》。

11月23日，上海黄金大戏院夜戏：

姜铁麟《嘉兴府》，大轴周信芳、黄桂秋、姜妙香、刘斌昆、李如春、吴富琴合演全部《赵五娘》。

11月25日，上海黄金大戏院夜戏：

盖春来《赵家楼》，大轴周信芳、黄桂秋、姜妙香、王泉奎、刘斌昆、梁一鸣、艾世菊合演全部《四进士》。

11月26日，上海黄金大戏院日场：

高婉华、盖春来《泗州城》，压轴周信芳、姜妙香、李如春、王富英《黄鹤楼》《芦花荡》，大轴周信芳、黄桂秋、姜妙香、刘斌昆、吴富琴、艾世菊合演全部《临江驿》。

11月26日，上海黄金大戏院夜戏：

盖春来《莲花湖》，艾世菊《时迁偷鸡》，李如春、高婉华《打銮驾》，压轴黄桂秋、姜妙香、吴富琴、苗胜春《春秋配》，大轴周信芳、小三麻子、刘斌昆、苗胜春合演全部《萧何》。

11月28日，上海黄金大戏院夜戏：

盖春来《铁公鸡》，大轴周信芳、黄桂秋、姜妙香、王泉奎、刘斌昆、梁一鸣、艾世菊合演全部《四进士》。

11月29日至12月9日，上海黄金大戏院夜戏：

周信芳、黄桂秋、李如春、姜妙香、王富英、刘斌昆、梁一鸣、艾世菊合演全部《明末遗恨》。

12月10日，上海黄金大戏院日场：

大轴周信芳、黄桂秋、姜妙香、刘斌昆、李如春、吴富琴合演全部《赵五娘》。

12月10日至12日，上海黄金大戏院夜戏：

周信芳、黄桂秋、李如春、姜妙香、王富英、刘斌昆、梁一鸣、艾世菊合演全部《明末遗恨》。

12月16日，上海黄金大戏院夜戏：

盖春来《赵家楼》，大轴周信芳、黄桂秋、姜妙香、王泉奎、刘斌昆、梁一鸣、艾世菊合演全部《四进士》。

12月17日，上海黄金大戏院日场：

周信芳、黄桂秋、李如春、姜妙香、王泉奎、刘斌昆、王富英、梁一鸣、艾世菊合演全部《刘关张》。

12月17日，上海黄金大戏院夜戏：

盖春来《嘉兴府》，艾世菊《时迁偷鸡》，李如春、高婉华《打銮驾》，压轴黄桂秋、姜妙香、吴富琴、苗胜春《春秋配》，大轴周信芳、刘斌昆、王富英、刘韵芳合演全部《萧何》。

12月20日，上海黄金大戏院夜戏：

周信芳、黄桂秋、李如春、王富英、姜妙香、刘斌昆、梁一鸣合演全部《杨继业》。

12月22日，上海黄金大戏院夜戏：

盖春来《九江口》，李如春《铁公鸡》，周信芳、张宏奎《徐策跑城》，压轴黄桂秋、姜妙香、梁一鸣《玉堂春》，大轴周信芳、李如春、吴富琴合演全本《逍遥津》。

12月23、24日，上海黄金大戏院夜戏：

周信芳、黄桂秋、李如春、姜妙香、王富英、刘斌昆、梁一鸣、艾世菊合演全部《明末遗恨》。

12月25日，上海黄金大戏院日场：

周信芳、黄桂秋、李如春、姜妙香、王泉奎、刘斌昆、王富英、梁一鸣、艾世菊合演全部《刘关张》。

12月25、26日，上海黄金大戏院夜戏：

周信芳、黄桂秋、李如春、姜妙香、王富英、刘斌昆、梁一鸣、艾世菊合演全部《明末遗恨》。

此场演出后，周信芳父亲过世，暂时停演。

本年，姜妙香应上海北海唱片公司邀请，灌制《白门楼》唱片2面，姜妙香饰吕布、李德山京胡、张继武司鼓；《春秋配》唱片4面，姜妙香饰李春发、梁小鸾饰姜秋莲、何盛清饰乳娘、李德山京胡、张继武司鼓 。

1945年

（民国三十四年，农历乙酉年） 55岁

年初，周信芳因父亲过世，在黄金大戏院停演后，换李如春接演。由于所演剧目皆为《狸猫换太子》等上海独有本戏，姜妙香再次被黄金大戏院解聘。

2月，经俞振飞介绍搭入上海皇后大舞台做班底。

2月13日（农历正月初一），姜妙香加入上海皇后大戏院头天日场：

纪玉良《男加官》，童芷苓《女加官》，裘盛戎《跳财神》，裘盛戎、童芷苓《连环套》，贺玉钦《三岔口》，压轴纪玉良、姜妙香、李宝奎《珠帘寨》，大轴童芷苓、贺玉钦、崔熹云、姜妙香合演《金钱豹》《盗魂铃》。

2月13日，上海皇后大戏院夜戏：

童芷苓、纪玉良、姜妙香、裘盛戎、李克昌、李宝奎《群英会》《借东风》连演《甘露寺》《回荆州》，大轴童芷苓、贺玉钦、崔熹云、姜妙香合演《金钱豹》《盗魂铃》。

2月14日，上海皇后大戏院日场：

郭金光、贺玉钦一至八本《齐天大圣》，童芷苓、崔熹云、曹四庚《拾黄金》，郭金光、贺玉钦《三岔口》，大轴童芷苓、纪玉良、裘盛戎合演《大保国》《探皇陵》《二进宫》。

2月14日，上海皇后大戏院夜戏：

贺玉钦《铁公鸡》，童芷苓、李宝奎《十八扯》，贺玉钦、郭金光《伐子都》，大轴童芷苓、纪玉良、姜妙香、崔熹云、裘盛戎、李宝奎、曹四庚合演全部《王宝钏》。

2月15日，上海皇后大戏院夜戏：

裘盛戎、贺玉钦《连环套》，大轴童芷苓、纪玉良、姜妙香、崔熹云、李宝奎、曹四庚合演全部《四郎探母》。

2月16日，上海皇后大戏院夜戏：

贺玉钦、郭金光《三岔口》，童芷苓、姜妙香前部《玉堂春》，压轴纪玉良《辕门斩子》，大轴童芷苓、姜妙香、李宝奎、曹四庚合演后部《玉堂春》。

2月18日，上海皇后大戏院日场：

童芷苓、贺玉钦、童寿苓《武松与潘金莲》，纪玉良、姜妙香、裘盛戎、李宝奎《群英会》《借东风》，大轴童芷苓、贺玉钦合演《金钱豹》《孙悟空盗魂铃》。

2月19日，上海皇后大戏院日场：

童芷苓、裘盛戎《连环套》，贺玉钦、郭金光《三岔口》，压轴纪玉良、姜妙香、李宝奎《珠帘寨》，大轴童芷苓、贺玉钦、崔熹云合演《金钱豹》《盗魂铃》。

2月19日，上海皇后大戏院夜戏：

贺玉钦《铁公鸡》，童芷苓、李宝奎《十八扯》，贺玉钦《伐子都》，大轴童芷苓、纪玉良、姜妙香、崔熹云、裘盛戎、李宝奎合演全部《薛平贵与王宝钏》。

2月21日，上海皇后大戏院夜戏：

裘盛戎、贺玉钦《连环套》，大轴童芷苓、纪玉良、姜妙香、崔熹云、李宝奎、曹四庚合演全部《四郎探母》。

2月23日，上海皇后大戏院夜戏：

童芷苓、纪玉良、姜妙香、裘盛戎、李宝奎、李克昌《群英会》《借东风》连演《甘露寺》《回荆州》，大轴童芷苓、纪玉良、贺玉钦合演《金钱豹》《盗魂铃》。

2月25日，上海皇后大戏院日场：

贺玉钦《铁公鸡》，童芷苓、李宝奎《十八扯》，贺玉钦《伐子都》，大轴童芷苓、纪玉良、姜妙香、崔熹云、裘盛戎、李宝奎合演全部《王宝钏》。

2月25日，上海皇后大戏院夜戏：

贺玉钦、郭金光《三岔口》，童芷苓、姜妙香前部《玉堂春》，压轴纪玉良、裘盛戎、李富春《捉放曹》，大轴童芷苓、姜妙香、李宝奎、曹四庚合演后部《玉堂春》。

2月27日，上海皇后大戏院日场（元宵节加演，李盛斌加盟）：

童芷苓、纪玉良、姜妙香、李盛斌、裘盛戎、李宝奎、李克昌《群英会》《借东风》连演《甘露寺》《回荆州》，大轴童芷苓、姜妙香、裘盛戎、崔熹云首次上演《贪欢报》。

2月27日，上海皇后大戏院夜戏：

李盛斌《铁公鸡》，童芷苓、崔熹云《双拾黄金》，李盛斌（反串武丑）、贺玉钦《三岔口》，大轴童芷苓、纪玉良、裘盛戎、姜妙香合演《大保国》《探皇陵》《二进宫》。

2月28日，上海皇后大戏院夜戏：

裘盛戎、李盛斌、贺玉钦《连环套》，大轴童芷苓、纪玉良、姜妙香、崔熹云、李宝奎、曹四庚合演全部《四郎探母》。

3月1日，上海皇后大戏院夜戏：

童芷苓、李盛斌、姜妙香、李宝奎、曹四庚《大翠屏山》（带“偷鸡”），压轴纪玉良《斩黄袍》，大轴童芷苓、李盛斌、崔熹云、贺玉钦合演《金钱豹》《盗魂铃》。

3月2日，上海皇后大戏院夜戏：

李盛斌、贺玉钦、崔熹云、张质彬一至八本《铁公鸡》，大轴童芷苓、纪玉良、姜妙香、崔熹云、裘盛戎、李宝奎合演全部《王宝钏》。

3月5日，上海皇后大戏院夜戏：

童芷苓、姜妙香、崔熹云、贺玉钦、曹四庚合演全部《武松与潘金莲》，压轴李盛斌《伐子都》，大轴童芷苓、纪玉良、裘盛戎合演《二进宫》。

3月6日，上海皇后大戏院夜戏：

李盛斌、裘盛戎、李宝奎前部《杨家将》（“金沙滩”起“托兆碰碑”止），童芷苓、李盛斌、崔熹云、贺玉钦《金钱豹》《盗魂铃》，大轴纪玉良、姜妙香、崔熹云、裘盛戎合演后部《杨家将》。

3月7日，上海皇后大戏院夜戏：

李盛斌《铁公鸡》，童芷苓、李宝奎《十八扯》，李盛斌、贺玉钦《三岔口》，大轴童芷苓、纪玉良、姜妙香、崔熹云、裘盛戎、李宝奎合演全部《王宝钏》。

3月8日，上海皇后大戏院夜戏：

裘盛戎、李盛斌、贺玉钦《连环套》，大轴童芷苓、纪玉良、姜妙香、崔熹云、李宝奎、曹四庚合演全部《四郎探母》。

3月9日，上海皇后大戏院夜戏：

纪玉良、李盛斌、姜妙香、贺玉钦、张质彬合演一至四本《走麦城》，大轴童芷苓、童寿苓、崔熹云合演《红娘》。

3月10日，上海皇后大戏院夜戏：

童芷苓、姜妙香、崔熹云、贺玉钦、曹四庚合演全部《武松与潘金莲》，压轴李盛斌《伐子都》，大轴童芷苓、纪玉良、裘盛戎合演《二进宫》。

3月11日，上海皇后大戏院夜戏：

李盛斌《铁公鸡》，童芷苓、李宝奎《十八扯》，李盛斌、贺玉钦《三岔口》，大轴童芷苓、纪玉良、姜妙香、崔熹云、裘盛戎、李宝奎合演全部《王宝钏》。

3月12日，上海皇后大戏院夜戏：

纪玉良、李盛斌、姜妙香、贺玉钦、张质彬合演一至四本《走麦城》，大轴童芷苓、童寿苓、崔熹云、李宝奎、童小苓合演《锁麟囊》。

3月13日，上海皇后大戏院夜戏：

李盛斌、贺玉钦《铁公鸡》，童芷苓、姜妙香、崔熹云前部《玉堂春》，压轴纪玉良、裘盛戎《捉放曹》，大轴童芷苓、姜妙香、李宝奎、曹四庚合演后部《玉堂春》。

3月14日，上海皇后大戏院夜戏：

李盛斌《铁公鸡》，童芷苓、李宝奎《十八扯》，李盛斌、贺玉钦《三岔口》，大轴童芷苓、纪玉良、姜妙香、崔熹云、裘盛戎、李宝奎合演全部《王宝钏》。

3月15日，上海皇后大戏院夜戏：

童芷苓、姜妙香、崔熹云、贺玉钦、曹四庚合演全部《武松与潘金莲》，压轴纪玉良、裘盛戎、李克昌《失街亭》《空城计》《斩马谡》，大轴童芷苓、李盛斌、贺玉钦、郭金光合演《金钱豹》《盗魂铃》。

3月16日，上海皇后大戏院夜戏：

童芷苓、纪玉良、姜妙香、李盛斌、裘盛戎、李宝奎、李克昌《群英会》《借东风》连演《甘露寺》《回荆州》，大轴童芷苓、李盛斌、贺玉钦、郭金光合演《金钱豹》《盗魂铃》。

3月17日，上海皇后大戏院夜戏：

李盛斌、贺玉钦、周梅艳、张质彬一至八本《铁公鸡》，大轴童芷苓、纪玉良、姜妙香、崔熹云、李宝奎合演全部《四郎探母》。

3月20日，上海皇后大戏院夜戏：

李盛斌、裘盛戎、李宝奎前部《杨家将》（“金沙滩”起“托兆碰碑”止），童芷苓、李盛斌、崔熹云、贺玉钦《金钱豹》《盗魂铃》，大轴纪玉良、姜妙香、崔熹云、裘盛戎合演后部《杨家将》。

3月21日，上海皇后大戏院夜戏：

李盛斌《铁公鸡》，童芷苓、李宝奎《十八扯》，李盛斌、贺玉钦《三岔口》，大轴童芷苓、纪玉良、姜妙香、崔熹云、裘盛戎、李宝奎合演全部《王宝钏》。

3月22日，上海皇后大戏院夜戏：

李盛斌、贺玉钦《三岔口》，童芷苓、姜妙香、崔熹云前部《玉堂春》，压轴纪玉良、裘盛戎《捉放曹》，大轴童芷苓、姜妙香、李宝奎、曹四庚合演后部《玉堂春》。

3月23日，上海皇后大戏院夜戏：

李盛斌、贺玉钦、郭金光一至八本《铁公鸡》，压轴天水居士、李宝奎《落马湖》，大轴童芷苓、纪玉良、姜妙香、崔熹云、李宝奎、曹四庚合演全部《四郎探母》。

3月24日，上海皇后大戏院夜戏：

裘盛戎、林鹏程、贺玉钦《连环套》，压轴李盛斌《伐子都》，大轴童芷苓、纪玉良、姜妙香、崔熹云、裘盛戎、李宝奎合演全部《王宝钏》。

3月27日，上海皇后大戏院夜戏：

李盛斌、童芷苓、童寿苓、崔熹云《武松与潘金莲》，纪玉良、姜妙香、李宝奎、裘盛戎、曹四庚《群英会》《借东风》。大轴童芷苓、李盛斌、崔熹云、贺玉钦合演《金钱豹》《盗魂铃》。

3月29日，上海皇后大戏院夜戏：

李盛斌、贺玉钦《铁公鸡》，童芷苓、姜妙香、崔熹云前部《玉堂春》，压轴纪玉良、崔熹云《斩黄袍》，大轴童芷苓、姜妙香、李宝奎、曹四庚合演后部《玉堂春》。

3月30日，上海皇后大戏院庆祝“国府还都”加演日场：

李盛斌、童芷苓、童寿苓、崔熹云《武松与潘金莲》，纪玉良、姜妙香、李宝奎、裘盛戎、曹四庚《群英会》《借东风》。大轴童芷苓、李盛斌、崔熹云、贺玉钦合演《金钱豹》《盗魂铃》。

4月2日，上海皇后大戏院夜戏：

童芷苓、李盛斌、贺玉钦、纪玉良、曹四庚《大翠屏山》(带“偷鸡”)，大轴童芷苓、纪玉良、姜妙香、崔熹云、李宝奎、曹四庚合演全部《四郎探母》。

4月3日，上海皇后大戏院夜戏：

李盛斌《铁公鸡》，童芷苓、李宝奎《十八扯》，李盛斌、贺玉钦《三岔口》，大轴童芷苓、纪玉良、姜妙香、崔熹云、裘盛戎、李宝奎合演全部《王宝钏》。

4月4日，上海皇后大戏院夜戏：

李盛斌、童芷苓、童寿苓、崔熹云《武松与潘金莲》，纪玉良、姜妙香、李宝奎、裘盛戎、曹四庚《群英会》《借东风》。大轴童芷苓、李盛斌、崔熹云、贺玉钦合演《金钱豹》《盗魂铃》。

4月6日，童芷苓上海皇后大戏院夜戏最后一天：

李盛斌《铁公鸡》，纪玉良《失街亭》《空城计》《斩马谡》，压轴童芷苓、童寿苓、崔熹云、李宝奎、童小苓合演《锁麟囊》，大轴童芷苓、纪玉良、姜妙香、李盛斌、崔熹云、贺玉钦全体反串《金钱豹》《盗魂铃》。

4月7日始，黄桂秋与上海皇后大戏院签订合同演唱三期。

4月7日，上海皇后大戏院夜戏头天：

李盛斌《挑华车》，纪玉良、姜妙香、李宝奎、高德松、林鹏程《群英会》《借东风》，大轴黄桂秋、俞振飞、崔熹云合演《蝴蝶媒》。

4月8日，上海皇后大戏院夜戏：

贺玉钦《花蝴蝶》，大轴黄桂秋、纪玉良、姜妙香（周瑜）、李宝奎、俞振飞（陆逊）、李盛斌合演全部《孙尚香》(“甘露寺”、“美人计”、“回荆州”、“哭灵牌”、“连营寨”、“别皇宫”、“祭长江”)。

4月9日，上海皇后大戏院夜戏：

贺玉钦《四杰村》，李盛斌《伐子都》，黄桂秋、纪玉良《汾河湾》，大轴黄桂秋、俞振飞、姜妙香（保童）、李宝奎合演全部《贩马记》。

4月16日，上海皇后大戏院夜戏：

贺玉钦《宏碧缘》，李盛斌《伐子都》，黄桂秋、纪玉良《汾河湾》，大轴黄桂秋、俞振飞、姜妙香（保童）、李宝奎合演全部《贩马记》。

4月18日，上海皇后大戏院夜戏：

贺玉钦《花蝴蝶》，大轴黄桂秋、纪玉良、姜妙香（周瑜）、李宝奎、俞振飞（陆逊）、李盛斌合演全部《孙尚香》。

4月21日，上海皇后大戏院夜戏：

贺玉钦《挑华车》，俞振飞、李盛斌、李宝奎《黄鹤楼》，大轴黄桂秋、纪玉良、姜妙香、崔熹云、李宝奎、曹四庚合演全部《四郎探母》。

4月22日，上海皇后大戏院夜戏：

黄桂秋（王宝钏）、纪玉良（薛平贵）、姜妙香（高思继）、李盛斌（薛平贵）、崔熹云（代战公主）、李宝奎（王允）、俞振飞（薛平贵）合演全部《王宝钏》（“赐球”、“花园”、“彩楼”、“击掌”、“降马”、“别窑”、“误卯”、“三打”、“捎书”、“赶关”、“跑坡”、“算粮”、“登殿”）。

4月23日，上海皇后大戏院夜戏：

李盛斌《铁公鸡》，纪玉良《洪羊洞》，大轴黄桂秋、姜妙香、俞振飞、崔熹云、李宝奎、李盛斌合演全部《儿女英雄传》（“悦来店”、“能仁寺”、“青云山”、“红柳村”、“弓砚缘”）。

4月27日，上海皇后大戏院夜戏：

贺玉钦《宏碧缘》，李盛斌《伐子都》，黄桂秋、纪玉良《汾河湾》，大轴黄桂秋、俞振飞、姜妙香（保童）、李宝奎合演全部《贩马记》。

4月28日，上海皇后大戏院夜戏：

贺玉钦《花蝴蝶》，大轴黄桂秋、纪玉良、姜妙香（周瑜）、李宝奎、俞振飞（陆逊）、李盛斌合演全部《孙尚香》（“甘露寺”、“美人计”、“回荆州”、“哭灵牌”、“连营寨”、“别皇宫”、“祭长江”）。

4月30日，上海皇后大戏院夜戏：

黄桂秋（王宝钏）、纪玉良（薛平贵）、姜妙香（高思继）、李盛斌（薛平贵）、崔熹云（代战公主）、李宝奎（王允）、俞振飞（薛平贵）合演全部《王宝钏》。

5月2日，上海皇后大戏院夜戏：

贺玉钦《挑华车》，俞振飞、李盛斌、李宝奎《黄鹤楼》，大轴黄桂秋、纪玉良、姜妙香、崔熹云、李宝奎、曹四庚合演全部《四郎探母》。

5月4日、7日，上海皇后大戏院夜戏：

贺玉钦《宏碧缘》，李盛斌《伐子都》，黄桂秋、纪玉良《汾河湾》，大轴黄桂秋、俞振飞、姜妙香（保童）、李宝奎合演全部《贩马记》。

5月8日，上海皇后大戏院夜戏：

贺玉钦《花蝴蝶》，大轴黄桂秋、纪玉良、姜妙香（周瑜）、李宝奎、俞振飞（陆逊）、李盛斌合演全部《孙尚香》。

5月10日，上海皇后大戏院夜戏：

黄桂秋（王宝钏）、纪玉良（薛平贵）、姜妙香（高思继）、李盛斌（薛平贵）、崔熹云（代战公主）、李宝奎（王允）、俞振飞（薛平贵）合演全部《王宝钏》。

5月11日，上海皇后大戏院夜戏：

贺玉钦《铁公鸡》，纪玉良、姜妙香、李宝奎、李克昌、高德松《群英会》《借东风》，大轴黄桂秋、俞振飞、李盛斌、崔熹云合演全部《白娘子》。

5月12日，上海皇后大戏院夜戏：

李盛斌、贺玉钦《两将军》，纪玉良、姜妙香、高德松《取洛阳》《白蟒台》，黄桂秋、俞振飞、李宝奎、崔熹云《得意缘》，大轴黄桂秋、纪玉良合演《贺后骂殿》。

5月13日，上海皇后大戏院夜戏：

李盛斌、贺玉钦《恶虎村》，俞振飞、李克昌《白门楼》，大轴黄桂秋、纪玉良、姜妙香、崔熹云、李宝奎、曹四庚合演全部《四郎探母》。

5月14日、15日，上海皇后大戏院夜戏：

贺玉钦《宏碧缘》，李盛斌《伐子都》，黄桂秋、纪玉良《汾河湾》，大轴黄桂秋、俞振飞、姜妙香（保童）、李宝奎合演全部《贩马记》。

5月16日、17日，上海皇后大戏院夜戏：

黄桂秋、纪玉良、李盛斌、俞振飞、崔熹云、姜妙香、贺玉钦合演全部《秦香莲》。

5月20日，上海皇后大戏院日场：

贺玉钦、郭金光《三岔口》，李盛斌《伐子都》，纪玉良、姜妙香、高德松《取洛阳》《白蟒台》，黄桂秋、俞振飞、李宝奎、崔熹云《得意缘》，大轴黄桂秋、纪玉良合演《贺后骂殿》。

5月20日，上海皇后大戏院夜戏：

贺玉钦《花蝴蝶》，大轴黄桂秋、纪玉良、姜妙香（周瑜）、李宝奎、俞振飞（陆逊）、李盛斌合演全部《孙尚香》。

5月21日，上海皇后大戏院夜戏：

黄桂秋（王宝钏）、纪玉良（薛平贵）、姜妙香（高思继）、李盛斌（薛平贵）、崔熹云（代战公主）、李宝奎（王允）、俞振飞（薛平贵）合演全部《王宝钏》。

5月23日，上海皇后大戏院夜戏：

李盛斌、贺玉钦《恶虎村》，俞振飞、李克昌《辕门射戟》，大轴黄桂秋、纪玉良、姜妙香、崔熹云、李宝奎、曹四庚合演全部《四郎探母》。

5月26、27日，上海皇后大戏院夜戏：

黄桂秋、纪玉良、李盛斌、俞振飞、崔熹云、姜妙香、贺玉钦合演全部《秦香莲》。

5月28日、29日，上海皇后大戏院夜戏：

贺玉钦《宏碧缘》，李盛斌《伐子都》，黄桂秋、纪玉良《汾河湾》，大轴黄桂秋、俞振飞、姜妙香（保童）、李宝奎合演全部《贩马记》。

6月3日，上海皇后大戏院夜戏：

贺玉钦《花蝴蝶》，大轴黄桂秋、纪玉良、姜妙香（周瑜）、李宝奎、俞振飞（陆逊）、李盛斌合演全部《孙尚香》。

6月5日，上海皇后大戏院夜戏：

黄桂秋、纪玉良、李盛斌、俞振飞、崔熹云、姜妙香、贺玉钦合演全部《秦香莲》。

6月6日，上海皇后大戏院夜戏：

黄桂秋（王宝钏）、纪玉良（薛平贵）、姜妙香（高思继）、李盛斌（薛平贵）、崔熹云（代战公主）、李宝奎（王允）、俞振飞（薛平贵）合演全部《王宝钏》（"赐球"、"花园"、"彩楼"、"击掌"、"降马"、"别窑"、"误卯三打"、"捎书"、"赶关"、"跑坡"、"算粮"、"登殿"）。

6月7日，上海皇后大戏院夜戏：

李盛斌、贺玉钦《恶虎村》，俞振飞、李克昌《辕门射戟》，大轴黄桂秋、纪玉良、姜妙香、崔熹云、李宝奎、曹四庚合演全部《四郎探母》。

6月8日，上海皇后大戏院夜戏：

贺玉钦《四杰村》，李盛斌《伐子都》，黄桂秋、纪玉良《汾河湾》，大轴黄桂秋、俞振飞、姜妙香（保童）、李宝奎合演全部《贩马记》。

6月10日，上海皇后大戏院日场：

贺玉钦《三岔口》，李盛斌《挑华车》，纪玉良、姜妙香、李宝奎、朱斌仙、李克昌、高德松《群英会》《借东风》，大轴黄桂秋、俞振飞、李宝奎合演《春秋配》。

6月14日（端阳加演），上海皇后大戏院日场：

贺玉钦《三岔口》，李盛斌《伐子都》，纪玉良、姜妙香、李宝奎、朱斌仙、李克昌、高德松《群英会》《借东风》，大轴黄桂秋、俞振飞、李盛斌、崔熹云合演全部《白娘子》。

6月15日，上海皇后大戏院夜戏：

李盛斌、贺玉钦《恶虎村》，黄桂秋、纪玉良《汾河湾》，大轴黄桂秋、俞振飞、姜妙香（保童）、李宝奎合演全部《贩马记》。

6月16日、17日、18日，上海皇后大戏院夜戏：

黄桂秋、纪玉良、俞振飞（八郎）、李盛斌、芙蓉草、姜妙香（宗保）、贺玉钦、李宝奎、崔熹云合演一至四本《雁门关》。

6月19日、20日、21日，上海皇后大戏院夜戏：

黄桂秋、纪玉良、俞振飞、姜妙香、芙蓉草、李盛斌、李宝奎、朱斌仙、崔熹云合演五至八本《雁门关》。

6月22日，上海皇后大戏院夜戏：

李盛斌、贺玉钦《恶虎村》，黄桂秋、纪玉良《汾河湾》，大轴黄桂秋、俞振飞、姜妙香（保童）、李宝奎合演全部《贩马记》。

6月23日、24日，上海皇后大戏院夜戏：

黄桂秋、纪玉良、俞振飞、李盛斌、芙蓉草、姜妙香、贺玉钦、李宝奎、崔熹云合演一至四本《雁门关》。

7月8日，上海皇后大戏院日场：

贺玉钦《花蝴蝶》，大轴黄桂秋、纪玉良、俞振飞（周瑜）、李宝奎、姜妙香（陆逊）、李盛斌合演全部《孙尚香》。

7月8日，上海皇后大戏院夜戏：

李盛斌、贺玉钦《恶虎村》，黄桂秋、纪玉良《汾河湾》，大轴黄桂秋、俞振飞、姜妙香（保童）、李宝奎合演全部《贩马记》。

7月9日，上海皇后大戏院夜戏：

黄桂秋（王宝钏）、纪玉良（薛平贵）、姜妙香（高思继）、李盛斌（薛平贵）、崔熹云（代战公主）、李宝奎（王允）、俞振飞（薛平贵）合演全部《王宝钏》。

7月10日，黄桂秋上海皇后大戏院夜戏最后一场：

黄桂秋、纪玉良、俞振飞、姜妙香、芙蓉草、李盛斌、李宝奎、朱斌仙、崔熹云合演一至八本《雁门关》。

7月12日，郑冰如受聘上海皇后大戏院夜戏头天：

李盛斌、贺玉钦、张韵楼《长坂坡》《汉津口》，压轴纪玉良、李克昌、高德松《失街亭》《空城计》《斩马谡》，大轴郑冰如、姜妙香、李宝奎合演全本《玉堂春》。

7月13日，上海皇后大戏院夜戏：

李盛斌、贺玉钦《恶虎村》，张韵楼、高德松《古城相会》，大轴郑冰如、纪玉良、姜妙香、李宝奎、朱斌仙合演全本《四郎探母》。

7月18日，上海皇后大戏院夜戏：

张韵楼、李克昌全部《孙悟空》，纪玉良、张如冰《宝莲灯》，大轴郑冰如、姜妙香、李宝奎、朱斌仙合演全本《春秋配》。

7月19日，上海皇后大戏院夜戏：

李盛斌、贺玉钦、张韵楼《长坂坡》《汉津口》，压轴纪玉良、高维廉、李宝奎、李克昌、高德松《群英会》《借东风》《华容道》，大轴郑冰如、姜妙香、李宝奎合演《生死恨》。

7月20日，上海皇后大戏院夜戏：

贺玉钦《白水滩》，李盛斌、张韵楼《白马坡》，压轴纪玉良、李克昌、高德松《失街亭》《空城计》《斩马谡》，大轴郑冰如、姜妙香、李宝奎合演全本《玉堂春》。

7月21日，上海皇后大戏院夜戏：

贺玉钦《宏碧缘》，李盛斌、张韵楼《斩华雄》，大轴郑冰如、纪玉良、姜妙香、李宝奎、李克昌、曹四庚合演全本《朱痕记》。

7月22日，上海皇后大戏院日场：

郭金光《金刀阵》，贺玉钦《三岔口》，李盛斌《伐子都》，压轴郑冰如、纪玉良《汾河湾》，大轴郑冰如、纪玉良、姜妙香、李宝奎合演全本《御碑亭》。

7月22日，上海皇后大戏院夜戏：

李盛斌、贺玉钦《恶虎村》，张韵楼、高德松《古城相会》，大轴郑冰如、纪玉良、姜妙香、芙蓉草、李宝奎、曹四庚合演全本《四郎探母》。

7月26日，上海皇后大戏院夜戏：

李盛斌、贺玉钦、张韵楼《长坂坡》《汉津口》，压轴纪玉良、高维廉、李宝奎、李克昌、高德松《群英会》《借东风》《华容道》，大轴郑冰如、姜妙香、李宝奎合演《生死恨》。

7月28日，上海皇后大戏院夜戏：

李盛斌、贺玉钦《恶虎村》，张韵楼、高德松《古城相会》，大轴郑冰如、纪玉良、姜妙香、芙蓉草、李宝奎、曹四庚合演全本《四郎探母》。

7月29日，上海皇后大戏院日场：

贺玉钦、李宝奎、郭金光、崔熹云一至四本《金钱豹》，李盛斌、张韵楼《白马坡》，大轴郑冰如、纪玉良、姜妙香、芙蓉草、李宝奎、曹四庚合演全本《王宝钏》。

7月30日，上海皇后大戏院夜戏：

李盛斌、贺玉钦、张韵楼《长坂坡》《汉津口》，压轴纪玉良、李克昌、高德松《失街亭》《空城计》《斩马谡》，大轴郑冰如、姜妙香、李宝奎合演全本《玉堂春》。

8月20日，上海皇后大戏院夜戏：

纪玉良、李盛斌、高维廉、崔熹云、程少余、李克昌全部《杨家将》，大轴郑冰如、姜妙香、李宝奎合演《生死恨》。

8月22日，上海皇后大戏院夜戏：

李盛斌《挑华车》，张韵楼、程少余《古城相会》，大轴郑冰如、纪玉良、姜妙香、芙蓉草、李宝奎、曹四庚合演全本《四郎探母》。

8月23日，庆祝抗战胜利大义演，上海皇后大戏院夜戏：

郑冰如、纪玉良、姜妙香、芙蓉草、李盛斌、高维廉、李宝奎、崔熹云、曹四庚合演《群英会》《借东风》连演《甘露寺》《美人计》《回荆州》《芦花荡》。

8月25日，上海皇后大戏院夜戏：

张韵楼、李盛斌、纪玉良、姜妙香、程少余一至四本《走麦城》，大轴郑冰如、崔熹云、李宝奎、高维廉、曹四庚合演全本《锁麟囊》。

8月26日，上海皇后大戏院日场：

李盛斌、贺玉钦、张韵楼《长坂坡》《汉津口》，纪玉良、高维廉、程少余、张韵楼、朱斌仙、李宝奎《群英会》《借东风》《华容道》，郑冰如、姜妙香、纪玉良、李宝奎、李克昌、曹四庚《甘露寺》《回荆州》，大轴郑冰如、姜妙香《春秋配》。

8月26日，上海皇后大戏院夜戏：

张韵楼、李盛斌、程少余、高德松全部《汉寿亭侯》，大轴郑冰如、纪玉良、姜妙香、李宝奎、曹四庚合演全部《朱痕记》。

8月27日，上海皇后大戏院夜戏：

李盛斌《挑华车》，张韵楼、程少余《水淹七军》，压轴纪玉良、高德松《奇冤报》，大轴郑冰如、姜妙香、李宝奎合演《生死恨》。

8月28日，上海皇后大戏院夜戏：

张韵楼、李盛斌《斩华雄》，压轴纪玉良、李克昌、高德松《失街亭》《空城计》《斩马谡》，大轴郑冰如、姜妙香、李宝奎合演全本《玉堂春》。

8月29日，上海皇后大戏院夜戏：

李盛斌《状元印》，张韵楼《过五关》，大轴郑冰如、纪玉良、姜妙香、芙蓉草、李宝奎、曹四庚合演全本《四郎探母》。

9月1日，庆祝抗战胜利五剧院联合演出，上海皇后大戏院日场：

李盛斌、张韵楼一至四本《铁公鸡》，郑冰如、纪玉良、姜妙香、李盛斌、李宝奎、程少余、高德松《甘露寺》《美人计》《回荆州》，大轴郑冰如、纪玉良、崔熹云、周金福合演全本《法门寺》。

9月1日、2日，上海皇后大戏院夜戏：

张韵楼、李盛斌、纪玉良、姜妙香、程少余一至四本《走麦城》，大轴郑冰如、高维廉、李宝奎、周金福合演《鸳鸯泪》。

9月2日，上海皇后大戏院日场：

纪玉良、李盛斌、程少余、曹四庚全部《杨家将》，大轴郑冰如、李宝奎、姜妙香、朱斌仙合演全本《金锁记》。

9月3日，上海皇后大戏院夜戏：

李盛斌、程少余《挑华车》，压轴纪玉良、高德松《捉放曹》，大轴郑冰如、姜妙香、芙蓉草、李宝奎、曹四庚合演全本《玉堂春》。

10月10日，上海兰心剧场举办抗日胜利庆祝会大义务戏：

姜妙香、李克昌《飞虎山》，大轴梅兰芳、刘连荣《刺虎》（梅兰芳抗战后首次登台）。

11月23日至29日，上海皇后大戏院夜戏：

李盛斌、贺玉钦、张韵楼《长坂坡》《汉津口》，纪玉良、姜妙香、李宝奎、程少余、张韵楼、朱斌仙《群英会》《借东风》《华容道》，大轴纪玉良、贺玉钦、李宝奎、崔熹云合演《金钱豹》《盗魂铃》。

11月28日至12月11日，梅兰芳息影八年后，首次以营业戏方式在上海美琪大戏院对外公演。

11月30日，上海美琪大戏院夜戏：

开场上海戏剧学校学生《八大锤》，压轴俞振飞《吟诗脱靴》，大轴梅兰芳、姜妙香、朱传茗合演《游园惊梦》。

12月1日，上海美琪大戏院夜戏：

开场上海戏剧学校学生《八大锤》，压轴俞振飞《吟诗脱靴》，大轴梅兰芳、姜妙香、朱传茗合演《游园惊梦》。

12月4日，上海美琪大戏院夜戏：

开场上海戏剧学校学生《打瓜园》，压轴姜妙香、吴君瑞《罗成叫关》，大轴梅兰芳、俞振飞、姜妙香（保童）、李宝奎、崔熹云合演全部《奇双会》。

12月5日，上海美琪大戏院夜戏：

开场上海戏剧学校学生《打瓜园》，压轴姜妙香、吴君瑞《罗成叫关》，大轴梅兰芳、俞振飞、姜妙香（保童）、李宝奎、崔熹云合演全部《奇双会》。

12月7日，上海美琪大戏院夜戏：

开场上海戏剧学校学生《打瓜园》，压轴姜妙香、吴君瑞《罗成叫关》，大轴梅兰芳、俞振飞、姜妙香（保童）、李宝奎、崔熹云合演全部《奇双会》。

12月8日，上海美琪大戏院夜戏（义演不售票）：

开场上海戏剧学校学生《定军山》，压轴俞振飞《太白醉写》，大轴梅兰芳、姜妙香、朱传茗合演《风筝误》。

12月9日，上海美琪大戏院夜戏：

开场上海戏剧学校学生《八大锤》，压轴俞振飞、郑传鉴、朱传茗《吕布小宴》，大轴梅兰芳、姜妙香、朱传茗合演《游园惊梦》。

12月10日，上海美琪大戏院夜戏：

开场上海戏剧学校学生刘正裔《挑华车》，大轴梅兰芳、俞振飞、姜妙香（保童）、李宝奎、崔熹云合演全部《奇双会》。

12月11日，上海美琪大戏院夜戏：

开场戏校学生程正泰、顾正秋《庆顶珠》，压轴俞振飞、郑传鉴、朱传茗《吕布小宴》，大轴梅兰芳、姜妙香、朱传茗合演《游园惊梦》。

12月12日，上海皇后大戏院夜戏：

张韵楼《百凉楼》，贺玉钦《伐子都》，压轴纪玉良、李克昌《捉放曹》，大轴纪玉良、芙蓉草、姜妙香、李宝奎、崔熹云、曹四庚合演《穆柯寨》《穆天王》《辕门斩子》。

12月13日、14日，上海皇后大戏院夜戏：

李盛斌、贺玉钦、张韵楼《长坂坡》《汉津口》，纪玉良、姜妙香、李宝奎、程少余、张韵楼、朱斌仙《群英会》《借东风》《华容道》，大轴纪玉良、贺玉钦、李宝奎、崔熹云合演《金钱豹》《盗魂铃》。

12月16日，上海皇后大戏院日场：

张韵楼、贺玉钦《铁公鸡》，纪玉良、姜妙香、芙蓉草、李宝奎《甘露寺》《美人计》《回荆州》，大轴纪玉良、彭玉芩、吴玉蕴、姜妙香、赵德松合演《拾玉镯》《法门寺》。

12月17日，上海皇后大戏院夜戏：

张韵楼《兴隆会》，贺玉钦《伐子都》，压轴纪玉良、李克昌《捉放曹》，大轴纪玉良、芙蓉草、姜妙香、李宝奎、崔熹云、曹四庚合演《穆柯寨》《穆天王》《辕门斩子》。

12月19日、20日，上海皇后大戏院夜戏：

李盛斌、贺玉钦、张韵楼《长坂坡》《汉津口》，纪玉良、姜妙香、李宝奎、程少余、张韵楼、朱斌仙《群英会》《借东风》《华容道》，大轴纪玉良、贺玉钦、李宝奎、崔熹云合演《金钱豹》《盗魂铃》。

12月21日至23日，为上海市抗战蒙难同志救济事业基金会募委会筹款，上海天蟾舞台连演三天义务夜戏。

12月21日，上海天蟾舞台义务夜戏头天：

周信芳、姜妙香、刘斌昆、赵培鑫、王玉让、张云溪、程少余《群英会》《借东风》，章遏云、纪玉良《武家坡》，大轴梅兰芳（李桂芝）、周信芳（李奇）、俞振飞（赵宠）、姜妙香（李保童）、崔熹云（丫环）、朱斌仙（胡老爷）合演全部《贩马记》。

12月23日，上海天蟾舞台义务夜戏最后一天：

梅兰芳、周信芳、姜妙香、刘斌昆、程少余、吴富琴、梁一鸣、梁次珊、郑冰如、刘韵芳、杨宝童合演全部《明末遗恨》连演《贞娥刺虎》。

12月23日，上海皇后大戏院日场：

贺玉钦《铁公鸡》，纪玉良、姜妙香、芙蓉草、李宝奎《甘露寺》《美人计》《回荆州》，大轴纪玉良、彭玉苓、吴玉蕴、姜妙香、赵德松合演《拾玉镯》《法门寺》。

12月24日至31日，上海皇后大戏院夜戏：

黄桂秋、纪玉良、芙蓉草、姜妙香、李宝奎、李盛斌、崔熹云、高维廉、程少余、李克昌、曹四庚合演一至四本《雁门关》。

12月30日，上海皇后大戏院日场：

李盛斌、贺玉钦、张韵楼《长坂坡》《汉津口》，纪玉良、姜妙香、李宝奎、程少余、张韵楼、朱斌仙《群英会》《借东风》《华容道》，大轴纪玉良、贺玉钦、李宝奎、崔熹云合演《金钱豹》《盗魂铃》。

1946年

（民国三十五年，农历丙戌年） 56岁

1月1日，上海皇后大戏院日场：

李盛斌、贺玉钦、张韵楼《长坂坡》《汉津口》，纪玉良、姜妙香、李宝奎、程少余、张韵楼、朱斌仙《群英会》《借东风》《华容道》，大轴纪玉良、贺玉钦、李宝奎、崔熹云合演《金钱豹》《盗魂铃》。

1月1日至6日，上海皇后大戏院夜戏：

黄桂秋、纪玉良、芙蓉草、姜妙香、李宝奎、李盛斌、崔熹云、高维廉、程少余、李克昌、曹四庚合演一至四本《雁门关》。

1月7日至15日，上海皇后大戏院夜戏：

黄桂秋、纪玉良、芙蓉草、姜妙香、李宝奎、李盛斌、崔熹云、俞振飞、程少余、李克昌合演五至八本《雁门关》。

1月13日，上海皇后大戏院日场：

李盛斌、贺玉钦、张韵楼《长坂坡》《汉津口》，纪玉良、姜妙香、李宝奎、程少余、张韵楼、朱斌仙《群英会》《借东风》《华容道》，大轴纪玉良、贺玉钦、李宝奎、崔熹云合演《金钱豹》《盗魂铃》。

1月16日至20日，上海皇后大戏院夜戏：

黄桂秋、纪玉良、芙蓉草、姜妙香、李宝奎、李盛斌、崔熹云、高维廉、程少余、李克昌、曹四庚合演一至四本《雁门关》。

1月20日，上海皇后大戏院日场：

李盛斌、贺玉钦、张韵楼《长坂坡》《汉津口》，纪玉良、姜妙香、李宝奎、程少余、张韵楼、朱斌仙《群英会》《借东风》《华容道》，大轴纪玉良、贺玉钦、李宝奎、崔熹云合演《金钱豹》《盗魂铃》。

1月21日至29日，上海皇后大戏院夜戏：

黄桂秋、纪玉良、芙蓉草、姜妙香、李宝奎、李盛斌、崔熹云、俞振飞、程少余、李克昌合演五至八本《雁门关》。

1月27日，上海皇后大戏院日场：

李盛斌、贺玉钦、张韵楼《长坂坡》《汉津口》，纪玉良、姜妙香、李宝奎、程少余、张韵楼、朱斌仙《群英会》《借东风》《华容道》，大轴纪玉良、贺玉钦、李宝奎、崔熹云《金钱豹》《盗魂铃》。

1月30日，上海皇后大戏院夜戏：

贺玉钦、郭金光《金钱豹》，张夫人、俞振飞、李宝奎《玉堂春》，大轴黄桂秋、纪玉良、芙蓉草、姜妙香、李宝奎、崔熹云、刘斌昆、朱斌仙合演全部《王宝钏》。

2月2日（农历正月初一），上海皇后大戏院日场：

纪玉良《男加官》，言慧珠《女加官》，程少余《跳财神》，李盛斌、贺玉钦、张韵楼《长坂坡》《汉津口》，纪玉良、姜妙香、李宝奎、程少余、张韵楼、朱斌仙《群英会》《借东风》《华容道》，大轴言慧珠、姜妙香、周斌秋合演《花田八错》。

2月2日，上海皇后大戏院夜戏：

李盛斌、贺玉钦、张韵楼一至四本《铁公鸡》，纪玉良、程少余、李克昌《失街亭》《空城计》《斩马谡》，大轴言慧珠、姜妙香、李宝奎、朱斌仙合演全本《凤还巢》。

2月3日，上海皇后大戏院日场：

李盛斌、张韵楼、程少余《汉寿亭侯》，贺玉钦、郭金光《三岔口》，纪玉良、李克昌《捉放曹》，大轴言慧珠、姜妙香、芙蓉草、李宝奎、高德松合演全本《得意缘》。

2月3日，上海皇后大戏院夜戏：

李盛斌、贺玉钦、程少余《连环套》，大轴言慧珠、纪玉良、姜妙香、芙蓉草、李富春、李宝奎、周斌秋、曹四庚合演全本《四郎探母》。

2月4日，上海皇后大戏院日场：

贺玉钦、张韵楼《阳平关》，纪玉良、程少余、周斌秋《伍子胥》，大轴言慧珠、李盛斌、姜妙香、曹四庚、朱斌仙合演全部《武松与潘金莲》。

2月4日，上海皇后大戏院夜戏：

言慧珠、纪玉良、芙蓉草、姜妙香、贺玉钦、李宝奎、彭玉苓、朱斌仙合演全部《王宝钏》。

2月5日，上海皇后大戏院日场：

贺玉钦《花蝴蝶》，言慧珠、纪玉良、姜妙香、彭玉苓、朱斌仙、李克昌《拾玉镯》《法门寺》，大轴言慧珠、纪玉良、姜妙香、李盛斌、李宝奎、程少余、朱斌仙合演全本《龙凤呈祥》。

2月5日，上海皇后大戏院夜戏：

贺玉钦《水帘洞》，纪玉良、李盛斌、程少余、李克昌、李富春全部《杨家将》，大轴言慧珠、姜妙香、李宝奎、高德松、朱斌仙合演全部《生死恨》。

2月6日，上海皇后大戏院日场：

贺玉钦《伐子都》，纪玉良、李宝奎、姜妙香、李克昌《珠帘寨》，大轴言慧珠、李盛斌、姜妙香、朱斌仙、曹四庚合演全部《武松与潘金莲》。

2月6日，上海皇后大戏院夜戏：

李盛斌、贺玉钦、程少余、李克昌《连环套》，大轴言慧珠、纪玉良、姜妙香、芙蓉草、李富春、李宝奎、周斌秋、曹四庚合演全本《四郎探母》。

2月8日，上海皇后大戏院夜戏：

张韵楼、程少余《水淹七军》，贺玉钦、郭金光《金钱豹》，纪玉良、李克昌、李富春《搜孤救孤》，大轴言慧珠、姜妙香、李宝奎、朱斌仙合演全本《玉堂春》。

2月9日，上海皇后大戏院夜戏：

张韵楼、李盛斌、纪玉良、贺玉钦一至四本《走麦城》，大轴言慧珠、纪玉良、姜妙香、高德松、朱斌仙、周金福合演全本《双娇奇缘》。

2月10日，上海皇后大戏院日场：

单德元《打英雄》，周金福《打城隍》，刘韵良《打葛府》，阎少泉《打焦赞》，崔熹云《打杠子》，贺玉钦《打黑店》，纪玉良、姜妙香《打侄上坟》，言慧珠、纪玉良、李盛斌《打渔杀家》，大轴言慧珠、姜妙香、曹四庚合演《打樱桃》。

2月10日、11日，上海皇后大戏院夜戏：

李盛斌、贺玉钦《铁公鸡》，纪玉良、李克昌《战北原》，大轴言慧珠、姜妙香、高德松、朱斌仙、李富春合演全本《生死恨》。

2月12日，上海皇后大戏院夜戏：

张韵楼、程少余《水淹七军》，贺玉钦、郭金光《金钱豹》，纪玉良、李克昌、李富春《搜孤救孤》，大轴言慧珠、姜妙香、李宝奎、朱斌仙合演全本《玉堂春》。

2月13日，上海皇后大戏院夜戏：

张韵楼、高德松《九江口》，言慧珠、纪玉良、芙蓉草、姜妙香、李盛斌、贺玉钦、李宝奎、彭玉苓、崔熹云、阎少泉合演全部《王宝钏》。

2月14日，上海皇后大戏院夜戏：

李盛斌、贺玉钦、高德松《挑华车》，纪玉良、李克昌、曹四庚《奇冤报》，大轴言慧珠、姜妙香、崔熹云、朱斌仙、周金福合演《孔雀东南飞》。

2月15日，上海伶界联合会及平剧院联谊会六大戏剧院庆祝戏剧节，皇后大戏院日场：

李盛斌、张韵楼、程少余《汉寿亭侯》，贺玉钦、郭金光《三岔口》，纪玉良、李克昌《捉放曹》，大轴言慧珠、姜妙香、芙蓉草、李宝奎、高德松合演全本《得意缘》。

2月15日，上海皇后大戏院夜戏：

李盛斌、贺玉钦、程少余《连环套》，大轴言慧珠、纪玉良、姜妙香、芙蓉草、李富春、李宝奎、周斌秋、曹四庚合演全本《四郎探母》。

2月16日，上海皇后大戏院夜戏：

李盛斌、贺玉钦、张韵楼一至四本《铁公鸡》，纪玉良、程少余、李克昌《失街亭》《空城计》《斩马谡》，大轴言慧珠、姜妙香、李宝奎、朱斌仙合演全本《凤还巢》。

2月17日，上海皇后大戏院日场：

单德元《打英雄》，周金福《打城隍》，刘韵良《打葛府》，阎少泉《打焦赞》，崔熹云《打杠子》，贺玉钦《打黑店》，纪玉良、姜妙香《打侄上坟》，言慧珠、纪玉良、李盛斌《打渔杀家》，大轴言慧珠、姜妙香、曹四庚合演《打樱桃》。

2月17日，上海皇后大戏院夜戏：

张韵楼、李盛斌、纪玉良、贺玉钦一至四本《走麦城》，大轴言慧珠、纪玉良、姜妙香、高德松、朱斌仙、周金福合演全本《双娇奇缘》。

2月18日，上海皇后大戏院夜戏：

张韵楼、程少余《水淹七军》，贺玉钦、郭金光《金钱豹》，纪玉良、李克昌、李富春《搜孤救孤》，大轴言慧珠、姜妙香、李宝奎、朱斌仙合演全本《玉堂春》。

2月19日，上海皇后大戏院夜戏：

张韵楼、曹四庚、刘英杰《过五关斩六将》，贺玉钦、高德松、郭金光《伐子都》，大轴言慧珠、纪玉良、姜妙香、李宝奎、崔熹云、程少余、朱斌仙、李富春合演全部《穆桂英》。

2月20日、21日，上海皇后大戏院夜戏：

李盛斌、张韵楼、贺玉钦一至四本《铁公鸡》，纪玉良、李克昌《战北原》，大轴言慧珠、姜妙香、李宝奎、高德松、朱斌仙合演全部《生死恨》。

2月22日，上海皇后大戏院夜戏：

张韵楼、高德松《九江口》，言慧珠、纪玉良、芙蓉草、姜妙香、李盛斌、贺玉钦、李宝奎、彭玉苓、崔熹云、阎少泉合演全部《王宝钏》。

2月23日、24日，上海皇后大戏院夜戏：

李盛斌、贺玉钦、程少余《连环套》，大轴言慧珠、纪玉良、姜妙香、芙蓉草、李富春、李宝奎、周斌秋、曹四庚合演全本《四郎探母》。

2月24日，上海皇后大戏院日场：

纪玉良、张韵楼、李盛斌、贺玉钦一至四本《走麦城》，大轴言慧珠、李盛斌、姜妙香、朱斌仙、曹四庚合演全部《武松与潘金莲》。

2月25日，上海皇后大戏院夜戏：

李盛斌、张韵楼、曹四庚一至四本《铁公鸡》，贺玉钦、高德松、郭金光《伐子都》，大轴言慧珠、纪玉良、姜妙香、李宝奎、崔熹云、程少余、朱斌仙、李富春合演全部《穆桂英》。

2月26日、27日，上海皇后大戏院夜戏：

李盛斌、贺玉钦、张韵楼一至四本《铁公鸡》，纪玉良、程少余、李克昌《失街亭》《空城计》《斩马谡》，大轴言慧珠、姜妙香、李宝奎、朱斌仙合演全本《凤还巢》。

2月28日，上海皇后大戏院夜戏：

张韵楼、李盛斌、纪玉良、贺玉钦一至四本《走麦城》，大轴言慧珠、纪玉良、姜妙香、高德松、朱斌仙、周金福合演全本《双娇奇缘》。

3月1日、2日，上海皇后大戏院夜戏：

李盛斌、张韵楼、贺玉钦一至四本《铁公鸡》，纪玉良、李克昌《战北原》，大轴言慧珠、姜妙香、李宝奎、高德松、朱斌仙合演全部《生死恨》。

3月3日，上海皇后大戏院日场：

纪玉良、张韵楼、李盛斌、贺玉钦一至四本《走麦城》，大轴言慧珠、李盛斌、姜妙香、朱斌仙、曹四庚合演全部《武松与潘金莲》。

3月3日，上海皇后大戏院夜戏：

李盛斌、贺玉钦、高德松《挑华车》，纪玉良、李克昌、曹四庚《奇冤报》，大轴言慧珠、姜妙香、崔熹云、朱斌仙、周金福合演《孔雀东南飞》。

3月4日、5日，上海皇后大戏院夜戏：

张韵楼、程少余《水淹七军》，贺玉钦、郭金光《金钱豹》，纪玉良、李克昌、李富春《搜孤救孤》，大轴言慧珠、姜妙香、李宝奎、朱斌仙合演全本《玉堂春》。

3月6日，上海皇后大戏院夜戏：

言慧珠、纪玉良、芙蓉草、姜妙香、贺玉钦、李宝奎、彭玉苓、朱斌仙合演全部《王宝钏》。

3月7日、8日，上海皇后大戏院夜戏：

李盛斌、贺玉钦、程少余《连环套》，大轴言慧珠、纪玉良、姜妙香、芙蓉草、李富春、李宝奎、周斌秋、曹四庚合演全本《四郎探母》。

3月9日，上海皇后大戏院夜戏：

张韵楼、曹四庚、刘英杰《过五关斩六将》，贺玉钦、高德松、郭金光《伐子都》，大轴言慧珠、纪玉良、姜妙香、李宝奎、崔熹云、程少余、朱斌仙、李富春合演全部《穆桂英》。

3月10日，上海皇后大戏院日场：

李盛斌、贺玉钦、张韵楼《长坂坡》《汉津口》，纪玉良、姜妙香、李宝奎、程少余、朱斌仙《群英会》《借东风》，大轴言慧珠、姜妙香、芙蓉草、李宝奎、高德松合演全本《得意缘》。

3月10日，上海皇后大戏院夜戏：

张韵楼、李盛斌、纪玉良、贺玉钦一至四本《走麦城》，大轴言慧珠、纪玉良、姜妙香、高德松、朱斌仙、周金福合演全本《双娇奇缘》。

3月11日、12日，上海皇后大戏院夜戏：

李盛斌、贺玉钦、张韵楼一至四本《铁公鸡》，纪玉良、程少余、李克昌《失街亭》《空城计》《斩马谡》，大轴言慧珠、姜妙香、李宝奎、朱斌仙合演全本《凤还巢》。

3月13日，上海皇后大戏院夜戏：

张韵楼、程少余《古城会》，贺玉钦、郭金光《三岔口》，言慧珠、言少朋《游龙戏凤》，纪玉良、姜妙香、曹四庚《打侄上坟》，大轴言慧珠、纪玉良、郭元汾合演《二进宫》。

3月14日，上海皇后大戏院夜戏：

李盛斌、贺玉钦、张韵楼《长坂坡》《汉津口》，纪玉良、姜妙香、李宝奎、程少余、张韵楼、朱斌仙《群英会》《借东风》《华容道》，大轴言慧珠、李宝奎、高德松、周金福合演《红线盗盒》。

3月15日、16日，上海皇后大戏院夜戏：

李盛斌、张韵楼、贺玉钦一至四本《铁公鸡》，纪玉良、李克昌《战北原》，大轴言慧珠、姜妙香、李宝奎、高德松、朱斌仙合演全部

《生死恨》。

3月17日，上海皇后大戏院日场：

纪玉良、张韵楼、李盛斌、贺玉钦一至四本《走麦城》，大轴言慧珠、李盛斌、姜妙香、朱斌仙、曹四庚合演全部《武松与潘金莲》。

3月17日，上海皇后大戏院夜戏：

张韵楼、程少余《古城会》，贺玉钦、郭金光《三岔口》，言慧珠、言少朋《游龙戏凤》，纪玉良、姜妙香、曹四庚《打侄上坟》，大轴言慧珠、纪玉良、郭元汾合演《二进宫》。

3月18日，上海皇后大戏院夜戏：

言慧珠、纪玉良、芙蓉草、姜妙香、贺玉钦、李宝奎、彭玉苓、朱斌仙合演全部《王宝钏》。

3月19日、20日，上海皇后大戏院夜戏：

李盛斌、贺玉钦、郭元汾《连环套》，大轴言慧珠、纪玉良、姜妙香、芙蓉草、李富春、李宝奎、周斌秋、曹四庚合演全本《四郎探母》。

3月21日，上海皇后大戏院夜戏：

张韵楼、程少余《水淹七军》，贺玉钦、郭金光《金钱豹》，纪玉良、李克昌、李富春《搜孤救孤》，大轴言慧珠、姜妙香、李宝奎、朱斌仙合演全本《玉堂春》。

3月22日，上海皇后大戏院夜戏：

张韵楼、曹四庚、刘英杰《过五关斩六将》，贺玉钦、高德松、郭金光《伐子都》，大轴言慧珠、纪玉良、姜妙香（“穆柯寨”“穆天王”之杨宗保）、李宝奎、郭元汾、崔熹云、朱斌仙、李富春合演全部《穆桂英》。

3月22日起，梅剧团重组后，在上海南京大戏院试演日场（非正式营业戏）。

3月22日，梅剧团上海南京大戏院日场：

杨盛春、韩盛信《白水滩》，压轴奚啸伯、王泉奎《捉放宿店》，大轴梅兰芳、刘连荣、姜妙香合演《宇宙锋》（“修本”“金殿”）。

3月23日，梅剧团上海南京大戏院日场：

杨盛春、韩盛信《挑华车》，压轴奚啸伯《白蟒台》，大轴梅兰芳、姜妙香、王少亭、刘连荣、萧长华合演前部《西施》。

3月23日，上海皇后大戏院夜戏：

李盛斌、贺玉钦、高德松《挑华车》，纪玉良、李克昌、曹四庚《奇冤报》，大轴言慧珠、姜妙香、崔熹云、朱斌仙、周金福合演《孔雀东南飞》。

3月24日，梅剧团上海南京大戏院日场：

姜妙香《未央闯宫》，杨盛春、韩盛信《恶虎村》，压轴奚啸伯、王泉奎《托兆碰碑》，大轴梅兰芳、萧长华《木兰从军》。

3月24日，上海皇后大戏院日场：

李盛斌、张韵楼、郭元汾《长坂坡》《汉津口》，纪玉良、姜妙香、李宝奎、程少余、李宝奎、朱斌仙《群英会》《借东风》，大轴言慧珠、贺玉钦、李宝奎、曹四庚、朱斌仙合演《翠屏山》。

3月24日，上海皇后大戏院夜戏：

贺玉钦《伐子都》，纪玉良、姜妙香、李盛斌、郭元汾《临江会》，言慧珠、芙蓉草《樊江关》，大轴言慧珠、李盛斌、纪玉良、郭元汾、张韵楼合演改良《新八蜡庙》。

3月24日，梅剧团上海南京大戏院夜戏：

杨盛春、张连廷《英雄义》，压轴奚啸伯、王泉奎《击鼓骂曹》，大轴梅兰芳、姜妙香、王少亭、刘连荣、萧长华合演后部《西施》。

3月25日，梅剧团上海南京大戏院日场：

刘连荣《真假李逵》，压轴杨盛春《两将军》，大轴梅兰芳、奚啸伯、姜妙香、萧长华、王少亭合演后部《西施》。

3月25日，上海皇后大戏院夜戏：

李盛斌、贺玉钦《铁公鸡》，纪玉良、李克昌、李富春《捉放曹》，大轴言慧珠、姜妙香、郭元汾、李宝奎、朱斌仙合演全部《连环计》。

3月26日，上海皇后大戏院夜戏：

张韵楼、程少余《古城会》，贺玉钦、郭金光《三岔口》，言慧珠、言少朋《游龙戏凤》，纪玉良、姜妙香、曹四庚《打侄上坟》，大轴言慧珠、纪玉良、郭元汾合演《二进宫》。

3月27日、28日，上海皇后大戏院夜戏：

李盛斌、贺玉钦、张韵楼一至四本《铁公鸡》，纪玉良、程少余、李克昌《失街亭》《空城计》《斩马谡》，大轴言慧珠、姜妙香、李宝奎、朱斌仙合演全本《凤还巢》。

3月28日，梅剧团上海南京大戏院日场：

于莲仙《胭脂虎》，杨盛春《摩天岭》；压轴奚啸伯、王泉奎《搜孤救孤》，大轴梅兰芳、刘连荣、姜妙香、王少亭、萧长华合演《霸王别姬》。

3月29日，上海皇后大戏院夜戏：

张韵楼、李盛斌、纪玉良、贺玉钦一至四本《走麦城》，大轴言慧珠、纪玉良、姜妙香、高德松、朱斌仙、周金福合演全本《双娇奇缘》。

3月30日，梅剧团上海南京大戏院日场：

杨盛春《战冀州》，压轴奚啸伯、王泉奎、刘连荣《洪羊洞》，大轴梅兰芳、姜妙香、刘连荣、萧长华、王少亭合演全部《凤还巢》。

3月30日，上海皇后大戏院夜戏：

贺玉钦《伐子都》，纪玉良、姜妙香、李盛斌、郭元汾《临江会》，言慧珠、芙蓉草《樊江关》，大轴言慧珠、李盛斌、纪玉良、郭元汾、张韵楼合演改良《新八蜡庙》。

3月31日，梅剧团上海南京大戏院日场：

贯盛习《白马坡》，杨盛春、韩盛信《状元印》，梅兰芳《春秋配》，压轴奚啸伯、王泉奎《打棍出箱》，大轴梅兰芳、姜妙香、朱桂芳《金山寺》。

3月31日，上海皇后大戏院日场：

纪玉良、张韵楼、李盛斌、贺玉钦一至四本《走麦城》，大轴言慧珠、李盛斌、姜妙香、朱斌仙、曹四庚合演全部《武松与潘金莲》。

3月31日，上海皇后大戏院夜戏：

李盛斌、贺玉钦、张韵楼《长坂坡》《汉津口》，纪玉良、姜妙香、李宝奎、程少余、张韵楼、李宝奎、朱斌仙《群英会》《借东风》《华容道》，大轴言慧珠、李宝奎、高德松、周金福合演《红线盗盒》。

3月31日，梅剧团上海南京大戏院夜戏：

朱桂芳《打焦赞》，杨盛春《艳阳楼》，压轴奚啸伯《上天台》，大轴梅兰芳、姜妙香、刘连荣、萧长华合演全本《生死恨》。

4月1日，上海皇后大戏院夜戏：

张韵楼、程少余《水淹七军》，贺玉钦、郭金光《金钱豹》，纪玉良、郭元汾、李富春《搜孤救孤》，大轴言慧珠、姜妙香、李宝奎、朱斌仙合演全本《玉堂春》。

4月2日，梅剧团上海南京大戏院日场：

杨盛春、韩盛信《战滁州》，压轴奚啸伯、王泉奎《打棍出箱》，大轴梅兰芳、姜妙香、刘连荣、萧长华合演全本《生死恨》。

4月3日，梅剧团上海南京大戏院日场：

萧长华《老黄请医》，压轴奚啸伯、杨盛春《八大锤》，大轴梅兰芳、姜妙香、刘连荣、萧长华合演全本《生死恨》。

4月3日，上海皇后大戏院夜戏：

张韵楼、程少余《古城会》，贺玉钦、郭金光《三岔口》，言慧珠、言少朋《游龙戏凤》，纪玉良、姜妙香、曹四庚《打侄上坟》，大轴言慧珠、纪玉良、郭元汾合演《二进宫》。

4月4日，上海皇后大戏院日场：

纪玉良、张韵楼、李盛斌、贺玉钦一至四本《走麦城》，大轴言慧珠、李盛斌、姜妙香、朱斌仙、曹四庚合演全部《武松与潘金莲》。

4月4日、5日，上海皇后大戏院夜戏：

张韵楼《兴隆会》，李盛斌、贺玉钦、程少余《恶虎村》，纪玉良、郭元汾《捉放曹》，大轴言慧珠、姜妙香、李宝奎、高德松、朱斌仙合演全部《生死恨》。

4月6日，上海皇后大戏院夜戏：

张韵楼、曹四庚、刘英杰《过五关斩六将》，贺玉钦、高德松、郭金光《伐子都》，大轴言慧珠、纪玉良、姜妙香、李宝奎、郭元汾、崔熹云、朱斌仙、李富春合演全部《穆桂英》。

4月7日，上海皇后大戏院日场：

单德元《打英雄》，周金福《打城隍》，刘韵良《打葛府》，阎少泉《打焦赞》，崔熹云《打杠子》，贺玉钦《打黑店》，纪玉良、姜妙香《打侄上坟》，言慧珠、纪玉良、李盛斌《打渔杀家》，大轴言慧珠、姜妙香、曹四庚合演《打樱桃》。

4月7日，上海皇后大戏院夜戏：

李盛斌、贺玉钦、张韵楼一至四本《铁公鸡》，纪玉良、郭元汾、李克昌、曹四庚《失街亭》《空城计》《斩马谡》，大轴言慧珠、姜妙香、李宝奎、朱斌仙合演全本《凤还巢》。

4月8日，上海皇后大戏院夜戏：

张韵楼、程少余《水淹七军》，贺玉钦、郭金光《金钱豹》，纪玉良、郭元汾、李富春《搜孤救孤》，大轴言慧珠、姜妙香、李宝奎、朱斌仙合演全本《玉堂春》。

4月11日，上海皇后大戏院夜戏：

李盛斌、张韵楼、贺玉钦一至四本《铁公鸡》，大轴言慧珠、纪玉良、姜妙香、芙蓉草、李富春、李宝奎、周斌秋、曹四庚合演全本《四郎探母》。

4月12日，上海皇后大戏院夜戏：

张韵楼、程少余《古城会》，贺玉钦、郭金光《三岔口》，言慧珠、言少朋《游龙戏凤》，纪玉良、姜妙香、曹四庚《打侄上坟》，大轴言慧珠、纪玉良、郭元汾合演《二进宫》。

4月14日，上海皇后大戏院日场：

张韵楼、李盛斌、纪玉良、贺玉钦一至四本《走麦城》，大轴言慧珠、纪玉良、姜妙香、郭元汾、朱斌仙、周金福合演全本《双娇奇缘》。

4月15日、17日，上海皇后大戏院夜戏：

张韵楼《兴隆会》，李盛斌、贺玉钦、程少余《恶虎村》，纪玉良、郭元汾《捉放曹》，大轴言慧珠、姜妙香、李宝奎、高德松、朱斌仙合演全部《生死恨》。

4月16日，上海皇后大戏院夜戏：

张韵楼、曹四庚、刘英杰《过五关斩六将》，贺玉钦、高德松、郭金光《伐子都》，大轴言慧珠、纪玉良、姜妙香、李宝奎、郭元汾、崔熹云、朱斌仙、李富春合演全部《穆桂英》。

4月18日，上海皇后大戏院夜戏：

李盛斌、张韵楼、贺玉钦一至四本《铁公鸡》，大轴言慧珠、纪玉良、姜妙香、芙蓉草、李富春、李宝奎、周斌秋、曹四庚合演全本《四郎探母》。

4月21日，上海皇后大戏院日场：

张韵楼、李盛斌、纪玉良、贺玉钦一至四本《走麦城》，大轴言慧珠、纪玉良、姜妙香、郭元汾、朱斌仙、周金福合演全本《双娇奇缘》。

4月21日，上海皇后大戏院夜戏：

言慧珠、纪玉良、芙蓉草、姜妙香、郭元汾、贺玉钦、李宝奎、彭玉芩、朱斌仙合演全部《王宝钏》。

4月22日，上海皇后大戏院夜戏：

李盛斌、贺玉钦、张韵楼一至四本《铁公鸡》，纪玉良、李克昌、程少余、曹四庚《失街亭》《空城计》《斩马谡》，大轴言慧珠、姜妙香、李宝奎、朱斌仙合演全本《凤还巢》。

4月26日，上海皇后大戏院夜戏：

张韵楼、程少余《古城会》，贺玉钦、郭金光《三岔口》，言慧珠、言少朋《游龙戏凤》，纪玉良、姜妙香、曹四庚《打侄上坟》，大轴言慧珠、纪玉良、郭元汾合演《二进宫》。

4月，梅兰芳重组梅剧团，姜妙香等昔日梅团旧人纷纷加入，俞振飞亦在此时加入梅剧团。

4月26日至29日，梅剧团南京大戏院正式演出营业戏，头三天打泡夜戏：

俞振飞《辕门射戟》，王琴生、李克昌、李富春《捉放曹》，大轴梅兰芳、姜妙香、刘连荣、崔熹云合演《宇宙锋》。

4月29日，上海皇后大戏院夜戏：

张韵楼、程少余《水淹七军》，贺玉钦、郭金光《伐子都》，纪玉良、郭元汾、李富春《搜孤救孤》，大轴言慧珠、姜妙香、李宝奎、朱斌仙合演全本《玉堂春》（本晚，姜妙香赶场）。

4月30日，梅剧团南京大戏院夜戏：

姜妙香《玉门关》，王琴生、程少余、李富春《定军山》，大轴梅兰芳、俞振飞、刘连荣、崔熹云合演《宇宙锋》。

5月1日，上海皇后大戏院日场：

纪玉良、张韵楼、李盛斌、贺玉钦一至四本《走麦城》，大轴言慧珠、李盛斌、姜妙香、朱斌仙、曹四庚合演全部《武松与潘金莲》。

5月1日至3日，梅剧团南京大戏院夜戏：

刘连荣《青风寨》，姜妙香、俞振飞、李富春《双白门楼》，大轴梅兰芳、王琴生、刘连荣、朱斌仙合演全本《宝莲灯》。

5月2日，上海皇后大戏院夜戏：

李盛斌、张韵楼、贺玉钦一至四本《铁公鸡》，大轴言慧珠、纪玉良、姜妙香、芙蓉草、李富春、李宝奎、周斌秋、曹四庚合演全本《四郎探母》。

5月4日、5日，梅剧团南京大戏院夜戏：

刘连荣、林鹏程《丁甲山》，姜妙香、李宝奎《镇潭州》，大轴梅兰芳、王琴生合演《汾河湾》。

5月5日，上海皇后大戏院日场：

李盛斌、郭元汾、高德松《连环套》，纪玉良、姜妙香、朱斌仙《打侄上坟》，大轴言慧珠、纪玉良、李宝奎、曹四庚、贺玉钦合演全本《金钱豹》《盗魂铃》。

5月5日，上海皇后大戏院夜戏：

贺玉钦、张韵楼《长坂坡》《汉津口》，纪玉良、姜妙香、李宝奎、郭元汾、张韵楼、朱斌仙《群英会》《借东风》《华容道》，大轴言慧珠、纪玉良、李宝奎、曹四庚、贺玉钦合演全本《金钱豹》《盗魂铃》。

5月6日、7日，梅剧团南京大戏院夜戏：

姜妙香《小显》，王琴生、刘连荣、李克昌《空城计》，大轴梅兰芳、俞振飞、姜妙香（保童）、李宝奎合演《贩马记》。

5月8日、9日，梅剧团南京大戏院夜戏：

姜妙香、刘连荣《取洛阳》，大轴梅兰芳、王琴生、芙蓉草、俞振飞、李宝奎、崔熹云合演《探母回令》。

5月8日，上海皇后大戏院夜戏：

李盛斌、贺玉钦、张韵楼一至四本《铁公鸡》，纪玉良、李克昌、程少余、曹四庚《失街亭》《空城计》《斩马谡》，大轴言慧珠、姜妙香、李宝奎、朱斌仙合演全本《凤还巢》。

5月9日，上海皇后大戏院夜戏：

张韵楼《百凉楼》，李盛斌、贺玉钦、程少余《恶虎村》，纪玉良、郭元汾《捉放曹》，大轴言慧珠、姜妙香、李宝奎、高德松、朱斌仙合演全部《生死恨》。

5月10日，上海皇后大戏院夜戏：

贺玉钦、张韵楼《长坂坡》《汉津口》，纪玉良、姜妙香、李宝奎、郭元汾、张韵楼、朱斌仙《群英会》《借东风》《华容道》，大轴言慧珠、纪玉良、李宝奎、曹四庚、贺玉钦合演全本《金钱豹》《盗魂铃》。

5月11日，上海皇后大戏院夜戏：

言慧珠、纪玉良、芙蓉草、姜妙香、郭元汾、贺玉钦、李宝奎、彭玉苓、朱斌仙合演全部《王宝钏》。

5月12日，上海皇后大戏院日场：

纪玉良、张韵楼、李盛斌、贺玉钦一至四本《走麦城》，大轴言慧珠、李盛斌、姜妙香、朱斌仙、曹四庚合演全部《武松与潘金莲》。

5月12日，上海皇后大戏院夜戏：

李盛斌、张韵楼、贺玉钦一至四本《铁公鸡》，大轴言慧珠、纪玉良、姜妙香、芙蓉草、李富春、李宝奎、周斌秋、曹四庚合演全本《四郎探母》。

5月13日，上海皇后大戏院夜戏：

李盛斌、贺玉钦、张韵楼一至四本《铁公鸡》，纪玉良、李克昌、程少余、曹四庚《失街亭》《空城计》《斩马谡》，大轴言慧珠、姜妙香、李宝奎、朱斌仙合演全本《凤还巢》。

5月16日、17日，梅剧团上海皇后大戏院打泡戏（本期演出由徐兰沅、杨宝忠、王少卿操琴）：

开场班串《加官进爵》，李凤翔《挑华车》，俞振飞、刘连荣《临江会》，大轴梅兰芳、王琴生、姜妙香、崔熹云、李宝奎、朱斌仙合演全本《御碑亭》。

5月18日、19日，梅剧团上海皇后大戏院夜戏：

开场班串《加官进爵》，李凤翔《金雁桥》，大轴梅兰芳、王琴生、姜妙香、芙蓉草、朱斌仙、李富春合演全本《四郎探母》。

5月19日，为天主教会募款，上海皇后大戏院日场：

李凤翔《赚历城》，言少朋、赵志秋《失印救火》，大轴言慧珠、姜妙香、李富春、朱斌仙合演全部《生死恨》。

5月20日、21日，梅剧团上海皇后大戏院夜戏：

开场班串《加官进爵》，李凤翔《小商河》，压轴王琴生、郭元汾、高德松、李富春、朱斌仙全本《洪羊洞》，大轴梅兰芳、姜妙香、刘连荣、崔熹云合演《宇宙锋》。

5月22日至24日，梅剧团上海皇后大戏院夜戏：

开场班串《加官进爵》，压轴王琴生、姜妙香、李凤翔、郭元汾、李宝奎、曹四庚、李克昌《群英会》《借东风》，大轴梅兰芳、俞振飞、刘连荣、何润初合演《春秋配》。

5月25日，梅剧团上海皇后大戏院夜戏：

开场班串《加官进爵》，李凤翔《两威将军》，压轴姜妙香、郭元汾、朱斌仙《飞虎山》，大轴梅兰芳、王琴生合演《汾河湾》。

5月29日，梅剧团上海皇后大戏院夜戏：

开场班串《加官进爵》，李凤翔《金锁阵》，压轴王琴生、郭元汾《李陵碑》，大轴梅兰芳、姜妙香（头本）、俞振飞（二本）、芙蓉草、刘连荣合演头二本《虹霓关》。

5月30日，梅剧团上海皇后大戏院夜戏：

开场班串《加官进爵》，李凤翔《挑华车》，压轴王琴生、郭元汾《鱼藏剑》，大轴梅兰芳、姜妙香、俞振飞、芙蓉草、刘连荣合演头二本《虹霓关》。

5月31日，梅剧团上海皇后大戏院夜戏：

开场班串《加官进爵》，李凤翔《挑华车》，压轴王琴生、郭元汾、李富春《搜孤救孤》，大轴梅兰芳、姜妙香、俞振飞、芙蓉草、刘连荣合演头二本《虹霓关》。

6月1日至6日，梅兰芳、程砚秋、马连良、姜妙香等参加中国福利基金会在上海中国大戏院举办平剧义演。宋庆龄发表书面讲话《平剧义演的意义》。

6月1日，梅剧团上海皇后大戏院夜戏：

开场班串《加官进爵》，李凤翔《金雁桥》，大轴梅兰芳、王琴生、姜妙香、芙蓉草、李宝奎、崔熹云、朱斌仙、李富春合演全本《四郎探母》。

6月2日，梅剧团上海皇后大戏院夜戏：

开场班串《加官进爵》，李凤翔《艳阳楼》，大轴梅兰芳、王琴生、姜妙香、芙蓉草、李宝奎、崔熹云、朱斌仙、李富春合演全本《四郎探母》。

6月3日、4日，梅剧团上海皇后大戏院夜戏：

开场班串《加官进爵》，李凤翔《恶虎村》，大轴梅兰芳、王琴生、姜妙香、芙蓉草、李宝奎、崔熹云、朱斌仙合演《王宝钏》。

6月5日，为中国福利基金会义演第五天，中国大戏院夜戏：

小三麻子《灞陵桥》，王琴生、汪志奎《洪羊洞》，大轴梅兰芳、刘连荣、姜妙香、马盛龙、韩金奎合演《霸王别姬》。

6月6日，为中国福利基金会义演第六天，中国大戏院夜戏：

小三麻子《过五关》，王琴生、汪志奎、邱玉成《捉放曹》，大轴梅兰芳、刘连荣、姜妙香、马盛龙、韩金奎合演《霸王别姬》。

6月7日，梅剧团上海皇后大戏院夜戏：

开场班串《加官进爵》，李凤翔《铁笼山》，梅兰芳、姜妙香、李宝奎、郭元汾、朱斌仙《枪桃穆天王》，大轴梅兰芳、王琴生、周金福《打渔杀家》。

6月8日，梅剧团上海皇后大戏院夜戏：

开场班串《加官进爵》，李凤翔《赚历城》，王琴生、郭元汾、赵金棠《搜孤救孤》，大轴梅兰芳、刘连荣、姜妙香、李宝奎、朱斌仙、高德松合演《霸王别姬》。

6月9日，梅剧团上海皇后大戏院日场：

开场班串《加官进爵》，李凤翔《艳阳楼》，姜妙香、李宝奎《镇潭州》，大轴梅兰芳、王琴生《汾河湾》。

6月9日，梅剧团上海皇后大戏院夜戏：

开场班串《加官进爵》，李凤翔《白水滩》，王琴生、郭元汾《托兆碰碑》，大轴梅兰芳、刘连荣、姜妙香、李宝奎、朱斌仙、高德松合演《霸王别姬》。

6月10日，梅剧团上海皇后大戏院夜戏：

开场班串《加官进爵》，李凤翔《林冲夜奔》，王琴生、郭元汾《捉放曹》，大轴梅兰芳、刘连荣、姜妙香、李宝奎、朱斌仙、高德松合演《霸王别姬》。

此场演出后，梅剧团休息，姜妙香继续与童芷苓合作演出。

6月12日，上海皇后大戏院夜戏：

傅德威、郭元汾、高德松《连环套》，大轴童芷苓、纪玉良、姜妙香、李宝奎、崔熹云、朱斌仙、李富春合演《四郎探母》。

6月13日，上海皇后大戏院夜戏：

傅德威《四平山》，纪玉良、郭元汾、程少余《失街亭》《空城计》《斩马谡》，大轴童芷苓、姜妙香、李宝奎、朱斌仙合演全部《玉堂春》。

6月14日，上海皇后大戏院夜戏：

贺玉钦、张韵楼《长坂坡》《汉津口》，纪玉良、姜妙香、傅德威、李宝奎、郭元汾、曹四庚、朱斌仙《群英会》《借东风》《华容道》，大轴童芷苓、童寿苓、崔熹云、朱斌仙、李富春合演《锁麟囊》。

6月16日，上海皇后大戏院夜戏：

张韵楼、贺玉钦一至四本《铁公鸡》，傅德威《拿高登》，大轴童芷苓、纪玉良、姜妙香、李宝奎、郭元汾、崔熹云、朱斌仙、李富春合演全部《王宝钏》。

6月17日、18日，为上海市尊师运动委员会筹款，上海黄金大戏院义务夜戏：

高盛麟《史文恭》，周信芳、王富英、刘韵芳《追韩信》，大轴梅兰芳、刘连荣、姜妙香、梁一鸣、苗胜春合演《霸王别姬》。

6月19日，上海皇后大戏院夜戏：

贺玉钦、张韵楼《长坂坡》《汉津口》，纪玉良、姜妙香、傅德威、李宝奎、郭元汾、曹四庚、朱斌仙《群英会》《借东风》《华容道》，大轴童芷苓、童寿苓、崔熹云、朱斌仙、李富春合演《锁麟囊》。

6月24日，上海皇后大戏院夜戏：

傅德威、郭元汾、高德松《连环套》，大轴童芷苓、纪玉良、姜妙香、李宝奎、崔熹云、朱斌仙、李富春合演《四郎探母》。

6月30日，上海黄金大戏院夜戏：

高盛麟《铁笼山》，李宗义、金少臣、钱元通《捉放曹》，大轴顾正秋、姜妙香、孙正阳、苗胜春《女起解》《玉堂春》。

7月3日，上海皇后大戏院夜戏：

傅德威、程少余《恶虎村》，童芷苓、纪玉良、郭元汾、朱斌仙《法门寺》，纪玉良、姜妙香、曹四庚《状元谱》，大轴童芷苓、童寿苓、李宝奎、朱斌仙合演《蝴蝶梦》《大劈棺》。

7月4日，上海皇后大戏院夜戏：

贺玉钦、郭金光《三岔口》，童芷苓、崔熹云、朱斌仙前部《玉堂春》，纪玉良、郭元汾、李富春《捉放曹》，大轴童芷苓、姜妙香、李宝奎、曹四庚合演后部《玉堂春》。

7月4日，上海黄金大戏院夜戏：

高盛麟、裘世戎《挑华车》，李宗义、金少臣《奇冤报》，压轴顾正秋、姜妙香、孙正阳、苗胜春《春秋配》，大轴李宗义《钓金龟》。

7月7日，上海黄金大戏院日场：

高盛麟、田予倩、刘韵芳、杨宝童《长坂坡》《汉津口》，大轴李宗义、姜妙香、金少臣、裘世戎、李长山合演《群英会》《借东风》。

7月7日，上海皇后大戏院夜戏：

傅德威、童芷苓、张韵楼、李克昌《大战宛城》，贺玉钦、郭金光《三岔口》，大轴童芷苓、纪玉良、姜妙香、李宝奎、崔熹云、郭元汾、朱斌仙、李富春合演全部《王宝钏》。

7月8日，为中国劳工协进社筹募基金，上海皇后大戏院义务夜戏头天：

贺玉钦、郭金光《三岔口》，周信芳、王富英、刘韵芳《追韩信》，大轴梅兰芳、刘连荣、姜妙香、梁一鸣、苗胜春合演《霸王别姬》。

7月9日，为中国劳工协进社筹募基金，上海皇后大戏院义务夜戏第二天：

贺玉钦、张韵楼《长坂坡》《汉津口》，纪玉良、姜妙香、傅德威、李宝奎、郭元汾、曹四庚、朱斌仙《群英会》《借东风》《华容道》，大轴梅兰芳、周信芳（李奇）、俞振飞（赵宠）、姜妙香（保童）、崔熹云合演全本《贩马记》。

7月10日，为苏北灾民救济协会、湘灾急赈委员会筹款，上海天蟾舞台义务夜戏头天：

李盛斌、王玉让《牛皋下书》《挑华车》，黄桂秋、俞振飞、苗胜春《春秋配》，大轴梅兰芳、周信芳、马连良、盖叫天、姜妙香、马富禄、林树森、袁世海、梁次珊合演全部《龙凤呈祥》。

7月11日，为苏北灾民救济协会、湘灾急赈委员会筹款，上海天蟾舞台义务夜戏第二天：

高盛麟、袁世海、马富禄《连环套》，大轴梅兰芳、周信芳、马连良、姜妙香、芙蓉草、马富禄、吴富琴、朱斌仙、马盛龙、梁次珊合演全部《四郎探母》。

7月12日，上海皇后大戏院夜戏：

傅德威、贺玉钦《双挑华车》，纪玉良、郭元汾、李富春《搜孤救孤》，大轴童芷苓、姜妙香、童寿苓、李宝奎、崔熹云、朱斌仙、曹四庚、李金棠合演一至八本《玉堂春》。

7月13日，上海皇后大戏院夜戏：

贺玉钦《伐子都》，纪玉良、姜妙香、傅德威、李宝奎、郭元汾、曹四庚、朱斌仙《群英会》《借东风》，大轴童芷苓、崔熹云、童寿苓、朱斌仙、周金福合演《锁麟囊》。

7月13日，为苏北灾民救济协会、湘灾急赈委员会筹款，上海天蟾舞台义务夜戏第四天：

高盛麟《史文恭》，大轴梅兰芳、周信芳、刘连荣、姜妙香、朱斌仙、马盛龙、梁次珊《追韩信》连演《霸王别姬》。

7月14日，上海皇后大戏院日场：

纪玉良、张韵楼、贺玉钦一至四本《走麦城》，童芷苓、李宝奎《新十八扯》，纪玉良、姜妙香、朱斌仙《状元谱》，纪玉良、崔熹云、程少余《辕门斩子》，大轴童芷苓、童寿苓、李宝奎、曹四庚、朱斌仙合演《蝴蝶梦》《大劈棺》。

7月14日，为苏北灾民救济协会、湘灾急赈委员会筹款，上海天蟾舞台义务夜戏第五天：

周信芳、马连良、林树森、袁世海、马富禄、王玉让、王震欧《群英会》《借东风》《华容道》，杜夫人《钓金龟》，大轴梅兰芳、周信芳、俞振飞、姜妙香、崔熹云合演全本《贩马记》。

7月16日，上海皇后大戏院夜戏：

童芷苓、纪玉良、姜妙香、傅德威、崔熹云、程少余、童寿苓、李宝奎、曹四庚、朱斌仙合演全部《王宝钏》。

7月19日，上海皇后大戏院夜戏：

张韵楼、贺玉钦《铁公鸡》，童芷苓、纪玉良、姜妙香、傅德威、李宝奎、曹四庚、高德松《龙凤呈祥》，大轴童芷苓、纪玉良、贺玉钦、童寿苓、崔熹云、李宝奎合演《金钱豹》《盗魂铃》。

7月21日，上海皇后大戏院夜戏：

贺玉钦、张韵楼《长坂坡》《汉津口》，纪玉良、姜妙香、傅德威、李宝奎、郭元汾、李克昌、朱斌仙《群英会》《借东风》，大轴童芷苓、傅德威、童寿苓、曹四庚、朱斌仙合演全部《武松与潘金莲》。

7月28日，上海皇后大戏院日场：

童芷苓、纪玉良、姜妙香、傅德威、李宝奎、曹四庚、高德松《龙凤呈祥》，大轴童芷苓、纪玉良、贺玉钦、童寿苓、崔熹云、李宝奎合演《金钱豹》《盗魂铃》。

7月31日，上海皇后大戏院夜戏：

傅德威《拿高登》，纪玉良、姜妙香、李克昌、李宝奎、朱斌仙《群英会》《借东风》，大轴童芷苓、童寿苓、崔熹云、曹四庚合演《锁麟囊》。

8月1日，上海皇后大戏院夜戏：

张韵楼、林鹏程《白马坡》，傅德威《四平山》，纪玉良、李克昌、高德松《失街亭》《空城计》《斩马谡》，大轴童芷苓、姜妙香、李宝奎、曹四庚、李金棠合演后部《玉堂春》（“起解”、“会审”、“监会”、“团圆”）。

8月2日、3日，上海皇后大戏院夜戏：

纪玉良、张韵楼、傅德威一至四本《走麦城》，童芷苓、李宝奎《新十八扯》，纪玉良、姜妙香、曹四庚《状元谱》，大轴童芷苓、童寿苓、李宝奎、朱斌仙合演《蝴蝶梦》《大劈棺》。

8月5日、6日，上海皇后大戏院夜戏：

傅德威《铁笼山》，童芷苓、纪玉良、姜妙香、高德松、曹四庚、崔熹云、朱斌仙《双娇奇缘》，大轴童芷苓、童寿苓、李宝奎、朱斌仙合演《蝴蝶梦》《大劈棺》。

8月7日至10日，上海皇后大戏院夜戏：

张韵楼、贺玉钦《铁公鸡》，纪玉良、姜妙香、傅德威《黄鹤楼》，贺玉钦、郭金光《三岔口》，大轴童芷苓、李宝奎、童寿苓、崔熹云、曹四庚合演《戏迷家庭》。

8月10日，姜妙香第一次参加江诚子组织发起的和鸣社票房活动。莅临者还有芙蓉草、张荣奎、苗胜春、鲍吉祥、瑞德宝、俞振飞、李克昌、李宝奎等。此后每周六票房活动一次，姜妙香在此演唱过《探母》、《状元谱》（与名票沙大风）、《罗成叫关》、《辕门射戟》（与芙蓉草、李克昌）、《玉门关》、《监酒令》等戏。

8月11日，上海皇后大戏院日场：

贺玉钦《伐子都》，纪玉良、傅德威《连营寨》，童芷苓、李宝奎《新十八扯》，纪玉良、姜妙香、曹四庚《打侄上坟》，大轴童芷苓、童寿苓、李宝奎、曹四庚、朱斌仙合演《蝴蝶梦》《大劈棺》。

8月12日至14日，上海皇后大戏院夜戏：

贺玉钦《花蝴蝶》，纪玉良、姜妙香、傅德威、李宝奎、高德松、朱斌仙《群英会》《借东风》，大轴童芷苓、李宝奎、童寿苓、崔熹云、曹四庚合演《戏迷家庭》。

8月16日，上海皇后大戏院夜戏：

纪玉良、傅德威、姜妙香、郭元汾、曹四庚、李克昌全部《杨家将》，大轴童芷苓、李宝奎、童寿苓、崔熹云、朱斌仙、曹四庚、何润初合演《锁麟囊》。

8月18日，上海皇后大戏院日场：

张韵楼、高德松《古城会》，童芷苓、傅德威、姜妙香、曹四庚、朱斌仙《武松与潘金莲》，纪玉良、郭元汾、李金棠《捉放曹》，大轴童芷苓、纪玉良、贺玉钦、李宝奎、曹四庚合演《金钱豹》《盗魂铃》。

8月19日、20日，上海皇后大戏院夜戏：

贺玉钦《三岔口》，纪玉良、姜妙香、傅德威、李宝奎、高德松、朱斌仙《群英会》《借东风》，大轴童芷苓、纪玉良、李宝奎、童寿苓、崔熹云、曹四庚合演《戏迷家庭》。

8月25日、31日，上海皇后大戏院日场：

贺玉钦《三岔口》，纪玉良、姜妙香、傅德威、李宝奎、高德松、朱斌仙《群英会》《借东风》，大轴童芷苓、纪玉良、李宝奎、童寿苓、崔熹云、曹四庚合演《戏迷家庭》。

9月9日，谭富英、王玉蓉组团赴沪，演于上海皇后大戏院。

9月10日，谭富英上海皇后大戏院打泡夜戏第二天：

杨盛春、程少余、杨荣楼《恶虎村》，大轴谭富英、王玉蓉、姜妙香、林秋雯、郭元汾、何盛清、哈宝山、慈少泉合演《红鬃烈马》。

9月11日，谭富英上海皇后大戏院打泡夜戏第三天：

杨盛春《铁笼山》，王玉蓉、姜妙香、林秋雯《悦来店》《能仁寺》，大轴谭富英、郭元汾、慈少泉合演《奇冤报》。

9月12日，上海皇后大戏院夜戏：

杨盛春、杨荣楼《白水滩》，王玉蓉、姜妙香、李宝奎《玉堂春》，大轴谭富英、郭元汾、慈少泉合演全部《琼林宴》。

9月14日，上海皇后大戏院夜戏：

李宝奎、郭元汾《下河东》，王玉蓉、姜妙香、曹四庚、朱斌仙、何盛清《孔雀东南飞》，大轴谭富英、杨盛春、林秋雯、程少余、慈少泉合演全部《晋楚交兵》。

9月15日，上海皇后大戏院日场：

张韵楼、林鹏程《白马坡》，林秋雯、慈少泉《文章会》，王玉蓉、姜妙香、李宝奎《玉堂春》，大轴谭富英、杨盛春、郭元汾、何盛清合演全部《八大锤》《断臂说书》。

9月16日，上海皇后大戏院夜戏：

姜妙香《辕门射戟》，杨盛春、林秋雯、杨荣楼《殷家堡》，王玉蓉、李宝奎《贺后骂殿》，大轴谭富英、王玉蓉、杨盛春合演全部

《黑水国》。

9月17日，上海皇后大戏院夜戏：

杨盛春《赵家楼》，王玉蓉、姜妙香、崔熹云《孔雀东南飞》，大轴谭富英、程少余、哈宝山、慈少泉合演《定军山》。

9月18日，上海皇后大戏院夜戏：

杨盛春《战滁州》，谭富英、姜妙香、郭元汾《黄金台》，杨盛春《林冲夜奔》，大轴谭富英、王玉蓉、慈少泉、哈宝山、程少余合演《打渔杀家》。

9月19日，上海皇后大戏院夜戏：

林秋雯、李宝奎、何盛清《浣花溪》，王玉蓉、朱斌仙《女起解》，大轴谭富英、杨盛春、姜妙香、郭元汾、哈宝山、慈少泉、张洪祥合演《群英会》《借东风》。

9月21日至23日，谭富英休息三天，顾正秋接演上海皇后大戏院，姜妙香参演。

9月21日，上海皇后大戏院夜戏：

张正芳、贺玉钦、朱斌仙、曹四庚、李宝奎《翠屏山》，大轴顾正秋、姜妙香、李宝奎、张洪祥、郭金光、孙正阳合演全部《汉明妃》。

9月22日，上海皇后大戏院日场：

贺玉钦《伐子都》，大轴顾正秋、张正芳、姜妙香、李宝奎、张洪祥、孙正阳合演全部《十三妹》。

9月22日，上海皇后大戏院夜戏：

贺玉钦《金钱豹》，大轴顾正秋、姜妙香、张正芳、李宝奎、孙正阳、李金棠合演全部《玉堂春》。

9月23日，上海皇后大戏院夜戏：

贺玉钦《三岔口》，张正芳、李宝奎、曹四庚《乌龙院》，大轴顾正秋、姜妙香、崔熹云、朱斌仙、李富春、孙正阳合演全部《锁麟囊》。

9月24日，上海皇后大戏院夜戏：

杨盛春、张正芳、郭元汾、杨荣楼《大战宛城》，大轴谭富英、顾正秋、姜妙香、林秋雯、李宝奎、何盛清、慈少泉、朱斌仙合演《四郎探母》。

9月25日，上海皇后大戏院夜戏：

杨盛春、杨荣楼《白水滩》，顾正秋、姜妙香、李宝奎《春秋配》，大轴谭富英、林秋雯、姜妙香、郭元汾、崔熹云、慈少泉合演《战太平》。

9月26日，上海皇后大戏院夜戏：

杨盛春、张正芳、姜妙香、曹四庚、杨荣楼《武松与潘金莲》（“打虎”起“杀嫂”止），大轴谭富英、顾正秋、林秋雯、姜妙香、郭元汾、哈宝山、何盛清、慈少泉、朱斌仙合演全部《红鬃烈马》。

9月27日，上海皇后大戏院夜戏：

杨盛春、郭元汾《牛皋下书》《挑华车》，谭富英、顾正秋、姜妙香、张正芳、李宝奎、慈少泉《御碑亭》，大轴谭富英、杨盛春、程少余、哈宝山合演《八蜡庙》。

9月28日，上海皇后大戏院夜戏：

杨盛春、张正芳、朱斌仙、李宝奎《大翠屏山》，顾正秋、姜妙香、李宝奎、孙正阳《女起解》《玉堂春》，大轴谭富英、郭元汾、慈少泉合演《奇冤报》。

9月29日，上海皇后大戏院夜戏：

杨盛春、杨荣楼《三岔口》，顾正秋、姜妙香、李宝奎、朱斌仙、何盛清全部《金锁记》，大轴谭富英、程少余、哈宝山、慈少泉合演《定军山》。

10月1日，上海皇后大戏院夜戏：

杨盛春、杨荣楼《挑华车》，顾正秋、姜妙香、张正芳、李宝奎《金山寺》《断桥》《雷峰塔》，大轴谭富英、郭元汾、程少余、哈宝山、慈少泉合演《失街亭》《空城计》《斩马谡》。

10月2日，上海皇后大戏院夜戏：

杨盛春、张正芳、姜妙香、杨荣楼、曹四庚《武松与潘金莲》，谭富英、慈少泉、程少余《当锏卖马》，顾正秋、姜妙香、李宝奎《春秋配》，大轴谭富英、郭元汾、哈宝山合演《托兆碰碑》。

10月3日，上海皇后大戏院夜戏：

杨盛春、程少余、杨荣楼《恶虎村》，顾正秋、姜妙香、李宝奎、曹四庚《苏三起解》《玉堂春》，大轴谭富英、姜妙香、林秋雯、郭元汾、慈少泉合演《战太平》。

10月5日，上海皇后大戏院夜戏：

杨盛春、杨荣楼《三岔口》，张正芳、姜妙香、李宝奎、曹四庚、孙正阳《蝴蝶梦》《大劈棺》，大轴谭富英、顾正秋、姜妙香、林秋雯、郭元汾、哈宝山、何盛清、慈少泉合演《红鬃烈马》。

10月6日，上海皇后大戏院日场：

杨盛春、顾正秋、姜妙香、郭元汾、程少余《回荆州》，大轴谭富英、顾正秋、张正芳、姜妙香、郭元汾、慈少泉、哈宝山合演《拾玉镯》《法门寺》。

10月6日，上海皇后大戏院夜戏：

杨盛春、杨荣楼《两将军》，顾正秋、姜妙香、张正芳、李宝奎《金山寺》《断桥》《雷峰塔》，大轴谭富英、程少余、哈宝山、慈少泉合演《定军山》。

10月7日，上海皇后大戏院夜戏：

杨盛春、杨荣楼《三岔口》，张正芳、姜妙香、李宝奎、曹四庚、孙正阳《蝴蝶梦》《大劈棺》，大轴顾正秋、姜妙香、李宝奎、郭元汾合演全本《汉明妃》。

10月8日，上海皇后大戏院夜戏：

林秋雯、姜妙香《穆天王》，杨盛春、杨荣楼《白水滩》，张正芳、李宝奎《新十八扯》，顾正秋、张正芳、单德元《虹桥赠珠》，大轴顾正秋、姜妙香、李宝奎、曹四庚合演全本《贩马记》。

10月10日，上海皇后大戏院日场：

杨盛春、杨荣楼《三岔口》，张正芳、姜妙香、李宝奎、曹四庚、孙正阳《蝴蝶梦》《大劈棺》，大轴顾正秋、姜妙香、李宝奎、郭元汾合演全本《汉明妃》。

10月10日，上海皇后大戏院夜戏：

杨盛春、杨荣楼《白水滩》，张正芳、姜妙香、李宝奎、曹四庚、孙正阳《蝴蝶梦》《大劈棺》，大轴谭富英、顾正秋、姜妙香、林秋雯、李宝奎、哈宝山、慈少泉、朱斌仙合演《四郎探母》。

10月11日，上海皇后大戏院夜戏：

杨盛春、杨荣楼《挑华车》，顾正秋、姜妙香、李宝奎、曹四庚《女起解》《玉堂春》，大谭富英、郭元汾、程少余、哈宝山、慈少泉合演《失街亭》《空城计》《斩马谡》。

10月12日，上海皇后大戏院夜戏：

何盛清、哈宝山《三进士》，杨盛春、杨荣楼《武文华》，顾正秋、姜妙香、李宝奎、曹四庚、孙正阳全部《金锁记》，大轴谭富英、姜妙香、林秋雯、郭元汾、慈少泉合演《战太平》。

10月13日，上海皇后大戏院日场：

杨盛春、张正芳、姜妙香、曹四庚、杨荣楼《武松与潘金莲》，大轴谭富英、顾正秋、姜妙香、林秋雯、李宝奎合演全本《御碑亭》。

10月13日，上海皇后大戏院夜戏：

杨盛春、杨荣楼《铁笼山》，顾正秋、林秋雯、姜妙香、曹四庚、孙正阳《锁麟囊》，大轴谭富英、郭元汾、慈少泉、曹四庚合演《问樵闹府》《打棍出箱》。

10月14日，上海皇后大戏院夜戏：

杨盛春、张正芳、程少余、杨荣楼《大战宛城》，谭富英、哈宝山、何盛清、慈少泉《盗宗卷》，顾正秋、姜妙香、李宝奎《春秋配》，大轴谭富英、郭元汾、哈宝山合演《托兆碰碑》。

10月15日，上海皇后大戏院夜戏：

杨盛春、张正芳、慈少泉、杨荣楼《百鸟朝凤》，顾正秋、姜妙香、张正芳、林秋雯、李宝奎、曹四庚、孙正阳全部《碧玉簪》，大轴谭富英、郭元汾、哈宝山合演全本《捉放曹》。

10月16日，上海皇后大戏院夜戏：

杨盛春、程少余、杨荣楼《恶虎村》，顾正秋、姜妙香、林秋雯、李宝奎《得意缘》，大轴谭富英、程少余、哈宝山、慈少泉合演《定军山》。

10月17日，上海皇后大戏院夜戏：

顾正秋、张正芳《樊江关》，大轴谭富英、杨盛春、姜妙香、郭元汾、程少余、哈宝山、慈少泉合演《群英会》《借东风》。

10月18日，上海皇后大戏院夜戏：

杨盛春、杨荣楼《挑华车》，顾正秋、姜妙香、李宝奎、曹四庚

《女起解》《玉堂春》，大轴谭富英、郭元汾、慈少泉、程少余合演《奇冤报》。

10月19日，上海皇后大戏院夜戏：

杨盛春、杨荣楼《白水滩》，顾正秋、姜妙香、张正芳、李宝奎《金山寺》《断桥》《雷峰塔》，大轴谭富英、姜妙香、林秋雯、郭元汾、慈少泉合演《战太平》。

10月20日，上海皇后大戏院日场：

李克昌《白良关》，张正芳、李宝奎、曹四庚《翠屏山》，顾正秋、姜妙香、慈少泉《贵妃醉酒》，大轴谭富英、杨盛春、何盛清、郭元汾、杨荣楼合演《八大锤》《断臂说书》。

10月21日，上海皇后大戏院夜戏：

杨盛春、李克昌、杨荣楼《战濮阳》，顾正秋、姜妙香、李宝奎《贩马记》，大轴谭富英、郭元汾、程少余、哈宝山、慈少泉、朱斌仙合演《失街亭》《空城计》《斩马谡》。

10月23日，上海皇后大戏院夜戏：

杨盛春、张正芳、郭元汾、杨荣楼《大战宛城》，大轴谭富英、顾正秋、姜妙香、林秋雯、哈宝山、何盛清、慈少泉合演《四郎探母》。

10月24日，上海皇后大戏院夜戏：

杨盛春、程少余、杨荣楼《恶虎村》，顾正秋、姜妙香、李宝奎《金锁记》，大轴谭富英、姜妙香、林秋雯、郭元汾、慈少泉合演《战太平》。

10月25日，上海皇后大戏院夜戏（临别特烦谭小培参演）：

杨盛春、杨荣楼《白水滩》，顾正秋《春香闹学》，压轴谭小培、姜妙香、李克昌、李宝奎《黄鹤楼》，大轴谭富英、郭元汾、慈少泉、程少余合演《奇冤报》。

10月26日，上海皇后大戏院夜戏：

杨盛春、杨荣楼《挑华车》，顾正秋、张正芳《樊江关》，压轴谭小培、姜妙香、何盛清、曹四庚《状元谱》，大轴谭富英、郭元汾、程少余、哈宝山、慈少泉、朱斌仙合演《失街亭》《空城计》《斩马谡》。

10月27日，上海皇后大戏院夜戏最后一天：

杨盛春、杨荣楼《赵家楼》，顾正秋、姜妙香、慈少泉《花田错》，压轴谭小培、李宝奎《天雷报》，大轴谭富英、程少余、哈宝山、慈少泉合演《定军山》。

11月至12月，梅剧团与杨宝森合作，在上海中国大戏院演出。

11月2日，梅剧团上海中国大戏院夜戏：

开场全班合演《财神进宝》，全班合演《天官赐福》，韩云峰《长坂坡》，姜妙香、芙蓉草《岳家庄》，杨盛春、杨荣楼《白水滩》，压轴杨宝森、刘连荣、叶盛茂、哈宝山、刘斌昆、韩金奎《失街亭》《空城计》《斩马谡》，大轴梅兰芳、萧长华合演《苏三起解》。

11月3日，梅剧团上海中国大戏院夜戏：

全班合演《财神进宝》，王福卿《天官赐福》，韩云峰《界碑关》，俞振飞、哈宝山、刘连荣《九龙山》，杨盛春、杨荣楼《英雄义》，压轴杨宝森、叶盛茂、哈宝山《捉放曹》，大轴梅兰芳、萧长华合演《苏三起解》。

11月4日，梅剧团上海中国大戏院夜戏：

全班合演《天官赐福》，韩云峰《挑华车》，俞振飞、刘连荣、哈宝山《黄鹤楼》，杨盛春、杨荣楼《武文华》，大轴梅兰芳、杨宝森、芙蓉草、姜妙香、萧长华、哈宝山、刘斌昆、韩金奎合演《四郎探母》。

11月5日，梅剧团上海中国大戏院夜戏：

全班合演《天官赐福》，张镜铭《摩天岭》，刘斌昆、韩金奎《双拾黄金》，杨盛春、杨荣楼《恶虎村》，压轴杨宝森、叶盛茂、哈宝山《打鼓骂曹》，大轴梅兰芳、姜妙香（匡扶）、萧长华、刘连荣、俞振飞（胡亥）、王少亭合演全部《宇宙锋》。

11月6日，梅剧团上海中国大戏院夜戏：

全班合演《天官赐福》，张镜铭《杀四门》，刘斌昆、韩金奎《双拾黄金》，杨盛春、杨荣楼《林冲夜奔》，压轴杨宝森、叶盛茂、哈宝山《打鼓骂曹》，大轴梅兰芳、姜妙香（匡扶）、萧长华、刘连荣、俞振飞（胡亥）、王少亭合演全部《宇宙锋》。

11月7日，梅剧团上海中国大戏院夜戏：

全班合演《天官赐福》，张镜铭《摩天岭》，刘斌昆、韩金奎《双拾黄金》，杨盛春、杨荣楼《恶虎村》，压轴杨宝森、叶盛茂、哈宝山《打鼓骂曹》，大轴梅兰芳、姜妙香（匡扶）、萧长华、刘连荣、俞振飞（胡亥）、王少亭合演全部《宇宙锋》。

11月8日，梅剧团上海中国大戏院夜戏：

全班合演《天官赐福》，韩云峰《挑华车》，俞振飞、刘连荣、王少亭《黄鹤楼》，杨盛春、杨荣楼《武文华》，大轴梅兰芳、杨宝森、芙蓉草、姜妙香、哈宝山、萧长华、刘斌昆、韩金奎合演《四郎探母》。

11月9日，梅剧团上海中国大戏院夜戏：

全班合演《天官赐福》，马九如《得胜回朝》，杨盛春、杨荣楼《战滁州》，姜妙香、王少亭《借赵云》，压轴杨宝森、萧长华、叶盛茂、韩金奎《奇冤报》，大轴梅兰芳、俞振飞、刘连荣、刘斌昆合演《春秋配》。

11月10日，梅剧团上海中国大戏院日场：

全班合演《天官赐福》，傅祥麟、王幼琴《斩经堂》，韩云峰《四杰村》，姜妙香《辕门射戟》，压轴杨盛春、叶盛茂、杨荣楼《挑华车》，大轴梅兰芳、杨宝森、刘连荣、萧长华、芙蓉草、刘斌昆合演《法门寺》。

11月10日，梅剧团上海中国大戏院夜戏：

全班合演《天官赐福》，韩云峰、马英武《群贤毕至》，姜妙香、王少亭《借赵云》，杨盛春、杨荣楼《战滁州》，压轴杨宝森、萧长华、叶盛茂、哈宝山《洪羊洞》，大轴梅兰芳、俞振飞、刘连荣、刘斌昆合演《春秋配》。

11月11日，梅剧团上海中国大戏院夜戏：

全班合演《天官赐福》，傅祥麟《徐策跑城》，杨盛春、刘连荣、杨荣楼、哈宝山《战濮阳》，压轴杨宝森、萧长华、叶盛茂、朱斌仙《问樵闹府》《打棍出箱》，大轴梅兰芳、俞振飞、姜妙香（保童）、萧长华、王少亭、朱斌仙合演全本《贩马记》。

11月12日，梅剧团上海中国大戏院夜戏：

全班合演《天官赐福》，傅祥麟、王幼琴《投军别窑》，杨盛春、杨荣楼《铁笼山》，压轴杨宝森、叶盛茂、哈宝山《托兆碰碑》，大轴梅兰芳、俞振飞、姜妙香（保童）、萧长华、王少亭、朱斌仙合演全本《贩马记》。

11月13日，梅剧团上海中国大戏院夜戏：

全班合演《天官赐福》，傅祥麟《九更天》，杨盛春、杨荣楼《赵家楼》，压轴杨宝森、叶盛茂、哈宝山、朱斌仙《定军山》，大轴梅兰芳、姜妙香（头本）、俞振飞（二本）、萧长华、刘连荣、魏莲芳合演头二本《虹霓关》。

11月14日，梅剧团上海中国大戏院夜戏：

全班合演《天官赐福》，哈宝山、叶盛茂《下河东》，杨盛春、韩云峰、杨荣楼《艳阳楼》，压轴杨宝森、何润初、新艳琴《法场换子》，大轴梅兰芳、姜妙香（头本）、俞振飞（二本）、萧长华、刘连荣、魏莲芳合演头二本《虹霓关》。

11月15日起，天蟾舞台约请秋声社演出，与中国大戏院形成对峙。天蟾舞台阵容为：程砚秋、谭富英并挂头牌，二牌王少楼，三牌高盛麟，小生叶盛兰、储金鹏，旦角魏莲芳、吴富琴，武旦阎世善，老旦孙甫亭、何盛清，净袁世海、郭元汾、苏连汉，丑慈少泉、李四广，里子老生张春彦、李世霖。中国大戏院阵容为：梅兰芳、杨宝森并挂头牌，武生杨盛春，小生姜妙香、俞振飞，旦角芙蓉草、新艳琴，武旦班世超，老旦刘斌昆（反串）、何润初，净刘连荣、王泉奎、叶盛茂、杨荣楼，丑萧长华、朱斌仙、刘斌昆、韩金奎，里子老生王少亭、哈宝山 。

11月15日，梅剧团上海中国大戏院夜戏：

全班合演《天官赐福》，韩金奎、谭芷苓《查头关》，王泉奎《草桥关》，杨盛春、班世超、韩云峰、杨荣楼《大泗州城》，压轴俞振飞、刘连荣《白门楼》，大轴梅兰芳、杨宝森、芙蓉草、姜妙香、哈宝山、刘斌昆、萧长华、韩金奎合演《四郎探母》。

11月16日，梅剧团上海中国大戏院夜戏：

全班合演《天官赐福》，傅祥麟、汪志奎《打严嵩》，班世超、白元杰《打焦赞》，杨盛春、王泉奎、杨荣楼《安天会》，压轴杨宝森、俞振飞、刘斌昆、何润初《状元谱》，大轴梅兰芳、刘连荣、姜妙香、王少亭、萧长华、朱斌仙合演全部《霸王别姬》。

11月17日，梅剧团上海中国大戏院日场：

全班合演《天官赐福》，韩云峰、傅祥麟、汪志奎《铁公鸡》，王泉奎、叶盛茂《白良关》，杨盛春、班世超、刘斌昆《青石山》，压轴萧长华、姜妙香《连升店》，大轴梅兰芳、杨宝森合演《汾河湾》。

11月17日，梅剧团上海中国大戏院夜戏：

全班合演《天官赐福》，汪志奎《取洛阳》，班世超、郭坤泉《摇钱树》，杨盛春、杨荣楼《林冲夜奔》，压轴杨宝森、王泉奎、哈宝山《搜孤救孤》，大轴梅兰芳、刘连荣、姜妙香、王少亭、萧长华、朱斌仙合演全部《霸王别姬》。

11月18日，梅剧团上海中国大戏院夜戏：

全班合演《天官赐福》，班世超、汪志奎《取金陵》，杨盛春、叶盛茂、杨荣楼《霸王庄》，压轴杨宝森、王泉奎、哈宝山《捉放宿店》，大轴梅兰芳、刘连荣、姜妙香、王少亭、萧长华、朱斌仙、合演全部《霸王别姬》。

11月19日，梅剧团上海中国大戏院夜戏：

全班合演《天官赐福》，张镜铭《摩天岭》，刘连荣、叶盛茂《双李逵》，杨盛春、班世超、韩云峰《大泗州城》，王泉奎、俞振飞《飞虎山》，大轴梅兰芳、杨宝森、芙蓉草、姜妙香、哈宝山、萧长华、刘斌昆、韩金奎合演《四郎探母》。

11月20日，梅剧团上海中国大戏院夜戏：

全班合演《天官赐福》，马九如《万花亭》，韩云峰、侯勇刚《周瑜归天》，杨盛春、班世超《刺巴杰》，压轴杨宝森、王泉奎、刘连荣、哈宝山《失街亭》《空城计》《斩马谡》，大轴梅兰芳、姜妙香、萧长华合演《贵妃醉酒》。

11月21日，梅剧团上海中国大戏院夜戏：

全班合演《天官赐福》，马九如《万花亭》，韩云峰、侯勇刚《周瑜归天》，杨盛春、芙蓉草、班世超、叶盛茂《刺巴杰》，压轴杨宝森、王泉奎、刘连荣、哈宝山、朱斌仙《失街亭》《空城计》《斩马谡》，大轴梅兰芳、姜妙香、萧长华合演《贵妃醉酒》。

11月22日，梅剧团上海中国大戏院夜戏：

全班合演《天官赐福》，马九如《黑风帕》，班世超《盗仙草》，杨盛春、王泉奎《挑华车》，压轴杨宝森、芙蓉草、刘斌昆《宋江闹院》《坐楼杀惜》，大轴梅兰芳、刘连荣、姜妙香、王少亭、萧长华、朱斌仙合演全部《霸王别姬》。

11月23日，梅剧团上海中国大戏院夜戏：

全班合演《天官踢福》，傅祥麟《徐策跑城》，班世超、朱斌仙《百草山》，杨盛春、杨荣楼《铁笼山》，压轴杨宝森、萧长华、王泉奎、哈宝山《洪羊洞》，大轴梅兰芳、刘连荣、姜妙香、王少亭、萧长华、朱斌仙合演全部《霸王别姬》。

11月24日，梅剧团上海中国大戏院日场：

全班合演《天官赐福》，傅祥麟、汪志奎《打严嵩》，韩云峰《四杰村》，杨盛春、《麒麟阁》，压轴杨宝森、王泉奎、哈宝山《骂曹》，大轴梅兰芳、萧长华、朱斌仙、韩金奎、芙蓉草合演《樊江关》。

11月24日，梅剧团上海中国大戏院夜戏：

全班合演《天官赐福》，傅祥麟《马义救主》，韩云峰《花蝴蝶》，王泉奎《黑风帕》，杨盛春、杨荣楼、邱玉成《两将军》，压轴姜妙香《罗成叫关》，大轴梅兰芳、杨宝森、萧长华、哈宝山、朱斌仙合演《审头刺汤》。

11月25日，梅剧团上海中国大戏院夜戏：

全班合演《天官赐福》，盖三省《送亲演礼》，杨盛春、班世超《青石山》，压轴杨宝森、王泉奎、哈宝山《托兆碰碑》，大轴梅兰芳、俞振飞、姜妙香、萧长华、王少亭、朱斌仙合演《贩马记》。

11月26日，梅剧团上海中国大戏院夜戏：

全班合演《天官赐福》，孙勇刚《大兴梁山》，王泉奎《锁五龙》，俞振飞、刘连荣、王少亭《临江会》，杨盛春、班世超、杨荣楼《三岔口》，大轴梅兰芳、杨宝森、芙蓉草、姜妙香、哈宝山、萧长华、刘斌昆、朱斌仙合演《四郎探母》。

11月27日，梅剧团上海中国大戏院夜戏：

全班合演《天官赐福》，张镜铭《越虎城》，韩金奎《丑表功》杨盛春、刘连荣、哈宝山《战濮阳》，压轴杨宝森、萧长华、王泉奎、朱斌仙《奇冤报》，大轴梅兰芳、姜妙香、萧长华、王少亭、班世超、朱斌仙合演《廉锦枫》。

11月28日，梅剧团上海中国大戏院夜戏：

全班合演《天官赐福》，张镜铭、孙勇刚《夜战马超》，刘连荣《青风寨》，杨盛春、杨荣楼、班世超《大白水滩》，压轴杨宝森、王泉奎、哈宝山《捉放曹》，大轴梅兰芳、姜妙香、王少亭、萧长华、班世超、朱斌仙合演《廉锦枫》。

11月29日，梅剧团上海中国大戏院夜戏：

全班合演《天官赐福》，班世超、杨宝森《摇钱树》《父子会》．王泉奎《父子会》，压轴杨宝森、杨盛春、哈宝山、杨荣楼《连营寨》，大轴梅兰芳、姜妙香（匡扶）、萧长华、王少亭、俞振飞（胡亥）、傅祥麟合演全部《宇宙锋》。

11月30日，梅剧团上海中国大戏院夜戏：

全班合演《天官赐福》，姜妙香、芙蓉草《岳家庄》，杨盛春、班世超、刘斌昆《青石山》，压轴杨宝森、王泉奎、刘连荣、哈宝山、朱斌仙《失街亭》《空城计》《斩马谡》，大轴梅兰芳、萧长华合演《苏三起解》。

12月1日，梅剧团上海中国大戏院日场：

全班合演《天官赐福》，马九如《万花亭》，张镜铭《神亭岭》，傅祥麟、王幼琴《立志投军》，刘斌昆、韩金奎《双拾黄金》，韩云峰《大泗州城》，王泉奎《探阴山》，压轴杨盛春、杨荣楼《挑华车》，大轴梅兰芳、杨宝森、姜妙香、萧长华、王少亭合演《御碑亭》。

12月1日，梅剧团上海中国大戏院夜戏：

全班合演《天官赐福》，孙勇刚《大收关胜》，盖三省、谭芷苓《探亲相骂》，杨盛春、班世超《天霸招亲》，压轴杨宝森、芙蓉草、刘斌昆《打渔杀家》，大轴梅兰芳、刘连荣、姜妙香、王少亭、萧长华、朱斌仙合演《霸王别姬》。

12月2日，梅剧团上海中国大戏院夜戏：

全班合演《天官赐福》，傅祥麟、王幼琴《斩经堂》，王泉奎、哈宝山《打严嵩》，班世超、白元杰《蟠桃会》，萧长华、朱斌仙《老黄请医》，杨盛春、刘连荣、杨荣楼《八大锤》，压轴杨宝森、俞振飞、刘连荣《断臂说书》，大轴梅兰芳、姜妙香、芙蓉草、朱斌仙合演《黛玉葬花》。

12月3日，梅剧团上海中国大戏院夜戏：

全班合演《天官赐福》，傅祥麟、马九如《开山府》，班世超、白元杰《打焦赞》，杨盛春、杨荣楼《铁笼山》，萧长华、朱斌仙《瞎子逛灯》，压轴杨宝森、王泉奎、哈宝山《打鼓骂曹》，大轴梅兰芳、姜妙香、芙蓉草、朱斌仙合演《黛玉葬花》。

12月4日，梅剧团上海中国大戏院夜戏：

全班合演《天官赐福》，马九如《大回朝》，韩云峰《挑华车》，王泉奎、王少亭《铡美案》，杨盛春、班世超、杨荣楼《三岔口》，俞振飞、刘连荣《白门楼》，大轴梅兰芳、杨宝森、芙蓉草、姜妙香、刘斌昆、萧长华、哈宝山、朱斌仙合演《四郎探母》。

12月5日，梅剧团上海中国大戏院夜戏：

全班合演《天官赐福》，马九如《五台山》，班世超、白元杰《取金陵》，杨盛春、王泉奎、杨荣楼《安天会》，压轴杨宝森、俞振飞《状元谱》，大轴梅兰芳、姜妙香、王少亭、萧长华、刘连荣、班世超、朱斌仙合演前部《西施》。

12月6日，梅剧团上海中国大戏院夜戏：

全班合演《天官赐福》，马九如《牧虎关》，杨盛春、单德元、杨荣楼《艳阳楼》，俞振飞、芙蓉草《岳家庄》，压轴杨宝森、王泉奎、哈宝山、朱斌仙《定军山》，大轴梅兰芳、姜妙香、王少亭、萧长华、刘连荣、班世超合演后部《西施》。

12月7日，梅剧团上海中国大戏院夜戏：

全班合演《天官赐福》，马九如《五台会兄》，班世超朱斌仙、白元杰《锯大缸》《百草山》，芙蓉草、王少亭、盖三省《浣花溪》，杨盛春、杨荣楼《大白水滩》，压轴杨宝森、王泉奎、刘连荣、哈宝山《失街亭》《空城计》《斩马谡》，大轴梅兰芳、姜妙香、萧长华合演《贵妃醉酒》。

12月8日，梅剧团上海中国大戏院日场：

全班合演《天官赐福》，张镜铭《杀四门》，傅祥麟《斩经堂》，刘斌昆、韩金奎《双拾黄金》，班世超、韩云峰《大泗州城》，姜妙香、王泉奎、马四立《飞虎山》，压轴杨宝森、杨盛春、俞振飞、刘连荣《八大锤》《断臂说书》，大轴梅兰芳、萧长华合演《苏三起解》。

12月8日，梅剧团上海中国大戏院夜戏：

全班合演《天官赐福》，盖三省《送亲演礼》，班世超、单德元、白元杰《摇钱树》，杨盛春、杨荣楼《林冲夜奔》，压轴杨宝森、王泉奎、哈宝山《捉放宿店》，大轴梅兰芳、刘连荣、姜妙香、王少亭、萧长华、朱斌仙合演全部《霸王别姬》。

12月9日，梅剧团上海中国大戏院夜戏：

全班合演《天官赐福》，马九如《五台山》，韩云峰《大闹嘉兴府》，韩金奎《丑表功》，班世超《蟠桃会》，杨盛春、杨荣楼《状元印》，压轴杨宝森、萧长华、王泉奎、叶盛茂《闹府出箱》，大轴梅兰芳、刘连荣、姜妙香、王少亭、萧长华、朱斌仙合演全部《霸王别姬》。

12月10日，梅剧团上海中国大戏院夜戏：

全班合演《天官赐福》，傅祥麟、王幼琴《立志投军》，韩云峰《金钱豹》，姜妙香、刘连荣、王少亭《临江会》，压轴杨宝森、萧长华、王泉奎、叶盛茂、哈宝山《洪羊洞》，大轴梅兰芳、杨盛春、俞振飞、萧长华、班世超、王少亭合演《金山寺》（带“断桥”）。

12月12日，梅剧团上海中国大戏院夜戏：

全班合演《天官赐福》，谭芷苓、盖三省《探亲家》，班世超、韩云峰、白元杰《大泗州城》，王泉奎《锁五龙》，压轴杨盛春、刘连荣、杨荣楼、哈宝山《战濮阳》，大轴梅兰芳、杨宝森、姜妙香、萧长华、芙蓉草、王少亭、朱斌仙、何润初、马四立合演全部《王宝钏》（“宾鸿雁”、“赶三关”、“武家坡”、“算军粮”、“银空山”、“回龙阁”、“大登殿”）。

12月13日，梅剧团上海中国大戏院夜戏：

全班合演《天官赐福》，张镜铭《送状元》，傅祥麟《跑皇城》，王泉奎、哈宝山《铡美案》，压轴杨盛春、班世超、朱斌仙、杨荣楼《大青石山》，大轴梅兰芳、杨宝森、姜妙香、萧长华、魏莲芳、王少亭、朱斌仙、何润初、马四立合演全部《王宝钏》。

12月14日，梅剧团上海中国大戏院夜戏：

全班合演《天官赐福》，张镜铭、马九如《杀四门》，班世超、白元杰《杨排风》，杨盛春、王逢春、杨荣楼《恶虎村》，压轴杨宝森、王泉奎、刘连荣、哈宝山、朱斌仙《失街亭》《空城计》《斩马谡》，大轴梅兰芳、姜妙香、萧长华合演《贵妃醉酒》。

12月15日，梅剧团上海中国大戏院日场：

全班合演《天官赐福》，马九如《五台山》，傅祥麟《追韩信》，朱斌仙、谭芷苓《查头关》，班世超、韩云峰《大泗州城》，姜妙香、王泉奎、马四立《飞虎山》，压轴杨盛春、杨荣楼《大白水滩》，大轴梅兰芳、杨宝森、萧长华、王泉奎、芙蓉草、刘斌昆、王少亭演《法门寺》。

12月15日，梅剧团上海中国大戏院夜戏：

全班合演《天官赐福》，傅祥麟《马义救主》，马九如《普天同庆》，韩云峰《周瑜归天》，萧长华、朱斌仙、盖三省《绒花记》，压轴杨宝森、姜妙香、刘斌昆、何润初《状元谱》，大轴梅兰芳、杨盛春、俞振飞、李世芳、王少亭合演《金山寺》（带“断桥”）。

12月16日，梅剧团上海中国大戏院夜戏：

全班合演《天官赐福》，傅祥麟、王幼琴《投军别窑》，韩云峰《金钱豹》，姜妙香、刘连荣、王少亭《临江会》，压轴杨宝森、王泉奎、叶盛茂《洪羊洞》，大轴梅兰芳、杨盛春、俞振飞、李世芳、王少亭合演《金山寺》带《断桥》。

12月17日，梅剧团上海中国大戏院夜戏：

全班合演《天官赐福》，傅祥麟《扫松》，王泉奎《威镇草桥》，班世超《盗仙草》，杨盛春、刘连荣、杨荣楼《牛皋下书》《挑华车》，大轴梅兰芳、杨宝森、芙蓉草、姜妙香、萧长华、哈宝山、朱斌仙合演《四郎探母》。

12月18日，梅剧团上海中国大戏院夜戏：

全班合演《天官赐福》，班世超《蟠桃会》，王泉奎《御果园》，杨盛春《铁笼山》，压轴杨宝森、何润初《法场换子》，大轴梅兰芳、姜妙香、萧长华、朱斌仙、王少亭、刘连荣、李春林、叶茂盛合演全部《凤还巢》。

12月19日，梅剧团上海中国大戏院夜戏：

全班合演《天官赐福》，盖三省《送亲演礼》，班世超、白元杰《摇钱树》，杨盛春、杨荣楼、邱玉成《两威将军》，压轴杨宝森、王泉奎、哈宝山《托兆碰碑》，大轴梅兰芳、姜妙香、萧长华、朱斌仙、王少亭、刘连荣、李春林、叶茂盛合演全部《凤还巢》。

12月20日，梅剧团上海中国大戏院夜戏：

全班合演《天官赐福》，汪志奎《黑风帕》，班世超、白元杰《百草山》，杨盛春、单德元《艳阳楼》，压轴杨宝森、汪泉奎、哈宝山《捉放宿店》，大轴梅兰芳、姜妙香、萧长华、朱斌仙、王少亭、刘连荣、李春林、叶茂盛合演全部《凤还巢》。

12月21日，梅剧团上海中国大戏院夜戏：

全班合演《天官赐福》，韩云峰《界牌关》，王泉奎《普天同庆》，刘连荣、叶盛茂《双李逵》，压轴杨盛春、班世超、朱斌仙、杨荣楼《青石山》，大轴梅兰芳、杨宝森、姜妙香、萧长华、芙蓉草、王少亭、朱斌仙合演全部《王宝钏》。

12月22日，梅剧团上海中国大戏院日戏：

全班合演《天官赐福》，汪志奎、邱玉成《下河东》，班世超、韩云峰《大泗州城》，姜妙香、王泉奎《飞虎山》，杨盛春《冀州城》，梅兰芳、杨宝森、萧长华、刘连荣、芙蓉草、刘斌昆、王少亭、何润初合演《法门寺》。

12月22日，梅剧团上海中国大戏院夜戏：

全班合演《天官赐福》，张镜铭《杀四门》，班世超《杨排风》，杨盛春、杨荣楼《武文华》，压轴杨宝森、王泉奎、萧长华、叶盛茂《问樵闹府》《打棍出箱》，大轴梅兰芳、刘连荣、姜妙香、王少亭、萧长华、朱斌仙合演《霸王别姬》。

12月23日，梅剧团上海中国大戏院夜戏：

全班合演《天官赐福》，汪志奎、邱玉成《开山府》，班世超《杨排风》，杨盛春、杨荣楼《战滁州》，压轴杨宝森、王泉奎、哈宝山《打鼓骂曹》，大轴梅兰芳、姜妙香、萧长华、刘连荣、朱斌仙、王少亭、李春林、叶茂盛合演《凤还巢》。

12月24日至28日，梅兰芳、姜妙香返京参加国民大会演出，中国大戏院暂时停演。

12月29日，梅剧团上海中国大戏院日戏：

全班合演《天官赐福》，王泉奎《威镇草桥》，班世超《盗仙草》，杨盛春、刘连荣《挑华车》，压轴杨宝森、哈宝山、何润初、马四立《盗宗卷》，大轴梅兰芳、萧长华、俞振飞、姜妙香、萧长华、王少亭、朱斌仙合演全本《贩马记》。

12月29日，梅剧团上海中国大戏院夜戏：

全班合演《天官赐福》，盖三省《送亲演礼》，班世超《摇钱树》，杨盛春、杨荣楼《白水滩》，压轴杨宝森、王泉奎、哈宝山《捉放曹》，大轴梅兰芳、刘连荣、姜妙香、王少亭、萧长华、朱斌仙合演《霸王别姬》。

12月30日，梅剧团上海中国大戏院夜戏：

全班合演《天官赐福》，傅祥麟、王幼琴《立志投军》，班世超《百草山》，杨盛春、杨荣楼《两威将军》，压轴杨宝森、王泉奎、哈宝山《托兆碰碑》，大轴梅兰芳、姜妙香、萧长华、刘连荣、朱斌仙、王少亭、李春林、叶盛茂合演《凤还巢》。

12月31日，梅剧团上海中国大戏院夜戏：

全班合演《天官赐福》，傅祥麟《跑皇城》，班世超《取金陵》，王泉奎、王少亭《铡美案》，压轴杨盛春、杨荣楼《铁笼山》，大轴梅兰芳、杨宝森、芙蓉草、姜妙香、萧长华、刘斌昆、哈宝山、朱斌仙合演《四郎探母》。

1947年

（民国三十六年，农历丁亥年） 57岁

1月1日，梅剧团上海中国大戏院夜戏：

全班合演《天官赐福》，傅祥麟《扫松下书》，班世超、白元杰《百草山》，杨盛春、王逢春、杨荣楼《恶虎村》，压轴杨宝森、王泉奎、刘连荣、哈宝山、朱斌仙、韩金奎《失街亭》《空城计》《斩马谡》，大轴梅兰芳、姜妙香、萧长华合演《贵妃醉酒》。

1月2日，梅剧团上海中国大戏院夜戏：

全班合演《天官赐福》，傅祥麟、王幼琴《立志投军》，姜妙香、刘连荣、王少亭《临江会》，杨宝森、萧长华、王泉奎、叶盛茂、哈宝山《洪羊洞》，大轴梅兰芳、俞振飞、杨盛春、萧长华、班世超、王少亭、杨荣楼合演《金山寺》带《断桥》。

1月3日，梅剧团上海中国大戏院夜戏：

全班合演《天官赐福》，张镜铭《杀四门》，班世超、盖三省、白元杰《杨排风》，杨盛春、杨荣楼《武文华》，压轴杨宝森、王泉奎、哈宝山《打鼓骂曹》，大轴梅兰芳、姜妙香、萧长华、刘连荣、王少亭、朱斌仙合演《生死恨》。

1月4日，梅剧团上海中国大戏院夜戏：

全班合演《天官赐福》，傅祥麟《跑皇城》，马九如《五台山》，班世超《取金陵》，王泉奎、王少亭《铡美案》，压轴杨盛春、杨荣楼《铁笼山》，大轴梅兰芳、杨宝森、芙蓉草、姜妙香、刘斌昆、萧长华、哈宝山、韩金奎合演《四郎探母》。

1月5日，梅剧团上海中国大戏院日场：

全班合演《天官赐福》，张铭华《战樊城》，韩云峰、傅祥麟、汪志奎《铁公鸡》，王泉奎、叶盛茂《白良关》，杨盛春、班世超、朱斌仙、杨荣楼《青石山》，压轴萧长华、姜妙香《连升三级》，大轴梅兰芳、杨宝森合演《汾河湾》。

1月5日，梅剧团上海中国大戏院夜戏：

全班合演《天官赐福》，盖三省《送亲演礼》，班世超、韩云峰、白元杰《大泗州城》，杨盛春、叶盛茂、朱斌仙、杨荣楼《战冀州》，压轴杨宝森、王泉奎、哈宝山《搜孤救孤》，大轴梅兰芳、刘连荣、姜妙香、王少亭、萧长华、朱斌仙合演全部《霸王别姬》。

本日，李世芳从上海乘飞机返回北平，途经青岛时，飞机失事罹难。

1月6日，梅剧团上海中国大戏院夜戏：

全班合演《天官赐福》，傅祥麟《杀女报恩》，班世超、盖三省、白元杰《杨排风》，杨盛春、单德元、杨荣楼《艳阳楼》，压轴杨宝森、王泉奎、哈宝山《捉放曹》，大轴梅兰芳、姜妙香、萧长华、刘连荣、王少亭、李春林、朱斌仙、叶盛茂合演全部《凤还巢》。

1月7日，上海中国大戏院夜戏：

全班合演《天官赐福》，张镜铭《三岔口》，傅祥麟《追韩信》，韩云峰《挑华车》，压轴华达、马盛龙、刘斌昆、朱斌仙、刘慧春《蝴蝶梦》《大劈棺》，大轴金妙声、关正明、姜妙香、芙蓉草、宋继亭、何润初、马四立合演全部《王宝钏》。

1月12日，为上海市妇女工作委员会、上海冬令救济委员会筹款，上海天蟾舞台义务夜戏：

刘斌昆、韩金奎《双拾黄金》，李少春、袁世海、苗胜春《连环套》，压轴程砚秋、谭富英、孙甫亭《桑园会》，大轴梅兰芳、杨宝森（杨延辉）、陈大沪（杨延辉）、赵培鑫（杨延辉）、姜妙香、魏莲芳、李宝奎（佘太君）、萧长华、朱斌仙、马盛龙、吴富琴合演《四郎探母》。

1月13日，为上海市妇女工作委员会、上海冬令救济委员会筹款，上海天蟾舞台义务夜戏：

阎世善《取金陵》，李少春、高盛麟、袁世海《阳平关》，压轴程砚秋、谭富英《汾河湾》，大轴梅兰芳、杨宝森、姜妙香、萧长华、芙蓉草、王少亭合演全部《御碑亭》。

1月15日，为上海市妇女工作委员会、上海冬令救济委员会筹款，上海中国大戏院义务夜戏：

马九如《黑风帕》，阎世善《杨排风》，李少春、毛庆来、邱玉成《两威将军》，压轴程砚秋、杨宝森、苏连汉、孙甫亭、储金鹏、全部《朱痕记》，大轴梅兰芳、袁世海、姜妙香、萧长华、王少亭、朱斌仙合演《霸王别姬》。

1月16日、17日，为上海市妇女工作委员会、上海冬令救济委员会筹款，上海中国大戏院义务夜戏：

阎世善、韩云峰《大泗州城》，李少春《定军山》，压轴程砚秋、慈少泉、盖三省、孙甫亭《六月雪》，大轴梅兰芳、姜妙香、萧长华合演《贵妃醉酒》。

1月，姜妙香与上海黄金大戏院签订一年演出合同。

1月22日（农历正月初一），上海黄金大戏院日场：

开场班串《五路灵官》、《天官赐福》，杨宝童、姜绮雯《加官进爵》，李如春《招财进宝》，李金鸿、许幼田《摇钱树》，压轴周信芳、李玉茹、姜妙香、王玉让、王富英、梁一鸣、李长山、小百岁全部《龙凤呈祥》，大轴周信芳、李克昌、苗胜春合演《路遥知马力》。

1月22日，上海黄金大戏院夜戏：

王玉让、赵志秋《取洛阳》，压轴李玉茹、姜妙香、裘世戎《红娘》，大轴周信芳、王富英、梁一鸣合演全部《追韩信》。

1月23日，上海黄金大戏院日场：

李金鸿、王富英、盖春来《泗州城》，姜绮雯、姜妙香、梁一鸣、李长山、小百岁《蝴蝶梦》《大劈棺》，压轴周信芳、李玉茹、裘世戎《宝莲灯》，大轴周信芳、李玉茹、李如春、王玉让合演《战宛城》。

1月23日，上海黄金大戏院夜戏：

刘正忠《林冲夜奔》，周信芳、梁一鸣、张月亭《薛家将》（"薛刚闹灯"、"法场换子"、"举鼎观画"、"徐策跑城"），压轴李玉茹、姜妙香、李金鸿、王富英《盘丝洞》，大轴周信芳、李玉茹、盖春来、何润初合演全部《斩经堂》。

1月24日，上海黄金大戏院日场：

周信芳、李玉茹、姜妙香、王富英、李如春、李克昌、杨宝童全部《吕布与貂蝉》，大轴周信芳、李玉茹、苗胜春合演《打渔杀家》。

1月25日，上海黄金大戏院日场：

李金鸿、王玉让《取金陵》，周信芳、李克昌、苗胜春、张彦堃《凤凰山》，大轴周信芳、李玉茹、姜妙香、芙蓉草、李长山、小百岁合演全部《临江驿》。

1月25日，上海黄金大戏院夜戏：

刘正忠《天霸招亲》，李金鸿、芙蓉草《樊江关》，大轴周信芳、李玉茹、姜妙香、王玉让、王富英、苗胜春、盖春来合演全部《明末遗恨》。

1月26日，上海黄金大戏院夜戏：

刘正忠《拿高登》，姜绮雯、李克昌《宇宙锋》，大轴周信芳、李玉茹、姜妙香、王玉让、王富英、苗胜春、盖春来合演全部《明末遗恨》。

1月27日，上海黄金大戏院夜戏：

李如春、刘正忠、王富英、梁一鸣、李克昌《长坂坡》《汉津口》，周信芳、王玉让、苗胜春、李松春《打严嵩》，李玉茹、姜妙香《辛安驿》，大轴周信芳、裘世戎、周斌秋、赵志秋、何润初合演《九更天》。

1月28日，上海黄金大戏院夜戏：

李金鸿《红桃山》，周信芳、李如春、姜妙香、王富英、裘世戎、梁一鸣、李克昌、刘正忠、李长山《雪弟恨》，大轴周信芳、李玉茹、王玉让合演《宋十回》。

1月29日，上海黄金大戏院夜戏：

李金鸿、王玉让《取金陵》，大轴周信芳、李玉茹、姜妙香、芙蓉草、李长山、杨宝童、小百岁、张月亭、李瀚三合演全部《赵五娘》。

1月30日，上海黄金大戏院夜戏：

李金鸿《扈家庄》，周信芳、杨宝童、裘世戎、李克昌、李长山、赵志秋、《黑驴告状》，大轴周信芳、李玉茹、姜妙香、芙蓉草、梁一鸣、马绮兰合演《四郎探母》。

1月31日，上海黄金大戏院夜戏：

李金鸿、周兰芳《金山寺》，大轴周信芳、李玉茹、芙蓉草、姜妙香、王玉让、李长山、梁一鸣、苗胜春、周斌秋合演全部《四进士》。

2月1日，上海黄金大戏院夜戏：

李金鸿、周兰芳《金山寺》，大轴周信芳、李玉茹、王玉让、姜妙香、芙蓉草、李长山、梁一鸣、苗胜春、周斌秋合演全部《四进士》。

2月2日，上海黄金大戏院日场：

李金鸿《盗仙草》，周信芳、李克昌、苗胜春、张彦堃、李瀚三《凤凰山》，大轴周信芳、李玉茹、姜妙香、芙蓉草、张彦堃、梁一鸣、李长山、李瀚三合演全部《临江驿》。

2月2日，上海黄金大戏院夜戏：

周信芳、李玉茹、姜妙香、杨宝童、王玉让、王富英、李长山、苗胜春、裘世戎、盖春来、张彦堃、李瀚三、赵志秋、马绮兰、小百岁、胡松美、陆刚芳合演全部《明末遗恨》。

2月3日，上海黄金大戏院夜戏：

刘正忠《武文华》，江绮雯、小百岁《女起解》，大轴周信芳、李玉茹、姜妙香、王玉让、王富英、李长山、杨宝童、苗胜春、裘世戎、盖春来、张彦堃、李瀚三、赵志秋、马绮兰、小百岁、胡松美、陆刚芳合演《明末遗恨》。

2月4日，上海黄金大戏院夜戏：

刘正忠《林冲夜奔》，周信芳、张月亭、梁一鸣、张金梁《薛家将》（“薛刚闹灯”、“法场换子”、“举鼎观画”、“徐策跑城”），李玉茹、姜妙香、李金鸿、王富英、张金梁《盘丝洞》，大轴周信芳、李玉茹、赵志秋、盖春来、何润初合演全部《斩经堂》。

2月5日，上海黄金大戏院夜戏：

刘正忠、盖春来《群英毕至》，王玉让、赵志秋《取洛阳》，李玉茹、姜妙香、裘世戎、张月亭《红娘》，大轴周信芳、王富英、梁一鸣、李瀚三合演《追韩信》。

2月7日、8日，上海黄金大戏院夜戏：

李金鸿、周菊芳《金山寺》，大轴周信芳、李玉茹、姜妙香、芙蓉草、王玉让、李长山、梁一鸣、苗胜春、周斌秋合演全部《四进士》。

2月9日，上海黄金大戏院夜戏：

裘世戎《父子会》，李金鸿《摇钱树》，周信芳、李玉茹、姜妙香、李如春、王玉让、王富英、梁一鸣《龙凤呈祥》，大轴周信芳、赵志秋、苗胜春、张月亭、李克昌、李长山、李瀚三合演《知马力》。

2月10日，上海黄金大戏院夜戏：

刘正忠《金雁桥》，姜绮雯《女起解》，大轴周信芳、李玉茹、姜妙香、杨宝童、王玉让、苗胜春、李长山、王富英、裘世戎、赵志秋、马绮兰、梁一鸣合演《明末遗恨》。

2月11日，上海黄金大戏院夜戏：

李金鸿、王玉让《取金陵》，大轴周信芳、李玉茹、姜妙香、芙蓉草、张月亭、小百岁、李长山、李瀚三、杨宝童、何润初、张金梁、周斌秋、赵志秋合演《赵五娘》。

2月15日，上海黄金大戏院日场：

李金鸿《摇钱树》，高盛麟、裘盛戎、李长山、王富英、艾世菊、盖春来《落马湖》，大轴周信芳、李玉茹、姜妙香、芙蓉草、张彦堃、张金梁合演《御碑亭》。

2月15日，上海黄金大戏院夜戏：

李金鸿、周菊芳《金山寺》，李玉茹、芙蓉草《樊江关》，大轴周信芳、姜妙香、高盛麟、裘盛戎、王富英、裘世戎、梁一鸣、艾世菊合演《群英会》《借东风》《华容道》。

2月16日，上海黄金大戏院日场：

刘正忠、盖春来《群英毕至》，姜绮雯《女起解》，李玉茹、高盛麟、姜妙香、李金鸿、艾世菊《武松与潘金莲》，周信芳、裘盛戎、梁一鸣《取荥阳》，大轴周信芳、李玉茹、李如春、艾世菊、姜绮雯、张月亭、王富英、梁一鸣、胡松美合演《大八蜡庙》。

2月16日、17日，上海黄金大戏院夜戏：

李金鸿、刘正忠、王富英、盖春来《大泗州城》，大轴周信芳、李玉茹、姜妙香、裘盛戎、芙蓉草、李长山、梁一鸣、张月亭、周斌秋、李瀚三合演全部《四进士》。

2月18日，上海黄金大戏院夜戏：

刘正忠《林冲夜奔》，周信芳、姜妙香、梁一鸣、张月亭《薛家将》（“薛刚闹灯”、“法场换子”、“举鼎观画”、“徐策跑城”），裘盛戎、梁一鸣、周斌秋《铡美案》，大轴周信芳、李玉茹、盖春来、赵志秋、何润初合演全本《斩经堂》。

2月19日，上海黄金大戏院夜戏：

周信芳、李玉茹、高盛麟、裘盛戎、姜妙香、李金鸿、李如春、芙蓉草、张彦堃、刘正忠、张月亭、李长山、盖春来、赵志秋合演全部《杨继业》。

2月20日，上海黄金大戏院夜戏：

盖春来、周菊芳《嘉兴府》，周信芳、裘盛戎、梁一鸣、王玉让、艾世菊、李如春、赵志秋、裘世戎、张月亭、李长山、周斌秋、小百岁《清官册》，李玉茹、姜妙香、芙蓉草《虹霓关》，大轴周信芳、高盛麟、裘盛戎合演《战长沙》。

2月21日，上海黄金大戏院夜戏：

刘正忠《少年壮志》，李玉茹、芙蓉草《辛安驿》，大轴周信芳、姜妙香、裘盛戎、高盛麟、王富英、梁一鸣、艾世菊、裘世戎合演《群英会》《借东风》《华容道》。

2月22日，上海黄金大戏院夜戏：

王富英、陆刚芳、周菊芳《大四杰村》，大轴周信芳、李玉茹、姜妙香、裘盛戎、芙蓉草、赵志秋、李长山、梁一鸣、张月亭、周斌秋、李瀚三合演全部《四进士》。

2月23日，上海黄金大戏院日场：

刘正忠、盖春来《群英毕至》，姜绮雯《女起解》，李玉茹、高盛麟、姜妙香、李金鸿、艾世菊、小百岁、何润初合演《武松与潘金莲》，周信芳、裘盛戎、梁一鸣《取洛阳》，大轴周信芳、李玉茹、高盛麟、李如春、张月亭、王富英、梁一鸣、艾世菊、姜绮雯合演《大八蜡庙》。

2月23日，上海黄金大戏院夜戏：

王富英、陆刚芳、周菊芳《大四杰村》，大轴周信芳、李玉茹、姜妙香、裘盛戎、芙蓉草、赵志秋、李长山、梁一鸣、张月亭、周斌秋、李瀚三合演全部《四进士》。

2月24日，姜妙香参加在上海中国大戏院举办的李世芳追悼会，追悼会由梅兰芳召集，上海市伶界联合会、山西旅沪同乡会、富连成旅沪同学会、缀玉轩同门弟子等团体参加。

2月24日，上海黄金大戏院夜戏：

刘正忠《金雁桥》，姜绮雯《六月雪》，高盛麟、王玉让《恶虎村》，周信芳、裘盛戎、李瀚三、李松春《打严嵩》，李玉茹、姜妙香、梁一鸣《玉堂春》，大轴周信芳、裘世戎、赵志秋、胡松美、何润初合演《九更天》。

2月25日，上海黄金大戏院夜戏：

刘正忠《林冲夜奔》，周信芳、姜妙香、梁一鸣、张月亭《薛家将》（“薛刚闹灯”、“法场换子”、“举鼎观画”、“徐策跑城”），裘盛戎、裘世戎、周斌秋《白良关》，大轴周信芳、李玉茹、盖春来、赵志秋、何润初合演《斩经堂》。

2月26日，上海黄金大戏院夜戏：

刘正忠《天霸招亲》，李玉茹、芙蓉草《春秋配》，大轴周信芳、姜妙香、裘盛戎、高盛麟、梁一鸣、王富英、艾世菊、裘世戎合演《群英会》《借东风》《华容道》。

2月28日，为李世芳家属筹集抚恤金，上海中国大戏院义演日场第二天：

阎世善、李金鸿、张盛利、韩鸿奎《杨排风》，梅葆玖（“坐宫”铁镜公主）、梅葆玥（“坐宫”杨延辉）、芙蓉草（萧太后）、李丽（“盗令”铁镜公主）、姜妙香（杨宗保）、陈大濩（“出关见娘”杨延辉）、言慧珠（“回令”铁镜公主）、赵培鑫（“回令”杨延辉）、刘斌昆（佘太君）、艾世菊（国舅）、韩金奎（国舅）、李宝奎（六郎）合演《探母回令》，大轴李少春、袁世海、艾世菊、刘斌昆、孙兰亭、郭元汾、裘世戎合演《大溪皇庄》（言慧珠、李玉茹、魏莲芳、阎世善、李金鸿、顾正秋、海碧霞、王熙春、秦慧芬、李丽“十美跑车”）。

2月28日，上海黄金大戏院夜戏：

潘春来、周菊芳《嘉兴府》，李金鸿、艾世菊《小放牛》，高盛麟、裘盛戎、王富英《阳平关》，大轴周信芳、李玉茹、姜妙香、杨宝童、王玉让、李瀚三、张彦堃、盖春来、赵志秋、裘世戎、王富英、梁一鸣、李长山、马绮兰、小百岁、胡松美、陆刚芳合演《明末遗恨》。

3月1日，上海黄金大戏院夜戏：

潘春来、周菊芳《嘉兴府》，李金鸿、艾世菊《小放牛》，高盛麟、裘盛戎、王富英《阳平关》，大轴周信芳、李玉茹、姜妙香、杨宝童、王玉让、李瀚三、张彦堃、盖春来、赵志秋、裘世戎、王富英、梁一鸣、李长山、马绮兰、小百岁、胡松美、陆刚芳合演《明末遗恨》。

3月2日，上海黄金大戏院日场：

刘正忠、盖春来《群英毕至》，姜绮雯《女起解》，李玉茹、高盛麟、姜妙香、李金鸿、艾世菊、小百岁、何润初《武松与潘金莲》，周信芳、裘盛戎、梁一鸣《取荥阳》，大轴周信芳、李玉茹、高盛麟、李如春、张月亭、王富英、梁一鸣、艾世菊、姜绮雯合演《大八蜡庙》。

3月2日，上海黄金大戏院夜戏：

刘正忠《天霸招亲》，李玉茹、芙蓉草《春秋配》，大轴周信芳、姜妙香、裘盛戎、高盛麟、梁一鸣、王富英、艾世菊、裘世戎合演《群英会》《借东风》《华容道》。

3月5日，上海黄金大戏院夜戏：

刘正忠、盖春来《神亭岭》，高盛麟、艾世菊《大三岔口》，周信芳、王玉让、李长山、张彦堃、小百岁、陆刚芳《凤凰山》，李玉茹、姜妙香《文章大会》，大轴周信芳、裘盛戎、杨宝童、马绮兰、李瀚三合演全部《逍遥津》。

3月6日，上海黄金大戏院夜戏：

姜绮雯《女起解》，姜妙香、王玉让《岳家庄》，高盛麟、刘正忠《英雄义》，周信芳、李玉茹《投军别窑》，高盛麟、王富英、张彦堃《两威将军》，大轴周信芳、李玉茹、裘盛戎、艾世菊、李长山合演《宋十回》。

3月8日，上海黄金大戏院夜戏：

李金鸿、王富英、周菊芳《大泗州城》，大轴周信芳、李玉茹、姜妙香、裘盛戎、芙蓉草、赵志秋、李长山、梁一鸣、张月亭、周斌秋、李瀚三合演《四进士》。

3月9日，上海黄金大戏院日场：

李金鸿、王富英《杨排风》，姜妙香《罗成叫关》，高盛麟、王玉让、周菊芳、陆刚芳《恶虎村》，周信芳、李玉茹、何润初《桑园会》，大轴周信芳、李玉茹、裘盛戎、李如春、张彦堃、艾世菊、赵志秋合演《大战宛城》。

3月9日，上海黄金大戏院夜戏：

李金鸿、王玉让、周菊芳《取金陵》，大轴周信芳、李玉茹、姜妙香、裘盛戎、芙蓉草、赵志秋、李长山、梁一鸣、张月亭、周斌秋、李瀚三合演《四进士》。

3月10日，上海黄金大戏院夜戏：

刘正忠《拿高登》，李玉茹、芙蓉草《春秋配》，大轴周信芳、姜妙香、裘盛戎、高盛麟、梁一鸣、王富英、艾世菊、裘世戎合演《群英会》《借东风》《华容道》。

3月13日，上海黄金大戏院夜戏：

姜绮雯《六月雪》，高盛麟、刘正忠、李克昌、张彦堃《长坂坡》《汉津口》，裘盛戎、艾世菊、赵志秋《锁五龙》，李玉茹、姜妙香、李金鸿、盖春来《盘丝洞》，大轴周信芳、王富英、梁一鸣、李长山、李瀚三合演《追韩信》。

3月14日，上海黄金大戏院夜戏：

盖春来《摩天岭》，姜绮雯《打花鼓》，高盛麟、王玉让《牛皋下书》《挑华车》，周信芳、裘盛戎、李瀚三、李松春《打严嵩》，李玉茹、姜妙香、芙蓉草《辛安驿》，大轴周信芳、胡松美、裘世戎、赵志秋、何润初合演《九更天》。

3月15日，上海黄金大戏院夜戏：

盖春来、周菊芳《红桃山》，李金鸿、艾世菊《小放牛》，裘盛戎、高盛麟、王富英《阳平关》，大轴周信芳、李玉茹、姜妙香、王玉让、裘世戎、王富英、梁一鸣、李长山、杨宝童、盖春来、李瀚三、张彦堃、赵志秋、马绮兰、小百岁、胡松美、陆刚芳合演《明末遗恨》。

3月16日，上海黄金大戏院日场：

李金鸿、王富英《杨排风》，姜妙香《罗成叫关》，高盛麟、王玉让、周菊芳、陆刚芳《恶虎村》，周信芳、李玉茹、何润初《桑园会》，大轴周信芳、李玉茹、裘盛戎、李如春、张彦堃、艾世菊、赵志秋合演《大战宛城》。

3月16日，上海黄金大戏院夜戏：

盖春来、周菊芳《红桃山》，李金鸿、艾世菊《小放牛》，高盛麟、裘盛戎、王富英《阳平关》，大轴周信芳、李玉茹、姜妙香、王玉让、裘世戎、梁一鸣、王富英、杨宝童、李瀚三、张彦堃、盖春来、赵志秋、李长山、马绮兰、小百岁、胡松美、陆刚芳合演《明末遗恨》。

3月18日，上海黄金大戏院夜戏：

刘正忠、盖春来《神亭岭》，高盛麟、艾世菊《大三岔口》，周信芳、王玉让、李长山、张彦堃、小百岁、陆刚芳《凤凰山》，李玉茹、姜妙香《文章大会》，大轴周信芳、裘盛戎、杨宝童、马绮兰、李瀚三合演《逍遥津》。

3月19日，上海黄金大戏院夜戏：

刘正忠《拿高登》，李玉茹、芙蓉草《春秋配》，大轴周信芳、姜妙香、裘盛戎、高盛麟、梁一鸣、王富英、艾世菊、裘世戎合演《群英会》《借东风》《华容道》。

3月20日、21日，上海黄金大戏院夜戏：

李金鸿、王玉让、周菊芳《取金陵》，大轴周信芳、李玉茹、姜妙香、裘盛戎、芙蓉草、赵志秋、李长山、梁一鸣、张月亭、周斌秋、李瀚三合演《四进士》。

3月22日，上海黄金大戏院夜戏：

姜绮雯《女起解》，姜妙香、李克昌《飞虎山》，高盛麟、刘正忠、盖春来《洗浮山》，周信芳、李玉茹《投军别窑》，高盛麟、王富英、张彦堃《两威将军》，大轴周信芳、李玉茹、裘盛戎、艾世菊、李长山合演《宋十回》。

3月23日，上海黄金大戏院日场：

刘正忠、盖春来《群英毕至》，姜绮雯《六月雪》，李玉茹、高盛麟、姜妙香、李金鸿、艾世菊、小百岁、何润初《武松与潘金莲》，周信芳、裘盛戎、梁一鸣《取荥阳》，大轴周信芳、李玉茹、高盛麟、李如春、张月亭、王富英、梁一鸣、艾世菊、姜绮雯合演《大八蜡庙》。

3月23日，上海黄金大戏院夜戏：

姜绮雯《宇宙锋》，裘盛戎、高盛麟、王富英、艾世菊《落马湖》，李玉茹、姜妙香、李金鸿、盖春来《盘丝洞》，大轴周信芳、王富英、梁一鸣、李长山、李瀚三合演《追韩信》。

3月25日，上海黄金大戏院夜戏：

姜绮雯《女起解》，高盛麟、刘正忠、盖春来、周菊芳《史文恭》，周信芳、姜妙香、艾世菊、周斌秋《清官册》《审潘洪》，大轴周信芳、李玉茹、苗胜春、赵志秋、周斌秋、张彦堃合演《青风亭》。

3月27日，上海黄金大戏院夜戏：

刘正忠、盖春来《神亭岭》，高盛麟、艾世菊《大三岔口》，周信芳、王玉让、李长山、张彦堃、小百岁、陆刚芳《凤凰山》，李玉茹、姜妙香《文章大会》，大轴周信芳、裘盛戎、杨宝童、马绮兰、李瀚三合演《逍遥津》。

3月28日、29日，上海黄金大戏院夜戏：

盖春来《摩天岭》，李金鸿、艾世菊《小放牛》，高盛麟、裘盛戎、王富英《阳平关》，大轴周信芳、李玉茹、姜妙香、王玉让、裘世戎、王富英、梁一鸣、李瀚三、盖春来、张彦堃、杨宝童、赵志秋、李长山、马绮兰、小百岁、胡松美、陆刚芳合演《明末遗恨》。

3月30日，上海黄金大戏院日场：

周信芳、李玉茹、姜妙香、高盛麟、王玉让、梁一鸣、王富英、杨宝童、张彦堃、周斌秋、盖春来、李克昌全部《吕布与貂蝉》，大轴周信芳、李玉茹、裘盛戎合演《宝莲灯》。

3月30日，上海黄金大戏院夜戏：

刘正忠《拿高登》，李玉茹、芙蓉草《春秋配》，大轴周信芳、姜妙香、裘盛戎、高盛麟、梁一鸣、王富英、艾世菊、裘世戎合演《群英会》《借东风》《华容道》。

4月1日，上海黄金大戏院夜戏：

姜绮雯《女起解》，姜妙香、李克昌《飞虎山》，高盛麟、刘正忠、盖春来《洗浮山》，周信芳、李玉茹《投军别窑》，高盛麟、王富英、张彦堃《两威将军》，大轴周信芳、李玉茹、裘盛戎、艾世菊、李长山合演《宋十回》。

4月2日，上海黄金大戏院夜戏：

姜绮雯、赵志秋《鸿鸾禧》，高盛麟、刘正忠、盖春来、周菊芳《史文恭》，周信芳、姜妙香、艾世菊、周斌秋《清官册》《审潘洪》，大轴周信芳、李玉茹、赵志秋、苗胜春、周斌秋、张彦堃合演《青风亭》。

4月4日，上海黄金大戏院日场：

李金鸿、王富英《大泗州城》，姜妙香、李克昌《李存孝》，裘盛戎、周斌秋、赵志秋《背鞭认子》，李玉茹、艾世菊《牧童放牛》，大轴周信芳、高盛麟、王玉让、刘正忠、盖春来合演全部《八大锤》。

4月4日、5日，上海黄金大戏院夜戏：

李金鸿、王玉让、周菊芳《取金陵》，大轴周信芳、李玉茹、姜妙香、裘盛戎、芙蓉草、赵志秋、李长山、梁一鸣、张月亭、周斌秋、李瀚三合演《四进士》。

4月6日，上海黄金大戏院日场：

李金鸿《盗仙草》，姜妙香《叫关》，高盛麟、王玉让《恶虎村》，周信芳、李玉茹《桑园会》，大轴周信芳、李玉茹、裘盛戎、王富英、张彦堃、艾世菊、赵志秋合演《大战宛城》。

4月7日，上海黄金大戏院夜戏：

王富英、刘正忠《新长坂坡》，周信芳、李玉茹、高盛麟、裘盛戎、李金鸿、王玉让、艾世菊、盖春来、李长山、周菊芳《九花娘》《剑峰山》，李玉茹、芙蓉草《春秋配》，大轴周信芳、姜妙香、赵志秋、马绮兰合演《举鼎观画》（带“徐策跑城”）。

4月9日，上海黄金大戏院夜戏：

刘正忠《金雁桥》，李克昌《草桥关》，高盛麟、王玉让《恶虎村》，周信芳、裘盛戎、李瀚三、李松春《打严嵩》，李玉茹、姜妙香、梁一鸣《玉堂春》，大轴周信芳、马绮兰、裘世戎、赵志秋、何润初合演《九更天》。

4月10日，上海黄金大戏院夜戏：

高盛麟、李金鸿、王玉让、周菊芳、盖春来、裘世戎、许幼田、陆刚芳《巴骆和》，大轴周信芳、姜妙香、艾世菊、周斌秋《清官册》《审潘洪》，大轴周信芳、李玉茹、赵志秋、苗胜春、周斌秋、张彦堃合演《青风亭》。

4月11日、12日，上海黄金大戏院夜戏：

刘正忠《林冲夜奔》，李金鸿、张金梁《打杠子》，高盛麟、裘盛戎、王富英《阳平关》，大轴周信芳、李玉茹、姜妙香、王玉让、裘世戎、王富英、梁一鸣、盖春来、李瀚三、杨宝童、张彦堃、赵志秋、李长山、马绮兰、小百岁、胡松美、陆刚芳合演《明末遗恨》。

4月13日，上海黄金大戏院日场：

梁一鸣、王富英、高盛麟、周信芳、李玉茹、杨宝童、王玉让、姜妙香、张彦堃、周斌秋、盖春来、李克昌全部《吕布与貂蝉》，大轴周信芳、李玉茹、裘盛戎合演《宝莲灯》。

4月13日，上海黄金大戏院夜戏：

陈慧华《宇宙锋》，姜妙香、李克昌《飞虎山》，高盛麟、刘正忠、盖春来《洗浮山》，周信芳、李玉茹《投军别窑》，高盛麟、王富英、张彦堃《两将军》，大轴周信芳、李玉茹、裘盛戎、艾世菊、李长山合演《宋十回》。

4月14日，上海黄金大戏院夜戏：

刘正忠《拿高登》，李玉茹、芙蓉草《春秋配》，大轴周信芳、姜妙香、裘盛戎、高盛麟、梁一鸣、王富英、艾世菊、裘世戎合演《群英会》《借东风》《华容道》。

4月16日，上海黄金大戏院夜戏：

刘正忠、盖春来《神亭岭》，李克昌《草桥关》，高盛麟、王玉让《恶虎村》，周信芳、裘盛戎、李瀚三、李松春《打严嵩》，李玉茹、姜妙香、梁一鸣《玉堂春》，大轴周信芳、马绮兰、裘世戎、赵志秋、何润初合演《九更天》。

4月17日，上海黄金大戏院夜戏：

李金鸿、王玉让、裘世戎、小百岁、赵志秋《穆柯寨》，高盛麟、刘正忠、盖春来、沈志贤、何润初《四平山》，裘盛戎、周斌秋、赵志秋《御果园》，李玉茹、姜妙香、艾世菊《贵妃醉酒》，大轴周信芳、王富英、梁一鸣、李长山、李瀚三合演《追韩信》。

4月18日、19日，上海黄金大戏院夜戏：

李金鸿、王玉让、周菊芳《取金陵》，大轴周信芳、李玉茹、姜妙香、裘盛戎、芙蓉草、赵志秋、李长山、梁一鸣、张月亭、周斌秋、李瀚三合演《四进士》。

4月20日，上海黄金大戏院日场：

刘正忠《界牌关》，李克昌《铡美案》，李玉茹、高盛麟、姜妙香、李金鸿、艾世菊、小百岁、何润初《武松与潘金莲》，周信芳、裘盛戎、梁一鸣《取荥阳》，大轴周信芳、李玉茹、高盛麟、李如春、张月亭、王富英、梁一鸣、艾世菊、姜绮雯合演《大八蜡庙》。

4月20日，上海黄金大戏院夜戏：

李金鸿、王玉让、裘世戎、小百岁、赵志秋《穆柯寨》，高盛麟、刘正忠、盖春来、沈志贤、何润初《四平山》，裘盛戎、周斌秋、赵志秋《御果园》，李玉茹、姜妙香、艾世菊《贵妃醉酒》，大轴周信芳、王富英、梁一鸣、李长山、李瀚三《追韩信》。

4月21日，上海黄金大戏院夜戏：

高盛麟、李金鸿、王玉让、盖春来、裘世戎《巴骆和》，周信芳、姜妙香、艾世菊、周斌秋《清官册》《审潘洪》，大轴周信芳、李玉茹、赵志秋、苗胜春、周斌秋、张彦堃合演《青风亭》。

4月23日，上海黄金大戏院夜戏：

高盛麟《林冲夜奔》，周信芳、李克昌、裘世戎、杨宝童、李长山、赵志秋《黑驴告状》，大轴周信芳、李玉茹、姜妙香、芙蓉草、梁一鸣、马绮兰合演《四郎探母》。

4月24日，上海黄金大戏院夜戏：

刘正忠、盖春来《神亭岭》，李克昌《草桥关》，高盛麟、王玉让《恶虎村》，周信芳、裘盛戎、李瀚三、李松春《打严嵩》，李玉茹、姜妙香、梁一鸣《玉堂春》，大轴周信芳、马绮兰、裘世戎、赵志秋、何润初合演《九更天》。

4月25日、26日，上海黄金大戏院夜戏：

盖春来《摩天岭》，李金鸿、艾世菊《小放牛》，高盛麟、裘盛戎、王富英《阳平关》，大轴周信芳、李玉茹、姜妙香、王玉让、裘世戎、王富英、梁一鸣、杨宝童、盖春来、李瀚三、张彦堃、赵志秋、李长山、马绮兰、小百岁、胡松美、陆刚芳合演《明末遗恨》。

4月27日，上海黄金大戏院日场：

刘正忠、王富英《长坂坡》，周信芳、李玉茹、高盛麟、裘盛戎、李金鸿、王玉让、艾世菊《九花娘》《剑峰山》，李玉茹、芙蓉草《春秋配》，大轴周信芳、姜妙香、赵志秋、马绮兰合演《举鼎观画》带（“徐策跑城”）。

4月27日，上海黄金大戏院夜戏：

李金鸿、王玉让、裘世戎、小百岁、赵志秋《穆柯寨》，高盛麟、刘正忠、盖春来、沈志贤、何润初《四平山》，裘盛戎、周斌秋、赵志秋《御果园》，李玉茹、姜妙香、艾世菊《贵妃醉酒》，大轴周信芳、王富英、梁一鸣、李长山、李瀚三合演《追韩信》。

4月28日，上海黄金大戏院夜戏：

陈慧华《宇宙锋》，姜妙香、李克昌《飞虎山》，高盛麟、刘正忠、盖春来《洗浮山》，周信芳、李玉茹《投军别窑》，高盛麟、王富英、张彦堃《两将军》，大轴周信芳、李玉茹、裘盛戎、艾世菊、李长山合演《宋十回》。

4月30日，上海黄金大戏院夜戏：

高盛麟、李金鸿、王玉让、盖春来、裘世戎《巴骆和》，周信芳、姜妙香、艾世菊、周斌秋《清官册》《审潘洪》，大轴周信芳、李玉茹、赵志秋、苗胜春、周斌秋、张彦堃合演《青风亭》。

5月1日，上海黄金大戏院夜戏：

高盛麟《林冲夜奔》，周信芳、裘盛戎、李金鸿、李克昌、赵志秋、陆刚芳《黑驴告状》，大轴周信芳、李玉茹、姜妙香、芙蓉草、梁一鸣、马绮兰、艾世菊、张彦堃合演《四郎探母》。

5月2日、3日，上海黄金大戏院夜戏：

李金鸿、王玉让、周菊芳《取金陵》，大轴周信芳、李玉茹、姜妙香、裘盛戎、芙蓉草、赵志秋、李长山、梁一鸣、张月亭、周斌秋、李瀚三合演《四进士》。

5月4日，上海黄金大戏院日场：

刘正忠、李克昌、王富英《长坂坡》，周信芳、李玉茹、高盛麟、裘盛戎、李金鸿、王玉让、艾世菊《九花娘》《剑峰山》，李玉茹、芙蓉草《春秋配》，大轴周信芳、姜妙香、赵志秋、马绮兰合演《举鼎观画》（带“徐策跑城”）。

5月4日，上海黄金大戏院夜戏：

李金鸿、王玉让、裘世戎《穆柯寨》，高盛麟、刘正忠、盖春来《四平山》，裘盛戎、周斌秋、赵志秋《御果园》，李玉茹、姜妙香、艾世菊《贵妃醉酒》，大轴周信芳、王富英、梁一鸣、李长山、李瀚三合演《追韩信》。

5月5日，上海黄金大戏院夜戏：

刘正忠、盖春来《神亭岭》，李克昌《草桥关》，高盛麟、王玉让《恶虎村》，周信芳、裘盛戎、李瀚三、李松春《打严嵩》，李玉茹、姜妙香、梁一鸣《玉堂春》，大轴周信芳、马绮兰、裘世戎、赵志秋、何润初合演《九更天》。

5月7日，上海黄金大戏院夜戏：

陈慧华《宇宙锋》，姜妙香、李克昌《飞虎山》，高盛麟、刘正忠、盖春来《洗浮山》，周信芳、李玉茹《投军别窑》，高盛麟、王富英、张彦堃《两威将军》，大轴周信芳、李玉茹、裘盛戎、艾世菊、李长山合演《宋十回》。

5月8日，上海黄金大戏院夜戏：

陈慧华《女起解》，高盛麟、刘正忠、盖春来、周菊芳《史文恭》，周信芳、姜妙香、艾世菊、周斌秋《清官册》《审潘洪》，大轴周信芳、李玉茹、赵志秋、苗胜春、周斌秋、张彦堃合演《青风亭》。

5月9日、10日，上海黄金大戏院夜戏：

盖春来《摩天岭》，李金鸿、艾世菊《小放牛》，高盛麟、裘盛戎、王富英《阳平关》，大轴周信芳、李玉茹、姜妙香、王玉让、杨宝童、裘世戎、王富英、梁一鸣、李长山、盖春来、李瀚三、张彦堃、赵志秋、马绮兰、小百岁、胡松美、陆刚芳合演《明末遗恨》。

5月11日，上海黄金大戏院日场：

王富英、刘正忠《长坂坡》，周信芳、李玉茹、高盛麟、裘盛戎、李金鸿、王玉让、盖春来、艾世菊、李长山、周菊芳《九花娘》《剑峰山》，李玉茹、芙蓉草《春秋配》，大轴周信芳、姜妙香、赵志秋、马绮兰合演《举鼎观画》（带“徐策跑城”）。

5月11日，上海黄金大戏院夜戏：

李金鸿、王玉让、裘世戎《穆柯寨》，高盛麟、刘正忠、盖春来《四平山》，裘盛戎、周斌秋、赵志秋《御果园》，李玉茹、姜妙香、艾世菊《贵妃醉酒》，大轴周信芳、王富英、梁一鸣、李长山、李瀚三合演《追韩信》。

5月12日，上海黄金大戏院夜戏：

刘正忠、盖春来《群英毕至》，大轴周信芳、李玉茹、芙蓉草、姜妙香、杨宝童、小百岁、张月亭、李长山、李瀚三合演全部《赵五娘》。

5月14日，上海黄金大戏院夜戏：

刘正忠、盖春来《神亭岭》，李克昌《草桥关》，高盛麟、王玉让《恶虎村》，周信芳、裘盛戎、李瀚三、李松春《打严嵩》，李玉茹、姜妙香、梁一鸣《玉堂春》，大轴周信芳、马绮兰、裘世戎、赵志秋、何润初合演《九更天》。

5月15日，上海黄金大戏院夜戏：

高盛麟《林冲夜奔》，周信芳、李克昌、裘世戎、杨宝童、李长山、赵志秋《黑驴告状》，大轴周信芳、李玉茹、姜妙香、芙蓉草、梁一鸣、马绮兰合演《四郎探母》。

5月16日、17日，上海黄金大戏院夜戏：

李金鸿、王玉让、周菊芳《取金陵》，大轴周信芳、李玉茹、姜妙香、裘盛戎、芙蓉草、赵志秋、李长山、梁一鸣、张月亭、周斌秋、李瀚三合演《四进士》。

5月18日，上海黄金大戏院日场：

周信芳、李玉茹、高盛麟、姜妙香、王玉让、梁一鸣、王富英、杨宝童、李克昌、张彦堃、周斌秋、盖春来全部《吕布与貂蝉》，大轴周信芳、李玉茹、裘盛戎合演全部《宝莲灯》。

5月18日，上海黄金大戏院夜戏：

盖春来《摩天岭》，李金鸿、艾世菊《小放牛》，高盛麟、裘盛戎、王富英《阳平关》，大轴周信芳、李玉茹、姜妙香、王玉让、裘世戎、王富英、梁一鸣、李长山、杨宝童、盖春来、李瀚三、张彦堃、赵志秋、马绮兰、小百岁、胡松美、陆刚芳合演《明末遗恨》。

5月19日，上海黄金大戏院夜戏：

李金鸿、王玉让、裘世戎《穆柯寨》，高盛麟、刘正忠、盖春来《四平山》，裘盛戎、周斌秋、赵志秋《御果园》，李玉茹、姜妙香、艾世菊《贵妃醉酒》，大轴周信芳、王富英、梁一鸣、李长山、李瀚三合演《追韩信》。

5月21日，上海黄金大戏院夜戏：

李克昌、何润初《断太后》，高盛麟、刘正忠、盖春来《史文恭》，周信芳、姜妙香、艾世菊、周斌秋《清官册》《审潘洪》，大轴周信芳、李玉茹、赵志秋、苗胜春、周斌秋、张彦堃合演《青风亭》。

5月22日，上海黄金大戏院夜戏：

陈慧华《宇宙锋》，姜妙香、李克昌《飞虎山》，高盛麟、刘正忠、盖春来《洗浮山》，周信芳、李玉茹《投军别窑》，高盛麟、王富英、张彦堃《两威将军》，大轴周信芳、李玉茹、裘盛戎、艾世菊、李长山合演《宋十回》。

5月23日、24日，上海黄金大戏院夜戏：

盖春来《摩天岭》，李金鸿、艾世菊《小放牛》，高盛麟、裘盛戎、王富英《阳平关》，周信芳、李玉茹、姜妙香、王玉让、裘世戎、王富英、梁一鸣、李长山、李瀚三、张彦堃、盖春来、赵志秋、杨宝童、马绮兰、小百岁、胡松美、陆刚芳合演《明末遗恨》。

5月25日，上海黄金大戏院日场：

李金鸿、周菊芳、许幼田《金山寺》，周信芳、高盛麟、裘盛戎《战长沙》，大轴周信芳、李玉茹、姜妙香、芙蓉草、张彦堃、梁一鸣、李长山合演《临江驿》。

5月25日，上海黄金大戏院夜戏：

李金鸿、王玉让、裘世戎、《穆柯寨》，高盛麟、刘正忠、盖春来《四平山》，裘盛戎、周斌秋、赵志秋《御果园》，李玉茹、姜妙香、艾世菊《贵妃醉酒》，大轴周信芳、王富英、梁一鸣、李长山、李瀚三合演《追韩信》。

5月26日，上海黄金大戏院夜戏：

刘正忠、盖春来《群英毕至》，大轴周信芳、李玉茹、芙蓉草、姜妙香、小百岁、杨宝童、张月亭、李长山、李瀚三合演全部《赵五娘》。

5月28日，上海黄金大戏院夜戏：

刘正忠、盖春来《神亭岭》，李克昌《草桥关》，高盛麟、王玉让《恶虎村》，周信芳、裘盛戎、李瀚三、李松春《打严嵩》，李玉茹、姜妙香、梁一鸣《玉堂春》，大轴周信芳、马绮兰、裘世戎、赵志秋、何润初合演《九更天》。

5月29日，上海黄金大戏院夜戏：

高盛麟《林冲夜奔》，周信芳、裘盛戎、李金鸿、李克昌、赵志秋、陆刚芳《黑驴告状》，大轴周信芳、李玉茹、姜妙香、芙蓉草、梁一鸣、马绮兰、艾世菊、张彦堃合演《四郎探母》。

5月30日、31日，上海黄金大戏院夜戏：

李金鸿、王玉让、周菊芳《取金陵》，大轴周信芳、李玉茹、姜妙香、裘盛戎、芙蓉草、赵志秋、李长山、梁一鸣、张月亭、周斌秋、李瀚三合演《四进士》。

6月1日，上海黄金大戏院日场：

刘正忠《林冲夜奔》，李金鸿、周菊芳、许幼田《金山寺》，周信芳、高盛麟、裘盛戎《战长沙》，大轴周信芳、李玉茹、姜妙香、芙蓉草、张彦堃、梁一鸣、李长山合演《临江驿》。

6月1日，上海黄金大戏院夜戏：

李金鸿、王玉让、裘世戎《穆柯寨》，高盛麟、刘正忠、盖春来、沈志贤、何润初《四平山》，裘盛戎、周斌秋、赵志秋《御果园》，李玉茹、姜妙香、艾世菊《贵妃醉酒》，大轴周信芳、王富英、梁一鸣、李长山、李瀚三合演《追韩信》。

6月2日，上海黄金大戏院夜戏：

陈慧华《宇宙锋》，高盛麟、刘正忠、盖春来《洗浮山》，周信芳、李玉茹《投军别窑》，李金鸿、姜妙香、芙蓉草《能仁寺》，大轴周信芳、李玉茹、裘盛戎、艾世菊、李长山合演《宋十回》。

6月4日，上海黄金大戏院夜戏：

李克昌《断太后》，高盛麟、刘正忠、盖春来《史文恭》，周信芳、姜妙香、艾世菊、周斌秋《清官册》《审潘洪》，大轴周信芳、李玉茹、赵志秋、苗胜春、周斌秋、张彦堃合演《青风亭》。

6月5日，上海黄金大戏院夜戏：

刘正忠《拿高登》，李玉茹、芙蓉草《春秋配》，大轴周信芳、姜妙香、裘盛戎、高盛麟、梁一鸣、王富英、艾世菊、裘世戎合演《群英会》《借东风》《华容道》。

6月6日、7日，上海黄金大戏院夜戏：

盖春来《摩天岭》，李金鸿、艾世菊《小放牛》，裘盛戎、高盛麟、王富英《阳平关》，大轴周信芳、李玉茹、姜妙香、王玉让、裘世戎、王富英、梁一鸣、李长山、李瀚三、盖春来、杨宝童、张彦堃、赵志秋、马绮兰、小百岁、胡松美、陆刚芳合演《明末遗恨》。

6月8日，上海黄金大戏院日场：

刘正忠《林冲夜奔》，李金鸿、周菊芳、许幼田《金山寺》，周信芳、高盛麟、裘盛戎《战长沙》，大轴周信芳、李玉茹、姜妙香、芙蓉草、张彦堃、梁一鸣、李长山合演《临江驿》。

6月8日，上海黄金大戏院夜戏：

刘正忠《少年立志》，李金鸿、王富英《杨排风》，高盛麟、李金鸿《铁笼山》，李玉茹、裘盛戎、姜妙香、梁一鸣、苗胜春、艾世菊、裘世戎、张金梁《霸王别姬》，大轴周信芳、姜妙香、赵志秋、马绮兰合演《举鼎观画》（带“徐策跑城”）。

6月9日，上海黄金大戏院夜戏：

李克昌《草桥关》，高盛麟、王玉让《恶虎村》，周信芳、裘盛戎、李瀚三、李松春《打严嵩》，李玉茹、姜妙香、梁一鸣《玉堂春》，大轴周信芳、裘世戎、赵志秋、胡松美、何润初合演《九更天》。

6月11日，上海黄金大戏院夜戏：

李金鸿、王玉让、裘世戎、小百岁、赵志秋《穆柯寨》，高盛麟、刘正忠、盖春来、沈志贤、何润初《四平山》，裘盛戎、周斌秋、赵志秋《黑风帕》《牧虎关》，李玉茹、姜妙香、艾世菊《贵妃醉酒》，大轴周信芳、王富英、梁一鸣、李长山、李瀚三合演《追韩信》。

6月12日至14日，上海黄金大戏院夜戏：

周信芳、李玉茹、姜妙香、高盛麟、裘盛戎、王玉让、芙蓉草、苗胜春、艾世菊、梁一鸣、王富英、杨宝童合演全部《徽钦二帝》。

6月15日，上海黄金大戏院日场：

刘正忠、李克昌、王富英《长坂坡》，李玉茹、高盛麟、姜妙香、李金鸿、艾世菊《武松与潘金莲》，周信芳、姜妙香、裘盛戎《忠孝全》，大轴周信芳、李玉茹、苗胜春、裘世戎、张彦堃合演《打渔杀家》。

6月15日至21日，上海黄金大戏院夜戏：

周信芳、李玉茹、姜妙香、裘盛戎、高盛麟、芙蓉草、艾世菊、王玉让、苗胜春、梁一鸣、王富英、杨宝童合演《徽钦二帝》。

6月22日，上海黄金大戏院日场：

刘正忠《林冲夜奔》，李金鸿、王富英《杨排风》，周信芳、高盛麟、裘盛戎《战长沙》，大轴周信芳、李玉茹、姜妙香、芙蓉草、张彦堃、梁一鸣、李长山合演《临江驿》。

6月22日，上海黄金大戏院夜戏：

周信芳、李玉茹、姜妙香、裘盛戎、高盛麟、芙蓉草、艾世菊、王玉让、梁一鸣、苗胜春、王富英、杨宝童合演《徽钦二帝》。

6月23日，上海黄金大戏院日场：

李金鸿《金山寺》，李玉茹、芙蓉草《春秋配》，大轴周信芳、姜妙香、裘盛戎、高盛麟、梁一鸣、王富英、艾世菊、裘世戎合演《群英会》《借东风》《华容道》。

6月23日、24日，上海黄金大戏院夜戏：

周信芳、李玉茹、裘盛戎、高盛麟、梁一鸣、王玉让、王富英、姜妙香、杨宝童、苗胜春、芙蓉草、艾世菊《徽钦二帝》。

6月26日，上海黄金大戏院夜戏：

李金鸿、王玉让、裘世戎、小百岁、赵志秋《穆柯寨》，高盛麟、刘正忠、盖春来、沈志贤、何润初《四平山》，裘盛戎、周斌秋、赵志秋《黑风帕》《牧虎关》，李玉茹、姜妙香、艾世菊《贵妃醉酒》，大轴周信芳、王富英、梁一鸣、李长山、李瀚三合演《追韩信》。

6月27日、28日，上海黄金大戏院夜戏：

李金鸿、王玉让、周菊芳《取金陵》，大轴周信芳、李玉茹、姜妙香、裘盛戎、芙蓉草、赵志秋、李长山、梁一鸣、张月亭、周斌秋、李瀚三合演《四进士》。

6月29日，上海黄金大戏院日场：

李金鸿《摇钱树》，高盛麟、裘盛戎、艾世菊、刘正忠、盖春来、李长山《落马湖》，李玉茹、姜妙香、裘世戎、李长山《红娘》，大轴周信芳、王富英、李长山、王玉让、苗胜春、赵志秋合演《路遥知马力》。

6月29日、30日，上海黄金大戏院夜戏：

李金鸿、王富英《杨排风》，高盛麟、李金鸿《铁笼山》，李玉茹、裘盛戎、姜妙香、裘世戎、梁一鸣、艾世菊、苗胜春《霸王别姬》，大轴周信芳、姜妙香、赵志秋、马绮兰合演《举鼎观画》（带“徐策跑城”）。

6月31日，上海黄金大戏院夜戏：

李金鸿、刘正忠、小百岁、陆刚芳《扈三娘》，高盛麟、裘盛戎、艾世菊、张彦堃、裘世戎、梁一鸣《盗御马》《连环套》《盗双钩》，大轴周信芳、李玉茹、姜妙香、芙蓉草、张金梁、小百岁合演全部《贩马记》。

7月1日，上海黄金大戏院夜戏：

李金鸿、刘正忠、小百岁、陆刚芳《扈三娘》，高盛麟、裘盛戎、艾世菊、张彦堃、裘世戎、梁一鸣《盗御马》《连环套》《盗双钩》，大轴周信芳、李玉茹、姜妙香、芙蓉草、张金梁、小百岁合演全部《贩马记》。

7月2日，上海黄金大戏院夜戏：

刘正忠、盖春来《群英毕至》，大轴周信芳、李玉茹、芙蓉草、姜妙香、杨宝童、小百岁、张月亭、李长山、李瀚三合演全部《赵五娘》。

7月3日，上海黄金大戏院夜戏：

李克昌《断太后》，周信芳、裘盛戎、姜妙香、艾世菊、马绮兰《清官册》，大轴周信芳、李玉茹、梁一鸣、张彦堃、赵志秋、周斌秋、李瀚三合演《青风亭》。

7月4日、5日，上海黄金大戏院夜戏：

刘正忠、盖春来《青风寨》，大轴周信芳、裘盛戎、李玉茹、姜妙香、芙蓉草、赵志秋、李长山、梁一鸣、张月亭、周斌秋、李瀚三合演《四进士》。

7月6日，上海黄金大戏院日场：

李金鸿《摇钱树》，高盛麟、裘盛戎、艾世菊、刘正忠、盖春来、李长山《落马湖》，李玉茹、姜妙香、裘世戎、李长山《红娘》，大轴周信芳、王富英、李长山、王玉让、苗胜春、赵志秋合演《路遥知马力》。

7月7日，上海黄金大戏院夜戏：

李金鸿、王富英《杨排风》，高盛麟、李金鸿《铁笼山》，李玉茹、裘盛戎、姜妙香、梁一鸣、苗胜春、艾世菊、裘世戎《霸王别姬》，大轴周信芳、姜妙香、赵志秋、张金梁、李长山、陆刚芳合演《举鼎观画》（带“徐策跑城”）。

7月8日，上海黄金大戏院夜戏：

李金鸿、刘正忠、小百岁、陆刚芳《扈三娘》，高盛麟、裘盛戎、艾世菊、张彦堃、裘世戎、梁一鸣、艾世菊《盗御马》《连环套》《盗双钩》，大轴周信芳、李玉茹、姜妙香、芙蓉草、张金梁、小百岁合演全部《贩马记》。

7月9日，上海黄金大戏院夜戏：

李金鸿、王玉让、裘世戎、小百岁、赵志秋《穆柯寨》，高盛麟、刘正忠、盖春来、沈志贤、何润初《四平山》，裘盛戎、周斌秋、赵志秋《黑风帕》《牧虎关》，李玉茹、姜妙香、艾世菊《贵妃醉酒》，大轴周信芳、王富英、梁一鸣、李长山、李瀚三合演《追韩信》。

7月10日至12日，上海黄金大戏院夜戏：

周信芳、李玉茹、姜妙香、高盛麟、裘盛戎、王玉让、芙蓉草、苗胜春、艾世菊、梁一鸣、王富英、杨宝童合演全部《徽钦二帝》。

7月13日，上海黄金大戏院日场：

李金鸿《金山寺》，高盛麟、李玉茹、裘盛戎、艾世菊、李长山《法门寺》，周信芳、王玉让、张彦堃、陆刚芳《马三保》，大轴周信芳、李玉茹、裘盛戎、姜妙香、梁一鸣合演《胭脂虎》。

7月14日，上海黄金大戏院夜戏：

刘正忠、盖春来《莲花湖》《群英毕至》，周信芳、李玉茹、姜妙香、裘盛戎、高盛麟、艾世菊、王玉让《龙凤呈祥》，大轴周信芳、李玉茹、裘世戎、张彦堃、李长山、苗胜春、周斌秋合演《一捧雪》。

7月16日，上海黄金大戏院夜戏：

李金鸿《金山寺》，李玉茹、芙蓉草《穆天王》，大轴周信芳、姜妙香、裘盛戎、高盛麟、梁一鸣、王富英、艾世菊、裘世戎合演《群英会》《借东风》《华容道》。

7月18日，上海黄金大戏院夜戏：

盖春来《摩天岭》，李金鸿、艾世菊《小放牛》，裘盛戎、艾世菊、赵志秋《锁五龙》，大轴周信芳、李玉茹、姜妙香、王玉让、裘世戎、王富英、梁一鸣、李瀚三、盖春来、张彦堃、杨宝童、赵志秋、李长山、马绮兰、小百岁、胡松美、陆刚芳合演《明末遗恨》。

7月19日，上海黄金大戏院夜戏：

李金鸿、王玉让《取金陵》，大轴周信芳、李玉茹、姜妙香、裘盛戎、芙蓉草、赵志秋、李长山、梁一鸣、张月亭、周斌秋、李瀚三合演《四进士》。

7月20日，上海黄金大戏院日场：

李金鸿《金山寺》，高盛麟、李玉茹、裘盛戎、艾世菊、何润初、芙蓉草《法门寺》，周信芳、王玉让、张彦堃、陆刚芳《马三保》，大轴周信芳、李玉茹、姜妙香、裘盛戎、梁一鸣合演《胭脂虎》。

7月20日，上海黄金大戏院夜戏：

李金鸿、艾世菊《小放牛》，裘盛戎、艾世菊、赵志秋《锁五龙》，大轴周信芳、李玉茹、姜妙香、王玉让、裘世戎、王富英、梁一鸣、李瀚三、盖春来、张彦堃、杨宝童、赵志秋、李长山、马绮兰、小百岁、胡松美、陆刚芳合演《明末遗恨》。

7月21日，周信芳提携高盛麟正式挂头牌，上海黄金大戏院夜戏头天打泡戏：

李金鸿、周菊芳、许幼田《水漫金山》，高盛麟、王玉让、周斌秋、张彦堃《南阳关》，芙蓉草、姜妙香《悦来店》，大轴高盛麟、王富英、盖春来、艾世菊、刘正忠、李瀚三合演《拿高登》。

7月22日，上海黄金大戏院夜戏：

李金鸿、王富英《杨排风》，高盛麟、王玉让《冀州城》，姜妙香、芙蓉草、李金鸿、裘世戎《能仁寺》，大轴高盛麟、李瀚三、李克昌、苗胜春、陆刚芳合演《问樵闹府》《打棍出箱》。

7月23日，上海黄金大戏院夜戏：

高盛麟、李金鸿、苗胜春、陈慧华、李长山、梁一鸣、沈志贤、王富英、艾世菊《金石盟》《翠屏山》《时迁偷鸡》，姜妙香、李克昌、梁一鸣《白门楼》，大轴高盛麟、芙蓉草、王玉让、赵志秋、裘世戎、小百岁、周斌秋合演《战太平》。

7月24日，上海黄金大戏院夜戏：

李克昌《探阴山》，李金鸿、周菊芳、许幼田《金山寺》，高盛麟、王玉让、周斌秋、张彦堃《南阳关》，姜妙香、芙蓉草《悦来店》，大轴高盛麟、王富英、艾世菊、盖春来、刘正忠、李瀚三合演《艳阳楼》。

7月25日，上海黄金大戏院夜戏：

陈慧华《宇宙锋》，李金鸿、盖春来、小百岁《扈家庄》，高盛麟、艾世菊、李克昌《秦琼观阵》，芙蓉草、姜妙香、王玉让、裘世戎、张彦堃《穆柯寨》，大轴高盛麟、李金鸿、周菊芳、周振和合演《大铁笼山》。

7月26日，上海黄金大戏院夜戏：

陈慧华、赵志秋《鸿鸾禧》，王富英、李克昌《四杰村》，李金鸿、王玉让《取金陵》，芙蓉草、姜妙香、周斌秋、张彦堃《花田错》，大轴高盛麟、王富英、王玉让、艾世菊、裘世戎合演《定军山》《阳平关》。

7月27日，上海黄金大戏院日场：

王富英、张彦堃、马绮兰、陆刚芳《长坂坡》，高盛麟、李金鸿、王玉让、艾世菊、姜妙香、芙蓉草、李长山、周斌秋、赵志秋、李瀚三、邱松华《拾玉镯》《法门寺》，大轴高盛麟、王富英、盖春来合演《洗浮山》。

7月27日，上海黄金大戏院夜戏：

李克昌《牧虎关》，王富英、陆刚芳《伐子都》，高盛麟、李金鸿、苗胜春、裘世戎、张彦堃《打渔杀家》，姜妙香、芙蓉草、王玉让《岳家庄》，大轴高盛麟、周菊芳、马绮兰、陈慧华、邱松华合演《安天会》。

7月28日，上海黄金大戏院夜戏：

刘正忠、王富英、盖春来、陆刚芳、李瀚三《铁公鸡》，高盛麟、裘世戎、赵志秋《伐东吴》，李金鸿、姜妙香、梁一鸣、芙蓉草、张彦堃、李长山、何润初《御碑亭》，大轴高盛麟、王玉让合演《牛皋下书》《挑华车》。

7月29日，上海黄金大戏院夜戏：

刘正忠、盖春来《群英毕至》，李金鸿、王富英《杨排风》，高盛麟、王玉让、李瀚三、赵志秋《黄金台》，姜妙香、周斌秋、张金梁、裘世戎《监酒令》，大轴高盛麟、芙蓉草、王玉让、张彦堃、周斌秋、陆刚芳合演《长坂坡》。

7月30日，上海黄金大戏院夜戏：

王富英《周瑜归天》，芙蓉草、李金鸿《樊江关》，高盛麟、陆刚芳《雅观楼》，姜妙香《罗成叫关》，大轴高盛麟、王玉让、裘世戎、赵志秋、李瀚三、张彦堃合演《战樊城》《长亭会》。

7月31日，上海黄金大戏院夜戏：

陈慧华《女起解》，李金鸿、周菊芳《金山寺》，高盛麟、艾世菊、陆刚芳《秦琼观阵》，芙蓉草、姜妙香、王玉让、裘世戎、张彦堃《穆柯寨》，大轴高盛麟、李金鸿、周菊芳、周振和合演《铁笼山》。

8月2日，上海黄金大戏院夜戏：

刘正忠、盖春来《莲花湖》，周信芳、李玉茹、姜妙香、裘盛戎、王玉让、王富英、艾世菊、梁一鸣《龙凤呈祥》，大轴周信芳、李玉茹、裘世戎、张彦堃、李长山、苗胜春、周斌秋合演《一捧雪》。

8月3日，上海黄金大戏院日戏：

盖春来、周菊芳、陆刚芳《四杰村》，裘盛戎、周斌秋、赵志秋《黑风帕》《牧虎关》，李玉茹、姜妙香、裘世戎、李长山《红娘》，大轴周信芳、王富英、李长山、王玉让、苗胜春、赵志秋合演《路遥知马力》。

8月3日，上海黄金大戏院夜戏：

李玉茹、芙蓉草、刘正忠《春秋配》，周信芳、裘盛戎、杨宝童《逍遥津》，李玉茹、姜妙香、艾世菊《文章会》，大轴周信芳、裘盛戎、王富英、盖春来合演《古城会》。

8月6日，上海黄金大戏院夜戏：

陈慧华《女起解》，王富英、周菊芳《花蝴蝶》，高盛麟、艾世菊、陆刚芳《秦琼观阵》，芙蓉草、姜妙香、王玉让、裘世戎、张金梁《穆柯寨》，大轴高盛麟、刘正忠、盖春来、周菊芳、周振和合演《铁笼山》。

8月7日，上海黄金大戏院夜戏：

陈慧华《春香闹学》，刘正忠、周菊芳、周振和《武文华》，高盛麟、王玉让、周斌秋、张彦堃《南阳关》，芙蓉草、姜妙香《悦来店》，大轴高盛麟、王富英、李瀚三、艾世菊、盖春来、何润初合演《艳阳楼》。

8月9日，上海黄金大戏院夜戏：

陈慧华《宇宙锋》，王玉让、盖春来《青风寨》，裘盛戎、梁一鸣、李长山、张彦堃、李瀚三《遇太后》《打龙袍》，大轴周信芳、李玉茹、姜妙香、芙蓉草、梁一鸣、艾世菊合演《四郎探母》。

8月10日，上海黄金大戏院日戏：

周信芳、李玉茹、姜妙香、高盛麟、王玉让、梁一鸣、王富英、杨宝童、张彦堃、周斌秋、盖春来、李克昌全部《吕布与貂蝉》，大轴周信芳、李玉茹、裘盛戎合演《宝莲灯》。

8月10日，上海黄金大戏院夜戏：

刘正忠《林冲夜奔》，姜妙香《罗成叫关》，周信芳、王玉让、苗胜春、李长山、张彦堃《凤凰山》，大轴周信芳、李玉茹、裘盛戎、裘世戎、梁一鸣、周斌秋《大保国》《探皇陵》《二进宫》。

8月11日，上海黄金大戏院夜戏：

王富英、周菊芳、周振和《花蝴蝶》，高盛麟、艾世菊、陆刚芳《秦琼观阵》，芙蓉草、姜妙香、王玉让、裘世戎、张金梁《穆柯寨》，大轴高盛麟、刘正忠、盖春来、周菊芳、周振和合演《铁笼山》。

8月12日，上海黄金大戏院夜戏：

陈慧华《春香闹学》，刘正忠、周振和、周菊芳《武文华》，高盛麟、王玉让、周斌秋、张彦堃《南阳关》，姜妙香、芙蓉草《悦来店》，大轴高盛麟、王富英、艾世菊、盖春来、刘正忠、李瀚三合演《艳阳楼》。

8月15日，上海黄金大戏院夜戏：

刘正忠《林冲夜奔》，周信芳、李玉茹、姜妙香、高盛麟、芙蓉草、王玉让、梁一鸣、艾世菊、裘世戎《龙凤呈祥》，周信芳、李玉茹、裘盛戎、梁一鸣、裘世戎、周斌秋合演《大保国》《探皇陵》《二进宫》。

8月17日，上海黄金大戏院日戏：

陈慧华《女起解》，刘正忠《界牌关》，高盛麟、李玉茹、姜妙香、艾世菊《武松与潘金莲》，周信芳、裘盛戎、梁一鸣《取洛阳》，大轴周信芳、高盛麟、李玉茹、王玉让、王富英、艾世菊、马绮兰、张彦堃、梁一鸣、陈慧华合演《大八蜡庙》。

8月17日，上海黄金大戏院夜戏：

陈慧华、赵志秋《鸿鸾禧》，王富英、陆刚芳、周菊芳《四杰村》，周信芳、裘盛戎、姜妙香、李长山、马绮兰《清官册》，大轴周信芳、李玉茹、裘盛戎、艾世菊、何润初合演《宋十回》。

8月19日，为绍兴地方法院监舍省立医院筹集经费，上海中国大戏院义务戏日场：

高盛麟、王玉让《连环套》，李玉茹、姜妙香、艾世菊《贵妃醉酒》，大轴梅兰芳、周信芳、苗胜春、裘世戎、张彦堃合演全本《打渔杀家》。

9月3日至12日，为陕西水灾义演暨杜月笙六十华诞南北名伶在中国大戏院演出祝寿戏，七场赈灾义演、三场生日堂会同时上演。参加演员：梅兰芳、周信芳、马连良、谭富英、杨宝森、姜妙香、小翠花、张君秋、芙蓉草、马富禄、裘盛戎、叶盛兰、李多奎、章遏云、刘斌昆、阎世善、李少春、马盛龙、叶盛长、马四立、盖三省、魏莲芳等。演出历时十天，梅兰芳在十日之内连唱三天堂会大轴、五天义演大轴，其余两天大轴由孟小冬演唱。

这次祝寿演出原订9月3日至7日共演五天，9月8日至12日又续演五天 。

9月3日，为陕西水灾义演暨杜月笙六十华诞南北名伶义演，在上海中国大戏院夜戏头天：

《蟠桃会》阎世善饰猪婆龙，《拾玉镯》《法门寺》杨宝森饰赵廉、张君秋饰宋巧娇、裘盛戎饰刘瑾、马富禄饰贾桂、小翠花饰孙玉姣、姜妙香饰傅朋、芙蓉草饰刘媒婆、刘斌昆饰刘公道，大轴《龙凤呈祥》梅兰芳饰孙尚香、周信芳饰鲁肃、马连良饰乔玄、谭富英饰刘备、叶盛兰饰周瑜、李少春饰赵云、李多奎饰吴国太、袁世海饰前孙权后张飞。

9月5日，为陕西水灾义演暨杜月笙六十华诞南北名伶义演，在上海中国大戏院夜戏第三天：

《蟠桃会》阎世善饰猪龙婆，《拾玉镯》《法门寺》杨宝森饰赵廉、张君秋饰宋巧姣、裘盛戎饰刘瑾、马富禄饰前刘媒婆后贾桂、马崇仁饰宋国士、小翠花饰孙玉姣、姜妙香饰傅朋赵桐珊饰后刘媒婆、刘斌昆饰刘公道)，大轴《龙凤呈祥》梅兰芳饰孙尚香、周信芳饰鲁肃、马连良饰乔玄、谭富英饰刘备、叶盛兰饰周瑜、李多奎饰吴国太、李少春饰赵云、袁世海饰前孙权后张飞、韩金奎饰乔福。

9月10日，为陕西水灾义演暨杜月笙六十华诞南北名伶义演，在上海中国大戏院夜戏第八天：

《金山寺》阎世善饰白素贞，《祥梅寺》叶盛章饰了空、钱宝森饰黄巢，《能仁寺》小翠花饰何玉凤、姜妙香饰安骥、张君秋饰张金凤、马富禄饰赛西施，大轴《龙凤呈祥》梅兰芳饰孙尚香、周信芳饰鲁肃、马连良饰乔玄、谭富英饰刘备、叶盛兰饰周瑜、李少春饰赵云、刘斌昆反串吴国太、袁世海饰前孙权后张飞。

9月12日，为陕西水灾义演暨杜月笙六十华诞南北名伶义演，在上海中国大戏院夜戏第十天：

全本《连环套》高盛麟饰黄天霸、裘盛戎饰前窦尔墩、袁世海饰后窦尔墩、叶盛章饰朱光祖，压轴二本《虹霓关》张君秋饰丫环、小翠花饰东方氏、叶盛兰饰王伯党，大轴《四郎探母》梅兰芳饰铁镜公主，李少春饰杨延辉（“坐宫”），周信芳饰演杨延辉（“别宫”、“过关”、“巡营”），谭富英饰杨延辉（“见弟”、“见娘”），马连良饰杨延辉（“见妻”、“哭堂”、“回令”），芙蓉草饰萧太后，姜妙香饰杨宗保，马富禄饰佘太君，马盛龙饰杨六郎，高玉倩饰四夫人，刘斌昆饰大国舅，韩金奎饰二国舅。

9月20日，言慧珠上海黄金大戏院打泡夜戏头天：

王富英、田菊芳《四杰村》，高盛麟、芙蓉草、裘世戎《战太平》，大轴言慧珠、姜妙香、言少朋、王玉让、梁一鸣合演全部《凤还巢》。

9月21日，上海黄金大戏院夜戏：

梁一鸣、裘世戎《搜孤救孤》，高盛麟、刘正忠、盖春来《铁笼山》，大轴言慧珠、姜妙香、言少朋、王玉让、何润初合演全部《生死恨》。

9月22日，上海黄金大戏院夜戏：

王富英、王玉让《长坂坡》，言少朋、何润初、赵志秋《九更天》，大轴言慧珠、高盛麟、姜妙香、梁一鸣、朱斌仙合演全部《霸王别姬》。

9月23日，上海黄金大戏院夜戏：

高盛麟、陆刚方、周振和《八门金锁阵》，大轴言慧珠、姜妙香、言少朋、朱斌仙、张彦堃合演全部《玉堂春》（“嫖院”起“团圆”止）。

9月24日，上海黄金大戏院夜戏：

高盛麟、王玉让、张彦堃《定军山》，大轴言慧珠、高盛麟、言少朋、姜妙香、王富英、刘正忠合演全部《金钱豹》《盘丝洞》《盗魂铃》。

9月25日，上海黄金大戏院夜戏：

裘世戎《御果园》，高盛麟、周振和、姜世续《挑华车》，大轴言慧珠、姜妙香、言少朋、王玉让、梁一鸣、阎世喜合演全部《西施》。

9月26日，上海黄金大戏院夜戏：

高盛麟、王玉让、张彦堃《定军山》，大轴言慧珠、高盛麟、言少朋、姜妙香、王富英、刘正忠合演全部《金钱豹》《盘丝洞》《盗魂铃》。

9月27日，上海黄金大戏院夜戏：

崔熹云、赵志秋、张彦堃《银空山》，高盛麟、刘正忠、盖春来《铁笼山》，大轴言慧珠、姜妙香、言少朋、王玉让、何润初合演全部《生死恨》。

9月28日，上海黄金大戏院日场：

盖春来《打擂台》，裘世戎《打銮驾》，周斌秋《打灶王》，梁一鸣《打鼓骂曹》，崔熹云《打杠子》，言少朋《打棍出箱》，高盛麟、王富英《打黑店》，芙蓉草、姜妙香《打宗保》，言慧珠、高盛麟《打渔杀家》，大轴言慧珠、姜妙香、阎世喜合演全部《打樱桃》。

9月28日，上海黄金大戏院夜戏：

高盛麟、王玉让、张彦堃《定军山》，大轴言慧珠、高盛麟、言少朋、姜妙香、王富英、刘正忠合演全部《金钱豹》《盘丝洞》《盗魂铃》。

9月29日，上海黄金大戏院日场：

梁一鸣《双狮图》，高盛麟、裘世戎《双投唐》，言少朋、芙蓉草、王玉让《双塔寺》，高盛麟、王富英《双将军》，言慧珠、姜妙香、崔熹云《双摇会》，大轴言慧珠、姜妙香、王玉让合演《双沙河》。

9月29日，上海黄金大戏院夜戏：

王富英、田菊芳《四杰村》，高盛麟、芙蓉草、裘世戎《战太平》，大轴言慧珠、姜妙香、言少朋、王玉让、梁一鸣合演全部《凤还巢》。

9月30日，上海黄金大戏院夜戏：

裘世戎《御果园》，高盛麟、周振和、姜世续《挑华车》，大轴言慧珠、姜妙香、言少朋、王玉让、梁一鸣、阎世喜合演全部《西施》。

10月1日，上海黄金大戏院夜戏：

裘世戎《御果园》，高盛麟、周振和、姜世续《挑华车》，大轴言慧珠、姜妙香、言少朋、王玉让、梁一鸣、阎世喜合演全部《西施》。

10月2日、3日，上海黄金大戏院夜戏：

高盛麟、王玉让、张彦堃《定军山》，大轴言慧珠、高盛麟、言少朋、姜妙香、王富英、刘正忠合演全部《金钱豹》《盘丝洞》《盗魂铃》。

10月，梅剧团在上海天蟾舞台演出，杨宝森第二次参加梅剧团。其他主要演员还有萧长华、姜妙香、杨盛春、钱宝森、魏莲芳、俞振飞、王泉奎、哈宝山、李多奎、吴富琴、李盛泉、茹富蕙等。演出自10月2日起至12月4日止。

10月3日，梅剧团上海天蟾舞台夜戏：

全班合演《天官赐福》，张美娟《盗仙草》，李多奎、萧德寅《滑油山》，压轴杨宝森、萧长华、王泉奎、钱宝森、梁次珊《奇冤报》，大轴梅兰芳、俞振飞、姜妙香、王少亭、萧长华合演全本《贩马记》。

10月4日，梅剧团上海天蟾舞台夜戏：

开场全班合演《天官赐福》，张美娟《大战赤福寿》，钱宝森《芦花荡》，大轴梅兰芳、杨宝森、李多奎、萧长华、姜妙香、魏莲芳、朱斌仙、哈宝山全部《红鬃烈马》（“赶三关”起）。

10月5日，上海黄金大戏院日场：

王富英《嘉兴府》，言少朋、阎世喜、赵志秋《胭脂宝褶》，高盛麟、裘世戎、盖春来《八大锤》，大轴言慧珠、姜妙香、芙蓉草、王玉让、苗胜春合演全部《得意缘》。

10月5日，上海黄金大戏院夜戏：

高盛麟、裘世戎、张彦堃《南阳关》，言慧珠、姜妙香、芙蓉草、王玉让头二本《虹霓关》，高盛麟、王富英《艳阳楼》，大轴言慧珠、言少朋合演《新十八扯》。

10月6日，上海黄金大戏院夜戏：

崔熹云、赵志秋、张彦堃《银空山》，高盛麟、刘正忠、盖春来《铁笼山》，大轴言慧珠、姜妙香、言少朋、王玉让、何润初合演全部《生死恨》。

10月7日，梅剧团上海天蟾舞台夜戏：

张美娟、钱宝森、叶盛长《青石山》，李多奎《钓金龟》，压轴杨宝森、王泉奎、哈宝山《击鼓骂曹》，大轴梅兰芳、姜妙香（头本）、俞振飞（二本）、萧长华、刘连荣、魏莲芳、王少亭合演头二本《虹霓关》。

10月8日，上海黄金大戏院夜戏：

高盛麟、陆刚方、周振和《八门金锁阵》，大轴言慧珠、姜妙香、言少朋、朱斌仙、张彦堃合演全部《玉堂春》（“嫖院”起）。

10月9日，梅剧团上海天蟾舞台夜戏：

张美娟《摇钱树》，李多奎、萧德寅《滑油山》，压轴杨宝森、杨盛春、王泉奎《阳平关》，大轴梅兰芳、姜妙香（匡扶）、萧长华、俞振飞（胡亥）、刘连荣、王少亭、张盛利、吴富琴合演全部《宇宙锋》。

10月9日，上海黄金大戏院夜戏：

高盛麟、王玉让、李翰三《当锏卖马》，大轴言慧珠、高盛麟、言少朋、姜妙香、王富英、刘正忠合演全部《金钱豹》《盘丝洞》《盗魂铃》。

10月10日，上海黄金大戏院日场：

盖春来《摩天岭》，梁一鸣《断密涧》，高盛麟、王富英《安天会》，大轴言慧珠、姜妙香、言少朋、王玉让、阎世喜合演全部《貂禅》（“人头会”起“刺董卓”止）。

10月10日，上海黄金大戏院夜戏：

高盛麟、王玉让、李翰三《当锏卖马》，大轴言慧珠、高盛麟、言少朋、姜妙香、王富英、刘正忠合演全部《金钱豹》《盘丝洞》《盗魂铃》。

10月10日，梅剧团上海天蟾舞台夜戏：

杨盛春、杨荣楼《武文华》，李多奎、王泉奎《打龙袍》，压轴杨宝森《法场换子》，大轴梅兰芳、刘连荣、姜妙香、王少亭、萧长华合演《霸王别姬》。

10月11日，上海黄金大戏院夜戏：

高盛麟、裘世戎《黄金台》，言慧珠、姜妙香、芙蓉草、王玉让头二本《虹霓关》，高盛麟、王富英《艳阳楼》，大轴言慧珠、言少朋合演《新十八扯》。

10月12日，上海黄金大戏院日场：

梁一鸣《群臣宴》，言慧珠、高盛麟、姜妙香、阎世喜、李长山、盖春来《武松与潘金莲》，大轴高盛麟、言慧珠、王玉让、王富英、崔熹云合演《大八蜡庙》。

10月12日，梅剧团上海天蟾舞台日场：

张美娟《取金陵》，杨盛春、杨荣楼《挑华车》，李多奎、王泉奎《断太后》，大轴梅兰芳、杨宝森、姜妙香、魏莲芳、萧长华、哈宝山合演原本《御碑亭》。

10月12日，梅剧团上海天蟾舞台夜戏：

杨盛春、杨荣楼《白水滩》，李多奎《游六殿》，压轴杨宝森、王泉奎、张宝奎《闹府出箱》，大轴梅兰芳、刘连荣、姜妙香、王少亭、萧长华合演《霸王别姬》。

10月12日，上海黄金大戏院夜戏：

王富英、田菊芳《四杰村》，高盛麟、芙蓉草、裘世戎《战太平》，大轴言慧珠、姜妙香、言少朋、王玉让、梁一鸣合演全部《凤还巢》。

10月13日，梅剧团上海天蟾舞台夜戏：

张美娟《辛安驿》，杨盛春、杨荣楼《铁笼山》，大轴梅兰芳、杨宝森、李多奎、姜妙香、魏莲芳、萧长华、哈宝山、朱斌仙、吴富琴合演《四郎探母》。

10月14日，梅剧团上海天蟾舞台夜戏：

张美娟《盗仙草》，李多奎、商四亮《钓金龟》，压轴杨宝森、杨盛春、杨荣楼、哈宝山《连营寨》，大轴梅兰芳、姜妙香（匡扶）、萧长华、俞振飞（胡亥）、刘连荣、王少亭、张盛利、吴富琴合演全部《宇宙锋》。

10月14日，上海黄金大戏院夜戏：

高盛麟、王玉让、李翰三《当锏卖马》，大轴言慧珠、高盛麟、言少朋、姜妙香、王富英、刘正忠合演全部《金钱豹》《盘丝洞》《盗魂铃》。

10月15日，上海黄金大戏院夜戏：

王富英《伐子都》，言慧珠、高盛麟、姜妙香、王玉让、阎世喜、李翰三《拾玉镯》《法门寺》，大轴言慧珠、高盛麟、王富英、王玉让、苗胜春合演《大溪皇庄》。

10月15日，梅剧团上海天蟾舞台夜戏：

张美娟《杨排风》，杨盛春、杨荣楼《林冲夜奔》，李多奎、王泉奎《打龙袍》，压轴杨宝森、钱宝森、哈宝山《定军山》，大轴梅兰芳、姜妙香、萧长华、魏莲芳合演《黛玉葬花》。

10月16日，上海黄金大戏院夜戏：

高盛麟、陆刚方、周振和《八门金锁阵》，大轴言慧珠、姜妙香、言少朋、朱斌仙、张彦堃合演全部《玉堂春》（“嫖院”起）。

10月16日，梅剧团上海天蟾舞台夜戏：

杨盛春、张美娟、钱宝森、叶盛长《青石山》，李多奎《游六殿》，压轴杨宝森、萧长华、王泉奎、萧德寅、哈宝山、李盛泉《洪羊洞》，大轴梅兰芳、俞振飞、姜妙香（保童）、萧长华、王少亭、朱斌仙合演全部《贩马记》。

10月17日，上海黄金大戏院夜戏：

裘世戎《五台山》，高盛麟《挑华车》，大轴言慧珠、姜妙香、言少朋、王玉让、梁一鸣、崔熹云、阎世喜合演头二本《太真外传》。

10月18日，上海黄金大戏院夜戏：

王玉让、盖春来《青风寨》，言慧珠、高盛麟、姜妙香、言少朋、梁一鸣、苗胜春、阎世喜合演全部《霸王别姬》，大轴言慧珠、言少朋合演《新十八扯》。

10月18日，梅剧团上海天蟾舞台夜戏：

张美娟《盗仙草》，杨盛春《赵家楼》，李多奎《哭灵》，压轴杨宝森、王泉奎、刘连荣、哈宝山、朱斌仙《失街亭》《空城计》《斩马谡》，大轴梅兰芳、姜妙香、萧长华合演《贵妃醉酒》。

10月19日，梅剧团上海天蟾舞台日场：

张美娟《取金陵》，杨盛春、钱宝森《挑华车》，李多奎、王泉奎《断太后》，压轴萧长华、姜妙香《连升三级》，大轴梅兰芳、杨宝森合演《汾河湾》。

10月19日，上海黄金大戏院夜戏：

高盛麟、王玉让、李翰三《当锏卖马》，大轴言慧珠、高盛麟、言少朋、姜妙香、王富英、刘正忠合演全部《金钱豹》《盘丝洞》《盗魂铃》。

10月20日，上海黄金大戏院夜戏：

高盛麟、王玉让、李翰三《当锏卖马》，大轴言慧珠、高盛麟、言少朋、姜妙香、王富英、刘正忠合演全部《金钱豹》《盘丝洞》《盗魂铃》。

10月20日，梅剧团上海天蟾舞台夜戏：

张美娟《聚宝盆》，刘连荣、马世啸《双李逵》，杨盛春、钱宝森、杨荣楼《状元印》，大轴梅兰芳、杨宝森、李多奎、姜妙香、芙蓉草、萧长华、王少亭、朱斌仙合演《四郎探母》。

10月21日，上海黄金大戏院夜戏：

王玉让、盖春来《青风寨》，言慧珠、高盛麟、姜妙香、言少朋、梁一鸣、苗胜春、阎世喜合演全部《霸王别姬》，大轴言慧珠、言少朋合演《新十八扯》。

10月24日，梅剧团上海天蟾舞台夜戏：

张美娟《摇钱树》，杨盛春、杨荣楼《白水滩》，李多奎《太君辞朝》，压轴杨宝森、王泉奎、哈宝山《击鼓骂曹》，大轴梅兰芳、姜妙香、魏莲芳合演《洛神》。

10月26日，梅剧团上海天蟾舞台日场：

张美娟、郭金光《泗州城》，杨盛春、杨荣楼《两将军》，李多奎《望儿楼》，压轴杨宝森、王泉奎、钱宝森《琼林宴》，大轴梅兰芳、姜妙香、萧长华、刘连荣、朱斌仙合演《枪挑穆天王》。

10月26日，梅剧团上海天蟾舞台夜戏：

杨盛春、钱宝森、杨荣楼《恶虎村》，李多奎、商四亮《钓金龟》，压轴杨宝森、魏莲芳《乌龙院》，大轴梅兰芳、刘连荣、姜妙香、王少亭、萧长华合演《霸王别姬》。

10月26日，上海黄金大戏院夜戏：

高盛麟、王玉让、李翰三《当锏卖马》，大轴言慧珠、高盛麟、言少朋、姜妙香、王富英、刘正忠合演全部《金钱豹》《盘丝洞》《盗魂铃》。

10月27日，梅剧团上海天蟾舞台夜戏：

刘连荣《青风寨》，杨盛春《神亭岭》，大轴梅兰芳、杨宝森、李多奎、姜妙香、芙蓉草、萧长华、吴富琴、朱斌仙合演《四郎探母》。

10月31日，梅剧团上海天蟾舞台夜戏：

杨盛春、钱宝森、杨荣楼《恶虎村》，李多奎、茹富蕙《钓金龟》，压轴杨宝森、魏莲芳《乌龙院》，大轴梅兰芳、刘连荣、姜妙香、王少亭、萧长华、朱斌仙合演《霸王别姬》。

11月1日，上海黄金大戏院夜戏：

裘世戎《五台山》，高盛麟《挑华车》，大轴言慧珠、姜妙香、言少朋、王玉让、梁一鸣、崔熹云、阎世喜合演头二本《太真外传》。

11月2日，梅剧团上海天蟾舞台日场：

张美娟、郭金光《泗州城》，杨盛春、杨荣楼《两将军》，李多奎《望儿楼》，压轴杨宝森、王泉奎、钱宝森《琼林宴》，大轴梅兰芳、姜妙香、刘连荣、茹富蕙、朱斌仙、哈宝山合演《枪挑穆天王》。

11月2日，梅剧团上海天蟾舞台夜戏：

张美娟《摇钱树》，杨盛春《林冲夜奔》，李多奎、王泉奎《断太后》，压轴杨宝森、俞振飞、茹富蕙《状元谱》，大轴梅兰芳、刘连荣、姜妙香、王少亭、茹富蕙、朱斌仙合演《霸王别姬》。

11月3日，梅剧团上海天蟾舞台夜戏：

刘连荣《取洛阳》，杨盛春《白水滩》，大轴梅兰芳、杨宝森、李多奎、姜妙香、魏莲芳、茹富蕙、王少亭、朱斌仙、吴富琴合演《四郎探母》。

11月4日，梅剧团上海天蟾舞台夜戏：

张美娟《盗仙草》，李多奎、王泉奎《打龙袍》，压轴杨宝森、杨盛春、哈宝山、杨荣楼《连营寨》，大轴梅兰芳、姜妙香（匡扶）、刘连荣、王少亭、俞振飞（胡亥）、朱斌仙、吴富琴合演全部《宇宙锋》。

11月6日，梅剧团上海天蟾舞台夜戏：

张美娟《金山寺》，杨盛春、杨荣楼《战滁州》，李多奎、萧德寅《滑油山》，压轴杨宝森、王泉奎、哈宝山《击鼓骂曹》，大轴梅兰芳、俞振飞、姜妙香（保童）、茹富蕙、王少亭、朱斌仙合演全部《贩马记》。

11月7日，梅剧团上海天蟾舞台夜戏：

杨盛春、张美娟、钱宝森、叶盛长《青石山》，李多奎《游六殿》，压轴杨宝森、王泉奎、茹富蕙、萧德寅、哈宝山《洪羊洞》，大轴梅兰芳、姜妙香、魏莲芳合演《洛神》。

11月9日，上海黄金大戏院日场：

刘正忠《夜奔》，梁一鸣《断密涧》，高盛麟、盖春来、周菊芳《安天会》，大轴言慧珠、姜妙香、言少朋、王玉让、阎世喜合演全部《貂禅》（“人头会”起“刺董卓”止）。

11月9日，梅剧团上海天蟾舞台夜戏：

杨盛春、杨荣楼《武文华》，李多奎《长寿星》，压轴杨宝森、王泉奎、哈宝山《托兆碰碑》，大轴梅兰芳、刘连荣、姜妙香、王少亭、茹富蕙、朱斌仙合演《霸王别姬》。

11月10日，梅剧团上海天蟾舞台夜戏：

张美娟《杨排风》，杨盛春、杨荣楼、阎少泉《白水滩》，大轴梅兰芳、杨宝森、李多奎、姜妙香、魏莲芳、茹富蕙、王少亭、朱斌仙、吴富琴合演《四郎探母》。

11月11日，梅剧团上海天蟾舞台夜戏：

杨盛春《赵家楼》，李多奎《望儿楼》，压轴杨宝森、王泉奎、钱宝森、茹富蕙《琼林宴》，大轴梅兰芳、刘连荣、姜妙香、王少亭、朱斌仙、李庆山合演《霸王别姬》。

11月13日，上海黄金大戏院夜戏：

陈慧华《查头关》，王玉让、赵志秋《取洛阳》，言慧珠、姜妙香、芙蓉草二本《虹霓关》，高盛麟、刘正忠、盖春来《史文恭》，大轴言慧珠、高盛麟、言少朋、芙蓉草、王玉让、阎世喜合演《男女戏迷传》。

11月13日，梅剧团上海天蟾舞台夜戏：

张美娟《盗仙草》，杨盛春、杨荣楼《拿高登》，李多奎、商四亮《钓金龟》，压轴杨宝森、王泉奎《击鼓骂曹》，大轴梅兰芳、俞振飞、姜妙香、茹富蕙、王少亭、朱斌仙合演全本《贩马记》。

11月15日、16日，上海黄金大戏院夜戏：

刘正忠《林冲夜奔》，言慧珠、高盛麟、苗胜春、梁次珊、阎世喜《翠屏山》，压轴姜妙香《罗成叫关》，大轴言慧珠、高盛麟、言少朋、芙蓉草、王玉让、阎世喜合演《男女戏迷传》。

11月16日，上海黄金大戏院日场：

高盛麟、王玉让、李翰三《当锏卖马》，大轴言慧珠、高盛麟、言少朋、姜妙香、王富英、刘正忠合演全部《金钱豹》《盘丝洞》《盗魂铃》。

11月16日，梅剧团上海天蟾舞台夜戏：

张美娟《紫霞宫》，杨盛春、杨荣楼《武文华》，李多奎《钓金龟》，压轴杨宝森、俞振飞、茹富蕙《状元谱》，大轴梅兰芳、刘连荣、姜妙香、王少亭、朱斌仙、李庆山合演《霸王别姬》。

11月17日，梅剧团上海天蟾舞台夜戏：

杨盛春、钱宝森、杨荣楼《恶虎村》，李多奎《望儿楼》，压轴杨宝森、王泉奎、哈宝山《击鼓骂曹》，大轴梅兰芳、姜妙香、魏莲芳合演《洛神》。

11月18日，梅剧团上海天蟾舞台夜戏：

张美娟《紫霞宫》，杨盛春、刘连荣、杨荣楼、张盛利、樊富顺《战濮阳》，大轴梅兰芳、杨宝森、李多奎、姜妙香、魏莲芳、茹富蕙、王少亭、朱斌仙、吴富琴合演《四郎探母》。

11月18日，周信芳、李玉茹上海黄金大戏院头天打泡夜戏：

王玉让《取洛阳》，高盛麟、盖春来《铁笼山》，压轴李玉茹、姜妙香、梁次珊《贵妃醉酒》，大轴周信芳、王富英、梁一鸣、李长山合演《追韩信》。

11月19日，梅剧团上海天蟾舞台夜戏：

张美娟《摇钱树》，李多奎、王泉奎《断太后》，压轴杨宝森、杨盛春、哈宝山、杨荣楼《连营寨》，大轴梅兰芳、姜妙香、王少亭、李春林、朱斌仙、李庆山合演全部《凤还巢》。

11月20日，周信芳、李玉茹上海黄金大戏院打泡夜戏第三天：

高盛麟、陆刚方、周振和《金锁阵》，大轴周信芳、李玉茹、刘斌昆、姜妙香、王玉让、梁一鸣、苗胜春合演全部《四进士》。

11月21日，梅剧团上海天蟾舞台夜戏：

张美娟《摇钱树》，李多奎、王泉奎《断太后》，压轴杨宝森、杨盛春、哈宝山、杨荣楼《连营寨》，大轴梅兰芳、姜妙香、王少亭、李春林、朱斌仙、李庆山合演全部《凤还巢》。

11月22日，上海黄金大戏院夜戏：

高盛麟、陆刚方、周振和《金锁阵》，大轴周信芳、李玉茹、刘斌昆、姜妙香、王玉让、梁一鸣、苗胜春合演全部《四进士》。

11月23日，上海黄金大戏院日场：

高盛麟、马绮兰、陆刚方《长坂坡》，李玉茹、姜妙香、裘世戎、何润初《红娘》，大轴周信芳、刘斌昆、王富英、王玉让、赵志秋、苗胜春合演《路遥知马力》。

11月23日，梅剧团上海天蟾舞台夜戏：

张美娟《聚宝盆》，杨盛春《战滁州》，李多奎《钓金龟》，压轴杨宝森、王泉奎、钱宝森、茹富蕙《琼林宴》，大轴梅兰芳、刘连荣、姜妙香、王少亭、朱斌仙、李庆山合演《霸王别姬》。

11月24日，梅剧团上海天蟾舞台夜戏：

张美娟《辛安驿》，杨盛春、刘连荣《牛皋下书》《挑华车》，大轴梅兰芳、杨宝森、李多奎、姜妙香、魏莲芳、茹富蕙、哈宝山、朱斌仙、吴富琴合演《四郎探母》。

11月25日，梅剧团上海天蟾舞台夜戏：

张美娟《紫霞宫》，杨盛春、杨荣楼《战滁州》，李多奎《长寿星》，压轴杨宝森、王泉奎、哈宝山《击鼓骂曹》，大轴梅兰芳、姜妙香、刘连荣、王少亭、俞振飞、朱斌仙、吴富琴合演全部《宇宙锋》。

11月26日，梅剧团上海天蟾舞台夜戏：

张美娟《摇钱树》，杨盛春、钱宝森、杨荣楼《状元印》，李多奎《望儿楼》，压轴杨宝森、王泉奎、茹富蕙、萧德寅、哈宝山《洪羊洞》，大轴梅兰芳、姜妙香、魏莲芳合演《洛神》。

11月26日，上海黄金大戏院夜戏：

刘正忠、盖春来《群英毕至》，周信芳、李玉茹、高盛麟、姜妙香、裘世戎、何润初、李长山《龙凤呈祥》，大轴周信芳、刘斌昆、苗胜春、张彦堃合演全部《一捧雪》。

11月27日，梅剧团上海天蟾舞台夜戏：

张美娟《盗仙草》，李多奎《钓金龟》，压轴杨宝森、杨盛春、哈宝山、杨荣楼《连营寨》，大轴梅兰芳、姜妙香、王少亭、李春林、朱斌仙、李庆山合演全部《凤还巢》。

11月28日，梅剧团上海天蟾舞台夜戏：

杨盛春、张美娟、钱宝森、叶盛长《青石山》，李多奎《哭灵》，压轴杨宝森、王泉奎、哈宝山《伍子胥》（“战樊城”、“长亭会”、“文昭关”），大轴梅兰芳、俞振飞、姜妙香、王少亭、茹富蕙合演全本《贩马记》。

11月29日、30日，上海黄金大戏院夜戏：

高盛麟《金锁阵》，大轴周信芳、李玉茹、姜妙香、芙蓉草、刘斌昆、王玉让、梁一鸣、苗胜春合演全部《四进士》。

11月30日，上海黄金大戏院日场：

刘正忠《林冲夜奔》，李玉茹、高盛麟、姜妙香、李长山、盖春来、何润初《武松与潘金莲》，周信芳、芙蓉草《南天门》，大轴周信芳、李玉茹、王玉让合演《宝莲灯》。

11月30日，梅剧团上海天蟾舞台日场：

黄芝兰《打花鼓》，杨盛春、杨荣楼《铁笼山》，李多奎、王泉奎《打龙袍》，压轴杨宝森、哈宝山、茹富蕙、李盛泉《盗宗卷》，大轴梅兰芳、姜妙香、刘连荣、茹富蕙、朱斌仙、哈宝山合演《枪挑穆天王》。

12月1日，上海黄金大戏院夜戏：

高盛麟《赵家楼》，周信芳、姜妙香、马绮兰、赵志秋《举鼎观画》带《徐策跑城》，李玉茹、芙蓉草、李长山《辛安驿》，大轴周信芳、赵志秋、梁一鸣、李翰三合演《十道本》。

12月1日，梅剧团上海天蟾舞台夜戏最后一天：

张美娟《摇钱树》，杨盛春、钱宝森、杨荣楼《状元印》，李多奎《望儿楼》，压轴杨宝森、王泉奎、茹富蕙、萧德寅、哈宝山《洪羊洞》，大轴梅兰芳、姜妙香、魏莲芳合演《洛神》。

12月2日，上海黄金大戏院夜戏：

刘正忠、盖春来《群英毕至》，周信芳、李玉茹、高盛麟、姜妙香、裘世戎、何润初、李长山《龙凤呈祥》，大轴周信芳、刘斌昆、苗胜春、张彦堃合演全部《一捧雪》。

12月2日，梅剧团为上海市立实验剧校、北平国剧学会私立夏声剧校筹募基金，上海天蟾舞台义务夜戏头天：

张美娟《百草山》，李多奎《长寿星》，压轴杨宝森、杨盛春、哈宝山、杨荣楼《连营寨》，大轴梅兰芳、姜妙香、王少亭、李春林、朱斌仙、李庆山合演全部《凤还巢》。

12月3日，梅剧团为上海市立实验剧校、北平国剧学会私立夏声剧校筹募基金，上海天蟾舞台义务夜戏第二天：

张美娟《辛安驿》，杨盛春、杨荣楼《武文华》，李多奎、王泉奎《断太后》，压轴杨宝森、魏莲芳、茹富蕙《乌龙院》，大轴梅兰芳、刘连荣、姜妙香、王少亭、朱斌仙、李庆山合演《霸王别姬》。

12月4日，梅剧团为上海市立实验剧校、北平国剧学会私立夏声剧校筹募基金，上海天蟾舞台义务夜戏最后一天：

张美娟《紫霞宫》，杨盛春、刘连荣、杨荣楼、张盛利《战濮阳》，大轴梅兰芳、杨宝森、李多奎、姜妙香、魏莲芳、茹富蕙、哈宝山、朱斌仙、吴富琴合演《四郎探母》。

12月5日、6日，上海黄金大戏院夜戏：

周信芳、李玉茹、芙蓉草、姜妙香、李长山、王玉让、刘斌昆、裘世戎、梁一鸣、李翰三合演全本《徽钦二帝》。

12月7日，上海黄金大戏院日场：

周菊芳《红桃山》，高盛麟、王玉让、裘世戎、苗胜春、梁一鸣《连环套》，大轴周信芳、李玉茹、姜妙香、芙蓉草、刘斌昆、梁一鸣合演全部《临江驿》。

12月7日，上海黄金大戏院夜戏：

高盛麟《金锁阵》，大轴周信芳、李玉茹、姜妙香、芙蓉草、刘斌昆、王玉让、梁一鸣、苗胜春合演全部《四进士》。

12月9日，上海黄金大戏院夜戏：

刘正忠、盖春来《群英毕至》，周信芳、李玉茹、高盛麟、姜妙香、裘世戎、何润初、李长山《龙凤呈祥》，大轴周信芳、刘斌昆、苗胜春、张彦堃合演全部《一捧雪》。

12月11日至13日，上海黄金大戏院夜戏：

高盛麟《金雁桥》，周信芳、李玉茹、姜妙香、王富英、梁一鸣、盖春来合演全部《明末遗恨》。

12月14日，上海黄金大戏院日场：

周信芳、李玉茹、姜妙香、王玉让、梁一鸣、盖春来合演全部《吕布与貂蝉》（“捉放曹”起“白门楼”止），大轴周信芳、李玉茹、刘斌昆《打渔杀家》。

12月14日，上海黄金大戏院夜戏：

高盛麟《金锁阵》，大轴周信芳、李玉茹、姜妙香、芙蓉草、刘斌昆、王玉让、梁一鸣、苗胜春合演全部《四进士》。

12月15日，上海黄金大戏院夜戏：

高盛麟《林冲夜奔》，周信芳、刘斌昆、王玉让、李长山《黑驴告状》，大轴周信芳、李玉茹、姜妙香、芙蓉草、梁一鸣、马绮兰、李翰三演全部《四郎探母》。

12月17日，上海黄金大戏院夜戏：

李玉茹、姜妙香、芙蓉草二本《虹霓关》，大轴周信芳、杨宝童、刘斌昆、王玉让、王富英、梁一鸣、李长山、苗胜春、盖春来合演全部《麦城升天》。

12月18日、19日，上海黄金大戏院夜戏：

高盛麟《金雁桥》，周信芳、李玉茹、姜妙香、王玉让、王富英、梁一鸣、盖春来合演全部《明末遗恨》。

12月20日、21日，上海黄金大戏院夜戏：

高盛麟《金锁阵》，大轴周信芳、李玉茹、姜妙香、芙蓉草、刘斌昆、王玉让、梁一鸣、苗胜春合演全部《四进士》。

12月22日，上海黄金大戏院夜戏：

周信芳、姜妙香、梁一鸣、王富英全部《薛家将》，李玉茹、姜妙香、刘斌昆《贵妃醉酒》，大轴周信芳、李玉茹、何润初、盖春来合演全部《斩经堂》。

12月25日，上海黄金大戏院夜戏：

周信芳、李玉茹、姜妙香、芙蓉草、刘斌昆、王玉让、李金棠合演全部《赵五娘》。

12月26日，上海黄金大戏院夜戏：

高盛麟《金雁桥》，大轴周信芳、李玉茹、姜妙香、王玉让、王富英、梁一鸣、盖春来合演全部《明末遗恨》。

12月27日，上海黄金大戏院夜戏：

李玉茹、姜妙香、芙蓉草二本《虹霓关》，大轴周信芳、杨宝童、刘斌昆、王玉让、王富英、梁一鸣、李长山、苗胜春、盖春来合演全部《麦城升天》。

12月28日，上海黄金大戏院日场：

高盛麟、王玉让、苗胜春《连环套》，周信芳、芙蓉草《南天门》，李玉茹、刘斌昆、姜妙香、梁一鸣《蝴蝶梦》《大劈棺》，大轴周信芳、王玉让、苗胜春合演《凤凰山》。

12月28日，上海黄金大戏院夜戏：

刘正忠、盖春来《群英毕至》，周信芳、李玉茹、高盛麟、姜妙香、裘世戎、何润初、李长山《龙凤呈祥》，大轴周信芳、刘斌昆、苗胜春、张彦堃合演全部《一捧雪》。

12月30日，上海黄金大戏院夜戏：

高盛麟《金雁桥》，大轴周信芳、李玉茹、姜妙香、王玉让、王富英、梁一鸣、盖春来合演全部《明末遗恨》。

12月31日，上海黄金大戏院夜戏：

李玉茹、姜妙香、芙蓉草二本《虹霓关》，大轴周信芳、杨宝童、刘斌昆、王玉让、王富英、梁一鸣、李长山、苗胜春、盖春来合演全部《麦城升天》。

1948年

（民国三十七年，农历戊子年） 58岁

本年，姜妙香与上海黄金大戏院合同到期，又与上海天蟾舞台签订一年演出合同。

1月1日，上海天蟾舞台日戏：

张美娟《杨排风》，言慧珠、纪玉良、高盛麟、姜妙香、茹富蕙、王泉奎、刘斌昆、王少亭、钱宝森全部《龙凤呈祥》，大轴言慧珠、高盛麟、纪玉良、阎世喜、萧德寅合演《八蜡庙》。

1月1日，上海天蟾舞台夜戏：

张美娟《聚宝盆》，姜妙香、茹富蕙《连升三级》，高盛麟、樊富顺、杨荣楼《铁笼山》，大轴言慧珠、纪玉良、王泉奎合演《大保国》《探皇陵》《二进宫》。

1月1日，上海黄金大戏院夜戏：

高盛麟《金锁阵》，大轴周信芳、李玉茹、姜妙香、芙蓉草、刘斌昆、王玉让、梁一鸣、苗胜春合演全部《四进士》。

1月2日，上海天蟾舞台夜戏：

张美娟《盗仙草》，纪玉良、茹富蕙、王泉奎、钱宝森《奇冤报》，大轴言慧珠、姜妙香、刘连荣、阎世喜、王少亭、李盛泉合演全部《生死恨》。

1月3日，上海黄金大戏院日场：

周信芳、李玉茹、姜妙香、芙蓉草、刘斌昆、王玉让、李金棠合演全部《赵五娘》。

1月3日，上海黄金大戏院夜戏：

高盛麟《金雁桥》，大轴周信芳、李玉茹、姜妙香、王玉让、王富英、梁一鸣、盖春来合演全部《明末遗恨》。

1月4日，上海黄金大戏院夜戏：

周信芳、姜妙香、梁一鸣、王富英全部《薛家将》，李玉茹、姜妙香、刘斌昆《贵妃醉酒》，大轴周信芳、李玉茹、何润初、盖春来合演全部《斩经堂》。

1月5日，上海黄金大戏院日场：

高盛麟、王玉让《恶虎村》，李玉茹、姜妙香、李长山、何润初《红娘》，大轴周信芳、刘斌昆、王富英、王玉让、苗胜春合演《路遥知马力》。

1月5日，上海黄金大戏院夜戏：

刘正忠《金锁阵》，大轴周信芳、李玉茹、姜妙香、芙蓉草、刘斌昆、王玉让、梁一鸣、苗胜春合演全部《四进士》。

1月6日，上海天蟾舞台夜戏：

张美娟《盗仙草》，纪玉良、高盛麟、姜妙香、茹富蕙、王泉奎、刘连荣、叶盛长《群英会》《借东风》，大轴言慧珠、姜妙香、茹富蕙、王少亭、宋遇春合演《女起解》《玉堂春》。

1月7日，上海天蟾舞台夜戏：

张美娟《聚宝盆》，纪玉良、王泉奎、茹富蕙、魏莲芳《鼎盛春秋》，大轴言慧珠、刘连荣、姜妙香、阎世喜、王少亭、朱斌仙合演全部《霸王别姬》。

1月8日，上海天蟾舞台夜戏：

张美娟《金山寺》，言慧珠、纪玉良、姜妙香、刘斌昆、茹富蕙、刘连荣、王泉奎、王少亭《穆柯寨》《穆天王》《辕门斩子》，大轴言慧珠、姜妙香、茹富蕙、王少亭、宋遇春合演《女起解》《玉堂春》。

1月9日，上海天蟾舞台夜戏：

张美娟《百草山》，纪玉良、高盛麟、姜妙香、茹富蕙、刘连荣、王泉奎、叶盛长《群英会》《借东风》，大轴言慧珠、姜妙香、茹富蕙、王少亭、宋遇春合演《女起解》《玉堂春》。

1月11日，上海天蟾舞台日场：

高盛麟、纪玉良、叶盛长、宋遇春、萧德寅、张盛利一至四本《走麦城》，大轴言慧珠、纪玉良、王泉奎、茹富蕙、姜妙香、刘斌昆、王少亭、崔熹云合演《拾玉镯》《法门寺》。

1月12日，上海天蟾舞台夜戏：

张美娟《取金陵》，言慧珠、高盛麟、茹富蕙、叶盛长《大翠屏山》，大轴言慧珠、纪玉良、姜妙香、魏莲芳、茹富蕙、刘斌昆、王少亭合演《四郎探母》。

1月13日，上海天蟾舞台夜戏：

张美娟《百草山》，纪玉良、高盛麟、姜妙香、茹富蕙、刘连荣、王泉奎、叶盛长《群英会》《借东风》，大轴言慧珠、姜妙香、茹富蕙、王少亭、宋遇春合演《女起解》《玉堂春》。

1月14日，上海天蟾舞台夜戏：

张美娟《金山寺》，言慧珠、高盛麟、茹富蕙《打渔杀家》，大轴言慧珠、纪玉良、姜妙香、魏莲芳、茹富蕙、王少亭、李盛泉、刘连荣合演《红鬃烈马》。

1月17日，上海天蟾舞台夜戏：

张美娟《摇钱树》，纪玉良、刘连荣《黄金台》，言慧珠、高盛麟、姜妙香、阎世喜、朱斌仙《武松与潘金莲》，大轴言慧珠、纪玉良、王泉奎合演《二进宫》。

1月18日，上海天蟾舞台日场：

高盛麟、纪玉良、叶盛长、萧德寅、叶盛长一至四本《走麦城》，大轴言慧珠、姜妙香、刘连荣、阎世喜、李盛泉《得意缘》。

1月18日，上海天蟾舞台夜戏：

张美娟《盗仙草》，纪玉良、王泉奎《托兆碰碑》，大轴言慧珠、姜妙香、刘连荣、王少亭、阎世喜合演全部《生死恨》。

1月19日至21日，上海天蟾舞台夜戏：

张美娟《百草山》，纪玉良、高盛麟、姜妙香、茹富蕙、刘连荣、王泉奎、王少亭《群英会》《借东风》，大轴言慧珠、纪玉良、高盛麟、阎世喜合演《男女戏迷传》。

1月22日至24日，上海天蟾舞台夜戏：

张美娟《聚宝盆》，纪玉良、姜妙香、刘连荣《取洛阳》《白蟒台》，大轴言慧珠、纪玉良、高盛麟、阎世喜合演《男女戏迷传》。

1月27日、28日，上海天蟾舞台夜戏：

张美娟《百草山》，纪玉良、高盛麟、姜妙香、茹富蕙、刘连荣、王泉奎、王少亭《群英会》《借东风》，大轴言慧珠、纪玉良、高盛麟、阎世喜合演《男女戏迷传》。

1月29日、30日，上海天蟾舞台夜戏：

张美娟《取金陵》，纪玉良、王泉奎、王少亭《搜孤救孤》，言慧珠、高盛麟、茹富蕙《打渔杀家》，纪玉良、刘连荣、王少亭、崔熹云《辕门斩子》，大轴言慧珠、刘斌昆、姜妙香、阎世喜合演《蝴蝶梦》《大劈棺》。

1月31日，上海天蟾舞台夜戏：

张国斌《梅龙镇》，纪玉良、高盛麟、姜妙香、茹富蕙、刘连荣、王泉奎、王少亭《群英会》《借东风》，大轴言慧珠、纪玉良、高盛麟、阎世喜合演《男女戏迷传》。

2月1日，上海天蟾舞台夜戏：

张美娟《取金陵》，纪玉良、王泉奎、王少亭《搜孤救孤》，言慧珠、高盛麟、茹富蕙《打渔杀家》，纪玉良、刘连荣、王少亭、崔熹云《辕门斩子》，大轴言慧珠、刘斌昆、姜妙香、阎世喜合演《蝴蝶梦》《大劈棺》。

2月2日至4日，上海天蟾舞台夜戏：

张美娟《百草山》，纪玉良、高盛麟、姜妙香、茹富蕙、刘连荣、王泉奎、王少亭《群英会》《借东风》，大轴言慧珠、纪玉良、高盛麟、阎世喜合演《男女戏迷传》。

2月21日，上海天蟾舞台夜戏：

班世超、钱宝森《青石山》，高盛麟、叶盛章、王泉奎《黄马褂》《九龙杯》，纪玉良、云燕铭、姜妙香、萧德寅、阎世喜合演全部《穆桂英》，大轴盖叫天、高盛麟、叶盛章、程少余、张国斌合演全部《贺天保》。

2月22日，上海天蟾舞台日场：

班世超《朝金顶》，纪玉良、高盛麟、姜妙香、魏莲芳、钱宝森、王泉奎、叶盛长、李盛泉《龙凤呈祥》，大轴盖叫天、叶盛章、高盛麟、云燕铭、阎少泉、张国斌、朱斌仙、李盛佐合演全部《武松》。

2月25日，上海天蟾舞台夜戏：

班世超《杨排风》，云燕铭、姜妙香、萧德寅头本《虹霓关》，叶盛章、高盛洪、阎少泉《打瓜园》，大轴盖叫天、纪玉良、叶盛长、程少余、张国斌、萧德寅合演《献地图》带《金雁桥》。

2月29日，上海天蟾舞台日场：

班世超《朝金顶》，纪玉良、高盛麟、姜妙香、魏莲芳、钱宝森、王泉奎、叶盛长、李盛泉《龙凤呈祥》，大轴盖叫天、叶盛章、高盛麟、云燕铭、阎少泉、张国斌、朱斌仙、李盛佐合演全部《武松》。

3月2日，上海天蟾舞台夜戏：

王泉奎、李盛泉《断太后》，云燕铭、姜妙香、魏莲芳、朱斌仙《能仁寺》，盖叫天、叶盛章、杨荣楼《白水滩》，纪玉良、高盛麟、萧德寅、宋遇春、杨荣楼《伐东吴》带《连营寨》，大轴盖叫天、叶盛章、阎少泉合演《十字坡》。

3月3日，上海天蟾舞台夜戏：

班世超《盗仙草》，纪玉良、姜妙香、高雪樵、刘斌昆、王泉奎、程少余《群英会》《借东风》，大轴盖叫天、叶盛章、高盛麟、刘斌昆、魏莲芳、张国斌、阎世喜、萧德寅合演《霸王庄》《鄚州庙》。

3月7日，上海天蟾舞台日场：

班世超《朝金顶》，纪玉良、高盛麟、姜妙香、魏莲芳、钱宝森、王泉奎、叶盛长、李盛泉《龙凤呈祥》，大轴盖叫天、叶盛章、高盛麟、云燕铭、阎少泉、张国斌、朱斌仙、李盛佐合演全部《武松》。

3月7日、11日，上海天蟾舞台夜戏：

班世超《盗仙草》，纪玉良、姜妙香、高雪樵、刘斌昆、王泉奎、程少余《群英会》《借东风》，大轴盖叫天、叶盛章、高盛麟、刘斌昆、魏莲芳、张国斌、阎世喜、萧德寅合演《霸王庄》《鄚州庙》。

3月13日，上海天蟾舞台夜戏：

班世超、钱宝森《青石山》，高盛麟、叶盛章、王泉奎《黄马褂》《九龙杯》，纪玉良、云燕铭、姜妙香、萧德寅、阎世喜合演全部《穆桂英》，大轴盖叫天、高盛麟、叶盛章、程少余、张国斌合演全部《贺天保》。

3月14日，上海天蟾舞台日场：

班世超《朝金顶》，纪玉良、高盛麟、姜妙香、魏莲芳、钱宝森、王泉奎、叶盛长、李盛泉《龙凤呈祥》，大轴盖叫天、叶盛章、高盛麟、云燕铭、阎少泉、张国斌、朱斌仙、李盛佐合演全部《武松》。

3月23日，上海天蟾舞台夜戏：

班世超《聚宝盆》，云燕铭、朱斌仙《打花鼓》，纪玉良、姜妙香、高雪樵、刘斌昆、王泉奎、程少余《群英会》《借东风》，大轴盖叫天、高盛麟、叶盛章、刘斌昆、高雪樵、程少余合演《莲花湖》。

3月24日，上海天蟾舞台夜戏：

班世超《盗仙草》，云燕铭、姜妙香二本《虹霓关》，高盛麟、叶盛章、王泉奎《连环套》，纪玉良《文昭关》，大轴盖叫天、高盛麟、叶盛章、高雪樵、林鹏程合演全部《史文恭》。

3月27日，上海天蟾舞台夜戏：

班世超《聚宝盆》，云燕铭、朱斌仙《打花鼓》，纪玉良、姜妙香、高雪樵、刘斌昆、王泉奎、程少余《群英会》《借东风》，大轴盖叫天、高盛麟、叶盛章、刘斌昆、高雪樵、程少余合演《莲花湖》。

3月28日，上海天蟾舞台日场：

班世超《朝金顶》，纪玉良、高盛麟、姜妙香、魏莲芳、钱宝森、王泉奎、叶盛长、李盛泉《龙凤呈祥》，大轴盖叫天、叶盛章、高盛麟、云燕铭、阎少泉、张国斌、朱斌仙、李盛佐合演全部《武松》。

3月31日，盖叫天上海天蟾舞台夜戏最后一天：

班世超《泗州城》，云燕铭、刘斌昆、姜妙香《大劈棺》，高盛麟、叶盛章、王泉奎《连环套》，大轴盖叫天、叶盛章、班世超、高盛洪合演《三岔口》。

4月，梅剧团在上海天蟾舞台演出，杨宝森第三次参加梅剧团。演期自4月4日至5月24日，共计50天。

4月5日，梅剧团在上海天蟾舞台打泡夜戏第二天：

王泉奎、李盛泉《打龙袍》，杨盛春、班世超、程少余、宋遇春《青石山》，压轴杨宝森、王泉奎《打鼓骂曹》，大轴梅兰芳、姜妙香（穆柯寨）、俞振飞（穆天王）、高盛麟、刘连荣、茹富蕙、马世啸合演《穆柯寨》《穆天王》。

4月6日，梅剧团上海天蟾舞台夜戏：

班世超《摇钱树》，高盛麟（前石秀）、杨盛春（后石秀）、陈永玲《大翠屏山》，压轴杨宝森、茹富蕙、王泉奎、哈宝山、马世啸《洪羊洞》，大轴梅兰芳、俞振飞、姜妙香（保童）、王少亭、茹富蕙合演全本《贩马记》。

4月7日，梅剧团上海天蟾舞台夜戏：

王泉奎、李盛泉《断太后》，高盛麟、杨盛春《四平山》，压轴杨宝森、陈永玲、姜妙香、哈宝山、程少余、吴富琴《珠帘寨》，大轴梅兰芳、俞振飞、茹富蕙合演《贵妃醉酒》。

4月8日，梅剧团上海天蟾舞台夜戏：

班世超《杨排风》，陈永玲、贾松龄《小上坟》，压轴杨宝森、杨盛春、哈宝山、杨荣楼《连营寨》，大轴梅兰芳、刘连荣、姜妙香、王少亭、茹富蕙、朱斌仙、萧德寅合演《霸王别姬》。

4月9日，梅剧团上海天蟾舞台夜戏：

班世超《盗仙草》，高盛麟、刘连荣、王泉奎、李盛佐《连环套》，大轴梅兰芳、杨宝森、姜妙香、魏莲芳、茹富蕙、朱斌仙、李金泉、哈宝山、任志秋合演《四郎探母》。

4月10日，梅剧团上海天蟾舞台夜戏：

班世超《百鸟朝凤》，杨盛春、杨荣楼《白水滩》，压轴杨宝森、王泉奎、哈宝山《托兆碰碑》，大轴梅兰芳、姜妙香、陈永玲、魏莲芳、张盛利、朱斌仙合演全部《洛神》。

4月11日，梅剧团上海天蟾舞台夜戏：

班世超《金山寺》，压轴杨宝森、高盛麟、俞振飞、王泉奎、李盛泉、高雪樵《八大锤》《断臂说书》，大轴梅兰芳、刘连荣、姜妙香、王少亭、茹富蕙、朱斌仙、萧德寅合演《霸王别姬》。

4月12日，梅剧团上海天蟾舞台夜戏：

班世超《摇钱树》，杨盛春（张绣）、高盛麟（典韦）、陈永玲（邹氏）、李盛佐（胡车）、马世啸（曹操）《大战宛城》，压轴杨宝森、茹富蕙、王泉奎、哈宝山《洪羊洞》，大轴梅兰芳、俞振飞、姜妙香（保童）、王少亭、茹富蕙、朱斌仙合演全本《贩马记》。

4月13日，梅剧团上海天蟾舞台夜戏：

班世超《朝金顶》，陈永玲、贾松龄《小上坟》，压轴杨宝森、高盛麟、俞振飞、王泉奎、李盛泉、哈宝山、高雪樵《八大锤》《断臂说书》，大轴梅兰芳、刘连荣、姜妙香、王少亭、茹富蕙、朱斌仙、萧德寅合演《霸王别姬》。

4月14日，梅剧团上海天蟾舞台夜戏：

班世超《金山寺》，杨盛春、杨荣楼《一箭仇》，大轴梅兰芳、杨宝森、姜妙香、魏莲芳、茹富蕙、朱斌仙、李金泉、哈宝山、任志秋合演《四郎探母》。

4月15日，梅剧团上海天蟾舞台夜戏：

班世超《百鸟朝凤》，杨盛春、杨荣楼、阎少泉《武文华》，压轴杨宝森、茹富蕙、王泉奎、程少余《琼林宴》，大轴梅兰芳、姜妙香、陈永玲、魏莲芳、张盛利、朱斌仙合演全部《洛神》。

4月16日，梅剧团上海天蟾舞台夜戏：

班世超《摇钱树》，高盛麟、王元芳《挑华车》，压轴杨宝森、王泉奎、刘连荣、哈宝山、贾松龄《失街亭》《空城计》《斩马谡》，大轴梅兰芳、姜妙香、茹富蕙合演《贵妃醉酒》。

4月17日，梅剧团上海天蟾舞台夜戏：

班世超《杨排风》，陈永玲、贾松龄《小上坟》，压轴杨宝森、杨盛春、哈宝山、杨荣楼《连营寨》，大轴梅兰芳、刘连荣、姜妙香、王少亭、茹富蕙、朱斌仙、萧德寅合演《霸王别姬》。

4月18日，梅剧团上海天蟾舞台夜戏：

班世超《盗仙草》，高盛麟、马世啸、宋遇春《铁笼山》，大轴梅兰芳、杨宝森、陈永玲、姜妙香、魏莲芳、茹富蕙、王少亭、李金泉、朱斌仙合演《红鬃烈马》（“赶三关”起“大登殿”止）。

4月19日，梅剧团上海天蟾舞台夜戏：

班世超《摇钱树》，杨盛春、张盛利、杨荣楼《连环阵》，压轴杨宝森、茹富蕙、王泉奎、哈宝山《洪羊洞》，大轴梅兰芳、俞振飞、姜妙香（保童）、王少亭、茹富蕙、朱斌仙合演全本《贩马记》。

4月20日，梅剧团上海天蟾舞台夜戏：

班世超《盗仙草》，高盛麟、魏莲芳、刘连荣、程少余《长坂坡》，压轴杨宝森、王泉奎、哈宝山《托兆碰碑》，大轴梅兰芳、姜妙香、陈永玲、魏莲芳、张盛利、朱斌仙合演全部《洛神》。

4月21日，梅剧团上海天蟾舞台夜戏：

班世超《杨排风》，高盛麟（李元霸）、杨盛春（裴元庆）、李盛泉（窦太真）、张国斌（秦琼）《四平山》，压轴杨宝森、王泉奎、哈宝山、马世啸《伍子胥》（"战樊城"起"文昭关"止），大轴梅兰芳、姜妙香、茹富蕙合演《贵妃醉酒》

4月22日，梅剧团上海天蟾舞台夜戏：

班世超《盗仙草》，杨盛春、杨荣楼《状元印》，压轴杨宝森、陈永玲《乌龙院》，大轴梅兰芳、刘连荣、姜妙香、王少亭、茹富蕙、朱斌仙、萧德寅合演《霸王别姬》。

4月23日，梅剧团上海天蟾舞台夜戏：

班世超《摇钱树》，高盛麟《铁笼山》，大轴梅兰芳、杨宝森、姜妙香、魏莲芳、茹富蕙、朱斌仙、李金泉、哈宝山、任志秋合演《四郎探母》。

4月13日，梅剧团上海天蟾舞台夜戏：

班世超《朝金顶》，陈永玲、贾松龄《小上坟》，压轴杨宝森、高盛麟、俞振飞、王泉奎、李盛泉、哈宝山、高雪樵《八大锤》《断臂说书》，大轴梅兰芳、刘连荣、姜妙香、王少亭、茹富蕙、朱斌仙、萧德寅合演《霸王别姬》。

4月24日，梅剧团上海天蟾舞台夜戏：

李金泉《游六殿》，杨盛春、班世超、程少余、宋遇春《青石山》，压轴杨宝森、陈永玲《梅龙镇》，大轴梅兰芳、姜妙香（匡扶）、刘连荣、茹富蕙、王少亭、俞振飞、张盛利合演全部《宇宙锋》。

4月26日，梅剧团上海天蟾舞台夜戏：

班世超《盗仙草》，高盛麟、杨荣楼《一箭仇》，压轴杨宝森、王泉奎、哈宝山《击鼓骂曹》，大轴梅兰芳、姜妙香、陈永玲、魏莲芳、张盛利、朱斌仙合演全部《洛神》。

4月27日，梅剧团上海天蟾舞台夜戏：

班世超《盗宝库》，杨盛春、杨荣楼、阎少泉《武文华》，压轴杨宝森、王泉奎、刘连荣、茹富蕙、宋遇春《失街亭》《空城计》《斩马谡》，大轴梅兰芳、俞振飞、姜妙香（保童）、王少亭、茹富蕙、朱斌仙合演全本《贩马记》。

4月28日，梅剧团上海天蟾舞台夜戏：

班世超《聚宝盆》，高盛麟、萧德寅《赵家楼》，压轴杨宝森、陈永玲、姜妙香、哈宝山、程少余、吴富琴《珠帘寨》，大轴梅兰芳、俞振飞、茹富蕙合演《贵妃醉酒》。

4月29日，梅剧团上海天蟾舞台夜戏：

班世超《金山寺》，王泉奎、李金泉《打龙袍》，压轴杨宝森、杨盛春、哈宝山、杨荣楼《连营寨》，大轴梅兰芳、姜妙香（匡扶）、刘连荣、茹富蕙、王少亭、俞振飞、张盛利合演全部《宇宙锋》。

4月30日，梅剧团上海天蟾舞台夜戏：

班世超《盗仙草》，高盛麟、刘连荣、杨荣楼《牛皋下书》《挑华车》，大轴梅兰芳、杨宝森、姜妙香、魏莲芳、茹富蕙、朱斌仙、李金泉、哈宝山、任志秋合演《四郎探母》。

5月1日，梅剧团上海天蟾舞台夜戏：

班世超《杨排风》，高盛麟、杨盛春、李盛泉《四平山》，压轴杨宝森、俞振飞、贾松龄、李盛泉《状元谱》，大轴梅兰芳、刘连荣、姜妙香、王少亭、茹富蕙、朱斌仙、萧德寅合演《霸王别姬》。

5月2日，梅剧团上海天蟾舞台夜戏：

班世超《聚宝盆》，杨盛春、杨荣楼《冀州城》，压轴杨宝森、陈永玲《梅龙镇》，大轴梅兰芳、姜妙香、刘连荣、李春林、王少亭、茹富蕙、朱斌仙、萧德寅合演全部《凤还巢》。

5月3日，梅剧团上海天蟾舞台夜戏：

班世超《朝金顶》，高盛麟《铁笼山》，大轴梅兰芳、杨宝森、姜妙香、魏莲芳、茹富蕙、朱斌仙、李金泉、哈宝山、任志秋合演《四郎探母》。

5月4日，梅剧团上海天蟾舞台夜戏：

班世超《百草山》，杨盛春、杨荣楼、阎少泉《白水滩》，压轴杨宝森、王泉奎、哈宝山、贾松龄《定军山》，大轴梅兰芳、俞振飞、姜妙香（保童）、王少亭、茹富蕙、朱斌仙合演全本《贩马记》。

5月5日，梅剧团上海天蟾舞台夜戏：

班世超、阎少泉《金山寺》，压轴杨宝森、高盛麟、王泉奎、哈宝山、杨荣楼《阳平关》，大轴梅兰芳、姜妙香、刘连荣、李春林、王少亭、茹富蕙、朱斌仙、萧德寅合演全部《凤还巢》。

5月6日，梅剧团上海天蟾舞台夜戏：

班世超《朝金顶》，陈永玲、贾松龄《小上坟》，压轴杨宝森、高盛麟、俞振飞、王泉奎、李盛泉、哈宝山、高雪樵《八大锤》《断臂说书》，大轴梅兰芳、刘连荣、姜妙香、王少亭、茹富蕙、朱斌仙、萧德寅合演《霸王别姬》。

5月9日，梅剧团上海天蟾舞台夜戏：

班世超《杨排风》，高盛麟、杨荣楼《史文恭》，压轴杨宝森、茹富蕙、王泉奎、程少余《琼林宴》，大轴梅兰芳、刘连荣、姜妙香、王少亭、茹富蕙、朱斌仙、萧德寅合演《霸王别姬》。

5月10日，梅剧团上海天蟾舞台夜戏：

班世超《百鸟朝凤》，高盛麟、杨盛春、李盛泉《四平山》，大轴梅兰芳、杨宝森、姜妙香、魏莲芳、茹富蕙、朱斌仙、李金泉、哈宝山、任志秋合演《四郎探母》。

5月11日，梅剧团上海天蟾舞台夜戏：

班世超《盗仙草》，高盛麟、杨荣楼《一箭仇》，压轴杨宝森、王泉奎、哈宝山《行路宿店》，大轴梅兰芳、姜妙香、陈永玲、魏莲芳、张盛利、朱斌仙合演全部《洛神》。

5月12日，梅剧团上海天蟾舞台夜戏：

班世超《摇钱树》，杨盛春、杨荣楼《两将军》，压轴杨宝森、茹富蕙、王泉奎、哈宝山、马世啸《洪羊洞》，大轴梅兰芳、俞振飞、姜妙香（保童）、王少亭、茹富蕙、朱斌仙合演全本《贩马记》。

5月13日，梅剧团上海天蟾舞台夜戏：

班世超、阎少泉《金山寺》，压轴杨宝森、高盛麟、王泉奎、哈宝山、杨荣楼《阳平关》，大轴梅兰芳、姜妙香、刘连荣、李春林、王少亭、茹富蕙、朱斌仙、萧德寅合演全部《凤还巢》。

5月14日，梅剧团上海天蟾舞台夜戏：

班世超《杨排风》，杨盛春、杨荣楼《白水滩》，压轴杨宝森、王泉奎、哈宝山、马世啸《伍子胥》（"战樊城"起"文昭关"止），大轴梅兰芳、姜妙香、茹富蕙合演《贵妃醉酒》。

5月15日，梅剧团上海天蟾舞台夜戏：

班世超《百鸟朝凤》，高盛麟、杨盛春、李盛泉《四平山》，压轴杨宝森、陈永玲《梅龙镇》，大轴梅兰芳、刘连荣、姜妙香、王少亭、茹富蕙、朱斌仙、萧德寅合演《霸王别姬》。

5月16日，梅剧团上海天蟾舞台夜戏：

班世超《摇钱树》，高盛麟《铁笼山》，大轴梅兰芳、杨宝森、姜妙香、魏莲芳、茹富蕙、朱斌仙、李金泉、哈宝山、任志秋合演《四郎探母》。

5月17日，梅剧团上海天蟾舞台夜戏：

李金泉《游六殿》，杨盛春、班世超、程少余、宋遇春《青石山》，压轴杨宝森、魏莲芳、贾松龄《打渔杀家》，大轴梅兰芳、刘连荣、姜妙香、王少亭、茹富蕙、朱斌仙、萧德寅合演《霸王别姬》。

5月18日，梅剧团上海天蟾舞台夜戏：

班世超《盗仙草》，高盛麟、刘连荣、杨荣楼《牛皋下书》《挑华车》，大轴梅兰芳、杨宝森、陈永玲、姜妙香、魏莲芳、茹富蕙、王少亭、李金泉、朱斌仙合演《红鬃烈马》（"赶三关"起"大登殿"止）。

5月19日，梅剧团上海天蟾舞台夜戏：

班世超《摇钱树》，杨盛春、张盛利、杨荣楼《连环阵》，压轴杨宝森、王泉奎、刘连荣、哈宝山、贾松龄《失街亭》《空城计》《斩马谡》，大轴梅兰芳、姜妙香、茹富蕙合演《贵妃醉酒》。

5月20日，梅剧团上海天蟾舞台夜戏：

班世超、阎少泉《金山寺》，压轴杨宝森、杨盛春、哈宝山、杨荣楼《连营寨》，大轴梅兰芳、姜妙香、刘连荣、李春林、王少亭、茹富蕙、朱斌仙、萧德寅合演全部《凤还巢》。

5月21日，梅剧团上海天蟾舞台夜戏：

班世超《朝金顶》，陈永玲、贾松龄《小上坟》，压轴杨宝森、高盛麟、俞振飞、王泉奎、李盛泉《八大锤》《断臂说书》，大轴梅兰芳、刘连荣、姜妙香、王少亭、茹富蕙、朱斌仙、萧德寅合演《霸王别姬》。

5月22日，梅剧团上海天蟾舞台夜戏：

班世超《百鸟朝凤》，高盛麟、杨盛春、李盛泉《四平山》，大轴梅兰芳、杨宝森、姜妙香、魏莲芳、茹富蕙、朱斌仙、李金泉、哈宝山、任志秋合演《四郎探母》。

5月23日，北平国剧学会、上海伶界联合会为筹募南北清苦同业福利基金，上海天蟾舞台义务夜戏头天：

李金泉《游六殿》，杨盛春、班世超、程少余、宋遇春《青石山》，压轴杨宝森、王泉奎、哈宝山《托兆碰碑》，大轴梅兰芳、刘连荣、姜妙香、王少亭、茹富蕙、朱斌仙、萧德寅合演《霸王别姬》。

5月24日，北平国剧学会、上海伶界联合会为筹募南北清苦同业福利基金，上海天蟾舞台义务夜戏第二天：

班世超《盗仙草》，高盛麟、刘连荣、杨荣楼《牛皋下书》《挑华车》，大轴梅兰芳、杨宝森、陈永玲、姜妙香、魏莲芳、茹富蕙、王少亭、李金泉、朱斌仙合演《红鬃烈马》（“赶三关”起“大登殿”止）。

5月25日，梅剧团上海天蟾舞台夜戏：

班世超《百鸟朝凤》，杨盛春、杨荣楼、阎少泉《武文华》，压轴杨宝森、茹富蕙、王泉奎、哈宝山、马世啸《洪羊洞》，大轴梅兰芳、姜妙香、陈永玲、魏莲芳、张盛利、朱斌仙合演全部《洛神》。

5月26日，梅剧团上海天蟾舞台夜戏最后一天：

班世超、阎少泉《金山寺》，压轴杨宝森、高盛麟、王泉奎、哈宝山、杨荣楼《阳平关》，大轴梅兰芳、姜妙香、刘连荣、李春林、王少亭、茹富蕙、朱斌仙、萧德寅合演全部《凤还巢》。

5月27日，梅剧团为联合国中国同志会筹募基金，上海天蟾舞台义务夜戏：

班世超《杨排风》，杨盛春、杨荣楼《一箭仇》，压轴杨宝森、王泉奎、程少余、贾松龄《琼林宴》，大轴梅兰芳、刘连荣、姜妙香、王少亭、茹富蕙、朱斌仙、萧德寅合演《霸王别姬》。

5月30日，童芷苓上海天蟾舞台打泡夜戏头天：

班世超《聚宝盆》，纪玉良、高盛麟、姜妙香、王泉奎、刘斌昆、金少臣、宋遇春《群英会》《借东风》，大轴童芷苓、童寿苓、李盛泉、宋遇春、朱斌仙合演全部《红娘》。

5月31日，上海天蟾舞台夜戏：

班世超《金山寺》，纪玉良、高盛麟、王泉奎、李盛泉《八大锤》《断臂说书》，大轴童芷苓、姜妙香、刘斌昆、宋遇春合演《女起解》《玉堂春》。

6月1日，上海天蟾舞台夜戏：

班世超《朝金顶》，童芷苓、高盛麟、朱斌仙《大翠屏山》，大轴童芷苓、纪玉良、姜妙香、魏莲芳、刘斌昆、朱斌仙、宋遇春、吴富琴合演《四郎探母》。

6月2日，上海天蟾舞台夜戏：

班世超《锯大缸》，姜妙香、张国斌、萧德寅《辕门射戟》，高盛麟、周瑛鹏《艳阳楼》，大轴童芷苓、纪玉良、王泉奎合演《大保国》《探皇陵》《二进宫》。

6月4日，上海天蟾舞台夜戏：

班世超《盗仙草》，贺玉钦、郭金光《铁公鸡》，童芷苓、纪玉良、王泉奎《二进宫》，大轴童芷苓、纪玉良、高盛麟、姜妙香、刘斌昆、崔熹云、宋遇春、贺玉钦合演《金钱豹》《盘丝洞》《盗魂铃》。

6月5日，上海天蟾舞台夜戏：

班世超《盗宝库》，贺玉钦《花蝴蝶》，纪玉良、王泉奎、魏莲芳、程少余《鼎盛春秋》，大轴童芷苓、高盛麟、姜妙香、宋遇春、朱斌仙、萧德寅合演《霸王别姬》。

6月6日，上海天蟾舞台日场：

班世超《泗州城》，贺玉钦《铁公鸡》，童芷苓、纪玉良、高盛麟、姜妙香、王泉奎、李盛泉、宋遇春、程少余《龙凤呈祥》，贺玉钦《伐子都》，大轴童芷苓、高盛麟、纪玉良、程少余、宋遇春合演《大八蜡庙》。

6月6日、9日，上海天蟾舞台夜戏：

班世超《盗仙草》，贺玉钦、郭金光《铁公鸡》，童芷苓、纪玉良、王泉奎《二进宫》，大轴童芷苓、纪玉良、高盛麟、姜妙香、刘斌昆、崔熹云、宋遇春、贺玉钦合演《金钱豹》《盘丝洞》《盗魂铃》。

6月11日，上海天蟾舞台日场：

童芷苓、童寿苓、班世超、崔熹云、宋遇春《白蛇传》（“金山寺”起“合钵”止），纪玉良、姜妙香、刘斌昆、李盛泉《状元谱》，大轴童芷苓、高盛麟、童寿苓、李盛佐、朱斌仙合演全部《武松与潘金莲》。

6月11日，上海天蟾舞台夜戏：

童芷苓、童寿苓、班世超、崔熹云、宋遇春《白蛇传》（“金山寺”起“合钵”止），高盛麟、贺玉钦《艳阳楼》，大轴童芷苓、纪玉良、姜妙香、崔熹云、朱斌仙、宋遇春合演全部《红鬃烈马》。

6月12日，上海天蟾舞台夜戏：

班世超《盗仙草》，贺玉钦、郭金光《铁公鸡》，童芷苓、纪玉良、王泉奎《二进宫》，大轴童芷苓、纪玉良、高盛麟、姜妙香、刘斌昆、崔熹云、宋遇春、贺玉钦合演《金钱豹》《盘丝洞》《盗魂铃》。

6月13日，上海天蟾舞台日场：

班世超《取金陵》，贺玉钦《三岔口》，纪玉良、王泉奎、魏莲芳、程少余《鼎盛春秋》，大轴童芷苓、高盛麟、姜妙香、宋遇春、朱斌仙、萧德寅合演《霸王别姬》。

6月13日、14日，上海天蟾舞台夜戏：

班世超《摇钱树》，纪玉良、高盛麟、姜妙香、王泉奎、金少臣、李宝奎《群英会》《借东风》《华容道》，大轴童芷苓、刘斌昆、李宝奎、童寿苓、崔熹云合演全部《蝴蝶梦》《大劈棺》。

6月16日，上海天蟾舞台夜戏：

班世超《取金陵》，贺玉钦《伐子都》，童芷苓、姜妙香、刘斌昆《贵妃醉酒》，纪玉良、金少臣、费玉策《奇冤报》，大轴童芷苓、李宝奎合演《十八扯》。

6月17日，上海天蟾舞台夜戏：

班世超《盗仙草》，贺玉钦、郭金光《铁公鸡》，童芷苓、纪玉良、王泉奎《二进宫》，大轴童芷苓、纪玉良、高盛麟、姜妙香、刘斌昆、崔熹云、宋遇春、贺玉钦合演《金钱豹》《盘丝洞》《盗魂铃》。

6月18日至20日，上海天蟾舞台夜戏：

班世超《摇钱树》，纪玉良、高盛麟、姜妙香、王泉奎、金少臣、李宝奎《群英会》《借东风》《华容道》，大轴童芷苓、刘斌昆、李宝奎、童寿苓、崔熹云合演全部《蝴蝶梦》《大劈棺》。

6月20日，上海天蟾舞台日场：

班世超《泗州城》，贺玉钦、郭金光《铁公鸡》，纪玉良、高盛麟、童寿苓全部《八大锤》，大轴童芷苓、纪玉良、高盛麟、姜妙香、刘斌昆、崔熹云、宋遇春、贺玉钦合演《金钱豹》《盘丝洞》《盗魂铃》。

6月23日，上海天蟾舞台夜戏：

班世超《朝金顶》，贺玉钦《水帘洞》，童芷苓、姜妙香、刘斌昆《贵妃醉酒》，童祥苓、高盛麟、金少臣、费玉策《定军山》《阳平关》，大轴童芷苓、李宝奎合演《十八扯》。

6月24日，上海天蟾舞台夜戏：

贺玉钦、萧德寅、李盛佐、郭金光一至四本《铁公鸡》，童祥苓、金少臣《击鼓骂曹》，大轴童芷苓、高盛麟、姜妙香、刘斌昆、崔熹云、宋遇春、贺玉钦合演《金钱豹》《盘丝洞》《盗魂铃》。

6月25日、26日，上海天蟾舞台夜戏：

班世超《摇钱树》，童芷苓（反串孔明）、童祥苓（鲁肃）、高盛麟（关羽）、姜妙香（周瑜）、金少臣（曹操）、李宝奎（孔明）、朱斌仙（蒋干）、贺玉钦（赵云）《群英会》《借东风》《华容道》，大轴童芷苓、刘斌昆、李宝奎、童寿苓、崔熹云合演全部《蝴蝶梦》《大劈棺》。

6月26日，费穆任导演，梅兰芳、姜妙香、刘连荣等主演的彩色戏曲电影《生死恨》正式开拍。拍摄地点在上海联华三厂。

6月27日，上海天蟾舞台日场：

贺玉钦、萧德寅、李盛佐、郭金光一至四本《铁公鸡》，童祥苓、金少臣《击鼓骂曹》，大轴童芷苓、高盛麟、姜妙香、刘斌昆、崔熹云、宋遇春、贺玉钦合演《金钱豹》《盘丝洞》《盗魂铃》。

6月28日、29日，上海天蟾舞台夜戏：

班世超《摇钱树》，童芷苓（反串孔明）、高盛麟（前鲁肃后关羽）、姜妙香（周瑜）、金少臣（曹操）、李宝奎（前孔明）、朱斌仙（蒋干）、费玉策（黄盖）、贺玉钦（赵云）、萧德寅（张飞）《群英会》《借东风》《华容道》，大轴童芷苓、刘斌昆、李宝奎、童寿苓、崔熹云合演全部《蝴蝶梦》《大劈棺》。

6月30日，上海天蟾舞台夜戏：

班世超《朝金顶》，贺玉钦《伐子都》，童芷苓、姜妙香、刘斌昆《贵妃醉酒》，高盛麟、程少余、萧德寅《林冲夜奔》带《火拼王伦》，大轴童芷苓、李宝奎合演《十八扯》。

7月1日、3日，上海天蟾舞台夜戏：

班世超《摇钱树》，童芷苓（反串孔明）、高盛麟（前鲁肃后关羽）、姜妙香（周瑜）、金少臣（曹操）、李宝奎（前孔明）、朱斌仙（蒋干）、费玉策（黄盖）、贺玉钦（赵云）、萧德寅（张飞）《群英会》《借东风》《华容道》，大轴童芷苓、刘斌昆、李宝奎、童寿苓、崔熹云合演全部《蝴蝶梦》《大劈棺》。

7月2日，上海天蟾舞台夜戏：

班世超《杨排风》，贺玉钦、郭金光《三岔口》，高盛麟、姜妙香、魏莲芳、金少臣、萧德寅、吴富琴《战太平》，大轴童芷苓、童寿苓、刘斌昆、李盛泉、崔熹云合演《锁麟囊》。

7月4日，上海天蟾舞台日场：

班世超《泗州城》，贺玉钦、郭金光《铁公鸡》，高盛麟、魏莲芳、刘斌昆《打渔杀家》，大轴童芷苓、高盛麟、姜妙香、刘斌昆、崔熹云、宋遇春、贺玉钦合演《金钱豹》《盘丝洞》《盗魂铃》。

7月4日，上海天蟾舞台夜戏：

班世超《摇钱树》，童芷苓（反串孔明）、高盛麟（前鲁肃后关羽）、姜妙香（周瑜）、金少臣（曹操）、李宝奎（前孔明）、朱斌仙（蒋干）、费玉策（黄盖）、贺玉钦（赵云）、萧德寅（张飞）《群英会》《借东风》《华容道》，大轴童芷苓、刘斌昆、李宝奎、童寿苓、崔熹云合演全部《蝴蝶梦》《大劈棺》。

7月5日，上海天蟾舞台夜戏：

班世超《朝金顶》，贺玉钦、郭金光《三岔口》，高盛麟、姜妙香、魏莲芳、金少臣、萧德寅、吴富琴《战太平》，大轴童芷苓、童寿苓、崔熹云、李宝奎合演全部《红娘》。

7月6日，上海天蟾舞台夜戏：

班世超《摇钱树》，贺玉钦《伐子都》，童芷苓、姜妙香、朱斌仙《贵妃醉酒》，刘斌昆、魏莲芳《活捉三郎》，大轴童芷苓、李宝奎合演《十八扯》。

7月7日至9日，上海天蟾舞台夜戏：

李盛泉《游六殿》，贺玉钦《闹天宫》，童芷苓、李宝奎《十八扯》，纪玉良、金少臣、程少余、宋遇春、朱斌仙《失街亭》《空城计》《斩马谡》，大轴童芷苓、刘斌昆、李宝奎、童寿苓、崔熹云合演全部《蝴蝶梦》《大劈棺》。

7月12日、13日，上海天蟾舞台夜戏：

班世超《摇钱树》，纪玉良、高盛麟、姜妙香、金少臣、李宝奎、朱斌仙、费玉策、贺玉钦、萧德寅《群英会》《借东风》《华容道》，大轴童芷苓、刘斌昆、李宝奎、童寿苓、崔熹云合演全部《蝴蝶梦》《大劈棺》。

7月14日至16日，上海天蟾舞台夜戏：

班世超《杨排风》，贺玉钦、马世啸《十八罗汉斗悟空》，纪玉良、高盛麟、姜妙香、费玉策《黄鹤楼》，大轴童芷苓、高盛麟、童寿苓、刘斌昆、李宝奎、朱斌仙、崔熹云合演《戏迷家庭》。

7月17日至20日，上海天蟾舞台夜戏：

班世超《杨排风》，贺玉钦、马世啸《大闹天宫》，纪玉良、高盛麟、姜妙香、费玉策《黄鹤楼》，大轴童芷苓、高盛麟、童寿苓、刘斌昆、李宝奎、朱斌仙、崔熹云合演《戏迷家庭》。

7月21日，上海天蟾舞台夜戏：

班世超《摇钱树》，纪玉良、高盛麟、姜妙香、金少臣、李宝奎、朱斌仙、费玉策、贺玉钦、萧德寅《群英会》《借东风》《华容道》，大轴童芷苓、刘斌昆、李宝奎、童寿苓、崔熹云合演全部《蝴蝶梦》《大劈棺》。

7月22日，上海天蟾舞台夜戏：

班世超《朝金顶》，贺玉钦、郭金光《三岔口》，高盛麟、姜妙香、魏莲芳、金少臣、萧德寅、吴富琴《战太平》，大轴童芷苓、童寿苓、崔熹云、李宝奎合演全部《红娘》。

7月23日至24日，上海天蟾舞台夜戏：

纪玉良、高盛麟、金少臣、姜妙香、魏莲芳、贺玉钦、宋遇春、朱斌仙、班世超、崔熹云、吴富琴全部《杨家将》，大轴童芷苓、刘斌昆合演《新纺棉花》。

7月25日，上海天蟾舞台日场：

李盛泉《断太后》，纪玉良、高盛麟、姜妙香、金少臣、李宝奎、朱斌仙、费玉策、贺玉钦、萧德寅《群英会》《借东风》《华容道》，大轴童芷苓、刘斌昆、李宝奎、童寿苓、崔熹云合演全部《蝴蝶梦》《大劈棺》。

8月1日，上海天蟾舞台日场：

李盛泉《断太后》，纪玉良、高盛麟、姜妙香、金少臣、李宝奎、朱斌仙、费玉策、贺玉钦、萧德寅《群英会》《借东风》《华容道》，大轴童芷苓、刘斌昆、李宝奎、童寿苓、崔熹云合演全部《蝴蝶梦》《大劈棺》。

8月2日至7日，上海天蟾舞台夜戏：

班世超《盗仙草》，贺玉钦《花蝴蝶》，纪玉良、金少臣《火牛阵》，童芷苓、刘斌昆、李宝奎、童寿苓《大劈棺》，纪玉良、高盛麟、姜妙香《黄鹤楼》，大轴童芷苓、刘斌昆合演《新纺棉花》。

8月8日至10日，上海天蟾舞台夜戏：

班世超《盗宝库》，贺玉钦《花蝴蝶》，纪玉良、金少臣《火牛阵》，童芷苓、刘斌昆、李宝奎、童寿苓《大劈棺》，纪玉良、高盛麟、姜妙香《黄鹤楼》，大轴童芷苓、刘斌昆合演《新纺棉花》。

8月11日，童芷苓上海天蟾舞台夜戏最后一天：

班世超《盗宝库》，贺玉钦《花蝴蝶》，纪玉良、金少臣《火牛阵》，童芷苓、刘斌昆、李宝奎、童寿苓《大劈棺》，纪玉良、高盛麟、姜妙香《黄鹤楼》，童芷苓（黄天霸）、高盛麟（窦尔墩）反串《天霸拜山》，大轴童芷苓、刘斌昆合演《新纺棉花》。

8月12日，为援助金少山义演，上海天蟾舞台夜戏：

高盛麟、金少臣、孙老乙《连环套》，张镜寿、韩金奎《苏三起解》，大轴黄桂秋、纪玉良、芙蓉草、姜妙香、李宝奎、朱斌仙合演《红鬃烈马》。

8月至10月，唐韵笙第二次赴沪演出，仍然是天蟾舞台班底。小生姜妙香，老生纪玉良、李宝奎，花脸金少臣、马世啸、萧德寅，丑角艾世菊，武生高盛麟、郭金光、林鹏程，旦角魏莲芳，武旦班世超。

8月13日，唐韵笙上海天蟾舞台打泡夜戏头天：

班世超《聚宝盆》，姜妙香、刘韵芳、马世啸《辕门射戟》，李仲林、魏莲芳、宋遇春《紫竹林》，大轴唐韵笙、梁一鸣、萧德寅、林鹏程、程少余、盖春来合演全部《好鹤失政》。

8月14日，唐韵笙上海天蟾舞台打泡夜戏第二天：

班世超、阎少泉《金山寺》，金少臣、刘韵芳《草桥关》，刘美君、姜妙香、李盛泉、朱斌仙《春秋配》，大轴唐韵笙、李仲林、梁一鸣、萧德寅、林鹏程、程少余、郭金光、李庆山合演头本《走麦城》。

8月15日，上海天蟾舞台日场：

班世超《朝金顶》，唐韵笙（前鲁肃后关羽）、姜妙香、李仲林、金少臣、梁一鸣、朱斌仙、马世啸《群英会》《借东风》《华容道》，刘美娟、梁一鸣《贺后骂殿》，大轴唐韵笙、李仲林、程少余、萧德寅、林鹏程合演《枪挑小梁王》。

8月15日，唐韵笙上海天蟾舞台打泡夜戏第三天：

班世超《盗仙草》，唐韵笙、李仲林、金少臣、宋遇春全部《汉寿亭侯》，刘美君、姜妙香、宋遇春《玉堂春》，大轴唐韵笙、魏莲芳、梁一鸣、林鹏程合演全部《逍遥津》。

8月16日，上海天蟾舞台夜戏：

班世超《杨排风》，唐韵笙、姜妙香、李仲林、程少余、梁一鸣《黄鹤楼》带《周瑜归天》，刘美娟、姜妙香、朱斌仙、吴富琴《打樱桃》，大轴唐韵笙、李仲林、金少臣、宋遇春、萧德寅、林鹏程合演《绝龙岭》。

8月18日，上海天蟾舞台夜戏：

班世超《蟠桃会》，金少臣、梁一鸣《上天台》，刘美君、姜妙香、魏莲芳、朱斌仙、刘韵芳《红娘》，大轴唐韵笙（前黄忠、中关羽、后刘备）、李仲林、姜妙香、宋遇春、萧德寅、林鹏程合演《伐东吴》《关公显圣》《哭灵牌》《连营寨》。

8月19日，上海天蟾舞台夜戏：

班世超、阎少泉《金山寺》，金少臣、刘韵芳《草桥关》，刘美君、姜妙香、李盛泉、朱斌仙《春秋配》，大轴唐韵笙、李仲林、梁一鸣、萧德寅、林鹏程、程少余、郭金光、李庆山合演头本《走麦城》。

8月20日，上海天蟾舞台夜戏：

班世超《蟠桃会》，金少臣《探阴山》，唐韵笙、姜妙香、马世啸《举鼎观画》(带“徐策跑城”)，李仲林《周瑜归天》，刘美君、梁一鸣《贺后骂殿》，大轴唐韵笙、李仲林、程少余合演《艳阳楼》。

8月22日，上海天蟾舞台日场：

班世超《朝金顶》，唐韵笙（前鲁肃后关羽）、姜妙香、李仲林、金少臣、梁一鸣、朱斌仙、马世啸《群英会》《借东风》《华容道》，刘美娟、朱斌仙《苏三起解》，大轴唐韵笙、李仲林、程少余、萧德寅、林鹏程合演《枪挑小梁王》。

8月22日、23日，上海天蟾舞台夜戏：

班世超《摇钱树》，金少臣、马世啸《白良关》，李仲林、郭坤泉、张国斌《战马超》，大轴唐韵笙、姜妙香、梁一鸣、朱斌仙、萧德寅合演《目莲救母》。

8月24日，上海天蟾舞台夜戏：

班世超《蟠桃会》，金少臣《探阴山》，唐韵笙、姜妙香、马世啸《举鼎观画》带《徐策跑城》，李仲林《周瑜归天》，刘美君、梁一鸣《贺后骂殿》，大轴唐韵笙、李仲林、程少余合演《艳阳楼》。

8月25日，上海天蟾舞台夜戏：

班世超《盗仙草》，唐韵笙、李仲林、金少臣、宋遇春全部《汉寿亭侯》，刘美君、姜妙香、宋遇春《玉堂春》，大轴唐韵笙、魏莲芳、梁一鸣、林鹏程合演全部《逍遥津》。

8月26日，上海天蟾舞台夜戏：

班世超《取金陵》，金少臣《牧虎关》，刘美君、姜妙香《花田错》，大轴唐韵笙、李仲林、梁一鸣、萧德寅、林鹏程、程少余、郭金光、李庆山合演头本《走麦城》。

8月27日，上海天蟾舞台夜戏：

班世超《蟠桃会》，刘美君、姜妙香、魏莲芳、朱斌仙、刘韵芳全部《红娘》，大轴唐韵笙（前黄忠、中关羽、后刘备）、李仲林、姜妙香、宋遇春、萧德寅、林鹏程合演《伐东吴》《关公显圣》《哭灵牌》《连营寨》。

8月29日，上海天蟾舞台日场：

班世超《盗仙草》，唐韵笙、李仲林、金少臣、宋遇春全部《汉寿亭侯》，刘美君、姜妙香、宋遇春《玉堂春》，大轴唐韵笙、魏莲芳、梁一鸣、林鹏程合演全部《逍遥津》。

8月29日、30日，上海天蟾舞台夜戏：

班世超《摇钱树》，金少臣、马世啸《白良关》，李仲林、郭坤泉、张国斌《战马超》，大轴唐韵笙、姜妙香、梁一鸣、朱斌仙、萧德寅合演《目莲救母》。

8月31日，上海天蟾舞台夜戏：

班世超《蟠桃会》，金少臣《探阴山》，唐韵笙、姜妙香、马世啸《举鼎观画》带《徐策跑城》，李仲林、萧德寅、郭坤泉《周瑜归天》，刘美君、梁一鸣《贺后骂殿》，大轴唐韵笙、李仲林、程少余合演《艳阳楼》。

9月1日，上海天蟾舞台夜戏：

班世超《百草山》，金少臣《锁五龙》，唐韵笙、姜妙香、李仲林、程少余、梁一鸣《黄鹤楼》带《周瑜归天》，刘美娟、朱斌仙《苏三起解》，大轴唐韵笙、李仲林、金少臣、宋遇春、萧德寅、林鹏程合演《绝龙岭》。

9月2日，上海天蟾舞台夜戏：

班世超、林鹏程、李盛佐《扈家庄》，金少臣、刘韵芳《草桥关》，李仲林、郭金光《铁公鸡》，大轴唐韵笙、姜妙香、梁一鸣、朱斌仙、萧德寅合演《目莲救母》。

9月3日，上海天蟾舞台夜戏：

班世超《取金陵》，金少臣《牧虎关》，刘美君、姜妙香《花田错》，大轴唐韵笙、李仲林、梁一鸣、萧德寅、林鹏程、程少余、郭金光、李庆山合演头本《走麦城》。

9月4日，上海天蟾舞台夜戏：

班世超《蟠桃会》，金少臣《探阴山》，唐韵笙、姜妙香、马世啸《举鼎观画》带《徐策跑城》，李仲林、萧德寅、郭坤泉《周瑜归天》，刘美君、梁一鸣《贺后骂殿》，大轴唐韵笙、李仲林、程少余合演《艳阳楼》。

9月5日，上海天蟾舞台日场：

班世超《盗仙草》，唐韵笙、李仲林、金少臣、宋遇春全部《汉寿亭侯》，刘美君、姜妙香、宋遇春《玉堂春》，大轴唐韵笙、魏莲芳、梁一鸣、林鹏程合演全部《逍遥津》。

9月5日，上海天蟾舞台夜戏：

班世超《盗仙草》，刘美君、姜妙香、魏莲芳、朱斌仙、刘韵芳《红娘》，大轴唐韵笙（前黄忠、中关羽、后刘备）、李仲林、姜妙香、宋遇春、萧德寅、林鹏程合演《伐东吴》《关公显圣》《哭灵牌》《连营寨》。

9月7日，上海天蟾舞台夜戏：

班世超《百草山》，金少臣《锁五龙》，唐韵笙、姜妙香、李仲林、程少余《黄鹤楼》，刘美君、朱斌仙《苏三起解》，大轴唐韵笙、李仲林、宋遇春、林鹏程合演《绝龙岭》。

9月8日，上海天蟾舞台夜戏：

班世超《聚宝盆》，姜妙香、刘韵芳、马世啸《辕门射戟》，李仲林、魏莲芳、宋遇春《紫竹林》，大轴唐韵笙、梁一鸣、萧德寅、林鹏程、程少余、盖春来合演全部《好鹤失政》。

9月9日，上海天蟾舞台夜戏：

班世超《盗仙草》，唐韵笙、李仲林、金少臣、宋遇春全部《汉寿亭侯》，刘美君、姜妙香、宋遇春《玉堂春》，大轴唐韵笙、魏莲芳、梁一鸣、林鹏程合演全部《逍遥津》。

9月11日，上海天蟾舞台夜戏：

班世超《盗仙草》，刘美君、姜妙香、魏莲芳、朱斌仙、刘韵芳《红娘》，大轴唐韵笙（前黄忠、中关羽、后刘备）、李仲林、姜妙香、宋遇春、萧德寅、林鹏程合演《伐东吴》《关公显圣》《哭灵牌》《连营寨》。

9月12日，上海天蟾舞台日场：

班世超《盗仙草》，唐韵笙、李仲林、金少臣、宋遇春全部《汉寿亭侯》，刘美君、姜妙香、宋遇春《玉堂春》，大轴唐韵笙、魏莲芳、梁一鸣、林鹏程合演全部《逍遥津》。□

9月12日，上海天蟾舞台夜戏：

班世超《聚宝盆》，姜妙香、刘韵芳、马世啸《辕门射戟》，李仲林、魏莲芳、宋遇春《紫竹林》，大轴唐韵笙、梁一鸣、萧德寅、林鹏程、程少余、盖春来合演全部《好鹤失政》。

9月13日，上海天蟾舞台夜戏：

班世超《蟠桃会》，金少臣《探阴山》，唐韵笙、姜妙香、马世啸《举鼎观画》带《徐策跑城》，李仲林、萧德寅、郭坤泉《周瑜归天》，刘美君、梁一鸣《贺后骂殿》，大轴唐韵笙、李仲林、程少余合演《艳阳楼》。

9月14日，上海天蟾舞台夜戏：

班世超《取金陵》，金少臣《牧虎关》，刘美君、姜妙香、李盛泉《春秋配》，大轴唐韵笙、李仲林、梁一鸣、萧德寅、林鹏程、程少余、郭金光、李庆山合演头本《走麦城》。

9月15日，上海天蟾舞台夜戏：

班世超《盗仙草》，唐韵笙、李仲林、金少臣、宋遇春全部《汉寿亭侯》，刘美君、姜妙香、张国斌《玉堂春》，大轴唐韵笙、梁一鸣、金少臣、吴富琴合演全部《逍遥津》。

9月17日，上海天蟾舞台日场：

班世超《蟠桃会》，金少臣《探阴山》，唐韵笙、姜妙香、马世啸《举鼎观画》带《徐策跑城》，李仲林、萧德寅、郭坤泉《周瑜归天》，刘美君、梁一鸣《贺后骂殿》，大轴唐韵笙、李仲林、程少余合演《艳阳楼》。

9月17日，上海天蟾舞台夜戏：

班世超《百草山》，金少臣《锁五龙》，唐韵笙、姜妙香、李仲林、程少余《黄鹤楼》，刘美君、朱斌仙《苏三起解》，大轴唐韵笙、李仲林、宋遇春、林鹏程合演《绝龙岭》。

9月19日，上海天蟾舞台日场：

班世超《蟠桃会》，金少臣《探阴山》，唐韵笙、姜妙香、马世啸《举鼎观画》带《徐策跑城》，李仲林、萧德寅、郭坤泉《周瑜归天》，刘美君、梁一鸣《贺后骂殿》，大轴唐韵笙、李仲林、程少余合演《艳阳楼》。

9月19日，上海天蟾舞台夜戏最后一天：

班世超《盗仙草》，唐韵笙、李仲林、程少余、张国斌全部《汉寿亭侯》，刘美君、姜妙香、张国斌《玉堂春》，大轴唐韵笙、梁一鸣、金少臣、吴富琴合演全部《逍遥津》。

9月20日至22日，童芷苓、唐韵笙合作演出，上海天蟾舞台打泡夜戏：

贺玉钦《安天会》，唐韵笙、纪玉良、姜妙香、高盛麟、金少臣、程少余《群英会》《借东风》《华容道》，大轴童芷苓、童寿苓、李宝奎、崔熹云合演全部《红娘》。

9月24日至28日，童芷苓、唐韵笙上海天蟾舞台合作演出夜戏：

班世超《朝金顶》，唐韵笙、纪玉良、姜妙香、高盛麟、金少臣、程少余《群英会》《借东风》《华容道》，大轴童芷苓、童寿苓、李宝奎、崔熹云合演全部《红娘》。

10月7日、8日，上海天蟾舞台夜戏：

唐韵笙、高盛麟、李宝奎、程少余、张国斌、林鹏程《关公走麦城》，大轴童芷苓、纪玉良、姜妙香、魏莲芳、李宝奎、梁一鸣、吴富琴合演《四郎探母》。

10月15日至17日，上海天蟾舞台夜戏：

班世超《蟠桃会》，贺玉钦《铁公鸡》，唐韵笙（前黄忠、中关羽、后刘备）、贺玉钦、张国斌、程少余、林鹏程合演《伐东吴》《关公显圣》《哭灵牌》《连营寨》，大轴童芷苓、姜妙香、宋义增合演《贵妃醉酒》。

10月18日，上海天蟾舞台夜戏：

唐韵笙、高盛麟、李宝奎、程少余、张国斌、林鹏程《关公走麦城》，大轴童芷苓、纪玉良、姜妙香、魏莲芳、李宝奎、梁一鸣、吴富琴合演《四郎探母》。

10月23日、24日，为上海市抗战蒙难同志会义演，上海天蟾舞台夜戏：

班世超《朝金顶》，唐韵笙、纪玉良、姜妙香、高盛麟、金少臣、程少余《群英会》《借东风》《华容道》，大轴童芷苓、张国斌、宋义增、朱斌仙、李盛泉合演《荒山泪》。

10月25日、26日，为上海市忠义小学义演，上海天蟾舞台夜戏：

班世超《摇钱树》，贺玉钦、郭金光《三岔口》，唐韵笙、高盛麟、程少余、萧德寅《枪挑小梁王》，大轴童芷苓（前孙玉姣、后宋巧娇）、唐韵笙（刘媒婆）、纪玉良、姜妙香、金少臣、朱斌仙合演《拾玉镯》《法门寺》。

10月27日，上海天蟾舞台日场、夜戏：

班世超《摇钱树》，贺玉钦、郭金光《三岔口》，唐韵笙、高盛麟、程少余、萧德寅《枪挑小梁王》，大轴童芷苓（前孙玉姣、后宋巧娇）、唐韵笙（刘媒婆）、纪玉良、姜妙香、金少臣、朱斌仙合演《拾玉镯》《法门寺》。

11月，由费穆导演，李生伟、黄绍芬摄影，韦莼葆剪辑，梅兰芳、姜妙香、萧德寅、朱斌仙、王福庆、何润初、李庆山主演的彩色戏曲影片《生死恨》制作完成。

11月1日、2日，上海天蟾舞台夜戏：

唐韵笙、高盛麟、李宝奎、程少余、张国斌、林鹏程《关公走麦城》，大轴童芷苓、纪玉良、姜妙香、魏莲芳、李宝奎、梁一鸣、吴富琴合演《四郎探母》。

11月3日至5日，上海天蟾舞台夜戏：

班世超《蟠桃会》，贺玉钦《铁公鸡》，唐韵笙（前黄忠、中关羽、后刘备）、高盛麟、张国斌、程少余、林鹏程合演《伐东吴》《关公显圣》《哭灵牌》《连营寨》，大轴童芷苓、姜妙香、宋义增合演《贵妃醉酒》。

11月10日，上海天蟾舞台日场：

班世超《蟠桃会》，贺玉钦《铁公鸡》，唐韵笙（前黄忠、中关羽、后刘备）、高盛麟、张国斌、程少余、林鹏程合演《伐东吴》《关公显圣》《哭灵牌》《连营寨》，大轴童芷苓、姜妙香、宋义增合演《贵妃醉酒》。

11月12日、13日，上海天蟾舞台夜戏：

班世超《朝金顶》，唐韵笙、纪玉良、姜妙香、高盛麟、金少臣、程少余《群英会》《借东风》《华容道》，大轴童芷苓、童寿苓、李宝奎、朱斌仙、崔熹云合演《红娘》。

11月14日、15日，上海天蟾舞台夜戏：

班世超《摇钱树》，贺玉钦、郭金光《三岔口》，唐韵笙、高盛麟、程少余、萧德寅《枪挑小梁王》，大轴童芷苓（前孙玉姣、后宋巧娇）、唐韵笙（刘媒婆）、纪玉良、姜妙香、金少臣、朱斌仙合演《拾玉镯》《法门寺》。

11月17日，上海天蟾舞台夜戏：

班世超《盗仙草》，唐韵笙、贺玉钦、程少余、张国斌全部《汉寿亭侯》，大轴童芷苓、纪玉良、姜妙香、魏莲芳、李宝奎、梁一鸣、朱斌仙合演全部《红鬃烈马》。

11月18日、19日，上海天蟾舞台夜戏：

唐韵笙、高盛麟、李宝奎、程少余、张国斌、林鹏程《关公走麦城》，大轴童芷苓、纪玉良、姜妙香、魏莲芳、李宝奎、梁一鸣、吴富琴合演《四郎探母》。

11月22日、23日，上海天蟾舞台夜戏：

班世超《朝金顶》，唐韵笙、纪玉良、姜妙香、高盛麟、金少臣、程少余《群英会》《借东风》《华容道》，大轴童芷苓、童寿苓、李宝奎、朱斌仙、崔熹云合演《红娘》。

11月24日，言慧珠上海中国大戏院打泡夜戏头天：

刘正忠《恶虎村》，大轴言慧珠、王琴生、芙蓉草、姜妙香、王少亭、阎世喜、何润初合演《四郎探母》。

11月25日，上海中国大戏院夜戏：

刘正忠《艳阳楼》，王琴生、韩金奎、李克昌、赵德钰《奇冤报》，大轴言慧珠、姜妙香、王玉让、王少亭、阎世喜、何润初合演全本《生死恨》。

11月26日，上海中国大戏院夜戏：

刘正忠《金锁阵》，王琴生、王玉让、马崇仁《捉放曹》，大轴言慧珠、姜妙香、芙蓉草、王少亭、阎世喜、韩金奎合演全本《玉堂春》（“嫖院”起“团圆”止）。

11月27日，上海中国大戏院夜戏：

刘正忠《金雁桥》，言慧珠、王琴生、阎世喜《打渔杀家》，大轴言慧珠、王琴生、芙蓉草、姜妙香、王少亭、梁一鸣、韩金奎、何润初合演《红鬃烈马》（“赶三关”起“大登殿”止）。

11月27日、28日，上海天蟾舞台夜戏：

班世超《朝金顶》，贺玉钦《伐子都》，唐韵笙、童芷苓、李宝奎《战蒲关》，纪玉良、高盛麟、姜妙香、李盛泉《八大锤》《断臂说书》，大轴童芷苓、唐韵笙合演《十八扯》。

11月28日，上海中国大戏院日场：

刘正忠《投军别窑》，王琴生、刘正忠《连营寨》，大轴言慧珠、姜妙香、王玉让、王少亭、阎世喜、马崇仁合演全本《宇宙锋》。

11月28日，上海中国大戏院夜戏：

刘正忠《武文华》，王琴生、王玉让、李克昌、马崇仁、阎世喜《失街亭》《空城计》《斩马谡》，大轴言慧珠、姜妙香、言少朋、王玉让、王少亭、朱斌仙、韩金奎、何润初合演全本《凤还巢》。

11月29日、30日，上海天蟾舞台夜戏：

唐韵笙、高盛麟、李宝奎、程少余、张国斌、林鹏程《关公走麦城》，大轴童芷苓、纪玉良、姜妙香、魏莲芳、李宝奎、梁一鸣、吴富琴合演《四郎探母》。

11月30日，上海中国大戏院夜戏：

刘正忠《神亭岭》，言慧珠、王琴生、姜妙香、王玉让、王少亭、阎世喜《龙凤呈祥》，大轴言慧珠、王琴生、王玉让、阎世喜、王少亭、韩金奎、何润初合演全本《双娇奇缘》。

12月1日，上海中国大戏院夜戏：

刘正忠《神亭岭》，言慧珠、王琴生、姜妙香、王玉让、王少亭、阎世喜《龙凤呈祥》，大轴言慧珠、王琴生、王玉让、阎世喜、王少亭、韩金奎、何润初合演全本《双娇奇缘》。

12月2日，上海中国大戏院夜戏：

刘正忠《恶虎村》，大轴言慧珠、王琴生、芙蓉草、姜妙香、王少亭、梁一鸣、阎世喜、韩金奎合演《四郎探母》。

12月2日、3日，上海天蟾舞台夜戏：

班世超《摇钱树》，唐韵笙、梁一鸣、林鹏程、程少余、盖春来《好鹤失政》，大轴童芷苓、唐韵笙、高盛麟、姜妙香、李宝奎、李盛泉、崔熹云、贺玉钦合演《金钱豹》《盘丝洞》《盗魂铃》。

12月3日，上海中国大戏院夜戏：

刘正忠《艳阳楼》，王琴生、韩金奎、李克昌、赵德钰《奇冤报》，大轴言慧珠、姜妙香、王玉让、王少亭、阎世喜、何润初合演全本《生死恨》。

12月4日，上海中国大戏院夜戏：

刘正忠《武文华》，王琴生、王玉让、李克昌、马崇仁、阎世喜《失街亭》《空城计》《斩马谡》，大轴言慧珠、姜妙香、言少朋、王玉让、王少亭、朱斌仙、韩金奎、何润初合演全本《凤还巢》。

12月5日，上海中国大戏院日场：

刘正忠《林冲夜奔》，王琴生、李克昌、赵德钰、韩金奎《洪羊洞》，大轴言慧珠、王玉让、姜妙香、王少亭合演《霸王别姬》。

12月5日，上海天蟾舞台日场、夜戏：

班世超《朝金顶》，唐韵笙、纪玉良、姜妙香、高盛麟、金少臣、程少余、贺玉钦《群英会》《借东风》《华容道》，大轴童芷苓、童寿苓、李宝奎、朱斌仙、崔熹云合演《红娘》。

12月5日，上海中国大戏院夜戏：

刘正忠《林冲夜奔》，王琴生、芙蓉草、梁一鸣、赵德钰、韩金奎《珠帘寨》，大轴言慧珠、王玉让、姜妙香、王少亭合演《霸王别姬》。

12月6日，上海天蟾舞台夜戏：

班世超《杨排风》，贺玉钦《花蝴蝶》，童芷苓、唐韵笙、高盛麟、姜妙香、魏莲芳、李宝奎、张国斌、林鹏程合演《霸王别姬》连演《未央宫斩韩信》。

12月6日，上海中国大戏院夜戏：

刘正忠《金雁桥》，言慧珠、王琴生、阎世喜《打渔杀家》，大轴言慧珠、王琴生、芙蓉草、姜妙香、王少亭、梁一鸣、韩金奎、何润初合演《红鬃烈马》（“赶三关”起）。

12月7日，上海中国大戏院夜戏：

刘正忠《恶虎村》，大轴言慧珠、王琴生、芙蓉草、姜妙香、王少亭、梁一鸣、阎世喜、韩金奎合演《四郎探母》。

12月8日，上海中国大戏院夜戏：

刘正忠《杀四门》，言慧珠、王琴生、王玉让、阎庆林（临时代替姜妙香演出）、王少亭、阎世喜《龙凤呈祥》，大轴言慧珠、王琴生、王玉让、阎世喜、王少亭、韩金奎、何润初合演全本《双娇奇缘》。

12月8日，上海天蟾舞台夜戏：

阎少泉《蟠桃会》，大轴童芷苓、唐韵笙、纪玉良、高盛麟、姜妙香、魏莲芳、金少臣、李宝奎、朱斌仙、萧德寅、马世啸合演全部

《貂禅》（“捉放曹”起“关公月下斩貂婵”止）。

12月9日，上海中国大戏院夜戏：

刘正忠《林冲夜奔》，王琴生、芙蓉草、梁一鸣、赵德钰、韩金奎《珠帘寨》，大轴言慧珠、王玉让、姜妙香、王少亭合演《霸王别姬》。

12月9日，上海天蟾舞台夜戏：

班世超《盗仙草》，贺玉钦《三岔口》，唐韵笙《徐策跑城》，童芷苓、纪玉良、金少臣《二进宫》，唐韵笙、程少余《古城会》，大轴童芷苓、姜妙香、宋义增合演《贵妃醉酒》。

12月10日，上海天蟾舞台夜戏：

唐韵笙、高盛麟、李宝奎、程少余、张国斌、林鹏程《关公走麦城》，大轴童芷苓、纪玉良、姜妙香、魏莲芳、李宝奎、梁一鸣、吴富琴合演《四郎探母》。

12月11日，上海中国大戏院夜戏：

刘正忠《艳阳楼》，王琴生、韩金奎、刘先臣《奇冤报》，大轴言慧珠、姜妙香、王玉让、王少亭、阎世喜、何润初合演全本《生死恨》。

12月12日，上海中国大戏院日场：

张镜铭、张英武、谭芷苓、邱玉成《长坂坡》《汉津口》，刘正忠《林冲夜奔》，大轴言慧珠、王琴生、芙蓉草、姜妙香、王少亭、梁一鸣、韩金奎、何润初合演《红鬃烈马》（“赶三关”起“大登殿”止）。

12月12日，上海中国大戏院夜戏：

刘正忠《武文华》，王琴生、刘先臣、李富春、阎世喜《失街亭》《空城计》《斩马谡》，大轴言慧珠、姜妙香、言少朋、王玉让、王少亭、朱斌仙、韩金奎、何润初合演全本《凤还巢》。

12月13日，上海天蟾舞台夜戏：

班世超《蟠桃会》，大轴童芷苓、唐韵笙、纪玉良、高盛麟、姜妙香、魏莲芳、金少臣、李宝奎、朱斌仙、萧德寅、马世啸合演全部《貂禅》（“捉放曹”“斩华雄”“虎牢关”“连环计”“凤仪亭”“关公斩貂婵”）。

12月13日、14日，上海中国大戏院夜戏：

刘正忠《金雁桥》，王琴生、刘先臣、卢元义《托兆碰碑》，大轴言慧珠、姜妙香、言少朋、王玉让、王少亭、阎世喜合演全部《西施》。

12月15日，上海中国大戏院夜戏：

刘正忠《艳阳楼》，王琴生、韩金奎、刘先臣、赵德钰《奇冤报》，大轴言慧珠、姜妙香、王玉让、王少亭、阎世喜、何润初合演全本《生死恨》。

12月16日，上海中国大戏院夜戏：

刘正忠《恶虎村》，大轴言慧珠、王琴生、芙蓉草、姜妙香、王少亭、梁一鸣、阎世喜、韩金奎合演《四郎探母》。

12月17日，上海中国大戏院日场、夜戏：

刘正忠《林冲夜奔》，王琴生、刘先臣、赵德钰、韩金奎《洪羊洞》，大轴言慧珠、王玉让、姜妙香、王少亭合演《霸王别姬》。

12月18日，上海中国大戏院夜戏：

刘正忠《金雁桥》，王琴生、刘先臣、卢元义《托兆碰碑》，大轴言慧珠、姜妙香、言少朋、王玉让、王少亭、阎世喜合演全部《西施》。

12月17日至19日，上海天蟾舞台夜戏：

班世超《摇钱树》，唐韵笙、纪玉良、姜妙香、金少臣、程少余、贺玉钦《群英会》《借东风》《华容道》，大轴童芷苓、曹四庚、李宝奎、童寿苓、崔熹云合演《蝴蝶梦》《大劈棺》。

12月19日，上海天蟾舞台日场：

班世超《摇钱树》，唐韵笙、纪玉良、姜妙香、金少臣、程少余、贺玉钦《群英会》《借东风》《华容道》，大轴童芷苓、曹四庚、李宝奎、童寿苓、崔熹云合演《蝴蝶梦》《大劈棺》。

12月19日，上海中国大戏院日场：

张镜铭、谭芷苓《长坂坡》，刘正忠《林冲夜奔》，言少朋《问樵闹府》，大轴言慧珠、王琴生、芙蓉草、姜妙香、王少亭、梁一鸣、韩金奎、何润初合演《红鬃烈马》。

12月19日，上海中国大戏院夜戏：

刘正忠《金雁桥》，王琴生、刘先臣、卢元义《托兆碰碑》，大轴言慧珠、姜妙香、言少朋、王玉让、王少亭、阎世喜合演全部《西施》。

12月20日，言慧珠上海中国大戏院夜戏最后一天：

刘正忠《武文华》，王琴生、王玉让、刘先臣、李富春《失街亭》《空城计》《斩马谡》，大轴言慧珠、姜妙香、言少朋、王玉让、王少亭、朱斌仙、韩金奎、何润初合演全本《凤还巢》。

12月21日、22日，黄桂秋上海中国大戏院打泡夜戏：

张镜铭、张英武《莲花湖》，韩金奎、谭芷苓《幽界关》，王琴生、刘正裔、单德元、王少芳《八大锤》《断臂说书》，大轴黄桂秋、姜妙香、盖三省、何润初合演《春秋配》。

12月23日、24日，上海天蟾舞台夜戏：

班世超《蟠桃会》，大轴童芷苓、唐韵笙、纪玉良、高盛麟、姜妙香、魏莲芳、金少臣、李宝奎、朱斌仙、萧德寅、马世啸合演全部《貂禅》。

12月25日，上海天蟾舞台夜戏：

班世超《摇钱树》，唐韵笙、纪玉良、姜妙香、金少臣、程少余、贺玉钦《群英会》《借东风》《华容道》，大轴童芷苓、曹四庚、李宝奎、童寿苓、崔熹云合演《蝴蝶梦》《大劈棺》。

12月26日，上海天蟾舞台日场、夜戏：

班世超《摇钱树》，唐韵笙、纪玉良、姜妙香、金少臣、程少余、贺玉钦《群英会》《借东风》《华容道》，大轴童芷苓、曹四庚、李宝奎、童寿苓、崔熹云合演《蝴蝶梦》《大劈棺》。

12月27日，上海中国大戏院夜戏：

张镜铭《杀四门》，刘正裔《白水滩》，黄桂秋、王琴生《汾河湾》，大轴黄桂秋、姜妙香、梁一鸣、韩金奎、赵志秋合演全本《贩马记》。

12月28日，上海中国大戏院夜戏：

邱玉成、王幼琴《投军别窑》，刘正裔《金雁桥》，王琴生、王玉让、何润初《辕门斩子》，大轴黄桂秋、姜妙香、梁一鸣、王少亭、盖三省合演全部《金锁记》。

12月29日，上海中国大戏院夜戏：

王少芳《收关胜》，刘正裔《雅观楼》，王琴生、王玉让《定军山》，大轴黄桂秋、姜妙香、苗胜春、韩金奎合演《玉堂春》。

12月30日，上海中国大戏院夜戏：

张镜铭、张英武、邱玉成《长坂坡》《汉津口》，黄桂秋、梁一鸣《贺后骂殿》，大轴黄桂秋、王琴生、姜妙香、王玉让、王少亭、韩金奎合演《龙凤呈祥》。

1949年

（农历己丑年） 59岁

本年，姜妙香与上海天蟾舞台续签一年演出合同。同年10月，新中国成立，上海天蟾舞台易主，演出合同自动解除。

1月1日，上海中国大戏院日场：

张镜铭《杀四门》，盖三省、谭芷苓《探亲家》，刘正裔《挑华车》，大轴黄桂秋、王琴生、姜妙香、王少亭、韩金奎合演全部《御碑亭》。

1月1日、2日，上海中国大戏院夜戏：

张镜铭、赵德钰《四杰村》，谭芷苓、赵志秋《打樱桃》，刘正裔、王少芳《两将军》，大轴黄桂秋、王琴生、姜妙香、王玉让、梁一鸣、何润初合演全部《满床笏》（“上寿”起“团圆”止）。

1月2日，上海中国大戏院日场：

张镜铭、张英武《莲花湖》，韩金奎、谭芷苓《幽界关》，王琴生、刘正裔、单德元、王少芳《八大锤》《断臂说书》，大轴黄桂秋、姜妙香、盖三省、何润初合演《春秋配》。

1月6日，上海中国大戏院夜戏：

邱玉成、王幼琴《投军别窑》，刘正裔《金雁桥》，王琴生、王玉让、何润初《辕门斩子》，大轴黄桂秋、姜妙香、梁一鸣、王少亭、盖三省合演全部《金锁记》。

1月7日，上海中国大戏院夜戏：

张镜铭、王少芳《神亭岭》，刘正裔《白水滩》，黄桂秋、王琴生《汾河湾》，大轴黄桂秋、姜妙香、梁一鸣、韩金奎、赵志秋合演全本《贩马记》。

1月8日，上海中国大戏院夜戏：

王少芳《收关胜》，刘正裔《雅观楼》，王琴生、王玉让《定军山》，大轴黄桂秋、姜妙香、苗胜春、韩金奎合演《玉堂春》。

1月8日，上海天蟾舞台日场、夜戏：

班世超《摇钱树》，唐韵笙、纪玉良、姜妙香、金少臣、程少余、贺玉钦《群英会》《借东风》《华容道》，大轴童芷苓、曹四庚合演《纺棉花》。

1月10日，上海天蟾舞台夜戏：

贺玉钦《三岔口》，唐韵笙、童芷苓《南天门》，高盛麟、姜妙香、金少臣、魏莲芳、吴富琴《战太平》，大轴童芷苓、唐韵笙合演《十八扯》。

1月12日、13日，上海天蟾舞台夜戏：

班世超《取金陵》，唐韵笙、纪玉良、姜妙香、金少臣、程少余、贺玉钦《群英会》《借东风》《华容道》，大轴童芷苓、曹四庚合演《纺棉花》。

1月13日、14日，上海中国大戏院夜戏：

张镜铭、王幼琴《长坂坡》，刘正裔《石秀探庄》，大轴黄桂秋、王琴生、姜妙香、王玉让、王少亭、韩金奎、梁一鸣合演《红鬃烈马》。

1月15日，上海中国大戏院日场：

张镜铭、王少芳《神亭岭》，刘正裔《白水滩》，黄桂秋、王琴生《汾河湾》，大轴黄桂秋、姜妙香、梁一鸣、韩金奎、赵志秋合演全本《贩马记》。

1月15日，上海中国大戏院夜戏：

张镜铭、赵德钰《四杰村》，谭芷苓、赵志秋《打樱桃》，刘正裔、王少芳《两将军》，大轴黄桂秋、王琴生、姜妙香、王玉让、梁一鸣、何润初合演全部《满床笏》(“上寿”起“团圆”止)。

1月17日、18日，上海天蟾舞台夜戏：

班世超《取金陵》，唐韵笙、纪玉良、姜妙香、金少臣、程少余、贺玉钦《群英会》《借东风》《华容道》，大轴童芷苓、曹四庚合演《新纺棉花》。

1月19日至22日，上海天蟾舞台夜戏：

李盛泉《钓金龟》，林鹏程《神亭岭》，唐韵笙、纪玉良、姜妙香、金少臣、程少余、贺玉钦《群英会》《借东风》《华容道》，大轴童芷苓、曹四庚合演《新纺棉花》。

1月20日，上海中国大戏院夜戏：

刘正裔、王玉让《战濮阳》，大轴黄桂秋、王琴生、芙蓉草、姜妙香、王少亭、梁一鸣、阎世喜、韩金奎合演《四郎探母》。

1月21日，上海中国大戏院夜戏：

张镜铭《杀四门》，黄桂秋、王琴生、王玉让、韩金奎《法门寺》，大轴黄桂秋、王琴生、姜妙香、王玉让、王少亭、韩金奎合演《龙凤呈祥》。

1月23日至26日，上海天蟾舞台夜戏：

唐韵笙、贺玉钦、程少余、郭金光《白马坡》，童芷苓、姜妙香、曹四庚、李宝奎《蝴蝶梦》《大劈棺》，唐韵笙、马世啸、余廉芳《徐策跑城》，大轴童芷苓、曹四庚合演《新纺棉花》。

1月24日，上海中国大戏院夜戏：

刘正裔、王玉让《战濮阳》，大轴黄桂秋、王琴生、芙蓉草、姜妙香、王少亭、梁一鸣、阎世喜、韩金奎合演《四郎探母》。

1月29日（农历正月初一），李万春上海天蟾舞台打泡戏日场、夜戏：

班世超《摇钱树》，高盛麟（褚彪）、李万春（黄天霸）、白玉艳、毛庆来、曹慧麟《大八蜡庙》，白玉艳、萧德寅《娘子军》，大轴李万春（前乔玄后张飞）、姜妙香、高盛麟、曹慧麟、宋遇春合演全部《龙凤呈祥》。

1月29日（农历正月初一），上海中国大戏院夜戏：

张镜铭、王少芳《神亭岭》，刘正裔《白水滩》，小三麻子、赵德钰、韩金奎后部《汉寿亭侯》，大轴黄桂秋、王琴生、姜妙香、梁一鸣、何润初合演全部《满床笏》（“上寿”起“团圆”止）。

1月30日，上海天蟾舞台日场、夜戏：

班世超《蟠桃会》，高盛麟（赵云）、李万春（关羽）、魏莲芳、苏连汉、宋遇春、程少余《长坂坡》《汉津口》，白玉艳、姜妙香、魏莲芳、曹慧麟《虹霓关》，大轴李万春、高盛麟、吴鸣申、毛庆来、艾世菊合演《英雄比武》。

1月31日，上海天蟾舞台日场、夜戏：

班世超《朝金顶》，李万春、曹慧麟、姜妙香、毛庆来、艾世菊、宋遇春全部《武松》（“打虎”起“杀嫂”止），高盛麟、林鹏程、贺玉钦《艳阳楼》，大轴李万春、白玉艳、李庆春、吴鸣申合演《武松打店》。

1月31日，上海中国大戏院夜戏：

朱宝康、张镜铭《兴梁山》，小三麻子、程少余、朱德芳《水淹七军》，王琴生、赵德钰、李富春、刘先臣、阎世喜《失街亭》《空城计》《斩马谡》，大轴黄桂秋、姜妙香、苗胜春合演《玉堂春》。

2月1日，上海中国大戏院日场：

张镜铭、王少芳《英雄比武》，谭芷苓《探亲家》，刘正裔《八大锤》，黄桂秋、王琴生《汾河湾》，大轴黄桂秋、姜妙香、小三麻子、韩金奎、赵志秋合演全部《贩马记》。

2月1日，上海中国大戏院夜戏：

张镜铭《送状元》，刘正裔《林冲夜奔》，小三麻子、苗胜春、赵德钰前部《汉寿亭侯》，大轴黄桂秋、王琴生、姜妙香、梁一鸣、何润初合演全部《满床笏》（“上寿”起“团圆”止）。

2月1日，上海天蟾舞台日场、夜戏：

李万春（褚彪）、高盛麟（尹亮）、曹慧麟、白玉艳、魏莲芳《大溪皇庄》，白玉艳、姜妙香、曹四庚、曹慧麟、宋遇春《蝴蝶梦》《大劈棺》，大轴李万春（黄天霸）、高盛麟（贺天保）、苏连汉、班世超、毛庆来、程少余合演《恶虎村》带《洗浮山》。

2月2日，上海中国大戏院日场：

周菊芳《泗州城》，刘正裔《石秀探庄》，小三麻子、赵德钰、韩金奎后部《汉寿亭侯》，大轴黄桂秋、王琴生、姜妙香、梁一鸣、何润初合演全部《满床笏》（“上寿”起“团圆”止）。

2月2日，上海中国大戏院夜戏：

朱宝康《嘉兴府》，小三麻子、刘正裔、邱玉成、朱德芳《走麦城》，大轴黄桂秋、王琴生、姜妙香、芙蓉草、李盛泉、王少亭、阎世喜、韩金奎合演《四郎探母》。

2月2日、3日，上海天蟾舞台夜戏：

班世超《杨排风》，高盛麟、李万春、白玉艳、姜妙香、李庆春、贺玉钦、曹慧麟、曹四庚《金钱豹》《盘丝洞》《盗魂铃》，大轴李万春、白玉艳、李庆春、毛庆来、吴鸣申合演《铁公鸡》。

2月3日，上海中国大戏院夜戏：

张镜铭、王超群《铁公鸡》，王琴生、姜妙香、刘正裔、程少余、韩金奎《群英会》《借东风》《华容道》，大轴黄桂秋、王少亭、李盛泉、韩金奎、赵志秋《彩楼配》《三击掌》《探寒窑》。

2月4日，上海天蟾舞台日场、夜戏：

班世超《朝金顶》，李万春、曹慧麟、艾世菊、姜妙香、毛庆来、宋遇春全部《武松》（“打虎”起“杀嫂”止），高盛麟、贺玉钦《艳阳楼》，大轴李万春、白玉艳、吴鸣申、李庆春合演《武松打店》。

2月5日，上海天蟾舞台日场、夜戏：

高盛麟、李万春、曹慧麟、白玉艳、魏莲芳《大溪皇庄》，白玉艳、姜妙香、曹慧麟、魏莲芳《虹霓关》，大轴李万春、高盛麟、苏连汉、班世超、毛庆来、程少余合演《恶虎村》（带“洗浮山”）。

2月5日，上海中国大戏院夜戏：

张镜铭、王超群《三岔口》，小三麻子、刘正裔、朱宝康《斩华雄》《三战吕温侯》，王琴生、赵德钰《定军山》，大轴黄桂秋、姜妙香、何润初、盖三省合演《春秋配》。

2月6日，上海天蟾舞台日场、夜戏：

班世超《杨排风》，高盛麟、李万春、白玉艳、姜妙香、李庆春、贺玉钦、曹慧麟、曹四庚《金钱豹》《盘丝洞》《盗魂铃》，大轴李万春、白玉艳、李庆春、毛庆来、吴鸣申合演《铁公鸡》。

2月7日，上海天蟾舞台夜戏：

班世超《盗宝库》，贺玉钦、郭金光《大三岔口》，高盛麟、曹慧麟、姜妙香、张国斌、朱斌仙、萧德寅《霸王别姬》，大轴李万春、李庆春、毛庆来、宋遇春、吴鸣申合演《林冲夜奔》带《火拼王伦》。

2月8日，上海天蟾舞台夜戏：

班世超《朝金顶》，李万春、曹慧麟、艾世菊、姜妙香、毛庆来、宋遇春全部《武松》（“打虎”起“杀嫂”止），高盛麟、林鹏程、贺玉钦《艳阳楼》，大轴李万春、白玉艳、李庆春、吴鸣申合演《武松打店》。

2月10日，上海天蟾舞台夜戏：

班世超《杨排风》，高盛麟、李万春、白玉艳、姜妙香、李庆春、贺玉钦、曹慧麟、曹四庚《金钱豹》《盘丝洞》《盗魂铃》，大轴李万春、白玉艳、李庆春、毛庆来、曹四庚合演《铁公鸡》。

2月11日，上海天蟾舞台夜戏：

班世超《盗宝库》，贺玉钦、郭金光《花蝴蝶》，高盛麟、曹慧麟、姜妙香、张国斌、朱斌仙《霸王别姬》，大轴李万春、李庆春、毛庆来、宋遇春、吴鸣申合演《林冲夜奔》（带“火拼王伦”）。

2月11日，上海中国大戏院夜戏：

张镜铭《杀四门》，小三麻子、刘正裔、邱玉成、朱德芳《走麦城》，大轴黄桂秋、王琴生、姜妙香、芙蓉草、李盛泉、王少亭、阎世喜、韩金奎合演《四郎探母》。

2月12日，上海中国大戏院元宵节日场：

周菊芳《泗州城》，刘正裔《水帘洞》，小三麻子、赵德钰、韩金奎前部《汉寿亭侯》，大轴黄桂秋、王琴生、姜妙香、梁一鸣、何润初合演全部《满床笏》（“上寿”起“团圆”止）。

2月12日，上海天蟾舞台日场、夜戏：

班世超《朝金顶》，李万春、曹慧麟、艾世菊、姜妙香、毛庆来、宋遇春全部《武松》（“打虎”起“杀嫂”止），高盛麟、贺玉钦《艳阳楼》，大轴李万春、白玉艳、李庆春、吴鸣申合演《武松打店》。

2月13日，上海天蟾舞台日场、夜戏：

班世超《杨排风》，高盛麟、李万春、白玉艳、姜妙香、李庆春、贺玉钦、曹慧麟、曹四庚《金钱豹》《盘丝洞》《盗魂铃》，大轴李万春、白玉艳、李庆春、毛庆来、曹四庚合演《铁公鸡》。

2月13日，上海中国大戏院夜戏：

张镜铭《神亭岭》，小三麻子、程少余《古城会》，王琴生、赵德钰、李富春、刘先臣、阎世喜《失街亭》《空城计》《斩马谡》，大轴黄桂秋、姜妙香、苗胜春合演《玉堂春》。

2月14日，上海天蟾舞台夜戏：

班世超《打孟良》，贺玉钦《界牌关》，白玉艳、姜妙香、魏莲芳《十三妹》，李万春、高盛麟、宋遇春、艾世菊、毛庆来、苏连汉合演《盗御马》《连环套》《盗双钩》。

2月15日，上海中国大戏院夜戏：

朱宝康《兴梁山》，小三麻子、刘正裔、邱玉成、王幼琴《长坂坡》《汉津口》，王琴生、李克昌《搜孤救孤》，大轴黄桂秋、姜妙香、李盛泉、韩金奎、王少亭、阎世喜合演全部《金锁记》。

2月16日，上海天蟾舞台夜戏：

班世超《杨排风》，高盛麟、李万春、白玉艳、姜妙香、李庆春、贺玉钦、曹慧麟、曹四庚《金钱豹》《盘丝洞》《盗魂铃》，大轴李万春、白玉艳、李庆春、毛庆来、曹四庚合演《铁公鸡》。

2月17日，上海中国大戏院夜戏：

张镜铭、王超群《铁公鸡》，王琴生、姜妙香、刘正裔、程少余、韩金奎《群英会》《借东风》《华容道》，大轴黄桂秋、王少亭、李盛泉、韩金奎、赵志秋《彩楼配》《三击掌》《探寒窑》。

2月17日，上海天蟾舞台夜戏：

班世超《朝金顶》，李万春、曹慧麟、艾世菊、姜妙香、毛庆来、宋遇春全部《武松》（“打虎”起“杀嫂”止），高盛麟、贺玉钦《艳阳楼》，大轴李万春、白玉艳、李庆春、吴鸣申合演《武松打店》。

2月18日，上海天蟾舞台夜戏：

班世超《杨排风》，高盛麟、李万春、白玉艳、姜妙香、李庆春、贺玉钦、曹慧麟、曹四庚《金钱豹》《盘丝洞》《盗魂铃》，大轴李万春、白玉艳、李庆春、毛庆来、曹四庚合演《铁公鸡》。

2月19日，上海天蟾舞台夜戏：

高盛麟、李万春、曹慧麟、白玉艳、魏莲芳《大溪皇庄》，白玉艳、姜妙香、曹慧麟、魏莲芳《虹霓关》，大轴李万春、高盛麟、苏连汉、班世超、毛庆来、程少余合演《恶虎村》带《洗浮山》。

2月20日，上海中国大戏院日场：

张镜铭《英雄比武》，刘正裔《八大锤》，黄桂秋、王琴生《汾河湾》，大轴黄桂秋、姜妙香、小三麻子、韩金奎、赵志秋合演全部《贩马记》。

2月20日，上海中国大戏院夜戏：

张镜铭《杀四门》，小三麻子、刘正裔、邱玉成、朱德芳《走麦城》，大轴黄桂秋、王琴生、姜妙香、芙蓉草、李盛泉、王少亭、阎世喜、韩金奎合演《四郎探母》。

2月21日，上海中国大戏院夜戏：

张镜铭、王少芳《神亭岭》，小三麻子、程少余《古城会》，王琴生、李克昌、赵德钰《失街亭》《空城计》《斩马谡》，大轴黄桂秋、姜妙香、苗胜春、李富春、韩金奎合演《玉堂春》。

2月22日，上海天蟾舞台夜戏：

班世超《朝金顶》，李万春、曹慧麟、姜妙香、毛庆来《武松》（“打虎”起“杀嫂”止），高盛麟、贺玉钦《艳阳楼》，大轴李万春、白玉艳、李庆春、吴鸣申合演《武松打店》。

2月23日，上海中国大戏院夜戏：

张镜铭《杀四门》，小三麻子《水淹七军》，王琴生、李克昌《搜孤救孤》，大轴黄桂秋、姜妙香、李盛泉、韩金奎、王少亭、阎世喜合演全部《金锁记》。

2月23日，上海天蟾舞台夜戏：

班世超《杨排风》，高盛麟、李万春、白玉艳、姜妙香、李庆春、贺玉钦、曹慧麟、曹四庚《金钱豹》《盘丝洞》《盗魂铃》，大轴李万春、白玉艳、李庆春、毛庆来、曹四庚合演《铁公鸡》。

2月24日，上海天蟾舞台夜戏：

贺玉钦《界牌关》，白玉艳、姜妙香、魏莲芳《十三妹》《能仁寺》，李万春、高盛麟、宋遇春、艾世菊、毛庆来、苏连汉合演《盗御马》《连环套》《盗双钩》。

2月25日，上海天蟾舞台夜戏：

班世超《盗宝库》，李万春、高盛麟、白玉艳、苏连汉、艾世菊、宋遇春《割发代首》，曹慧麟、姜妙香、曹四庚《贵妃醉酒》，高盛麟、李万春、毛庆来、艾世菊、白玉艳、曹慧麟合演《大八蜡庙》。

2月26日，上海中国大戏院夜戏：

张镜铭《神亭岭》，小三麻子、程少余《古城会》，王琴生、韩金奎、李克昌《奇冤报》，大轴黄桂秋、姜妙香、苗胜春、李富春、韩金奎合演《玉堂春》。

2月27日，上海天蟾舞台日场、夜戏：

李盛泉《钓金龟》，高盛麟、李万春、白玉艳、姜妙香、李庆春、贺玉钦、曹慧麟、曹四庚《金钱豹》《盘丝洞》《盗魂铃》，大轴李万春、白玉艳、李庆春、毛庆来、曹四庚合演《铁公鸡》。

2月27日，上海中国大戏院夜戏：

张镜铭《杀四门》，小三麻子、刘正裔、邱玉成、朱德芳《走麦城》，大轴黄桂秋、王琴生、姜妙香、芙蓉草、李盛泉、王少亭、阎世喜、韩金奎合演《四郎探母》。

2月28日，上海天蟾舞台夜戏：

阎少泉《盗宝库》，李万春、高盛麟、白玉艳、苏连汉、艾世菊、宋遇春《割发代首》，姜妙香、曹慧麟、曹四庚《贵妃醉酒》，大轴李万春、高盛麟、白玉艳、毛庆来、艾世菊、曹慧麟合演《大八蜡庙》，

3月1日，上海天蟾舞台夜戏：

李盛泉《钓金龟》，贺玉钦、郭金光《大伐子都》，李万春、高盛麟、阎少泉《天霸招亲》，曹慧麟、姜妙香、曹四庚、张国斌《大劈棺》，大轴李万春、高盛麟合演《两威将军》。

3月2日，上海天蟾舞台夜戏：

陈福宝《大收关胜》，李万春、曹慧麟、姜妙香、毛庆来全部《武松》（“打虎”起“杀嫂”止），高盛麟、贺玉钦《艳阳楼》，大轴李万春、白玉艳、李庆春、吴鸣申合演《武松打店》。

3月3日，上海中国大戏院夜戏：

张镜铭、王超群《铁公鸡》，王琴生、小三麻子、姜妙香、刘正裔、程少余、韩金奎、李克昌《群英会》《借东风》《华容道》，大

轴黄桂秋、李盛泉合演《别宫祭江》。

3月4日，上海天蟾舞台夜戏：

阎少泉《盗宝库》，李万春、高盛麟、白玉艳、苏连汉、艾世菊、宋遇春《割发代首》，姜妙香、曹慧麟、曹四庚《贵妃醉酒》，大轴李万春、高盛麟、白玉艳、毛庆来、艾世菊、曹慧麟合演《大八蜡庙》，

3月5日，上海天蟾舞台夜戏：

贺玉钦《界牌关》，白玉艳、姜妙香、魏莲芳《十三妹》《能仁寺》，大轴李万春、高盛麟、艾世菊、苏连汉、宋遇春、毛庆来合演《盗御马》《连环套》《盗双钩》。

3月5日，上海中国大戏院夜戏：

张镜铭《神亭岭》，小三麻子《水淹七军》，王琴生、韩金奎、李克昌《奇冤报》，大轴黄桂秋、姜妙香、苗胜春、李富春、韩金奎合演《玉堂春》。

3月6日，上海中国大戏院日场：

张镜铭、王超群《三岔口》，小三麻子《单刀会》，王琴生、刘正裔《八大锤》，大轴黄桂秋、姜妙香、何润初、盖三省合演《春秋配》。

3月6日，上海中国大戏院夜戏：

张镜铭《杀四门》，小三麻子《古城会》，王琴生、李克昌《搜孤救孤》，大轴黄桂秋、姜妙香、李盛泉、韩金奎、王少亭、阎世喜合演全部《金锁记》。

3月6日，上海天蟾舞台日场、夜戏：

李万春、曹慧麟、姜妙香、毛庆来《武松》（“打虎”起“杀嫂”止），高盛麟、贺玉钦《艳阳楼》，大轴李万春、白玉艳、李庆春、吴鸣申合演《武松打店》。

3月7日，上海天蟾舞台夜戏：

李盛泉《钓金龟》，贺玉钦、郭金光《大三岔口》，曹慧麟、姜妙香、曹四庚《蝴蝶梦》《大劈棺》，大轴李万春、高盛麟合演《两威将军》。

3月7日，上海中国大戏院夜戏：

张镜铭《杀四门》，小三麻子、刘正裔、邱玉成、朱德芳《走麦城》，大轴黄桂秋、王琴生、姜妙香、芙蓉草、李盛泉、王少亭、阎世喜、韩金奎合演《四郎探母》。

3月7日至18日，上海中国大戏院夜戏：

张镜铭、王超群《铁公鸡》，小三麻子、王少芳、刘先臣《斩颜良》，大轴黄桂秋、王琴生、姜妙香、芙蓉草、刘正裔、李盛泉、程少余合演一至四本《雁门关》。

3月8日至15日，上海天蟾舞台夜戏：

李盛泉、马世啸《打龙袍》，李玉鹏、刘俊舟《铁公鸡》，李万春（大鹏）、高盛麟（八戒）、姜妙香（唐僧）、艾世菊、李庆春、李桐春、毛庆来、宋遇春、贺玉钦、萧德寅、王德禄、朱斌仙、马

世啸、李环春、吴鸣申、金铭玉、曹慧麟、林鹏程、郭金光、张国斌合演全部《十八罗汉收大鹏》（“金钱豹”起）。

3月19日，上海中国大戏院夜戏：

张镜铭《神亭岭》，小三麻子、刘正裔《走麦城》，王琴生、马崇仁、李克昌、阎世喜《失街亭》《空城计》《斩马谡》，大轴黄桂秋、姜妙香、苗胜春、李富春、韩金奎合演《玉堂春》。

3月20日，上海中国大戏院夜戏：

张镜铭、王超群《神亭岭》，王琴生、小三麻子、姜妙香、刘正裔、程少余、韩金奎、李克昌《群英会》《借东风》《华容道》，大轴黄桂秋、李盛泉合演《别宫祭江》。

3月21日至29日，上海中国大戏院夜戏：

张镜铭《杀四门》，小三麻子、王少芳、刘先臣《挂印封金》《灞桥挑袍》，大轴黄桂秋、王琴生、姜妙香、芙蓉草、刘正裔、李盛泉、马崇仁、韩金奎合演五至八本《雁门关》。

3月31日，上海中国大戏院夜戏：

黄桂秋、王琴生、姜妙香、芙蓉草、刘正裔、李盛泉、马崇仁、韩金奎合演一至八本《雁门关》。

4月2日，朱兰春、罗玉苹、小茹富兰（茹元俊）上海中国大戏院夜戏打泡戏第二天：

小茹富兰、张连廷《白水滩》，罗玉苹、姜妙香、苗胜春《玉堂春》，大轴朱兰春、韩金奎合演《奇冤报》。

4月3日，上海中国大戏院夜戏：

金少臣《草桥关》，小茹富兰、张连廷《铁笼山》，大轴朱兰春、罗玉苹、姜妙香、芙蓉草、韩金奎合演《红鬃烈马》。

4月7日，上海中国大戏院夜戏：

小茹富兰、赵德钰《八大锤》，大轴朱兰春、罗玉苹、姜妙香、芙蓉草、何润初、韩金奎合演《四郎探母》。

4月9日，上海中国大戏院夜戏：

小茹富兰《武文华》，罗玉苹《苏三起解》，大轴朱兰春、姜妙香、小茹富兰、金少臣、韩金奎、李克昌合演《群英会》《借东风》《华容道》。

4月10日，上海中国大戏院日场：

金少臣《探阴山》，罗玉苹《宇宙锋》，大轴朱兰春、小茹富兰、姜妙香、何润初、赵德钰合演全部《八大锤》。

4月10日，上海中国大戏院夜戏：

小茹富兰《石秀探庄》，罗玉苹《六月雪》，大轴朱兰春、芙蓉草、姜妙香、小茹富兰、韩金奎合演全本《珠帘寨》。

4月14日，上海中国大戏院夜戏：

小茹富兰、芙蓉草、金少臣《长坂坡》，罗玉苹、姜妙香、苗胜春《玉堂春》，大轴朱兰春、赵德钰、李富春合演《定军山》。

4月15日，上海中国大戏院夜戏：

张镜铭《铁公鸡》，朱兰春、罗玉苹、苗胜春《打渔杀家》，姜妙香、金少臣《飞虎山》，大轴朱兰春、小茹富兰、李克昌合演《连营寨》。

4月18日，上海天蟾舞台夜戏：

班世超《聚宝盆》，李万春、李仲林、李桐春《铁公鸡》，沈松丽、朱斌仙《苏三起解》，大轴李万春（关羽）、纪玉良（孔明）、高盛麟（鲁肃）、姜妙香、艾世菊、程少余、李仲林合演《群英会》《借东风》《华容道》。

4月19日，上海天蟾舞台夜戏：

班世超《盗宝库》，沈松丽、姜妙香、何润初、朱斌仙《春秋配》，纪玉良、程少余、马世啸、宋遇春《失街亭》《空城计》《斩马谡》，大轴李万春、高盛麟、李桐春、李仲林合演《落马湖》。

4月19日，上海中国大戏院夜戏：

张镜铭《杀四门》，小茹富兰、赵德钰《恶虎村》，罗玉苹、何润初《六月雪》，大轴朱兰春、姜妙香、芙蓉草、金少臣、阎世喜合演《战太平》。

4月20日，上海天蟾舞台夜戏：

班世超《金山寺》，纪玉良、沈松丽、高盛麟、姜妙香、李桐春、李仲林全部《龙凤呈祥》，大轴李万春、毛庆来、李庆春、宋遇春合演《林冲夜奔》《火拼王伦》。

4月21日，上海中国大戏院夜戏：

小茹富兰、王超群《艳阳楼》，罗玉苹、姜妙香二本《虹霓关》，大轴朱兰春、金少臣、赵德钰、阎世喜合演全部《鼎盛春秋》。

4月25日，上海天蟾舞台夜戏：

班世超《金山寺》，纪玉良、沈松丽、高盛麟、姜妙香、李桐春、李仲林全部《龙凤呈祥》，大轴李万春、毛庆来、李庆春、宋遇春合演《林冲夜奔》《火拼王伦》。

4月27日，上海天蟾舞台夜戏：

班世超《蟠桃会》，沈松丽、姜妙香、魏莲芳二本《虹霓关》，大轴李万春、宋遇春、毛庆来、李庆春合演《走麦城》。

5月1日，上海天蟾舞台夜戏：

班世超《杨排风》，金少臣《锁五龙》，沈松丽、姜妙香、何润初《春秋配》，高盛麟《挑华车》，大轴李万春、毛庆来、李庆春、宋遇春合演《林冲夜奔》《火拼王伦》。

5月2日，上海天蟾舞台夜戏：

班世超《金山寺》，沈松丽、高盛麟、姜妙香《霸王别姬》，大轴李万春、纪玉良、魏莲芳、金少臣合演全部《打金砖》。

5月4日，上海天蟾舞台夜戏：

纪玉良、沈松丽、高盛麟、姜妙香、李桐春、李仲林全部《汉阳院》《长坂坡》《群英会》《借东风》《华容道》，大轴李万春、毛庆来合演《铁公鸡》。

5月7日、8日，上海天蟾舞台夜戏：

班世超《朝金顶》，纪玉良、沈松丽、姜妙香、魏莲芳《红鬃烈马》，大轴李万春、李仲林合演《擒方腊》。

5月8日，上海天蟾舞台日场：

纪玉良、沈松丽、高盛麟、姜妙香、李桐春、李仲林全部《龙凤呈祥》，大轴李万春、毛庆来、李庆春合演《孙悟空》。

5月9日，上海天蟾舞台夜戏：

班世超《盗宝库》，纪玉良、高盛麟、姜妙香、何润初《八大锤》《断臂说书》，大轴李万春、魏莲芳合演《野猪林》。

5月10日，上海天蟾舞台夜戏：

班世超《百草山》，姜妙香、金少臣《飞虎山》，高盛麟《挑华车》，大轴李万春、毛庆来、李庆春、宋遇春合演《林冲夜奔》《火拼王伦》。

5月11日，上海天蟾舞台夜戏：

班世超《取金陵》，姜妙香《辕门射戟》，高盛麟《冀州城》，大轴李万春、纪玉良、魏莲芳、金少臣合演全部《打金砖》。

5月12日至14日，上海天蟾舞台夜戏：

大轴李万春、姜妙香、魏莲芳、班世超、毛庆来、李庆春、艾世菊、苏连汉合演一至十本《武松》（“景阳冈”起“蜈蚣岭”止）。

5月16日，上海天蟾舞台夜戏：

班世超《金山寺》，李万春、李仲林《拿高登》，纪玉良、金少臣、韩金奎《奇冤报》，大轴李万春、姜妙香、毛庆来、李庆春、宋遇春合演《明末遗恨》。

5月19日至29日，上海天蟾舞台夜戏：

班世超《杨排风》，金少臣、马世啸《父子会》，大轴李万春（大鹏）、高盛麟（八戒）、姜妙香（唐僧）、艾世菊、李庆春、李桐春、毛庆来、宋遇春、贺玉钦、萧德寅、王德禄、朱斌仙、马世啸、李环春、吴鸣申、金铭玉、曹慧麟、林鹏程、郭金光、张国斌合演全部《十八罗汉收大鹏》（“金钱豹”、“盗魂铃”、“狮驼国”、“收大鹏”）。

5月30日、31日，上海天蟾舞台夜戏：

大轴李万春、姜妙香、魏莲芳、班世超、毛庆来、李庆春、艾世菊、苏连汉合演一至十本《武松》（“景阳冈”起“蜈蚣岭”止）。

5月31日至6月2日，梅剧团在上海南京大戏院连续演出三天。

6月1日至30日，徐碧云应邀赴上海天蟾舞台演出一期，特烦姜妙香助演，其他演员还有二牌纪玉良、三牌高盛麟，金少臣、宋遇春、魏莲芳、王正屏、孙正阳、孙鹏志等。

6月1日、2日，徐碧云上海天蟾舞台夜戏：

压轴纪玉良《失街亭》《空城计》《斩马谡》，大轴徐碧云、姜妙香、宋遇春、孙正阳合演《玉堂春》（“起解”至“团圆”）。

6月3日，上海天蟾舞台夜戏：大轴徐碧云、姜妙香、纪玉良、高盛麟、魏莲芳、孙正阳合演全部《绿珠坠楼》。

6月4日，上海天蟾舞台夜戏：大轴徐碧云、高盛麟、姜妙香、宋遇春、孙正阳合演全部《霸王别姬》。

6月5日，上海天蟾舞台夜戏：大轴徐碧云、姜妙香、魏莲芳、宋遇春、孙正阳合演全部《虞小翠》。

此后，徐碧云与姜妙香又合作演出了：前后本《花木兰》、前后本《玉堂春》、《薛琼英》、《绿珠坠楼》等剧。

6月26日，徐碧云在天蟾舞台第三次贴演《绿珠坠楼》，"坠楼"时不慎将腿摔伤，停演。天蟾舞台由黄桂秋接演。

6月，姜妙香被选为第一次文学艺术工作者代表大会代表。

6月28日，姜妙香与周信芳，回京参加第一次文代会。

7月2日至19日，第一次文代会会期。

文代会期间，大会组织了演出委员会，由欧阳予倩、田汉、洪深、马彦祥、阿英五人组成。6月28日至7月28日，有35个文艺团体参加演出。最后一天，梅兰芳、刘连荣、姜妙香、王少亭、萧长华合演《霸王别姬》。

7月底，姜妙香参加北京长安大戏院举办的扶贫大义演，与梅兰芳、周信芳、马连良、谭富英、尚小云、李多奎演出了《龙凤呈祥》、《群英会》、《借东风》、《红鬃烈马》等剧。

8月，徐碧云腿伤恢复，在上海天蟾舞台续演一期，仍请姜妙香助演。

10月，姜妙香离沪返京，参加梅剧团在北京长安大戏院十场演出。剧目为：《断桥》、《女起解》、《贩马记》、《宇宙锋》、《霸王别姬》、《凤还巢》、《贵妃醉酒》、《穆柯寨》《穆天王》、《游园惊梦》、《龙凤呈祥》。参演其他演员有：杨宝森、奚啸伯、萧长华、俞振飞、刘连荣、王少亭等。

10月21日，梅剧团长安大戏院夜戏：

杨盛春《铁笼山》，奚啸伯《白蟒台》，大轴梅兰芳、姜妙香、萧长华、俞振飞合演全部《宇宙锋》。

10月22日，庆祝新中国成立，在中南海怀仁堂演出《龙凤呈祥》。梅兰芳饰孙尚香，谭富英饰刘备，贯大元饰乔玄，姜妙香饰周瑜，萧长华饰乔福，郝寿臣饰张飞，李紫贵饰赵云，阿甲饰鲁肃。

10月下旬，梅剧团应天津市文化局局长阿英邀请，赴天津中国大戏院演出。

10月31日起，梅兰芳、姜妙香等，在天津中国大戏院演出《玉堂春》、《春秋配》、《霸王别姬》等。

11月8日，梅兰芳、刘连荣、姜妙香、王少亭在天津中国大戏院合演《霸王别姬》。

11月25日，梅兰芳为天津市剧艺协会筹募事业费义演，与姜妙香演出《贵妃醉酒》。

11月26日，梅兰芳为天津市剧艺协会筹募事业费义演，与姜妙香演出《奇双会》。

12月至年底，梅剧团邀请奚啸伯加入，赴上海中国大戏院演出。

12月6日，梅剧团上海中国大戏院夜戏：

姜妙香《辕门射戟》，压轴奚啸伯、王泉奎、刘连荣《失街亭》《空城计》《斩马谡》，大轴梅兰芳、萧长华合演《苏三起解》。

12月7日，梅剧团上海中国大戏院夜戏：

压轴奚啸伯、姜妙香《群英会》，大轴梅兰芳、俞振飞合演《春秋配》。

12月8日，梅剧团上海中国大戏院夜戏：

压轴奚啸伯、王泉奎《击鼓骂曹》，大轴梅兰芳、俞振飞、王少亭、萧长华、姜妙香合演《贩马记》。

12月9日，梅剧团上海中国大戏院夜戏：

压轴奚啸伯、俞振飞《十道本》，大轴梅兰芳、刘连荣、姜妙香、王少亭、萧长华合演《霸王别姬》。

12月11日、12日，梅剧团上海中国大戏院夜戏：

开场《杀四门》，姜妙香《辕门射戟》，杨盛春《连环阵》，压轴奚啸伯、王泉奎、刘连荣《失街亭》《空城计》《斩马谡》，大轴梅兰芳、俞振飞、萧长华合演《贵妃醉酒》。

12月13日，梅剧团上海中国大戏院夜戏：

开场《双李逵》，杨盛春、韩盛信《挑华车》，压轴奚啸伯、俞振飞《群英会》，大轴梅兰芳、刘连荣、姜妙香、王少亭、萧长华合演《霸王别姬》。

12月15日，梅剧团上海中国大戏院夜戏：

开场《林冲夜奔》，压轴奚啸伯、杨盛春《连营寨》，大轴梅兰芳、姜妙香（匡扶）、刘连荣、萧长华、俞振飞（胡亥）合演全本《宇宙锋》。

12月16日，梅剧团上海中国大戏院夜戏：

开场《黑风帕》，杨盛春、韩盛信、班世超《白水滩》，压轴萧长华、姜妙香《连升店》，大轴梅兰芳、刘连荣、奚啸伯、杨盛春、俞振飞合演全本《甘露寺》。

12月17日，梅剧团上海中国大戏院夜戏：

开场《摩天岭》，杨盛春、韩盛信《挑华车》，压轴奚啸伯、王泉奎《击鼓骂曹》，大轴梅兰芳、俞振飞、王少亭、萧长华、姜妙香合演《贩马记》。

12月18日，梅剧团上海中国大戏院夜戏：

开场《杀四门》，杨盛春《连环阵》，压轴奚啸伯、王泉奎、刘连荣《失街亭》《空城计》《斩马谡》，大轴梅兰芳、俞振飞、萧长华合演《贵妃醉酒》。

12月19日，梅剧团上海中国大戏院夜戏：

开场《黑风帕》，杨盛春、张连廷《史文恭》，压轴奚啸伯、俞振飞《十道本》，大轴梅兰芳、刘连荣、姜妙香、王少亭、萧长华合演《霸王别姬》。

12月20日，梅剧团上海中国大戏院夜戏：

开场《黑风帕》，杨盛春、张连廷《史文恭》，压轴奚啸伯《十道本》，大轴梅兰芳、刘连荣、姜妙香、王少亭、萧长华合演《霸王别姬》。

12月22日，梅剧团上海中国大戏院夜戏：

徐元珊《摩天岭》，杨盛春、韩盛信《挑华车》，压轴奚啸伯、王泉奎《击鼓骂曹》，大轴梅兰芳、俞振飞、王少亭、萧长华、姜妙香合演《贩马记》。

12月23日，梅剧团上海中国大戏院夜戏：

开场《黑风帕》，杨盛春、张连廷《史文恭》，压轴奚啸伯、俞振飞《十道本》，大轴梅兰芳、刘连荣、姜妙香、王少亭、萧长华合演《霸王别姬》。

12月24日，梅剧团上海中国大戏院夜戏：

开场《双李逵》，杨盛春《挑华车》，压轴奚啸伯、俞振飞《十道本》，大轴梅兰芳、刘连荣、姜妙香、王少亭、萧长华合演《霸王别姬》。

12月25日，梅剧团上海中国大戏院夜戏：

开场《绑子上殿》，杨盛春、韩盛信《状元印》，压轴奚啸伯、刘连荣《失街亭》《空城计》《斩马谡》，大轴梅兰芳、俞振飞、萧长华合演《贵妃醉酒》。

12月26日，梅剧团上海中国大戏院夜戏：

开场《林冲夜奔》，压轴奚啸伯、杨盛春《连营寨》，大轴梅兰芳、刘连荣、姜妙香、王少亭、萧长华合演全本《宇宙锋》。

12月27日，梅剧团上海中国大戏院夜戏：

开场《禅于寺》，杨盛春、韩盛信《武文华》，压轴奚啸伯、王泉奎《夜审潘洪》，大轴梅兰芳、刘连荣、姜妙香、王少亭、萧长华合演《霸王别姬》。

12月28日，梅剧团上海中国大戏院夜戏：

开场《万花亭》，杨盛春、韩盛信《艳阳楼》，压轴奚啸伯、刘连荣《捉放曹》，大轴梅兰芳、姜妙香、俞振飞、萧长华头二本《虹霓关》。

12月29日至31日，梅剧团上海中国大戏院夜戏：

开场《大三岔口》，萧长华《老黄请医》，压轴奚啸伯、杨盛春、姜妙香《杨家将》，大轴梅兰芳、俞振飞、梅葆玖合演《游园惊梦》。

1950年

（农历庚寅年） 60岁

1月1日，梅剧团上海中国大戏院夜戏：

开场《大三岔口》，萧长华《老黄请医》，压轴奚啸伯、杨盛春、姜妙香《杨家将》，大轴梅兰芳、梅葆玖、俞振飞合演《游园惊梦》。

1月3日，梅剧团上海中国大戏院夜戏：

开场《黑风帕》，压轴奚啸伯、杨盛春《八大锤》，大轴梅兰芳、姜妙香、刘连荣、萧长华合演《霸王别姬》。

1月4日，梅剧团上海中国大戏院夜戏：

开场《杀四门》，奚啸伯、刘连荣、李克昌、萧长华《失街亭》《空城计》《斩马谡》（特烦姜妙香饰马岱，带"押粮"），压轴杨盛春《连环阵》，大轴梅兰芳、俞振飞、萧长华合演《贵妃醉酒》。

1月9日，梅剧团上海中国大戏院夜戏：

开场《黑风帕》，压轴奚啸伯、杨盛春《八大锤》，大轴梅兰芳、姜妙香、刘连荣、萧长华合演《霸王别姬》。

1月10日，梅剧团上海中国大戏院夜戏：

开场《武昭关》，杨盛春《战滁州》，压轴奚啸伯、李克昌《上天台》，大轴梅兰芳、姜妙香、刘连荣、萧长华合演《凤还巢》。

1月11日，梅剧团上海中国大戏院夜戏：

开场《文王访贤》，杨盛春《武文华》，压轴奚啸伯、刘连荣、姜妙香《四进士》，大轴梅兰芳、梅葆玖、俞振飞合演《游园惊梦》。

1月12日，梅剧团上海中国大戏院夜戏：

开场《大三岔口》，杨盛春《连环阵》，压轴奚啸伯、刘连荣《白蟒台》，大轴梅兰芳、姜妙香合演《洛神》。

1月13日，梅剧团上海中国大戏院夜戏：

开场《黑风帕》，压轴奚啸伯、杨盛春《八大锤》，大轴梅兰芳、姜妙香、刘连荣、萧长华合演《霸王别姬》。

1月14日，梅剧团上海中国大戏院夜戏：

开场《武昭关》，杨盛春《战滁州》，压轴奚啸伯、李克昌《上天台》，大轴梅兰芳、姜妙香、刘连荣、萧长华合演《凤还巢》。

1月15日，梅剧团上海中国大戏院夜戏：

开场《文王访贤》，杨盛春《武文华》，压轴奚啸伯、刘连荣、姜妙香《四进士》，大轴梅兰芳、梅葆玖、俞振飞合演《游园惊梦》。

1月16日，梅剧团上海中国大戏院夜戏：

开场《大三岔口》，杨盛春《连环阵》，压轴奚啸伯、刘连荣《白蟒台》，大轴梅兰芳、姜妙香合演《洛神》。

1月17日，梅剧团上海中国大戏院夜戏：

开场《黑风帕》，压轴奚啸伯、杨盛春《八大锤》，大轴梅兰芳、姜妙香、刘连荣、萧长华合演《霸王别姬》。

1月18日，梅剧团上海中国大戏院夜戏：

开场《摩天岭》，杨盛春、张连廷《挑华车》，压轴奚啸伯、姜妙香《群英会》，大轴梅兰芳、梅葆玖、俞振飞合演《游园惊梦》。

1月19日，梅剧团上海中国大戏院夜戏：

开场《武昭关》，杨盛春《战滁州》，压轴奚啸伯、李克昌《上天台》，大轴梅兰芳、姜妙香、刘连荣、萧长华合演《凤还巢》。

1月21日，梅剧团上海中国大戏院夜戏：

开场《风云会》，杨盛春、韩盛信《两威将军》，压轴奚啸伯、刘连荣、姜妙香《四进士》，大轴梅兰芳、萧长华、俞振飞合演《贵妃醉酒》。

1月22日，梅剧团上海中国大戏院夜戏：

开场《摩天岭》，杨盛春、张连廷、韩盛信《挑华车》，压轴奚啸伯、姜妙香《群英会》，大轴梅兰芳、梅葆玖、俞振飞合演《游园惊梦》。

1月23日，梅剧团上海中国大戏院夜戏：

开场《单于救主》，杨盛春、韩盛信《战濮阳》，压轴奚啸伯、俞振飞、萧长华《状元谱》，大轴梅兰芳、姜妙香合演全部《洛神》。

1月24日，梅剧团上海中国大戏院夜戏：

开场《黑风帕》，奚啸伯《清官册》，压轴杨盛春、韩盛信、张连廷《艳阳楼》，大轴梅兰芳、刘连荣、姜妙香、萧长华合演《霸王别姬》。

1月25日，梅剧团上海中国大戏院夜戏：

开场《得胜回朝》，杨盛春、韩盛信《白水滩》，压轴奚啸伯《击鼓骂曹》，大轴梅兰芳、姜妙香、萧长华、刘连荣合演全部《凤还巢》。

2月14日，中南海怀仁堂欢度春节，演出戏目：郝寿臣、萧长华《醉打山门》，梅兰芳、谭富英、姜妙香合演《御碑亭》。

2月18日，天津第一工人文化宫演出：

压轴王琴生、刘连荣《空城计》，大轴梅兰芳、姜妙香、李庆山合演《贵妃醉酒》。

2月19日，天津第一工人文化宫演出：

压轴徐元珊、刘连荣《八大锤》，大轴梅兰芳、姜妙香、王少亭合演《奇双会》。

3月30日、31日，上海戏曲界救灾委员会举办大义演，剧目《龙凤呈祥》。梅兰芳饰孙尚香、姜妙香饰周瑜、周信芳饰乔玄，盖叫天饰赵云，赵如泉饰张飞、唐韵笙饰刘备。

5月26日，姜妙香与梅兰芳在上海中国大戏院演出《洛神》。

6月，姜妙香迁回北京，借住徐兰沅宣武区永光西街3号的前院北房四间，直至1972年去世。

7月至8月，姜妙香应杨宝森邀请，随团赴香港演出。演出约两月余，周期虽长，但不是每天有戏，每周平均演出两三场。这时期马连良、张君秋均在香港，有时和张君秋联合演出。演出剧目有《辕门射戟》，《棋盘山》(与程玉箐、魏莲芳),《飞虎山》(与王泉奎)等。

姜妙香与杨宝森合作剧目有:

《四郎探母》杨宝森饰杨延辉,张君秋饰铁镜公主,魏莲芳饰萧太后、姜妙香饰杨宗保,汪正华饰杨延昭。

《珠帘寨》杨宝森饰李克用、姜妙香饰李嗣源、魏莲芳饰刘银屏、汪正华饰程敬思、詹世辅饰老军、刘砚亭饰周德威。

《红鬃烈马》杨宝森饰薛平贵,张君秋饰王宝钏,魏莲芳饰代战公主,姜妙香饰高思继,刘斌昆饰莫言,詹世辅饰魏虎。

《拾玉镯》《法门寺》杨宝森饰赵廉,张君秋饰宋巧娇,王泉奎饰刘瑾,梁次珊饰贾桂,姜妙香饰傅朋,魏莲芳饰孙玉姣,詹世辅饰刘媒婆。

《拾玉镯》《法门寺》杨宝森饰赵廉,张君秋饰宋巧娇,刘砚亭饰刘瑾,刘斌昆饰贾桂,姜妙香饰傅朋,魏莲芳饰孙玉姣,詹世辅饰刘媒婆。

在港期间,姜妙香接受赵培鑫邀请,录制《举鼎观画》、《二进宫》(四公子)等戏的录音。

8月底,赴港演出团临别最后一场,杨宝森、张君秋、王泉奎、姜妙香、魏莲芳合演《盗魂铃》。

9月上旬,姜妙香返回上海,随同梅剧团赴天津演出。

9月23日,梅剧团天津中国大戏院夜戏:

大轴梅兰芳、唐韵笙(前刘媒婆后赵廉)、刘连荣、萧长华、姜妙香合演全本《拾玉镯》《法门寺》。

9月25日,梅剧团天津中国大戏院夜戏:

姜妙香《辕门射戟》,压轴唐韵笙《逍遥津》,大轴梅兰芳、萧长华《苏三起解》。

9月28日,梅剧团天津中国大戏院夜戏:

姜妙香《白门楼》,压轴唐韵笙、刘连荣《古城会》,大轴梅兰芳、俞振飞合演《贵妃醉酒》。

10月6日,梅剧团天津中国大戏院夜戏:大轴梅兰芳、姜妙香、姚玉芙合演《游园惊梦》。

10月8日,梅剧团天津中国大戏院日场:大轴梅兰芳、俞振飞、姜妙香合演《奇双会》。

10月8日,梅剧团天津中国大戏院夜戏:大轴梅兰芳、刘连荣、姜妙香、王少亭合演《霸王别姬》。

10月10日,梅剧团天津中国大戏院夜戏:大轴梅兰芳、姜妙香、王少亭、刘连荣、俞振飞合演《宇宙锋》。

10月13日,梅剧团天津中国大戏院夜戏:大轴梅兰芳、姜妙香、俞振飞合演头二本《虹霓关》。

10月16日,梅剧团天津中国大戏院夜戏:大轴梅兰芳、俞振飞、姜妙香、王少亭合演《奇双会》。

10月17日,梅剧团天津中国大戏院夜戏:大轴梅兰芳、姜妙香、刘连荣、萧长华合演《穆柯寨》。

10月21日，梅剧团天津中国大戏院夜戏：大轴梅兰芳、姜妙香合演《洛神》。

10月22日，梅剧团天津中国大戏院日场：

姜妙香《白门楼》，压轴唐韵笙、刘连荣《古城会》，大轴梅兰芳、俞振飞合演《贵妃醉酒》。

10月22日，梅剧团天津中国大戏院夜戏：大轴梅兰芳、姜妙香、王少亭、刘连荣合演前部《西施》。

10月23日，梅剧团天津中国大戏院夜戏：大轴梅兰芳、姜妙香、王少亭、萧长华合演后部《西施》。

10月26日，梅剧团天津中国大戏院夜戏：

姜妙香《玉门关》，压轴唐韵笙《刀劈三关》，大轴梅兰芳、俞振飞合演《春秋配》。

10月27日，梅剧团天津中国大戏院夜戏：大轴梅兰芳、俞振飞、姜妙香、王少亭合演《奇双会》。

10月28日，梅剧团天津中国大戏院夜戏：梅兰芳、姜妙香合演《廉锦枫》。

10月29日，梅剧团天津中国大戏院夜戏：压轴唐韵笙《逍遥津》，大轴梅兰芳、刘连荣、姜妙香、王少亭、萧长华合演《霸王别姬》。

10月30日，梅剧团天津中国大戏院夜戏：大轴梅兰芳、唐韵笙、姜妙香、刘连荣、王少亭、萧长华合演《龙凤呈祥》。

10月31日，任弼时逝世，停演一天。

11月1日，梅剧团招待各民族文艺工作者代表团，天津中国大戏院夜戏：大轴梅兰芳、刘连荣、姜妙香、王少亭、萧长华合演《霸王别姬》。

11月2日，梅剧团天津中国大戏院夜戏：

姜妙香《白门楼》，压轴唐韵笙、刘连荣《古城会》，大轴梅兰芳、俞振飞合演《贵妃醉酒》。

11月3日，梅剧团天津中国大戏院夜戏：大轴梅兰芳、刘连荣、姜妙香、王少亭、萧长华合演《霸王别姬》。

9月23至11月4日，梅剧团在天津中国大戏院共演出四十天，四十一场。

11月7日，姜妙香随梅剧团返回北京，俞振飞返回上海。

11月11日，梅剧团北京大众剧场演出义务夜戏：

杨盛春《挑华车》，大轴梅兰芳、刘连荣、姜妙香、王少亭、李庆山、李春林合演《霸王别姬》。

11月27日，梅剧团北京大众剧场招待全国戏曲工作会议出席者，梅兰芳、姜妙香演出《奇双会》。

12月11日，慰问抗美援朝中国人民志愿军部队大义演：

陈鹤峰《萧何月下追韩信》，郭景春《挑华车》，大轴梅兰芳、刘连荣、姜妙香、王少亭、萧长华合演《霸王别姬》。

12月13日，文化部主办京剧招待晚会：

实验戏曲学校《金山寺》，谭元寿、慈少泉《问樵闹府》，大轴梅兰芳、姜妙香、梅葆玖合演《游园惊梦》。

12月15日，梅剧团大众剧场夜戏：

赵文奎《牧虎关》，姜妙香、王少亭、张蝶芬《胭脂虎》，王世续、杨盛春《八大锤》，大轴梅兰芳、萧长华合演《苏三起解》。

12月16日，梅剧团大众剧场夜戏：

赵文奎《白良关》，杨盛春《英雄义》，王世续《黄金台》，大轴梅兰芳、姜妙香合演《奇双会》。

12月17日，梅剧团大众剧场夜戏：

杨盛春《恶虎村》，大轴梅兰芳、姜妙香、萧长华合演《穆柯寨》《穆天王》。

12月22日，梅剧团长安大戏院夜戏：

杨盛春《连环阵》，胡少亭、刘连荣《洪羊洞》，大轴梅兰芳、姜妙香、萧长华合演《贵妃醉酒》。

12月26日，外交部主办京剧招待晚会，北京长安大戏院演出剧目为：

李少春、叶盛章《三岔口》，袁世海《牛皋招亲》，大轴梅兰芳、姜妙香、萧长华合演《贵妃醉酒》。

12月27日，梅剧团长安大戏院夜戏：

杨盛春、王世续《八大锤》，大轴梅兰芳、刘连荣、姜妙香、王少亭、萧长华合演《霸王别姬》。

12月31日晚，梅剧团中南海怀仁堂为中央首长演出《断桥》。梅兰芳饰白素贞，姜妙香饰许仙，梅葆玖饰小青。

1951年

（农历辛卯年） 61岁

1月2日，梅剧团长安大戏院夜戏：

王世续《鱼藏剑》，大轴梅兰芳、姜妙香、王少亭、萧长华合演全部《奇双会》。

1月3日，梅剧团长安大戏院夜戏：

张蝶芬《胭脂虎》，徐元珊《恶虎村》，王世续《搜孤救孤》，大轴梅兰芳、姜妙香、萧长华、刘连荣、王少亭合演《穆柯寨》《穆天王》。

1月4日，梅剧团长安大戏院夜戏：

刘连荣、胡少亭《御果园》，徐元珊《白水滩》，王世续《状元谱》，大轴梅兰芳、刘连荣、姜妙香、萧长华、王少亭合演《霸王别姬》。

1月5日，梅剧团长安大戏院夜戏：

徐元珊《武文华》，王世续、张蝶芬《打渔杀家》，大轴梅兰芳、姜妙香、萧长华合演《贵妃醉酒》。

1月6日，梅剧团长安大戏院夜戏：

张少彦《两将军》，压轴谭富英《洪羊洞》，大轴梅兰芳、刘连荣、姜妙香、萧长华、王少亭合演《霸王别姬》。

1月7日，梅剧团长安大戏院夜戏：

胡少亭《清官册》，徐元珊《金锁阵》，大轴梅兰芳、姜妙香、萧长华、刘连荣、张蝶芬合演头二本《虹霓关》。

1月22日，北京市京剧公会救济同业孤寒义务戏头天：

王少亭、姜妙香、慈瑞泉《状元谱》，压轴杨盛春、郝寿臣《战宛城》，大轴梅兰芳、姜妙香、梅葆玖、王少亭、张蝶芬合演《游园惊梦》。

1月23日，梅剧团长安大戏院夜戏：：

小翠花、慈瑞泉《打钢刀》，大轴梅兰芳、谭富英、姜妙香、萧长华合演全本《御碑亭》。

1月24日，梅剧团长安大戏院夜戏：

郝寿臣、萧长华《普球山》，压轴陈少霖、张春彦《定军山》，大轴梅兰芳、姜妙香、梅葆玖、王少亭、徐元珊合演《金山寺》。

1月28日，梅剧团吉祥大戏院夜戏：

胡少亭《托兆碰碑》，白庆祥《白水滩》，大轴梅兰芳、姜妙香、刘连荣、萧长华合演《霸王别姬》。

1月29日，梅剧团吉祥大戏院夜戏：

徐元珊《挑华车》，胡少亭《南阳关》，大轴梅兰芳、姜妙香、萧长华合演《奇双会》。

1月31日，梅剧团北京长安戏院夜戏：

张蝶芬《背凳》，刘连荣《青风寨》，王世续、胡少亭《鱼藏剑》，大轴梅兰芳、姜妙香、梅葆玖、萧长华合演《断桥》《祭塔》。

4月15日，梅剧团长安大戏院夜戏：

徐元珊《乾元山》，大轴梅兰芳、刘连荣、姜妙香、萧长华、王少亭合演《霸王别姬》。

4月18日，姜妙香等梅团成员乘船赴汉口演出（梅兰芳乘飞机先行抵达汉口）。

4月21日，梅剧团成员抵达汉口。

4月21日晚，招待地方首长晚会，梅剧团演出夜戏：

刘连荣《青风寨》，魏莲芳、碧秋云《樊江关》，王琴生、梅葆玖《武家坡》，大轴梅兰芳、姜妙香、萧长华合演《贵妃醉酒》。

4月22日，梅兰芳、姜妙香等游览珞珈山、黄鹤楼。

4月22日晚，招待机关干部，梅剧团演出夜戏：

梅兰芳、刘连荣、姜妙香、萧长华、王少亭合演《霸王别姬》。

4月23日，梅剧团武汉人民剧院公演头天：

杨盛春《蜈蚣岭》，压轴姜妙香、王少亭《借赵云》，大轴梅兰芳、萧长华《女起解》。

4月24日，梅剧团武汉人民剧院公演第二天：

梅兰芳、王琴生、王少亭、刘连荣、姜妙香、萧长华、郭元汾合演全部《龙凤呈祥》。

4月25日，梅剧团武汉人民剧院公演第三天：

杨盛春、韩盛信《挑华车》，压轴王琴生《捉放宿店》，大轴梅兰芳、姜妙香、萧长华、王少亭合演全部《奇双会》。

4月26日至28日，应邀再次演出前三天剧目。

5月1日，梅剧团武汉人民剧院夜戏：

王琴生、王少亭《搜孤救孤》，梅兰芳、姜妙香、萧长华合演《贵妃醉酒》。

5月2日、3日，梅剧团武汉人民剧院夜戏：

刘炳生《得胜回朝》，杨盛春、张连廷《战滁州》，压轴王琴生、王少亭《搜孤救孤》，大轴梅兰芳、姜妙香、萧长华合演《贵妃醉酒》。

5月4日至6日：梅剧团武汉人民剧院夜戏：

黄鸿甫《长寿星》，杨盛春、韩盛信《蜈蚣岭》，压轴王琴生、郭元汾《清官册》，大轴梅兰芳、刘连荣、姜妙香、萧长华合演《霸王别姬》。

5月7日，梅剧团武汉人民剧院夜戏：

杨盛春《状元印》，王琴生《鱼藏剑》，大轴梅兰芳、高盛麟、姜妙香、萧长华、王少亭合演《霸王别姬》。

5月8日，梅剧团武汉人民剧院夜戏：

杨盛春、王琴生《八大锤》，大轴梅兰芳、姜妙香、刘连荣、萧长华合演全部《宇宙锋》。

5月9日，梅剧团武汉人民剧院夜戏：

杨盛春、韩盛信、张连廷《艳阳楼》，压轴王琴生《辕门斩子》，大轴梅兰芳、姜妙香、萧长华、王少亭合演《贩马记》。

5月10日，梅剧团武汉人民剧院夜戏：

杨盛春、韩盛信《白水滩》，压轴王琴生《文昭关》，大轴梅兰芳、姜妙香、萧长华、高盛麟合演头二本《虹霓关》。

5月11日、12日，梅剧团武汉人民剧院夜戏：

杨盛春、韩盛信《状元印》，王琴生《鱼藏剑》，大轴梅兰芳、高盛麟、姜妙香、萧长华合演《霸王别姬》。

5月13日，梅剧团武汉人民剧院夜戏：

王琴生、郭元汾《定军山》，大轴梅兰芳、姜妙香、萧长华、王少亭合演《贩马记》。

5月14日，梅剧团武汉人民剧院夜戏：

王琴生、杨盛春《连营寨》，大轴梅兰芳、姜妙香、萧长华、刘连荣合演《凤还巢》。

5月15日，梅剧团武汉人民剧院夜戏：

杨盛春《武文华》，王琴生、刘连荣、郭元汾《失街亭》《空城计》《斩马谡》，大轴梅兰芳、姜妙香、萧长华合演《贵妃醉酒》。

5月16日、17日，梅剧团武汉人民剧院夜戏：

杨盛春、张连廷《英雄义》，王琴生《捉放宿店》，大轴梅兰芳、刘连荣、姜妙香、萧长华合演《霸王别姬》。

5月18日，梅剧团武汉人民剧院夜戏：

王琴生、高盛麟《八大锤》，大轴梅兰芳、姜妙香、刘连荣、萧长华合演前部《西施》。

5月19日，梅剧团武汉人民剧院夜戏：

杨盛春、高盛麟《神亭岭》，王琴生、郭元汾《清官册》，大轴梅兰芳、姜妙香、萧长华合演后部《西施》。

5月20日，梅剧团武汉人民剧院夜戏：

杨盛春《挑华车》，王琴生、郭元汾《黄金台》，大轴梅兰芳、姜妙香合演《洛神》。

5月21日，梅剧团武汉人民剧院夜戏：

杨盛春《金雁桥》，王琴生、郭元汾、王少亭《辕门斩子》，大轴梅兰芳、姜妙香、萧长华、梅葆玖合演《断桥》《雷峰塔》。

5月22日，梅剧团武汉人民剧院夜戏：

王琴生、郭元汾《定军山》，大轴梅兰芳、姜妙香、梅葆玖合演《金山寺》《断桥》。

5月23日，梅剧团武汉人民剧院夜戏：

杨盛春《挑华车》，王琴生、郭元汾《黄金台》，大轴梅兰芳、姜妙香合演《洛神》。

5月24日，梅剧团武汉人民剧院夜戏：

刘连荣《青风寨》，王琴生《捉放宿店》，大轴梅兰芳、姜妙香、梅葆玖合演《金山寺》《断桥》。

5月25日，梅剧团武汉人民剧院夜戏：

杨盛春、王琴生《八大锤》，大轴梅兰芳、姜妙香、萧长华、王少亭、刘连荣合演前部《西施》。

5月26日，梅剧团武汉人民剧院夜戏：

杨盛春《武文华》，王琴生、郭元汾《清官册》，大轴梅兰芳、姜妙香、萧长华、王少亭、刘连荣合演后部《西施》。

5月27日、28日，梅剧团武汉人民剧院夜戏：

杨盛春《战滁州》，王琴生、刘连荣、郭元汾《失街亭》《空城计》《斩马谡》，萧长华《老黄请医》，大轴梅兰芳、姜妙香、梅葆玖合演《游园惊梦》。

5月29日，梅剧团武汉人民剧院夜戏：

杨盛春《三岔口》，王琴生《鱼藏剑》，大轴梅兰芳、刘连荣、姜妙香、萧长华、王少亭合演《霸王别姬》。

5月30日，梅剧团武汉人民剧院夜戏（内部观摩演出不对外售票）：

王琴生《捉放宿店》，梅兰芳、高盛麟合作演出新本全部《抗金兵》。梅兰芳饰梁红玉，高盛麟饰韩世忠，姜妙香饰韩尚德，杨盛春饰韩彦直，萧长华饰朱贵，王少亭饰刘琦，郭元汾饰张俊，刘连荣饰金兀术，董少峰饰黄炳权，魏莲芳饰摇浆女兵，纪韵兰饰擎旗女兵。

5月31日、1日，梅剧团武汉人民剧院夜戏：

梅兰芳、高盛麟正式公演新本全部《抗金兵》。

6月2日，梅剧团武汉人民剧院夜戏：

杨盛春、高盛麟《战马超》，王琴生《捉放曹》，大轴梅兰芳、姜妙香合演《奇双会》。

6月5日、6日，梅剧团为工人代表在人民剧院演出两场。

6月7日，中国人民解放军第四野战军文化部晚会头天，梅剧团武汉人民剧院夜戏：

梅兰芳、姜妙香、萧长华、刘连荣、王少亭、郭元汾、王琴生合演全部《宇宙锋》。

6月9日，中国人民解放军第四野战军文化部晚会第三天，梅剧团武汉人民剧院夜戏：

梅兰芳、姜妙香、萧长华、王少亭合演全部《奇双会》。

6月10日，中南局晚会，梅剧团武汉人民剧院夜戏：

梅兰芳、姜妙香、萧长华、刘连荣、王少亭、郭元汾合演《穆柯寨》《穆天王》。

6月14日、15日，为朝鲜战争捐献飞机大炮义演，梅剧团在民众乐园与中南京剧团联合演出两场，善款购得"鲁迅号"飞机一架。

6月16日，武汉全体戏曲工作者观摩演出，梅剧团武汉人民剧院日场：

王少亭、张蝶芬《胭脂虎》，姜妙香、郭元汾《飞虎山》，大轴梅兰芳、萧长华合演《女起解》。

6月19日，梅剧团结束武汉演出返回北京，梅兰芳、姜妙香回到上海。

6月下旬，上海京剧界为捐献飞机大炮义演夜戏：

《莲花湖》(苗胜春饰胜英，应宝莲饰韩秀)，《朱砂痣》(筱兰英饰韩廷凤)，压轴《坐楼杀惜》(赵如泉饰宋江，郭蝶仙饰阎惜姣)，大轴全部《龙凤呈祥》。梅兰芳饰孙尚香，马连良饰乔玄，盖叫天饰赵云，张少甫饰刘备，赵如泉饰张飞，姜妙香饰周瑜，周信芳饰鲁肃，何润初饰国太，苗胜春饰诸葛亮，韩金奎饰乔福，孟鸿茂饰贾华。

7月，梅兰芳全家从上海迁回北京，定居护国寺街1号。姜妙香也举家迁回北京。

8月初，梅剧团在大众剧场为榛苓小学募资义演两天。

第一天的剧目为：王金璐《铁笼山》、梅葆玖、姜妙香、刘连荣、王少亭合演《生死恨》。

第二天的剧目为：刘官扬、高雪樵、鲍毓春、韩雪峰的《四挑华车》，谭元寿、张鸣禄、班世超《三岔口》，梅葆玥《文昭关》，大轴梅葆玖、姜妙香、王少亭合演《玉堂春》。

9月20日，姜妙香应中国戏曲研究院实验学校(中国戏曲学校前身)校长王瑶卿邀请，荣任实验学校教授。

9月22日，中国戏曲研究院实验学校举行秋季开学典礼，院长梅兰芳与校长王瑶卿、教授尚和玉、王凤卿、姜妙香、郝寿臣、马德成、鲍吉祥、谭小培、金仲仁、张德俊等四百余人出席。

9月22日晚，梅兰芳、姜妙香、萧长华为中国戏曲学校学生示范演出《贵妃醉酒》。由于姜妙香演出任务繁忙，当年并没有到校任教，只是在京期间偶尔兼课，直至1961年梅兰芳去世后，姜妙香才正式到学校任课。

9月26日，梅剧团为全国铁路劳模在长安大戏院演出夜戏：梅兰芳、姜妙香合演《奇双会》。

10月2日、3日，庆祝国庆节演出，李少春、叶盛章《三岔口》，大轴梅兰芳、姜妙香、萧长华、梅葆玖合演《白蛇传》。

10月6日至14日，第一届全国戏曲观摩演出大会在北京举行，期间梅兰芳与姜妙香、萧长华合演《贵妃醉酒》。

11月2日，中国戏曲研究院为抗美援朝捐献义演演出剧目：

王荣增《草桥关》，刘秀荣《悦来店》，大轴梅兰芳、姜妙香、梅葆玖、萧长华合演《金山寺》《断桥亭》。

11月中旬，应东北人民政府的邀请，梅兰芳率梅剧团赴东北巡回演出。

11月12日，梅剧团在东北京剧院夜戏头天：

压轴王琴生、刘连荣、罗荣贵、王少亭《失街亭》《空城计》《斩马谡》，大轴梅兰芳、姜妙香、梅葆玖、徐元珊合演《金山寺》《断桥》。

11月13日，梅剧团东北京剧院夜戏：

压轴王琴生、刘连荣、罗荣贵、王少亭《失街亭》《空城计》《斩马谡》，大轴梅兰芳、姜妙香、李庆山合演《贵妃醉酒》。

11月14日，梅剧团东北京剧院夜戏：

压轴刘连荣、罗荣贵《双李逵》，大轴梅兰芳、姜妙香、王少亭合演全部《奇双会》。

11月15日，梅剧团东北京剧院夜戏：

压轴王琴生《定军山》，大轴梅兰芳、姜妙香、刘连荣合演《春秋配》。

11月19日、20日，梅剧团东北京剧院夜戏：

压轴王琴生、罗荣贵《清官册》，梅兰芳、姜妙香、王少亭、刘连荣合演前部《西施》。

11月21日，梅剧团东北京剧院夜戏：

梅兰芳、姜妙香、王少亭、刘连荣合演全部《宇宙锋》。

11月26日、27日，梅剧团东北京剧院夜戏：

压轴王琴生、罗荣贵《捉放曹》，大轴梅兰芳、姜妙香、王少亭合演后部《西施》。

11月28日，梅剧团东北京剧院夜戏：

压轴姜妙香《岳家庄》，大轴梅兰芳、姜妙香、王琴生、刘连荣合演全部《美人计》《回荆州》。

11月29日、30日，梅剧团东北京剧院夜戏：

王琴生、徐元珊《连营寨》，大轴梅兰芳、姜妙香、刘连荣、李春林、王少亭合演全部《凤还巢》。

12月1日，梅剧团东北京剧院夜戏：

梅兰芳、刘连荣、姜妙香、王少亭合演《霸王别姬》。

12月9日，梅剧团东北京剧院夜戏：

罗荣贵《草桥关》，王琴生《捉放宿店》，徐元珊《武文华》，压轴王琴生《定军山》，大轴梅兰芳、姜妙香、王少亭、刘连荣合演全部《宇宙锋》。

12月11日，梅剧团东北京剧院夜戏：

梅兰芳、姜妙香、王少亭、刘连荣合演《霸王别姬》。

12月13日，梅剧团东北京剧院夜戏：

刘连荣《青风寨》，压轴王琴生、徐元珊《定军山》《阳平关》，大轴梅兰芳、姜妙香合演《黛玉葬花》。

12月17日，梅剧团东北京剧院夜戏：

姜妙香、刘连荣《取洛阳》，压轴王琴生《捉放宿店》，大轴梅兰芳、姜妙香、梅葆玖合演《金山寺》《断桥亭》。

12月19日，梅剧团东北京剧院夜戏：

压轴王琴生《失街亭》《空城计》《斩马谡》，大轴梅兰芳、姜妙香合演《洛神》。

12月22日，梅剧团东北京剧院夜戏：

压轴王琴生《李陵碑》，大轴梅兰芳、刘连荣、姜妙香、王少亭合演《霸王别姬》。

12月23日，梅剧团东北京剧院夜戏：

梅兰芳、刘连荣、姜妙香、王少亭、徐元珊合演全部《抗金兵》。

12月25日，梅剧团抵达哈尔滨，在道外十二道街哈尔滨平剧院正式公演。

1952年

（农历壬辰年） 62岁

1月1日，梅剧团哈尔滨剧院夜戏：

耿世华《长寿星》，徐元珊《英雄义》，压轴王琴生、刘连荣、罗荣贵《失街亭》《空城计》《斩马谡》，大轴梅兰芳、姜妙香合演《贵妃醉酒》。

1月2日，梅剧团哈尔滨剧院夜戏：

徐元珊《挑华车》，压轴王琴生《捉放宿店》，大轴梅兰芳、姜妙香、王少亭合演《奇双会》。

1月3日，罗荣贵《草桥关》，徐元珊《蜈蚣岭》，压轴王琴生《李陵碑》，大轴梅兰芳、刘连荣、姜妙香、王少亭合演《霸王别姬》。

1月6日，梅剧团哈尔滨剧院夜戏：

耿世华《窦太真》，徐元珊《白水滩》，压轴王琴生《文昭关》，大轴梅兰芳、姜妙香、刘连荣、罗荣贵合演《穆柯寨》。

1月7日、8日，梅剧团哈尔滨剧院夜戏：

大轴梅兰芳、姜妙香、刘连荣、王少亭、李庆山合演全部《西施》。

1月9日、10日，梅剧团哈尔滨剧院夜戏：

压轴王琴生《鱼藏剑》，大轴梅兰芳、姜妙香、刘连荣、王少亭合演全部《凤还巢》。

1月11日，梅剧团哈尔滨剧院夜戏：

压轴王琴生《捉放宿店》，大轴梅兰芳、刘连荣、姜妙香、王少亭合演《霸王别姬》。

1月12日，梅剧团结束在哈尔滨演出，本日离哈赴大连。

1月26日下午4时30分，梅剧团抵达大连，旅大市人民政府乔傅压副市长、文教局卢正义局长及旅大文化艺术界一百五十余人赴车站欢迎。当晚旅大市人民政府设宴招待。

2月6日，梅剧团旅大人民文化俱乐部夜戏头天：

徐元珊、袁世涌《白水滩》，压轴王琴生、刘连荣、王少亭、罗荣贵全部《空城计》，大轴梅兰芳、姜妙香、李庆山合演《贵妃醉酒》。

2月7日，梅剧团旅大人民文化俱乐部夜戏：

罗荣贵《草桥关》，压轴王琴生《八大锤》，大轴梅兰芳、姜妙香、王少亭合演《奇双会》。

2月8日，梅剧团旅大人民文化俱乐部夜戏：

罗荣贵《白良关》，压轴王琴生《李陵碑》，大轴梅兰芳、姜妙香、刘连荣、王少亭合演《霸王别姬》。

2月9日，梅剧团旅大人民文化俱乐部夜戏：

压轴王琴生、徐元珊《连营寨》，大轴梅兰芳、姜妙香、刘连荣、王少亭、李庆山合演全部《宇宙锋》。

2月11日，梅剧团旅大人民文化俱乐部夜戏：

徐元珊《战滁州》，压轴王琴生《捉放宿店》，大轴梅兰芳、姜妙香、刘连荣、王少亭合演《凤还巢》。

2月12日，梅剧团旅大人民文化俱乐部夜戏：

刘连荣《青风寨》，压轴王琴生《一战成功》，大轴梅兰芳、姜妙香、梅葆玖合演《金山寺》《断桥亭》。

2月22日，梅剧团旅大人民文化俱乐部夜戏：

李玉泰《未央宫》，压轴王琴生、徐元珊《八大锤》，大轴梅兰芳、姜妙香、刘连荣、王少亭合演《西施》。

2月23日，梅剧团旅大人民文化俱乐部夜戏：

徐元珊《两将军》，压轴王琴生、罗荣贵《鱼藏剑》，大轴梅兰芳、姜妙香、刘连荣、王少亭、李春林合演全部《凤还巢》。

2月24日，梅剧团旅大人民文化俱乐部夜戏：

压轴王琴生、刘连荣、罗荣贵、王少亭《失街亭》《空城计》《斩马谡》，大轴梅兰芳、姜妙香合演《洛神》。

3月底，梅剧团转至在黑龙江京剧院演出。

3月24日，梅剧团黑龙江京剧院夜戏：

压轴王琴生、刘连荣、罗荣贵《空城计》，大轴梅兰芳、姜妙香、李庆山合演《贵妃醉酒》。

3月25日，梅剧团黑龙江京剧院夜戏：

徐元珊、刘连荣《挑华车》，压轴王琴生《捉放宿店》，大轴梅兰芳、姜妙香、王少亭合演《奇双会》。

3月26日，梅剧团黑龙江京剧院夜戏：

梅兰芳、姜妙香、刘连荣、王少亭合演全部《宇宙锋》。

4月7日，梅剧团黑龙江京剧院夜戏：

徐元珊《白水滩》，大轴梅兰芳、刘连荣、姜妙香、王少亭合演《霸王别姬》。

4月8日，梅剧团黑龙江京剧院夜戏：

徐元珊、袁世涌《战滁州》，压轴王琴生、韦三奎《李陵碑》，大轴梅兰芳、姜妙香、刘连荣、王少亭、李春林合演《凤还巢》。

4月9日，梅剧团黑龙江京剧院夜戏：

徐元珊《武文华》，大轴梅兰芳、姜妙香、刘连荣、王少亭合演《西施》。

4月10日，梅剧团黑龙江京剧院夜戏：

徐元珊、刘连荣、韦三奎《八大锤》，大轴梅兰芳、姜妙香合演《洛神》。

4月12日，梅剧团黑龙江京剧院夜戏：

姜妙香、耿世华《岳家庄》，大轴梅兰芳、刘连荣、王琴生、姜妙香合演《抗金兵》。

4月11日，梅剧团黑龙江京剧院夜戏：

刘连荣《青风寨》，大轴梅兰芳、姜妙香、梅葆玖合演《金山寺》《断桥亭》。

4月13日，梅剧团黑龙江京剧院夜戏：

压轴王琴生、耿世华《辕门斩子》，大轴梅兰芳、刘连荣、姜妙香、王少亭合演后部《西施》。

4月14日，梅剧团黑龙江京剧院夜戏：

徐元珊《金雁桥》，压轴王琴生《南阳关》，大轴梅兰芳、姜妙香、刘连荣、王少亭合演《宇宙锋》。

4月15日，梅剧团黑龙江京剧院夜戏：

徐元珊《英雄义》，压轴王琴生、罗荣贵《捉放宿店》，大轴梅兰芳、姜妙香、刘连荣、王少亭合演《霸王别姬》。

4月下旬，梅剧团由东北返京。

5月5日，招待中国人民志愿军归国代表团、朝鲜人民访华代表团夜戏：

李元瑞《四杰村》，李少春、侯玉兰、孙盛武《打渔杀家》，大轴梅兰芳、姜妙香、刘连荣、萧长华合演全部《霸王别姬》。

6月21日，庆祝北京苏联红十字医院开幕夜戏：

言慈珠、云燕铭《樊江关》，大轴梅兰芳、马连良、谭富英、姜妙香合演《龙凤呈祥》。

6月22日，长安大戏院夜戏：

压轴李少春《战太平》，大轴梅兰芳、姜妙香、刘连荣合演《宇宙锋》。

7月，梅剧团在北京劳动人民文化宫广场上为工人演出三天。观众多达两千多人，姜妙香参加演出。

8月12日，中央人民政府委员会办公厅在政务院礼堂举办京剧晚会：

言慧珠、云燕铭《樊江关》，大轴梅兰芳、马连良、谭富英、姜妙香合演《龙凤呈祥》。

8月15日，梅剧团离京赴山东演出。

8月17日，《青岛日报》刊出消息："梅兰芳率团莅临青岛，随行演员：姜妙香、萧长华、王少亭、刘连荣、王琴生、李玉泰、李春林、李庆山、袁世涌、徐元珊、韦三奎、耿世华、贾世珍、薛永德、罗荣贵。演出剧目均为优秀传统剧目，如《贵妃醉酒》、《英雄义》、《失街亭》、《斩马谡》、《空城计》、《霸王别姬》、《凤还巢》等。"

8月19日，梅剧团青岛永安戏院夜戏头天：

徐元珊、袁世涌《英雄义》，压轴王琴生、刘连荣、罗荣贵、王少亭、李庆山、薛永德《失街亭》《空城计》《斩马谡》，大轴梅兰芳、姜妙香、萧长华合演《贵妃醉酒》。

8月20日剧目同19日。

8月21日、22日，梅剧团青岛永安戏院夜戏：

徐元珊、袁世涌《蜈蚣岭》，压轴王琴生、罗荣贵《捉放曹》，大轴梅兰芳、刘连荣、姜妙香、萧长华、王少亭合演《霸王别姬》。

8月23日、24日，梅剧团青岛永安戏院夜戏：

压轴王琴生、徐元珊、刘连荣、耿世华《八大锤》《断臂说书》，大轴梅兰芳、姜妙香、王少亭、李玉泰合演《奇双会》。

8月26日，梅剧团青岛永安戏院夜戏：

徐元珊《林冲夜奔》，压轴王琴生、罗荣贵《清官册》，大轴梅兰芳、姜妙香、刘连荣、王少亭合演后部《西施》。

8月27日、28日，梅剧团青岛永安戏院夜戏：

压轴王琴生、徐元珊、李玉泰《连营寨》，大轴梅兰芳、姜妙香、萧长华、刘连荣、李春林、李玉泰合演《宇宙锋》。

8月29日、30日，梅剧团青岛永安戏院夜戏：

压轴王琴生、韦三奎《鱼藏剑》，大轴梅兰芳、刘连荣、姜妙香、王少亭、李春林、萧长华、李庆山合演《霸王别姬》。

8月31日，梅剧团青岛永安戏院夜戏：

压轴王琴生、徐元珊、刘连荣、耿世华《八大锤》《断臂说书》，大轴梅兰芳、姜妙香、萧长华、王少亭合演《起解》《玉堂春》。

9月2日、3日，梅剧团青岛永安戏院夜戏：

压轴王琴生、徐元珊、刘连荣、罗荣贵、李庆山《定军山》《阳平关》，大轴梅兰芳、姜妙香、张蝶芬、贾世珍合演《洛神》。

9月4日、5日，梅剧团青岛永安戏院夜戏：

压轴萧长华、姜妙香《连升三级》，大轴梅兰芳、王少亭、刘连荣、徐元珊合演《抗金兵》。

9月8日、9日，梅剧团青岛永安戏院夜戏：

王琴生、刘连荣、罗荣贵、李庆山《失街亭》《空城计》《斩马谡》，大轴梅兰芳、姜妙香、梅葆玖、萧长华、徐元珊合演《金山寺》《断桥亭》。

9月10日，梅剧团青岛永安戏院夜戏：

梅葆玖《女起解》，大轴梅兰芳、王琴生、姜妙香、徐元珊合演《美人计》《回荆州》。

9月11日，梅剧团青岛永安戏院夜戏最后一场：

王琴生、梅葆玖、罗荣贵《二进宫》，大轴梅兰芳、刘连荣、王少亭、姜妙香、萧长华合演《霸王别姬》。

9月12日至16日，梅剧团在第三公园工人剧场连演五天，剧目为：《贵妃醉酒》、《霸王别姬》等戏。

9月，梅剧团结束山东演出，返回北京。

10月16日，中南海怀仁堂京剧晚会演出剧目为：

吴素秋《红娘》，大轴梅兰芳、姜妙香、萧长华合演《贵妃醉酒》。

11月14日，梅剧团在中南海怀仁堂，为文化部举办第一届全国戏曲观摩演出大会作闭幕演出：

王琴生、罗荣贵《捉放宿店》，大轴梅兰芳、姜妙香、王少亭合演《奇双会》。

1953年

（农历癸巳年） 63岁

1月，中央电影局《梅兰芳舞台艺术》拍摄方案拟出，剧目部分为：《贵妃醉酒》《游园惊梦》《宇宙锋》《抗金兵》《水斗·断桥》《霸王别姬》《思凡》共七出。

2月，梅剧团赴天津演出。

2月24日，梅剧团天津第一文化宫夜戏：

王琴生、徐元珊《连营寨》，大轴梅兰芳、姜妙香、刘连荣、王少亭合演《宇宙锋》。

2月27日，梅剧团天津第一文化宫夜戏：

王琴生《清官册》，大轴梅兰芳、刘连荣、姜妙香、萧长华、王少亭合演《霸王别姬》。

3月，梅剧团赴河北演出。

4月4日，梅剧团石家庄专区礼堂夜戏（最后一场告别演出）：

王琴生《捉放曹》，大轴梅兰芳、刘连荣、姜妙香、萧长华、王少亭合演全部《凤还巢》。

4月至5月，梅剧团赴上海演出六十余场。剧目有《宇宙锋》、《贵妃醉酒》、《奇双会》、《水斗·断桥》、《游园惊梦》、《霸王别姬》、《洛神》、《西施》、《穆柯寨》、《枪挑穆天王》、《凤还巢》、《抗金兵》等。

6月8日，梅剧团由上海赴江苏巡回演出。

6月16日至28日，梅剧团在无锡演出《霸王别姬》、《奇双会》、《西施》、《凤还巢》等剧。

9月13日，梅剧团北京中南海怀仁堂演出夜戏：

梅兰芳、姜妙香、刘连荣、王少亭、徐元珊合演《抗金兵》。

9月14日下午3时，梅兰芳、姜妙香同往北京医院探望因病住院的王瑶卿。

9月28日，姜妙香参加著名画家徐悲鸿追悼会。

10月4日，姜妙香参加“中国人民第三届赴朝慰问团”赴朝鲜前线慰问志愿军。总团团长为贺龙，老舍为总团副团长，陈沂任副团长，刘芝明任文艺工作团总团长，马彦祥任文艺工作团副总团长。

10月21日，慰问团抵达朝鲜平壤，当晚在平壤露天广场夜戏：

袁金凯《乾元山》，李玉茹《小放牛》，周信芳《追韩信》，程砚秋《刺汤》，压轴马连良《借东风》，大轴梅兰芳、姜妙香、萧长华合演《贵妃醉酒》。

11月30日，梅兰芳、姜妙香、周信芳、马连良、程砚秋等一部分慰问团成员归国到达安东。在安东、沈阳、锦州等地慰问志愿军演出。姜妙香与梅兰芳、周信芳、马连良合作演出了《龙凤呈祥》、《四郎探母》、《群英会》《借东风》《华容道》等剧。

12月初，梅兰芳、姜妙香等返京。

12月16日，鞍山钢铁公司七号高炉、无缝钢管厂、大型轧钢厂三大工程开幕典礼，梅剧团演出七场。

第一天剧目：大轴梅兰芳、姜妙香、李庆山合演《贵妃醉酒》。

第二天剧目：大轴梅兰芳、姜妙香、刘连荣合演《宇宙锋》。

第三天剧目：大轴梅兰芳、姜妙香合演《奇双会》。

第四天剧目：大轴梅兰芳、姜妙香合演《洛神》。

第七天剧目：大轴梅兰芳、姜妙香、李庆山合演《贵妃醉酒》（第五、六天剧目为《西施》“泛舟”、《霸王别姬》“舞剑”，姜妙香未参加）。

12月下旬，姜妙香随梅兰芳赴沪，在上海曙光剧院演出《奇双会》、

《贵妃醉酒》等戏，与芙蓉草演出《马上缘》。

1954年

（农历甲午年） 64岁

1月15日，姜妙香参加天津市第一届戏曲观摩演出大会在中国大戏院开幕式。

1月25日，戏曲观摩演出大会展演夜戏：

徐元珊《林冲夜奔》，周啸天《打登州》，大轴梅兰芳、姜妙香、刘连荣合演《宇宙锋》。

2月5日，姜妙香参加中国人民政协全国委员会、中国人民抗美援朝总会常委会举办，赴朝慰问人民解放军代表团。

第一次慰问大会在朝鲜越秀山运动场举行，会场可容纳五万人。梅兰芳、姜妙香、李庆山合演《贵妃醉酒》。

2月至3月，梅剧团在广州中山纪念堂演出。

2月24日，梅剧团广州中山纪念堂夜戏头天：

徐元珊《英雄义》，姜妙香、刘连荣《取洛阳》，梅葆玥《文昭关》，王琴生、梅葆玖、罗荣贵《二进宫》，大轴梅兰芳、姜妙香、李庆山合演《贵妃醉酒》。

2月25日，梅剧团广州中山纪念堂夜戏：

杨盛鸣《收关胜》，徐元珊《蜈蚣岭》，王琴生、梅葆玥《辕门斩子》，大轴梅兰芳、姜妙香、刘连荣、王少亭合演《霸王别姬》。

2月26日，梅剧团广州中山纪念堂夜戏：

梅葆玥《上天台》，徐元珊《武文华》，王琴生、刘连荣、罗荣贵《失街亭》《空城计》《斩马谡》，大轴梅兰芳、姜妙香合演《奇双会》。

2月27日，梅剧团广州中山纪念堂夜戏：

孙玉祥、罗荣贵《打龙袍》，王琴生、徐元珊《连营寨》，大轴梅兰芳、姜妙香、刘连荣合演《宇宙锋》。

2月28日，梅剧团广州中山纪念堂夜戏：

杨盛鸣《收关胜》，徐元珊《蜈蚣岭》，王琴生、梅葆玥《辕门斩子》，大轴梅兰芳、姜妙香、刘连荣、王少亭合演《霸王别姬》。

3月3日，梅剧团广州中山纪念堂夜戏：

梅葆玥《上天台》，徐元珊《武文华》，王琴生、刘连荣、罗荣贵《失街亭》《空城计》《斩马谡》，大轴梅兰芳、姜妙香合演《奇双会》。

3月4日，梅剧团广州中山纪念堂夜戏：

王琴生、徐元珊《阳平关》，梅葆玖、姜妙香、王少亭《玉堂春》，大轴梅兰芳、刘连荣、姜妙香、王少亭合演《霸王别姬》。

3月6日，梅剧团广州中山纪念堂夜戏：

王正堃《战滁州》，王琴生、罗荣贵《捉放曹》，大轴梅兰芳、姜妙香、刘连荣、王少亭合演全部《凤还巢》。

3月7日，梅剧团广州中山纪念堂夜戏：

徐元珊《林冲夜奔》，王琴生、罗荣贵《搜孤救孤》，大轴梅兰芳、刘连荣、姜妙香、王少亭合演《霸王别姬》。

3月8日，梅剧团广州中山纪念堂夜戏：

刘连荣《青风寨》，王琴生、罗荣贵《清官册》，大轴梅兰芳、梅葆玖、姜妙香合演《金山寺》。

3月9日，梅剧团广州中山纪念堂夜戏：

王琴生《捉放曹》，大轴梅兰芳、姜妙香、刘连荣、王少亭合演全部《凤还巢》。

3月14日，梅剧团广州中山纪念堂夜戏：

孙玉祥、罗荣贵《打龙袍》，徐元珊《英雄义》，王琴生、刘连荣、罗荣贵《失街亭》《空城计》《斩马谡》，大轴梅兰芳、姜妙香、李庆山合演《贵妃醉酒》。

3月15日，梅剧团广州中山纪念堂夜戏：

杨小卿《草桥关》，王琴生、徐元珊《八大锤》，大轴梅兰芳、姜妙香合演《奇双会》。

3月17日，梅剧团广州中山纪念堂夜戏：

王正堃《两将军》，徐元珊《蜈蚣岭》，王琴生、梅葆玥、罗荣贵《搜孤救孤》，大轴梅兰芳、姜妙香、李庆山合演《贵妃醉酒》。

3月18日，梅剧团广州中山纪念堂夜戏：

徐元珊《金锁阵》，王琴生、梅葆玥《辕门斩子》，大轴梅兰芳、姜妙香、刘连荣、王少亭合演全部《宇宙锋》。

3月28日，梅剧团广州中山纪念堂夜戏：

王正堑《林冲夜奔》，王琴生、刘连荣、罗荣贵《失街亭》《空城计》《斩马谡》，大轴梅兰芳、姜妙香、李庆山合演《贵妃醉酒》。

3月29日，梅剧团广州中山纪念堂夜戏：

徐元珊《蜈蚣岭》，王琴生《捉放曹》，大轴梅兰芳、刘连荣、姜妙香、王少亭合演《霸王别姬》。

3月30日，梅剧团广州中山纪念堂夜戏：

孙玉祥《打龙袍》，徐元珊《英雄义》，王琴生、刘连荣、罗荣贵《失街亭》《空城计》《斩马谡》，大轴梅兰芳、姜妙香、李庆山合演《贵妃醉酒》。

4月6日，梅剧团广州中山纪念堂夜戏：

梅葆玥《文昭关》，王琴生、徐元珊、罗荣贵《定军山》《阳平关》，大轴梅兰芳、姜妙香、李庆山合演《贵妃醉酒》。

4月8日，梅剧团广州中山纪念堂夜戏：

徐元珊《挑华车》，王琴生、罗荣贵《清官册》，大轴梅兰芳、姜妙香合演《贵妃醉酒》。

4月9日，梅剧团广州中山纪念堂夜戏：

王琴生、徐元珊、罗荣贵《定军山》《阳平关》，大轴梅兰芳、姜妙香合演《奇双会》。

4月10日，梅剧团广州中山纪念堂夜戏：

徐元珊《英雄义》，王琴生《捉放曹》，大轴梅兰芳、刘连荣、姜妙香、王少亭合演《霸王别姬》。

4月11日，梅剧团广州中山纪念堂夜戏：

徐元珊《挑华车》，王琴生、罗荣贵《清官册》，大轴梅兰芳、姜妙香合演《贵妃醉酒》。

4月12日，梅剧团广州中山纪念堂夜戏：

徐元珊《战滁州》，王琴生《鱼藏剑》，大轴梅兰芳、姜妙香、刘连荣、王少亭合演《凤还巢》。

4月13日，梅剧团广州中山纪念堂夜戏：

徐元珊《英雄义》，王琴生《捉放曹》，大轴梅兰芳、刘连荣、姜妙香、王少亭《霸王别姬》。

4月14日，梅剧团广州中山纪念堂夜戏：

刘连荣《青风寨》，王琴生、徐元珊、罗荣贵《定军山》《阳平关》，大轴梅兰芳、姜妙香合演《奇双会》。

4月15日，梅剧团广州中山纪念堂夜戏：

徐元珊《金锁阵》，王琴生、罗荣贵《搜孤救孤》，大轴梅兰芳、姜妙香、刘连荣合演《宇宙锋》。

4月16日、17日，梅剧团广州中山纪念堂夜戏：

徐元珊《战滁州》，王琴生《鱼藏剑》，梅兰芳、姜妙香、刘连荣、王少亭合演《凤还巢》。

4月18日，梅剧团广州中山纪念堂夜戏：

王琴生、徐元珊、孙玉祥《八大锤》《断臂说书》，大轴梅兰芳、姜妙香合演《贵妃醉酒》。

4月19日，梅剧团广州中山纪念堂夜戏：

王琴生《定军山》，大轴梅兰芳、姜妙香、梅葆玖、徐元珊合演《金山寺》《断桥》。

4月20日，梅剧团广州中山纪念堂夜戏：

徐元珊《英雄义》，王琴生、梅葆玥、罗荣贵《搜孤救孤》，大轴梅兰芳、姜妙香、刘连荣、王少亭合演前部《西施》。

4月21日，梅剧团广州中山纪念堂夜戏：

徐元珊《蜈蚣岭》，王琴生、梅葆玥《辕门斩子》，大轴梅兰芳、姜妙香、刘连荣、王少亭合演后部《西施》。

4月22日，梅剧团广州中山纪念堂夜戏：

王琴生、梅葆玥《辕门斩子》，大轴梅兰芳、姜妙香、刘连荣、王少亭合演《宇宙锋》。

4月23日，梅剧团广州中山纪念堂夜戏：

徐元珊《英雄义》，王琴生《捉放曹》，大轴梅兰芳、刘连荣、姜妙香、王少亭合演《霸王别姬》。

4月24日，梅剧团广州中山纪念堂夜戏：

刘连荣《青风寨》，王琴生、徐元珊、罗荣贵《定军山》《阳平关》，大轴梅兰芳、姜妙香合演《奇双会》。

4月25日，梅剧团广州中山纪念堂夜戏：

徐元珊《金锁阵》，王琴生《搜孤救孤》，大轴梅兰芳、姜妙香、刘连荣合演《宇宙锋》。

4月26日，梅剧团广州中山纪念堂夜戏：

徐元珊《挑华车》，王琴生《捉放曹》，大轴梅兰芳、姜妙香合演《贵妃醉酒》。

4月27日，梅剧团广州中山纪念堂夜戏：

徐元珊《战滁州》，王琴生、罗荣贵《清官册》，大轴梅兰芳、姜妙香、刘连荣、王少亭合演《凤还巢》。

4月28日，梅剧团广州中山纪念堂夜戏：

徐元珊《战马超》，王琴生、梅葆玖、罗荣贵《二进宫》，大轴梅兰芳、刘连荣、姜妙香、王少亭合演《霸王别姬》。

4月29日，南京市抗美援朝分会、南京市人民政府文化事业管理处、南京市援军优协委员会、南京市工会联合会在长江路人民大会堂举办慰问南京志愿军、解放军伤病员、南京市工矿企业劳动模范暨先进工作者演出，梅兰芳剧团演出剧目为：梅葆玥《上天台》，王琴生、徐元珊、罗荣贵《阳平关》，大轴梅兰芳、姜妙香、刘连荣、王少亭、李春林合演《凤还巢》。

5月4日，梅剧团南京人民大会堂夜戏：

梅葆玥《文昭关》，王琴生、徐元珊、罗荣贵《定军山》《阳平关》，大轴梅兰芳、姜妙香、李庆山合演《贵妃醉酒》。

5月5日，姜妙香随梅剧团由南京赴上海演出四十天，演出地点人民大舞台。

6月25日，王瑶卿追悼会在中国戏曲研究院戏曲学校举行。

参加追悼会的有中央人民政府文化部副部长刘芝明，文艺界人士和王瑶卿生前友好欧阳予倩、程砚秋、张庚、罗合如、马少波、马彦祥、蔡楚生、尚和玉、萧长华、姜妙香、叶盛兰、杜近芳、曹宝禄等六百余人。

7月，中央电影局《梅兰芳舞台艺术》第四稿方案拟出，分为上、下集。上集：介绍生活部分及《抗金兵》（“水战”与孙毓堃）、《霸王别姬》（与刘连荣）、《宇宙锋》（与刘连荣、姜妙香）。下集：《贵妃醉酒》（与姜妙香、萧长华）、《洛神》（与姜妙香）、《金山寺》（“水斗”“断桥”与姜妙香、梅葆玖）。

9月21日，招待第一届全国人民代表大会代表，在中南海怀仁堂演出：

常香玉《断桥》，程砚秋、于世文《三击掌》，周信芳、侯喜瑞《打严嵩》，大轴梅兰芳、姜妙香、萧长华合演《贵妃醉酒》。

9月30日，北京市文化局主办国庆五周年晚会，在中南海怀仁堂夜戏：

毛世来《打焦赞》，杜近芳、叶盛兰《柳荫记》，曹艺斌《徐策跑城》，侯宝林相声《空城计》，压轴杨宝森《击鼓骂曹》，大轴梅兰芳、姜妙香、萧长华合演《贵妃醉酒》。

10月15日，开机试拍彩色戏曲片《梅兰芳舞台艺术》，先拍《抗金兵》"水战"，发现武打场面不易处理。决定抽去京剧《抗金兵》《水斗·断桥》两戏，加上一出昆曲戏《断桥》。

10月，马连良、姜妙香、萧长华、郝寿臣等，在马连良西单新居复排《火牛阵》，月底正式演出。马连良饰田单，郝寿臣饰伊立，姜妙香饰田法章，张君秋饰殷慧娥，萧长华饰皂隶，马富禄饰侯栾，黄元庆饰王孙贾，林秋雯饰娥云，马盛龙饰殷尚，马崇仁饰王通，张福坤饰乐毅，张永泉饰齐缗王，刘永利饰焯齿，任鸣武饰骑劫，耿世华饰乳娘。

12月27日，政协第二届全国委员会第一次会议闭幕庆祝演出：

言慧珠、张君秋、孙毓堃《穆柯寨》《穆天王》，大轴梅兰芳、姜妙香、刘连荣合演《宇宙锋》。

12月29日，中苏友好协会全国代表大会闭幕庆祝演出：

孙毓堃《状元印》，大轴梅兰芳、姜妙香、刘连荣合演《宇宙锋》。

本年，中国唱片社邀请梅兰芳、姜妙香、萧长华灌制《贵妃醉酒》全剧密纹唱片。片长：34分钟。

本年，中国唱片社邀请姜妙香、李春恒灌制《辕门射戟》密纹唱片。片长：25分钟。

1955年

（农历乙未年） 65岁

1月8日，梅剧团长安戏院演夜戏：

徐元珊、刘连荣《八大锤》，大轴梅兰芳、姜妙香、李庆山合演《贵妃醉酒》。

1月14日，梅剧团天桥剧场夜戏：

王世续、徐元珊、罗荣贵《定军山》《阳平关》，大轴梅兰芳、姜妙香、刘连荣合演《宇宙锋》。

1月18日，梅剧团长安戏院夜戏：

王世续、徐元珊《八大锤》《断臂说书》，大轴梅兰芳、姜妙香、李庆山合演《贵妃醉酒》。

1月19日，梅剧团长安戏院夜戏：

王世续、徐元珊、罗荣贵《阳平关》，大轴梅兰芳、姜妙香、刘连荣、王少亭、李春林合演全部《宇宙锋》。

1月26日，梅剧团吉祥戏院夜戏：

梅兰芳、姜妙香、刘连荣、王少亭、李春林合演全部《凤还巢》。

1月27日，梅剧团吉祥戏院夜戏：

梅兰芳、刘连荣、姜妙香、王少亭、李春林合演全部《霸王别姬》。

1月28日，梅剧团中和戏院夜戏：

梅兰芳、刘连荣、姜妙香、王少亭、李春林合演全部《霸王别姬》。

2月7日，《梅兰芳舞台艺术》戏曲片方案确定，摄制组正式成立。

2月8日下午，梅兰芳、刘连荣、张蝶芬、姜妙香到摄影棚参加戏曲片开拍前的便装合排，剧目《宇宙锋》"修本"一场。

2月12日晚7时，梅兰芳、姜妙香等，到北京电影制片厂录音。

2月16日，继续拍《宇宙锋》"修本"一场。

3月6日，地质部地质会议大会秘书处主办晚会，梅兰芳剧团演出剧目为：王世续、徐元珊《阳平关》，大轴梅兰芳、姜妙香、刘连荣、王少亭、李庆山、李春林合演全部《凤还巢》。

3月13日，梅剧团长安大戏院夜戏：

大轴梅葆玖、姜妙香、王少亭、李庆山、薛永德合演《女起解》《玉堂春》。

4月1日，正式开拍《宇宙锋》电影，主演梅兰芳、刘连荣、姜妙香、张蝶芬。本日，周恩来亲自安排夏衍、费彝民帮助俞振飞成功脱离香港返回大陆，并为其偿还了所有香港的债务。梅兰芳邀请俞振飞加入《梅兰芳舞台艺术》拍摄拍摄工作，与梅合演昆曲《断桥》一剧。

4月12日至17日，梅兰芳、周信芳从艺五十周年，在天桥大剧场举行纪念演出。

4月12日，纪念梅兰芳、周信芳从艺五十周年演出开幕式，天桥大剧场夜戏头天：压轴周信芳、芙蓉草、刘斌昆《乌龙院》，大轴梅兰芳、姜妙香、梅葆玖合演《断桥》。

4月13日，天桥大剧场夜戏：

压轴周信芳、刘斌昆《青风亭》，大轴梅兰芳、姜妙香合演《洛神》。

4月14日，天桥大剧场夜戏：

压轴周信芳、芙蓉草《文天祥》，大轴梅兰芳、姜妙香、刘连荣合演《宇宙锋》("修本""金殿")。

4月15日，天桥大剧场夜戏：

压轴周信芳、刘斌昆《扫松下书》，大轴梅兰芳、姜妙香、刘连荣、王少亭、罗荣贵合演《穆柯寨》《穆天王》。

4月16日，中国戏剧家协会举办"梅兰芳、周信芳表演艺术座谈会"。梅兰芳、周信芳、田汉、老舍、马彦祥、姜妙香、荀慧生、小翠花、马连良、谭富英、李少春等参加。

4月17日，天桥大剧场夜戏：

压轴芙蓉草、姜妙香、刘斌昆、刘连荣《得意缘》，大轴梅兰芳、周信芳、梅葆玖、梅葆玥合演《二堂舍子》。

5月4日至7日，庆祝人民剧场开幕演出。

5月4日，中国京剧院人民剧场夜戏：

张春华《小放牛》，李和曾、袁世海《除三害》，大轴梅兰芳、姜妙香合演《穆柯寨》《穆天王》。梅兰芳饰穆桂英，姜妙香饰杨宗保，孙盛武饰穆瓜，王泉奎饰孟良，景荣庆饰焦赞，李世霖饰杨延昭。

5月6日，中国京剧院人民剧场夜戏：

李金泉《岳母刺字》，徐元珊、袁世涌、阎世善《白水滩》，大轴梅兰芳、俞振飞、王少亭、姜妙香、李庆山合演全部《奇双会》。

5月7日，中国京剧院人民剧场夜戏：

刘连荣、袁世海《双李逵》，叶盛章《偷鸡》，大轴梅兰芳、姜妙香、李庆山合演《贵妃醉酒》。

8月26日至29日，梅兰芳、姜妙香、刘连荣，为首都一万余名工人在劳动剧场连续四天演出《宇宙锋》。

9月至年底，姜妙香在中国戏曲学校兼课，学生有第一届的张春孝、郑兰茹。

9月4日，人民剧场夜戏：

大轴梅兰芳、姜妙香、萧长华合演《贵妃醉酒》。南斯拉夫驻华大使观看演出。

9月26日，招待全国铁路劳动模范，梅剧团演出：

杨盛春《武文华》，王世续、刘连荣、罗荣贵《失街亭》，大轴梅兰芳、姜妙香、萧长华、王少亭合演《奇双会》。

10月，姜妙香被选为前门区人民法院陪审员和宣武区政协委员。

12月2日，北京电影制片厂拍摄的《梅兰芳的舞台艺术》完成了全片的拍摄工作。

12月19日，梅剧团中直西苑机关俱乐部夜戏：

徐元珊《英雄义》，王世续、罗荣贵《捉放曹》，大轴梅兰芳、刘连荣、姜妙香、王少亭合演《霸王别姬》。

12月21日，梅剧团人民剧场夜戏：

王世续、徐元珊、罗荣贵《阳平关》，大轴梅兰芳、姜妙香、刘连荣、王少亭、李庆山、李春林合演《凤还巢》。

12月23日，梅剧团人民剧场夜戏：

王世续、徐元珊、罗荣贵《阳平关》，大轴梅兰芳、姜妙香、刘连荣、王少亭、李庆山、李春林合演《凤还巢》。

12月26日，梅剧团天桥剧场夜戏：大轴梅兰芳、姜妙香、王少亭合演《奇双会》。

12月27日，梅剧团天桥剧场夜戏：大轴梅兰芳、姜妙香、刘连荣合演《宇宙锋》。

本年，梅兰芳、姜妙香、萧长华录制完成电影《贵妃醉酒》全剧录音。

1956年

（农历丙申年） 66岁

1月2日，梅剧团北京市工人俱乐部开幕演出头天：

徐元珊、刘连荣《挑华车》，王世续、罗荣贵《击鼓骂曹》，大轴梅兰芳、姜妙香、李庆山合演《贵妃醉酒》。

1月3日，梅剧团北京市工人俱乐部开幕演出第二天：

徐元珊、袁世涌、韦三奎《两将军》，罗荣贵《双李逵》，王世续、刘连荣《开山府》，大轴梅兰芳、姜妙香、李庆山合演《贵妃醉酒》。

1月4日，梅剧团北京市工人俱乐部开幕演出第三天：

徐元珊《英雄义》，王世续、罗荣贵《捉放曹》，大轴梅兰芳、刘连荣、姜妙香、王少亭合演《霸王别姬》。

1月27日，梅剧团为北京市教育工会演出剧目为：

王世续、徐元珊、罗荣贵《阳平关》，大轴梅兰芳、姜妙香、刘连荣、王少亭、李春林、李庆山合演《凤还巢》。

1月31日，梅剧团为北京钢铁工业学院演出剧目：

徐元珊《英雄义》，王世续、罗荣贵《打严嵩》，大轴梅兰芳、姜妙香、李庆山合演《贵妃醉酒》。

2月中旬，梅剧团赴南京演出。

2月17日，梅剧团南京人民大会堂夜戏：

王世续、徐元珊、罗荣贵《阳平关》，大轴梅兰芳、姜妙香、刘连荣、王少亭、李春林、李庆山合演《凤还巢》。

2月18日，梅剧团南京人民大会堂夜戏：

徐元珊《蜈蚣岭》，王琴生、刘连荣《打严嵩》，大轴梅兰芳、姜妙香合演《洛神》。

2月19日，梅剧团南京人民大会堂夜戏：

徐元珊《武文华》，王琴生、罗荣贵《清官册》，大轴梅兰芳、刘连荣、姜妙香、王少亭合演《霸王别姬》。

2月23日，梅剧团南京人民大会堂夜戏：

徐元珊《战滁州》，王琴生《鱼藏剑》，大轴梅兰芳、姜妙香、刘连荣、王少亭、李春林、李庆山合演《凤还巢》。

2月24日，梅剧团南京人民大会堂夜戏：

梅兰芳、姜妙香、刘连荣、王少亭、李庆山、李春林合演全部《宇宙锋》。

2月25日，梅剧团南京人民大会堂夜戏：

王琴生、徐元珊《八大锤》《断臂说书》，大轴梅兰芳、姜妙香、刘连荣、王少亭合演前部《西施》。

2月26日，梅剧团南京人民大会堂夜戏：

徐元珊《蜈蚣岭》，王琴生《南阳关》，大轴梅兰芳、姜妙香、刘连荣、王少亭合演后部《西施》。

2月28日，梅剧团南京人民大会堂夜戏：

徐元珊《白水滩》，王琴生《文昭关》，大轴梅兰芳、姜妙香、刘连荣合演《穆柯寨》。

2月29日，梅剧团南京人民大会堂夜戏：

徐元珊《蜈蚣岭》，王琴生、刘连荣《打严嵩》，大轴梅兰芳、姜妙香合演《洛神》。

3月1日，梅剧团南京人民大会堂夜戏：

徐元珊《英雄义》，王琴生、罗荣贵《卖马》，大轴梅兰芳、姜妙香、刘连荣、王少亭合演《霸王别姬》。

3月2日，梅剧团南京人民大会堂夜戏：

王琴生、徐元珊《连营寨》，大轴梅兰芳、姜妙香、刘连荣合演《宇宙锋》。

3月5日，梅剧团南京人民大会堂夜戏：

王琴生、徐元珊、罗荣贵《阳平关》，梅葆玖、姜妙香、王少亭《玉堂春》，大轴梅兰芳、姜妙香、李庆山合演《贵妃醉酒》。

3月6日，梅剧团南京人民大会堂夜戏：

王世续、徐元珊、罗荣贵《阳平关》，大轴梅兰芳、姜妙香、刘连荣、王少亭合演《凤还巢》。

3月7日，梅剧团应泰州市各界邀请，从南京到达泰州。

3月9日，梅剧团泰州人民剧场首场演出：大轴梅兰芳、姜妙香合演《贵妃醉酒》。

3月10日，梅剧团泰州人民剧场夜戏：大轴梅兰芳、姜妙香、王少亭合演《奇双会》。

3月11日，梅剧团泰州人民剧场日场：梅葆玖、姜妙香、王少亭、李庆山《起解》《玉堂春》。

3月11日，梅剧团泰州人民剧场夜戏：

徐元珊《英雄义》，王琴生《捉放曹》，大轴梅兰芳、刘连荣、姜妙香、王少亭合演《霸王别姬》。

3月12日，梅剧团泰州人民剧场夜戏：大轴梅兰芳、姜妙香、王少亭、刘连荣合演全部《凤还巢》。

3月13日，梅剧团泰州人民剧场夜戏：梅兰芳、姜妙香、刘连荣、王少亭合演全部《宇宙锋》。

3月14日，梅剧团泰州人民剧场夜戏：梅兰芳、刘连荣、姜妙香、王少亭合演全部《霸王别姬》。

3月15日，梅剧团由泰州赴扬州演出。

3月22日起，梅剧团在扬州市工人文化宫演出。梅兰芳、姜妙香合作演出《霸王别姬》、《贵妃醉酒》、《宇宙锋》、《天女散花》、《洛神》、《奇双会》等戏。梅葆玖与姜妙香演出《玉堂春》。

4月20日至5月10日，全国先进生产者代表大会会议期间，梅剧团演出三场，招待与会人员。

5月9日，中国京剧院政协礼堂演出剧目：

李和曾、袁世海《将相和》，李少春、叶盛章《三岔口》，大轴梅兰芳、姜妙香、孙盛武合演《贵妃醉酒》。

5月，应日本朝日新闻社等团体邀请，中国京剧院组建访日京剧代表团，团长梅兰芳，第一副团长兼总导演欧阳予倩，副团长兼秘书长马少波，主要演员有姜妙香、李少春、袁世海、李和曾、梅葆玖、梅葆玥、侯玉兰、江新蓉、孙盛武、谷春章等。乐队有王少卿、白登云、姜凤山等。行前，周恩来在中南海紫光阁接见了代表团全体成员。

5月26日，中国京剧院组建的访日京剧代表团抵达日本。

5月28日，梅兰芳、姜妙香等人，参加旅日华侨举办的欢迎会。

5月30日至6月2日，共演四天，七场。

5月30日晚，中国京剧院在日本东京歌舞伎座演出第一场：

《将相和》（袁世海饰廉颇，李和曾饰蔺相如），《拾玉镯》（江新蓉饰孙玉姣，江世玉饰傅朋），《三岔口》（李少春饰任堂惠，谷春章饰刘利华），《贵妃醉酒》（梅兰芳饰杨玉环，姜妙香饰裴力士，孙盛武饰高力士）。

5月31日，晚场演出剧目同30日。

6月4日，全团出席日本国会举办的招待茶会。

6月6日，中国京剧院访日京剧代表团当日离开东京前往福冈。

6月7日，上午8时30分抵达福冈。

6月9日至12日，在福冈大博剧场演出四天。

6月13日，乘汽车抵达八幡，当晚在八幡制铁体育馆，梅兰芳、姜妙香、李少春、李和曾、孙盛武、袁世海等，演出《将相和》、《拾玉镯》、《三岔口》、《雁荡山》、《贵妃醉酒》。

6月14日，访日京剧代表团赴大阪演出。

6月15日，参加大阪府政府、大阪市政府、朝日新闻联合会举办的欢迎会。

6月21日，访日京剧代表团到达名古屋。

6月23日，名古屋公会堂演出夜戏：

李和曾、袁世海《将相和》，侯玉兰、江世玉《拾玉镯》，李少春、谷春章《三岔口》，大轴梅兰芳、姜妙香、孙盛武合演《贵妃醉酒》。

6月25日，名古屋公会堂演出夜戏：

梅葆玖《天女散花》，李和曾、袁世海《除三害》，李少春《雁荡山》，大轴梅兰芳、姜妙香、孙盛武合演《贵妃醉酒》。

6月26日，访日京剧代表团抵达京都。

6月27日，中国京剧院访日京剧代表团在日本京都南座演出第一场夜戏：

李和曾、袁世海《将相和》，江新蓉、江世玉《拾玉镯》，李少春、谷春章《三岔口》，大轴梅兰芳、姜妙香、孙盛武合演《贵妃醉酒》。

6月28日，中国京剧院访日京剧代表团在日本京都南座演出第二场夜戏：

《盗仙草》，侯玉兰、孙盛武《秋江》，李少春《雁荡山》，大轴梅兰芳、姜妙香合演《奇双会》。

6月28日，中国京剧院访日京剧代表团在日本京都南座演出第三场夜戏：

李和曾、袁世海《将相和》，江新蓉、江世玉《拾玉镯》，李少春、谷春章《三岔口》，大轴梅兰芳、姜妙香、孙盛武合演《贵妃醉酒》。

6月30日，中国京剧院访日京剧代表团在日本大阪歌舞伎座演出夜戏：

李和曾、袁世海《将相和》，江新蓉、江世玉《拾玉镯》，李少春、谷春章《三岔口》，大轴梅兰芳、姜妙香、孙盛武合演《贵妃醉酒》。

7月1日，中国京剧院访日京剧代表团在日本大阪歌舞伎座演出夜戏：

李少春《雁荡山》，侯玉兰、孙盛武《秋江》，李和曾、袁世海《除三害》，大轴梅兰芳、姜妙香合演《奇双会》。

7月3日，大阪歌舞伎座演出夜戏，剧目同6月30日。

7月7日，访日京剧代表团回到东京。

7月8日，中国京剧院访日京剧代表团在日本东京经产会馆演出夜戏：

谷春章、江新蓉《小放牛》，李少春《闹天宫》，大轴梅兰芳、姜妙香合演《奇双会》。

7月9日，中国京剧院访日京剧代表团在日本东京经产会馆演出夜戏：

侯玉兰、孙盛武《秋江》，袁世海《双李逵》，大轴梅兰芳、姜妙香、梅葆玖合演《金山寺·断桥》。

7月10日，中国京剧院访日京剧代表团在日本东京经产会馆演出夜戏：

王鸣仲、谷春章《三岔口》，李少春《雁荡山》，李和曾、袁世海《除三害》，大轴梅兰芳、姜妙香合演《奇双会》。

7月12日，访日京剧代表团在广岛，参加朝日新闻社举办救济日本广岛原子弹受难者及战争中的孤儿义演。演出地点在日本最大剧场国际剧场。

7月12日夜戏：王鸣仲《雁荡山》，江新蓉、江世玉《拾玉镯》，李少春、谷春章《三岔口》，李和曾、袁世海《除三害》，大轴梅兰芳、姜妙香、孙盛武合演《贵妃醉酒》。

7月14日、16日，访日京剧代表团参加日方举办的送别会。

7月17日，访日京剧代表团乘飞机回国，到达广州。

8月，张伯驹发起组织民间艺术社团“京剧基本艺术研究社”，意在挖掘和恢复传统老戏，爱新觉罗·载涛任社长，张伯驹为副社长，下设昆曲组、皮黄组和音乐组。社员有尚小云、荀慧生、侯喜瑞、小翠花、孙毓堃、姜妙香、钱宝森、王福山、刘砚芳、雷喜福、李洪春、杨宗年、朱家溍等。

9月1日至4日，北京京剧界为成立“北京市京剧工作者联合会”，在北京市中山公园音乐堂举行筹款义演，共四天，四天演出剧目相同。

《八蜡庙》(李万春饰褚彪，孙毓堃、马崇仁分饰费德功，黄元庆、谭元寿、姜铁麟分饰黄天霸，钱宝森饰关泰，郝寿臣饰金大力，小翠花饰张妈，李小春饰贺仁杰，梁益鸣饰施公，李韵秋饰张桂兰，马长礼饰秦义成)。

《锁五龙》(裘盛戎饰单雄信，闵兆华饰李世民，高宝贤饰徐勣，刘雪涛饰罗成，慈少泉饰程咬金)。

《四郎探母》(李和曾、奚啸伯、陈少霖、谭富英、马连良分饰杨延辉，张君秋、吴素秋分饰铁镜公主，尚小云饰萧太后，李多奎饰佘太君，姜妙香饰杨宗保，萧长华饰二国舅，马富禄饰大国舅，马盛龙饰杨延昭，李砚秀饰四夫人)。

9月20日，中国京剧院人民剧场夜戏：大轴梅兰芳、姜妙香、孙盛武合演《贵妃醉酒》。

9月21日，中国京剧院人民剧场夜戏：大轴梅兰芳、姜妙香合演《奇双会》。

9月22日，中国京剧院人民剧场夜戏：大轴梅兰芳、袁世海、姜妙香、李世霖合演《霸王别姬》。

10月上旬，姜妙香随梅剧团赴上海演出。

10月11日，梅兰芳、姜妙香在上海为印尼总统苏加诺演出《洛神》。

10月12日，梅剧团应浙江省文化局邀请，赴杭州演出，姜妙香随行。剧团于当日抵达杭州。

10月16日，梅剧团在杭州人民大会堂首次公演：大轴梅兰芳、姜妙香、李庆山合演《贵妃醉酒》。

10月17日，梅剧团杭州人民大会堂夜戏：大轴梅兰芳、姜妙香合演《奇双会》。

10月19日，梅剧团杭州人民大会堂夜戏：大轴梅兰芳、姜妙香、李庆山合演《贵妃醉酒》。

10月20日，梅剧团杭州人民大会堂夜戏：大轴梅兰芳、姜妙香合演《奇双会》。

11月4日，梅剧团在杭州人民大会堂公演最后一天：大轴梅兰芳、姜妙香、王少亭、刘连荣、朱斌仙、李庆山合演《凤还巢》。

结束杭州的演出后，梅兰芳、姜妙香等应邀赴南昌演出。

11月12日，梅兰芳、姜妙香于南昌剧场首演《贵妃醉酒》。

12月3日，南昌剧场最后一场告别演出：梅兰芳、姜妙香、王少亭、刘连荣合演《凤还巢》。

结束江西南昌的演出后，梅兰芳、姜妙香等应邀赴长沙演出。

12月5日，梅剧团抵达长沙。

12月，梅兰芳、姜妙香等，在湖南剧院演出至12月30日。演出剧目《奇双会》、《游园惊梦》、《贵妃醉酒》、《洛神》、《凤还巢》等。

本年，梅兰芳、姜妙香录制完成电影《洛神》全剧录音。

1957年

（农历丁酉年） 67岁

1月至2月，梅兰芳、姜妙香等从长沙赴武汉演出。演出地点武汉人民剧院。

2月20日、21日，梅剧团武汉人民剧院最后两场演出，演出剧目：梅兰芳、姜妙香《贵妃醉酒》。

2月25日，梅剧团返回北京。

3月至7月，姜妙香在中国戏曲学校兼课。

3月，京剧基本艺术研究社在中和戏院举办老艺人名演员合作专场演出：

雷喜福、侯喜瑞《打严嵩》，李洪春、杨宗年《秦琼表功》，压轴姜妙香、王泉奎《飞虎山》，大轴李万春、陈金彪、王福山、景荣庆合演《青石山》。

4月24日，北京市京剧工作者联合会为筹集福利基金，在中山公园音乐堂义演，大轴梅兰芳、姜妙香、李庆山合演《贵妃醉酒》。

4月25日，北京市京剧工作者联合会为筹集福利基金，在中山公园音乐堂义演第二天，大轴梅兰芳、谭富英、姜妙香合演《御碑亭》。本场演出摄有三十五毫米胶片彩色舞台记录片。梅兰芳饰孟月华，谭富英饰王有道，姜妙香饰柳生春，王少亭饰申嵩，李砚秀饰王秀英，薛永德饰孟德禄，韦三奎饰孟鸣时，李庆山饰报录人。

5月5日，梅兰芳、姜妙香、李庆山赴长辛店演出《贵妃醉酒》。

5月9日，梅兰芳、姜妙香、李庆山在政法学院礼堂演出《贵妃醉酒》。

5月17日，经过戏曲改进委员会的研究讨论，中央文化部正式下达从1950年至1952年禁演的所有剧目，全部开禁。“今后各地过去曾经禁演过的剧目，或者经过修改后上演，或者照原本演出，或者经过内部试演后上演，或者径行公开演出，都有各地剧团及艺人参酌当地情况自行掌握。”文件下达后，张伯驹等组织的京剧基本艺术研究社更是演出频繁，继续举办老艺人名演员合作专场演出。在不同规模剧场，内部演出与公演二十余场。恢复了《别母乱箭》、《祥梅寺》、《马思远》等数十出传统老戏，姜妙香、刘连荣、王少亭演出《忠孝全》。

5月30日，城市规划管理局在北京政协大礼堂举办京剧晚会，梅剧团梅兰芳、刘连荣、姜妙香、王少亭、李庆山合演全部《霸王别姬》。

6月3日，戏曲音乐工作者座谈会开幕，梅兰芳、姜妙香、李庆山在人民剧场演出《贵妃醉酒》。

6月4日，梅兰芳、姜妙香、王少亭、李庆山在人民剧场演出全部《奇双会》。

6月5日，招待法国总理富尔，梅兰芳、姜妙香、萧长华演出《贵妃醉酒》。

6月15日，戏曲音乐工作者座谈会闭幕，梅兰芳、刘连荣、姜妙香、王少亭、李庆山合演全部《霸王别姬》。

6月18日、19日，解放军后勤部晚会，梅兰芳、姜妙香、李庆山演出《贵妃醉酒》。

7月23日、24日，梅兰芳、刘连荣、姜妙香、王少亭、李庆山，在劳动剧场合演全部《霸王别姬》。

7月29日，梅兰芳、姜妙香、梅葆玖，为手工艺人在政协礼堂演出《游园惊梦》。

8月10日，梅兰芳、姜妙香、梅葆玖，为中央民族学院学生毕业典礼演出《游园惊梦》。

8月16日，姜妙香随梅剧团赴甘肃兰州演出。

9月至10月，姜妙香随梅剧团赴西安、洛阳等地演出。

10月返京后至年底，姜妙香在中国戏曲学校兼课。

12月5日，梅兰芳、姜妙香在工人俱乐部演出《贵妃醉酒》。

12月25日，萧长华八十大寿，中国戏曲学校举行庆祝演出，戏码为：《打严嵩》(雷喜福饰邹应龙，侯喜瑞饰严嵩，高富远严退，陈盛泰常保童)，《大泗州城》(方连元、范富喜、邱富棠分饰猪婆龙，奎富光孙悟空，薛盛忠饰伽蓝，孙盛云饰金吒，白少亭木吒，钱富川饰哪吒，韩盛信灵官，宋富亭玄坛，骆连翔青龙，梁连柱白虎)，大轴《奇双会》梅兰芳饰李桂芝，姜妙香饰赵宠，雷喜福饰李奇，江世玉饰李保童，王盛如饰胡老爷。

1958年

(农历戊戌年) 68岁

1月2日，中南海怀仁堂新年晚会，梅兰芳、姜妙香演出《奇双会》。

1月12日，梅兰芳、刘连荣、姜妙香、王少亭、李庆山，在547工厂礼堂演出全部《霸王别姬》。

1月18日，梅兰芳、刘连荣、姜妙香、王少亭、李庆山，应邀再次在547工厂礼堂演出全部《霸王别姬》。

2月11日、12日，第一届全国人民代表大会第五次会议期间，梅兰芳、姜妙香在人民剧场演出《贵妃醉酒》，招待与会代表。

2月15日、16日，梅兰芳、刘连荣、姜妙香、王少亭、李庆山，在解放军后勤礼堂演出全部《霸王别姬》。

2月17日，姜妙香参加“北京文艺界公祭杨宝森”活动。

3月6日，梅剧团在2731部队大礼堂演出剧目为：

王琴生、徐元珊、罗荣贵《阳平关》，大轴梅兰芳、姜妙香、王少亭、刘连荣合演全部《凤还巢》。

3月7日，梅剧团在2731部队大礼堂演出剧目为：

大轴梅兰芳、刘连荣、姜妙香、王少亭、李庆山合演全部《霸王别姬》。

3月中旬，姜妙香随梅剧团赴蚌埠、淮南、合肥演出。

3月12日，梅剧团在淮南演出第一天，剧目为梅兰芳、姜妙香《贵妃醉酒》。

3月18日，梅剧团抵达合肥。

3月22日、23日，梅剧团在合肥演出《贵妃醉酒》。

3月24日、25日，梅剧团在合肥演出《奇双会》。

演至4月初，梅剧团又赴石家庄和太原巡回演出。

4月9日，梅剧团抵达郑州。

4月14日至30日，梅剧团在河南人民剧院演出，演出剧目《贵妃醉酒》、《奇双会》、《凤还巢》、《霸王别姬》、《洛神》等。

5月3日，梅剧团抵达邢台。

5月4日至6日，梅剧团在新建的邢台剧场演出三天，剧目为：《奇双会》、《霸王别姬》、《贵妃醉酒》。

5月12日，梅剧团抵达太原。

5月16日至26日，在太原市长风剧场演出《奇双会》、《霸王别姬》、《贵妃醉酒》等剧。

5月28日至6月2日，转至太原工人文化宫演出五场。

6月11日，梅剧团抵达石家庄。

6月15日至19日，在石家庄剧场演出。

6月20日，转至石家庄专区礼堂继续演出，演出剧目与太原演出剧目相同。

6月25日，梅剧团返回北京。

7月2日，梅兰芳、姜妙香在昌平军区兵工厂演出《贵妃醉酒》。

8月9日，戏校勤工俭学集资义演：

方连元、范富喜、邱富棠、奎富光、薛盛忠《大泗州城》，大轴萧长华（前蒋干）、姜妙香（周瑜）、侯喜瑞（黄盖）、刘仲秋（鲁肃）、高富远（后蒋干）、曹连孝（前孔明）、邢威明（后孔明）、李春恒（曹操）、孙盛云（赵云）合演《群英会》《借东风》。

8月22日，梅兰芳、姜妙香、刘连荣在人民剧场为北京市第三届人民代表大会代表演出《宇宙锋》。

9月27日，原子能研究所举办晚会，梅兰芳、姜妙香演出《贵妃醉酒》。

10月3日，梅兰芳、姜妙香在后勤晚会上演出《凤还巢》。

10月7日，梅兰芳、姜妙香在中直俱乐部演出《贵妃醉酒》。

10月，姜妙香参加文艺界福建前线慰问团，田汉任团长，梅兰芳任副团长，赴福州演出。

10月18日，梅兰芳、姜妙香、刘连荣在福州，为部队演出《宇宙锋》。

11月1日，梅兰芳、姜妙香、刘连荣在厦门中山公园灯光球场演出《凤还巢》。

11月14日，文艺界福建前线慰问团返回北京。

11月至年底，姜妙香在中国戏曲学校兼课。

11月18日，梅兰芳、姜妙香、刘连荣在文联礼堂演出《宇宙锋》。

12月1日，梅兰芳、姜妙香在体育馆演出《贵妃醉酒》。

1959年

（农历己亥年） 69岁

3月8日，全国妇女联合会在政协礼堂举办晚会，梅兰芳、姜妙香演出《穆柯寨》。

5月25日、26日，梅兰芳京剧团在北京人民剧场首次上演《穆桂英挂帅》。梅兰芳饰穆桂英，姜妙香饰杨宗保，李少春饰寇准，李金泉饰佘太君，袁世海饰王强。

5月27日，梅剧团于北京展览馆剧场再次演出《穆桂英挂帅》。

5月27日，北京市文联戏剧组召开京剧《穆桂英挂帅》座谈会。邀请出席者有罗合如、伊兵、胡丹佛、翁偶虹、景孤血、李刚、鲁煤、安西、梅兰芳、姜妙香、许姬传、郑亦秋、袁韵宜等20余人。

5月28日，梅剧团梅兰芳、姜妙香等，于劳动人民文化宫再次演出《穆桂英挂帅》。本场演出后，以中国京剧院名义演出《穆桂英挂帅》杨宗保一角由李和曾扮演，梅剧团演出《穆桂英挂帅》杨宗保还由姜妙香担任 。

6月18日，梅剧团梅兰芳、姜妙香等在音乐堂招待解放军文工团，演出《穆桂英挂帅》。

7月10日，梅兰芳、姜妙香、刘连荣、罗小奎于北京音乐堂演出《宇宙锋》。

7月12日，梅剧团梅兰芳、姜妙香等，在政协礼堂演出《穆桂英挂帅》。彭真、陈叔通、李济深、郭沫若等观看演出，演出后接见全体演员并合影留念。

9月15日，梅剧团梅兰芳、姜妙香等，为北京市人大代表在人大礼堂演出《穆桂英挂帅》。

10月，中国京剧院、北京京剧团联合演出《龙凤呈祥》。梅兰芳饰孙尚香，马连良饰乔玄，李和曾饰刘备，裘盛戎饰孙权，李多奎饰吴国太，姜妙香饰周瑜，孙毓堃饰赵云，袁世海饰张飞，马富禄饰乔福，李盛藻饰鲁肃，李世霖饰诸葛亮，骆洪年饰贾化，张元智饰吕范。

10月29日，姜妙香参加王凤卿追悼会（王凤卿10月26日过世）。

11月1日，梅兰芳、刘连荣、姜妙香、王少亭，在人民大会堂为全国先进工作者演出全部《霸王别姬》。

12月20日，姜妙香在北京丰泽园饭庄参加胡芝凤拜梅兰芳为师典礼。

1960年

（农历庚子年） 70岁

本年，姜妙香被选为中国戏剧家协会北京分会常务理事。

1月至7月，姜妙香在中国戏校兼课。

2月1日，财政部、外贸部、冶金部等七部委联合举办春节大联欢，梅剧团梅兰芳、姜妙香、李宗义等演出《穆桂英挂帅》。

8月14日，梅剧团梅兰芳、姜妙香、李宗义等，在中山公园音乐堂，为文学艺术界代表演出《穆桂英挂帅》。

8月19日，国务院外国专家局主办京剧晚会，梅兰芳、姜妙香演出《贵妃醉酒》。

10月15日至11月21日，梅剧团赴山东济南演出。主要演员有梅兰芳、姜妙香、梅葆玖、李宗义、叶盛章、李慧芳、刘连荣、王泉奎等。姜妙香参演剧目有《贵妃醉酒》、《奇双会》、《玉堂春》、《凤还巢》、《霸王别姬》、《穆桂英挂帅》、《穆柯寨》、《洛神》、《西施》、《打侄上坟》、《群英会》、《黄鹤楼》、《辕门射戟》等。

本年，中国唱片社邀请马连良、姜妙香、萧长华灌制《打侄上坟》全剧密纹唱片。马连良饰陈伯愚，姜妙香饰陈大官，耿世华饰陈夫人，萧长华饰（前）张公道（后）朱燦，刘盛通饰陈智。片长：1小时02分05秒。

1961年

（农历辛丑年） 71岁

本年，姜妙香在中国戏曲学校教课。

5月31日，梅剧团在中国科学院礼堂为科学家们演出《穆桂英挂帅》，此场演出为梅兰芳、姜妙香最后一次合作演出，同年8月梅兰芳仙逝。

8月8日，梅兰芳逝世，姜妙香亲往医院慰问梅氏家属。

8月11日晨，姜妙香与周扬、齐燕铭等在北京阜外医院亲视梅兰芳含殓，并护送灵柩至首都剧场。陈毅主持了公祭，周扬、齐燕铭、夏衍、林默涵、阳翰笙、萧长华、盖叫天、郝寿臣、雷喜福、荀慧生、姜妙香、徐兰沅、俞振飞、马连良、谭富英、李少春、袁世海、张君秋、裘盛戎、李和曾等等参加了公祭。公祭结束后，姜妙香等与梅氏家属护送灵柩至八宝山革命烈士公墓停灵。

8月29日，姜妙香参加北京西山碧云寺万花山安葬梅兰芳葬礼。

本年，中国唱片社邀请张君秋、姜妙香、雷喜福、曹连孝、李四广，灌制《三堂会审》全剧密纹唱片。张君秋饰玉堂春，姜妙香饰王金龙，雷喜福饰刘秉义，曹连孝饰潘必正，李四广饰崇公道。片长：1小时11分05秒。

本年，中国唱片社邀请姜妙香灌制《监酒令》全剧密纹唱片。姜妙香饰刘章。片长：34分钟。

1962年

（农历壬寅年） 72岁

姜妙香自1951年被校长王瑶卿聘为教授后，由于演出任务繁忙，只是空闲时间兼课，直至本年，正式在学校任课。

1962年姜妙香在中国戏曲学校所授班级、学生及剧目统计：

京表54毕业班（第四届1954年入学，1962年毕业），学生有：叶强（即叶少兰；北京战友京剧团）、文汉臣（中国京剧院）、张瑞亮（山东省京剧院）。所授剧目《奇双会》、《监酒令》。

京表56班（第五届1956年入学，1965年毕业），学生有：张国政（现居澳门）、刘长成（河北省京剧院）、孙元申（江苏南京艺校）、孙宝铭（中国京剧院）。所授剧目《玉门关》《监酒令》《凤还巢》《罗成叫关》《白门楼》《生死恨》。

京表58班（第六届1958年入学，1966年毕业），学生有：温如华（北京京剧院）、郑元（中国京剧院）、尹培玺（北京戏曲艺术职业学院）。所授剧目《胭脂虎》《凤还巢》。

京表59班（第七届1959年入学，1967年毕业），学生有：唐芸生（中国京剧院）、孙培鸿（中国京剧院）、马承斌（河南省京剧院）、沈仲达（文化部演出部）。所授剧目《白门楼》《群英会》《凤还巢》《奇双会》。

京表60班（第八届1960年入学，1968年毕业），学生有：于万增（中国京剧院）、王显和（中国京剧院）、郝海龙（未从事戏曲行业）。所授剧目《岳家庄》。

本年，姜妙香正式加入中国共产党。

8月8日，梅兰芳逝世一周年纪念会在京召开。会上田汉、老舍、齐燕铭、阿英、马彦祥、萧长华、徐兰沅、姜妙香、马连良发言。会后，北京戏剧界三百多人前往西郊百花山梅兰芳墓前祭扫。

8月8日晚至10日晚，姜妙香观看了“梅兰芳逝世一周年纪念演出”

前三场演出，并至后台亲切慰问演职员。

8月11日晚，姜妙香亲自参加“梅兰芳逝世一周年”纪念演出：

杨秋玲、夏永泉、司骍、萧润增《穆天王》，梅葆玥、梅葆玖《坐宫》，大轴姜妙香、张君秋、韦三奎、马盛龙合演《玉堂春》。

8月25日，齐燕铭在文化部三楼召开梅派演员座谈会，马彦祥、姜妙香、徐兰沅、梅葆玖、杜近芳等应邀出席。

8月26日，姜妙香受天津市文化局局长王雪波邀请，携夫人赴天津与天津市京剧团合作演出两场。

8月27日，姜妙香、丁至云、哈宝山、黄荣俊合演《玉堂春》。

8月28日，程正泰、丁至云、冯金芙（萧太后）合演《四郎探母》，姜妙香到场观看。

8月29日，姜妙香在天津登瀛楼饭庄收天津市京剧团季尚春、季砚农为徒。

8月30日，姜妙香、丁至云、时佩璞合演《奇双会》（带“闯辕门”）。

8月31日，姜妙香在天津起士林饭庄收天津稽古社陈茂兰为徒。

10月25日，赴上海给梅葆玖助演。

本年，中国唱片社邀请姜妙香灌制《玉门关》全剧密纹唱片。姜妙香饰班超，耿世忠饰鄯善王，赵荣欣饰乌来代，钮骠饰小番。片长：40分43秒。

本年，中国唱片社邀请姜妙香、萧长华灌制《连升店》全剧密纹唱片。姜妙香饰王明芳，萧长华饰店家，钮骠饰崔老爷。片长：56分25秒。

1963年

（农历癸卯年） 73岁

1月，姜妙香随梅剧团赴南京演出，与梅葆玖合演《玉堂春》，与冯金芙合演《奇双会》，单独演出《群英会》。

3月，鉴于香港不良舆论，周恩来决定组织赴港演出团赴香港、澳门演出，宣传新中国戏曲改革成果。萨空了任团长，姜妙香任顾问，主要演员：马连良、张君秋、裘盛戎、赵燕侠、马富禄等。

4月2日，周恩来、邓小平、彭真、李富春、陈毅、夏衍在人民大会堂陕西厅接见赴港演出团全体演员。

4月4日，周恩来在广和剧场审查赴港剧目：《打渔杀家》谭元寿饰萧恩、小王玉蓉饰萧桂英、马富禄饰教师爷，《奇双会》张君秋饰李桂枝、姜妙香饰赵宠、马盛龙饰李奇、刘雪涛饰李保童。

4月10日，据萨空了回忆：“周恩来总理和邓颖超同志在西花厅设了两桌小型的私人宴会，宴请马连良、张君秋、裘盛戎、赵燕侠、姜妙香、李慕良、谭元寿、马长礼、小王玉蓉、杨少春、薛恩厚、肖甲、萨空了等人，廖承志作陪。……总理对姜妙香说：'姜先生作为顾问，要预先准备接受采访，还要准备几篇文章，可以更好的介绍我们的赴港团，特别是年轻演员。'对我说：'要注意姜先生身体，他年岁大了，要格外照顾，他的戏不要登在节目单上，要看身体情况再决定是否演出。'"(姜妙香文章《谭门五代——从谭元寿赴港演出说起》发表于1963年5月3日《文汇报》，5月6日《正午报》转载。另一篇《旅港演出杂感》5月11日《文汇报》发表。另马连良、张君秋、裘盛戎、赵燕侠、李慕良也都准备了文章。)

4月16日，北京京剧团赴港演出团一行共85名人员，由北京出发。

4月18日，演出团抵达广州。

4月26日，赴港演出团从广州出发，于当日抵达香港。姜妙香下榻金时酒店(群众演员下榻普庆公寓)。

4月27日晚，新华社香港分社设宴，宴请赴港团全体演员。

4月28日晚19点，丰年娱乐公司董事长何贤在金汉酒楼宴请赴港演出团全体团员。

5月11日，香港普庆戏院夜戏：

杨少春、高宝贤《挑华车》，谭元寿、周和桐《空城计》，大轴张君秋、姜妙香、马盛龙、刘雪涛合演《奇双会》。由香港丽的呼声金色电台实地转播。

5月25日，香港普庆戏院夜戏：

杨少春《卧虎沟》，马长礼、周和桐《除三害》，大轴赵燕侠、姜妙香、李四广、马盛龙合演《女起解》《玉堂春》。

6月2日，香港普庆戏院夜戏：

杨少春、张韵斌《战马超》，谭元寿、周和桐《空城计》，大轴赵燕侠、姜妙香、李四广、马盛龙合演《女起解》《玉堂春》。

6月24日，上午9点赴港演出团从香港尖沙咀火车站乘火车，即日到达深圳，从深圳返回广州。

6月25日，姜妙香连日劳累身体不适。

6月27日，赴港团乘专车由广州至澳门，全团一行84人，姜妙香未随行。陶铸安排姜妙香住进肇庆温泉宾馆修养。

7月6日，演出团从澳门返抵广州。

7月14日，演出团返回北京。

7月16日，萨空了、姜妙香至文化部向夏衍汇报工作。晚8点夏衍、徐平羽宴请姜妙香、马连良、张君秋、裘盛戎、赵燕侠、萨空了等19人。

7月18日，钓鱼台汇报演出《女起解》《玉堂春》(赵燕侠、姜妙香、李四广、马盛龙主演)。

9月，中国戏曲学校教授姜妙香、萧长华、侯喜瑞、雷喜福示范演出《群英会》，并由电视台实况转播。

1963年，姜妙香在中国戏曲学校所授班级、学生及剧目统计（4月至7月赴港演出期间暂停）：

京表56班，学生有张国政、刘长成、孙元申、孙宝铭，所授剧目《群英会》《奇双会》《孔雀东南飞》。

京表58班，学生有：温如华、郑元、尹培玺。所授剧目《四郎探母》。

京表59班，学生有：唐芸生、孙培鸿、马承斌、沈仲达。所授剧目《奇双会》《玉堂春》。

京表60班，学生有：于万增、王显和、郝海龙。所授剧目《辕门射戟》《玉堂春》。

京表61班（第九届1961年入学，1969年毕业），学生有：阎德威（中央电视台戏曲部）、杨树彪（云南省京剧院）、马德禄（北京京剧院）、陈增伦（中国京剧院）。所授剧目《罗成叫关》《辕门射戟》。

本年，中国戏曲学校开设专修班，学生杨明华，所授剧目《双狮图》。

1964年

（农历甲辰年） 74岁

本年，中国戏曲学校举办纪念王瑶卿逝世十周年暨王瑶卿艺术研讨会，姜妙香参加会议并在会上发言。

7月25日，周信芳、尚小云、盖叫天、马连良、姜妙香、俞振飞、萧长华作为顾问参加"全国京剧现代戏汇演"。会后，田汉代表中央文化部设宴招待参加汇演的各位顾问。

1964年姜妙香在中国戏曲学校所授班级、学生及剧目统计：

京表56班，学生有张国政、刘长成、孙元申、孙宝铭，所授剧目《宇宙锋》《连升店》《打侄上坟》《游园惊梦》《打龙袍》。

专修班，学生杨明华，所授剧目《玉门关》。

1965年

（农历乙巳年） 75岁

全国现代戏文艺汇演结束后，由于"极左"思想抬头，提倡京剧要表现现代生活，为工农兵服务。中国戏曲学校组织教师编、演、教现代戏，姜妙香也不再教授传统剧目，积极学习与参与现代戏的编排。

1966年

（农历丙午年） 76岁

5月16日，中共中央发出《五一六通知》，撤销原“文化革命五人小组”及《二月提纲》。宣布文化革命要彻底揭露反党反社会主义的所谓“学术权威，批评学术界、教育界、新闻界、文艺界、出版界的资产阶级反动思想，夺取在这些文化领域中的领导权”。《通知》发出，宣告了“文化大革命”的全面开始。

8月23日，“红卫兵”在孔庙焚烧北京市戏曲研究所戏箱，上百件上乘绣活的服装、书籍，以及北京市戏曲研究所录制的侯喜瑞、筱翠花、钱宝森等人的影像资料被付之一炬。北京市文化局局长赵鼎新、北京文学艺术联合会主席老舍、北京市戏曲研究所所长荀慧生以及侯喜瑞、白云生、顾森柏、作家萧军、端木蕻良等二十九人，被“红卫兵”强行拖到现场，跪在火堆旁“陪烧”，时值北京酷暑时节，二十九人中很多已是六旬以上的老人，围跪在火堆旁一圈，“红卫兵”手持各种舞台上刀枪把子和铜头皮带，对二十九人进行了持续三小时之久的野蛮殴打，直到众人头破血流还不肯罢休。次日凌晨，老舍投湖自尽。

本年，文艺界一大批艺术家、作家、学者被视为反动学术权威，成为了“红卫兵”的斗争对象，并遭受了野蛮的批斗与殴打。姜妙香的地位、资历，以及弟子中某些特殊问题，也再所难免受到冲击。

1967年

（农历丁未年） 77岁

北京戏校“红卫兵”至宣武区永光西街3号徐兰沅（北京戏校副校长）宅“抄家”，路过前院姜妙香宅时，竟将全部箱柜贴封，并对姜进行了“批斗”。入冬后，姜妙香棉衣、棉被都无法取出。

1968年

（农历戊申年） 78岁

12月9日，姜妙香被“红卫兵”拉至人民剧场进行“陪斗”。

12月10日、26日，中国戏剧家协会主席田汉、北京戏曲研究所所长荀慧生，先后遭受“红卫兵”迫害，含冤逝世。

1969年

（农历己酉年） 79岁

本年，姜妙香除了“恭候”一批批来到家里进行革命的“红卫兵”，大部分时间用来写“交代材料”，为自己罗列罪名。

下半年，姜妙香与钱富川等被安排到平谷大兴庄进行“劳动改造”，寄居在半间破旧民房，身体也每况愈下。

1970年

（农历庚戌年） 80岁

本年农历新年，姜妙香在大兴庄度过。

本年，姜妙香由于八十岁高龄，不能适应劳动强度，从平谷返回城里。

1971年

（农历辛亥年） 81岁

本年，姜妙香多病，在家中学习现代戏。偶尔神智不清，在家中会演唱传统戏《监酒令》，使家人惊恐不安。

1972年

（农历壬子年） 82岁

6月，姜妙香身体不适，住进宣武医院。

7月10日，病重，神智不清。

7月15日，插管。

7月21日，农历壬子年六月十一日，下午16点10分，姜妙香脑软化、尿毒症、支气管炎感染，病逝于宣武医院，享年82岁。

7月28日，中国戏曲学校举行姜妙香追悼会，拟悼词如下：

我们怀着十分沉痛的心情，悼念中国共产党党员、中国戏剧家协会会员、中国戏曲学校教授姜妙香同志。

姜妙香同志，因患脑软化、尿毒症、支气管炎，久治无效，于一九七二年七月二十一日十六时十分不幸逝世，终年八十二岁。

姜妙香同志一八九〇年二月二十四日（应为：二十二日）生于北京。一八九九年开始从事戏曲工作，一九五一年参加革命，一九六二年加入中国共产党。历任中国戏曲学校教授，校委会、艺委会会员，北京市原前门区人民法院陪审员，宣武区政协委员，中国戏剧家协会北京市分会常务理事等职。

姜妙香同志，自解放以来，热爱党、热爱伟大领袖毛主席，在历次政治运动中，旗帜鲜明，立场坚定，在从事戏曲工作六十多年的漫长日子里，特别是解放后在毛主席革命文艺路线指导下，从不间断地刻苦钻研，敢于创造革新，在文艺界享有较高声望。在戏曲教学工作中，认真负责，勤勤恳恳，为祖国的戏曲教育事业做出了贡献。

姜妙香同志的不幸逝世，是我党和我国戏曲界的损失，我们感到深切悲痛。我们对其家属和子女表示亲切慰问。我们悼念姜妙香同志，要化悲痛为力量，在以伟大领袖毛主席为首的党中央领导下，在毛主席无产阶级革命路线指导下，团结起来，争取更大的胜利。

姜妙香同志安息吧。

一九七二年七月二十八日

本书承：

刘曾复先生赐序

欧阳中石先生题写书名

梅葆玖、萧润德、林懋荣、陈志明

陈芷媛、包　立、衡和华、孙培鸿

刘松昆、林德炘、林德昺、邵　丽

等同志提供照片或相关资料

没有以上诸公鼎力，此集难成，谨致谢忱！

特别鸣谢单位：

中国京剧艺术基金会

梅兰芳纪念馆

北京京剧院姜妙香艺术研究会

图书在版编目（CIP）数据

圭璋蕴璞 ： 京剧小生祭酒姜妙香纪念集 / 陈超编. —
北京 ： 中国书店，2010.10
ISBN 978-7-80663-910-8

Ⅰ. ①圭… Ⅱ. ①陈… Ⅲ. ①姜妙香（1890～1972）
—纪念文集②姜妙香（1890～1972）—年谱 Ⅳ.
①K825.78-53

中国版本图书馆CIP数据核字(2010)第187619号

圭璋蕴璞——京剧小生祭酒姜妙香纪念集

编　　纂：陈　超
特约编审：樊百乐
装帧设计：张　章
责任编辑：辛　迪

出　　版：中国书店出版社

开　　本：787×1092mm　1/16
印　　张：37
字　　数：450千字
版　　次：2010年10月　第一版
印　　次：2010年10月　第一次印刷
印　　数：1－3000
书　　号：ISBN 978-7-80663-910-8
定　　价：（RMB）68.00元